工商管理经典译丛　BUSINESS ADMINISTRATION CLAS

ESSENTIALS OF MANAGEMENT INFORMATION SYSTEMS

FOURTEENTH EDITION

管理信息系统

（精要版）

第**14**版

[美]　肯尼思·劳东（Kenneth C. Laudon）　著
　　　简·劳东（Jane P. Laudon）

张　瑾　王黎烨　江　戈　译

中国人民大学出版社
· 北京 ·

工商管理经典译丛
出版说明

　　随着中国改革开放的深入发展，中国经济高速增长，为中国企业带来了勃勃生机，也为中国管理人才提供了成长和一显身手的广阔天地。时代呼唤能够在国际市场上搏击的中国企业家，时代呼唤谙熟国际市场规则的职业经理人。中国的工商管理教育事业也迎来了快速发展的良机。中国人民大学出版社正是为了适应这样一种时代的需要，从1997 年开始就组织策划"工商管理经典译丛"，这是国内第一套与国际管理教育全面接轨的引进版工商管理类丛书，该套丛书凝聚着 100 多位管理学专家学者的心血，一经推出，立即受到了国内管理学界和企业界读者们的一致好评和普遍欢迎，并持续畅销数年。全国人民代表大会常务委员会副委员长、国家自然科学基金会管理科学部主任成思危先生，以及全国 MBA 教育指导委员会的专家们，都对这套丛书给予了很高的评价，认为这套译丛为中国工商管理教育事业做了开创性的工作，为国内管理专业教学首次系统地引进了优秀的范本，并为广大管理专业教师提高教材甄选和编写水平发挥了很大的作用。其中《人力资源管理》（第六版）获第十二届"中国图书奖"；《管理学》（第四版）获全国优秀畅销书奖。

　　进入 21 世纪后，随着经济全球化和信息化的发展，国际 MBA 教育在课程体系上进行了重大的改革，从 20 世纪 80 年代以行为科学为基础，注重营销管理、运营管理、财务管理到战略管理等方面的研究，到开始重视沟通、创业、公共关系和商业伦理等人文类内容，并且增加了基于网络的电子商务、技术管理、业务流程重组和统计学等技术类内容。另外，管理教育的国际化趋势也越来越明显，主要表现在师资的国际化、生源的国际化和教材的国际化方面。近年来，随着我国 MBA 和工商管理教育事业的快速发展，国内管理类引进版图书的品种越来越多，出版和更新的周期也在明显加快。为此，我们这套"工商管理经典译丛"也适时更新版本，增加新的内容，同时还将陆续推出新的系列和配套参考书，以顺应国际管理教育发展的大趋势。

　　本译丛选入的书目，都是世界著名的权威出版机构畅销全球的工商管理图书，被世界各国和地区的著名大学商学院和管理学院所普遍选用，是国际工商管理教育界最具影响力的教学用书。本丛书的作者，皆为管理学界享有盛誉的著名教授，他们的这些著作，经过了世界各地数千所大学和管理学院教学实践的检验，被证明是论述精辟、视野开阔、资料丰富、通俗易懂，又具有生动性、启发性和可操作性的经典之作。本译丛的译者，大多是国内各著名大学的优秀中青年学术骨干，他们不仅在长期的教学研究和社会实践中积累了丰富的经验，而且具有较高的翻译水平。

本丛书的引进和运作过程，从市场调研与选题策划、每本书的推荐与论证、对译者翻译水平的考察与甄选、翻译规程与交稿要求的制定、对翻译质量的严格把关和控制，到版式、封面和插图的设计等各方面，都坚持高水平和高标准的原则，力图奉献给读者一套译文准确、文字流畅、从内容到形式都保持原著风格的工商管理精品图书。

本丛书参考了国际上通行的 MBA 和工商管理专业核心课程的设置，充分兼顾了我国管理各专业现行通开课与专业课程设置，以及企业管理培训的要求，故适应面较广，既可用于管理各专业不同层次的教学参考，又可供各类管理人员培训和自学使用。

为了本丛书的出版，我们成立了由中国人民大学、北京大学、中国社会科学院等单位专家学者组成的编辑委员会，这些专家学者给了我们强有力的支持，使本丛书得以在管理学界和企业界产生较大的影响。许多我国留美学者和国内管理学界著名专家教授，参与了原著的推荐、论证和翻译工作，原我社编辑闻洁女士在这套书的总体策划中付出了很多心血。在此，谨向他们致以崇高的敬意并表示衷心的感谢。

愿这套丛书为我国 MBA 和工商管理教育事业的发展，为中国企业管理水平的不断提升继续做出应有的贡献。

中国人民大学出版社

随着信息技术发展与企业管理变革的交叉融合，信息系统成为数字经济时代管理创新的工具、载体，更是管理创新的对象，无论"信息"还是"系统"都与"管理"之间形成了深刻而又复杂的联系，信息系统既是企业数字化发展过程中的厚重基石，也是企业转型升级道路上的开路先锋。

劳顿夫妇所著《管理信息系统》是信息系统领域的经典教材，受中国人民大学出版社之邀翻译本书第 14 版精要版，译者深感肩上责任重大。首先，这本经典教材在世界范围内拥有众多读者，原汁原味准确译出本书的精髓，确实是一件压力很大的事情。其次，在数字经济时代，信息系统也是商科教学的核心内容，更是时代热点，对于一本系统性讲授信息系统的专业教材，如能将其很好地翻译成中文，将会对我国相关学科的教学起到促进作用。同时，信息系统领域的研究和教学具有明显的"外向性"，信息系统既体现了技术的深刻内涵，也呈现了管理的多种要素，交叉复合的知识内容也对本书的翻译工作提出了更高的要求。

过程虽然不易，但更加体现本书的价值，希望本书的出版可以为我国信息系统领域的教学提供一定的参考借鉴。信息系统领域的实践发展迅速，相应的教学也迫切需要快速迭代的内容。与此同时，信息系统涉及的内容庞杂，更加需要一本能够将其中精要有效呈现的教材。作为原书第 14 版的精要版，本书能够同时兼顾信息系统领域对教学内容"新"和"精"的要求。此外，信息系统也是一个兼容并包的学科，不仅需要来自不同学科的补充，更需要来自不同场景、不同文化的内容进行扩充，本书所呈现的内容既可以为我国信息系统的教学提供参考借鉴，更可以促进学生加深对中国情景、中国文化下信息系统的理解。

能够完成本书的翻译，译者团队得到了多方面的帮助。首先要感谢中国人民大学商学院、中国传媒大学经济与管理学院为本书翻译提供的工作条件，感谢学院领导和同事对译者的帮助。同时，也要感谢中国人民大学出版社对本书的支持，感谢管理分社社长熊鲜菊和编辑王伟娟在本书策划、协调、修编和出版发行中所做的大量杰出工作，她们的辛苦努力使本书得以顺利出版。 本书翻译得到国家自然科学基金（71772177、72202221、72072177）的资助，在此一并致谢。

　　由于时间和水平有限，翻译难免会有疏漏和不尽如人意之处，恳请广大读者批评指正。

张　瑾　王黎烨　江　戈

新版新增内容

第 14 版的《管理信息系统》精要版对内容进行了全面更新，涵盖了与课程相关的最新行业变化与技术变化。

新的主题内容

第 14 版采用了全新的、完整的、互动的学习案例，包括来自行业和管理信息系统研究的最新资源。新的主题和内容包括：

● 更新并扩展了人工智能（AI）的内容：重新编写第 11 章，涵盖机器学习、深度学习、自然语言处理、计算机视觉系统、机器人技术等新的内容，反映了人们对人工智能以及智能技术商业应用价值的浓厚兴趣。

● 为系统制定商业案例：重新编写第 12 章，扩展了技术和决策标准的内容，以开发用于获取和部署信息系统和相关技术的商业案例。该章介绍了如何评估并选择能够为企业带来最大价值的系统项目和技术。

● 大数据和物联网：本书第 1 章、第 6 章、第 7 章和第 11 章深入介绍了大数据、大数据分析和物联网，包括分析物联网数据流、Hadoop、内存计算、非关系数据库、数据湖和分析平台等内容。

● 云计算：本书第 5 章（IT 基础设施）中更新并扩展了云计算相关内容，更详细地介绍了云服务的类型、私有云和公共云、混合云、管理云服务以及使用云服务的"互动讨论"案例。本书第 6 章（云数据库）、第 8 章（云安全）、第 9 章（基于云的 CRM 和 ERP）、第 10 章（电子商务）和第 12 章（基于云的系统开发）均涉及云计算。

● 社交、移动和本地化：本书第 10 章增加了对社交工具、移动技术和基于位置的服务如何改变电子商务等内容的介绍。

● 社会化商务：拓展了社会化商务的概念，在第 2 章中对其进行具体介绍，并在全书中进行讨论。详细讨论了企业中的社交网络以及电子商务中的社交网络。

此外，还介绍了监督学习、无监督学习、边缘计算、5G 网络、《通用数据保护条例》（GDPR）、移动设备管理（MDM）、数据治理、暗网。

阅读本书后，我们希望学生能够参与甚至领导有关企业信息系统管理的讨论，并了解如何在工作中使用信息技术完成商业任务。无论是会计、金融、管理、运营管理、市场营销还是信息系统专业的学生，本书提供的知识和信息都将在他们整个职业生涯中发挥重要作用。

核心内容

本书核心内容使用描述并分析信息系统的集成框架，为学生提供管理信息系统基本概念的介绍。该框架显示了由人员、组织和技术构成的信息系统，并在学生的项目练习和案例研究中得到了加强。本书核心内容由 12 章组成，涵盖管理信息系统中最重要的主题。

章节内容编排

本书每章内容包含以下要素：

● 基于学习目标的章节大纲；
● 一个描述现实世界组织的章首案例，确立本章主题和要点；
● 一个贯穿整本教材的人员、组织和技术要素模型图，分析章首案例；
● 两个"互动讨论"专栏及对应的案例分析问题；
● "职业机会"部分向学生展示如何使用本书进行就业准备和求职；
● 以学习目标为重点的本章小结；
● 测试学生对章节内容理解程度的课后习题；
● 与本章主题相关的更广泛的讨论问题；
● 可让学生应用本章所学概念的章末案例。

每章章首案例随附的图表以图形方式说明人员、组织和技术要素如何协同工作，共同构成了信息系统解决方案，以应对案例中讨论的商业挑战。

学生学习重点

本书围绕一组学习问题编排学生的学习目标，以提高学生的注意力。每章均以围绕研究问题的本章小结和课后习题作为总结，且每章的关键部分均对应一个学习目标。

主要特点

新版教材增强了文本的互动性和前沿性，使其对学生和教师更具吸引力。以下部分将介绍这些特点和学习工具。

商业驱动的现实企业案例

本书将帮助学生了解信息系统和企业表现间的直接关联。本书描述了全球企业使用信息系统和技术的主要商业目标：卓越运营、新产品和新服务、客户和供应商亲密关系、改善决策、竞争优势和持续经营。本书的案例研究部分向学生展示特定企业如何使用信息系统实现上述目标。

本书使用较新的商业企业和公共组织案例说明每个章节的重要概念。大多数案例使用学生熟悉的企业或组织，如优步、美国职业棒球大联盟（MLB）、Facebook、沃尔玛、亚马逊、谷歌、星巴克和通用电气等。

实践活动

真实世界的商业场景和数据可帮助学生直接了解管理信息系统的全部内容。这些项目将提高学生对这一重要课程的参与度。

互动讨论。每章节中的简短案例重新设计为互动讨论，可用于激发学生的兴趣和主动性。每个案例结尾配有案例分析问题，可供课堂讨论或留作书面作业。

致谢

任何一本著作的出版均包含许多人的宝贵贡献。我们要感谢多年来所有编辑给予的鼓励、建议和强有力的支持。感谢编辑 Allie D'Aprile、Jenifer Niles 和 Samantha McAfee Lewis 以及内容制作人 Faraz Sharique Ali 在本书项目管理中发挥的重要作用。我们还要感谢 Gowthaman Sadhanandham 及其团队所做的工作。

我们要特别感谢纽约大学斯特恩商学院的同事、罗彻斯特大学西蒙商学院的 Werner Schenk 教授、孟菲斯大学福格尔曼商业与经济学院的 Mark Gillenson 教授、印第安纳-普渡大学维恩堡分校的 Robert Kostrubanic、费利西亚诺商学院信息管理与商业分析系的 Ethné Swartz 教授、科隆大学的 Detlef Schoder 教授、圣加仑大学的 Walter Brenner 教授、哥廷根大学的 Lutz Kolbe 教授以及瑞士洛桑国际管理发展学院的 Donald Marchand 教授，感谢他们对本书提出的改进建议。感谢加州大学欧文分校的 Ken Kraemer 教授和密歇根大学的 John King 教授十多年来对信息系统和组织的讨论。在此还要特别纪念我们的朋友和同事——印第安纳大学的 Rob Kling 教授。

我们还要特别感谢所有的评阅者，感谢他们提出宝贵建议并帮助我们完善本教材。新版教材的评阅者包括：

Abdullah Albizri，蒙特克莱尔州立大学

Robert M. Benavides，科林学院

Gordon Bloom，弗吉尼亚联邦大学

Brett Cabradillia，沿海卡罗来纳社区学院

Qiyang Chen，蒙特克莱尔州立大学

Amita Chin，弗吉尼亚联邦大学

Lynn Collen，圣克劳德州立大学

Reet Cronk，哈町大学

Uldarico Rex Dumdum，玛丽伍德大学

Mahmoud Elhussini，蒙特克莱尔州立大学

Sue Furnas，科林学院

Scott Hamerink，奥克兰大学

Dae Youp Kang，孟菲斯大学

Rajkumar Kempaiah，美国圣文森特山学院

Channa J. Kumarage，圣克劳德州立大学

Weiqi Li，密歇根大学弗林特分校

Liu Liu，欧道明大学

Susan Mahon，科林学院

Robert Morphew，得州女子大学

Jose Ng，蒙特克莱尔州立大学

Richard Peterson，蒙特克莱尔州立大学

Dr. Michael Raisinghani，得州女子大学

Ethne Swartz，蒙特克莱尔州立大学

目录

第1篇　数字时代的信息系统　　　　　　　1

第1章　商业信息系统与职业生涯　　　　3

1.1　为什么信息系统对当今企业运营和管理如此重要？　　　5

1.2　什么是信息系统？它如何工作？它有哪些人员、组织和技术要素？　　　10

1.3　解决商业问题的四步法如何解决信息系统相关问题？　　　17

1.4　哪些信息系统技能和知识对职业生涯至关重要？　　　22

1.5　管理信息系统对职业生涯有何帮助？　　　27

第2章　全球电子商务与协作　　　　34

2.1　企业哪些特征对理解信息系统的作用很重要？　　　36

2.2　信息系统如何为企业不同管理部门提供服务？连接企业的
信息系统如何提高组织绩效？　　　41

2.3　为什么用于协作、社会化商务和知识管理的信息系统如此
重要？这些系统使用了哪些技术？　　　50

2.4　信息系统部门在企业中的作用是什么？　　　60

2.5　管理信息系统对职业生涯有何帮助？　　　62

第3章　使用信息系统获取竞争优势　　　　70

3.1　波特五力模型、价值链模型、协同效应、核心竞争力和基于
网络的战略如何帮助企业利用信息系统获取竞争优势？　　　72

3.2　信息系统如何帮助企业在全球范围内开展竞争？　　　84

3.3　信息系统如何通过提高质量和设计水平帮助企业开展竞争？　　　86

3.4　业务流程管理如何提升企业竞争力？　　　88

3.5　管理信息系统对职业生涯有何帮助？　　　92

第 4 章　信息系统中的商业伦理和社会问题　　100

　　4.1　信息系统引起了哪些商业伦理、社会和政治问题？　102

　　4.2　哪些行为准则可以指导商业伦理决策？　107

　　4.3　为什么现代信息系统技术和互联网对个人隐私
　　　　和知识产权保护提出了挑战？　109

　　4.4　信息系统如何影响法律责任和义务，以及日常
　　　　生活质量？　118

　　4.5　管理信息系统对职业生涯有何帮助？　127

第 2 篇　信息技术基础设施　　135

第 5 章　IT 基础设施：硬件与软件　　137

　　5.1　IT 基础设施由哪些部分组成？　139

　　5.2　商业中主要使用哪些计算机硬件、数据存储、
　　　　输入和输出技术？硬件的发展趋势是什么？　141

　　5.3　商业中主要使用哪些计算机软件？软件的发展
　　　　趋势是什么？　154

　　5.4　管理硬件与软件技术有哪些关键问题？　161

　　5.5　管理信息系统对职业生涯有何帮助？　164

第 6 章　商务智能基础：数据库与信息管理　　172

　　6.1　什么是数据库？关系数据库如何组织数据？　174

　　6.2　数据库管理系统的原理是什么？　179

　　6.3　企业主要使用哪些工具和技术访问数据库信息
　　　　以提高绩效和决策能力？　185

　　6.4　为什么数据治理和数据质量保证对管理企业
　　　　数据资源至关重要？　194

　　6.5　管理信息系统对职业生涯有何帮助？　196

第 7 章　通信、互联网和无线技术　　204

　　7.1　通信网络有哪些主要组成部分和关键网络技术？　206

　　7.2　网络有哪些类型？　211

　　7.3　互联网和互联网技术如何工作？它们如何支持
　　　　通信和电子商务？　213

　　7.4　无线网络、通信和互联网接入有哪些主要技术
　　　　和标准？　228

　　7.5　管理信息系统对职业生涯有何帮助？　234

CONTENTS

第8章 信息系统安全 241

8.1 为什么信息系统容易遭受破坏、出错和滥用？ 243

8.2 安全与控制的商业价值是什么？ 253

8.3 安全与控制的组织框架有哪些组成要素？ 255

8.4 哪些重要工具和技术能够保护信息资源？ 259

8.5 管理信息系统对职业生涯有何帮助？ 267

第3篇 数字化时代的关键系统应用 277

第9章 实现卓越运营和亲密的客户关系：企业应用 279

9.1 企业系统如何帮助企业实现卓越运营？ 280

9.2 供应链管理系统如何协调计划、生产和物流配送？ 285

9.3 客户关系管理系统如何帮助企业提升与客户的亲密度？ 290

9.4 企业应用带来哪些挑战？企业应用如何利用新技术？ 297

9.5 管理信息系统对职业生涯有何帮助？ 300

第10章 电子商务：数字市场与数字商品 307

10.1 电子商务、数字市场和数字商品有哪些特点？ 309

10.2 电子商务主要有哪些商业模式和盈利模式？ 318

10.3 电子商务如何改变市场营销方式？ 324

10.4 电子商务如何影响企业间交易？ 331

10.5 移动商务在商业中的作用是什么？最重要的移动商务应用是什么？ 334

10.6 构建电子商务需要解决哪些问题？ 337

10.7 管理信息系统对职业生涯有何帮助？ 338

第11章 提高决策能力和管理人工智能 346

11.1 决策有哪些类型？决策过程如何进行？ 347

11.2 商务智能和商业分析如何支持决策？ 351

11.3 什么是人工智能？它和人类智慧有何不同？ 363

11.4 人工智能技术主要有哪些类型？它们如何为组织带来价值？ 363

11.5 管理信息系统对职业生涯有何帮助？ 372

CONTENTS

第 4 篇　系统构建与系统管理　381

第 12 章　信息系统商业案例制定与项目管理　383

12.1　管理者应如何为获取和开发新的信息系统
　　　创建商业案例？　385

12.2　开发新信息系统有哪些解决问题的核心步骤？　391

12.3　构建信息系统有哪些可选方法？　395

12.4　如何管理信息系统项目？　403

12.5　管理信息系统对职业生涯有何帮助？　408

词汇表　416

CONTENTS

第 1 篇

数字时代的信息系统

第1篇介绍了本书主题以及使用的解决问题的方法。在考察信息系统在现代商业中的作用时，这一部分提出了以下重要问题：什么是信息系统？为什么信息系统在当今商业中如此重要？信息系统如何帮助企业获取更大竞争优势？要在职业生涯中获得成功，需要了解哪些关于信息系统的知识？广泛使用信息系统会带来哪些伦理问题和社会问题？

第1章：商业信息系统与职业生涯

第2章：全球电子商务与协作

第3章：使用信息系统获取竞争优势

第4章：信息系统中的商业伦理和社会问题

第 1 章 商业信息系统与职业生涯

→ **学习目标**

阅读完本章，你将能够回答以下问题：

1. 为什么信息系统对当今企业运营和管理如此重要？
2. 什么是信息系统？它如何工作？它有哪些人员、组织和技术要素？
3. 解决商业问题的四步法如何解决信息系统相关问题？
4. 哪些信息系统技能和知识对职业生涯至关重要？
5. 管理信息系统对职业生涯有何帮助？

PCL 建筑公司：新型数字化企业

许多人认为在建筑项目中最常使用的工具是锤子，但更可能是文件柜或传真机。传统上，建筑行业需要大量的纸张和人工。像大型建筑这样的复杂项目需要数百张建筑图纸和设计文件，这些文件每天都有可能变化。由于难以查找和存取文档与其他项目信息而造成的延迟会付出高昂的代价，这可能会影响到项目的成败。但现在这种情况正在发生改变，PCL 建筑公司走在了行业的前列，信息技术已经改变了这家企业的工作方式，并使其成为新型数字化公司的典范。

PCL 是一家由独立总承包建筑公司组成的集团，在美国、加拿大和澳大利亚拥有超过 4 400 名员工。该公司活跃于商业、机构和社区住宅，可再生能源，重工业，历史修复和土木建筑等领域。PCL 公司总部位于加拿大阿尔伯塔省埃德蒙顿市，其美国总部位于科罗拉多州丹佛市。

在 PCL 的工作现场，你会看到员工使用移动设备（包括智能手机、平板电脑和笔记本电脑），从 PCL 公司的信息系统访问重要信息或输入数据。整个工作现场的数字触摸屏和电子计划图提供了数字化、实时更新的蓝图，这样团队成员就不必浪费时间去寻找纸质版本的数据和信息。

过去，施工现场使用拖车来存放项目的大型图纸。每当项目团队成员想要查看计划时，就必须前往拖车查找。当同时运行的建筑项目多达 800 个时，PCL 便很难保持项目文档的更新。在纸质材料上记录的项目规格或工作需求变更信息，可能要在记录发生后的 30～40 天才能到达项目决策者那里。但那时已经太晚了，导致决策是"凭直觉"作出的，而不是基于事实。

PCL 的施工计划现在采用数字版，或能被数字存储的纸质文件扫描版。数字化的施工计划可以更快地修改。通过在计算机上执行大部分设计和规划工作，PCL 能够在施工过程的早期识别并解决冲突问题和是否可施工的判断问题，以帮助项目控制进度和预算。

PCL 采用项目文档控制（project document control，PDC）来促进项目团队成员之间的协作，这是一个基于项目的安全网站，它可以在一个可访问位置通过共享的方式提供信息的实时存储和管理功能。无论建筑承包商、分包商、顾问、供应商和客户身处何处，他们都可以使用相同的文档进行工作。PCL 使用自己专有的项目管理系统进行预算、成本计算、预测、分包商跟踪、生产和报告。该项目管理系统与其他 PCL 系统相关联，包括人力和项目数据库、客户管理和会计系统以及 BEST Estimating 系统。BEST Estimating 是 PCL 的内部估算程序，可用于总价和单价估算并提供准确的资源和成本信息。

通过云的方式，PCL 将其计算工作转移到微软 Azure 云上，该云在微软管理的远程计算中心上，云上托管着用于运行 PCL 应用程序的硬件和软件。无论何时何地，从事 PCL 项目的工作人员都可以使用可上网移动设备或传统的台式计算机，从基于云的系统中访问信息。通过使用 Azure 平台，PCL 节省了 80％的企业数据备份成本。Azure 云还提供了一个实时分析仪表板，来监管项目的质量、安全、进度和成本。数据以柱状图或饼状图的形式直观地呈现给施工现场人员、项目经理和主管，并使用红色、橙色和绿色显示不同指标等级。

资料来源："Technology and Innovation," pcl. com, accessed February 9, 2019; "PCL: Capitalizing on the Cloud," itworldcanada. com, accessed February 9, 2019; Brian Jackson, "PCL Constructors Reach New Heights with Real-time Analytics Solution in the Cloud," *IT World Canada*, November 9, 2017.

PCL 建筑公司的案例展现了当今信息系统的重要性。在建筑业这样一个传统上依赖大量纸质文档的行业，PCL 在不同地点同时进行建筑施工，处理和获取建设项目所需大量文件和其他信息会消耗大量的时间和成本。PCL 使用了先进的信息技术将文档数字化并简化业务流程，以记录、跟踪和分析项目。利用移动工具和云计算基础设施，PCL 业务的信息流已经在很大程度上实现了数字化，PCL 也成为了数字化公司的典范。

下图展示了本案例和本章的重点。在传统以纸张为基础的建筑业中，为了减少时间和成本并提升客户服务质量，PCL 管理层选择使用信息技术来提高设计、成本计算、预算和建设项目监控等关键业务的精度和效率，这些信息技术包括移动设备（手机、平板电脑、笔记本电脑）、触摸电子屏、云计算服务、互联网以及用于创建模型、管理文档、监控项目进度、预算、估算成本以及在屏幕上显示关键项目绩效指标的软件。使用领先的数字技术来推动业务运营和管理决策是当今管理信息系统界的一个重要主题，并将在本书中进一步讨论。

同样需要注意的是，信息技术的部署已经改变了 PCL 建筑公司经营业务的方式。为

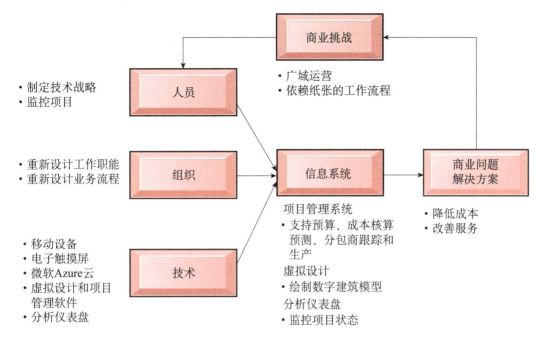

了有效地使用新的数字工具，PCL 必须重新设计已有工作的流程，包括收集、输入和访问信息，分析、预估和计算成本，以及监测项目进度等。这些新的设计必须经过严谨地分析和规划，以确保它们的确提高了效率、服务水平和盈利能力。

考虑以下问题：信息技术如何改变 PCL 建筑公司的运营？移动技术和云计算的作用是什么？

1.1 为什么信息系统对当今企业运营和管理如此重要？

无论是在美国，还是在全球其他地区，企业已经和以往大不相同。2018 年，美国企业在信息系统硬件、软件和通信设备上投资了近 1 万亿美元，约占美国所有资本投资的33％。此外，它们还花费了 1 430 亿美元用于业务和管理咨询以及信息技术服务的购买，其中大部分涉及企业运营方式的重新设计和规划，以保证新技术的有效使用。2018 年，用于技术和管理咨询方面的投资以 3.5％左右的速度增长，远快于整体经济的增速（BEA，2018）。2019 年，除美国以外的全球其他地区在信息技术方面的支出超过 3.8 万亿美元（Gartner，2019）。

1.1.1 信息系统如何改变企业？

通过日常观察，便可以了解信息系统带来的效用。蜂窝手机、智能手机、平板电脑、电子邮件以及基于互联网的网络会议都已成为办公必备工具。2018 年，超过 1.5 亿家企业注册了互联网网址。在美国，大约有 1.9 亿人在网上买过东西，2.2 亿人搜索过产品，2.3亿人使用搜索引擎，其中 1.8 亿人使用移动设备。这意味着，如果个人和企业没有连接到互联网和移动应用程序，他们的效率将会受到严重影响（eMarketer，2019；Pew Internet and American Life，2019）。

2018 年，联邦快递（FedEx）在全球范围的送货量超过 10 亿件，且大多数包裹是连夜配送的，美国联合包裹运输服务公司（UPS）运送了超过 50 亿件包裹。企业试图快速感知和响应快速变化的消费者需求，将存货尽可能降至最低水平以实现更高的运营效率。电子商务的发展对 UPS 的货运量产生了显著影响，UPS 运送了电子商务所有发货量的 45％，产生的收入约占总体的 25％。各种规模的企业根据即时库存交付来提高竞争力，供应链也由此变得更有效率。如今的企业可以通过近似实时库存管理来减少间接成本并快速响应市场。如果不能成为这种新供应链管理经济的一部分，那么企业可能无法达到应有的效率。

如今阅读纸质报纸的人数持续减少，但超过 2 亿人通过在线方式获取新闻，约 1.8 亿人阅读电子版报纸。电子版报纸的订阅人数正在以每年 10％ 的速度增长。2.2 亿人使用 Facebook、Tumblr 或 Pinterest 等社交网站。1.6 亿人在线办理存款，大约 8 500 万人阅读博客，这创造了一批新作家、新读者以及从前并不存在的用户反馈形式。在排名前 50 的 39 个新闻网站中，60％ 的访问者来自移动设备。作为一种新型社交媒体，全球约有 3.25 亿人使用推特（Twitter）（美国约有 1.26 亿人），《财富》500 强中 80％ 的企业也通过推特与消费者沟通。这也意味着消费者之间能够相互交流企业的产品和服务，那么企业应思考是否有对于在线消费者关系的可靠规划？是否知道消费者是如何评价该企业的？企业市场部门是否正在关注这些问题？

2018 年电子商务和互联网广告支出达到 1 050 亿美元，增长了约 15％，而传统广告和传统业态则停滞不前。2018 年，Facebook 的广告收入达到 550 亿美元，谷歌的在线广告收入超过了 1 160 亿美元。企业应思考广告部门是否接触到了这些新媒介和其中的移动消费者。

新的美国联邦安全和会计法要求企业至少将电子邮件保存 5 年，再加上现行的职业与健康法律要求公司将员工接触化学品的数据存储长达 60 年，这些法律正在推动数字信息的增长，目前估计达到 4.7 泽字节，相当于 6 万多座国会图书馆。由于超过 2 000 亿个联网传感器和数据生成器的使用，这些信息每年都在成倍增长。企业应思考合规部门是否满足了存储这些财务、健康和职业信息的最低要求？如果没有，那么整个行业可能面临风险。

总之，这是一个全新的商业世界，它将极大地影响未来企业的生涯。随着商业的变化，工作和职业也相应发生了变化。无论你所学专业是金融、会计、管理、市场营销、运营管理还是信息系统，你的工作方式、工作地点、薪酬水平都将受到商业信息系统的影响。本书目的是帮助你理解这些新的商业现状和机会，并从中受益。

1.1.2　管理信息系统面临的关键挑战

新技术的不断涌现、技术在管理中的广泛使用以及技术对企业成功的推动作用，使得管理信息系统成为最令人兴奋的商业话题。新兴的初创企业带着最新的技术和商业模式进入传统行业，这些新的变化对需要决定如何使企业适应新发展的管理层人员提出了新的挑战。他们需要思考这些硬件、软件和商业实践的新变化带来的收益和成本是什么。

表 1-1 总结了信息系统在业务使用过程中的重要挑战，这些挑战不仅是信息系统专业人员需要面临的，也是全部管理者都要面临的。这些挑战将贯穿本书许多章节，此处将

进行简单介绍。

表1-1 管理信息系统面临的关键挑战

变革	管理挑战
技术	
云计算平台的出现是商业领域的一大变革	以灵活方式在云端集成的一批计算机开始承担原来由企业内部数据中心完成的工作。云计算使一些主要的商业应用以一种网络服务的方式在线交付，如软件即服务（Software as a Service，SaaS）。云计算的成本和收益是什么？有多少企业的IT基础设施应该转移给云服务提供商？
大数据和物联网（IoT）	企业希望从网络流量、电子邮件、社交媒体内容和联网机器（传感器）中获取大量数据。更强大的数据分析和交互式数据面板可以为管理者提供实时的企业绩效信息，进而提高管理者的决策能力。企业是否有能力分析和使用大数据？企业如何利用物联网提供更好的产品和服务？
人工智能（AI）	计算机程序可以在大型数据库中找到一些规律和模式，这能够帮助管理者了解他们的业务，并提供更好的产品。企业可以在哪里应用人工智能并找到有价值的信息？使用人工智能的收益和成本是什么？
移动平台	商业和个人信息处理技术越来越多地转向智能手机、高清平板电脑、车载信息系统和可穿戴设备。这些移动设备可以安装上千个应用程序来支持合作与协作、与同事和消费者的在线沟通以及在线购物。现在有超过90%的互联网用户使用移动设备上网。企业的员工和消费者是否充分利用了移动功能？企业可以在哪些方面改进？成本和收益是什么？
管理和人员	
投资回报率（ROI）	尽管企业在信息系统和服务上花费了数百万美元，但它们通常不了解自己获得了多少收益。如何衡量和理解从信息系统和信息技术支出中获得的收益？这些信息系统和信息技术提供的服务是否有成本较低的替代来源？
在线协作和社交网络	数以百万计的商业精英使用Google Apps、Google Drive、Microsoft Office 365、Yammer、Zoom和IBM Connections实现博客发布、项目管理、在线会议召开、个人简介制作和在线社区参与。企业是否有计划地使用新技术来改善工作中的合作与协作以及知识共享？企业应该使用哪种新技术？
组织	
安全和隐私	安全漏洞和保护消费者隐私是影响所有企业的重大公共问题。企业应如何确认数据是安全的？企业在数据安全方面花费了多少资金？企业有哪些隐私政策？随着新法律的出现，企业应如何强化隐私保护？
社交商务	利用社交网络平台，如Facebook、推特、Instagram和企业内部社交工具，企业可以与员工、客户和供应商进行深入的互动。企业可使用社交商务工具实现哪些用途？应朝哪个方向前进？企业能否从这些平台中获取真正的价值？
远程办公日益增多	互联网、云计算、智能手机和平板电脑使越来越多的人能够在传统办公室之外工作。43%的美国职场人士表示，他们会花一些时间远程工作，且未来这一时间会更长。企业是否正在使用远程办公？远程办公会给生产效率带来哪些风险？

1.1.3 全球化的机遇与挑战：扁平化世界

在公元1500年之前，虽然有活跃的区域贸易市场，但没有真正连接地球上所有大陆的全球经济贸易体系。16 世纪以后，一个基于航海和造船技术的全球贸易体系开始出现，这使得世界各国人民和文化的交流更加密切。各国之间的贸易催生了"工业革命"这种全球性现象，使得各国在商业上既是竞争对手又是合作伙伴。随着全球贸易的扩大和贸易带来收益的增加，互联网极大地加剧了国家之间的竞争，同时也造成了劳动力市场的错位。

2005 年，记者托马斯·弗里德曼写了一本很有影响力的书，书中主要观点是现在的世界是平的。他在书中指出，互联网和全球通信的发展，极大扩展了人们相互交流的机会，并减少了发达国家在经济和文化方面的优势。弗里德曼认为，美国和欧洲国家人民为了维持生活水平，不得不与来自欠发达低收入地区受过高等教育并积极向上的人群竞争工作岗位、市场、资源，甚至创意想法（Friedman，2007）。全球化为企业不仅带来了机遇，也带来了挑战。

在美国和欧亚一些发达工业国家的经济结构中，进出口商品所占比重不断增加。2018 年，进出口外贸占到美国经济的 30%。而在欧洲和亚洲，这一比重超过 50%。在《财富》500 强榜单中的美国企业，有一半企业近 50% 的收入来自海外市场。例如，2018 年英特尔（Intel）超过 50% 的收入来自其微处理器的海外销售业务。又比如，在美国销售的玩具有 80% 是在中国制造的；而在中国制造的个人计算机中，有 90% 使用的是美国英特尔或超威半导体（AMD）芯片。

跨国流动的不仅有商品，还有工作机会，其中包括一些要求高学历的高薪、高层次工作。在过去 15 年中，美国约有 250 万个制造业工作岗位流向劳动力成本更低的国家。尽管制造业贡献了 2.1 万亿美元的国内生产总值，但现在它只占美国就业的一小部分（不到 12%）。在常规年份中，美国大约有 30 万个服务工作岗位转移到海外，其中许多是对信息技术要求较低的工作，但也有建筑、金融服务、客户呼叫中心、咨询、工程乃至放射医疗诊断等可外包的工作。

从好的方面来看，2018 年美国经济创造了 260 万个新就业岗位。信息系统和其他服务业领域的工作在就业人数、薪酬水平、生产率和工作质量方面都在迅速提升。实际上，外包大幅降低了信息系统的搭建和维护成本，加快了新的信息系统在美国和全球的发展。2019 年，信息系统和技术领域的人才需求远大于供给。

商科学生面临的挑战是如何通过学习和实践掌握那些无法被外包的高水平技能，企业面临的挑战则是避开可以通过海外廉价外包生产的产品和服务。但与此同时也存在着巨大的机遇。企业可以学习如何从世界市场的低成本中获利，以及如何为全球数十亿消费者提供服务。企业将有机会开发更高层次和利润更丰厚的产品和服务。本书将介绍企业和个人使用信息系统适应全球新环境的一些例子，这些例子中有成功案例，也有失败案例。

全球化与管理信息系统之间是怎样的关系？答案很简单：息息相关。互联网和全球通信系统的融合，大大降低了企业在全球范围内的运营和交易成本。例如，位于上海的生产车间和位于美国南达科他州苏福尔斯的分销中心之间的通信是实时且免费的。客户全天 24 小时都可以通过网络在全球范围内获取准确的产品价格和质量信息，并在线采购。通过在其他国家寻找低成本的供应商和管理生产设备，企业在全球范围内生产产品和提供服务，显著地降低了成本。谷歌和 eBay 等互联网企业可以在多个国家复制自己的商业模式和服务，而不必再重新设计固定成本高昂的信息系统基础设施。

1.1.4　信息系统的商业驱动力

是什么使信息系统在今天如此重要？为什么企业在信息系统和技术上投资如此之多？因为信息系统能帮助企业实现六个重要目标：卓越运营，新产品、新服务和新商业模式，亲近消费者和供应商，提高决策能力，取得竞争优势，在竞争中生存。

卓越运营

为了实现更高的盈利能力，企业不断地寻找能够提高运营效率的方法。而信息系统和技术正是能够帮助企业提高运营效率和生产能力的重要工具，尤其是当企业经营实践和管理行为发生变化时。

全球最大的零售商沃尔玛（Walmart）将信息系统与运营实践和管理支撑相结合，实现了世界一流的运营效率。2019 年，沃尔玛的销售额超过 5 140 亿美元，接近美国零售总额的十分之一。这很大程度上依赖于它的销售链管理系统，该系统以数字化的方式将供应商与沃尔玛在全球的 11 666 家门店相连接。只要消费者购买了某一件商品，供应商就能立刻监测到，从而实现货架的及时补货。沃尔玛是整个行业中最高效的零售商，每平方英尺的销售额超过 600 美元，而其主要竞争对手——塔吉特（Target），每平方英尺的销售额仅为 300 美元。

全球最大的在线零售商亚马逊（Amazon）在 2018 年的销售额超过 2 320 亿美元，其在信息系统方面投资了 21 亿美元，这保证了当全球 3 亿用户搜索某个产品时，亚马逊可以在几毫秒内返回正确的商品搜索结果（以及对其他产品的推荐）。

新产品、新服务和新商业模式

信息系统和技术是企业创造新产品、新服务以及全新商业模式的主要驱动工具。**商业模式**（business model）描述了企业如何生产、交付和销售产品或服务以创造财富。当今的音乐产业与十年前已有很大的不同。苹果公司将基于黑胶唱片、磁带和 CD 的传统音乐销售模式转变为基于自己的操作系统和 iTunes 商店的合法在线分销模式。苹果从不断创新中获得成功，包括最初的 iPod、iTunes 音乐服务、iPhone 以及 iPad。

亲近消费者和供应商

当一家企业能够真正地了解并很好地服务消费者时，消费者往往会成为回头客购买更多产品，从而提高企业的收入和利润。与供应商的关系也是如此：企业与供应商的关系越紧密，供应商就能越好地向企业提供重要服务，从而降低企业成本。对于拥有数百万线下和线上消费者的企业来说，如何真正了解消费者或供应商是一个关键问题。

曼哈顿的文华东方酒店（Mandarin Oriental）和其他高端酒店是利用信息系统和技术实现消费者高亲密度的典范。这些酒店使用信息系统来记录客人的喜好，比如他们喜欢的房间温度、入住时间、经常拨打的电话号码和经常收看的电视节目，并将这些数据存储在一个大型数据库中。为便于远程监控或控制，酒店的每个房间都与一个中央网络服务器连接。当消费者到达这些酒店中的任何一家时，系统会根据其数字档案自动调整房间环境，如调暗灯光、设置室温或选择合适的音乐。此外，酒店还会对消费者数据进行分析，从中识别最佳客户，并根据消费者偏好策划个性化的营销活动。

彭尼百货（JCPenney）的例子则印证了信息系统能使企业和供应商关系更加密切，进而使企业从中获益。每当在彭尼百货的美国商店卖出一件礼服衬衫，销售记录就会立刻出现在其供应商——香港联业制衣有限公司的计算机上，该公司是一家大型成衣生产商，美国市场上有 1/8 的衬衫由该公司生产。香港联业制衣有限公司通过自己开发的计算机模型分析这些销售数据，然后决定不同款式、颜色和尺码的衬衫的生产数量。在生产出这些衬衫后，该公司直接将衬衫送到彭尼百货的每一家门店，而无须送往零售商仓库。也就是说，彭尼百货几乎没有衬衫库存，库存成本也就接近于零。

提高决策能力

许多企业管理者至今仍在信息不透明的环境中工作，从来没有在正确的时间获得正确的信息来作出正确的决定，相反，他们更多地依靠预测、猜测和运气作决策。导致的结果就是产品和服务的生产过剩或不足、资源分配不合理、响应时间滞后。这些糟糕的结果在增加成本的同时也导致了客户的流失。而如今，信息系统和技术已经能够使管理者在决策时使用来自市场的实时数据。

例如，美国最大的电信运营企业之一威瑞森电信公司（Verizon Communications）使用基于网络的数字仪表盘为管理者提供关于客户投诉、每个服务区的网络性能以及线路中断或暴风雨损坏线路的精确实时信息。拥有这些信息，管理者可以立即将维修资源分配到受影响的地区，告知用户维修措施并尽快恢复服务。

获得竞争优势

当企业实现以上目标中的一个或多个时——卓越运营，新产品、新服务和新商业模式，亲近消费者和供应商，提高决策能力——它们很有可能已经获得了竞争优势。比起竞争对手来说做得更好，对优质产品定价更低，对消费者和供应商实时响应，这些综合起来将会使企业获得令竞争对手无可比拟的销售额和利润。苹果、沃尔玛和 UPS 之所以能够成为行业引领者，正是因为它们懂得如何运用信息系统来实现这些目标。

在竞争中生存

企业还会投资一些运营活动所必需的信息系统和技术，有时这是由行业层面的变革所驱动的。例如，花旗银行在纽约地区推出了第一台自动取款机（ATM），以更高的服务水平吸引消费者。竞争对手也紧跟其后，争先引入 ATM。到如今，美国几乎所有的银行都提供本地 ATM 服务，并与国内和国际的 ATM 网络连接。

美国很多联邦和州的法规规定企业及其员工有保存记录（包括电子记录）的法律义务。例如，《有毒物质控制法》（Toxic Substances Control Act，1976）规定，当美国工人接触 75 000 种有毒化学品中的任何一种时，企业必须保留员工接触记录至少 30 年。为增强上市公司及其审计师的问责约束，《萨班斯-奥克斯利法案》（Sarbanes-Oxley Act，2002）规定，上市公司必须保存审计工作底稿和记录 5 年，包括所有电子邮件信息。企业可以借助信息系统和技术来实现对这些信息的记录和快速响应。《多德-弗兰克法案》（Dodd-Frank ACT，2010）要求金融公司大幅扩大对衍生品和其他金融工具的公开报告。

1.2 什么是信息系统？它如何工作？它有哪些人员、组织和技术要素？

到目前为止，我们已经非正式地使用了信息系统和技术，但没有给出这些术语的定义。**信息技术**（information technology，IT）是企业实现其商业目标所需要的所有软件和硬件。这不仅包括计算机、存储器和移动手持设备等硬件，还包括各种软件，如 Windows 或 Linux 操作系统、Microsoft Office 桌面办公软件，以及在一般大企业中可以找到的成千上万的计算机程序。而信息系统则更加复杂。为了更好地理解，我们分别从技术和业务两个角度对其进行分析。

1.2.1 什么是信息系统?

基于技术的角度，**信息系统**（information system，IS）可以被定义为一组相互关联的组件，这些组件收集（或检索）、处理、存储和发布信息以支持组织中的决策制定、协调和控制。此外，信息系统还可以帮助管理者和员工分析问题，可视化复杂对象和开发新产品。

信息系统包含组织内部或其所处环境中的重要人物、地点和事物的信息。**信息**（information）是指经过整理转化后，对人有意义或有用的数据。与此相对，**数据**（data）则是指一种原始记录，记录着发生于组织或组织所处环境中的原始事实，在整理转化之前不能被人直接理解和使用。

举个简单的例子区分信息和数据。超市柜台会扫描条形码获取大量的商品数据。汇总并分析这些数据可以得到有用的信息，例如得到某家商店售出洗洁精的总瓶数，在该商店或所属销售区域，哪个品牌的洗洁精卖得最快，或某个品牌洗洁精的销售总额（如图 1-1 所示）。

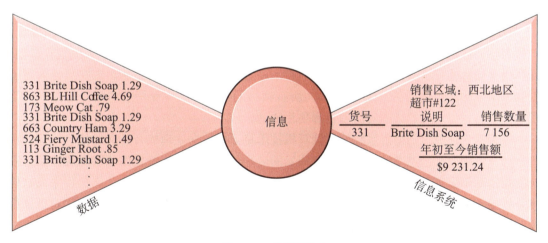

图 1-1 数据和信息

说明：对超市收银台的原始数据进行处理和组织后，可以产生有意义的信息。例如某一特定商店或销售区域的洗洁精销售数量或销售额。

信息系统中的三类活动分别是输入、处理和输出（见图 1-2）。一个组织可以利用这些信息制定决策、控制运营活动、分析问题和创造新的产品或服务。**输入**（input）是指获取或收集组织内外的原始数据。**处理**（processing）是指将输入的原始数据转换为有意义的形式。**输出**（output）是指将处理后的信息传递给需要使用的人或活动。此外，信息系统还需要**反馈**（feedback），即将输出信息回送给组织中的合适人选，帮助他们评估或校正输入。

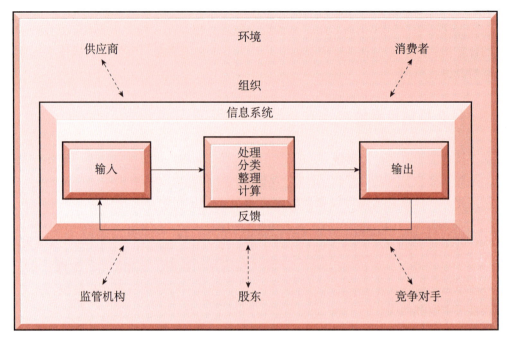

图 1 - 2　信息系统的功能

说明：信息系统包含有关组织及其所处环境的信息。通过三个基本活动——输入、处理和输出产生组织所需要的信息。反馈是将输出返回给组织中适当的人员或活动，以评估和改进输入。环境参与者，如消费者、供应商、竞争对手、股东和监管机构等，与企业组织及其信息系统之间相互影响。

　　在 PCL 建筑公司的项目管理系统中，原始输入包括承包商和分包商的名称和地址、项目名称和标识号、项目活动、劳动力成本、材料成本以及项目活动的开始和完成日期。计算机存储并处理这些数据，计算每个项目活动及整个项目的预算总额，以及预计的完工时间。系统的输出包括在 PCL 管理下的所有项目的规模、成本和持续时间，超出和低于预算的项目，以及延迟或准时的项目和项目活动。

　　尽管基于计算机的信息系统使用计算机技术将原始数据处理成有意义的信息，但计算机、计算机程序和信息系统之间还是有明显的区别。计算机和相关软件程序是现代信息系统的技术基础、工具和材料；计算机提供存储和处理信息的硬件设备；计算机程序或软件则是指导和控制计算机处理的操作指令集。了解计算机和计算机程序如何工作，对设计组织问题的解决方案非常重要，但计算机仅仅是信息系统的一部分。

　　就像建造房子一样，虽然需要铁锤、钉子和木材，但是仅有这些材料并不足以建造一栋房子。房子的结构、设计、装修、景观以及所有与此有关的因素，都是建造房子的一部分，并且对于房子的完工有决定性意义。计算机和程序就是搭建信息系统的铁锤、钉子和木材，但仅有它们并不能提供企业组织所需要的信息。要理解信息系统，我们必须要理解它所要解决的问题、系统的架构和设计因素，以及构成解决方案的组织流程。

1.2.2　不仅仅是技术：信息系统人员和组织的作用

　　要充分了解信息系统，我们必须更广泛地了解信息系统的组织、人员和技术维度（见

图 1-3），以及它们赋予企业的解决问题和应对商业挑战的能力。我们将这种对信息系统的更广泛的理解（包括组织、人员、技术三个维度）称为**信息系统素养**（information systems literacy），这是一种学习信息系统的行为方法和技术方法的组合。与此相对，**计算机素养**（computer literacy）则主要强调信息技术这个单一维度的知识。

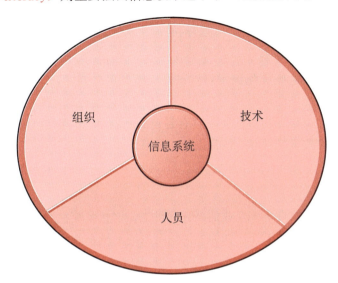

图 1-3　信息系统不等于计算机

说明：有效使用信息系统需要了解整个系统的组织、人员和信息技术。信息系统能够为企业提供重要商业问题或环境挑战的解决方案。

　　管理信息系统（management information system，MIS）这一学科所努力实现的，正是建立这种更加广泛的信息系统基本素养。MIS 除了解决信息系统开发、使用等相关问题，还要处理管理者和员工使用信息系统的反馈问题。

1.2.3　信息系统的维度

　　现在我们依次分析信息系统的三个维度——组织、人员和技术。

组织

　　信息系统是组织的组成部分之一。尽管我们倾向于认为信息技术改变了组织和企业，但事实上，它们是相互影响的。企业的历史和文化同样也会影响技术的使用方式。因此，为理解一个特定的企业是如何使用信息系统的，我们需要了解企业的结构、历史和文化。

　　组织的结构通常由不同的层次和专业任务组成，这体现了明确的劳动分工。一个企业的权利和责任划分按照层级或金字塔结构进行组织。其中，上层由管理人员、专业人员和技术人员组成，下层由业务人员组成。专家受聘于不同的业务部门并接受培训，如销售和市场部、制造和生产部、财务和会计部、人力资源部等。企业通过建立信息系统的方式来满足不同部门和不同层级的需要。我们将在第 2 章详细介绍这些业务部门和组织层级，以及信息系统如何为它们提供支持。

　　组织通过这种结构化的层次结构及其**业务流程**（business processes）来完成和协调工作。其中，业务流程是指与要完成的工作逻辑相关的任务和行为。例如，开发一个新产品、完成一份订单，或招聘一位新员工都属于业务流程。

大多数组织的业务流程都包含通过长期工作积累而形成的用于完成任务的正式规则。这些规则为员工提供了各种指导操作程序，包括从开发票到响应消费者投诉。其中有一些业务流程已经被正式地记录下来，但也有些业务流程是非正式的工作经验，比如，给同事或消费者的回访电话的要求没有被正式地写入文件。而信息系统可以自动完成许多业务流程，如消费者授信或付款通常由包含一系列正规业务流程的信息系统决定。

每个组织都有被绝大多数成员接受的独特**文化**（culture），或是该组织的基本设想、价值观和行为方式。而这些文化因素自然被嵌入组织的信息系统，例如，UPS 的组织文化之一是将服务放在第一位，而这一点可以在 UPS 的包裹跟踪系统中体现。

组织中的不同层级和不同专业通常具有各自的利益和观点。这些观点经常发生冲突，但冲突又是组织制定政策的基础。信息系统正是基于组织中不同观点、冲突、妥协和共识而产生的。

人员

一家企业成功与否取决于该企业的高管和员工。信息系统也是如此，如果没有技术人员来搭建和维护，也没有员工知道如何使用信息系统实现企业经营目标，那么信息系统将没有任何意义。

如果员工因没有接受足够的培训而无法处理客户投诉、解决问题、或让客户感受到企业对他的重视，那么即便使用高级客户关系管理系统（在后面的章节中描述）建立起为客户提供帮助的呼叫中心也是没有用的。同样地，员工对其工作、上司和技术的态度也会对他们使用信息系统开展工作的能力产生影响。

企业需要多种多样的人才，既包括管理者也包括普通员工。管理者的职责是厘清企业面临的局势，及时作出决策，并制定解决企业问题的方案。管理者要感知到企业在经营环境中面临的挑战，并制定战略来应对这些挑战，通过合理配置人力和资金来协调各项工作，最终带领企业走向成功。自始至终，管理者需要履行领导者的职责。

然而，管理者需要做的不只是管理现有事务。他们还必须能够创造新的产品和服务，甚至需要时不时地重塑组织结构。管理的很大一部分责任是使用新知识和信息来驱动创新性工作。在帮助管理者针对各类问题提出创新性方案上，信息技术可以发挥强大作用。

正如我们将在这本书中了解到的，如今信息技术的成本变得相对低廉，而人工成本却很昂贵。这是因为只有人才拥有解决商业问题的能力，能够把信息技术转变为有价值的企业解决方案。所以我们在本书中将重点分析信息系统中的人员维度。

技术

信息技术是管理者用于应对变化的众多工具之一。**计算机硬件**（computer hardware）是指用于信息系统的输入、处理和输出活动的物理设备。它包括如下组成部分：不同型号的计算机，各类输入、输出和存储设备，以及连接计算机的网络设备。

计算机软件（computer software）是指信息系统中用于控制和协调计算机硬件设备的一系列精细复杂的、预先编写的指令。本书第 5 章将详细介绍当今企业使用的软件和硬件平台。

数据管理技术（data management technology）是指用于管理物理存储介质上数据组织的软件。本书将在第 6 章详细介绍数据组织和存取的方法。

网络与通信技术（networking and telecommunications technology）是由物理设备和软件组成，用于连接各类硬件设备，并将数据从一个物理位置传输到另一个物理位置的技术。计算机和通信设备通过网络连接，实现共享声音、数据、图像和视频等功能。一个**网络**（network）可以将两台或更多的计算机连接起来以共享数据和资源（如打印机）。

互联网（Internet）是世界上最大和使用最广泛的网络，是一个全球化的"网络的网络"，通过采用统一标准（见第7章）连接起全球230多个国家和地区的数百万个网络。

互联网创建了一个全新的统一技术平台，基于这个平台可以创造新的产品、服务、战略和商业模式。这一统一的技术平台也可以在企业内部使用，将企业内部不同的系统和网络相互连接。这类基于互联网技术的企业内部网络称为**内联网**（intranets），而扩展到企业外部授权客户专用的内联网叫作**外联网**（extranet）。企业使用外联网来协调与其他企业间的采购活动、协同设计以及其他跨组织的工作。如今对于大多数企业来说，使用互联网技术既是一种商业需要，也是一种竞争优势。

万维网（World Wide Web）是基于互联网的一种服务业务，它使用通用标准，在互联网上以网页的形式存储、检索、生成和显示信息。其中，网页包含文本、图形、动画、声音和视频等内容，并可以链接到其他网页。通过点击网页上高亮显示的文字或按钮，你可以链接到相关网页以寻找更多的信息，或直接跳转到其他的网站。一些新型的信息系统，如UPS的包裹跟踪系统，正是建立在网页的基础上。

所有这些技术，以及那些运行和管理它们的员工，作为组织中的可共享资源组成了企业的**信息技术基础设施**（information technology（IT）infrastructure）。信息技术基础设施为企业搭建特定的信息系统提供了基础和平台。每个组织都必须仔细地设计和管理信息系统基础设施，以保证组织可以借助信息系统拥有完成工作所需的技术服务。本书的第5~8章将介绍信息技术基础设施的主要技术要素，并展示这些要素如何协同工作，共同建立组织的技术平台。

互动讨论：技术　　**UPS借助信息技术展开全球竞争**

1907年，UPS成立于一间狭小的地下办公室。创始人吉姆·凯西和克劳德·瑞安是来自西雅图的两名青少年，创业之初，他们仅有两辆自行车和一部电话，但承诺做到"服务最好，价格最低"。秉承这一理念，经过一个多世纪的繁荣发展，UPS已经成为世界上最大的陆路和航空包裹配送企业。它是一家全球性企业，拥有超过454 000名员工和119 000多辆送货车。

如今，UPS的业务遍及世界220多个国家和地区，配送了超过51亿件包裹和文件。尽管面临来自联邦快递和美国邮政服务（US Postal Service）的激烈竞争，但通过大力投资先进信息技术，UPS在小包裹配送服务领域始终保持领先地位。UPS每年花费超过10亿美元来保证高水平的客户服务，同时做到了保持低成本和简化企业整体运营。

UPS在每件包裹上都贴有可扫描的条形码，其中包含了关于寄件人、目的地和包裹到达时间的详细信息。顾客可以使用UPS提供的专用软件或直接登录UPS网站，下载并打印自己的标签。甚至在包裹寄出之前，"智能"标签上的信息就被传输到UPS位于新泽西州莫瓦或佐治亚州阿尔法利塔的计算机中心，之后被发送到离配送地点最近的配送中心。

　　配送中心的调度员下载标签数据，并使用名为 ORION 的专用路由软件，在考虑交通、天气状况和每个车站位置的情况下，为每个司机创建最有效的送货路线。每个 UPS 司机平均每天要停车 100 次，在美国有 55 000 条线路，假如每名司机每天减少 1 英里的路程，那么换算成在时间、燃料消耗、行驶里程和碳排放方面节省的大量资金，就是每年 4 亿美元。

　　随着 UPS 将越来越多的业务转向利润较低的电子商务快递，这些节省成本的措施对于推动利润增长至关重要。过去，UPS 的司机每天只需要在一家零售店投递几个沉重的包裹，但现在他们常常要在居民区的多个地方停下来，为每家每户配送一个包裹。这种转变需要耗费更多的燃料和时间，也相应增加了配送每个包裹的成本。

　　UPS 司机每天要拿起的第一件东西是名为配送信息采集设备（DIAD）的手持计算机，它可以接入手机无线网络。一旦司机登录系统，就可以将全天的配送路线下载到手持设备。此外，DIAD 还可以自动采集客户的签名以及取货和送货信息，包裹跟踪信息随即被传送到 UPS 的中心计算网络进行存储和处理。自此，这些信息就能在全球范围内获取，为客户提供交付证明或返回客户的查询结果。从司机在 DIAD 上按下"完成"按钮到相应信息上传到网络，所花时间不超过 60 秒。

　　通过自动包裹跟踪系统，UPS 可以在整个配送过程中监控包裹，甚至改变包裹的配送路线。在从寄件人到收件人的整个路程中，每到一个地点，条码设备就会扫描包裹标签上的配送信息并传送到中央计算机。客户服务代表可以通过连接到中央计算机的台式计算机检查任何包裹的状态，并立即反馈客户的查询。UPS 客户也可以直接使用自己的计算机或手机从 UPS 网站上获取这些信息。UPS 现在为苹果手机、黑莓和安卓智能手机用户提供了手机移动应用和手机版网页。

　　任何要寄送包裹的人都可以访问 UPS 网站来跟踪包裹、检查配送路线、计算运费、确定运输时间、打印标签和安排提货。从 UPS 网站收集到的这些数据先被传输到 UPS 中央计算机，经过处理后再返回给客户。UPS 也专门为思科公司（Cisco Systems）等客户开发工具，使它们能够将 UPS 的跟踪和成本计算等功能嵌入自己的网站，这样它们不用访问 UPS 网站也可以实现货物跟踪。

　　现在，UPS 利用其数十年积累的全球配送网络管理经验，为其他企业管理物流和供应链活动。UPS 专门成立了 UPS 供应链解决方案部门，为客户提供一套标准化服务，其成本远小于客户建造自有系统和基础设施的成本。除物流服务外，还包括供应链设计及管理、货运代理、海关代理、邮件服务、多式联运和金融服务。

　　UPS 的技术和商业服务对包括小型初创企业在内的各种规模的企业都有帮助。例如，Fondarific 是一家位于萨凡纳的企业，其主要业务是生产和销售用于装饰婚礼蛋糕和儿童蛋糕的软糖糖衣。正是 UPS 的服务帮助 Fondarific 在全球范围内实现销售额的快速增长。UPS 开设了一个专门针对出口运输的培训课程，培训 Fondarific 如何管理国际销售和物流业务，以及如何通过 UPS 的 WorldShip 全球航运软件，来使用 UPS 的包裹配送和货运服务。此外，UPS 还向该企业展示了如何将运输系统与 Quickbooks 会计软件和库存软件集成使用。

　　UPS 为 4Moms 公司提供财务和运输方面的建议和服务，后者是一家总部位于匹兹堡的企业，拥有 80 名员工，主要业务是使用消费者技术制造新颖的婴儿产品。UPS 的贸易直航（Trade Direct）服务使 4Moms 可以绕过配送中心直接将货物运送给零售商，从而降低货运和库存成本。UPS 提供的货运金融（Cargo Finance）服务则帮助 4Moms 公司管理全球范围的库存成本。

资料来源：Bloomberg，"UPS Sees Payoff From $20Bn Tech Bet，SupplyChainBrain，"April 24，2019；www.ups. com，accessed February 7，2019；Shefali Kapadia，"Company of the Year：UPS，"*Supply Chain Dive*，December 3，2018；and Haylle Sok，"UPS Technology to Save $75 Million per Year in 2020，"*Global Trade*，December 25，2018.

案例分析问题

1. UPS 包裹追踪系统的输入、处理和输出是什么？
2. UPS 使用了哪些技术？这些技术与 UPS 的商业战略有何关联？
3. UPS 的信息系统实现了哪些战略性业务目标？
4. 如果 UPS 的信息系统不可用，将会发生什么？

"互动讨论：技术"介绍了目前基于计算机的信息系统中常用的一些典型技术。UPS 在信息系统技术上投入大量资金，以提高业务效率并实现以客户为导向的理念。UPS 采用了一系列信息技术，包括条形码扫描系统、无线网络、大型主机、手持计算机、互联网和许多用于跟踪包裹、计算费用、维护客户记录和管理物流的不同类型软件。阅读上述案例时，请试着分析这家企业面临的问题，管理层有哪些替代解决方案，以及所选择的解决方案的效果如何。

分析上述 UPS 包裹跟踪系统中的组织、人员和技术要素。组织要素将 UPS 销售和生产职能与包裹跟踪系统紧密相连（UPS 的主要业务是包裹配送服务）。它明确规定了一些任务的操作程序，包括识别带有发件人和收件人信息的包裹、清点库存、跟踪途中的包裹，以及为 UPS 客户和客户服务代表提供包裹状态信息。

该系统还必须为管理者和员工提供信息，以满足他们的需求。例如，UPS 司机需要接受包裹取件和配送流程方面的培训，了解如何使用包裹跟踪系统，以便能够高效地工作。UPS 客户则可能需要一些培训，来了解如何使用 UPS 自有的包裹跟踪软件或 UPS 网站。

UPS 的管理层负责监控服务水平和成本，以实现企业低成本的优质服务战略。管理层决定使用自动化技术来提升通过 UPS 发送包裹和检查其配送状态的便利性，从而减少配送成本，增加销售收入。

支持 UPS 包裹跟踪系统的技术包括手持计算机、条形码扫描仪、有线和无线通信网络、台式计算机、UPS 的中央计算机、包裹配送数据存储技术、UPS 自有包裹跟踪软件和访问网络的软件。最终企业得出了一个信息系统方案，实现了在日益激烈的竞争中，用优质低价的服务应对竞争对手的商业挑战。

➡ 1.3 解决商业问题的四步法如何解决信息系统相关问题？

我们理解信息系统的方式是将信息系统和技术视为应对各种商业挑战和问题的解决方案。简而言之，就是解决问题的方法。当企业面临众多挑战和问题时，信息系统正是解决这些问题的一个主要途径。因此，本书中的所有案例都重在分析企业如何使用信息系统来解决具体的问题。

　　问题的解决方案将直接关系到你未来的工作。未来的雇主愿意聘用你，往往是因为你能够解决商业问题，实现企业目标。因此，懂得如何使用信息系统来解决问题，对个人和雇主来说都会很有帮助。

1.3.1　解决问题的方法

　　从表面上看，解决日常生活中的问题似乎是非常简单的。如果一台机器坏了，零件和机油洒得满地都是，那很显然必须有人来解决这个问题。随后，你在附近的商店找到了工具，开始修理机器。在清理干净地面并检查了其他的部件后，启动机器，生产再次恢复。

　　毫无疑问，商业中是有一些直截了当的问题，但这类问题少之又少。在现实的商业环境中，问题往往会同时涉及多方面的因素。而这些因素可以被归纳为三类：组织、技术和人员。换言之，几乎所有问题都会涉及这三个方面的因素。

1.3.2　解决问题的过程模型

　　在使用信息系统的背景下，我们可以用一个简单的问题解决模型，来分析并解决商业问题。商业问题的解决过程可以看作由四个步骤组成（见图 1-4）。大多数工作人员都通过这样的模型找到了解决办法。下面将逐一介绍各个步骤。

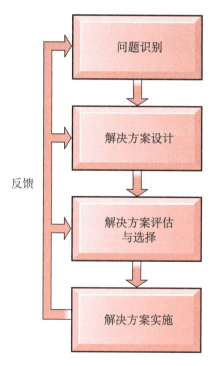

图 1-4　解决问题是一个连续的四步过程

　　说明：无论是在解决方案的实施过程之中还是之后，都必须不断地评估结果，并将解决方案的实施效果反馈给问题解决者。通过这种方式，在不断累积经验的基础之上，对问题的识别会随着时间的推移而不断更新，解决方案的制定和选择也会随之改变。

问题识别

解决问题的第一步是了解存在什么样的问题。与普遍的看法不同，问题并不像球场上的篮球，只是在那里等着被发现。在问题被解决之前，企业人员必须先对问题的存在达成共识，即问题是什么，产生的原因又是什么，以及在组织给定的有限资源条件下可以做些什么。因此，在问题被解决之前，组织中的人员必须要正确地定义问题。

例如，从表面上看似乎是员工个人的问题导致没有及时、准确地对客户作出充分响应，但实际上可能是因为用于跟踪客户的信息系统过于老旧，又或者两种原因都有。一旦明白了这一关键事实，就可以开始创造性地解决问题。而要解决这些问题，需要收集事实，与相关人员进行访谈，并对收集到的文件和数据进行分析。

在本书中，我们重点强调商业问题的三个不同的典型维度：组织、技术和人员（见表1-2）。典型的组织问题包括：糟糕的业务流程（通常和历史因素有关）、不匹配的文化、相互矛盾的政策和组织外部环境的变化。典型的技术问题包括：硬件不足或老旧、软件过时、数据库容量不足、网络带宽不足以及旧系统与新技术不兼容。典型的人员问题包括：员工培训不足、绩效评估困难、规章制度的执行力不足、人事关系复杂、管理不当以及员工参与度问题。分析一个商业问题时，从以上三个维度出发能更好地理解将要解决的问题。

表1-2　商业问题的维度

维度	说明
组织	过时的业务流程 不匹配的文化和态度 政策的冲突 混乱多变的商业环境 任务的复杂性 资源的不充分
技术	硬件不足或老旧 软件过时 数据库容量不足 网络带宽不足 旧系统与新技术不兼容 无法跟上快速的技术革新
人员	员工培训不足 绩效评估困难 规章制度的执行力不足 工作环境问题 缺乏员工支持与参与 管理不果断 管理不善 错误的激励

解决方案设计

第二步是为已识别的问题设计解决方案。实际上，对于任何问题，通常都有多种解决方案，解决方案的选择往往反映了组织中各类群体的不同观点。考虑尽可能多的解决方案能够了解每种方案的局限性。一些解决方案强调技术，另一些则关注问题的组织和人员方面的变化。你将在本书中发现，大多数成功的解决方案源于多种方法的集成，其中既包含组织和人员的变化，也伴随着新技术使用。

解决方案评估与选择

下一步是为企业选择最佳的解决方案。在选择唯一的最佳方案时，我们要考虑的因素包括：方案成本、现有资源和技术条件下的方案可行性，以及设计和实施该方案所需的时间。此外，企业管理者和员工的支持也非常重要。一个解决方案如果没有得到企业中所有主要利益相关者的支持，那么必然会走向失败。

解决方案实施

最佳方案一定是可以实施的方案。实施一个信息系统解决方案同时包括方案设计和方案导入组织两个方面。方案的技术部分又包括软硬件的采购和搭建。软件的测试要在真实业务环境中完成，之后还需要对员工进行培训，并编写新系统的使用手册。

还必须考虑变革管理的问题。**变革管理**（change management）是指用于对业务流程进行成功变革的多种技术。几乎所有的信息系统都会对企业的业务流程进行变革，也就是要改变成百上千的员工每天所做工作的流程。你必须设计出更高效的业务新流程，然后想办法鼓励员工采纳这些新流程。这可能需要召开会议向员工说明这些变化，并培训员工快速了解新的信息系统和流程，还可以设计一些奖励机制，调动员工使用新系统的积极性。

方案实施还包括对结果的评估。在方案实施后，必须进行评估，以判断该方案是否有效，以及为了达到最初的目标是否需要作出新的改变。之后，评估信息将被反馈给方案的提出者。通过这种方式，可以在经验的基础上随着时间的推移改变对问题的识别，进一步修改解决方案，并作出新的选择。

问题解决：是过程，而非事件

人们很容易陷入这样一种误区，认为问题会像事件一样在某个时刻结束，就像接力赛或棒球比赛那样。但在现实世界中并非如此，有时选择的方案不起作用，就需要新的解决方案。

例如，美国国家航空航天局（NASA）曾花费超过 10 亿美元来解决航天飞机上泡沫脱落的问题。但结果证明，最初的解决方案并未起效。更普遍的情况是，所选的解决方案只是部分有效，还需要持续改进才能真正适用。有时，初始解决方案不起作用，是由于问题的性质发生了变化。例如，面对黑客不断制造的新型计算机病毒，杀毒软件必须持续更新迭代，才能起到防御保护作用。因此，问题的解决也是一个持续的过程，而非单一事件。

1.3.3   批判性思维在问题解决中的作用

接受别人对问题的定义，或采纳某些专家组通过客观分析问题提出的观点和措施，是非常容易的。但应该避免一味接受对任何问题的现有定义。在正确识别问题，充分理解问题，并且分析所有解决方案之前，切记不要选择任何具体方案。否则可能会走错方向，解决错误的问题，同时也浪费了资源。因此，有必要做一些批判性思考的练习。

批判性思维（critical thinking）可以简单地定义为从多个角度、用多种方法进行持续的怀疑性判断。它至少包含以下四个要素：

- 保持怀疑和质疑的态度；
- 有多角度思考的能力；
- 测试替代方案并借助经验的指导；
- 意识到组织和个人的局限性。

机械地遵循一个决策过程或者模型，并不能保证会得到正确的解决方案。避免产生错误方案的最好办法，就是在解决问题的过程中进行批判性思考。

首先，要保持怀疑和质疑的态度。在解决问题时，最常见的错误是过早地对问题的本质作出判断。如果一开始就质疑所有的方案，拒绝匆忙作出判断，就可以创造必要的条件来重新审视问题，从而就有机会作出创造性的贡献。

其次，要认识到所有有趣的商业问题都具有多面性，即使是同一个问题也可以从不同的角度来审视。在本书中，我们强调审视商业问题的三个重要视角：技术视角、组织视角和人员视角。在每一个大视角中还包括很多不同的子视角。例如，技术视角包括企业 IT 设施的所有组件及其工作方式；组织视角包括企业的业务流程、组织结构、文化和制度；人员视角则包括企业管理层、企业员工以及他们在工作团队中的相互关系。

你必须自己决定哪个主视角对于给定的问题是有用的。判断的最终标准是有用性，即选择的视角能否告诉你更多有助于解决这个问题的信息。如果不能，那么这个视角在这种情况下就没有意义，应该放弃它转而寻求新的视角。

批判性思维的第三个要素是借助经验的指导，测试替代方案，或对解决问题的方案建模。因为并不是所有的突发事件都能提前预料，但大部分可以通过经验吸取教训，所以我们要做试验，收集数据，并定期重新评估问题。

1.3.4 商业目标、商业问题和商业解决方案间的联系

企业信息系统和解决问题的方法之间能够建立联系。本章的开头确定了信息系统的六个商业目标：卓越运营，新产品、新服务和新商业模式，亲近消费者和供应商，提高决策能力，取得竞争优势，在竞争中生存。如果企业不能达到这些目标，它们将变成企业需要关注的挑战或问题。意识到这些挑战的管理者和员工，常常把信息系统作为解决问题的方案之一，甚至是唯一的方案。

回顾本章开头处的图表。该图显示了 PCL 信息系统如何解决传统建筑行业由于高度依赖纸质文档，但又无法实时共享而造成业务效率低下的问题。这些系统提供了一个基于无线数字技术和互联网的解决方案。PCL 通过数字化的方式使其关键业务流程能够用于规划、设计和监控其建设项目。这些系统对于提高 PCL 的整体业务绩效至关重要。该图还阐明了人员、技术和组织要素如何一起协调工作，共同创建系统。

本书的每一章都以类似的图表开始，以帮助读者分析章首案例。读者可以把这些图表作为分析任何信息系统或相关问题的一个起点。

➡ 1.4　哪些信息系统技能和知识对职业生涯至关重要?

展望 2026 年，美国经济将会创造 1 150 万个新就业岗位，同时 3 400 万个现有岗位会因为员工退休而空缺。超过 95％的新工作岗位将会在服务业中产生，而其中医疗保健服务领域的新增岗位增长最快。大约 35％的新工作需要求职者至少拥有学士学位，另外 30％需要求职者至少接受专科教育（美国劳工统计局，2019；美国人口普查局，2019）。

这意味着美国的企业倾向于招聘的求职者拥有更强的问题解决能力——阅读、写作和陈述观点的能力，以及拥有特殊技术技能。不管你在商学院所学的专业是什么，或者你未来的职业是什么，信息系统和技术都将在你的日常工作和职业生涯中扮演重要的角色。这意味着你的就业机会和薪酬将部分依赖于你利用信息系统帮助企业实现商业目标的能力。

1.4.1　信息系统如何影响职业生涯

在接下来的章节中，我们将基于美国劳工统计局的研究数据（美国劳工统计局，2019；美国人口普查局，2019），介绍信息系统是如何影响某些特定职业的，以及在这个新兴劳动力市场中你需要掌握何种技能才能更有效地工作。

会计

目前美国约有 140 万名会计从业人员，预计到 2026 年，会计行业规模还会再扩大 11％，新增 14 万个就业岗位，同时还有两倍数量的退休空缺岗位。会计行业高于平均水平的就业增长速度，在一定程度上是由针对上市公司的新会计法规的出台，对上市公司和私人企业的税务审计检查的增多，以及对管理和运营建议日益增长的需求共同推动的。

会计人员高度依赖信息系统来总结交易、创建财务记录、组织数据以及进行财务分析。随着新法规的出台，会计人员需要具备更多的关于数据库、报表系统和网络的知识来追踪财务交易。由于大量交易是在网络上进行的，会计人员需要了解在线交易和报表系统，以及如何在在线和移动商务环境中使用信息系统来实现管理会计职能。

金融

如果把金融分析师、股票分析师、经纪人、信贷员、预算分析师、财务顾问以及相关的金融服务职业包括在内，那么目前大约有 200 万名金融从业者。预计到 2026 年，这些金融相关岗位的数量将增长约 12％，新增 13 万个工作岗位，其中财务顾问的就业数量将增长 15％。

财务经理在为企业计划、组织和实施信息系统战略方面扮演着重要的角色。财务经理通常直接向企业董事会及高管报告，以确保用于信息系统的投资能帮助企业实现既定目标，并取得高额收益。信息系统与现代财务管理实践之间的联系是如此紧密，以至于很多主修财务金融专业的学生也辅修信息系统（反之亦然）。

市场营销

在过去五年中，没有哪个领域像营销和广告业那样，经历了由技术带来的翻天覆地的变化。电子商务的蓬勃发展，意味着人们正在将注意力迅速转移到互联网。因此，互联网广告成为了增长最快的广告类型，2018 年已达到 1 050 亿美元。品牌的推广以及与消费者的交流正在快速地转移到线上。

在美国，大约有 150 万名公关、市场分析师、营销策划和销售经理。该行业的就业增长速度高于平均水平，约为 10％，预计到 2026 年将增加 30 多万个工作岗位。此外还有近 120 万个与市场营销相关的非管理类岗位（涉及艺术、设计、娱乐、体育和媒体），以及超过 1 590 万个销售岗位。预计到 2026 年，合计将新增 200 万个工作岗位。市场营销和广告部门的管理者和专家，要处理在品牌推广、销售产品和服务的过程中产生的庞大的消费者线上线下行为数据。他们需要汇报产品销售绩效，跟踪客户反馈并管理产品开发。管理者还需要了解如何使用企业集成信息系统中的生产管理系统、销售团队管理系统和客户关系管理系统，来开发消费者需要的产品，管理客户关系以及日益增长的流动销售团队。

服务和制造业中的运营管理

现代工业生产的规模扩大和复杂性，以及大型跨国服务型企业的出现，使得对于能够协调和优化资源来生产产品和提供服务的员工需求量日益增长。作为一门学科，运营管理与以下三类职业直接相关：生产经理、行政服务经理和运营分析师。

生产经理、行政服务经理和运营分析师每天都要使用信息系统以及大量的数据库和分析软件来完成他们的工作。

管理人员

管理人员是美国劳动力市场上最大的单一群体，拥有超过 1 300 万人，这还不包括 61.2 万名管理分析师和顾问。总的来看，美国的管理人群预计以 7％ 的平均速度增长，到 2026 年将增加大约 100 万个新工作岗位。来自美国劳工统计局的数据显示，管理职位有 20 多种类型，从首席执行官到人力资源经理、生产经理、项目经理、酒店经理、医院经理和社区服务经理等。

可以说，现在如果离开了信息系统，即使是小企业，也难以顺利开展管理工作。在美国，几乎所有的管理者每天都使用信息系统和技术来完成他们的工作，小到桌面办公软件，大到协调整个企业资源的移动应用。如今，管理者通过各种信息技术进行管理，一旦离开这些技术，管理者便很难对企业进行控制和管理。

信息系统

信息系统领域是所有的业务岗位中变化最快的领域之一，这是因为信息技术是实现企业核心目标的最重要工具之一。企业信息系统的快速发展导致对信息系统员工和管理人员的需求日益增长，他们要与其他业务专业人员一起设计开发新的硬件和软件系统，以满足企业的需求。

目前美国大约有 370 万个信息系统从业人员，并以 13％ 的速度增长，预计到 2026 年，将会增加 50 多万个新就业岗位。随着企业和政府机构越来越依赖互联网进行通信和获取计算资源，对于系统和网络安全管理职位的需求迅速增加。而在这类职业中，增长最快的是软件开发人员（增长 24％）和网络开发人员（增长 15％）。

本地外包和离岸外包

与其他众多的服务业和制造业一样，互联网为信息系统工作的外包创造了新的机遇。外包主要有两种类型：一种是外包给美国国内企业，另一种是外包给低工资水平国家。但随着美国服务提供商在海外建立全球外包中心，这种区别也变得模糊起来。

最常见也最成功的离岸外包项目包括：生产规划、系统维护规划以及与客户关系管理系统相关的呼叫中心工作。然而，低工资水平技术工人的工资上涨，加上外包项目产生的额外管理成本，导致一些 IT 工作岗位又回流到美国。此外，尽管软件维护等常规信息系统工作可以很容易地外包出去，但系统开发所要求的管理和组织任务——包括业务流程设计、用户界面设计和供应链管理——通常都留在美国。

企业创新性的新产品、新服务和新系统很少在国内或全球范围内外包。相对低收入国家的优势在于它们的低工资和易得的技术人才，而不是它们对新产品、新服务和新技术的敏锐感知。将常规信息系统工作外包给劳动力成本相对较低的国家，降低了在美国建立和维护系统的成本。系统成本降低，就可以搭建更多系统。最终结果是，离岸外包将增加美国国内对信息系统管理职位以及前文所提到相关职位的需求。

在考虑 IT 劳动力市场的所有影响因素后，应思考信息系统专业的学生应该关注哪些技能？下面是我们认为可以提高就业竞争力的几项通用技能：

● 了解如何利用新兴软硬件技术来提高企业的工作效率，增进与客户及供应商之间的关系，提高决策能力，获取竞争优势，并确保企业的长久发展。这包括对人工智能、云计算、商务分析、数据库、系统实施和移动应用程序开发的深入理解。

● 具备在设计和实施新信息系统时的领导能力，为确保系统达到商业目标而与其他业务专家一起合作的能力，以及与云计算服务提供商和系统解决方案软件提供商的协作能力。

信息技术和未来就业

最近，关于人工智能和自动化对美国和世界范围内就业的影响，引起了新闻记者、学者和公众的高度关注。这种担忧并不是第一次出现，自 20 世纪 50 年代以来，随着信息技术的每一次进步，这种担忧都会再次出现。在人工智能等新兴信息技术如何影响未来几年的就业问题上，"互动讨论：人员"专栏提供了一些不同的看法。

互动讨论：人员　　　　**自动化会抢走我们的工作吗？**

佛罗里达州中部的莱克兰市拥有超过 60 万人口。在当地的一些配送中心，如亚马逊、沃尔玛、梅得朗（Medline）和美国大众超级市场（Publix）等，以及生产天然和人工香料的工厂，有很多就业机会。但这种景气的日子可能很快就会结束。布鲁金斯学会（Brookings Institution）根据美国人口普查局和麦肯锡公司的数据，将莱克兰列为失业风险最高的城市之一，原因是自动化和人工智能将显著提高仓库管理和工厂生产的效率。

但自动化不是失业的唯一原因。美国国家经济研究局估计，在过去 15 年制造业减少的 500 万个工作岗位中，有一半是因为来自相对较低收入国家进口产品的替代效应，另一半则是因为以信息技术为主的技术投资带来的生产率提高。与历史情况相似，新的技术带来了更高的生产力，也导致了失业。但生产率的提高会导致其他行业的就业机会增加，从而抵消制造业的失业损失。

麦肯锡全球研究院的迈克尔·崔、詹姆斯·马尼卡和迈赫迪·米雷马迪在 2015 年 11 月发布了一份报告，调查了 800 个职业中的 2 000 种不同类型的工作。报告指出，到 2055 年，45％的工作将可以通过现有的技术实现自动化。大约 51％的美国人从事的工作涉及常规的体力劳动、数据收集和数据处理，而所有这些工作都可以在一定程度上实现自动化。虽然无法确切知道美国将有多少工作岗位在什么时候消失，但研究人员估计，最终有9%～47%的工作岗位可能会受到影响，有5%的工作岗位可能会完全消失。但这些变化也许不会导致大规模失业，因为在未来50年里，自动化可以使全球生产力每年提高0.8%～1.4%，并创造许多新的就业机会。

不幸的是，自动化的影响不是平等分布的。自动化正在将美国的劳动力分成两个世界——一小部分受过高等教育的专业人士，在英特尔或美国电话电报公司（AT&T）等企业赚取高薪；而另一部分受教育程度较低的工人则在酒店、餐馆和养老院等服务业从事低薪工作。这种服务工作很难实现自动化，雇主也没有动力用机器取代低工资工人。最近的研究发现，机器人和其他形式的自动化正在减少对工人的需求并压低工人工资，迫使工人进入低薪的经济领域。

长期以来经济学家一直认为，技术通过降低价格和提高质量能够扩大需求，从而创造更多的就业岗位，生产效率更高的工人将获得更高的收入。但现在有些经济学家对此表示怀疑。麻省理工学院劳动经济学家戴维·奥托尔和乌得勒支大学的安娜·萨洛蒙斯发现，在过去40年里，许多引入技术提高生产力的行业，其就业人数都有所下降，而失业率没有上升的唯一原因是那些生产率增长较慢且薪水较低的行业填补了就业空缺。

制造业就业受到机器人和自动化的冲击最为严重。根据麻省理工学院经济学家达龙·阿西莫格鲁和波士顿大学的帕斯夸尔·雷斯特雷波的一项研究，每有1个机器人，1000名工人中就有多达6名工人失业，工资下降幅度高达0.75%。研究发现，其他行业的就业机会几乎没有增加，也就无法抵消制造业的失业。研究同时发现，尽管在全国范围内机器人的影响较小，因为机器人在其他地方创造了就业机会，但从微观来看，某些地方如底特律的经济可能受到十分严重的打击。技术创造的新工作岗位不一定在出现失业的地方，比如"铁锈地带"（Rust Belt）。但那些因机器人而被迫失业的人，却通常不具备胜任新工作所需的技能或流动性。

许多经济学家和学者仍然对自动化持较为乐观的态度。麻省理工学院数字经济倡议者、斯隆管理学院教授埃里克·布林约尔松认为随着自动化融入现代经济，大规模自动化将在未来5～10年带来一些颠覆性影响。

布林约尔松和他的研究团队分析了美国劳工部数据集，该数据集包含对美国964种工作的描述，每项工作包括20～32项任务，该团队评估了每项工作的性质，以确定哪些任务可以通过人工智能技术完成得更好，哪些任务由人类完成得更好。该研究发现，在一些任务中，人工智能可以比人类做得更好，但仍有很多任务人类胜过人工智能。布林约尔松预测，未来一个组织中的大多数工作将受到人工智能的影响，但仍有许多工作需要人类完成。新的业务很可能会像过去一个世纪那样增加对劳动力的需求，从而缓和因自动化带来的失业。

资料来源：Eduardo Porter，"Tech Is Splitting the U. S. Work Force in Two," *New York Times*，February 4，2019；Christopher Mims，"This Thriving City and Many Others Could Soon Be Disrupted by Robots," *Wall Street Journal*，February 9，2019；Sarah K. White，"AI's Impact on the Future of Work," CIO，June 9，2018；James Manyika and Michael Spence，"The False Choice Between Automation and Jobs," *Harvard Business Review*，February 5，2018；Andrew Hobbs，"Automation Will Replace 9 Percent of U. S. Jobs in 2018," *Internet of Business*，February 16，2018；David Autor and Anna Salomons，"Is Automation Labor-Displacing? Productivity Growth，Employment，and the Labor Share," BPEA Conference Drafts，March 8 - 9，2018；Daron Acemoglu and Pascual Restrepo，"Artificial，Intelligence, Automation, and Work," Working Paper 24196. National Bureau of Economic Research, January 2018；Steve Lohr, "Robots Will Take Jobs, But Not as Fast as Some Fear," *New York Times*, January 12, 2017；Daron Acemoglu, David Dorn, Gordon H. Hanson, and Brendan Price, "Import Competition and the Great US Employment Sag of the 2000s," *Journal of Labor Economics* 34, no.1 Part 2, January 2016；and Michael Chui, James Manyika, and Mehdi Miremadi, "Where Machines Could Replace Humans—and Where They Can't（Yet）," *McKinsey Quarterly*, July 2016.

案例分析问题

1. 工作自动化如何造成道德困境？谁是利益相关者？确定可以采取的选项以及每个选项的潜在后果。

2. 如果你是一家工厂的老板，在决定是否需要机器人来完成某些任务时，你会考虑哪些人员、组织和技术方面的因素？

1.4.2　信息系统与职业发展：总结

回顾上述特定专业所需要的信息系统技能，其中一些是所有商科专业都必须具备的，包括：

● 所有的商科学生，无论什么专业，都应该了解信息系统和技术如何帮助企业实现商业目标，例如提高运营效率，开发新产品和新服务，以及维系与消费者的亲密关系。

● 所有的商科学生都需要培养分析数据的能力，以帮助企业理解数据。商业分析和商务智能，是两种分析在线商业环境和物联网（IoT）产生的海量大数据的重要技能。

● 所有的商科学生都需要具备与构建和实施信息系统的专家以及系统架构师合作的能力。只有这样，才能确保所构建的系统能够真正服务于商业目的，并能够为管理者和员工提供所需的信息和支持。

● 每个商科专业的学生都将受到商业伦理、社会、法律环境变化的影响。因此，商学院的学生需要了解如何使用信息系统来满足向政府监管机构和公众报告的商业需求，以及信息系统对该领域中商业伦理道德的影响。

不管你的专业是什么，人文科学的技能（通常被称为"软"技能）都很重要，这包括口头和书面交流的能力，以及在团队中与他人协作的能力。文科专业的学生若能够将这些技能与商业经验结合起来，将很有可能获得高薪工作。英语和历史专业的学生一开始可能没有商科或理工专业的学生收入高，但随着他们能够熟练地解决问题，他们的收入会随着职业生涯的发展而接近 STEM（science, technology, engineer, mathematics, 即科学、技术、工程、数学）专业的学生。

1.4.3　本书如何帮助你为将来做准备

本书旨在为你将来的职业生涯做准备。本书提供了必备的知识和基本概念，让你更好地理解信息系统在商业组织中所起的重要作用，你可以利用这些知识来提高企业的工作效率。你将学习如何利用信息系统来提高运营效率、推出新产品和新服务、提高决策能力、增强消费者的亲密度，从而提高竞争优势。

同样重要的是，本书能培养你使用信息系统解决工作中遇到的问题的能力。你将学习如何分析和定义商业问题，以及如何设计适当的信息系统解决方案。你还将增强批判性思维和解决问题的能力。以下所列本书特点以及随后的学习内容将以解决问题和就业为导向。

描述并分析信息系统的框架

本书提供了一个基于人员、组织和信息系统技术的三要素框架，来帮助你分析和解决问题。该框架将在书中反复出现，以帮助你了解信息系统在企业中的作用，并分析信息系统问题。

解决问题的四步骤模型

本书为你提供了一种解决商业问题的四步骤方法，我们在本章已做过相应介绍。你将学习如何识别商业问题，设计备选方案，选择正确方案，并最终实施解决方案。你需要用这种解决问题的办法来分析每一章的案例。第 12 章将介绍如何利用这一方法来设计和建立新的信息系统，并确定它们的商业价值。

职业资源

为了确保本书能够直接帮助到你未来的职业生涯选择，我们提供了一套完整的职业资源来帮助你的职业发展和求职。

职业发展模块　为了展示本书将如何帮助你找到工作并开启职业生涯，每章的最后一部分标题为"管理信息系统对职业生涯有何帮助？"，这部分内容以现实世界的职业情况为基础，描述面向应届大学毕业生的初级工作。其工作要求与每章主题相关。对工作岗位的介绍包括教育背景、技能要求以及工作面试中可能出现的与业务相关的问题。对此，本书还提供了相应的回答技巧和面试准备建议。

1.5　管理信息系统对职业生涯有何帮助？

以下内容说明了本书第 1 章将如何帮助读者找到初级金融客户顾问和销售助理的工作。

1.5.1　企业

Power Financial Analytics Data Services 是一家为金融行业提供服务的数据和软件公司。该公司在纽约、亚特兰大、洛杉矶和芝加哥设有办事处，目前正在招聘初级金融客户顾问和销售助理。该公司有 1 600 名员工，其中大多数是顾问，主要工作内容是向客户演示如何使用该公司强大的金融分析软件和数据产品。

1.5.2　岗位描述

金融客户顾问和销售助理将成为公司咨询服务团队的一部分。咨询团队既要精通金融知识，也要充分了解与公司软件产品相关的特定专业技术知识，并以各种方式为客户提供帮助。该公司提供软件和咨询方法方面的在职培训。工作职责包括：

- 为 Financial Analytics Data Services 应用程序提供支持；
- 帮助团队建立消费者模型和画像；
- 为客户提供现场培训；
- 以电话或线上形式，为客户提供专业咨询。

1.5.3　招聘要求

- 应届大学毕业生或具有 1～2 年投资经验的专业人士。具有金融、管理信息系统、经济学、会计学、工商管理和数学背景者优先。
- 具备金融市场相关知识或对此感兴趣；
- 熟练操作电子表格；
- 极强的沟通和人际交往能力；
- 在快速变化的环境中，具有学习新知识的强烈意愿。

1.5.4　面试问题

1. 你的金融背景是什么？你学过哪些课程？你曾经在金融行业工作过吗？你在那里的工作内容是什么？

2. 你对电子表格软件的应用程度如何？你使用 Excel 电子表格做过哪些工作？你能举例说明你的工作吗？

3. 你对当前金融行业趋势有什么看法？这些趋势将如何影响 Power Financial 的业务模式和客户基础？

4. 你曾经做过客户相关工作吗？举例说明你是如何提供客户服务或客户支持的。

5. 你能举一个你曾帮助解决的金融相关问题或其他商业问题的例子吗？你做过写作和分析工作吗？能否举个例子介绍一下？

1.5.5　作者建议

1. 使用网络了解金融市场和金融行业。

2. 利用网络了解该公司，包括它的金融产品，以及它为客户提供的工具和服务。尤其要尽可能了解它的咨询服务。此外，还可以查看该公司的社交媒体渠道，如领英（LinkedIn）和 Facebook 的趋势动态和主题内容。

3. 具体询问在这份工作中要使用电子表格完成哪些内容。举一个例子来说明你是如何在课堂上或工作中使用电子表格解决问题的，并展示你在金融领域曾做过的电子表格工作。

4. 提供一些你的写作例子以展现你的分析能力和项目经验。准备好论述你是如何帮助客户解决商业问题的，或如何解决课程中的商业问题。

📕 本章小结

1. 为什么信息系统对当今企业运营和管理如此重要？

信息系统已经成为开展商业活动的基础，如果不广泛地使用信息系统，很多行业的企业甚至将难以生存。企业使用信息系统以实现六大目标：卓越运营，新产品、新服务和新商业模式，亲近消费者和供应商，提高决策能力，取得竞争优势，以及在竞争中生存。

2. 什么是信息系统？它如何工作？它有哪些人员、组织和技术要素？

从技术角度看，信息系统从组织内部和所处环境中收集、存储和发布信息，以支持组织的各种职能与决策、沟通、协调、控制、分析和可视化。信息系统通过三个基本活动——输入、处理和输出，将原始数据转换成有用的信息。从业务角度看，信息系统为企业面临的问题或挑战提供了解决方案，包含人员、组织和技术三个维度的要素。

信息系统的人员维度涉及培训、工作态度和管理行为等方面。技术维度包括计算机硬件、软件、数据管理技术和网络/通信技术（包括互联网）。组织维度涉及组织层次、职能分工、业务流程、组织文化和利益集团等问题。

3. 解决商业问题的四步法如何解决信息系统相关问题？

问题识别包括充分理解问题，以及识别出人员、组织和技术因素。解决方案设计就是为已识别的问题设计多个可行的解决方案。解决方案评估与选择就是考虑各个方案的成本和可用的资源和技术，并从中选择最优的方案。解决方案实施包括购买和搭建硬件和软件、测试软件、培训员工、进行管理变革及评估实施后的结果。此外，解决问题需要批判性思维，即从多个角度、多个方面考虑问题。

4. 哪些信息系统技能和知识对职业生涯至关重要？

会计、金融、市场营销、运营管理、人力资源管理以及信息系统等行业，都要求从业者理解信息系统对帮助企业实现商业目标的重要性，具备数据分析和商业智能分析能力，对系统可能引起的伦理、社会和法律问题高度敏感，同时具备与技术专家和其他业务专家一起设计和搭建系统的能力。此外，在各行业中，沟通表达能力以及与团队成员的合作能力也越来越重要。

 课后习题

1. 为什么信息系统对当今企业运营和管理如此重要？
- 列举并阐述能够证明信息系统重要性的六个原因。
- 描述全球化面临的挑战和机遇。

2. 什么是信息系统？它如何工作？它有哪些人员、组织和技术要素？
- 列举并阐述信息系统的组织、人员和技术维度。
- 界定信息系统的概念，并描述信息系统可以完成的工作。
- 区分数据和信息，以及信息系统素养和计算机素养。
- 解释互联网和万维网与信息系统其他技术部分的关联性。

3. 解决商业问题的四步法如何解决信息系统相关问题？
- 列举并阐述解决商业问题的四个步骤。
- 列举企业中有关人员、组织和技术问题的例子。
- 描述批判性思维和解决问题之间的关联性。
- 描述信息系统在解决商业问题中的作用。

4. 哪些信息系统技能和知识对职业生涯至关重要？
- 描述信息系统在会计、金融、市场营销、运营管理等职业中的作用，并说明新技术和外包是如何影响这些信息系统相关职业的。

● 列出并简述任一职业都必备的信息系统技能和知识。

 讨论

1. 全球化对找工作有什么影响？可以做些什么以应对全球化商业环境中的竞争？信息系统的知识如何提高竞争力？

2. 如果为一支美国职业棒球大联盟（MLB）的球队搭建网站，可能会遇到哪些人员、组织和技术问题？

3. 识别 UPS 在搭建成功的信息系统过程中必须解决的人员、组织和技术问题。

商业问题解决案例

新技术和旧工作方式在 UPS 内的冲突

本章的"互动讨论：技术"专栏讲述了 UPS 在信息技术方面的投资如何帮助其在包裹配送市场保持竞争力。但不幸的是，UPS 的竞争力并没有达到应有的水平，因为其运营的一些关键方面还在使用过时的旧技术和人工操作程序。

尽管 UPS 的大部分 IT 基础设施都是先进的，但并非全部如此。UPS 每天有八万名司机在运送数百万个包裹。直到最近，才有将近半数包裹是通过自动化设备处理的，其余的则继续使用 30 年前的设备和手动流程进行处理。

例如，在 UPS 位于得克萨斯州的梅斯基特包裹分拣中心，有一块使用超过 30 年的模拟控制面板，有冰柜大小，上面有一排排的红绿指示灯，当设备的传送带网络出现故障时，它便会通知工人。分拣过程的第一步是把箱子从卡车卸到传送带上，之后工人需要将每个盒子对齐，以便扫描仪能够读取正面、顶部或侧面的发货标签。包裹被运送到大约有 50 个人的流水线上，流水线一共有九条传送带，其中三条沿着地面，三条和腰部等高，另外三条的高度则超过头顶。分拣员拿起一个包裹，快速读取标签，然后把包裹放在正确的传送带上。拐角处的一名工人将包裹分拣到滑槽中，包裹再通过装载机装入运货卡车。而在自动化设备中，扫描仪会自动读取包裹的目的地信息，并使用一种叫作"shoe pucks"的设备将包裹推入正确的滑槽。

在那些较为老旧、自动化程度较低的分拣中心，如梅斯基特，一个中等大小的包裹一共要经过四次"接触"，每次"接触"都代表一次处理操作，而每次"接触"都会增加分拣错误或包裹破损的概率。梅斯基特每小时要处理大约 40 000 件包裹，所以即便是概率极低的人为失误，如果累积起来，分拣不当的包裹会使 UPS 的快递时间延长一天，并降低客户服务质量，增加运营成本。

而联邦快递的所有地面枢纽，如位于新泽西州的爱迪生分拣中心，其设备都是自动化的。在那里，联邦快递的工人对大多数包裹只在卸货和装货时"接触"两次。亚马逊的运营同样也是高度自动化的，尤其是它的仓库配备了无人驾驶的叉车和机器人，可以将货架自动移动到工人面前。

距离梅斯基特约 30 英里的 UPS 沃斯堡分拣中心，展现了 UPS 在追赶像联邦快递这样的先进企业时的不懈努力。包裹箱经过扫描后，按目的地分类，再通过机器传送到配送车辆。UPS 使用了立体扫描仪，这样员工就不用担心哪一面朝上的问题。UPS 的员工在控制室中就可以通过整面墙的平板显示器查看实时画面。一旦分拣机器出现堵塞或其他故障，计算机将自动检测异常，并通知工人及时改变传送带传输包裹的路线。在沃斯堡，包裹路线的重新规划可以自动完成，只需要在传送带沿线安排几个工人，以捡起极少数掉落的包裹。指导分拣网络运行的是一个管理包裹流的软件，它可以同时管理自动化分拣设施以及老式分拣设施中的包裹流，该技术可以将一些包裹从超负荷运行的分拣中心动态分配到其他地区。这个拥有750名工人的自动化分拣中心每天可以处理的包裹数量与拥有1170名工人的梅斯基特相当。自动化不仅提高了分拣的准确性，还生成了有价值的数据，以帮助公司优化运输路线，从而减少运输里程以及燃料和设备的使用。此外，该数据还可以为公司提供更准确的运输量预测。

相比之下，UPS的竞争对手联邦快递有超过96%的地面包裹是经过自动化站点分拣的。联邦快递在很多年前就不再使用旧设备和手动流程，而新的竞争对手亚马逊则根本不需要考虑旧系统的问题。

UPS最初采用了一种"band-aid"的方法来应对激增的电子商务货运，即增加额外的班次，延长工作时间，或者用新设备进行更新改造。但UPS管理层知道，要想在21世纪继续保持竞争力，就必须改变这种现状，使其具备处理大量电子商务货运的能力。

该公司计划在2019—2022年间投资200亿美元，以充分适应21世纪的购物和运输需求趋势。其中大部分的投资将用于新的自动化运输和仓储设施，包括搭建七个分拣效率比标准设施高出30%的"超级枢纽"。

过去，UPS的大部分货件都被送往各零售商和商业公司，但如今，越来越多的货物是家庭在网上购买的一两件商品。UPS现在需要将超过50%的包裹配送到各个家庭地址，对于UPS而言，相比于大型企业或办公室，向偏远郊区的家庭配送大量包裹的成本更高。

尽管UPS的一些管理者对公司转向利润较低的快递业务表示担心，但公司知道它必须主动拥抱电子商务。UPS发言人史蒂夫·甘特表示，即使面对目前在技术和组织上似乎更先进、更强大的竞争对手，投递电子商务订单也存在巨大机会。UPS计划到2022年，除了一些短距离运输的大型包裹之外，其余全部包裹实现通过分拣枢纽自动化处理。

在新的电子商务环境中使用过时的运输技术和操作程序，已经使UPS失去了部分业务。大量的线上订单常常使配送系统过量负载，进而导致配送延误，这使一些医疗保健、工业制造及其他企业客户转向联邦快递。亚马逊也在自建卡车、货车和飞机配送网络，尤其是在城市和市郊地区，以处理其大部分在线订单。由于来自亚马逊的订单占UPS总收入的10%，占UPS运输量的份额甚至更高，UPS肯定会因亚马逊的自建物流而受影响。

UPS有工会，联邦快递的地面工作人员则没有工会。这有什么不同吗？国际卡车司机兄弟会（International Brotherhood of Teamsters）代表着26万名UPS司机、分拣员和其他工人，该组织希望UPS雇用更多全职工人，以帮助处理UPS激增的包裹运输。该工会反对无人机和自动驾驶汽车等技术，并对能够用更少的员工完成同样工作的变革感到担忧。正如波士顿卡车司机工会（Boston Teamsters）领导人肖恩·奥布莱恩所指出的那样，技术在简化了工作流程的同时，也减少了工作岗位。一旦工作岗位被技术取代，"就很难把它们找回来了"。

联邦快递的地面配送网络中没有工会工人，所以它不需要应对来自工会的反对。此外，联邦快递的地面配送网络比UPS更新，采用了更现代的技术和操作程序，也就不需要花费成本让自动化设备与老旧的工作方式相匹配。

UPS 表示，工会并没有严重阻碍公司在自动化方面投入更多资金。利用新机器实现旧设施自动化改造的成本已经足够低，因此 UPS 可以同时改造旧设施和建造新设施。

在某些情况下，新的自动化包裹分拣设施能够帮助 UPS 创造新的就业机会。例如，休斯敦西北部的一个新的 UPS 自动化包裹配送中心已经创造了 575 个全职和兼职工作。这个 23.8 万平方英尺的配送中心让公司在休斯敦地区的配送车队规模扩大了 300 辆。

自 2005 年以来，联邦快递已经在 37 个地面枢纽网络上投入了 100 亿美元，而现在正在试图缩减规模。在一些地方，如印第安纳波利斯，联邦快递正在关闭耗资 2.59 亿美元的地面枢纽。联邦快递还有一些设计灵活的地面枢纽，如新泽西州爱迪生分拣中心，目前整个建筑空间只使用了三分之一，但可以在短时间内装配新设备，扩大处理能力。这种安排使联邦快递能够及时调整其网络，以适应波动幅度较大的线上订单流。

UPS 还使用其他技术配合自动包裹分拣。2017 年，该公司开始在配送卡车内安装无线蓝牙接收器，以降低错误装载包裹的可能性。无线信号在蓝牙接收器和工人佩戴的用于读取 UPS 包裹标签信息的扫描设备之间传递。如果工人将包裹放入错误的送货卡车，蓝牙接收器会发出响亮的蜂鸣声；而当包裹进入正确的卡车时，则会发出不同的哔哔声确认。在采用这项技术之前，UPS 并不会通过二次扫描以确认包裹是否被放入正确的卡车，这导致司机们不得不绕道运送这些包裹，或者找主管把包裹转移到正确的卡车上。

除了减少延迟，蓝牙驱动系统还可以为客户提供更多关于配送的细节。当包裹在早上被扫描时，UPS 会根据新采集的数据更新服务，向客户发送电子邮件，显示他们货物的状态，注册此服务的客户将收到关于包裹到达日期和预计投递时间的消息。

另一项基于蓝牙的增强功能可以提示季节性临时工应该把被 UPS 车辆送到分拣设施的包裹放到哪个位置。从 11 月到次年 1 月，UPS 会雇用近 10 万名季节性临时工。在过去，这些工人必须记住数百个邮政编码才能知道该把包裹放在哪里。但现在，UPS 开始为这些季节性临时工配备扫描设备和价格低廉的蓝牙耳机，用"红""绿"或"蓝"的单字指令来指代特定的传送带，从而将包裹传送到正确的位置，以进行下一步处理。

新技术使 UPS 分拣中心的管理人员能够准确地知道他们每晚必须处理多少个无法投递的包裹，以及这些包裹将在什么时候到达分拣中心，这有助于他们计划工作排班，重新安排包裹的路线。信息会以图表的形式实时显示在管理人员的三星智能手机上，具体信息内容包括收到包裹的数量、处理包裹的速度，以及哪些工人组最忙，这样便可以将工人分配到需求最大的地方。在过去，UPS 管理者只能靠历史数据和与司机的无线电对话来估计他们每晚必须处理多少无法投递的包裹。

所有这些技术投资都开始获得回报。在 2018 年节日期间，UPS 能比过去更轻松地处理激增的快递量。到 2019 年底，约 80% 符合 UPS 标准的地面货运包裹通过自动化设施进行处理，每年可节省高达 10 亿美元的成本。

资料来源：Bloomberg, "UPS Sees Payoff from $20BN Tech Bet," *Supply Chain Brain*, April 24, 2019; Paul Ziobro, "UPS's $20 Billion Problem: Operations Stuck in the Twentieth Century," *Wall Street Journal*, June 15, 2018; Katherine Feser, "UPS Package Delivery Facility in NW Houston Creates 575 Jobs," *Chron*, January 17, 2019; Elizabeth Woyke, "How UPS Delivers Faster Using $8 Headphones and Code That Decides When Dirty Trucks Get Cleaned," *MIT Technology Review*, February 16, 2018; and Shefali Kepadia, "Company of the Year: UPS," *Supply Chain Dive*, December 3, 2018.

案例分析问题

1. 请指出 UPS 面临的问题，该问题是一个人员问题、组织问题还是管理问题？请说明理由。

2. 描述 UPS 对这个问题的解决方案？这是一个成功的解决方案吗？请说明理由。

3. 绘制 UPS 自动化前后的包裹分拣流程。

4. 自动包裹分拣是如何改变 UPS 的运作和决策的？

参考文献

Baldwin, Richard. *The Great Convergence: Information Technology and the New Globalization.* Cambridge, MA: Harvard University Press (2016).

Brynjolfsson, Erik. "VII Pillars of IT Productivity." *Optimize* (May 2005).

Bureau of Economic Analysis. *National Income and Product Accounts*, www.bea.gov, accessed June 30, 2018.

Bureau of Labor Statistics, "Job Openings and Labor Turnover Summary." (July 9, 2019).

Chae, Ho-Chang, Chang E. Koh, and Victor Prybutok. "Information Technology Capability and Firm Performance: Contradictory Findings and Their Possible Causes." *MIS Quarterly* 38, No. 1 (March 2014).

Chen, Te-Ping and Hanna Sender. "What's a Liberal Arts Degree Worth?" *Wall Street Journal* (May 10, 2019).

Davidson, Kate. "The 'Soft Skills' Employers Are Looking For." *Wall Street Journal* (August 30, 2016).

eMarketer. "U.S. Digital Shoppers and Buyers (Millions and % of Internet Users)." (May 2019).

FedEx Corporation. "SEC Form 10-K for the Fiscal Year Ended 2018." www.sec.gov, accessed July 1, 2019.

Friedman, Thomas. *The World Is Flat.* New York: Picador, 2007.

Gartner Inc. "Gartner Says Global IT Spending to Reach $3.8 Trillion in 2019." (January 28, 2019).

Greenfield, Rebecca. "Forget Robots—People Skills Are the Future of American Jobs." *Bloomberg* (December 7, 2016).

Laudon, Kenneth C. *Computers and Bureaucratic Reform.* New York: Wiley, 1974.

Martin, Timothy W. and Sarah Krouse. "The Big Hangup: Why the Future Is Not Just Your Phone." *Wall Street Journal* (January 12, 2019).

Pew Internet and American Life. "Internet/Broadband Fact Sheet." (June 12, 2019).

US Bureau of Labor Statistics. *Occupational Outlook Handbook*, www.bls.gov, accessed July 1, 2019.

US Census. *Statistical Abstract of the United States.* www.census.gov, accessed June 29, 2019.

Wedell-Wedellsborg, Thomas. "Are You Solving the Right Problems?" *Harvard Business Review* (January–February 2017).

Weill, Peter, and Jeanne Ross. *IT Savvy: What Top Executives Must Know to Go from Pain to Gain.* Boston: Harvard Business School Press, 2009.

第**2**章 全球电子商务与协作

● 学习目标

阅读完本章后，你将能够回答以下问题：

1. 企业哪些特征对理解信息系统的作用很重要？
2. 信息系统如何为企业不同管理部门提供服务？连接企业的信息系统如何提高组织绩效？
3. 为什么用于协作、社会化商务和知识管理的信息系统如此重要？这些系统使用了哪些技术？
4. 信息系统部门在企业中的作用是什么？
5. 管理信息系统对职业生涯有何帮助？

企业社交网络帮助夏普公司成为创新型的互联组织

夏普（sharp）是一家日本跨国企业，生产并销售电信设备、电气电子设备以及电子元件，产品包括液晶显示器（LCD）、多功能打印机、计算器、收音机、微波炉和传感器。夏普的经营理念强调公司不仅追求企业规模的扩大，还致力于用独特的创新技术为全世界人民的文化和福祉作出贡献。自 2016 年以来，夏普一直是富士康集团的子公司，在全球拥有超过 5 万名员工，协作和信息共享对于公司的持续创新和业务成功至关重要。

虽然夏普的产品阵容十分出色，但由于亚洲新晋竞争者对其消费电子业务的挑战，夏普一度陷入财务困境，公司的核心电子制造服务只能实现微薄的盈利。富士康与夏普的管理层均致力于提升夏普公司业务的多元化，并对公司进行重组以提高效率和盈利能力。

夏普管理层认为，为了全面提升其业务水平，公司需要从业务流程和组织文化方面改变运作方式。过去，员工必须服从自上而下的决定，指令由高层管理者不断向下传递。

夏普需要转向一种基于双向对话的组织文化，让低层员工和高层管理者均能够发挥领导作用。公司的年轻员工正在寻找一种可以自由分享想法和意见的系统。

为此，夏普采用了微软的 Yammer 平台，这是一个主要用于内部业务的企业社交网络平台，也可以连接企业外部网络，与供应商、客户和其他组织外部成员创建连接。在 Yammer 上，员工可以创建小组，编辑共享文档，协作完成项目。此外，Yammer 还提供能获取公司内部动态消息的新闻推送功能，以及可用于查找员工联系方式、技能和专业知识背景的人员目录功能。Yammer 可通过网络、桌面和移动设备访问，并可与 SharePoint 和 Office 365 等其他微软工具结合，使其他应用程序更具"社交性"。（SharePoint 是微软的协作、文档共享和文档管理平台。Office 365 是微软为其 Word、Excel、PowerPoint 和 Access 等桌面生产力应用程序提供的在线服务。）

夏普在 2013 年 2 月创建了 Yammer 试点项目，员工自愿使用并可以在平台上发布与兴趣爱好或工作内容有关的主题。短短几个月内，就有超过 6 000 人加入试点项目，公司内的 Yammer 用户总数超过 1 万。夏普希望在日本范围内全面部署 Yammer 并最终推广至全球各部门。

Yammer 改善了高层管理者与普通员工之间的信息流动。同时，员工之间的交流明显增加，不同部门和不同地区之间也产生了一些对话。例如，智能手机开发人员可以在整个公司内部分享关于手机功能和用户友好理念的一些观点，并可以通过 Yammer 推文了解到他们以前无法得知的其他部门的活动。

部门领导可使用 Yammer 就如何在业务中使用最新技术征求员工意见，并将收集的反馈纳入产品开发和公司政策。这种从公司内部收集分散化信息，让管理者和普通员工彼此交流想法、相互学习的能力代表了公司的重大文化变革。

资料来源："Sharp: A Culture Reborn through Enterprise Social," www.microsoft.com, accessed January 12, 2019; www.sharp-world.com, accessed January 21, 2019; and Sharp Corporation, "Sharp Is Back with Big Screens," Hexus, February 5, 2019.

夏普的经验说明，当今企业需要依赖信息系统提升业绩并保持竞争力，也说明支持团队协作的信息系统对组织创新、执行计划、利润增长和保持竞争力至关重要。

下图列出了上述案例和本章的要点。夏普是一家依赖创新的知识密集型技术公司，但它受到了强调自上而下的等级制度以及保守的公司文化的阻碍，公司过去的文化不利于管理层与普通员工之间的信息交流和创新。这些阻碍影响了公司研发前沿产品、维持高利润、抵御来自其他亚洲公司激烈竞争挑战的能力。

夏普的管理层认为，最好的解决方案是使用一种新技术，将公司层次化的企业知识和工作环境变得更加民主。企业社交网络可以充分调动员工积极性，并让他们从与同事和管理者的交流中获取更多知识。因此，夏普公司利用微软 Yammer 提供的社交工具提高员工参与度和彼此间的协作能力，并让员工和管理者可以直接交流对话。现在，员工知识的共享更加有效，公司也变得更具创新性和效益性。

仅仅依靠新技术无法解决夏普公司的问题。为了使解决方案有效，夏普必须改变其组织文化和业务流程以促进知识传播和工作协同。新技术让这些变革成为了可能。

思考以下问题：协作和员工参与如何帮助夏普公司提高竞争力？使用 Yammer 如何改变了夏普公司的企业文化和工作方式？

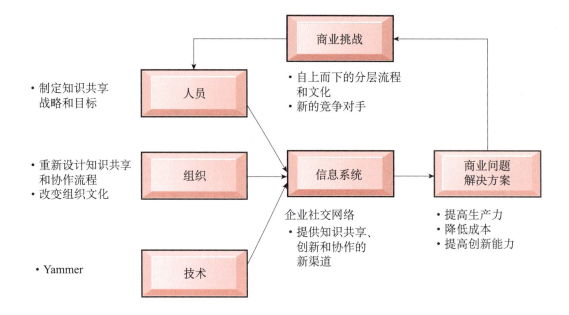

制定知识共享战略和目标（左侧）

- 制定知识共享战略和目标

商业挑战
- 自上而下的分层流程和文化
- 新的竞争对手

人员

组织
- 重新设计知识共享和协作流程
- 改变组织文化

信息系统

商业问题解决方案

技术
- Yammer

企业社交网络
- 提供知识共享、创新和协作的新渠道

- 提高生产力
- 降低成本
- 提高创新能力

➡ 2.1　企业哪些特征对理解信息系统的作用很重要?

　　企业（business）是一个以营利为目的，生产产品并提供服务的正式组织。企业产品或服务的售价通常高于成本，消费者愿意支付这一价格，是因为他们认为其获得的价值要大于售价。企业从更大的外部环境中（通常是其他的供应商处）购买原材料，企业员工在生产过程中将这些原材料变为价值更高的产品。

　　当然，也存在非营利性企业和政府机构等复杂的正式组织，它们也提供服务和产品，但不以营利为目的。尽管如此，这类组织也需要从外界获取原材料，赋予其价值，并将产品交付给其他组织成员或客户。总的来说，政府机构和非营利组织的信息系统与私营企业非常相似。

2.1.1　组织企业：企业基本职能

　　假设你想要建立自己的企业，作出创业决定是最重要的，接下来的问题是决定生产（并希望销售）哪些产品或提供哪些服务。决定生产内容的决策称为战略选择，这决定了企业的客户群体、需要的员工类型、所需的生产方式和设备、营销主题以及许多其他选择。

　　决定生产内容之后，就要确定需要什么样的组织。首先，需要建立一个能够安排生产人员、设备和业务流程（步骤）的生产部门。其次，需要销售和营销团队负责吸引客户、销售产品并跟踪保修和维护等售后问题。一旦开始销售，还需要财务和会计团队来跟踪订单、发票、支出和工资等财务交易，他们还需要处理信贷和融资问题，为公司筹集资金。最后，还需要一个团队负责公司的招聘、雇用、培训和员工留存等事务。图 2-1 总结了每个企业都必须具备的四项基本职能。

　　如果你刚刚创业，或者你的公司是只有几个员工的小企业，那么你不需要也负担不起全部这些专业化分工的团队。在小企业中，一个人或与少数几个员工一起，就可以完成全

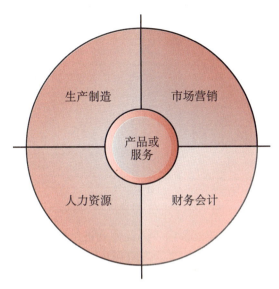

图2-1　企业的四项基本职能

说明：任何一家企业，无论其规模大小，都必须具备四种职能才能成功。它必须生产产品或服务；营销和销售产品或服务；持续跟踪会计和财务交易；执行招聘和员工留存等基本人力资源任务。

部职能。但不管怎样，即使是小企业也必须具备这四项基本职能。而在大企业中，这四项基本职能即生产制造、市场营销、财务会计以及人力资源通常均会设立独立部门。

图2-1也有助于思考构成企业的基本实体。一家企业必须涉及的五个基本实体包括：供应商、客户、员工、发票和账单、产品和服务。同时，企业还必须管理和监控许多其他的实体，但以上五个实体是任意一家企业的基本组成部分。

2.1.2　业务流程

一旦确定了企业的基本职能和实体构成，下一步就是准确地描述员工应如何执行这些职能。销售人员需要以怎样的顺序和进度执行何种具体任务？生产人员应该以怎样的步骤将原材料转化为最终产品？客户的订单是如何完成的？供应商费用又是如何支付的？

描述企业如何组织工作的实际步骤和任务称为**业务流程**（business processes）。业务流程是一组逻辑上相关的活动，定义了如何执行特定的业务任务。业务流程也指在特定组织中协调工作、信息和知识的独特方式。

每个企业都可以看作是一系列业务流程的集合。其中一些业务流程又是更广义范围的业务流程的组成部分。许多业务流程归属于特定的职能部门。例如，市场营销职能将负责客户识别流程，而人力资源职能将负责员工招聘流程。表2-1描述了企业各职能部门的一些典型业务流程。

表2-1　职能部门业务流程举例

职能部门	业务流程
生产制造	组装产品 检查质量 生成物料清单

续表

职能部门	业务流程
市场营销	识别客户 向客户推销产品 销售产品
财务会计	偿付债务 制作财务报表 管理现金账户
人力资源	招聘员工 评估员工绩效 制定员工福利方案

还有一些业务流程跨越多个职能部门，因此需要进行跨部门协调。以完成客户订单这一看似简单的业务流程为例（见图2-2），该流程从销售部门收到一个销售订单开始，之后订单转到会计部门，会计部门会对客户支付能力进行审核，确保客户在发货前能够凭信用支付或立即付款。一旦客户的信用得到核实，生产部门将从库存中调出产品或开始生产。接下来，需要将产品配送到指定地点（这可能需要与UPS或联邦快递等物流企业合作）。会计部门将出具账单或发票，并通知客户产品已发货。同时，需要告知销售部门发货信息，其将为接受客户电话咨询或履行保修索赔做准备。

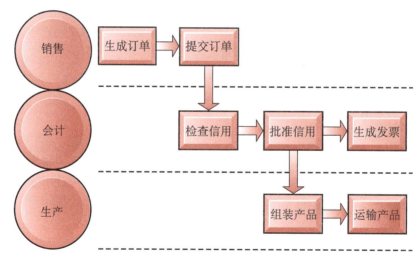

图2-2　订单完成过程

说明：完成一份客户订单涉及一系列复杂的步骤，企业的销售、会计和生产部门需要密切协作。

完成一份订单看似是个简单的过程，实际上却是一系列复杂业务流程的集合，需要企业基本职能部门的紧密协作。此外，为了高效地执行订单流程中的全部步骤，还需要大量的信息在企业内部、企业与运输公司等合作伙伴间、企业与客户间快速流动。上述订单处理流程不仅是跨职能的，也是跨组织的，因为它包括与企业组织边界以外的运输公司和客户之间的互动，从供应商处订购原材料或部件是另外一个跨组织的业务流程。

企业的效率很大程度上取决于其内部和组织间业务流程的设计和协调程度。如果一个企业的业务流程能让企业比其竞争对手更具有创新力或执行力，那么业务流程将成为企业竞争优势的来源。但是，如果业务流程建立在过时的工作方式上，影响了组织的响应能力和效率，也会对企业产生负面作用。

信息系统如何改进业务流程？

信息系统究竟是如何改进业务流程的？信息系统使业务流程中许多原来依靠手工完成的步骤实现自动化处理，如检查客户的信用或生成发票和运输订单。当前信息技术可以实现更多功能。新技术能够改变信息流，使更多人能获取并共享信息，用并行作业取代串行作业，并避免决策过程中的延迟。新技术甚至能改变企业的运营方式并推动新的商业模式发展。从亚马逊在线订购一本书，从苹果音乐下载一首歌，都是基于新商业模式的全新业务流程。如果没有信息技术，这些活动将无法实现。

因此，无论在信息系统课程中还是未来职业生涯中，密切关注业务流程都是十分重要的。通过分析业务流程，可以明确企业是如何运营的。此外，通过对业务流程的分析，还能了解如何改进业务流程以提高企业的效率和效益。在本书中，我们将考察信息系统如何改进业务流程，从而实现更高的效率、更好的创新和更优的客户服务水平。第3章讨论了使用信息技术重新设计业务流程给企业带来的影响。

2.1.3　企业管理和企业层级结构

每个职能部门都有自己的目标和流程，它们需要彼此协作才能使整个企业取得成功。与所有组织一样，企业通过雇用职业经理人实现协调，其职责是确保组织的各个部门协同工作。企业通过建立权力（责任与问责制）集中在最高层的层次结构来协调各部门员工的工作。

企业的管理层级包括：**高级管理层**（senior management），其作出有关产品和服务的长期战略决策，以确保企业的财务业绩；**中级管理层**（middle management），其执行高级管理层制定的项目和计划；**运营管理层**（operational management），其监控企业的日常运营活动。**知识型员工**（knowledge workers），如工程师、科学工作者和建筑师，其设计产品或服务，并为企业创造新的知识。**数据型员工**（data workers），如秘书和文员，其协助企业各级行政工作。**生产或服务型员工**（production or service workers），其生产产品或提供服务（见图2-3）。

图2-3　企业层级结构

说明：企业组织是由三个主要层级组成的：高级管理层、中级管理层和运营管理层。信息系统服务于所有层次。科学家和知识型员工通常处于中级管理层。

由于职责不同，每个层级对信息的需求也不同。高级管理层需要能够描述企业整体业绩的汇总信息，如总销售收入、按产品和地区统计的销售额、总利润。中级管理层需要有关某个职能区域或部门的具体信息，如销售人员的销售合同、某个工厂或生产线的生产统计数据、员工的级别和成本、每个月甚至每天的销售额。运营管理层需要业务层面的信息，如每天的库存零件数量或每个员工周二的工时记录。知识型员工可能需要访问外部数据库或有关组织知识的内部数据库。生产型员工需要获取生产机器的信息，服务型员工需要获取客户记录来跟踪订单并回答客户的问题。

2.1.4 商务环境

目前为止，我们讨论的企业均是独立于外界环境运作的，但实际上这样的企业不可能存在。任何一家企业都十分依赖其所处的外部环境以获取资金、劳动力、客户、新技术、服务和产品、稳定的市场和法律体系以及教育资源。如果没有外部环境提供奶酪、番茄酱和面粉，即使是比萨店也无法经营。

图 2-4 总结了企业环境中的关键实体。为了持续经营，企业必须随时注意外界环境的变化，并与环境中的关键实体共享信息。例如，企业需要对政治变化作出反应；对工资标准变化、通货膨胀等宏观经济环境变化作出反应；跟踪新技术；对汇率等全球商务环境的变化作出反应。在快速变化的环境中，企业需要实时追踪信息，并与供应商、客户、股东、政府监管部门以及货运公司等物流合作伙伴共享信息。

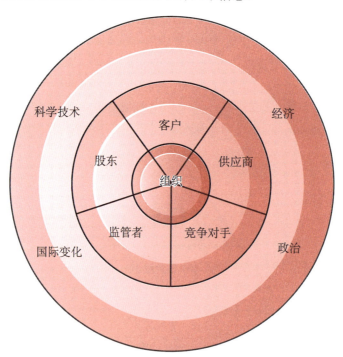

图 2-4 商务环境

说明：为了获得成功，组织必须不断监测、响应甚至预测其所处环境的发展。企业环境包括其必须打交道的特定群体，如客户、供应商和竞争对手等，也包括更广泛的一般环境，如社会经济发展趋势、政治条件、技术创新和全球大事件等。

商务环境在不断变化，技术、政治、客户偏好和法规每时每刻也都有新发展。通常来说，企业失败的原因往往是它们未能充分响应环境的变化。

互联网等技术的变革正在迫使整个行业和领先企业改变商业模式，否则，将会导致企业经营失败。苹果的 iTunes 和其他在线音乐服务让发行 CD 的传统音乐行业商业模式成为过去。另一个相似的例子是相机行业，传统的胶片相机在很大程度上已经被数码摄影取代，而数码相机本身也正在被 iPhone 和其他具备相机功能的移动设备取代。

2.1.5　信息系统在企业中的作用

直至目前，我们还没有提及信息系统，但是通过对企业职能、实体和环境的简要回顾，能够发现信息在企业生命周期中的重要作用。直到 20 世纪 50 年代中期，大量企业还在用纸记录管理信息和信息流。但从那时起，越来越多的商业信息和企业间信息流由人工转向数字系统。

企业将投资信息系统作为管理内部生产职能并满足环境需求的主要手段。正如第 1 章所提，企业投资信息系统是为了实现以下商业目标：
- 卓越运营（生产力、效率、敏捷性）；
- 新产品、新服务和新商业模式；
- 亲近消费者和供应商（持续的市场营销、销售和服务，定制和个性化）；
- 提高决策能力（准确性和速度）；
- 取得竞争优势；
- 在竞争中生存。

2.2　信息系统如何为企业不同管理部门提供服务？连接企业的信息系统如何提高组织绩效？

在了解业务流程之后，本节将深入探讨企业如何利用信息系统支持业务流程。企业中存在不同的利益关系、专业职能和层级，因此会有不同类型的信息系统。单个信息系统无法提供企业所需的全部信息。

企业的每一项基本职能，如市场营销、生产制造、财务会计和人力资源等，其业务流程都有相应的信息系统支持。但是，由于各自独立运行的系统间无法共享信息，难以支持跨职能的业务流程，这种独立系统正在被淘汰，取而代之的是大规模跨职能系统，这种系统集成了相关业务流程和组织单元的活动。本章的后续部分将介绍这些集成的跨职能应用系统。

企业也有多种支持核心管理团队制定决策的系统。运营管理层、中级管理层和高级管理层分别使用特定类型的系统以支持企业运营中的决策。下面将详细介绍这些系统及其支持的决策类型。

2.2.1　适用于不同管理层的信息系统

一家企业需要信息系统支持组织中不同层次的管理决策和工作活动。这些系统包括业务处理系统和商务智能系统。

业务处理系统

运营经理需要使用系统跟踪组织的日常活动和交易，如销售、发票、现金存量、工资发放、信贷决策和工厂的物流等。**业务处理系统**（transaction processing systems，TPS）可以提供这些信息。业务处理系统是一个计算机信息系统，用于处理和记录企业每天的日常业务，如销售订单录入、酒店预订、工资发放、员工档案保存和运输等。

此级别系统的主要目标是解决常规问题并跟踪整个组织的业务流。例如，库存中有多少个零件？威廉先生的工资支付出了什么问题？要回答这类问题，必须能快速获取最新且准确的信息。

运营管理层的任务、资源和目标是事先定义好且高度结构化的。例如，批准某客户信用额度的决策，是基层主管根据预设的判断标准作出的，需要判断的只是该客户是否符合这些标准。

图 2-5 展示了用于薪酬处理的业务处理系统。该系统记录了企业的薪酬支付情况。员工考勤卡记录员工姓名、社会保障号码和每周工作小时数，每个员工的信息代表一个待处理的业务。一旦该业务被输入系统，它将更新系统中的员工信息主文件（或数据库，详见第 6 章）。该系统文件或数据库能为企业永久保存员工信息。系统中的数据通过不同方式进行组合，生成企业管理层和政府机构需要的报告或员工的薪酬支票。

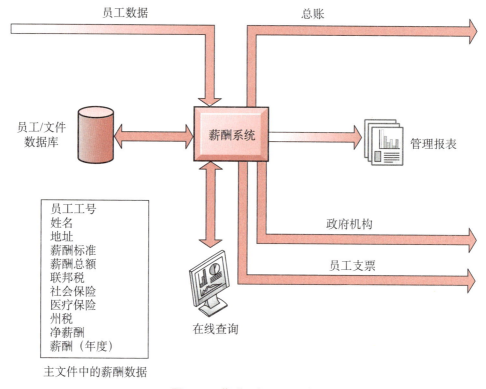

图 2-5　薪酬业务处理系统

说明：薪酬业务处理系统获取考勤卡等员工支付业务数据。系统输出包括在线和纸质的管理报表及员工支票。

管理者需要借助业务处理系统监控内部运营状况以及企业与外部环境的关系。业务处理系统也是其他系统所需信息的主要提供者。例如，图 2-5 中的薪酬系统和其他会计业务处理系统共同为企业的总账系统提供数据，总账系统负责维护企业的收入和费用记录，生成利润表和资产负债表等报表。薪酬系统还向企业人力资源系统提供付给员工的保险金、养老金和其他福利的历史数据，并向美国国税局和社会保障局等政府机构提供员工薪酬数据。

业务处理系统对企业非常重要，系统宕机几个小时就可能导致企业瘫痪甚至波及其他相关企业。试想，如果包裹跟踪系统无法正常运行，将会给 UPS 带来什么影响？如果没有计算机订票系统，航空公司该怎么办？

商务智能系统

企业还拥有提供信息以支持管理决策的商务智能系统。**商务智能**（business intelligence，BI）是一个现代术语，指的是能够组织、分析、访问数据以帮助管理者和其他企业用户作出智能决策的数据和软件工具。商务智能满足了各级管理层的决策需求。本节对商务智能进行简要介绍，读者能够在第 6 章和第 11 章了解更多相关内容。

用于中级管理层的商务智能系统有助于监视、控制、决策并管理活动。第 1 章将管理信息系统定义为对企业和管理中信息系统的研究。**管理信息系统**（management information systems，MIS）也指服务于中级管理层的特定类别的信息系统。根据管理信息系统提供的组织当前业绩情况报告，中级管理层能够监控组织业务并对未来业绩进行预测。

管理信息系统根据业务处理系统提供的数据，汇总生成关于企业基本运营状况的报告。来自业务处理系统的基本业务数据被汇总压缩，通常以定期报告的形式呈现。当前，这类报告大都通过在线传递。图 2－6 展示了管理信息系统如何将来自库存、生产和会计的业务数据转换为管理信息系统文件，进而生成报告并提供给管理者。图 2－7 展示了管理信息系统生成的样本报告。

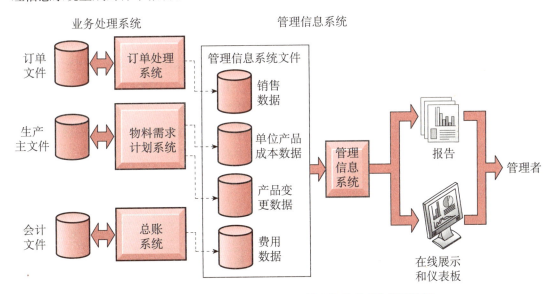

图 2－6 管理信息系统如何从组织的业务处理系统获取数据

说明：在图中展示的系统中，三个业务处理系统在每个周期末将汇总的业务数据提供给管理信息系统中的报告系统，管理者便可以通过管理信息系统访问组织数据，并获取合适的报告内容。

管理信息系统通常回答事先设定的常规性问题，并具有预定义的解答程序。例如，管理信息系统报告会列出一家快餐连锁店本季度使用的生菜总重量，或如图 2－7 所示，对比某个特定产品的实际销售与计划销售数据。这类系统的灵活性较差且几乎不具备分析功能。大部分管理信息系统使用的都是汇总和对比等简单处理程序，而不是复杂的数学模型或统计技术。

2019年产品销售报告（按产品和销售区域划分）

产品编号	产品描述	销售区域	实际销售	计划销售	实际/计划
4469	地毯清洁剂	东北部	4 066 700	4 800 000	0.85
		南部	3 778 112	3 750 000	1.01
		中西部	4 867 001	4 600 000	1.06
		西部	4 003 440	4 400 000	0.91
	总计		16 715 253	17 550 000	0.95
5674	房间空气清新剂	东北部	3 676 700	3 900 000	0.94
		南部	5 608 112	4 700 000	1.19
		中西部	4 711 001	4 200 000	1.12
		西部	4 563 440	4 900 000	0.93
	总计		18 559 253	17 700 000	1.05

图 2 - 7　管理信息系统报告示例

说明：该报告展示了图 2-6 中管理信息系统生成的汇总的年度销售数据。

其他类型的商务智能系统可支持非常规性决策。**决策支持系统**（decision-support systems，DSS）主要解决独特且快速变化的问题。对于这类问题，通常无法事先定义解答步骤。决策支持系统试图回答这样的问题：12 月的销售额翻倍对生产计划会有什么影响？如果工厂的生产计划延期 6 个月，企业的投资回报会怎么样？

决策支持系统不仅使用来自业务处理系统和管理信息系统的内部信息，也使用来自外部的信息，如当前股票价格或竞争对手的产品价格等。这些系统的使用者是"超级用户"管理者和业务分析师，他们希望使用复杂的分析方法和模型来分析数据。

某大型全球运输公司使用的航运估算系统就是小型、有意义且功能强大的决策支持系统的一个例子。该公司的主营业务是为其母公司运输煤、石油、矿石和成品等散装货物，该公司既使用自己的船舶也租用船舶，在公开市场上竞标运输普通货物的航运合同。使用航运估算系统可计算与航运财务和技术相关的各种指标。财务指标包括运输/时间成本（燃料、劳动力、资金）、不同货物的运费率以及港口费用。技术指标包含多个方面，包括货运容量、航行速度、离岸距离、燃油和淡水的消耗量以及装载模式（不同港口的卸货位置）等。

该系统可以回答以下问题：在给定送货时间表和运费率的情况下，应安排哪艘船舶并装载多少货物，才能实现利润最大化？对某艘货船而言，以何种速度航行才能在计划时间内完成运输任务并获取最大利润？由马来西亚开往美国西海岸的船舶的最佳货物装载模式是什么？图 2-8 展示了针对该企业设计的决策支持系统，该系统在高性能个人计算机上运行，并提供菜单系统，方便用户输入数据或获取信息。

上述航运估算决策支持系统高度依赖于分析模型。其他类型的商务智能系统则更多采用数据驱动，关注从大量数据中提取有用信息。例如，大型滑雪场运营商 Intrawest 和

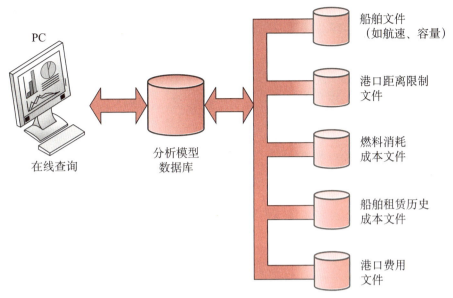

图2-8 航运估算决策支持系统

说明：该决策支持系统在高性能个人计算机上运行，供负责生成运输合同标书的经理日常使用。

Vai，从呼叫中心、缆车售票处、住宿餐饮预订系统、滑雪学校和滑雪设备租赁商店收集并存储大量客户数据。它们使用特殊的软件分析这些数据，确定每个客户的价值、回报潜力和忠诚度，从而帮助管理者更好地作出有针对性的营销计划决策。

商务智能系统还可以满足高级管理层的决策需求。高级管理层需要系统能够关注企业内部和外部环境中的战略问题和长期发展趋势。他们关注的问题包括：五年后的就业水平如何？行业成本的长期趋势是什么？五年后应该生产什么产品？

高管支持系统（executive support systems，ESS）能够帮助高级管理层进行上述决策。这类系统主要处理需要判断、评估和洞察的非常规决策，因为这些决策通常缺乏一致性解答程序。高管支持系统通过高级管理层易于使用的界面呈现多来源的图形和数据。通常而言，信息会通过门户（portal）提供给高级管理层，通过网页界面呈现集成化、个性化的业务内容。

高管支持系统的设计目的是整合外部事件的数据，如新的税法或竞争者信息，它们也从内部管理信息系统和决策支持系统中提取汇总信息。通过对关键数据进行过滤、精炼和跟踪，系统将数据最重要的部分展示给高级管理层。此类系统系统越来越多地包含趋势分析、预测等商务智能分析功能，以深入获取底层细节数据。

例如，全球最大的石油精炼商瓦莱罗（Valero）的首席运营官（COO）和工厂经理使用精炼仪表板展示与工厂和设备可靠性、库存管理、安全性和能源消耗相关的实时数据。依托这些信息，管理者能够根据每个工厂执行生产计划的情况对美国和加拿大的瓦莱罗炼油厂作出绩效评估。总部能够同时了解从高管到炼油厂各个层面的绩效以及系统操作员的个人绩效。瓦莱罗公司使用的精炼仪表板是**数字仪表板**（digital dashboard）的一个例子，它在单个屏幕上显示用于管理企业的关键绩效指标的图示和图表。数字仪表板正逐渐成为管理决策者青睐的工具（见下图）。

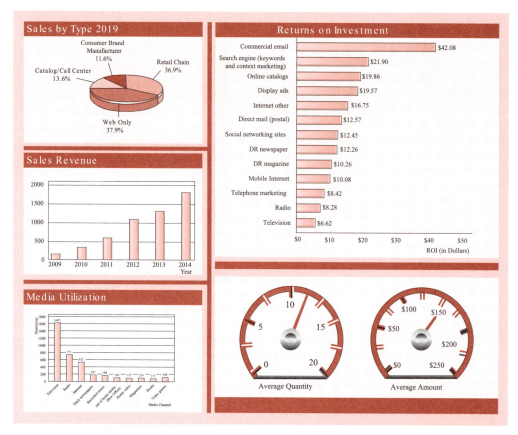

说明：仪表板通过单个屏幕为决策提供全面且准确的信息。关键绩效指标的图形概述有助于管理者快速发现需要注意的领域。

2.2.2 连接企业的系统

回顾上一节描述的各类系统，你可能想知道企业如何管理不同系统中的全部信息，以及维护如此多系统的成本有多高。你也许还想了解这些系统是如何共享信息的。实际上，这些也是当今企业需要解决的重要问题。

企业应用

让企业中不同类型的系统一起工作是件极富挑战性的事情。一般而言，大企业是通过自然发展或并购小企业而壮大的，随着时间的推移，企业最终会拥有一系列系统，且其中大多数都比较老旧，这时企业面临的挑战是让这些系统互联互通，作为一个整体来工作。针对这一问题有多个解决方案。

一种解决方案是实施**企业应用**（enterprise applications）。企业应用是跨职能部门的系统，关注贯穿企业的各类业务流程，并涉及各个管理层。企业应用通过紧密协调业务流程并整合不同流程，实现对资源和客户服务的有效管理，帮助企业提高灵活性和生产效率。

目前主要有四种企业应用：企业系统、供应链管理系统、客户关系管理系统和知识管理系统，每一种企业应用都集成了相关功能和业务流程以提高整个组织的绩效。如图 2-9

所示，这些企业应用架构涵盖了整个企业组织流程，在某些情况下，还扩展到客户、供应商和其他关键商业伙伴等组织外客户。

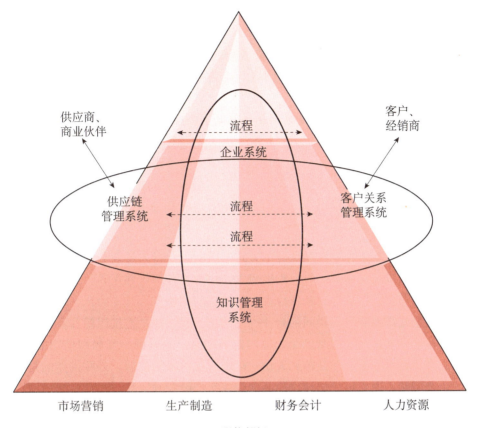

图 2-9　企业应用架构

说明：企业应用实现跨职能部门和组织层级的流程自动化，并可以延伸到企业外部。

企业系统　企业使用**企业系统**（enterprise systems），也称为**企业资源计划**（enterprise resource planning，ERP）系统，将生产制造、财务会计、市场营销以及人力资源等部门的业务流程集成到单个软件系统中。原本分散在不同系统的信息将存储在综合数据库中，方便企业不同部门使用。

例如，客户下单后，订单数据会自动流向企业相关部门。仓库会根据订单信息挑拣所需商品并安排发货。此外，仓库还会通知工厂补充消耗的库存产品。会计部门会收到通知为客户开具发票。客户服务代表会跟踪该订单的每一个环节并告知客户订单状态。管理者可以利用这些信息对企业日常运营和长期规划作出更加准确及时的决策。

供应链管理系统　企业使用**供应链管理系统**（supply chain management（SCM）systems）管理与供应商的关系。这类系统有助于企业与供应商、采购企业、分销商和物流公司共享关于订单、生产、库存状态以及产品和服务交付的信息，从而有效采购、生产并配送产品和服务。系统的最终目的是在最短的时间内，以最低的成本，将正确数量的产品从源头送到消费者手中。这类系统通过降低产品生产和运输成本，使管理者能够就如何组织和计划采购、生产和分销作出更好的决策，增强企业的盈利能力。

由于供应链管理系统中的信息流跨越了企业组织的边界，因此供应链管理是**跨组织系**

统（interorganizational system）的一类。本书后续章节将介绍其他类型的跨组织信息系统，这些系统使企业与客户以及外包服务公司之间的数字化联系成为可能。

客户关系管理系统　企业使用**客户关系管理系统**（customer relationship management（CRM）system）管理与客户的关系。客户关系管理系统提供信息，协调与销售、营销和服务相关的全部业务流程，以提高收益水平、客户满意度和客户留存率。这些信息有助于企业识别、吸引和保留最有价值的客户，为现有客户提供更好的服务并增加企业收入。

知识管理系统　一些企业比其他企业有更好表现是因为它们拥有更多关于创造、生产、运输产品及服务的知识。**知识管理系统**（knowledge management systems，KMS）收集企业全部相关知识和经验，使企业能够随时随地将它们用于改进业务流程和管理决策，这类系统也使企业与外部知识连接。本书将在第 9 章深入讨论企业系统、供应链管理系统和客户关系管理系统，并在本章 2.3 节讨论知识管理以及协作系统。

内联网和外联网

企业应用深刻改变了企业开展业务的方式，帮助企业将大量业务数据整合到单个系统中，但实施这些系统通常非常昂贵且难度较大。作为一种替代性工具，内联网和外联网能够促进信息在企业内部以及客户和供应商之间的流动和整合。

内联网是只允许企业员工访问的企业内部网站。互联网是连接组织和其他外部网络的公共网络，相比之下，内联网指的是企业内部的网络。内联网与互联网使用的技术相同，但内联网通常只是大型企业网站的私人访问区域。与内联网类似，外联网指的是授权供应商访问的企业网站，通常用于协调供应品向企业生产设备的转移。

例如，美国某银行搭建了一个人力资源内联网，用于帮助员工享受公司福利。员工可以查看福利计划，跟踪记录工作时间和休假时间，了解银行的员工职业发展和培训资源。本书将在第 7 章进一步描述内联网和外联网技术。

2.2.3　电子商务和电子政务

上文描述的系统和技术都是通过互联网和其他网络将企业与客户、员工、供应商和物流伙伴的关系转变为数字化连接。目前很多企业已经利用数字化网络或基于数字化网络开展业务，因此在本书中我们将频繁使用广义电子商务和狭义电子商务这类术语。

广义电子商务（electronic business，e-business）是指利用数字技术和互联网执行企业主要业务流程，包括企业内部管理活动以及协调供应商和其他商业伙伴的各类活动。**狭义电子商务**（electronic commerce，e-commerce）是指通过互联网购买并销售商品和服务，以及支持这些市场交易的活动，如广告、营销、客户支持、安保、物流和支付。

电子商务相关技术也为公共部门带来了相似变革，各级政府利用互联网技术向市民、员工和企业提供信息和服务。**电子政务**（e-government）是指应用互联网和计算机网络技术，使政府部门和公共服务机构能够以数字方式与市民、企业以及其他政府部门建立关系。除了改善政府服务，电子政务还通过让市民更容易获取信息并具有与其他市民建立联系的能力，赋予他们更大力量。本章"互动讨论：组织"专栏将介绍加拿大米西索加市的电子政务项目。

互动讨论：组织　　　　　　　　走向数字化的米西索加市

位于多伦多郊区的米西索加市是加拿大第六大城市，也是使用数字技术改善运营和服务的先驱者。米西索加市试图将技术整合到其运营、战略和业务规划中，并在业务计划和预算中为每个市政服务制定技术路线图。

米西索加市拥有活跃的多元文化人口以及繁荣的中央商务区，许多加拿大企业和跨国企业的总部都设在这里。然而，自1970年以来，包括米西索加市在内的大多伦多地区低收入家庭比例明显增加，而中等收入家庭的比例逐年减少。对此，米西索加市制定了一个智慧城市总体规划，为城市使用数字技术提供愿景和指导框架。米西索加市的领导人认为，数字技术应该面向所有人，并应为初创企业、学校和有破产风险的家庭提供新的机会。

米西索加市是社交媒体和自带设备办公（bring your own device，BYOD）等技术举措的先行者。自带设备办公倡导员工在工作中使用自己的移动设备。米西索加市的网站和在线服务全部托管在可以通过互联网远程访问的云计算中心（本书第5章将详细讨论这些技术）。部署这些技术时，米西索加市重点关注技术可用性和高质量的用户体验，并致力于让任何收入水平和教育背景的居民都能获得信息技术和技术服务。

米西索加市正在尝试尽可能实现无纸化，通过视频会议，参与者可以参加会议并远程共享文档协作。这些努力大大减少了纸张的使用，也避免了为了开会而不得不乘坐汽车或飞机出行。

移动设备让城市工作人员，包括以前很少用计算机的运输司机和现场运维人员在内，能够访问员工信息和操作数据，以支持实时操作和决策。米西索加市与手机运营商罗杰斯无线通讯（Rogers Wireless）合作，用无线信号收集600多辆公交车的实时运营和路线信息，以便市民查看公交车动态位置。此外，收集的公交车数据还可用于定时维护、保修和里程常规检查，以便在最佳时间将公交车从服务序列中移除，最大限度减少服务中断。

米西索加市还将消防车、除雪车辆、公共工程车辆、公园运营车辆、设施维修车辆等700多辆城市车辆联网，以提供基于位置的实时信息。例如，机载传感器可跟踪扫雪片开始工作的时间，以及喷洒除雪盐沙的时间地点和速率，联网的除雪车辆可向公众提供实时扫雪信息以及预期除雪效果。米西索加市最近还部署了一套先进交通管理系统，该系统使用大容量光纤和无线Wi-Fi网络（参见本书第7章）以及罗杰斯蜂窝网络连接了700多个交通路口。

市政厅的一个试点项目在市政大楼五楼创建了个人工作空间和协作单元，员工可以选择他们想要坐下来工作的地方。该楼层中超过90%的员工没有固定的工作台或桌面电话，但他们使用移动技术与各处互联。移动工作环境帮助这座城市吸引了年轻员工，也改变了高级管理层的工作方式。该市的经理、专员和主管也正在把台式计算机换成移动设备。

米西索加市与其他三个城市共同建立了名为公共部门网络（Public Sector Network，PSN）的专属高速光纤网络，该网络支持用于传输大量数据的全市高速光纤网络和Wi-Fi无线网络，公众可借助Wi-Fi连接许多城市应用。企业网络巨头——加拿大思科公司帮助米西索加市为社区中心、图书馆、体育场以及公园和小型商业区等许多户外场所建立了覆盖广泛的 Wi-Fi 网络。对于世界各地的大学生而言，这些免费的 Wi-Fi 网络就像一个虚拟校园。2018 年，全市免费公共 Wi-Fi 使用时长累计超过 800 万小时，在全市如此多的地点提供公共 Wi-Fi 接入，是米西索加市消除技术"富人"和技术"穷人"间"数字鸿沟"的一种举措。

米西索加市正与联合之路、皮尔区、多伦多大学米西索加分校、谢里丹学院以及该市的商业改善区等联手，共同在全市范围内建立一个移动友好的生态系统，向整个社区提供服务和数字技术。该计划将米西索加市划分为 23 个规划社区，每个社区将配备一个设施中心和 500 个移动设备套件，其中每个移动设备套件都将包括一台连接网络的笔记本电脑，供参加社会支持计划的居民使用。设施中心将由总部位于米西索加市的几家大型科技公司联合开发，建成后将为员工提供可以工作的联合办公空间。最终，城市中将有 100 个设施中心。米西索加市还计划在 23 个社区建立 500 个"联网地带"，使室内、室外都有可使用的支持语音的数字屏幕和免费 Wi-Fi，这个"联网地带"可以在公园里、车站旁、商场内，市民在那里可以享有 Wi-Fi 歇脚，并可获取服务和项目。

资料来源：Sophie Chapman, "Inside the City of Mississauga's Technology Transformation Journey," *Gigabit*, February 18, 2019；https：//mississauga. smartcity. ca, accessed April 9，2019；and Eric Emin Wood, "How the City of Mississauga Uses Mobile Technology to Engage Workers and Citizens Alike," *IT World Canada*，May 7，2018.

案例分析问题

1. 描述米西索加市希望使用数字技术解决的问题。

2. 米西索加市采用了哪些技术来解决这个问题？列举每种技术并分析其在解决方案中起到的作用。

3. 米西索加市在制定解决方案时需要解决哪些人员、组织和技术问题？

4. 在该案例中，技术如何增强了米西索加市的运营和决策能力？

2.3　为什么用于协作、社会化商务和知识管理的信息系统如此重要？这些系统使用了哪些技术？

有了这些系统和信息，人们应如何理解它们、朝共同目标努力并协调计划和行动？除了上文描述的各类系统外，企业还需要专门的系统来支持协作和知识管理。

2.3.1　什么是协作？

协作（collaboration）是与他人合作以实现共同明确的目标。协作通常在企业或其他组织内部以及企业之间发生，目的是完成任务或使命。例如，你可以与一位身处东京、有你不具备的技术专长的同事协作，你也会和许多同事协作发布企业博客。如果你在律师事务所工作，你也可能与会计事务所的会计人员合作，帮助客户解决税务问题。

协作可能是短暂的，仅持续几分钟，也可能是长期的，这取决于任务的性质以及参与者之间的关系。同时，协作可以是一对一的或多对多的。

员工可以在非正式的、不属于企业正式组织结构的小组中协作，也可以组建正式团队进行协作。**团队**（teams）通常肩负企业赋予的特定使命，团队成员需要协作完成某些任务并共同实现团队使命。团队的使命可能是"赢得比赛"或"增加10%的线上销售额"。团队通常短暂存在，其存在时间取决于他们处理的问题，以及找到解决方案和完成任务所需的时间。

由于以下各种原因，协作和团队工作在今天比以往任何时候都更加重要。

● 工作性质的改变。与过去相比，现在的工作性质已经发生了根本改变。在工业时代，每个生产环节相互独立并由管理者负责协调，工作以垂直形式组织，从一台机器传送到另一台机器，从一个桌面传递到另一个桌面，直至最终产品制造完成。如今，产品生产或服务流程需要参与各方进行更密切的协调和互动。咨询公司麦肯锡认为，美国现在41%的劳动力均从事以互动（交谈、发送电子邮件、演示及劝说）为主要增值活动的工作（麦肯锡，2012）。即便在工厂中，工人也常常以生产小组的方式开展工作。

● 专业性工作的增加。交互类工作往往是服务部门中的专业性工作，需要密切协调和协作。专业性工作需要大量培训、共享信息和意见才能完成。每个参与者都能带来专业知识，所有参与者需要相互配合才能完成工作。

● 企业组织架构的变化。在工业时代，管理者大多以层级形式组织工作。命令自上而下逐层传达，反馈自下而上不断传递。如今，工作以小组和团队的形式组织，每个团队按照自己的方式完成任务。高级管理层负责监控和评估工作的最终成果，而很少直接下达详细命令或操作指令。在某种程度上，这是因为专业知识和决策权在组织中的扁平化。

● 企业规模的变化。企业工作场所由单一地点扩展为多个地点，办公室或工厂可能遍布整个地区、国家甚至全球。例如，亨利·福特在密歇根州迪尔伯恩建立了第一个大规模汽车生产工厂，截至2019年，福特已经在全球61家工厂雇用了19.9万名员工。在全球化趋势下，设计、生产、营销、分销和服务等部门间的密切配合更加重要，大型跨国企业需要基于全球的团队协作。

● 对创新的重视。虽然我们常常将商业和科学中的创新归功于杰出的个人，但这些杰出个人都是与一群才华横溢的同事组成的团队一起工作的。例如，微软创始人和苹果创始人都是备受推崇的创新者，他们都在各自公司中建立起强大的协作团队来培育和支持创新。他们两人最初的创新正是来自同事和合作伙伴的密切协作。简言之，创新是一种群体和社会行为，多数创新源自实验室、企业或政府机构中的团队协作，强大的协作实践和技术能够提高创新的速度和质量。

● 企业文化的变化。大多数关于协作的研究都支持这样一种观点：与独立工作的个体相比，多元化的团队能够获得更快更好的产出。群体的一些流行概念（众包和群体智慧）也为团队协作提供了文化支撑。

2.3.2　什么是社会化商务？

如今，许多企业使用社会化商务加强协作。**社会化商务**（social business）使用Face-book、推特、企业内部社交工具等社交平台增强企业与员工、客户和供应商之间的交流互动。这些社交工具使工作人员能够建立文档、创建群组，并"追踪"他人的状态更新。社会化商务的目标是增强企业内外群体的互动，促进并强化信息共享、创新和决策。

社会化商务的关键词是"对话"。组织是由对话构成的网络（Zaffron & Unruh，

2018)，客户、供应商、员工、管理者甚至监管机构不断就企业进行对话，而这些企业或其关键参与者（员工和管理者）往往并不知情。社会化商务的支持者认为，如果企业能够融入这些对话，将加强企业与消费者、供应商以及员工之间的联系，并增强他们在企业中的情感参与度。

所有这些都需要信息高度透明。人们可以在不受高管或其他人干预的情况下，直接与他人分享观念和事实。员工可以直接了解客户和其他员工的想法；供应商可以直接了解供应链合作伙伴的想法；甚至管理者也能直接从员工处大致了解他们的表现。几乎每一个参与价值创造的人员都会对其他人有更多的了解。

如果能够创造此类环境，企业就有可能提高运营效率、激发创新并加速决策。如果产品设计师能够根据消费者反馈实时了解产品的市场表现，他们就可以加快产品的重新设计过程。如果员工能够通过企业内外的社交联系获取新的知识和见解，他们将能提高工作效率并解决更多的业务问题。

表 2-2 描述了社会化商务在企业内外的重要应用。本章主要关注社会化商务在企业内部的应用。第 10 章会描述社会化商务在企业外部客户和供应商处的应用。

表 2-2　社会化商务的应用

应用	描述
社交网络	通过个人资料和企业资料建立联系
众包	利用集体知识产生新的创意和解决方案
共享工作区	开展项目和任务合作，共创内容
博客和维基	发布和快速获取知识
社会化商业	在社交平台上分享购物经验、看法
文件共享	上传、分享和评论照片、视频、音频、文本文档
社会化营销	利用社交媒体与客户互动，获取客户观点
社区	在开放论坛上讨论话题，分享专业知识

2.3.3　协作和社会化商务的商业价值

关于协作的文章和书籍有很多，但几乎所有关于协作的研究都是道听途说。商界和学术界普遍认为，企业的协作能力越强就越可能成功，同时，企业内部和企业间协作比以往更加重要。一项关于企业和信息系统管理者的全球调查发现，企业对协作技术的投资能够改善整个组织，其回报是投资额的四倍以上，其中销售、市场和研发是受益最多的职能部门（Frost & Sullivan，2009）。麦肯锡公司预测，在企业内部和企业间使用社交技术能够将员工合作效率提升 20%～25%（麦肯锡，2015）。

表 2-3 总结了协作和社会化商务能够为企业带来的一些好处。图 2-10 描述了协作如何影响企业绩效。

表 2-3　协作和社会化商务的商业利益

利益	原因
生产效率	与相同数量的员工独自工作相比，互动和协作可以更快获取专业知识并解决问题，且错误更少。

续表

利益	原因
质量	相比于独自工作，员工协作能更快发现并改正错误。协作和社交技术有助于减少设计和生产延迟。
创新	与相同数量的员工独自工作相比，协作能够让员工在产品、服务和管理方面提出更多创新的想法。这体现了多样化和群体智慧的优势。
客户服务	相比于独立工作，使用协作和社交工具一起工作可以使员工更快、更有效地解决客户投诉和相关问题。
财务表现（利润、销售额和销售增长）	由于上述原因，协作性强的企业具有更高的销售额、更快的销售增长和更好的财务表现。

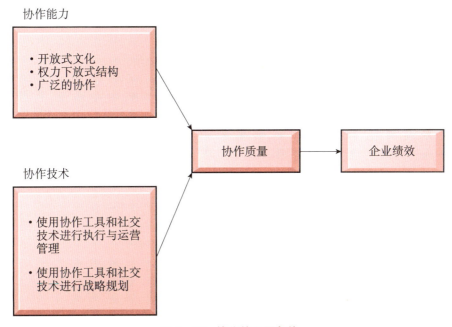

图 2-10　协作的必要条件

说明：成功的协作需要恰当的组织结构、企业文化和协作技术。

2.3.4　建立协作的企业文化和业务流程

在企业中，协作不会自发形成，特别是在没有支持知识共享和创新的企业文化和业务流程时（Magni & Maruping，2019）。过去，大型企业主要是命令和控制式组织，高层领导需要考虑全部重要事务，然后命令基层员工执行高层下达的计划，中级管理层的工作就是在不同层级间传递信息，基层员工执行命令时不必问太多问题，团队绩效也与奖励无关。如果某个工作小组需要其他工作小组的帮助，这需要老板来决定。员工不需要与同级员工进行横向沟通，只需进行纵向沟通，这样管理层能够控制整个流程。如今仍有很多企业以这种方式运营。

在注重协作文化和协作流程的企业中，高级管理层对最终结果负责，但结果要靠员工团队获取和实现。企业政策、产品、设计、流程和系统更多依赖于组织的各层级团队进行构思、创造和建设。团队会根据整体绩效获得奖励，个人也将凭借在团队中的表现获得奖励，中级管理层的职责是建设团队、协调团队工作并监控团队绩效。企业文化和业务流程更加社会化。在协作文化中，高级管理层将协作和团队合作视为组织至关重要的部分，这也推动了企业高级管理层之间的协作。

2.3.5　团队协作和社会化商务的工具和技术

仅拥有以团队协作为导向的企业文化，而缺乏适当的信息系统支持团队协作和社会化商务，是无法产生效益的。当前有数百种工具可支持这些工作，其中一些工具非常昂贵，但也有一些可以在线免费获取（或只需支付适中的费用），适合小型企业使用。下面来详细介绍这些工具。

电子邮件和即时通信（IM）

电子邮件和即时通信（包括短信）已经成为互动性工作的主要沟通和协作工具。这些工具软件可在计算机、手机和其他无线移动设备上运行，具备分享文件和传递信息的功能。许多即时通信系统允许用户与多人同时进行实时对话。近年来，电子邮件的使用有所减少，即时通信和社交媒体成为最受欢迎的沟通渠道。

维基

维基是一种让用户无需网页开发和编程技术，即可轻松贡献并编辑文本内容和图形的网站。维基百科是最著名的维基网站，是全球最大的协作编辑参考项目。维基百科的运营依靠志愿者参与，网站不营利也不接受商业广告。

维基是存储并共享企业知识和观点的理想工具。企业软件供应商思爱普（SAP AG）就通过维基网站向客户及软件开发商等企业外部人员提供企业相关信息。在未使用维基之前，他们通常在思爱普在线论坛上提出或解答问题，但论坛是一个低效系统，同一问题会被重复提出或解答。

虚拟世界

像"第二人生"这样的虚拟世界是由居民构成的 3D 环境，在虚拟世界中，居民建立自身形象的图形化表示，即虚拟形象。IBM、思科和英特尔等企业已经使用虚拟世界进行在线会议、面试、嘉宾演讲和员工培训等活动。现实世界中的人们通过虚拟世界中的化身，使用手势、聊天框对话和语音通信在虚拟地点见面、互动、交换想法。

协作和社会化商务平台

当前，已经有软件产品套装为在多个地点共同工作的员工提供用于团队协作和社会化商务的多功能平台。使用最广泛的是基于互联网的音频会议和视频会议系统，谷歌在线工具服务等云协作服务，IBM Notes 和微软 SharePoint 等企业协作系统，以及 Salesforce Chatter、Yammer、Jive、Facebook Workplace、IBM Connections 等企业社交网络工具。

虚拟会议系统　为了减少差旅费用，大型和小型企业均在采用视频会议和网络会议技术。亨氏、通用电气和百事等企业已使用虚拟会议系统进行产品宣讲、课程培训和战略研讨。

视频会议让位于两地或多地的个人通过双向视频和音频传输同步沟通。高端视频会议系统采用**远程呈现**（telepresence）技术，这是一种集成的音频和视频环境，让人能够在其真实物理位置之外的地点出现（参见"互动讨论：技术"专栏）。对于免费或低成本的基于互联网的系统，如 Skype for Business、谷歌 Hangouts Meet 和 Amazon Chime，它们的质量不高，但对于小型企业而言仍十分有用。苹果的 FaceTime 适用于一对一或小组视频会议。上述工具也可在移动设备上获取使用。

各个规模的企业都发现，Cisco WebEx、Skype for Business、GoToMeeting 和 Adobe Connect 等基于网络的在线会议工具对企业培训和销售演示格外有用，这些产品使参会者能够通过音频会议和实时视频进行文档共享和文稿演示。

互动讨论：技术   **视频会议：适用于所有人**

视频会议正在成为各种规模组织的首选协作工具。过去，只有能够负担专用视频会议室以及昂贵网络和软件的大型企业才会使用视频会议。如今，视频会议已经广为普及并适用于每一个人。

视频会议的技术成本已经大幅下降，全球互联网以及视频、音频数据的桌面传输费用已足够低廉。企业既可选择廉价的移动和桌面工具，也可选择高端的视频会议和远程呈现系统管理业务流程，与全球各地的员工甚至客户连接和协作。

新一代远程呈现平台不仅提供视频协作功能，还能够协调丰富多元的数据流，集成来自移动端、桌面和视频的数字信息；创建协作的工作环境；将信息传递给作决策的管理者和专业人员。思科的 IX5000 沉浸式远程呈现系统是此类平台的代表，它提供了先进的远程呈现功能，比过去更便宜也更容易使用。高清视频和影院音质可为 8～18 人打造高品质、逼真的协作体验。摄像头和图形处理器能够精准捕捉整个房间的细节，因此参会人员可以站起来四处走动，或走到白板前。同时，还可以对图像进行裁剪来突出显示坐在后面的参与者，但当有人站起来时，裁剪的图像将被移除以显示站立和坐着的参与者。安装 IX5000 系统无须对房间进行特殊改造，只需耗费上一代远程呈现系统一半的电力、安装时间和数据传输容量（带宽）。6 个座位的 IX5000 工作室售价为 29.9 万美元，18 个座位的工作室售价为 33.9 万美元。

Zoom 已成为一款功能强大的视频会议工具，具有许多高端系统的功能，但价格要便宜得多，也更易于使用。Zoom 是一个云平台，可在跨移动设备、台式计算机、电话和会议室系统上进行在线视频和音频会议、协作、聊天、屏幕共享和网络研讨会。Zoom 允许用户直接运用计算机、移动设备或配置 Zoom 的会议室创建视频会议或网络研讨会。Zoom 软件有不同价格的版本类型，免费的基础版本可以创建最多 100 人的短时视频会议，同时还有功能更全面的企业版本，每个在线会议账号的月度费用从 14.99 美元到 19.99 美元不等。Zoom 最多可容纳 1 000 名视频参会者和 1 万名观众。

Zoom Meetings 和 Zoom Room 是 Zoom 的两大核心技术。Zoom Meetings 支持在线视频会议，用户可通过在计算机或移动设备上安装 Zoom 视频会议软件免费加入会议，与会者可从不同地点加入 Zoom 会议，无论是在家里、公司会议室，还是仅通过手机。Zoom Rooms 由硬件和软件技术两部分组成，可为实体会议室提供支持。只需轻按平板电脑上的按钮即可启动 Zoom Meetings，所有的视频和音频都将集成到会议室设备和日历系统中。

总部位于得克萨斯州奥斯汀的 Nepris 是一个基于网络的服务提供商，可将教师与行业专家联系起来，使课程主题更贴近学生。Nepris 使用 Zoom 来实现这一目标。大企业的员工通常没有时间亲自到多个教室上课，而 Zoom 视频会议软件方便教师使用和安装，且几乎可以在任何设备上运行，无论是平板电脑、智能手机或是台式计算机。因此，行业专家可使用 Zoom 分享演示文稿或流程演示等屏幕内容。

Zoom 可以提供高清视频，但如果教室不具备高清视频传输能力，也可以将视频切换到较低分辨率。Nepris 还发现 Zoom 对于连接教师、学生和专家非常有用，因为线上会议能够适应他们繁忙的日程安排。Zoom 允许多达 25 个视频流加入同一个会议，这样多个教室可以同时与行业专家进行互动。用户还可以录制 Zoom 会议供后续使用，行业专家也无须为了演讲而在一个学校待上一整天或在不同学校间穿梭。

FCTI 是美国领先的自动取款机（automatic teller machine，ATM）网络和服务提供商，其总部位于洛杉矶并在拉斯维加斯设有办事处，还与墨西哥瓜达拉哈拉的承包商有合作关系。FCTI 最近被日本 Seven Bank 收购，这进一步增加了员工对远程通信和协作的需求。FCTI 认为，与电子邮件、短信或电话相比，视频会议更有助于员工高效协作。FCTI 曾尝试直接使用互联网视频通话主持视频会议，但这需要太多配置操作才能使用。此外，网络连接经常中断，视频质量也很低。

FCTI 采用 Zoom 使视频会议更加流畅、方便且成本低。管理层对 Zoom 提供的高清视频尤为赞赏。FCTI 现在每个月都在 Zoom 上举办董事会会议，其会议室成本仅是高端企业级远程呈现会议室的一小部分。Zoom 对平板电脑和智能手机的兼容性使与会者可以远程参加会议。例如，在繁忙的机场，FCTI 员工可使用平板电脑远程参加 Zoom 会议，并能够在流畅的高清视频环境中进行协作。此外，即使某些与会者因航班延误或取消而无法到达现场，董事会会议也能够正常举行。

资料来源："Leading ATM Provider Builds Employee Relationships Through Video" and "Nepris Inspires Students Through Zoom," www. zoom. us. com, accessed April 24, 2019; "'Less Is More' as Cisco Completely Reimagines Flagship Three-Screen Video Conferencing Technology" and "Cisco Telepresence IX5000 Series," www. cisco. com, accessed March 20, 2019; www. ivci. com, accessed March 20, 2019.

案例分析问题

1. 比较上述案例中不同视频会议工具的功能，以及它们如何促进协作和创新？
2. 视频会议与本案例中描述的组织的商业模式和商业战略有何关联？
3. 请描述在上述案例中，视频会议技术帮助各个组织改进其运营和决策的具体方法。

云协作服务　谷歌提供了许多用于协作的在线工具和服务，包括 Google Drive、Google Docs、G Suite 和 Google Sites，这些工具和服务大多免费。

Google Drive 是基于网络的文件存储和同步设备，可用于云存储、文件共享和协同编辑。这种基于网络的在线文件共享服务允许用户将文件上传到安全的在线存储站点，进而与他人共享文件。微软 OneDrive 和 Dropbox 也是领先的云存储服务产品，它们同时提供免费版本和付费版本，用户可根据所需存储空间和管理要求自行选择。借助云存储工具，用户可以将在线存储的文件与本地个人计算机或其他设备同步，还可以将文件设置为私有或公开状态并与指定联系人共享。

Google Drive 和微软 OneDrive 集成了文档创建和共享工具。OneDrive 可用于微软 Office 文档和其他文件的在线存储，并能与本地和在线微软 Office 应用程序配合使用，也可将文件分享到 Facebook。Google Drive 集成了 Google Docs、Sheets 和 Slides，是一套能够编辑文档、电子表格和演示文稿的高效协作办公软件。基于云计算的谷歌企业生产力套件 G Suite 也能与 Google Drive 配合使用，G Sites 允许用户快速创建面向团队的在线网站并支持多人协作和共享文件。

微软 SharePoint 和 IBM Notes 微软 SharePoint 是一个基于浏览器的协作和文档管理平台，同时具有安装在企业服务器上的强大搜索引擎。SharePoint 拥有基于网络的界面，并与微软 Office 等生产力工具紧密集成，SharePoint 软件使员工能够以 Office 文档为基础分享文档协作处理项目。

SharePoint 可以用于部署内部网站，通过在中央工作区网络组织和存储信息，团队能够协调工作活动、协作处理并发布文档、维护任务列表、执行工作流并通过维基和博客分享信息。用户能够控制文档版本和文档安全性。由于 SharePoint 在同一位置存储和组织信息，因此用户可以在协作完成任务、项目和文档的同时，快速高效地查找相关信息。企业搜索工具可以帮助查找人员、专业知识和内容。此外，SharePoint 现在还具备社交工具功能。

IBM Notes（以前称为 Lotus Notes）是一个协作软件系统，具有分享日历、电子邮件、消息传递、协同写作编辑、共享数据库访问以及在线会议等功能。Notes 软件可安装在台式机或笔记本电脑上以获取存储在 IBM Domino 服务器上的应用程序。Notes 支持网络技术并提供应用程序开发环境，以便用户构建自定义应用程序来满足个性化需求。Notes 还增加了博客、微博、维基、在线内容聚合、帮助台系统、语音和视频会议以及在线会议等功能。IBM Notes 承诺提供高级别安全性和可靠性的服务，能够管理企业敏感信息。

企业社交网络工具 上述工具包含支持社会化商务的功能，但也有更专业的社交工具能满足此需求，如 Salesforce Chatter、Yammer、Jive、Facebook Workplace 和 IBM Connections。企业社交网络通过文件管理、更新、通知以及其他与 Facebook 类似但只能在企业内部使用的功能将组织成员连接起来，从而创造商业价值。表 2-4 提供了这些内部社交功能的更多细节。

表 2-4 企业社交软件功能

社交软件功能	描述
档案	建立成员档案，描述个人信息、教育背景、兴趣爱好。也包括与工作相关的协会和专业知识（技能、项目、团队）。
内容分享	分享、存储和管理内容，包括文档、演示文稿、图像和视频。
反馈和通知	实时信息流、状态更新和个人及团体公告。
群组及团队工作区	建立群组以分享信息、文档协作和项目协作，设立私密和公共群组，归档对话内容，存储团队知识。
标签和社交书签	表明对特定内容的偏好，类似于 Facebook 的点赞功能。标签让用户为他们喜欢的内容添加关键词。
权限和隐私	确保私人信息在由关系类型决定的适当范围内传递。企业社交网络需要设置用户查阅信息的权限。

虽然企业社交网络让很多企业受益，但这些内部社交网络并不像个人使用的 Facebook、推特和其他公共社交网络产品那样快速普及。本章结尾的案例将对这一问题进行讨论。

管理者清单：评估并选择协作软件工具

面对如此多可供选择的协作工具和服务，如何为企业选择合适的协作技术？要回答这个问题，管理者需要一个框架来了解这些工具分别用于解决什么问题。在讨论协作工具时，时空协作和社交工具矩阵十分有帮助，该矩阵框架由关注协同工作的学者们提出（见图 2-11）。

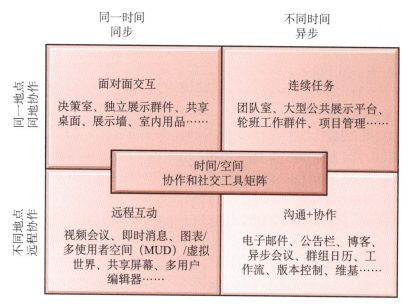

图 2-11　时空协作和社交工具矩阵

说明：可以根据是否支持在不同时间或地点进行交互，以及交互是远程的还是同地的，对协作技术进行分类。

时空矩阵关注协作问题的两个维度：时间和空间。例如，管理者需要和不同时区且无法同时见面的人协作。当纽约是午夜时，孟买正值正午，即使是视频会议也很难举行，时差显然是全球化协作的一大障碍。

地点（位置）也是阻碍大型跨国企业以及全国或区域性企业进行协作的影响因素之一。由于地理位置分散（企业有多个办公地点）、出差成本高、管理者时间有限等因素限制，企业很难将人员聚集在一起召开线下会议。

本章讨论过的协作技术是克服时间和空间限制的途径。使用时空框架可以帮助企业选择最合适的协作和团队工具。但需要注意的是，有些工具适用于多个时间/空间场景。例如，IBM Notes 等互联网协作套件既有同步交互功能（即时通信、会议工具），也有异步交互功能（电子邮件、维基、文档编辑）。

如下是一个待办事项清单。按照这六个步骤操作，能够为企业找到一个价格适中、风险可控且业务场景适用的协作软件。

1. 企业协作面临哪些时间和空间上的挑战？在时空矩阵上确定企业的位置。企业可能在矩阵中占据多个单元，每个单元都对应不同的协作工具。

2. 在企业面临挑战的矩阵单元中，明确哪些解决方案是可行的，列出供应商的产品清单。

3. 从企业角度分析每种产品的成本和收益。成本估算要包含培训成本，如果必要的话，还要包含信息系统部门的成本。

4. 识别每个产品涉及的安全风险和漏洞风险。企业是否愿意通过互联网将专有信息交给外部服务提供商？企业是否愿意冒险在其他企业控制的系统上进行重要运营？企业的供应商面临哪些财务风险？它们在 3～5 年后是否还会存在？如果供应商倒闭，转向另一家供应商的成本是多少？

5. 向潜在系统用户寻求帮助，识别在实施和培训中可能会遇到的问题。有些工具可能比其他工具更易于使用。

6. 在候选产品工具中作出选择，并邀请供应商进行演示。

除了为沟通和协作选择合适的数字工具外，组织还需要确保这些工具能够真正支持高效的工作方式。仅靠技术往往无法改变设计糟糕的业务流程和根深蒂固的组织行为（Dodge et al.，2018）。

2.3.6　知识管理系统

如果没有协作、决策和持续运营所需的知识，协作和知识共享的效果和效率就会降低。本章前面介绍的知识管理系统正是解决这一需求的特定工具。

一些知识以**结构化知识**（structured knowledge）的形式在企业内部存在，包括报告和演示文稿等正式的文本文档。但专家认为，组织中至少 80％的业务内容是半结构化或非结构化的，包括文件夹中的信息、消息、备忘录、提案、电子邮件、图形、聊天室交互、电子演示文稿展示以及以不同格式存储在多个地方的视频。在一些情况下，知识仅存在于员工的记忆中而没有任何纸质或数字信息，这些知识大部分是**隐性知识**（tacit knowledge），很少被记录下来。企业级的知识管理系统具有存储和搜索各种类型知识，以及在企业内查找员工专业知识的功能。

企业内容管理系统

企业内容管理系统（enterprise content management（ECM）systems）帮助组织管理结构化、半结构化和非结构化信息，具有获取、存储、检索、分发和保存知识的功能。此类系统包括文档、报告、演示文稿和最佳实践的企业存储库，以及收集并组织电子邮件等半结构化知识的功能（见图 2 - 12）。大部分 ECM 系统还能使用户访问新闻推送和研究等外部信息资源，并通过电子邮件、聊天/即时通信、讨论组和视频会议进行交流。博客、维基及其他企业社交网络工具正在逐渐整合到这类系统中。

管理知识的关键问题是如何创建适当的分类方案将信息组织为有意义的类别。一旦创建了知识分类的类别，就需要对每个知识对象进行标记或分类以便检索。ECM 系统的功能包括标记、与存储文档的企业数据存储库交互，以及创建企业门户环境供员工搜索企业知识。Open Text、EMC、IBM 和甲骨文是这类企业内容管理软件的主要供应商。

查找并分享专业知识

企业需要的一些知识不是以数字文档的形式存储，而是存在于企业个别专家的记忆中。当代企业内容管理系统以及协作和社会化商务系统都具有查找专家并利用其知识的功能，这包括企业专家及其个人资料的在线目录，并附有工作经验、项目经历、出版物和教育背景等详细信息，以及生成的内容存储库。专门的搜索工具使员工更容易在企业中找到合适的专家。

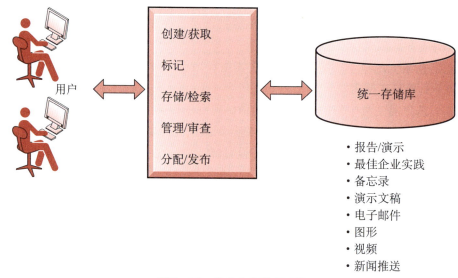

图 2 - 12　企业内容管理系统

说明：企业内容管理系统具有对结构化和半结构化知识进行分类、组织和管理并使其在整个企业中可用的功能。

2.4　信息系统部门在企业中的作用是什么？

　　我们已经了解当今企业运营需要多种信息系统，但谁来负责这些系统的运行呢？企业终端用户从业务的角度来管理这些系统，但技术的管理需要专门的信息系统职能部门。除了那些非常小的企业之外，**信息系统部门**（information systems department）是负责信息技术服务的正式组织单位。信息系统部门负责维护企业 IT 基础设施的硬件、软件、数据存储和网络。本书将在第 5 章详细描述 IT 基础设施。

2.4.1　信息系统部门

　　信息系统部门由程序员、系统分析师、项目主管和信息系统经理等专业人员组成。**程序员**（programmers）是受过专业训练的技术专家，他们负责为计算机编写软件指令。**系统分析师**（systems analysts）是企业信息系统团队和其他部门成员之间的主要联络人，其职责是将业务问题和需求转化为信息需求。**信息系统经理**（information systems managers）是程序员、系统分析师、项目经理、设备经理、通信经理、数据库专家等团队的领导者，也是计算机运维人员和数据录入人员的管理者。此外，硬件供应商和制造商、软件公司、咨询顾问等外部专家也经常参与信息系统的日常运作和长期规划。

　　在许多企业中，信息系统部门由**首席信息官**（chief information officer，CIO）领导。CIO 是负责企业信息技术应用的高层管理者，要同时具有丰富的业务背景和信息系统专业知识，并能够在信息技术与企业商业战略的整合过程中发挥领导作用。如今，大企业还设置了与 CIO 紧密合作的首席安全官、首席知识官、首席数据官和首席隐私官等职位。

首席安全官（chief security officer，CSO）负责企业的信息系统安全及执行企业的信息安全政策（见第 8 章），有时为了将信息系统安全与物理安全区分，首席安全官也称为**首席信息安全官**（chief information security officer，CISO）。CSO 还负责对用户和信息系统专家进行安全教育培训，提醒管理层警惕并防范安全威胁和系统故障，维护安全保护工具，以及落实企业安全政策。

信息系统安全与个人资料保护在企业运营中至关重要，因此涉及大量个人资料信息的企业设立了**首席隐私官**（chief privacy officer，CPO）一职。CPO 负责保证企业的行为符合现有数据隐私法律。

首席知识官（chief knowledge officer，CKO）负责企业的知识项目管理。CKO 帮助设计程序和系统，以发现新的知识来源或在组织和管理流程中更好地使用现有知识。

首席数据官（chief data officer，CDO）负责企业范围内的信息治理和使用，使组织中数据的价值最大化。CDO 确保企业收集适当的数据以满足需求，部署用来分析数据的适当技术，并使用分析结果支持业务决策。这个职位的出现是为了处理组织正在收集和生成的海量数据（见第 6 章）。

终端用户（end users）是信息系统部门之外的企业各部门人员，他们是各种应用程序的使用者。这些使用者在信息系统的设计和开发中将发挥越来越大的作用。

在信息化的早期，信息系统部门主要由程序员组成，他们在技术方面非常专业。现在，随着信息系统部门成为组织中强大的变革推动者，部门中越来越多的工作人员是系统分析师和网络专家。信息系统部门提出新的商业战略、新的基于信息的产品和服务，并协调技术开发和组织中的计划变更。

2.4.2 信息系统服务

信息系统部门提供的服务包括：

● 计算机平台服务，将员工、客户、供应商连接到统一的数字化环境中，可连接设备包括大型主机、台式机和笔记本电脑以及移动手持设备。

● 通信服务，为员工、客户和供应商提供数据、语音和视频连接。

● 数据管理服务，存储和管理企业数据，并提供数据分析能力。

● 应用软件服务，为企业的业务系统提供开发和支持服务。

● IT 管理服务，规划开发基础设施，与业务部门协调 IT 服务，管理 IT 支出，提供项目管理服务。

● IT 标准服务，为企业及其业务部门提供信息技术的使用准则，包括用什么、何时用、怎么用。

● IT 教育服务，为员工和 IT 专家提供系统使用培训。

● IT 研发服务，为企业提供关于未来潜在信息系统项目和投资的研究，帮助企业在市场竞争中脱颖而出。

过去，企业通常自己开发软件并管理计算设备。如今，正如本章 2.3 节讨论的，许多企业正寻求外部供应商和基于互联网的在线应用来提供这些服务（参见第 5 章和第 12 章），并由企业的信息系统部门管理这些服务提供商。

➡ 2.5 管理信息系统对职业生涯有何帮助？

以下内容说明了本书第 2 章将如何帮助读者找到初级销售支持专员的工作。

2.5.1 企业

美国综合补充保险（Comprehensive Supplemental Insurance USA）是一家领先的保险公司，提供意外事故险、残疾险、健康险和人寿保险等多种保险产品，总部设在明尼阿波利斯，现招聘一名初级销售支持专员。该公司主要提供补充保险以补充现有的基本福利保障计划，在全球拥有 5 000 多名员工。该公司以对员工及其职业发展的支持而闻名。

2.5.2 岗位描述

该岗位将为公司面向小型企业的销售部门提供整体系统、行政和数据管理支持。工作职责包括：
- 日常管理并支持公司的 Salesforce 客户关系管理系统，包括管理用户设置、配置文件和角色以及验证数据；
- 协助数据管理，并提供系统培训和支持；
- 为销售管理提供例行的周、月、季度销售和关键业绩指标报告；
- 提供代理佣金报告，并根据要求创建新报告；
- 支持与代理许可和代理赔偿相关的各种项目。

2.5.3 招聘要求

- 熟练的 Excel 技能和数据管理知识；
- 强大的客户服务能力；
- 较强的分析、批判性思维和沟通能力；
- 能够在快节奏环境中进行多任务处理；
- 本科学历或两年同等经历。

2.5.4 面试问题

1. 你对我们公司了解多少？你对我们的技术承诺了解多少？你是否关注我们的新闻推送、领英和企业推特账号？

2. 你对客户关系管理了解多少？你在工作中使用过 Salesforce.com 吗？如果使用过，你使用该系统的目的是什么？

3. 你对数据管理了解多少？你是否使用过数据管理软件？如果是，你用它做过什么？

4. 请告诉我们你能用 Excel 做什么。你用 Excel 解决过哪些问题？你是否学习过 Ex-

cel 相关课程？

5. 你曾在客户服务部门工作过吗？具体工作内容是什么？你认为如何才能成功地以客户为导向，为公司的代理和客户提供支持？

6. 你能举例说明你面临过的客户服务挑战吗？你是如何应对这一挑战的？

2.5.5　作者建议

1. 回顾本章有关企业应用的部分，并查看第 9 章和第 6 章关于客户关系管理和数据管理的讨论部分。

2. 利用网络了解这家公司、其保险产品和服务以及运作方式，思考公司需要如何支持代理和客户，以及为什么客户关系管理和数据管理在这家公司如此重要。可以询问此岗位中数据管理的职责有哪些。

3. 了解 Salesforce.com，尤其是如何设置用户配置文件和角色，以及如何验证数据。向公司表明你想了解关于 Salesforce 的更多信息，并愿意使用此工具来支持公司的销售职能。

4. 询问你将使用 Excel 处理哪些任务，如计算代理佣金。如果你从未执行过这样的任务，描述一下你完成过的 Excel 工作（或在面试时讲一些案例）。

✓ 本章小结

1. 企业哪些特征对理解信息系统的作用很重要？

企业是一个正式的、复杂的组织，通过生产产品或提供服务获取利润。企业的基本职能包括财务会计、人力资源、生产制造、市场营销。企业组织将管理分为不同层级。业务流程是一组逻辑上相关的活动，用于定义如何执行特定任务。企业必须监测并应对其所处环境。

2. 信息系统如何为企业不同管理部门提供服务？连接企业的信息系统如何提高组织绩效？

服务于运营管理层的系统称为业务处理系统（TPS），如薪酬系统或订单处理系统，此类系统用于跟踪开展业务所需的日常事务流程。商务智能系统服务于多个级别的管理者，帮助他们作出更科学的决策。管理信息系统（MIS）和决策支持系统（DSS）服务中级管理层，大多数管理信息系统报告从业务处理系统中提炼信息，但并不深入分析。决策支持系统使用高级分析模型和数据分析功能，为独特且快速变化的管理决策提供支持。高管支持系统（ESS）通过提供数据支持高级管理层，这些数据使用大量内外部信息，通常以图形和图表的形式在门户和仪表板中呈现。

企业应用旨在协调多种企业职能和业务流程。企业系统将企业关键内部业务流程集成到单个软件系统中以改善协调和决策。供应链管理（SCM）系统帮助企业管理与供应商的关系，优化产品和服务的计划、采购、制造和交付。客户关系管理（CRM）系统协调与企业客户相关的业务流程。知识管理系统帮助企业优化知识的创造、共享和传播。内联网和外联网是基于互联网技术的企业私有网络，外联网使企业私有的内联网可供外部人员部分使用。

3. 为什么用于协作、社会化商务和知识管理的信息系统如此重要？这些系统使用了哪些技术？

协作是与他人合作以实现共同明确的目标。社会化商务利用内部和外部社交网络平台吸引员工、客户和供应商并增强协作。由于全球化、决策分散以及以互动为主要增值活动的工作岗位增加，协作和社会化商务在企业中越来越重要。协作和社会化商务能促进创新、提高生产力、改善质量和客户服务。用于协作和社会化商务的工具包括电子邮件、即时通信、维基、虚拟会议系统、虚拟世界、基于云的文件共享服务、企业协作平台（如微软 SharePoint 和 IBM Notes）以及企业社交网络工具（Salesforce Chatter、Yammer、Jive 和 IBM Connections）。企业内容管理系统等知识管理系统可以帮助组织收集、存储并分发协作、决策和持续运营所需知识。

4. 信息系统部门在企业中的作用是什么？

信息系统部门是负责信息技术服务的正式组织单元，负责维护硬件、软件、数据存储、网络等企业 IT 基础设施。该部门由程序员、系统分析师、项目主管和信息系统经理等专业人员组成，并通常由首席信息官（CIO）领导。

课后习题

1. 企业哪些特征对理解信息系统的作用很重要？
- 定义企业并描述企业主要职能。
- 定义业务流程并描述它们在组织中的作用。
- 识别并描述企业不同管理层级及其信息需求。
- 解释为什么环境对理解企业很重要。

2. 信息系统如何为企业不同管理部门提供服务？连接企业的信息系统如何提高组织绩效？
- 定义商务智能系统。
- 描述业务处理系统（TPS）的特征及其在企业中的作用。
- 描述管理信息系统（MIS）、决策支持系统（DSS）和高管支持系统（ESS）的特征，说明每种类型的系统如何协助管理者作出决策。
- 解释企业应用如何提高组织绩效。
- 定义企业系统、供应链管理系统、客户关系管理系统和知识管理系统，并描述它们的商业价值。
- 解释内联网和外联网如何帮助企业提高业务绩效。

3. 为什么用于协作、社会化商务和知识管理的信息系统如此重要？这些系统使用了哪些技术？
- 定义协作和社会化商务，解释为什么它们在当今企业中如此重要。
- 列举并说明协作和社会化商务的商业价值。
- 描述一种支持协作的组织文化。
- 列举并描述各种类型的协作和社会化商务工具。
- 描述知识管理系统如何帮助组织更好地利用组织内的结构化、半结构化和非结构化知识以及隐性知识资产。

4. 信息系统部门在企业中的作用是什么？
- 描述信息系统部门如何支持企业。
- 比较程序员、系统分析师、信息系统经理、首席信息官（CIO）、首席安全官（CSO）、首席数据官（CDO）、首席隐私官（CPO）和首席知识官（CKO）在企业中的作用。

讨论

1. 如何使用信息系统支持图 2.2 中描述的订单完成过程？这个系统需要获取哪些重要

信息？解释你的答案。

2. 识别从学校图书馆选择并借阅一本书的流程步骤以及此过程中流动的信息，绘制流程图。是否有方法能够改进这些流程并提高图书馆或学校的绩效？绘制改进后的流程图。

3. 使用时空协作和社交工具矩阵对夏普公司使用的协作和社交技术进行分类。

商业问题解决案例

企业应该使用社会化商务吗？

随着企业在全球市场中越来越分散，越来越多的企业开始使用协同办公技术，包括用于内部社交网络的工具。这些工具可以促进员工协同工作和知识分享，帮助员工更快作出决策，提出更多关于产品和服务的创新想法，并更多参与到工作和企业中。

海量的日常办公电子邮件也推动企业内部社交网络的部署，邮件数量太多以至于越来越难以处理，每次都要打开、阅读、回复、转发或删除数百封电子邮件。例如，总部位于马尼托巴省温尼伯市的杜豪集团（Duha）为全球油漆企业生产油漆样品和色彩系统，通过使用 Salesforce Chatter 社交协作工具，该集团每年能消除 12.5 万封不必要的电子邮件。过去，集团总裁埃默里克·杜豪每天早上会收到 50 封来自亚洲、欧洲和澳大利亚的电子邮件，现在可以通过 Chatter 推送了解公司所有事务。

"应用疲劳"是企业社交网络的另一个推动因素。为了进行协作，许多员工必须登录大量应用程序，这造成了额外的工作量。当今企业社交网络系统通常在同一位置集成多种功能。

最新研究发现，协作工具可有效提高效率和生产力并帮助用户作出更好的业务决策，这些工具产品还提高了企业的潜在创新能力。然而，并非所有企业都能成功应用这些工具。企业社交网络的部署和应用不仅取决于技术能力，还取决于组织文化以及这些工具和企业业务流程的匹配性。如果将技术应用于有缺陷的业务流程和组织行为，它们将无法为企业带来任何价值。

当企业引入新的社交媒体技术及其他技术时，会有相当数量的员工抵制新工具并坚持旧的工作方式，其中就包括电子邮件。这是因为他们对之前的方式更为熟悉和适应。有些企业的员工会在社交媒体和电子邮件上重复沟通，这反而增加了工作的时间和成本。巴斯夫（BASF）是全球最大的化工生产商，在 80 多个国家拥有子公司和合资企业，公司禁止一些项目团队使用电子邮件以鼓励员工使用新的社交媒体工具。

社会化商务需要思维方式的改变，包括以更扁平、更横向的方式更民主地管理组织。社会化商务对每个人的想法都更加包容开放，秘书、流水线工人或销售人员都可能是企业下一个重大创意的来源。因此，让员工支持社会化商务工具需要更多的"拉动"方法，一种能吸引员工并为他们提供更好的工作方式的方法。大多数情况下，不应强迫员工使用社交应用。

企业管理社交网络和共享数字内容的能力有可能帮助企业也有可能伤害企业。社交网络可以提供丰富的信息来源，提高组织的生产力、效率和创新能力，也可以支持不愿与外界分享交流的小团体。但如果员工利用内部社交网络批评他人或追求个人目标，工作效率和士气就会下降。

以 Facebook 和推特等面向消费者的平台为蓝本搭建的社会化商务应用不一定能在目

标不兼容的组织或部门中良好运行。企业是否会将社会化商务用于运营、人力资源或创新？社交媒体的有效性取决于其特定商业目的。此外，在个人生活中积极使用 Facebook 和推特的员工往往会犹豫是否将类似的社交工具用于工作目的，因为他们主要将社交媒体视为一种非正式的、用于自我表达以及与朋友和家人沟通的方式。大多数管理者希望员工使用内部社交工具非正式地交流工作，而不是讨论个人问题。习惯于 Facebook 和推特的员工可能很难想象如何在不涉及个人内容的情况下使用社交工具。

这意味着企业不应只关注技术，而应首先确定社交活动将如何切实改善员工和管理者的工作实践。他们需要深入了解社交网络：员工目前如何工作？他们与谁一起工作？他们的需求是什么？克服员工偏见和抵触情绪的措施有哪些？

成功的社会化商务战略需要领导力和管理行为的改变。仅仅投资一个社交项目是不够的，管理者还需证明他们对更开放、更透明的工作方式的承诺。习惯于以更传统的方式协作和开展业务的员工需要激励来使用社交软件。改变一个组织使其以不同于以往的方式工作需要获取最感兴趣和参与度最高的员工的帮助，并设计和构建适当的工作环境以使用社交技术。

管理层需要确保企业内外部社交网络能为企业创造真正的价值。社交网络上的内容必须是业务相关、最新且易于获取的；用户需要能够与拥有所需信息，但不通过社交网络就无法或难以联系的人建立联系。社会化商务工具应与当前任务和组织业务流程相匹配，且用户需要了解如何以及为什么使用社会化商务工具。

例如，美国国家航空航天局的戈达德太空飞行中心不得不放弃 Spacebook 定制企业社交网络，因为没有人知道这个社交工具将如何帮助员工完成工作。Spacebook 在设计和开发时没有考虑该组织的文化和制度。这不是一个孤立的现象。Dimension Data 发现，在其调查的900 家企业中有四分之一的企业更关注协作技术的成功部署，而不是如何使用并适应。

尽管采用内部社交网络存在诸多挑战，但仍有一些企业取得了成功。ModCloth 是一家成功应用社会化商务的企业，它是一家受欢迎的在线服装、配饰和家居装饰零售商，以有趣而极佳的购物体验闻名。该公司的业务基于与客户紧密的社交媒体联系，其在推特上有13.4 万名粉丝，在 Facebook 上已收获了 160 万点赞。由于社交网络在 ModCloth 的成长发展中扮演了极其重要的角色，该公司积极采用社交网络工具进行内部交流。ModCloth 使用微软的 Yammer 作为社会化商务工具。

ModCloth 最初在一个小型测试组中试用 Yammer，并使用团队来推广该工具。Yammer 迅速吸引了员工并很快被美国四个办事处的 250 多名员工使用。每位 ModCloth 员工在入职第一天都会学习如何使用 Yammer。Yammer 帮助新员工了解同事的姓名，并让他们觉得自己是公司的一部分。

事实证明，Yammer 在建立人际关系和连接彼此想法方面非常有用，为 ModCloth 节省了大量时间和金钱。例如，ModCloth 人才招聘主管斯科特·埃尔南德斯借助 Yammer 通过员工推荐寻找到了有潜力的工程师。Yammer 还可帮助团队避免重复进行已经完成的工作。ModCloth 的用户体验团队设计了一项研究活动，以了解用户对该公司移动应用程序的需求，并将此项目发布在 Yammer 上。在几个小时内，ModCloth 的社交团队的一名成员就发布了移动需求的大型用户调查结果，其中包括含有客户反馈数据的详细电子表格，用户体验团队能够节省两周的工作量。

总部位于中国香港的溢达集团是一家棉纺织品和服装供应商，其业务涵盖从棉花种植和面料生产到服装制造的各个领域。其核心业务是为拉科斯特、拉夫·劳伦和耐克等时尚品牌生产棉质上衣。该公司希望使用内部社交网络将不同地区的不同工作线进行整合。溢达集团选择将微软的 Yammer 作为企业社交网络工具，由于溢达的员工需要使用多种语言进行沟通，因此溢达集团对 Yammer 的翻译功能尤其满意。

管理层从"倾听"员工声音中获得了许多好处。当员工在网络上抱怨时，管理者能够发现创新的解决方案和新想法。例如，溢达制衣厂的工人在 Yammer 上抱怨每次前往公司自助餐厅充值餐卡时都要排很长的队，四个月之后，公司提出了一个解决方案，增加可以立即将资金从工资单转移到餐卡的售货亭。

在 Yammer 上发布的想法还可用来改进溢达集团的质量控制流程。质量控制部门的一名员工在 Yammer 上提出使用电子尺取代传统卷尺检查袖子和领子是否符合规格的想法。通过 Yammer 上的广泛讨论，这个概念变得更加完善，员工无须进行测量并写下数字，而是可以更快、更准确地以电子方式获取测量结果。

Yammer 还帮助溢达在整个集团内产生创新和效率提升解决方案。通常一个部门的创新不会推广到其他地方，但 Yammer 为创新和更好的实践经验提供了一个更容易在整个组织中传播的渠道。

溢达集团所处行业通常在劳动力成本上升时，将生产线迁往工资水平较低的地区，但溢达集团更倾向于通过提高生产力来节省开支。通过帮助员工更高效工作，社会化商务网络每年能够为溢达集团节省约 200 万美元。

资料来源："Duha Group Innovates by Inviting Their Customers into the Manufacturing Process Using Salesforce," www. salesforce. com, accessed March 26, 2019; "ModCloth: Keeping Employees Engaged While Scaling Up," https: //media. featuredcustomers. com, accessed April 11, 2019; "Esquel Group: Social Technology Weaves an Enterprise Together," blogs. office. com, accessed February 7, 2018; Sheila Dodge, Don Kieffer, and Nelson P. Repenning. "Breaking Logjams in Knowledge Work," *MIT Sloan Management Review*, Fall 2018. Margaret Jones Cordelia Kroob, "The Growth of an Enterprise Social Network at BASF," www. simply-communicate. com, accessed March 12, 2018; Paul Leonardi and Tsedal Neeley, "What Managers Need to Know About Social Tools," *Harvard Business Review*, November-December 2017; Arunima Majumdar, "3 Reasons Why Collaboration Tools Fail to Make the Indented Impact," *eLearning Industry*, January 20, 2017; Harvard Business Review Analytic Services, "Collaboration Technology Boosts Organizations," Insight Enterprises Inc. (February 13, 2017); and Dimension Data, "2016 Connected Enterprise Report," 2016.

案例分析问题

1. 识别影响企业内部社交网络部署的人员、组织和技术因素。

2. 比较本案例中不同组织实施内部社交网络的经验，为什么有些企业成功了？管理层在实施过程中扮演了什么角色？

3. 是否所有的企业都应该建立企业内部社交网络？为什么？

参考文献

Banker, Rajiv D., Nan Hu, Paul A. Pavlou, and Jerry Luftman. "CIO Reporting Structure, Strategic Positioning, and Firm Performance." *MIS Quarterly* 35, No. 2 (June 2011).

Boughzala, Imed, and Gert-Jan De Vreede. "Evaluating Team Collaboration Quality: The Development and Field Application of a Collaboration Maturity Model." *Journal of Management Information Systems* 32, No. 3 (2015).

Bughin, Jacques, Michael Chui, and Martin Harrysson. "How Social Tools Can Reshape the Organization." McKinsey Global Institute (May 2016).

Bureau of Labor Statistics. "Occupational Outlook Handbook 2018–2019." Bernan Press (January 9, 2018).

Colony, George F. "CIOs and the Future of IT." *MIT Sloan Management Review* 59, No. 3 (Spring 2018).

Cummings, Jeff, and Alan Dennis. "Virtual First Impressions Matter: The Effect of Enterprise Social Networking Sites on Impression Formation in Virtual Teams." *MIS Quarterly* 42, No. 3 (September 2018).

Dawson, Gregory S., James S. Denford, Clay K. Williams, David Preston, and Kevin C. Desouza. "An Examination of Effective IT Governance in the Public Sector Using the Legal View of Agency Theory." *Journal of Management Information Systems* 33, No. 4 (2016).

Deloitte University Press. "Navigating Legacy: Charting the Course to Business Value: 2016–2017 Global CIO Survey." Deloitte Development LLC (2016).

De Vreede, Gert-Jan, and Robert O. Briggs. "A Program of Collaboration Engineering Research and Practice: Contributions, Insights, and Future Directions." *Journal of Management Information Systems* 36, No. 1 (2019).

Dodge, Sheila, Don Kieffer, and Nelson P. Repenning. "Breaking Logjams in Knowledge Work." *MIT Sloan Management Review* (Fall 2018).

Forrester Research. "Social Business: Delivering Critical Business Value" (April 2012).

Frost and Sullivan. "Meetings around the World II: Charting the Course of Advanced Collaboration." (October 14, 2009)

Gast, Arne, and Raul Lansink. "Digital Hives: Creating a Surge around Change." *McKinsey Quarterly* (April 2015).

Guillemette, Manon G., and Guy Pare. "Toward a New Theory of the Contribution of the IT Function in Organizations." *MIS Quarterly* 36, No. 2 (June 2012).

Harvard Business Review Analytic Services. "Collaboration Technology Boosts Organizations." Insight Enterprises Inc. (February 13, 2017).

Hill, N. Sharon, and Kathryn M. Bartol. "Five Ways to Improve Communication in Virtual Teams." *MIT Sloan Management Review* 60, No. 1 (Fall 2018).

Hinchcliffe, Dion. "A New Generation of CIO Thinking Emerges." *Enterprise Web 2.0* (September 30, 2016).

Johnson, Bradford, James Manyika, and Lareina Yee. "The Next Revolution in Interactions." *McKinsey Quarterly,* No. 4 (2005).

Kane, Gerald C. "Enterprise Social Media: Current Capabilities and Future Possibilities." *MIS Quarterly Executive* 14, No. 1 (2015).

Kane, Gerald C., Doug Palmer, Anh Nguyen Phillips, and David Kiron. "Finding the Value in Social Business." *MIT Sloan Management Review* 55, No. 3 (Spring 2014).

Kiron, David. "Why Your Company Needs More Collaboration." *MIT Sloan Management Review* 59, No. 1(Fall 2017).

Kolfschoten, Gwendolyn L., Fred Niederman, Robert O. Briggs, and Gert-Jan De Vreede. "Facilitation Roles and Responsibilities for Sustained Collaboration Support in Organizations." *Journal of Management Information Systems* 28, No. 4 (Spring 2012).

Li, Charlene. "Making the Business Case for Enterprise Social Networks." Altimeter Group (February 22, 2012).

Magni, Massimo, Manju K. Ahuja, and Likoebe M. Maruping. "Distant But Fair: Intra-Team Justice Climate and Performance in Dispersed Teams." *Journal of Management Information Systems* 35, No. 4 (2018).

Magni, Massimo, and Likoebe Maruping."Unleashing Innovation with Collaboration Platforms." *MIT Sloan Management Review Frontiers* (April 30, 3019).

Malone, Thomas M., Kevin Crowston, Jintae Lee, and Brian Pentland. "Tools for Inventing Organizations: Toward a Handbook of Organizational Processes." *Management Science* 45, No. 3 (March 1999).

Maruping, Likoebe M., and Massimo Magni. "Motivating Employees to Explore Collaboration Technology in Team Contexts." *MIS Quarterly* 39, No. 1 (March 2015).

McKinsey & Company. "Transforming the Business through Social Tools" (2015).

McKinsey Global Institute. "The Social Economy: Unlocking Value and Productivity through Social Technologies." McKinsey & Company (July 2012).

Mortensen, Mark. "Technology Alone Won't Solve Our Collaboration Problems." *Harvard Business Review* (March 26, 2015).

Nordbäck, Emma S., and J. Alberto Espinosa." Effective Coordination of Shared Leadership in Global Virtual Teams." *Journal of Management Information Systems* 36, No. 1 (2019).

Reck, Fabian, and Alexander Fliaster. "Four Profiles of Successful Digital Executives," *MIT Sloan Management Review Frontiers* (April 10, 2019).

Saunders, Carol, A. F. Rutkowski, Michiel van Genuchten, Doug Vogel, and Julio Molina Orrego. "Virtual Space and Place: Theory and Test." *MIS Quarterly* 35, No. 4 (December 2011).

Srivastava, Shirish C., and Shalini Chandra. "Social Presence in Virtual World Collaboration: An Uncertainty Reduction Perspective Using a Mixed Methods Approach." *MIS Quarterly* 42, No.3 (September 2018).

Tallon, Paul P., Ronald V. Ramirez, and James E. Short. "The Information Artifact in IT Governance: Toward a Theory of Information Governance." *Journal of Management Information Systems* 30, No. 3 (Winter 2014).

Weill, Peter, and Jeanne W. Ross. *IT Governance*. Boston: Harvard Business School Press (2004).

Zaffron, Steve, and Gregory Unruh. "Your Organization Is a Network of Conversations." *MIT Sloan Management Review Frontiers* (July 10, 2018).

第 3 章 使用信息系统获取竞争优势

→ 学习目标

阅读完本章，你将能够回答以下问题：

1. 波特五力模型、价值链模型、协同效应、核心竞争力和基于网络的战略如何帮助企业利用信息系统获取竞争优势？
2. 信息系统如何帮助企业在全球范围内开展竞争？
3. 信息系统如何通过提高质量和设计水平帮助企业开展竞争？
4. 业务流程管理如何提升企业竞争力？
5. 管理信息系统对职业生涯有何帮助？

科技帮助星巴克找到更优的竞争方式

星巴克（Starbucks）是全球最大的精品咖啡零售商，在76个国家和地区拥有30 000家门店。星巴克依赖其高端精品咖啡和饮料、高素质的服务员以及对顾客友好的咖啡门店等获得良好声誉。多年来，这都是一个成功的方法，使星巴克能够对其商品收取溢价。但星巴克也面临竞争对手的挑战，必须不断调整商业模式和企业战略以跟上竞争环境的改变。

星巴克曾尝试过在线零售，但没有成功。如果你访问星巴克的网站，会看到有关咖啡、品牌马克杯、咖啡机和冲泡配件的描述介绍，但你需要从星巴克门店、超市或星巴克指定零售商处购买这些物品。星巴克于2017年8月停止了在线销售，星巴克管理层认为，零售业已经发生了翻天覆地的变化，商家需要创造独特且沉浸式的店内体验才能继续生存。对于星巴克而言，大部分产品和服务不应在线销售。

相反，星巴克专注于改善店内顾客体验，注重便利性、舒适性和连接性。2018年，星巴克在1 000多家门店推出了新的Mercato菜单，包括新鲜制作的三明治和沙拉，并计划扩大含咖啡因果汁和气泡冷饮产品线。管理层希望到 2021 年食品销售额能翻一番。星巴克还在世界各地推出"星巴克臻选"（Reserve）品牌的高端咖啡馆，以吸引愿意为优质咖啡和糕点支付更高价格的顾客。

星巴克不断通过信息技术提升顾客店内体验。每家星巴克门店都有 Wi-Fi 网络，并为顾客提供免费无线上网。许多星巴克顾客都是智能手机的活跃用户，2015 年 9 月，星巴克推出了适用于 iPhone 和 Android 移动设备的移动点单应用程序。星巴克移动点单和支付应用程序让购买饮料和食物更加快捷方便，顾客可以在去星巴克的路上使用应用程序点单和支付，也可以给咖啡师小费，点餐的顾客还会被告知饮料准备所需的时间，不必排队等候。应用程序还可以识别星巴克门店播放的歌曲，并将它们保存到 Spotify 播放列表中。应用程序在帮助星巴克更有效地确定产品受众上尤为重要，比如星巴克在菜单上增加了更多的午餐和冷饮，以便在早上的咖啡高峰时段后吸引更多的顾客。冷饮销售额目前已占星巴克饮料总销售额的一半。为了进一步提升顾客服务，星巴克还计划通过优食（Uber Eats）在部分城市扩大咖啡外卖服务。

星巴克希望美国顾客第一次连接店内网络时输入电子邮件地址，企业软件会记住顾客设备并在以后自动连接。这些电子邮箱地址将成为星巴克有针对性开展促销活动的额外渠道。

资料来源：Starbucks Corporation，"Starbucks Celebrates Year of Transformation as CEO Kevin Johnson Sets Vision for Building an Enduring Company at 2019 Annual Meeting of Shareholders，" March 20，2019；Grace Dobush，"Starbucks CEO Softens Plans to Create 1，000 High-End Coffee Shops，" *Wall Street Journal*，January 7，2019；"2019 Starbucks Annual Meeting of Shareholders，" March 20，2019；Stacy Cowley，"Starbucks Closes Online Store to Focus on In-Person Experience，" *New York Times*，October 1，2017；"Starbucks' Mobile Order Push Meets Resistance From Ritual Seekers，" Reuters，March 21，2018；and www.starbucks.com，accessed April 11，2019.

星巴克的案例展示了信息系统帮助企业竞争的途径，以及找到正确的企业战略之后如何利用信息技术所面对的挑战。不管是线上还是线下，如今的零售业是一个竞争激烈的领域。尽管星巴克是世界领先的精品咖啡零售商，但它面临很多竞争对手的挑战，也要不断寻找保持业务增长的方法。尽管越来越多消费者在网上购物，但星巴克产品的线上销售情况并不好，这些产品旨在提供面对面的体验，是很强的体验型产品。

下图指出了上述案例和本章的要点。星巴克的商业模式基于积极的产品差异化战略，以此强调其饮料和食品的高质量、顾客服务的高效热情以及在星巴克门店消费时的良好体验。星巴克正在使用信息技术进一步提升店内顾客体验，其移动点单和支付应用程序加快了饮料和食品的下单和支付速度，但星巴克也需要重新设计支付流程以充分发挥移动技术的优势。免费的 Wi-Fi 网络让星巴克可以吸引更多顾客到访门店、逗留并消费食品及饮料。移动应用程序使门店能够为更多顾客提供服务，而注册 Wi-Fi 服务则为星巴克的促销活动提供更多的电子邮件地址。

思考以下问题：星巴克的企业战略是什么？技术在多大程度上帮助星巴克竞争？为什么？

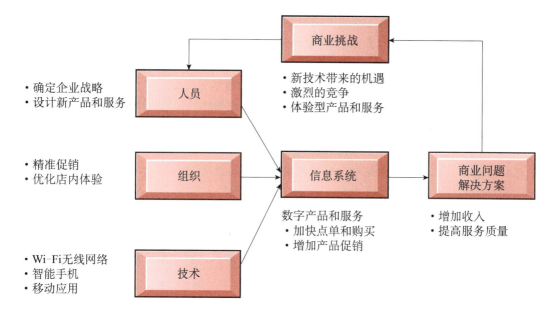

➡ # 3.1　波特五力模型、价值链模型、协同效应、核心竞争力和基于网络的战略如何帮助企业利用信息系统获取竞争优势？

　　几乎在每个行业中，都会有些企业比大多数企业做得更好，成为行业领先者。在线上零售业中，亚马逊是领先者；在线下零售业中，全球最大的零售商沃尔玛一直保持领先；在搜索引擎行业中，谷歌是公认的领先者。

　　做得更好的企业通常具有竞争优势：它们要么能获得其他企业无法获得的特殊资源，要么能更有效地使用常见资源——这通常是因为它们拥有更卓越的知识和信息资产。不管怎样，这些领先企业在收入增长、盈利能力或生产率增长（效率）方面做得更好，所有这些最终转化为比竞争对手更高的股票市场估值。

　　但是，为什么有些企业能比其他企业做得更好？它们如何获得竞争优势？如何分析一家企业并识别它的战略优势？如何为自己的企业构建战略优势？信息系统如何对这些战略优势作出贡献？迈克尔·波特的五力模型可以回答这些问题。

3.1.1　波特五力模型

　　理解竞争优势最常用的模型是迈克尔·波特的**五力模型**（competitive forces model）（见图 3-1）。该模型提供了企业、竞争对手和环境的总体视图。回顾第 2 章，描述了企业环境的重要性以及企业对环境的依赖性，波特五力模型则描述了企业总体商业环境，在这一模型中，五项竞争力决定了企业的命运。

现有竞争者

　　所有企业都与其他竞争者共享市场空间，这些竞争者通过引入新产品和新服务、提升品牌知名度、增加消费者转换成本等方式吸引消费者，不断设计新的高效生产手段。

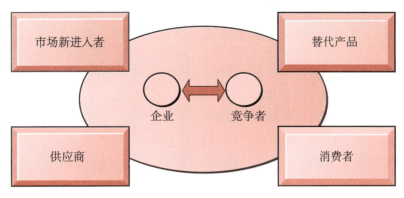

图 3-1　波特五力模型

说明：在波特五力模型中，企业的战略地位及其战略不仅取决于现有的直接竞争者，还取决于行业环境中的其他四种力量：市场新进入者、替代产品、消费者和供应商。

市场新进入者

在劳动力和资本可流动的自由经济中，新企业总是不断进入市场。有些行业的进入门槛很低，有些则很高。例如，开一家比萨店或小型零售店非常容易，但进入计算机芯片行业则困难得多，不仅需要大量的资金投入，还需要具备难以获取的丰富经验和专业知识。新企业可能有以下优势：它们不受旧厂房和旧设备的限制，往往可以雇用薪资较低但更具创新精神的年轻劳动力，不受旧品牌拖累，且比现有行业占有者更加急切（更有动力）。但这些优势同时也是它们的劣势：需要外部投资为新厂房和设备提供资金，而这可能很昂贵；它们的劳动力缺乏经验，品牌知名度较低。

替代产品和服务

几乎在每一个行业中，如果产品定价过高，客户就会寻找可用的替代品。新技术一直在创造新的替代品。乙醇可以替代汽车用的汽油；植物油可以替代卡车用的柴油；风能、太阳能和水力可以替代煤炭、石油和天然气进行发电。类似地，互联网电话服务替代了传统电话服务，流媒体互联网音乐服务替代了 CD、音乐商店以及 iTunes 等数字下载网站。行业中的替代产品和服务越多，企业对价格的控制能力就越弱，利润率也就越低。

消费者

企业能否盈利很大程度上依赖于其能否吸引和留住消费者并收取高价，同时防止他们流失到竞争者那里。如果消费者能轻松转向竞争者的产品和服务，或者能迫使企业与其竞争对手在产品差异化很小、所有价格均能实时获取（如在互联网上）的透明市场上仅进行价格竞争，那么消费者的议价能力就会上升。例如，在互联网二手教材市场上，学生（消费者）可以快速找到多个能够提供他们想要的教材的供应商，在这种情况下，消费者对二手书企业更具有主导权。

供应商

供应商的市场力量对企业利润有显著影响，尤其是当企业无法像供应商那样快速提高价格的时候。企业拥有的供应商越多，其在价格、质量和交货时间方面对供应商的控制能力越强。例如，笔记本电脑制造商通常有多个相互竞争的关键组件（如键盘、硬盘和显示器等）供应商。

3.1.2　应对竞争力量的信息系统战略

面对所有这些竞争力量时，企业应该做些什么？企业该如何利用信息系统抵抗其中一些力量？如何防止替代品出现并抑制新的市场进入者？如何成为行业中最成功的企业，获取最高的利润和股价（衡量成功的两项指标）？

基本战略 101：使 IT 与企业目标保持一致

企业 IT 战略的基本原则是确保技术服务于企业，而不是相反。对 IT 和企业绩效的研究表明：（1）IT 与企业目标的一致性越高，企业盈利能力越强；（2）只有约 1/4 的企业实现了 IT 与企业目标的一致性，IT 与企业目标的匹配能够解释企业约一半的利润（Luftman，2003；Weill & Aral，2005）。大多数企业并没有积极运用 IT 对企业的重要作用，而是忽视 IT，声称不了解 IT，容忍自身在 IT 领域的失败并将其视为一种麻烦，这些企业为其糟糕的业绩表现付出了沉重的代价。成功的企业和管理者了解 IT 能够为企业做什么以及是如何做到的，他们积极运用 IT 的功能，并能够衡量 IT 对企业收入和利润的影响。

那么，作为一名管理者，如何使 IT 与企业目标保持一致？接下来我们将讨论一些基本方法，这里先做一个总结：

- 识别企业战略和目标。
- 将战略目标分解成具体活动和流程。
- 确定如何衡量企业目标的进展（例如，使用度量标准）。
- 思考"IT 如何帮助实现企业目标？它将如何改进我们的业务流程和活动？"
- 测量真实绩效，让数字说话。

让我们看看这些方法能如何在实践中实现。以下是四种战略，每一种都常使用信息技术和信息系统实现：成本领先、产品差异化、关注细分市场、加强与消费者和供应商的联系。

成本领先

信息系统可以实现最低的运营成本和价格，沃尔玛就是一个典型案例。沃尔玛通过使用著名的库存补货系统保持低价和充足库存，成为美国零售业的领导者。沃尔玛的销售点终端（POS）记录每件结账商品的条形码，并将购买交易直接发送到沃尔玛总部的中央计算机，计算机收集沃尔玛全部门店的订单并将它们发送给供应商，供应商也可以通过网络技术访问沃尔玛的销售和库存数据。

由于该系统可以快速补充库存，沃尔玛无须花费很多资金维护仓库中大量的货物库存，还能够根据客户需求调整门店库存商品。通过使用系统保持低运营成本，沃尔玛可以比竞争对手更低的价格销售产品，同时获得更高的利润。

沃尔玛的持续补货系统也是**有效客户响应系统**（efficient customer response system）的一个例子，有效客户响应系统直接将消费者行为与分销、生产和供应链联系起来，沃尔玛的持续补货系统提供了高效率的客户响应。沃尔玛等大型超市和零售商店使用收银台收集的销售数据确定哪些商品已经售出并需要补货。沃尔玛的持续补货系统将订单直接发送给供应商，该系统使沃尔玛能够保持低成本，并根据客户需求调整商品供应。

产品差异化

信息系统能帮助企业推出新产品和新服务，或大幅提高客户使用现有产品或服务的便利程度。例如，谷歌不断推出新的特色数字服务，如 Google Pay 对等支付以及 2018 年对 Google Photos 和 Google Assistant 的改进。通过几乎每年推出新款 iPhone 和 iPad，苹果公司持续实现其手持计算产品的差异化。绘儿乐（Crayola）正在开发"Lights，Camera，Color!"等新的数字产品和服务，让孩子们把他们最喜欢的照片变成数字化的彩色书页。

制造商和零售商正利用信息系统开发定制化、个性化的产品和服务，以满足个人用户的特殊需求。例如，耐克通过其网站上的"Nike BY YOU"项目销售定制运动鞋，消费者可以选择鞋子的款式、颜色、材质、外底和鞋带。耐克通过计算机将订单发送给中国和韩国的工厂，只需约三周运动鞋即可到达消费者手中。利用与批量生产相同的生产资源提供个性化产品或服务的能力被称为**大规模定制**（mass customization）。

表 3-1 列举了一些企业，它们开发了其他企业难以模仿的基于信息系统（IS）的产品和服务。

表 3-1 基于 IS 的新产品和新服务提供竞争优势

亚马逊：一键式购物	亚马逊拥有一键式购物的专利，并将其授权给其他在线零售商。
苹果音乐：在线音乐	苹果推出包含 5 000 万首歌曲的在线音乐库销售音乐。
Ping：高尔夫球杆定制化	消费者可以从超过 100 万个高尔夫球杆中进行选择，基于订单的系统可实现 48 小时内发货。
PayPal：在线个人支付	PayPal 支持银行账户间以及银行账户和信用卡账户间转移资金。

关注细分市场

信息系统能聚焦特定市场，并比竞争对手更好地服务于这个细分目标市场。信息系统通过为精准销售和营销技术提供并分析数据而支持这一战略。信息系统使企业能够精准分析顾客的购买模式、口味和偏好，以便针对越来越小的目标市场有效投放广告和开展营销活动。

这些数据的来源有很多，包括信用卡交易数据、人口统计数据、超市和零售店收银数据以及人们访问网站并与之交互时收集的数据。复杂的软件工具可以从这些海量数据中找到特定模式，并从中推断出可用于指导决策的规律，对这些数据的分析可推动一对一营销，根据个性化偏好创建个人信息。例如，希尔顿酒店的 OnQ 系统分析其全部酒店收集的活跃消费者的详细数据，确认每位消费者的偏好及其能为酒店带来的利润，利用这些信息，希尔顿为价值最高的客户提供延迟退房等额外特权。现在的客户关系管理（CRM）系统具备分析此类密集数据的能力（见第 2 章和第 9 章）。

加强与消费者和供应商的联系

使用信息系统加强与供应商的联系，并与消费者建立密切关系。丰田（Toyota）、福特（Ford）和其他汽车制造商都使用信息系统赋予供应商权限，使其能直接访问企业的生产计划，允许供应商决定在什么时间用何种方法将供应品运到汽车组装工厂，这使得供应商有更充足的交货时间。在客户关系方面，亚马逊跟踪包括书籍、音乐在内的全部产品的用户偏好，并向消费者推荐其他人购买的产品。与消费者和供应商的紧密联系会增加他们的转换成本（switching cost，从一种产品或服务转向竞争产品或服务的成本）以及对企业的忠诚度。表 3-2 总结了上述竞争战略。

表 3-2   四种基本竞争战略

战略	描述	案例
成本领先	利用信息系统提供比竞争者价格更低的产品和服务，同时提高服务质量和水平。	沃尔玛
产品差异化	利用信息系统提供差异化产品并开发新的服务和产品。	优步、耐克、苹果、星巴克
关注细分市场	利用信息系统在单一细分市场上实现重点战略；专业化。	希尔顿酒店、哈拉斯酒店
加强与消费者和供应商的联系	利用信息系统与消费者和供应商建立稳固的关系并提高忠诚度。	丰田、亚马逊

如本书案例所示，成功运用信息系统获取竞争优势需要技术、组织和人员这三个要素的精准配合。事实上，正如许多人谈到沃尔玛、苹果和亚马逊时指出的，并不是所有企业都具备成功运用信息系统的能力，有些企业在这方面比其他企业做得更好。

3.1.3   互联网对竞争优势的影响

虽然传统竞争力依然存在，但由于互联网的出现，竞争变得越来越激烈（Porter，2001）。任何企业都能使用基于通用标准的互联网技术，使竞争者更容易仅凭价格进行竞争，新的竞争者也更容易进入市场。由于每个人都可以获得信息，互联网提高了消费者的议价能力，他们可以快速从网上找到成本最低的供应商。竞争的加剧使企业的利润被大大压缩。表 3-3 展示了波特总结的互联网给企业带来的一些潜在负面影响。

表 3-3   互联网对竞争力和产业结构的影响

竞争力	互联网影响
替代产品或服务	使用满足需求和实现功能的新方法，新的替代品出现。
消费者议价能力	由于全球价格和产品信息的可得性，议价能力转移到消费者。
供应商议价能力	在采购产品和服务时，对供应商的议价能力提高；供应商可通过减少进入壁垒以及去除分销商等中间商而提高收益。
新进入者的威胁	销售能力、渠道可得性、实物资产等进入壁垒减少；提供驱动业务流程的技术，使其他事情更易于完成。
现有竞争者间的定位和竞争	拓宽区域市场，增加竞争者数量，缩小竞争者间差异；使维持运营优势更加困难；对价格竞争施加压力。

互联网几乎摧毁了一些行业，并对更多行业造成严重威胁。例如，纸质百科全书和旅行社几乎因为网络替代品的出现而销声匿迹。同样，互联网也对零售、音乐、图书、零售经纪、软件和电信行业产生了重大影响。但是，互联网也创造了全新的市场，为成千上万的新产品、新服务和新商业模式奠定基础，为打造拥有庞大忠实客户群体的企业品牌提供了新的机会。亚马逊、eBay、iTunes、YouTube、Facebook、优步和谷歌都是很好的例子。从这个意义上，互联网正在改变整个行业，迫使企业改变经营方式。

智能产品与物联网

越来越多的工业和消费品使用物联网（IoT）这一互联网传感器，这是互联网改变行业竞争并创造新产品和服务的一个典型案例。耐克、安德玛（Under Armour）和其他运动健身企业都在向可穿戴健康追踪器和健身设备领域投入大量资金，这些设备使用传感器将用户活动报告给远程计算中心进行分析（参见"互动讨论：技术"专栏）。美国迪尔公司（John Deere）的拖拉机装载了现场雷达、GPS收发器和数百个跟踪设备传感器。通用电气（GE）创造了基于传感器的新业务，通过检查设备中数千个传感器收集的数据，帮助其飞机和风力涡轮机的客户改善运营。上述结果便是所谓的智能产品，这些产品是企业销售的更大规模信息服务的一部分（Iansiti & Lakhani，2014；Porter & Heppelmann，2014；Gandhi & Gervet，2016）。

智能互联产品的影响才刚刚为人们所认识。智能产品提供了新的功能、更高的可靠性，被大量使用，它们不仅增加了产品和服务差异化的机会，也为改善产品和客户体验提供机会。当消费者购买可穿戴数字健康产品时，他们不仅获得产品本身，还能从制造商的云端服务器中获得一系列服务。智能产品通常会抑制新的竞争者进入市场，因为现有消费者已经熟悉了企业的软件环境。最后，正如许多人认为的那样，如果实体产品变得不如运行它的软件和硬件重要，那么智能产品可能会削弱工业部件供应商的力量。

互动讨论：技术　　　　**智能产品，向你走来**

如果你还没有使用过智能产品，相信你很快就会用到。你的鞋子、衣服、手表、水杯甚至牙刷都会被重新设计，以安装连接互联网的传感器和测量设备，实现对其性能的监控和分析。你的家里也会出现越来越多的智能设备，如智能恒温控制器、智能电表、智能安全系统和智能照明系统。

著名的高性能运动服装制造商安德玛斥资7.1亿美元收购了MyFitnessPal、MapMyFitness和Endomondo等移动应用程序，这些应用程序能连接到世界上最大的数字健康和健身社区，提供实时在线GPS跟踪跑步、骑行及其他健身活动的功能。Endomondo可以让健身爱好者监控自己的跑步或骑行情况，并与朋友分享数据，一起参与排名竞赛。通过分析安德玛互联健身用户生成的所有数据，可以了解用户概况，如用户平均跑步距离为3.1英里，5月份是参与运动人数最多的月份。

安德玛正在尝试利用数字技术增强布料性能。安德玛推出了联网运动鞋，这种智能运动鞋有多种款式，内置无线蓝牙传感器，即使在跑步者没有携带智能手机的情况下，也能跟踪跑步的节奏、距离、步幅和步数。这些数据会暂时存储在运动鞋内，直到它们可以与安德玛为iPhone、iPad和安卓设备开发的MapMyRun应用程序进行无线同步。用户还可以在Apple Watch或Fitbit等设备上使用MapMyRun以合并运动鞋无法跟踪的心率等指标。该运动鞋还能够自动分析用户何时应购买新鞋以及何时应给传感器电池充电。

安德玛最近为联网运动鞋和MapMyRun应用程序增加了数字教练功能。跑步者能够监测自己每英里的步态和步幅，并了解这如何影响他们的速度和节奏。通过分析这些运动数据，以及跑步者的性别、年龄、体重和身高等数据，MapMyRun能够为跑步者提供如何改善配速和规划分段的提示，例如，在跑步时减小或扩大步幅。

安德玛可以通过在应用程序内投放广告，吸引用户在应用程序内购买产品而获取收入。平台能够提供对以健身和健康为导向的消费者的深度了解，为安德玛和其他品牌创造大量与潜在客户和现有客户互动的机会。例如，如果用户使用社交媒体连接应用程序，MapMyFitness 会收集用户姓名、电子邮件地址、出生日期、位置、运动表现和个人资料等数据。安德玛不会向第三方出售可识别的用户个人资料，但会向广告商提供应用程序用户的汇总信息。安德玛希望通过智能手机应用程序的日常使用与客户建立更紧密的联系，从而推动服装、鞋类和其他运动装备的销售。安德玛显然从软件功能与实体产品相结合中受益。

智能产品也正在进入人们的家庭。2017—2022 年间，为纽约市都会区提供电力和天然气的爱迪生联合电气公司（Con Edison）为其全部家庭客户和企业客户安装 360 万个新的智能电表和 120 万个新的智能燃气表。智能电表是一种数字电表，通过安全的无线通信网络使爱迪生联合电气公司与住宅或企业间相沟通。智能电表全天定期记录和传输每个客户的能源消耗，将数据传输到电线杆上的接入点系统，接入点再将使用信息发送给爱迪生联合电气公司。

当客户端出现故障时，公司能够通过智能电表得知，从而提供快速维修，还可以根据能源使用情况向客户提供实时计费信息，使客户能够精确定位节能区域。智能电表还可以精准调节电压，从而提高配电系统效率，降低成本，最终节省客户开支。通过智能电表提供的数据，爱迪生联合电气公司能够根据客户的使用时间和使用水平设定价格。在经常使用空调的夏季，电价可能会上调，而在夜间用电量较低时，电价也会随之下调。

爱迪生联合电气公司客户可以使用"我的账户"在线仪表板跟踪其每日能耗，最高可精确到 15 分钟内的变化。他们可以通过比较每天不同时间段、工作日与周末或白天与夜晚的用电数据分析使用情况，查看可以节省哪些费用。如果他们比平时使用了更多的能源，就会收到高额账单提醒。爱迪生联合电气公司还为 iPhone 和安卓智能手机用户开发了一款移动应用程序，以便他们可以在旅途中跟踪能源的详细使用情况。

资料来源：Edgar Alvarez，"Under Armour's HOVR Connected Shoes Aim to Make You a Smarter Runner，"*Engadget*，February 1，2019；www.underarmour.com，accessed April 17，2019；Jen Booton，"Under Armour's New HOVR Smart Shoe Will Automatically Track Your Run，"*SportTechie*，January 26，2018；www. coned. com，accessed March 28，2019；and John Kell，"Why Under Armour Is Making a Costly Bet on Connected Fitness，"*Fortune*，April 21，2016.

案例分析问题

1. 描述信息技术在上述产品中的作用。信息技术如何为这些产品增加价值？它是如何改变这些产品的？

2. 这些智能产品如何改变组织的运营和决策？它们如何改变用户的行为？

3. 这些智能产品是否引发了道德问题，例如对消费者隐私的影响？请解释你的答案。

3.1.4　企业价值链模型

虽然波特五力模型有助于识别竞争力并提出一般战略建议，但它没有具体说明要做什么，也没有提供实现竞争优势的方法。如果企业的目标是实现卓越运营，应该从哪里开始？这就是企业价值链模型的用武之地。

价值链模型（value chain model）强调了企业中最适合应用竞争战略的特定活动

（Porter，1985），以及信息系统最可能产生战略影响的地方。该模型明确了企业可利用信息技术最有效地增强竞争地位的关键优势点。价值链模型将企业视为能够增加产品和服务边际价值的一系列活动，这些活动可以分为基本活动和支持活动（见图3-2）。

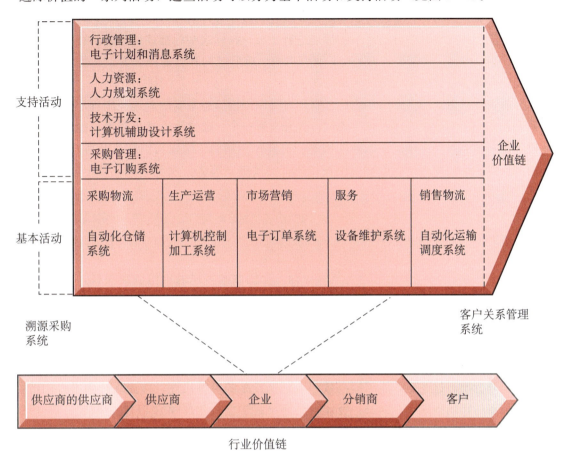

图3-2 价值链模型

说明：该图提供了企业及其价值伙伴的基本活动和支持活动系统示例，这些活动为企业的产品或服务增加边际价值。

基本活动（primary activities）与企业产品和服务的生产、分销活动直接相关，为客户创造价值。基本活动包括采购物流、生产运营、市场营销、服务、销售物流。采购物流包括接收和储存用于生产的物料。生产运营将原料转化为成品。销售物流负责储存和配送成品。销售和营销包括推广和销售产品。服务活动包括维护和修理企业的产品和服务。

支持活动（support activities）使基本活动得以实现，包括组织架构（行政管理）、人力资源管理（员工招聘、雇用和培训）、技术开发（改进产品和生产流程）和采购（购买原料）。

在价值链的每一个阶段，管理者都会思考：如何使用信息系统提高运营效率，改善与客户和供应商的联系？这将促使管理者批判性地检查如何在每个阶段进行增值活动，以及如何改进业务流程。例如，价值链分析表明，章首案例中的星巴克应使用信息技术改善其销售、营销和客户服务流程，并实现产品差异化。

管理者还会进一步考察如何使用信息系统改进与客户和供应商的关系。客户和供应商位于企业价值链之外，但属于扩展价值链，对企业的成功至关重要。协调企业资源的供应链管理系统，以及协调销售并支持员工与客户的客户关系管理系统，是企业价值链分析得出的两个最常见的应用系统。本书将在第 9 章详细讨论这些企业应用。

使用企业价值链模型，管理者还可考虑将企业业务流程与竞争对手或相关行业的其他企业的业务流程进行标杆管理，以确定行业最佳实践。**标杆管理**（benchmarking）包括将企业业务流程的效率和效益与严格的标准进行比较，根据这些标准评估绩效。**行业最佳实践**（best practices）常常被咨询公司、研究机构、政府机构和行业协会界定为能够持续有效实现企业业务目标的最成功的解决方案。

分析企业价值链的各个阶段之后，管理者可以提出信息系统的候选应用程序，如果有一系列候选应用列表，管理者可以决定首先开发哪一个。通过改进竞争对手可能忽视的企业价值链，能够实现卓越运营、降低成本、提高边际利润、增强与供应商及客户的联系，进而获得竞争优势。如果竞争对手也在做相似的改进，那么企业至少不会处于竞争劣势，最糟糕的情况也不过如此。

3.1.5　扩展价值链：价值网

如图 3-2 所示，企业价值链与其供应商、分销商和客户的价值链相关联。大多数企业的绩效不仅取决于企业内部情况，还取决于企业如何与直接和间接供应商、运输公司（联邦快递和 UPS 等物流伙伴）以及客户进行协调。

如何利用信息系统在行业层面获得战略优势？通过与其他企业合作，行业参与者可以使用信息技术制定以电子方式进行信息交流或商业交易的全行业标准，迫使全部市场参与者使用相同标准。这些努力能够提高效率，降低产品的可替代性，并提高行业准入门槛，从而阻挡新的市场进入者。此外，行业成员还可以建立行业范围的 IT 支持联盟、举办讨论会和交流活动，来协调与政府机构、国外竞争者和竞争行业有关的活动。

关注行业价值链将促使管理者思考如何利用信息系统更有效地与供应商、战略伙伴和客户建立联系。战略优势将来自此过程中管理者将价值链与其他伙伴的价值链连接起来的能力。例如，如果你是亚马逊的管理者，你可能希望构建一个这样的系统：

- 供应商能够轻松在亚马逊网站上展示商品和开设商店。
- 顾客能够轻松搜索商品。
- 顾客能够方便下单和付款。
- 能跟踪并协调顾客的商品配送。

事实上，这正是亚马逊成为最受欢迎的在线零售网站之一的原因。

互联网技术使得创建高度同步的行业价值链，即价值网成为可能。**价值网**（value web）是独立企业的集合，这些企业利用信息技术协调彼此的价值链，共同为市场生产产品或服务。与传统价值链相比，价值网更加以客户为导向，并且以较弱的线性方式运作。

如图 3-3 所示，价值网在同一行业或相关行业里同步了不同企业间客户、供应商和贸易伙伴的业务流程。这些价值网具有灵活性，能够适应供需变化。价值网中的关系可以建立或解除，以应对变化的市场条件。企业可通过优化价值网关系快速决定谁能以合适的价格和位置提供所需的产品或服务，从而加快进入市场和获取客户的速度。

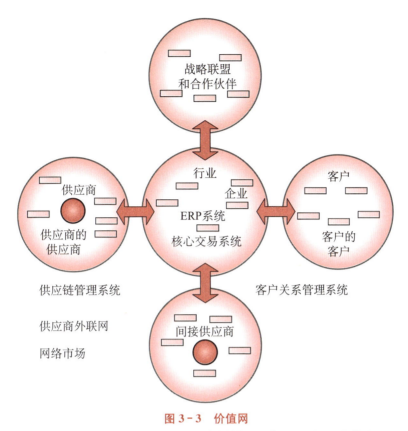

图 3-3　价值网

说明：价值网是一个网络系统，能够同步行业内业务合作伙伴的价值链，以快速响应供需变化。

3.1.6　协同效应、核心竞争力和基于网络的战略

大企业一般有多种业务。在财务上，企业通常是战略业务部门的集合，企业收益与各部门表现直接相关。例如，通用电气作为世界上最大的工业企业之一，集航空航天、重型制造、能源管理、医疗成像、电子和软件服务等众多业务部门于一体。信息系统可以通过增强各业务部门之间的沟通、协同以及核心竞争力来提高企业整体绩效。

协同效应

当某些业务部门的输出可以成为其他业务部门的输入，或两个组织可以共享市场和专业知识，且这些关系可以降低成本并创造利润时，就会产生协同效应。在协同的情况下，信息技术可将不同业务部门的运行联系在一起，形成一个整体行动。例如，收购美国国家金融服务公司（Countrywide Financial）使美国银行能够扩大其抵押贷款业务，并获得大量对其信用卡、个人银行业务和其他金融产品感兴趣的新客户。信息系统能够帮助合并后的企业整合业务、降低零售成本、增加金融产品的交叉营销。

提高核心竞争力

信息系统增强竞争优势的另一种方式是提高核心竞争力。一种观点认为只要所有业务部门都能发展并创造核心能力，它们的绩效就可以提升。**核心竞争力**（core competency）是能使企业成为行业一流领导者的活动。核心竞争力可能包括成为最好的微型部件设计

师、最好的包装快递服务商或最好的薄膜制造商。一般来说，核心竞争力源于经过多年经验积累和一流的研发机构而获取的知识，或者依赖于能够紧跟研究前沿或掌握外部新知识的关键人物。

任何鼓励跨业务部门共享知识的信息系统都会提高竞争力（见第 2 章），这些系统可以加强企业现有能力，帮助员工了解外部新知识，还能帮助企业利用现有竞争优势进入相关市场。例如，宝洁（P&G）是品牌管理和消费产品创新的全球领导者，其使用一系列系统帮助处理相似问题的员工相互分享想法和经验。世界各地从事研发（R&D）、工程、采购、营销、法务和商业信息系统工作的员工可以在线访问来自不同渠道的文档、报告、图表、视频和其他数据。这些系统还让员工与企业内部的各类主题专家，以及世界各地寻找创新产品的外部科学家和企业家建立联系。

基于网络的战略

互联网和网络技术的出现，催生了利用企业能力建立网络或企业间网络的战略。基于网络的战略包括使用虚拟公司模式、网络经济和商业生态系统。

虚拟公司（virtual company）使用网络将人、资源和创意连接在一起，能够不受传统组织边界或物理位置的限制，与其他企业联合创造并分散产品和服务。当企业发现从外部供应商购买产品、服务或能力更便宜，或需要快速行动开发新的市场机会但缺乏时间和资源自行响应时，虚拟公司模式十分有用。

GUESS、Ann Taylor、Levi Strauss 和 Reebok 等时尚企业都聘请中国香港利丰公司管理其服装的产品设计、原材料采购、制造、质量保证和运输。利丰公司自身不拥有任何面料、工厂或机器，而是将所有工作外包给由全球 40 个国家的 1.5 万家厂商组成的供应商网络。客户通过利丰公司的私有外联网向其下订单，之后利丰公司将订单说明发送给合适的原材料供应商和服装生产工厂，并通过外联网跟踪每个订单的全部生产流程。作为一家虚拟公司，利丰能够保持灵活性和适应性，因此可以快速设计并生产客户的产品，以跟上快速变化的时尚趋势。

基于网络的商业模式可通过**网络经济**（network economics）在战略上帮助企业。在工业经济学和农业经济学等传统经济学中，生产的边际收益会递减。投入的生产资源越多，产出的边际收益越少，直到到达临界点后，增加投入将无法得到任何额外回报。这是边际收益递减规律，也是现代经济学的基础之一。

但在某些情况下，边际收益递减规律会失效。例如，在网络中增加一个参与者的边际成本几乎为零，但边际收益会大得多。电话系统或互联网中的用户数量越多，网络的价值对所有参与者就越大，因为每个用户都可以与更多的人进行互动。但是，拥有 1 000 名用户的电视台的运营成本并不比拥有 1 000 万名用户的电视台更高。随着参与者数量的增加，社区的价值会增加，但增加新成员的成本却微乎其微，这被称为"网络效应"。

从网络经济的角度来看，信息技术是具备战略意义的。企业可以利用网站建立用户社区，为志趣相投的客户提供在线经验分享平台。大型在线拍卖和零售网站 eBay 就是一个例子，eBay 基于拥有数百万用户的网络，使用互联网建立一个在线社区。在 eBay 上提供产品的商家越多，eBay 对于每位用户而言就越有价值，因为产品越多，供应商之间的竞争就越激烈，价格就越低。网络经济还为微软等商业软件供应商提供了战略价值，其软件和软件补充产品的价值随着用户增多而增加，并且更大的安装基础能够证明继续使用产品以及供应商支持的合理性。

商业生态系统和平台　如今，一些企业不是参与单个行业，而是参与一个行业集合，即为客户提供相关服务和产品的行业集合。**商业生态系统**（business ecosystem）是指由供应商、分销商、外包商、运输服务商和技术制造商组成的松散但又相互依赖的网络（Iansiti & Levien，2004）。信息技术在使企业间形成紧密的交互网络方面发挥了重要作用。

商业生态系统通常有一个或数个核心企业，它们主导着生态系统并为其他企业创建可供使用的**平台**（platform）。例如，微软和 Facebook 都提供了由信息系统、技术和服务构成的平台，来自不同行业的数千家其他企业使用这些平台增强自身能力（Van Alstyne et al.，2016）。Facebook 是拥有数十亿个人用户和数百万企业用户的平台，用户在平台上可以互动和分享信息，也可以购买、营销和销售大量产品和服务。越来越多的企业试图利用信息系统建立其他企业能够使用的 IT 平台，从而发展成为核心企业。或者，企业应当考虑如何利用自身信息系统，成为由核心企业主导的更大生态系统中的参与者，获取更多利润。

3.1.7　颠覆性技术：掀起改革浪潮

有时，一项技术和由此产生的商业创新会彻底改变商业环境，这类创新大致被称为"颠覆性创新"（Christensen，2003）。在某些情况下，**颠覆性技术**（disruptive technology）是与现有产品相比性能相同或更好的替代性产品。例如，汽车取代了马车，苹果 iPod 取代了随身 CD 播放器，数码摄影取代了胶片摄影，优步（Uber）等按需服务取代了调度出租车。在这些情况下，整个行业都会因为颠覆性技术的出现而被淘汰或面临严峻挑战。

在其他情况下，颠覆性技术只是扩展了市场，它们通常比现有产品拥有更简洁的功能，且成本更低，最终成为现有产品的低成本竞争对手。硬盘驱动器就是一个例子，个人计算机中使用的小型硬盘驱动器通过为计算机文件提供廉价的数字存储，扩展了原有计算机硬盘驱动市场。

有些企业能够创造颠覆性技术，并借助这些技术引领变革、获取利润，有些企业能够快速学习技术并调整其业务，而有些企业则会因为过时的产品、服务和商业模式而被淘汰。还有一些情况是，颠覆性技术不会给任何企业带来价值，所有收益均归消费者所有，企业未能获得任何利润。表 3-4 提供了一些颠覆性技术的例子。

合理管理颠覆性技术并不是一件容易的事情，发明颠覆性技术的先行企业并非总会因此受益。例如，MITS Altair 8800 是世界上第一台个人计算机，但其发明企业并没有抓住这一领先优势，反而是 IBM 和微软等快速跟随者占领了个人计算机市场。花旗银行的 ATM 机彻底改变了个人银行业务，但之后所有银行纷纷效仿。现在全部银行都使用 ATM 机，消费者成为了最大受益者。

表 3-4　颠覆性技术的胜者与败者

技术	描述	胜者与败者
微处理器芯片（1971）	在一块硅片上集成了百万级的晶体管	微处理器企业成为胜者（英特尔、得州仪器），晶体管企业（通用电气）衰落

续表

技术	描述	胜者与败者
个人计算机（1975）	体积小、价格低但功能齐全的计算机	个人计算机制造商（惠普、苹果、IBM）和芯片制造商（英特尔）蓬勃发展，大型计算机企业（IBM）和小型机计算机企业（DEC）沦为败者
数码摄影（1975）	利用电荷耦合器件（charge-coupled device，CCD）图像传感器芯片记录图像	CCD 制造商和智能手机企业成为赢家，胶片产品制造商沦为败者
万维网（1989）	可即时访问的数字文件和页面全球数据库	电子商务网店成为胜者，小型零售商和购物中心沦为败者
互联网音乐、视频、电视服务	可下载的音乐、视频、电视广播的在线存储库	互联网平台所有者、拥有互联网主干线路的电信运营商（AT&T、威瑞森），以及互联网服务提供商成为胜者，内容发行商和实体零售商（Tower Records、Blockbuster）沦为败者
网页排名（PageRank）算法	根据网页受欢迎程度对网页进行排名的方法，弥补关键词网络搜索的不足	谷歌成为胜者（拥有该专利），传统的关键词搜索引擎（Alta Vista）沦为败者
软件即服务	使用互联网提供可远程访问的在线软件	在线软件服务提供商（Salesforce.com）成为胜者，传统封装软件企业（微软、思爱普、甲骨文）沦为败者

3.2　信息系统如何帮助企业在全球范围内开展竞争？

仔细看看你的牛仔裤或运动鞋。即使它们是美国品牌，也很可能仅仅是在加利福尼亚设计，之后在第三地将来自其他国家的材料缝合在一起。拨打微软或威瑞森的咨询服务电话时，你很可能是在与位于印度的客服代表通话。

iPhone 从设计到最终上市的完整路径贯穿全球多个国家和地区。iPhone 由苹果在美国的工程师设计，采购来自世界各地的 200 多个高科技组件，并主要在中国完成组装。韩国、日本、法国、意大利、德国和美国的企业提供了手机外壳、摄像头、处理器、加速器、陀螺仪、电子罗盘、电源管理芯片、触摸屏控制器、高清显示屏等元器件。富士康（Foxconn）负责 iPhone 的制造和组装。

追求全球化战略的企业通常能够从规模经济和资源成本（通常是劳动力成本）降低中获益。例如，苹果将 iPhone 的设计、采购和生产环节分散到多个海外国家，以降低关税和劳动力成本。

3.2.1　互联网和全球化

直至 20 世纪 90 年代中期，通用电气、通用汽车、丰田和 IBM 等大型跨国企业在全球范围内主导竞争。只有这些大企业才有足够资金在外国搭建工厂、仓库、配送中心以及支持全球运营的专有网络和系统。但是，互联网作为成熟的国际通信系统出现，大大降低了企业在全球的运营成本，为大企业带来更多可能性，同时也为中小企业创造了许多机会。

借助全球互联网以及内部信息系统，制造商能与供应商即时联系。互联网电话（见第7章）让数百万个美国企业的服务电话能够转接到印度和牙买加，并和在新泽西或加利福尼亚的咨询服务一样方便便宜。同样地，互联网也使在几秒钟内将含有数百个图形或复杂工业设计的大规模计算机文件在全球范围内传输成为可能。

3.2.2 全球商务和系统战略

全球商务主要有四种组织方式：本国出口、多国企业、特许经营和跨国企业，每种方式都有不同的组织结构或治理模式。在每种全球商务中，业务职能可以是集中的（集中在国内）、分散的（给当地业务部门）或协同的（各业务部门平等参与）。

本国出口（domestic exporter）战略的特点是企业业务高度集中在国内。生产、财务会计、市场营销、人力资源和战略管理等部门都设立在国内，以优化本国资源配置。国际销售有时会由子公司或签订代理协议的企业进行代理，但是营销战略仍由母公司负责。卡特彼勒公司（Caterpillar Corporation）和其他重资本设备制造商就采用这种战略。

多国企业（multinational）战略将财务管理和控制活动集中在总部，将生产、销售和营销活动分散到其他国家和地区的业务部门，在不同国家销售的产品和服务都经过调整以适应当地市场条件。这种组织方式在不同国家运营产品和市场，形成了一个广泛联盟。许多金融服务企业以及福特汽车、英特尔等众多制造企业都适用于这种模式。

特许经营（franchiser）的产品在本国开发、设计、融资和最初生产，但严重依赖外国人员进行后续生产、营销和人力资源活动。麦当劳和星巴克等食品类特许经营商就采用了这种模式。麦当劳在美国开创了一种新型快餐连锁模式，并在很大程度上依赖美国本土继续进行新产品开发、战略管理和财务管理等业务，但是需要在其他国家进行当地生产、本土化营销和当地人员招聘。

跨国企业没有单一的国家总部而是拥有许多区域总部，有时还需要一个全球总部。在**跨国企业**（transnational）战略中，几乎所有增值活动都是从全球角度管理而不考虑国界，以优化供需来源并充分利用当地竞争优势。跨国企业由强大的中央管理中心进行决策，但权力和金融影响力也很大程度上在全球各部门分散。许多《财富》500强企业都是跨国企业。

雀巢公司（Nestlé）是全球最大的食品和饮料企业，也是全球化程度最高的企业之一，在85个国家的413个工厂拥有308 000名员工。雀巢启动了一项耗资24亿美元的计划，使用思爱普企业软件实现仅用一套业务流程和系统进行采购、分销和销售管理。雀巢在全球的全部业务部门都使用相同的流程和系统作出销售承诺、制订生产计划、进行客户结算、编制管理报告和报告财务结果。雀巢已经学会了如何在全球范围内实现一体化经营。

3.2.3 全球系统配置

图3-4描述了四种全球商务组织的系统配置。集中式系统完全在国内进行系统开发和运行。复制式系统在本土开发，但将操作权限移交给国外自主部门。分散式系统允许每个外国部门设计自己独特的解决方案和系统。网络式系统在整合并协调各业务部门的基础

上实现开发和运营。

系统结构	战略			
	本国出口	多国企业	特许经营	跨国企业
集中式	X			
复制式			X	
分散式	x	X	x	
网络式		x		X

图 3-4　全球商务组织和系统配置

说明：大写的 X 表示主导模式，小写的 x 表示新兴模式。例如，本国出口主要使用集中式系统，但地区销售持续存在压力，因此也出现了一些分散式系统。

如图 3-4 所示，本国出口往往需要高度集中的系统，由单个国内系统研发团队开发可在全球范围内使用的应用程序。多国企业允许外国业务部门根据当地需求设计自己的系统，较少需要与总部一致的系统（除了财务报表和通信应用）。特许经营通常在母国开发一个统一系统，然后在世界各地复制，确保无论处于何处的业务部门都使用相同的应用程序。雀巢等跨国企业使用跨越多个国家的网络系统，采用功能强大的通信网络以及跨越文化障碍的共享企业管理文化。

3.3　信息系统如何通过提高质量和设计水平帮助企业开展竞争？

质量已经从一个商业流行词发展为很多企业重点关注的目标。质量是实现差异化的一种方式，雷克萨斯（Lexus）或诺德斯特龙（Nordstrom）等质量信誉高的企业可为其产品或服务设定更高的价格。信息系统在提高质量方面作出了突出的贡献，尤其在服务行业，质量战略都是通过高级信息系统和服务来实现的。

3.3.1　什么是质量？

可从生产者和消费者两个角度分别定义**质量**（quality）。从生产者的角度来看，质量意味着符合规格或与规格没有差异。以手机为例，手机的规格可能包括从 1.2 米的高度掉到木地板上，所造成的外壳凹陷或损坏不会影响手机的正常通话功能。

消费者对质量的定义要更为宽泛。首先，消费者关心产品本身的质量，如耐用性、安全性、易用性以及安装的难易性。其次，消费者关心产品的服务质量，如广告真实性、准确性、保修服务的响应性以及持续的产品支持。最后，消费者对质量的定义还包括心理方面，如企业对其产品的了解程度、销售人员和服务人员的礼貌程度和反馈敏感程度、产品的声誉。目前，随着企业质量管理的进步，更多从消费者角度定义质量。

许多企业已经接受了**全面质量管理**（total quality management，TQM）的概念。全面质量管理让质量成为组织内所有人员和职能部门的责任。全面质量管理认为，实现质量控制本身就是目的。每个员工都需要为质量的整体提升作出贡献，工程师要避免设计错误，生产工人要留意每一处瑕疵，销售主管要把产品卖给合适的潜在客户，甚至秘书也要避免打字错误。全面质量管理源于美国质量专家爱德华兹·戴明和约瑟夫·朱兰等人提出的质量管理理念，这一管理理念在日本得到了推广。

目前被广泛使用的另一个质量概念是六西格玛，亚马逊采用这一标准来减少履行订单中的错误。**六西格玛**（Six Sigma）是一个具体质量衡量标准，代表每百万次操作中只有3.4 次失误。大多数企业无法达到这一质量水平，但是将六西格玛作为质量管理目标，实施一系列提高质量和降低成本的方法和技术。大量研究发现，问题越早得到解决，企业耗费的成本就越低。因此，质量改进不仅可以提高产品水平和服务质量，还可以降低成本。

3.3.2 信息系统如何提高质量？

本节将介绍企业面对提升质量的挑战时采取的方式，并说明信息系统如何成为这一过程的一部分。

缩短生产周期，简化生产流程

研究表明，缩短周期是减少质量问题的有效方法之一。**周期**（cycle time）是指流程从开始到结束的总运行时间。更短的生产周期意味着问题能够在生产流程的早期被发现，瑕疵品通常在生产完成前就被发现，从而节省生产成本。此外，缩短周期通常还意味着简化生产环节。流程中的生产环节越少，发生错误的可能性就越小。信息系统有助于企业减少生产环节，缩短生产周期。

1-800-Flowers 是一家价值数百万美元的在线鲜花企业，它曾经的规模小得多，很难留住客户。企业过去服务很差，鲜花质量不稳定，手动接单流程烦琐。电话客服要记下每一个订单，包括信用卡授信、确定离配送点最近的加盟花店和客户指定的鲜花造型，再将订单发送给花店。手动流程中的每一步都增加了人为失误的可能性，且整个流程至少需要半个小时。现在，企业借助一种新的信息系统将线上鲜花订单下载到中央计算机，并以电子方式将其发送给当地花店。使用信息系统的订单更加准确，且整个流程只需要两分钟。

标杆管理

企业通过标杆管理为生产、服务和其他活动制定严格的质量标准，然后根据这些标准衡量质量绩效。企业可使用外部行业标准、其他企业制定的标准、内部开发的标准或将三者结合。缅因州自由港的里昂比恩（L. L. Bean）服装公司通过标杆管理实现了 99.9% 的订单运输准确率。公司原有的批量订单系统无法处理激增的货物量以及多种需要发货的产品。通过研究德国以及斯堪的纳维亚地区企业的先进订单操作系统，里昂比恩公司重新设计了订单流程和信息系统，可在客户下单后立即处理订单，并在 24 小时内发货。

基于客户需求改进产品和服务

改进客户服务，始终把客户需求放在第一位，将有助于提高产品质量。达美航空公司（Delta Airlines）坚持以客户为中心，在机场登机口安装了一个客户服务系统。每个航班的飞机座位图、预留座位情况、检票信息以及起降数据都与中央数据库连接。无论乘客在哪里登机，机组人员都可以利用该系统来追踪哪些乘客已经登机。此外，即使乘客因为航班延误错过了转机，该系统也可以帮助乘客快速到达目的地。

提高设计质量和精度

从汽车制造商到剃须刀片生产商，计算机辅助设计软件对许多企业的质量改进均作出了重要贡献。**计算机辅助设计系统**（computer-aided design（CAD）system）利用计算机和复杂图形软件自动化创建并修改设计。该软件使用户能够创建零件、产品外观或产品结构的数字模型，并在计算机上更改设计，而无须建造实体模型。

例如，福特汽车公司利用计算机模拟设计了效率最高的发动机气缸。工程师根据制造条件调整设计方案，并使用数十年有关材料特性和发动机性能的数据在计算机上测试修改后的设计。模拟测试完成后，福特利用物理模具制造真实的气缸，并将其安装在发动机上进行下一步测试。整个测试过程耗费的时间从几个月缩短至几天，资金成本也从数百万美元降至几千美元。

CAD 系统可以为 3D 打印提供数据，3D 打印也称为增材制造，根据数字文件说明，利用机器逐层制作固体物品。传统技术在模具中切割或钻孔，导致一些材料的浪费。与传统技术不同，3D 打印让工人在计算机上对物体进行建模，并用塑料、金属或复合材料打印出来。3D 打印目前用于原型设计、定制产品和小批量生产的精加工产品。3D 打印机也可使用塑料、钛和人类软骨等材料，为特殊应用生产功能齐全的组件，如电池、晶体管、假肢设备和 LED 等。目前，3D 打印服务可直接通过网络获取。

提高生产精度，减小生产误差

对于大多数产品而言，可以通过精确的生产流程减少因步骤衔接而造成的误差，从而提高产品质量。CAD 软件通常为工具和制造过程提供设计规范，从而减少了生产流程中的问题并节省了额外的时间和金钱。借助 CAD 软件，用户可以设计比手动完成更精确、误差更小的生产系统。

🡺 3.4　业务流程管理如何提升企业竞争力？

仅仅拥有技术不足以使组织更具竞争力、更有效率或更加以质量为导向。组织本身需要变革以充分利用信息技术。这些变革会对工作活动进行微小的调整，但通常整个业务流程都需要重新设计。业务流程管理可以解决这些需求。

3.4.1　什么是业务流程管理？

业务流程管理（business process management，BPM）是一种持续改进企业业务流程的方法。业务流程管理使用各种工具和方法分析现有流程，设计新流程，并进行优化。业务流程管理在企业中始终存在，因为持续改进需要不断的改变。企业实行业务流程管理需要经过以下步骤：

1. 识别需要改进的流程：企业最重要的战略决策不是决定如何使用计算机来改进业务流程，而是识别哪些业务流程需要改进。如果使用信息系统增强错误的业务模型或业务流程，只会更高效地做它不该做的事情，最终导致企业被找到正确商业模式的竞争对手超越。改进业务流程也可能将大量的时间和成本花在对提升企业绩效帮助甚小的流程上，因此管理者必须确定哪些业务流程是最重要的，以及改进这些流程将如何帮助企业提高绩效。

2. 分析现有流程：对现有的业务流程进行建模，并记录投入、产出、资源和活动顺序。流程设计团队能够由此识别冗余步骤、文件密集型任务、瓶颈和其他低效率问题。

图3-5说明了从实体书店购买图书的原有流程。首先，顾客会去实体书店并在书架上寻找想要的图书。如果顾客找到了这本书，会把它带到收银台，用信用卡、现金或支票付款；如果顾客找不到想要的书，就会向店员求助，或直接请求店员帮忙查询库存记录确认是否还有库存。如果店员找到了书，顾客会购买并离开书店；如果书店没有库存，店员会查找其他仓库或从图书分销商、出版商处订货。一旦到货，店员就会通知顾客，顾客将不得不再次前往书店取书并付款；如果书店订不到这本书，顾客只能前往其他书店。整个购书流程有许多步骤，并可能需要顾客多次前往书店。

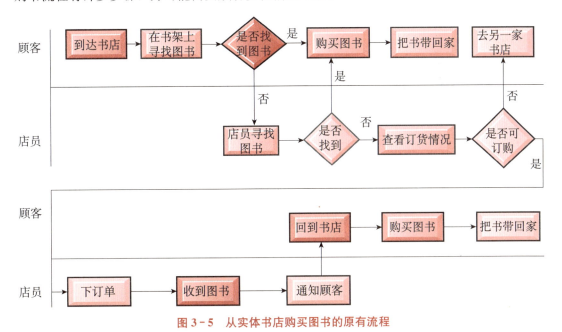

图3-5 从实体书店购买图书的原有流程

说明：到实体店购买图书需要买卖双方完成许多步骤。

3. 设计新流程：一旦根据时间和成本明确并衡量了现有流程，流程设计团队将尝试设计新流程来作出改进。一个新的、简化的待定流程将被记录并构建，以便与原有流程进行比较。

图3-6说明了如何利用互联网重新设计购书流程。顾客通过互联网访问在线书店，并从书店的在线目录中搜索想要的书。如果有货，就在线订购并提供信用卡账号和地址，然后将书寄到家中；如果在线书店没有该书，顾客将选择另一家在线书店并再次搜索。与在实体书店购书相比，此流程的步骤要少很多，顾客花费的精力更少，商家也需要更少的销售人员进行客户服务。因此，新的流程更加高效和省时。

新流程的价值体现在它能够节省多少时间和成本，或在多大程度上提高客户服务水平和价值。管理层首先衡量现有流程的时间和成本，将其作为基准。在购书的例子中，顾客从实体书店购书所需的时间可能是15分钟（如果顾客快速找到了书）到30分钟（如果书有库存，由店员帮助顾客找到了书）。如果需要从其他来源订购书，该过程可能需要1～2

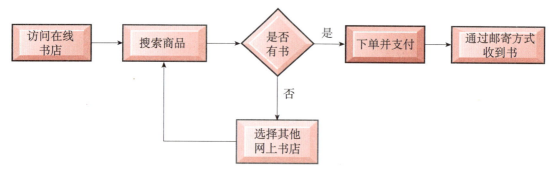

图 3－6　重新设计的在线购书流程

说明：利用互联网技术可以重新设计购书流程，新的流程既简化了步骤，也减少了资源消耗。

周时间，且顾客还要再去书店一次。如果顾客离书店很远，那么去书店的时间也必须考虑在内。书店必须支付实体店铺成本、库存成本、店员人力成本以及运输成本（如果要从其他地方订书）。

在线购书的新流程可能只需要几分钟，虽然客户可能需要等待几天或几周才能收到包裹并支付少量运费，但顾客不必前往书店甚至多次去书店取书，这节省了时间和金钱。书店则减少了实体店铺和本地库存成本。

4. 实施新流程：对新流程进行全面分析和建模后，必须将其转化为新的流程和工作规范。为了支持新设计的流程，可能需要实施新的信息系统或改进现有系统。将新流程和支持系统部署到业务组织中，当企业开始使用此流程时，可能会出现问题并需要解决，使用流程的员工也可能会提出改进建议。

5. 持续衡量：实施优化流程之后，仍需要持续对流程进行衡量。因为随着时间的推移，员工可能仍然使用旧的工作方法而导致业务流程恶化，或者随着业务的其他变化，这些流程也可能变得低效。

有很多软件工具可用于协助业务流程管理。这些工具能够帮助企业识别并记录需要改进的流程、创建改进流程的模型、制定并实施用于执行流程的业务规则、集成现有系统以支持新的或重新设计的流程。业务流程管理软件工具还提供分析功能，可验证流程性能是否得到改进，并衡量流程变更对关键业务绩效指标的影响。

"互动讨论：组织"专栏说明了企业如何从业务流程管理中获益。阅读本案例时，请尝试了解不断变化的业务流程及其底层技术如何改进汤米·希尔费格的业务绩效。

互动讨论：组织　　汤米·希尔费格利用数字展厅改变批发销售流程

汤米·希尔费格（Tommy Hilfiger）是全球领先的服装和零售品牌，以"麻花学院风"的设计而闻名，旗下拥有 Tommy Hilfiger 和 Hilfiger Denim 等品牌，包括 Hilfiger Collection、Tommy Hilfiger Tailored，男装、女装、儿童运动装，配饰和鞋类。汤米·希尔费格于 2010 年被 PVH 公司收购，在北美、欧洲、拉丁美洲和亚太地区的 115 个国家拥有 1 600 多家零售商店。2017 年，汤米·希尔费格品牌的全球零售额为 74 亿美元。

汤米·希尔费格的管理层希望企业能利用数字技术进一步完善运营方式。例如，批发销售流程急需精简和优化。过去，每个销售季节来临前，零售商店和百货公司的商家必须亲自前往汤米·希尔费格的批发展示厅，展示厅中展示了汤米·希尔费格下一销售季度产品线中每件商品的实物样品。在查看新系列的实物样品后，零售商会填写纸质订单表格。从查看商品到订购，整个过程可能需要三天时间。

　　汤米·希尔费格旗下一共有八个子品牌，每季度每个子品牌都会生产 1 500 件新品服装。只是为了向批发商展示和销售就需要生产大量的样本，之后还要量产并销售给最终客户。

　　汤米·希尔费格组建了一个由信息技术专家组成的小团队和一个指定的数字化转型团队，以重新构建批发销售流程。该团队花了数周时间，在展示厅观察销售人员如何与零售商店和百货公司的商家合作。该团队建议使用数字展厅简化销售订购流程，缩短从零售商查看新系列产品到将新产品送货到商店之间的时间窗口。数字展厅配备了带有超高清显示屏的交互式触摸屏工作站，买家可以在这里查看汤米·希尔费格系列的每一件商品。他们可以使用放大功能查看设计细节和纹理，点击每件衣服显示价格、颜色和尺寸范围，并完成下单操作。在流程结束时，买家会收到一封电子邮件，附有包含最终订单的 PDF 文档，同时系统将自动安排订单交付。

　　汤米·希尔费格采用 Couchbase 数据平台作为数字展厅的技术基础。Couchbase 使用 NoSQL 非关系数据管理技术（参见第 6 章），与传统数据管理工具相比，Couchbase 提供了更大的灵活性和可扩展性。Couchbase 能够更轻松地处理与终端用户的大量交互以及不同类型的数据。它还优化了交互式应用程序，提供了丰富的个性化用户体验和用户参与。例如，经销商可以浏览新产品线、选择具体产品、检查纹理和设计细节，并询问价格和发货日期。后台人员可以实时添加、访问和合并数据。

　　数字展厅系统最大限度减少了服装样品的生产和运输成本。对于每一个新系列，不需要在生产和检验样品后再将样品送往世界各地的实体展示厅。利用数字展厅，汤米·希尔费格的欧洲总部能够减少 80% 的样品生产，在世界各地的其他地方也是如此。由于实物样品数量的减少，运输成本也相应降低了。

　　汤米·希尔费格的亚太团队前往欧洲采购花费的时间从过去的三天缩短至一天。荷兰、非洲和中东地区的早秋款销量都出现了增长。从摆满实体样品的展厅到数字展厅，这一转变使得提供新产品给零售商以向顾客销售的时间周期缩短了六周，数字展厅每日还能容纳更多的批发商预约，销售也更加准确。

　　汤米·希尔费格于 2015 年在阿姆斯特丹推出了第一个数字展厅，其目标是到 2018 年底，在全球超过 25 个地点搭建数字展厅，并配备超过 100 个工作站。

　　汤米·希尔费格在数字展厅方面的成功，促使企业在其价值链中寻找其他业务流程转型的机会。一个可能的方案是使用 3D 技术设计并生产服装，以提高效率并减少浪费。

资料来源：https://global. tommy.com，accessed February 8, 2019；"This Season's Must-Have," www. couch-base.com，accessed January 26, 2019；Chris Preimesberger, "IT Science Case Study: How Tommy Hilfiger Created Its Digital Showroom," eWeek, July 11, 2018；and Scott Carey, "Tommy Hilfiger Wants to Become a Software Company," ComputerworldUK, June 15, 2018.

案例分析问题

　　1. 汤米·希尔费格之前的批发销售流程如何影响其业务绩效？

　　2. 哪些人员、组织和技术因素导致了汤米·希尔费格在批发销售业务流程方面的问题？

　　3. 绘制汤米·希尔费格为零售商订购商品设计的原有业务流程以及重新设计后的业务流程。

4. 描述技术和数字展厅在汤米·希尔费格业务流程变革中的作用。

5. 汤米·希尔费格重新设计的业务流程如何改变了公司的运作方式？对业务有何影响？请解释你的回答。

业务流程再造

许多业务流程的改进是渐进式和持续式的，但有时也需要更彻底的变革。实体书店就对流程进行彻底变革，重新设计了能够在网上实现的购书流程。这种对业务流程的彻底重新思考和重新设计称为**业务流程再造**（business process reengineering，BPR）。

如果实施得当，业务流程再造可以显著提高生产力和效率，甚至改变企业的运营方式。在一些情况下，业务流程再造能够推动范式转变，从而改变业务的本质。这种改变在图书零售领域真实发生，亚马逊利用其线上零售模式挑战了传统实体书店，通过从根本上重新思考图书的购买和销售方式，亚马逊等在线书店提出了一种全新的经营方式，显著提高效率并降低成本。

业务流程管理也带来了一些挑战，管理者指出，企业业务流程再造的最大障碍是组织文化。员工通常会抵制不喜欢或不熟悉的制度，在业务流程再造项目中尤为明显，因为组织变革会带来更加深远的影响。管理变革既不简单也不直观，致力于广泛流程改进的企业需要良好的变革管理战略（参见第 12 章）。

3.5　管理信息系统对职业生涯有何帮助？

以下内容说明了本书第 3 章将如何帮助读者找到初级业务开发代表的工作。

3.5.1　企业

A＋Superior Data Quality 是一家处于快速发展阶段的公司，总部位于洛杉矶，主营业务是提供软件和服务，帮助大企业管理数据和数据质量。公司正在寻找一位初级业务开发代表。该公司提供的数据质量及数据管理工具和服务通过获取准确的地址、电子邮件和电话信息，帮助企业更正、标准化和增强客户数据；删除企业系统中的冗余数据；分析数据并发现关系；重构和规范数据；监控数据，以确保持续的质量控制和标准化。该公司在全球拥有 12 000 个客户，450 名员工，并在美国、欧洲和亚洲设有办事处。

3.5.2　岗位描述

业务开发代表将帮助公司的销售团队实现高增长目标。该公司提供授课和在职培训，包括如何与潜在客户和既有客户沟通，如何为解决方案确定合适的市场，如何制订销售计划以及如何使用 Salesforce.com 等工具。工作职责包括：

- 研究目标客户以创造潜在的商业机会；
- 为客户获取和销售策略提供支持；

- 实施策略以成功执行营销活动；
- 通过发现并验证营销带来的潜在客户，建立并管理销售渠道；
- 对成功开发潜在客户的活动进行报告。

3.5.3　招聘要求

- 本科学历；
- 对销售工作有浓厚的兴趣；
- 善于沟通和处理人际关系，具备出色的分析问题和解决问题能力；
- 能够在快节奏环境中进行多任务处理。

3.5.4　面试问题

1. 你对数据质量和数据管理了解多少？你在这些领域有工作经验吗？你是否遇到过数据质量问题？如果有，你能描述一下是如何解决问题的吗？

2. 你使用过 Salesforce.com 吗？你对它有哪些了解？你是如何使用该软件的？

3. 能否举出一个例子，说明你帮助解决的营销或销售相关问题，或其他业务问题？你有关于写作和分析工作的经历吗？

4. 你是否与客户有过很多面对面接触？能否描述你与客户一起做了哪些工作？

3.5.5　作者建议

1. 回顾本章对 IT 和业务战略的讨论，并参考第 6 章有关数据管理及数据质量部分。

2. 使用网络查找有关数据质量和数据管理工具和服务的更多信息，并了解该公司在该领域的具体产品。

3. 搜索该公司在领英及其他社交媒体上的资料和帖子，查看该公司是否有特定的关注主题。做好准备，表明你了解该公司面临的各种业务挑战和机遇。

4. 了解 Salesforce.com 与这份工作职责相关的内容，明白如何在工作中使用 Salesforce.com。

5. 考虑你在工作中最可能遇到的客户数据质量问题。

本章小结

1. 波特五力模型、价值链模型、协同效应、核心竞争力和基于网络的战略如何帮助企业利用信息系统获取竞争优势？

在波特五力模型中，企业的战略地位和战略由传统的直接竞争对手决定。它们还受到市场新进入者、替代产品和服务、供应商和客户的很大影响。信息系统通过成本领先、差异化产品或服务、关注细分市场、加强与消费者和供应商的联系以及通过卓越的运营水平提高市场进入壁垒帮助企业竞争。当技术与企业目标一致时，信息系统能发挥最大作用。

价值链模型突出了企业受竞争战略和信息系统影响最大的业务活动。该模型将企业视为能够为企业产品或服务增加价值的一系列基本活动和支持活动的组合，基本活动与生产和分配直接相关，而支持活动使基本活动的完成成为可能。企业的价值链可与其供应商、分销商和客户的价值链相连。通过促进标准和行业联盟的使用并使企业能够更有效地与其价值伙伴合作，由信息系统组成的价值网络能在行业层面提高企业竞争力。

信息系统通过将不同业务部门的运营紧密联系在一起，帮助企业提高效率和服务质量。通过促进跨业务部门的知识共享，信息系统帮助企业充分利用核心竞争力。信息系统还促进了基于用户或订阅者大型网络利用网络经济的商业模式。虚拟公司战略使用网络连接到其他企业，以便利用其他企业的能力生产、营销并配送产品和服务。企业还可以重新定义业务，成为基于平台的商业生态系统中的参与者或核心企业，在生态系统中，不同行业的企业共同合作为客户提供价值。尽管先驱者并不一定能获得长期收益，但颠覆性技术能够为企业提供战略机会。

2. 信息系统如何帮助企业在全球范围内开展竞争？

信息系统和互联网通过促进不同地理位置的业务部门之间的协作，以及企业与客户和供应商的远程沟通，帮助企业开展国际化运营。全球商务主要有四种组织方式：本国出口、多国企业、特许经营和跨国企业。

3. 信息系统如何通过提高质量和设计水平帮助企业开展竞争？

信息系统可以通过简化产品或服务、实施标杆管理、缩短产品开发周期以及提高设计和生产的质量及精度，帮助企业提高质量。

4. 业务流程管理如何提升企业竞争力？

组织通常必须更改业务流程才能成功执行业务战略。如果这些业务流程涉及技术，则可以重新设计以提高技术有效性。业务流程管理合并、简化业务流程中的步骤，减少重复和冗余的工作，并在质量、服务和速度方面显著改进。当业务流程管理用于强化良好的商业模式或者对企业绩效有显著影响的流程时，其效果是最好的。

✏️ 课后习题

1. 波特五力模型、价值链模型、协同效应、核心竞争力和基于网络的战略如何帮助企业利用信息系统获取竞争优势？

- 定义波特五力模型并解释其工作原理。
- 列举并描述企业可利用信息系统实现的四种竞争策略。
- 描述信息系统如何支持这些竞争策略，并举例说明。
- 解释为什么使 IT 与企业目标保持一致对战略性使用信息系统至关重要。
- 定义并描述价值链模型。
- 解释如何使用价值链模型识别信息系统的机会。
- 定义价值网并说明它与价值链的关系。
- 描述互联网如何改变竞争力和竞争优势。
- 解释信息系统如何促进协同效应和核心竞争力从而增强竞争优势。
- 解释企业如何利用网络经济获利。
- 定义并描述虚拟公司，说明实施虚拟公司战略的好处。
- 定义并描述商业生态系统，说明它如何提供竞争优势。
- 解释颠覆性技术如何创造战略机遇。

2. 信息系统如何帮助企业在全球范围内开展竞争？

● 描述全球化如何增加商业机会。

● 列举并描述开展全球业务的四种方法，以及与其匹配的系统配置类型。

3. 信息系统如何通过提高质量和设计水平帮助企业开展竞争？

● 定义质量，并比较生产者和消费者对质量的定义。

● 描述信息系统提高质量的不同方式。

4. 业务流程管理如何提升企业竞争力？

● 定义业务流程管理，解释其如何帮助企业提高竞争力。

● 区分业务流程管理和业务流程再造。

● 列举并描述企业为确保业务流程管理成功应采取的步骤。

 ## 讨论

1. 有人说，没有可持续的竞争优势。你同意这种观点吗？请说明理由。

2. 判断互联网能否为企业提供竞争优势时需要考虑哪些问题？

3. 有人说，沃尔玛等领先零售商相对于竞争对手的优势不是技术，而是管理。你同意这种观点吗？请说明理由。

商业问题解决案例

食品杂货店的"战争"

2017 年 6 月 16 日，亚马逊宣布以 137 亿美元收购高端食品连锁超市全食（Whole Foods）。该交易于当年 8 月完成，是亚马逊最大的一笔收购交易，对整个食品杂货行业造成了冲击。这次收购对食品杂货店、整个食品行业甚至购物本身的未来都有着深远的影响。

在收购全食之前，亚马逊的商业版图就已经扩展到食品杂货店和实体店，包括书店、两家位于西雅图的免下车杂货店和亚马逊无人便利店（Amazon Go）。在免下车杂货店，顾客可自提在线订购的物品；在亚马逊无人便利店，顾客可以借助传感器和软件进行付款，无须排队。亚马逊还通过 AmazonFresh 项目积累了线上食品杂货销售的经验。然而，亚马逊在线上食品杂货方面并没有像书籍和媒体方面那样取得成功。全食为亚马逊提供了新的途径，让亚马逊加强线上业务的同时建立实体零售店业务。

食品杂货行业竞争激烈，利润微薄，每美元的利润只有 1～2 美分。尽管亚马逊擅长低价竞争，但为什么要接受这个挑战呢？亚马逊认为全食是一笔不错的投资，有以下几个原因。食品杂货是一个重要的购物类别，在美国的销售额为 8 000 亿美元。食品营销协会（Food Marketing Institute）最近的一份报告指出，未来 10 年，美国食品杂货销售额可能增长 5 倍。收购全食有助于亚马逊成为食品杂货行业的主要参与者。全食在美国、加拿大和英国共有 486 家门店，每家门店可在半小时或 1 小时路程范围内触达尽可能多的人群，因此能够将亚马逊的实体业务提升到新的水平。

亚马逊的 Prime 会员服务以每年 119 美元的价格，为客户提供免费两日送货和其他优惠服务。类似于为书籍提供的服务，亚马逊可使用 Prime 会员服务为全食顾客提供更优惠的食品杂货价格，这些门店还可以作为广告，吸引更多的顾客注册 Prime 服务。截至 2019

年初，Prime 在美国已经拥有超过 1 亿用户。

亚马逊十分擅长提供"消费者便利"。电子商务正在飞速发展，食品配送业务也抓住人们因为太忙或其他事情占用时间而无法外出购物的契机蓬勃向上，越来越多的人在网上订购食品杂货。线上食品杂货消费的增长速度远远快于传统的食品杂货购物，预计到 2025 年，它将占美国食品和饮料总销售额的 20%，超过 1 000 亿美元。超过 70% 的美国家庭将在 10 年内线上购买食品。亚马逊可以同时提供线上销售食品杂货和线下亲自购买食物的客户体验服务。

全食还可用作亚马逊其他非食品杂货产品的配送网络。亚马逊一直尝试在离顾客更近的地方设立仓库，以便能在短短两个小时内送达订单，而全食让亚马逊在物理距离上更接近顾客。这些商店既可以作为各种线上订单的退货地点，也可以用来缩短亚马逊线上订单的送货时间。

根据多位分析师的观察，全食在城市和郊区的位置对于亚马逊的配送业务非常有价值，即使全食停止销售食品，这笔交易可能也是值得的。亚马逊收购全食，意味着它收购了 431 个美国高收入、黄金地段的配送点。全食在富裕地区的门店，以及亚马逊在供应链和配送方面的优势，可能会颠覆整个食品零售和食品配送行业。

专家称亚马逊是"生活捆绑包"（life bundle），尤其是对富裕的美国人而言。亚马逊 Prime 可能成为未来的在线捆绑包，这种年费订阅产品包含许多不同的服务，为亚马逊带来可靠的收入来源和不断增长的忠实客户群体。亚马逊 Prime 用户每年平均花费 1 400 美元使用此服务，富裕家庭通常每月在全食消费 500 美元，一旦亚马逊拥有了全食，其最富有的顾客群体每年可以通过亚马逊花费数千美元。随着全食顾客被推广注册亚马逊 Prime 会员，以及 Prime 用户在全食能够获得诱人的优惠，亚马逊对高端市场的渗透会进一步深入。当然亚马逊同时也在为低收入人群提供折扣，亚马逊还在美国主要城市开设了数十家食品杂货店，以迎合更精打细算的食品消费者的需求。

2018 年 2 月，亚马逊和全食推出了一项测试，直接从美国 4 个城市的全食配送食品杂货和其他商品。全食被用作亚马逊的仓库，顾客可以订购新鲜的农产品、海鲜、肉类、鲜花、烘焙食品和奶制品，下单后可以在两小时内送货上门。此后，亚马逊计划在更多城市推出当日达服务。2 月下旬，亚马逊将其 5% 现金返款福利扩展到使用 Amazon Prime Rewards Visa 信用卡在全食购物的 Prime 会员，选定的全食商店已经开始销售亚马逊的科技产品，包括亚马逊 Echo 语音控制扬声器系统、Echo Dots、Fire 电视、Kindle 电子阅读器和 Fire 平板电脑。

全食宣布，亚马逊 Prime 将取代其原有的忠诚计划。全食的商品现在也可以在亚马逊、AmazonFresh（亚马逊的食品杂货配送服务）、Prime Pantry 和 Prime Now 平台上购买。一些全食商店增加了亚马逊储物柜，允许顾客将亚马逊订单运送到商店内的安全位置，直到他们方便取货，顾客还可以使用储物柜退货。亚马逊和全食正在整合它们的销售点系统，使更多的亚马逊品牌可以进驻全食，反之亦然。

收购全食标志着亚马逊与沃尔玛之间长期竞争的升级。沃尔玛是全球最大、最成功的实体零售商，亚马逊则主导着电子商务。两家企业都想进入对方的领域，亚马逊希望在线上之外拥有更强大的实体业务，而沃尔玛正在大力扩张电子商务业务。

沃尔玛是美国最大的食品杂货销售商，加上山姆会员店，约占美国食品杂货市场份额的 25%。食品杂货销售额占沃尔玛总销售额的 56%，食品杂货购买是门店流量和客户忠诚度的主要驱动因素。沃尔玛致力于保持其在美国食品杂货商中的领先地位。沃尔玛已经投资并测试了点击收货程序、独立杂货店提货网站，以及用智能手机扫描和支付商品。食品杂货类销售是沃尔玛的核心亮点，如果沃尔玛在食品杂货大战中输给亚马逊，它就没有机会超越亚马逊成为全球最大的电子商务企业。

线上食品杂货销售一直是沃尔玛电子商务销售的重要组成部分，管理层预计，向在线食品杂货扩张将成为沃尔玛未来销售增长的主要驱动力。截至 2018 年底，沃尔玛已向 100 个市场推出了当日达食品杂货配送服务，并在 2 000 多家门店提供了在线订购和取货服务。管理层希望随着更多门店推出在线订购和提货计划，销售额将继续逐年增长。

提供送货上门服务将带动更多的沃尔玛实体店顾客开始在线上购物，这些顾客在线上购物的花费通常是在实体店购物花费的两倍。沃尔玛将与亚马逊的 Prime Now 服务展开竞争，Prime Now 为其忠诚计划用户提供免费的两小时送达服务。两家企业还推出了送货上门的服务。

食品杂货行业的其他企业将如何应对这些发展？克罗格（Kroger）等大型食品杂货零售商已经在尝试不同的商业模式和线上购物方法。消费者食品购买行为的变化也影响了亚马逊（全食）、沃尔玛和食品杂货行业的竞争格局。消费者在外出就餐上的花费已经超过了食品杂货店的销售额。消费者不再每周去超市购买在家准备饭菜的食材，而是越来越多地吃零食、使用预制食物或外卖订餐。Blue Apron 等企业已经进入了价值 15 亿美元的半成品料理市场，优步外卖等送餐服务企业也是如此，食品杂货连锁店也正在推出自己的预包装半成品料理。2019 年 5 月，亚马逊收购了英国食品配送公司 Deliveroo，以满足消费者的外卖需求。食品杂货商也在适应消费者对新鲜商品、个性化选择以及使用技术改善食品购买体验的激增需求。

线上销售食品杂货需要准确及时地配送，这并不容易做到，完成订单过程中的低效或错误增加了成本。沃尔玛 1 600 家门店提供送货服务，使用 DoorDash 和 Skipcart 等第三方服务，并雇用 3.5 万名员工处理线上订单，每次配送费用从 7.95 美元到 9.95 美元不等。让门店员工从原本为线下购物设计的门店备货，既复杂又昂贵。许多沃尔玛的线上食品杂货订单常常需要送到离门店较远的地址，这增加了原本就收入不高的在线送货司机的工作量。

同样地，亚马逊在执行订单方面也遇到了困难。亚马逊使用合同工或全食员工完成线上订单。其美国地区在线订购服务中有大约 15% 的商品处于缺货状态，许多食品杂货店缺乏实时准确跟踪库存的技术。顾客并不总是满足于拣货员或在线系统推荐的替代品。例如，一位亚马逊顾客订购了一个酵母欧包，却收到了墨西哥辣椒芝士面包作为替代品，这让他十分不满意。原本用于追踪全食库存的技术已经过时。

虽然有线上食品购物的增长和竞争格局的其他变化，但专家认为超市市场依旧强劲。根据经纪和咨询公司马库斯米利普查（Marcus & Millichap）的数据，未来五年将有一系列食品杂货店开业，占据 2 500 万平方英尺的商业空间。本土连锁超市及德国折扣超市奥乐齐（Aldi）和历德（Lidl）正在美国开设门店，其中一些门店可能规模较小。

资料来源：Sarah Nassauer, "Walmart's Food-Delivery Challenges: Patchwork of Drivers, Tolls, Crowded Aisles," *Wall Street Journal*, March 1, 2019; Heather Haddon, "Amazon to Whole Foods Delivery Customers, 'We're Out of Celery, How's Kale?'," *Wall Street Journal*, March 24, 2019; Parmy Olson, "Amazon Bets on Food Delivery," *Wall Street Journal*, May 18, 2019; Esther Fung and Heather Haddon, "Amazon to Launch New Grocery-

Store Business," *Wall Street Journal*, March 1，2019；Don Reisinger，"Amazon Prime Has More Than 100 Million U. S. Subscribers," Fortune，January 17，2019；Kate Taylor，"Here Are the Changes Amazon Is Making to Whole Foods," *Business Insider*，March 2，2018；Adam Levy，"Walmart's Grocery Efforts Probably Aren't Enough to Overcome Amazon," *The Motley Fool*，March 17，2018；Matthew Boyle，"Walmart to Expand Grocery Delivery as Amazon Battle Rages," *Bloomberg*，March 14，2018；John Cook，"Walmart Counterpunches Amazon with Plan to Expand Grocery Delivery Service to 100 U. S. Markets," *GeekWire*，March 14，2018；Toby Clarence-Smith，"Amazon vs. Walmart：Bezos Goes for the Jugular with Whole Foods Acquisition," www. Toptal. com，accessed March 21，2018；Derek Thompson，"Why Amazon Bought Whole Foods," *The Atlantic*，June 16，2017；and Nick Wingfield and Michael J. de la Merced，"Amazon to Buy Whole Foods for \$13. 4 Billion," *New York Times*，June 16，2017.

案例分析问题

1. 使用价值链模型和波特五力模型对亚马逊和沃尔玛进行分析。
2. 比较食品杂货销售在亚马逊和沃尔玛商业战略中的地位。
3. 信息技术在这些战略中发挥什么作用？
4. 哪家企业更有可能主导食品杂货零售业？解释你的答案。

参考文献

Bossert, Oliver and Driek Desmet. "The Platform Play: How to Operate Like a Tech Company." McKinsey & Company (February 2019).

Christensen, Clayton. *Competitive Advantage: The Revolutionary Book That Will Change the Way You Do Business* (New York: HarperCollins, 2003).

Christensen, Clayton M., Michael E. Raynor, and Rory McDonald. "What Is Disruptive Innovation?" *Harvard Business Review* (December 2015).

D'Aveni, Richard A. "The 3-D Printing Playbook." *Harvard Business Review* (July–August 2018).

Davenport, Thomas H., and Stephan Kudyba. "Designing and Developing Analytics-Based Data Products." *MIT Sloan Management Review* 58, No. 1 (Winter 2016).

El Sawy, Omar A. *Redesigning Enterprise Processes for E-Business* (New York: McGraw-Hill, 2001).

Gandhi, Suketo, and Eric Gervet. "Now That Your Products Can Talk, What Will They Tell You?" Special Collection Getting Product Development Right. *MIT Sloan Management Review* (Spring 2016).

Gregerson, Hal. "Digital Transformation Opens New Questions—and New Problems to Solve." *MIT Sloan Management Review* 60, No. 1 (Fall 2018).

Hagiu, Andrew, and Elizabeth J. Altman. "Finding the Platform in Your Product." *Harvard Business Review* (July–August 2017).

Hagiu, Andrei, and Simon Rothman. "Network Effects Aren't Enough." *Harvard Business Review* (April 2016).

Hammer, Michael, and James Champy. *Reengineering the Corporation* (New York: HarperCollins, 1993).

Iansiti, Marco, and Karim R. Lakhani. "Digital Ubiquity: How Connections, Sensors, and Data Are Revolutionizing Business." *Harvard Business Review* (November 2014).

Iansiti, Marco, and Roy Levien. "Strategy as Ecology." *Harvard Business Review* (March 2004).

King, Andrew A., and Baljir Baatartogtokh. "How Useful Is the Theory of Disruptive Innovation?" *MIT Sloan Management Review* (Fall 2015).

Knee, Jonathan."Why Some Platforms Are Better Than Others." *MIT Sloan Management Review* 59, No. 2 (Winter 2018).

Luftman, Jerry. *Competing in the Information Age: Align in the Sand, 2nd ed.* (New York: Oxford University Press. 2003).

Nan, Ning and Hüseyin Tanriverdi. "Unifying the Role of IT in Hyperturbulence and Competitive Advantage Via a Multilevel Perspective of IS Strategy." *MIS Quarterly* 41, No. 3 (September 2017).

Parker, Geoffrey, Marshall Van Alstyne, and Xiaoyue Jiang. "Platform Ecosystems: How Developers Invert the Firm." *MIS Quarterly* 41, No. 1 (March 2017).

Porter, Michael. *Competitive Advantage* (New York: Free Press, 1985).

____. "Strategy and the Internet." *Harvard Business Review* (March 2001).

Porter, Michael E., and James E. Heppelmann. "How Smart, Connected Products Are Transforming Competition." *Harvard Business Review* (November 2014).

Rigby, Darrell. "Digital-Physical Mashups." *Harvard Business Review* (September 2014).

Roca, Jaime Bonnin, Parth Vaishnav, Joana Mendonça, and M. Granger Morgan. "Getting Past the Hype About 3-D Printing." *MIT Sloan Management Review* 58, No. 3 (Spring 2017).

Ross, Jeanne W., Ina M. Sebastian, and Cynthia M. Beath. "How to Develop a Great Digital Strategy." *MIT Sloan Management Review* 58, No. 2 (Winter 2017).

Sabherwal, Rajiv, Sanjiv Sabherwal, Taha Havakhor, and Zach Steelman," How Does Strategic Alignment Affect Firm Performance? The Roles of Information Technology Investment and Environmental Uncertainty." *MIS Quarterly* 43, No. 2 (June 2019).

Sampler, Jeffrey L. "Platforms that Grow Are More Than Matchmakers."*MIT Sloan Management Review* 60, No. 1 (Fall 2018).

Shapiro, Carl, and Hal R. Varian. *Information Rules* (Boston: Harvard Business School Press, 1999).

Siggelkow, Nicolai, and Christian Terwiesch. "The Age of Continuous Connection." *Harvard Business Review* (May–June 2019).

Song, Peijian, Ling Xue, Arun Rai, and Cheng Zhang. "The Ecosystem of Software Platform: A Study of Asymmetric Cross-Side Network Effects and Platform Governance." *MIS Quarterly* 42, No. 1 (March 2018).

Taneja, Hemant with Kevin Maney. "The End of Scale." *MIT Sloan Management Review* 59, No. 3 (Spring 2018).

Weill, Peter, and Sinan Aral. "IT Savvy Pays Off: How Top Performers Match IT Portfolios and Organizational Practices," *MIT CISR*, May 2005.

Weill, Peter, and Stephen L. Weorner. "Thriving in an Increasingly Digital Ecosystem." *MIT Sloan Management Review* 56, No. 4 (Summer 2014).

Wixom, Barbara H., and Jeanne W. Ross. "How to Monetize Your Data." *MIT Sloan Management Review* 58, No. 3 (Spring 2017).

Van Alstyne, Marshall W., Geoffrey G. Parer, and Sangeet Paul Choudary. "Pipelines, Platforms, and the New Rules of Strategy." *Harvard Business Review* (April 2016).

Zeng, Ming. "Alibaba and the Future of Business." *Harvard Business Review* (September–October 2018).

Zhu, Feng, and Nathan Furr. "Products to Platforms: Making the Leap." *Harvard Business Review* (April 2016).

Zhu, Feng, and Marco Iansiti. "Why Some Platforms Thrive and Others Don't." *Harvard Business Review* (January–February 2019).

第4章　信息系统中的商业伦理和社会问题

→ **学习目标**

阅读完本章，你将能够回答以下问题：

1. 信息系统引起了哪些商业伦理、社会和政治问题？
2. 哪些行为准则可以指导商业伦理决策？
3. 为什么现代信息系统技术和互联网对个人隐私和知识产权保护提出了挑战？
4. 信息系统如何影响法律责任和义务，以及日常生活质量？
5. 管理信息系统对职业生涯有何帮助？

汽车会成为驾驶中的"老大哥"吗？

如今，汽车已成为开车时的先进监听器，它们可以追踪电话和短信，记录你收听的广播电台，监控驾驶速度和刹车动作，甚至可以在你没意识到的情况下，提示已超速。

目前，美国有数千万的驾驶员受到监控，每卖出或租出一辆新车，这个数字都会上升。道路上至少有7 800万辆汽车装有可用于监控驾驶员的嵌入式网络连接。根据高德纳咨询公司（Gartner）的数据，截至2021年，98%在美国和欧洲销售的新车都将实现联网。

自2014年以来，美国的每辆新车都配备了事件数据记录器（event data recorder, EDR），其记录并存储了十几个数据项，包括车速、安全带使用情况、刹车制动激活等。EDR数据可供任何汽车制造商和保险公司使用，用于帮助确定事故责任或检测欺诈行为。

EDR由美国政府授权和监管，但汽车上的其他数据收集软件却并非如此。这类软件的运行基础包括大量传感器，诊断系统，仪表盘导航系统，内置蜂窝网络连接，以及用于帮助驾驶员泊车、保持车道行驶、避免追尾和快速转向的驾驶员辅助系统。所有这些软件都会跟踪驾驶员的行为。较新型号的汽车甚至可以记录驾驶员的眼球运动、前排座位上乘客的体重以及驾驶员的手是否在方向盘上。无论是否与汽车连接，智能手机都可以跟踪驾驶员的活动，包括驾驶时收发的任何短信。汽车制造商可以挖掘所有这些信息，谷歌或 Spotify 等应用程序开发商也是如此。

除了医疗信息，美国几乎没有规定企业可以收集哪些数据以及如何使用这些数据的法规。企业通常不需要隐藏姓名或其他详细个人信息。在大多数情况下，在汽车上跟踪或监控个人信息必须经过驾驶员同意，但是，许多人在注册汽车车载系统或导航应用程序时，会在冗长的服务协议表格上勾选复选框，在不知情的情况下表示同意。

收集驾驶员生成的海量个人数据，引发了人们对于汽车制造商和其他企业是否充分保护个人隐私的担忧。驾驶员可能愿意使用这些信息来发送有用的故障诊断信息或更新附近交通拥堵情况，但他们未必同意将这些信息用于其他方面，汽车制造商则避免对未来的数据收集计划和政策发表评论。

汽车制造商认为这些数据对于提高汽车性能和安全性很有价值，能够减少交通事故和死亡人数。收集真人驾驶行为的详细数据，对于自动驾驶汽车的发展也至关重要。但是隐私专家认为这种做法是危险的。具备足够多的驾驶员行为数据，就能开发出像指纹一样独特的个人档案。消费者前往某个商店的行为能揭示其购买习惯和关联，这可能对企业、政府机构或执法部门具有价值。例如，频繁访问酒水商店或心理健康诊所可能会透露关于某人饮酒习惯或健康问题的信息，人们显然不希望与他人分享此类隐私信息。

资料来源：Jaclyn Trop, "The Spy Inside Your Car," *Fortune*, January 24, 2019；Peter Holley, "Big Brother on Wheels: Why Your Car Company May Know More About You Than Your Spouse." *Washington Post*, January 15, 2018；Christina Rogers, "What Your Car Knows about You," *Wall Street Journal*, August 18, 2018；John R. Quain, "Cars Suck Up Data About You. Where Does It All Go?" *New York Times*, July 27, 2017；and Russ Heaps, "Data Collection for Self-Driving Cars Could Be Risking Your Privacy," *Autotrader*, September 2016.

上述案例中描述的联网汽车和大数据对隐私构成的威胁表明，技术可能是一把双刃剑。它可以带来诸多好处，包括使驾驶更安全和更高效。与此同时，数字技术也为侵犯隐私或使用可能造成伤害的信息带来可乘之机。

下图指出了上述案例和本章的要点。数据管理技术、物联网（IoT）和分析技术的发展为企业创造了利用大数据改善运营和决策的机会。如今，大数据分析被应用于汽车（尤其是联网车辆）产生的大量数据。案例中描述的汽车制造商和其他组织因使用大数据监控车辆性能和驾驶员行为而受益，并为驾驶员提供安全驾驶和汽车维护的有效工具。然而，汽车大数据的使用也造成了个人利益的损失。组织使用新工具收集并分析驾驶行为大数据，可能导致个体受到工作歧视或被确定更高的保险费率。目前，针对从汽车驾驶中收集的个人数据的隐私保护措施较少，新的隐私保护法律和政策的制定需要跟上这些技术的发展步伐。

上述案例说明了一个商业伦理困境，涉及两方的利益：一方是利用联网汽车产生的数据为自身获取利润，甚至为许多人提供帮助的组织；另一方是坚信企业和公共组织不应利用大数据分析技术侵犯隐私或伤害个体的组织。管理者需要对信息系统给企业、员工和客户带来的积极和消极影响保持敏感，还需要了解如何解决与信息系统有关的商业伦理困境。

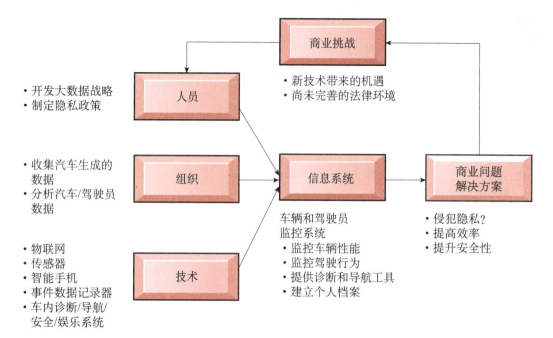

思考以下问题：分析汽车大数据是否会造成伦理困境？为什么？是否应该有新的隐私法律保护从汽车上收集的个人数据？为什么？

➡ 4.1 信息系统引起了哪些商业伦理、社会和政治问题？

在过去的 20 年里，我们见证了美国和全球企业最具商业伦理挑战的一段时期。表 4-1 列举了近些年高层管理者对商业伦理判断失败的几个案例，这类失误在各行各业都有发生。

表 4-1 高管人员对商业伦理判断失败的近期案例

大众汽车（2015）	在美国 50 多万辆柴油车和全世界大约 1 050 万辆柴油车上安装 "defeat-device" 排放软件，使它们在监管测试期间符合美国排放标准，但在实际行驶中向空气中排放超出法律规定水平的污染物。大众 6 名高管因此遭到刑事指控，其中，奥利弗·施密特被判处 7 年监禁和 40 万美元罚款。
富国银行（2018）	富国银行承认开设数百万个虚假账户，操纵抵押贷款条款，迫使汽车贷款客户购买不必要的保险。该银行被联邦政府罚款 25 亿美元。
通用汽车（2015）	通用汽车 CEO 承认，该公司在 10 年内一直掩盖点火开关故障，导致至少 114 名客户死亡，全球超过 1 亿辆汽车受到影响。
高田株式会社（2015）	高田高管承认，他们多年来掩盖在数百万辆汽车中使用有缺陷的安全气囊。3 名高管因此受到刑事指控，高田被罚款 10 亿美元。2017 年 6 月高田申请破产。
葛兰素史克公司（2012）	全球医疗保健巨头承认非法推广某些处方药，未能报告某些安全数据，以及涉嫌虚假价格报告承担的民事责任。其被处罚 30 亿美元，这是美国历史上最大的医疗保健欺诈和解案。

在如今的法律环境下，触犯法律并被判定有罪的管理者基本都会被送进监狱。1987年实行的美国联邦量刑准则规定，联邦法官应根据犯罪金额、企图隐瞒犯罪、利用结构化金融交易掩盖犯罪以及拒绝配合检察官等情况，对企业高管施加严厉判决（US Sentencing Commission，2004）。

过去，企业经常为陷入民事指控与刑事调查的员工支付法律辩护费，但现在企业鼓励员工与检察官合作，以减少对整个企业妨碍调查的指控。管理者或普通员工比以往任何时候都需要考虑自己的决策是否正确合法且合乎商业伦理。

上述违反商业伦理与法律的事件并不是由信息系统部门策划的，但信息系统在许多欺诈行为中都起到了重要作用。在许多案例中，肇事者巧妙运用财务报告信息系统掩盖他们的决策，使其免受公众监督。

本书将在第 8 章探讨信息系统的控制问题，本章将从道德维度讨论这些行为及其他基于信息系统的操作。

商业伦理（ethics）是个人作为自由道德主体，用以指导其行为选择的对错原则。信息系统向个人和社会提出了新的商业伦理问题，因为它们为激烈的社会变革创造机会，从而威胁了现有权力、金钱、权利和义务的分配。像蒸汽机、电力和电话等其他技术一样，信息技术可以用来实现社会进步，但也可以用来犯罪，威胁宝贵的社会价值。信息技术的发展会使许多方面获益，同时也会对其他一些方面造成损失。

随着互联网和电子商务的兴起，信息系统中的商业伦理问题变得更加紧迫。互联网和数字技术使信息的收集、整合和传播比以往更加容易，引发了人们对正确使用用户信息、保护个人隐私和保护知识产权的新关注。

信息系统引发的其他紧迫的商业伦理问题还包括：建立对信息系统后果的问责机制，制定保障系统质量标准以保护个人及社会安全，维护对信息社会生活质量至关重要的价值观和制度等。在使用信息系统时，首先要思考："什么是符合商业伦理和社会责任的行动方案？"

4.1.1　商业伦理、社会和政治问题分析模型

商业伦理、社会与政治问题三者密切相关。信息系统管理者面临的商业伦理困境通常反映在社会和政治的争论中，图 4-1 说明了考虑这些关系的一种方法。将社会想象成夏日里一个相对平静的池塘，个体、社会和政治机构构成了局部平衡的生态系统。个体知道如何在池塘里行动，是因为家庭、教育、组织等社会机构制定了完善的行为规范，这些规范得到了政治机构制定的法律的支持，这些法律规定了合法行为，并承诺对违法行为进行制裁。如果把一块石头扔到池塘中央会发生什么？当然会在水面上产生涟漪。

想象一下，这种令人不安的力量是新的信息技术和信息系统给处于相对静止状态的社会带来的强大冲击。个体突然面临新的情况，而旧的规则没有涵盖这些。社会机构无法在一夜之间对这些冲击作出反应，可能需要花费数年时间才能形成礼节、期望、社会责任以及政治上正确的态度或被认可的规则。政府机构也需要时间制定新的法律，且往往需要在法律实施之前证明真实的危害，管理者可能不得不在法律未完善的情况下采取行动。

我们可以用此模型说明商业伦理、社会与政治问题三者之间的动态关系，该模型还可

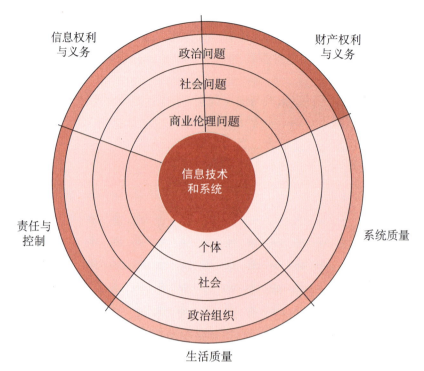

图 4-1 信息社会中商业伦理、社会与政治问题的关系

说明：新新信息技术的引入产生了连锁反应，引发必须在个体、社会和政治层面上解决的新的商业伦理、社会和政治问题。这些问题有五个道德维度：信息权利与义务、财产权利与义务、系统质量、生活质量、责任与控制。

以跨越个体、社会与政治三个不同层次的行为，用于识别信息社会的主要道德维度。

4.1.2　信息时代的五个道德维度

信息系统引发的主要商业伦理、社会和政治问题包括以下道德维度：

● 信息权利与义务：个体和组织自身拥有哪些**信息权利**（information rights）？它们能保护什么？

● 财产权利与义务：在所有权难以追踪和确认，且这类问题常被忽视的数字社会中，如何保护传统知识产权？

● 责任与控制：对于个体和集体信息及财产权利所受的伤害，谁能够或谁将会负责？

● 系统质量：为了保障个体权利和社会安全，我们应该制定哪些数据和系统质量标准？

● 生活质量：在以信息和知识为基础的社会中，应该保留哪些价值观？我们应该保护哪些机构不受侵犯？新的信息技术支持哪些文化价值观和实践？

我们将在 4.3 节详细探讨这些道德维度。

4.1.3　引发商业伦理问题的关键技术趋势

在信息技术出现以前，社会中就存在商业伦理问题，但信息技术加剧了对商业伦理问题的关注，给现行社会秩序带来很大压力，并使一些法律过时或产生了严重漏洞。表 4-2

总结了引发这些商业伦理问题的五个关键技术趋势。

表 4 - 2 引发商业伦理问题的技术趋势

趋势	影响
计算能力每 18 个月提升一倍	越来越多的组织依赖计算机系统处理关键任务，更容易受到系统故障的影响。
数据存储成本迅速下降	组织可以轻松维护有关个人的详细数据库。对于个人数据的收集没有存储限制。
数据分析技术进步	企业能够分析收集的大量个人数据，生成个人行为的详细档案。实现了大规模人口监测。
网络技术进步	移动数据以及从任何地方访问数据的成本呈指数级下降。对数据的访问变得更加难以控制。
移动设备发展	个人手机可能在未经用户同意或在其不知情的情况下被跟踪。持续在线的设备成为追踪器。

计算机的计算能力每 18 个月翻一番，使大多数组织能够将信息系统用于核心生产流程，导致对系统的依赖性以及系统错误和低质量数据的脆弱性增加。社会规则和法律尚未适应这种依赖性，保证信息系统准确性和可靠性的标准（见第 8 章）没有被普遍接受或执行。

数据存储技术的进步和存储成本的迅速下降，导致私人和公共组织维护的个人数据库激增，包括员工、客户和潜在客户的数据库。数据存储技术的进步也使得侵犯个人隐私成本更低且更容易。如今，所有规模企业都可以在本地或线上使用能够处理 TB 级和 PB 级海量数据的存储系统来识别客户。

针对大量数据的数据分析技术的进步是加剧商业伦理问题的另一项技术趋势，因为企业和政府机构可以得到关于个体的详细信息。利用现代数据管理工具（见第 6 章），企业比过去更容易收集和整合存储在计算机上的大量个人数据。

思考生成个人数字信息的所有方式：信用卡消费，拨打电话，订阅杂志，视频租赁，邮寄购买，银行记录，地方、州及联邦政府的记录（包括法庭和警方记录），访问网站等。将这些信息进行整合并适当挖掘，不仅可以获取信用信息，还能揭示驾驶习惯、兴趣、社交行为与政治倾向等。

营销公司会从这些渠道购买相关个人信息，以帮助它们更精确地定位和开展营销活动。本书第 6 章和第 11 章将描述企业如何分析来源广泛的大量数据，以快速识别客户购买模式并给出个性化推荐。利用计算机整合多来源数据并创建个人详细信息的数字档案的过程称为**画像**（profiling）。

例如，数千个高访问量网站允许互联网广告代理商 Google Marketing Platform（前身是 DoubleClick）跟踪访问者的活动，以换取基于谷歌平台收集的访问者信息所产生的广告收入。Google Marketing Platform 利用获取的信息创建每个访问者的个人画像，并在访问者访问关联的 Google Platform 网站时向画像中补充更多详细信息。随着时间推移，该平台能够创建个人在网络上消费和行为习惯的电子档案，并将其出售给其他企业，以帮助它们更精确地投放网络广告。广告商还可以将线上消费者信息与实体商店信用卡消费记录等线下信息相结合。

律商联讯风险信息（LexisNexis Risk Solutions，前身为 ChoicePoint）从警察局、犯罪和机动车辆记录、信用和就业历史、现在及历史住址、专业执照及保险索赔中收集数据，持有几乎所有美国成年人的信息，并将这些个人信息出售给企业或政府机构。对个人数据的巨大需求，使得联讯（Risk Solutions）、安客诚（Acxiom）、尼尔森（Nielsen）、益博睿（Experian）、艾可菲（Equifax）和核心逻辑（CoreLogic）等数据代理企业快速发展。两家最大的信用卡企业维萨（Visa）和万事达（Mastercard），计划将信用卡购买记录与消费者社交网络和其他信息结合，以创建能够出售给广告公司的客户画像。

非明显关系感知（nonobvious relationship awareness，NORA）这项数据分析技术为政府和私人机构提供了更强大的画像能力。NORA 可以从不同来源获取个人信息，如就业申请、电话记录、客户列表和通缉名单，并将这些信息进行关联以查找可能有助于识别罪犯或恐怖分子的模糊关联（见图 4-2）。

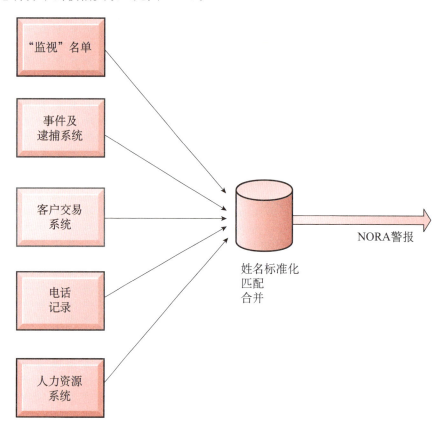

图 4-2　非明显关系感知（NORA）

说明：NORA 技术可从不同来源获取个人信息，并找到模糊、隐性的关系。例如，它可能会发现赌场工作的应聘者与已知的罪犯使用相同的电话号码，并向招聘经理发出警报。

NORA 技术在数据生成时扫描数据并提取信息。例如，该技术可在航空公司柜台根据一名男子与已知的恐怖分子使用相同的电话号码将其识别。这项技术被认为是保障国土安全的重要工具，但由于它能够提供关于个人行为与社交信息的详细画像，因此也存在隐私问题。

最后，包括互联网在内的网络技术的进步，有望大大降低移动和访问大量数据的成本，同时开放了利用小型台式计算机、移动设备和云端服务器远程挖掘大型数据的可能性，使得隐私侵犯的规模和精度前所未有。

4.2 哪些行为准则可以指导商业伦理决策?

商业伦理是拥有自由选择权的人类关心的问题。商业伦理是关于个人的选择：当面对多种行动方案时，什么是正确的道德选择? 商业伦理的选择有哪些主要特征?

4.2.1 基本概念：职责、问责和法律责任

商业伦理选择是个体做出的决策，个体要对自己的行动后果负责。**职责**（responsibility）是商业伦理行为的关键要素。职责意味着个体接受所作决策的潜在成本、责任和义务。**问责**（accountability）是制度和社会机构的特征之一，它意味着已经建立了机制，以确定谁采取了行动以及谁应该对此负责，无法发现谁采取了哪些行动的系统和机构本质上无法进行商业伦理分析。**法律责任**（liability）将责任的概念进一步扩展到法律领域。法律责任是政治制度的特征之一，在该制度下，有一套法律体系允许个体对其他行为者、系统或组织给其造成的损害进行追偿。**正当程序**（due process）是法治社会的一个相关特征，在该程序中，法律被广泛知晓和理解，所有人都有能力向更高层机构呼吁确保法律正确适用。

这些基本概念构成了对信息系统及其管理人员进行商业伦理分析的基础。首先，信息技术由社会机构、组织和个体应用，系统本身不产生影响。信息系统的任何影响都是机构、组织和个体行动和行为的产物。其次，技术后果的职责显然落在应用这些技术的机构、组织和个体管理者身上。秉持对社会负责的态度使用信息技术，意味着个体有能力并将为自己的行为负责。最后，在一个注重商业伦理且政治健全的社会，个体或其他团体可以通过一套具有正当程序的法律来追偿对他们造成的损害。

4.2.2 商业伦理分析

面临一个可能涉及商业伦理问题的情况时，应该如何分析? 以下五个步骤可能有所帮助。

1. 准确识别并描述事实。找出谁对谁做了什么? 何时何地，如何做的? 在许多情况下，最初报告的事实中的错误令人惊讶，厘清事实有助于确定解决方案，也有助于让陷入商业伦理困境的对立双方就事实达成一致。

2. 明确冲突或困境，并确定涉及的更高层次价值观。商业伦理、社会和政治问题总会与更高层次的价值观有关。争议各方都声称追求更高的价值（如自由、隐私、财产保护或自由企业制度）。通常，商业伦理问题可能会面临一个困境：两个截然相反的行动方案都支持正确的价值观。例如，章首案例指出了两种对立的价值观，一方面需要提高组织的效率和成本效益，另一方面则需要尊重个人隐私。

3. 确定利益相关者。每一个商业伦理、社会和政治问题都存在利益相关者，它们是

对问题结果感兴趣的参与者，对当前企业投资的参与者，以及拥有话语权的参与者。找出这些群体的身份并确认它们的需求是什么，对未来设计解决方案有很大帮助。

4. 确定可以采取的方案。没有一个方案可以满足所有的利益相关者，但有些方案相对更好。有时，一个好的或符合商业伦理的解决方案并不一定代表所有相关者的利益都能达到平衡。

5. 明确所选方案的潜在后果。某些方案可能在商业伦理上是正确的，但从其他角度来看却是灾难性的。有些方案只适用于某些情况，但在类似情况下却不起作用。因此必须经常反问：如果随着时间推移，始终坚持选择这一方案的结果是什么？

4.2.3　候选的商业伦理准则

在完成分析后，应该使用什么商业伦理原则或规则进行决策？哪些较高层次的价值观会影响判断？作为唯一能够决定遵循哪些商业伦理原则以及确定优先级的人，考虑一些在历史文化中流传下来的商业伦理原则，将对决策有所帮助。

1. "己所不欲，勿施于人"（**黄金法则，**Golden Rule）。换位思考，把自己当成接受决策的对象，有助于考量决策的公平性。

2. 要只按照你同时认为也能成为普遍规律的准则去行动（**康德的绝对命令**（Immanuel Kant's categorical imperative））。问问自己：如果每个人都这样做，那么组织、社会还能继续存在吗？

3. 如果一个行动无法反复进行，那么根本就不应该采取。这就是**滑坡效应**（slippery slope rule）：一个行动现在可能带来一个可以接受的小变化，但长期重复会带来不可接受的变化。简单来说就是"一旦开始沿着滑梯下滑，就可能停不下来了"。

4. 采取能够达到更高或更大价值的行动（**功利原则，**utilitarian principle）。该原则假定人们可按照价值大小排列优先等级，并且能够理解各种行动的后果。

5. 采取危害最小或潜在成本最低的行动（**风险规避原则，**risk aversion principle）。有些行动失败的概率很低，但失败成本极高（如在市区兴建核电厂），或发生的概率中等，但失败成本很高（如超速和车祸）。避免具有极高失败成本的行为，同时关注降低事故发生的概率。

6. 除非有特别说明，否则假定所有有形或无形物品都归他人所有（这是**道德上的"没有免费午餐"原则**（ethical no-free-lunch rule））。如果别人创造的东西对你有用，那么它就有价值，你应该假设创造者会向你索取相应的报酬。

不符合上述规则的行动需要我们密切关注和警惕，那些看起来不符合商业伦理的行为对你和企业造成的伤害可能与实际上不符合商业伦理的行为一样大。

4.2.4　专业行为准则

当一群人自称是专业人士时，他们承担特定的权利与义务，因为他们对知识、智慧和尊重有特定要求。许多专业协会，如美国医学协会（AMA）、美国律师协会（ABA）、信息技术专业协会（AITP）和计算机协会（ACM）等，都制定了自己的专业行为准则，这些专业协会通过设定准入条件和技能对其专业领域进行监管。商业伦理准则是各行各业为社会的普遍利益而规范自己的承诺。例如，ACM 的商业伦理和职业行为准则包含避免伤害他人，尊重包括知识产权在内的财产权利，尊重隐私等。

4.2.5　现实中的商业伦理困境

信息系统带来了新的商业伦理困境，其中一方的利益可能和其他方面的利益发生冲突。例如，许多企业使用语音识别软件，利用计算机识别客户提出的程式化问题的答案，减少客户支持人员的规模。许多企业还监控员工在互联网上的行为，防止他们将企业资源浪费在非商业活动上（见第 7 章"互动讨论：人员"）。

在每种情况下，你都会在工作中发现冲突的价值观，争论双方有着不同的利益群体。例如，企业可能会争论它们有权使用信息系统提高生产率、减少人力以降低成本并维持运营，而被信息系统取代的员工则要求获得他们应有的福利。企业负责人可能会觉得有权监控员工的电子邮件和互联网使用情况以最大限度节约生产力，但员工可能认为他们应该能够使用互联网代替电话完成较小的个人事务。对事实的仔细分析有时会产生折中的解决方案，即双方各退一步。试着运用商业伦理分析准则对这些案例进行思考，怎样做才是正确的。

➡ 4.3　为什么现代信息系统技术和互联网对个人隐私和知识产权保护提出了挑战？

本节开始深入探讨图 4-1 描述的五个道德维度，对于每个维度，将从商业伦理、社会与政治三个方面进行分析，并使用真实案例说明涉及的价值观、利益相关者和方案选择。

4.3.1　信息权利：互联网时代的隐私与自由

隐私（privacy）是个人对拥有独立空间，不受他人或组织甚至政府的监督或干涉的诉求。对隐私的诉求也出现在工作场所，许多员工受到电子或其他形式的高科技监控。信息技术和信息系统使侵犯隐私的成本更低、更有利可图且更有效，导致个人隐私受到了严重威胁。

美国、加拿大和德国的宪法以各种方式保护隐私权，其他国家也有各种法规保护隐私权。在美国，隐私的保护主要通过《第一修正案》（First Amendment）保障言论和结社自由，《第四修正案》（Fourth Amendment）保护个人证件或房屋免受无正当理由的搜查和扣押，以及保证正当程序。

表 4-3 描述了美国主要的联邦法规，这些法规规定了在信用报告、教育、财务记录、报纸记录、数字通信等领域处理个人信息的要求。1974 年《隐私法》（Privacy Act of 1974）是这些法律中最重要的，它规范了联邦政府对信息的收集、使用和披露。目前，大多数美国联邦隐私法只适用于联邦政府，仅对较少的私营部门领域进行监管。

表 4-3　美国联邦隐私法律

通用联邦隐私法	影响私人机构的隐私法
1966 年《信息自由法修正案》（Freedom of Information Act of 1966 as Amended（5 USC 552））	1970 年《公平信用报告法》（Fair Credit Reporting Act of 1970）
1974 年《隐私法修正案》（Privacy Act of 1974 as Amended（5 USC 552a））	1974 年《家庭教育权利和隐私法》（Family Educational Rights and Privacy Act of 1974）
1986 年《电子通信隐私法》（Electronic Communications Privacy Act of 1986）	1978 年《财务隐私权法》（Right to Financial Privacy Act of 1978）
1988 年《计算机匹配与隐私保护法》（Computer Matching and Privacy Protection Act of 1988）	1980 年《隐私保护法》（Privacy Protection Act of 1980）
1987 年《计算机安全法》（Computer Security Act of 1987）	1984 年《有线通信政策法》（Cable Communications Policy Act of 1984）
1982 年《联邦管理者财务诚信法》（Federal Managers Financial Integrity Act of 1982）	1986 年《电子通信隐私法》（Electronic Communications Privacy Act of 1986）
1994 年《驾驶员隐私保护法》（Driver's Privacy Protection Act of 1994）	1988 年《视频隐私法》（Video Privacy Protection Act of 1988）
2002 年《电子政务法》（E-Government Act of 2002）	1996 年《健康保险流通与责任法案》（Health Insurance Portability and Accountability Act（HIPAA）of 1996）
	1998 年《儿童网络隐私保护法》（Children's Online Privacy Protection Act（COPPA）of 1998）
	1999 年《金融现代化法案》（Financial Modernization Act（Gramm-Leach-Bliley Act）of 1999）

美国和欧洲的大多数隐私法均以**公平信息实践（Fair Information Practices，FIP）**为基础，该原则在 1973 年美国联邦政府顾问委员会的报告中首次提出，在 2010 年修订时将侵犯隐私的新技术纳入其中（US Department of Health，Education，and Welfare，1973）。FIP 是规范收集及使用个人信息的原则，以记录持有者和个体之间利益相互依存为基础，个体有权参与交易，而信息记录持有者（通常是企业或政府机构）需要个体信息来支持交易。信息被收集后，个体对信息记录仍享有权利，未经本人同意，此记录不得用于其他活动。1998 年，美国联邦贸易委员会（Federal Trade Commission，FTC）重申并扩展了既有 FIP 原则，为保护网络隐私提供了指导方针。表 4-4 描述了联邦贸易委员会的公平信息实践原则。

表 4-4　联邦贸易委员会的公平信息实践原则

告知/提醒（核心原则）。网站在收集数据前必须披露信息操作过程，包括：收集者的身份；数据用途；数据其他接收者；收集性质（主动/被动）；自愿或必需状态；拒绝的后果；为保护数据机密性、完整性和质量而采取的措施。

选择/同意（核心原则）。必须建立选择制度，允许用户选择如何将他们的信息用于支持业务办理外的其他目的，包括内部使用和转移给第三方。

访问/参与。用户应能够及时、低成本地审查并质疑被收集信息的准确性和完整性。

安全性。数据收集方必须采取负责任的措施，确保用户信息的准确性和安全性，并防止未经授权的使用。

强制性。必须建立机制强制执行 FIP 原则。包括自我监督，能够为用户提供违法行为法律补救措施的立法，或联邦法规和条例。

联邦贸易委员会的 FIP 原则被当作推动隐私立法变革的指导方针。1998 年 7 月，美国国会通过了《儿童网络隐私保护法》（COPPA），要求网站在收集 13 岁以下儿童的信息前必须获得其父母的许可。联邦贸易委员会建议增设其他法规，以保护广告网络中的在线消费者隐私，这些广告网络收集消费者网络活动记录以形成详细的用户画像，用于其他企业投放精准在线广告。联邦贸易委员会还在隐私框架中添加了三项保护隐私的内容：企业应遵循隐私保护理念，设计并开发能够保护隐私的产品和服务；企业应提高数据操作的透明度；企业应征得用户同意并向用户提供能够退出数据收集计划的明确选项。其他互联网隐私立法则侧重于保护个人身份识别号码（如社会保障号码）的在线使用，保障《儿童网络隐私保护法》范围外的个人信息收集，以及限制数据挖掘以保障国土安全。联邦贸易委员会还扩展隐私政策范围，以解决行为定位、智能手机跟踪、物联网（IoT）、移动健康应用程序等问题（Federal Trade Commission，2019，2015）。2018 年，联邦贸易委员会与 Venmo、P2P 支付应用程序、优步和 RealPage 达成协议，解决这些企业运营系统中的隐私和数据安全问题。

民意调查显示，人们对网络营销的不信任持续存在。尽管在联邦层面上有许多关于隐私问题的研究，但近年来并没有相关重要立法。皮尤研究中心 2016 年的一项调查显示，91％的美国人认为用户已经失去了对在线个人信息的控制，86％的人表示已经采取措施保护其网络信息。

隐私保护也体现在放松金融服务管制以及保护个人健康信息的相关法律中。1999 年的《格雷姆-里奇-比利雷法案》废除了对银行、证券公司和保险公司间隶属关系的限制，加入了对金融服务消费者的隐私保护。所有金融机构必须披露其保护非公开个人信息的隐私政策和实践，并允许客户选择退出与非关联第三方进行信息共享。

1996 年出台、2003 年 4 月 14 日生效的《健康保险流通与责任法案》（HIPAA）包括对医疗记录的隐私保护。该法案使患者能够获取由健康护理机构、医院、健康保险公司维护的个人医疗记录，并有权决定如何使用或公布受保护的个人信息。医生、医院及其他医疗保健提供方必须将患者个人信息的披露控制在实现特定目的所需的最低限度。

欧洲数据保护指令

2018 年，欧盟委员会实施了欧盟《通用数据保护条例》（General Data Protection Regulation，GDPR），这是自美国联邦贸易委员会提出公平信息实践原则 20 年以来，最重要的隐私立法。它适用于收集、存储或处理欧盟公民个人信息的所有企业和组织，无论这些操作发生在何处，保护措施都在全球适用（European Commission，2018；Satariano，2018）。

GDPR 是用于保护个人身份信息（personally identifiable information，PII）的更新框架，取代了早期的 1998 年《数据保护指令》（Data Protection Directive）。从历史上看，隐私保护在欧洲比在美国更加严格。在美国，没有负责执行隐私法的联邦机构，也没有独立的隐私法规管理私人企业对 PII 的使用。相反，隐私法分散地由各不同部门负责，例如，分别有医疗隐私法、教育隐私法和金融隐私法。这些法案由联邦贸易委员会通过企业的自我监管来执行，个人起诉机构和企业可以获得损害赔偿，但是这种方式成本很高，难以实现。

在欧盟，数据保护法全面且适用于所有组织，法律由每个国家的数据保护机构执行，追查公民提出的投诉并积极执行隐私法。GDPR 保护多种个人身份信息，包括姓名、地址、身份号码等基本身份信息；位置、IP 地址、cookie 数据和 RFID 标签等网络数据；健康和基因数据；手机号码；驾驶执照和护照号码；生物特征和面部数据；种族和民族数据；政治观点；性取向等。

这一新框架的主要目标包括：第一，加强公民的个人信息权利，加强对企业的监督，以确保企业落实个人权利。第二，协调 27 个欧盟成员国间冲突的数据保护标准，创建统一的欧盟机构实施及执行标准。第三，在全球范围内对在欧盟运营或处理欧盟公民相关数据的所有组织执行这些标准，无论这些组织位于何处。

对于个人，GDPR 要求组织允许用户在一个月内免费访问其所有个人信息；删除个人资料（被遗忘权）；确保数据可移植性以保障用户不会被局限在特定服务中；保证用户有权起诉供应商损害或滥用其个人身份信息，包括集体诉讼。

对组织的要求也得到了加强，包括要求组织设有向高管报告的数据保护官；在收集数据前需要获得明确的同意（主动选择加入），并去除默认加入流程的选项；公布数据收集的理由和保存时间；在 72 小时内报告违规行为和黑客攻击；对与合作伙伴或其他企业共享的数据负有法律责任，并列出共享数据的对象；在全部新系统中建立隐私保护（设计隐私）；将个人定向和重定向限制在大众级别的匿名数据，而不是基于私密的个人资料进行定向；将个人数据的收集限制在任务或交易所需数据，并在完成后一段时间内将其删除。滥用个人身份信息可被处以 2 000 万美元或全球收入 4% 中较高值的罚款。欧盟通过政府间隐私保护协议要求美国等非欧盟国家执行 GDPR，确保在非欧盟国家或地区处理的欧盟数据符合 GDPR 标准。隐私保护协议比早期的避风港（safe harbor）协议更具强制性。避风港协议是一个私人的自我监管政策和执法机制，符合政府监管机构和立法的目标，但不涉及政府监管或执法（Lomas，2018）。

GDPR 的目标显然是 Facebook、谷歌、推特和其他基于广告的互联网企业，这些企业通过跟踪网络个体构建个人数据集合，并将这些数据与来自其他企业和数据经纪平台的数据合并，从而构建完整的数字图像（用户画像），实现向目标人群精准投放广告。谷歌和 Facebook 在欧洲十分流行并在市场中占据主导地位，但同时也因侵犯隐私和不保护 PII 而受到广泛批评。

互联网对隐私的挑战

互联网技术对个人隐私保护提出了新的挑战。网站追踪用户搜索的内容、访问的网站或网页、点击的网络内容以及在网上浏览或购买过的商品。这种对网站访问者的监控与追踪，在其不知情的情况下发生在后台。追踪不仅由单一网站进行，还由 Microsoft Advertising、雅虎、Google Marketing Platform 等广告网络进行，这些广告网络可跟踪数千个网站上的个人浏览行为。网站发布商和广告行业都为自身在网络上跟踪个体辩护，因为这种做法可以使广告投放更精准，也让网站发布商获取收入。从这个意义而言，它就像广播电视一样，正是因为广告商的投入，用户才能够免费获取内容。对个人信息的商业需求几乎是永无止境的，但是这些做法也侵犯了个人隐私。

cookies 是用户访问网站时存储在计算机硬盘上的小型文本文件。cookies 可识别访问者的网络浏览器软件并跟踪用户对网站的访问。当访问者再次访问存有 cookies 的网站时，网站软件会搜索访问者的计算机，获取 cookies 文件并了解访问者过去做了什么。取决于访问期间的活动，网站还可能更新其 cookies 文件。通过这种方式，网站能够根据每位访问者的兴趣提供个性化内容。例如，如果用户在亚马逊网店上购买了一本书，之后使用同一浏览器再次访问时，网页上便会显示用户的名字表示欢迎，并根据过去的购买习惯推荐他可能感兴趣的其他书。本章前面介绍的 DoubleClick 就使用 cookies 构建包含详细购买信息的个人画像，并检测网站访问者的行为。图 4 - 3 说明了 cookies 的工作原理。

1. 网络服务器读取用户的网页浏览器，确定操作系统、浏览器名称、版本号、互联网地址等信息。
2. 服务器传输一个包含用户识别信息的小型文本文件，称为cookie，由用户的浏览器接收并存储在用户计算机上。
3. 当用户再次访问网站时，服务器会请求先前存储在用户计算机上的任何cookie内容。
4. 网站服务器读取cookie，确认访问者身份并调用用户数据。

图 4 - 3　Cookies 如何识别网站访问者

说明：cookies 是由网站写在计算机硬盘上的文件。当用户再次访问该网站时，网络服务器向 cookie 请求 ID 号，并使用该 ID 号访问存储在服务器上的访问者数据。网站可基于这些数据显示访问者的个性化信息。

　　使用 cookie 技术的网站无法直接获取访问者的姓名和地址。但是，如果访问者在网站上注册过，这些信息可以与 cookie 数据相结合以识别访问者身份。网站所有者还可将 cookie 或其他网站监控工具收集的数据与其他来源的个人数据（如问卷调查或纸质目录购物收集的离线数据）结合以构建详细的访问者画像。

　　如今还有更加隐蔽的工具能够实现互联网用户监控。**网站信标**（web beacons），又称网络爬虫（或跟踪文件），是记录用户在线点击流的微小软件程序，它们悄悄嵌入电子邮件或网页中，并将用户数据报告给跟踪文件的拥有者，监视用户访问网站或发送电子邮件的行为。第三方公司通过付费方式，将网站信标放置在热门网站上以获取用户信息。网络追踪到底有多普遍？在《华尔街日报》刊登的一系列文章中，研究者调查了美国最受欢迎的 50 家网站的跟踪文件，结果揭示了一个分布广泛的监控网络。在这 50 个网站上，研究者发现了安装在访问者计算机上的 3 180 个跟踪文件，仅有维基百科一个网站不含有跟踪文件。有三分之二的跟踪文件来自 131 个企业，它们的主要业务是识别和追踪互联网用户以创建用户画像，将其出售给寻找特定类型用户的广告公司。最大的追踪者是谷歌、微软和 Quantcast，它们都在向广告公司和营销人员销售广告。对 50 家最受欢迎网站的后续调查发现，由于在线竞价广告业务的增长，广告商需要购买更多有关用户网络浏览行为的数据，使得网站跟踪文件的数量增加了近 5 倍。

　　其他**间谍软件**（spyware）可以通过搭载大型应用程序，秘密安装在互联网用户的计算机上。一旦安装成功，间谍软件会向网站发出通知，从而向用户发送横幅广告以及其他未经请求的信息。此外，间谍软件还可将用户在互联网上的活动报告给其他计算机。关于侵入性软件的更多信息请见第 8 章。

全球近 80% 的互联网用户都使用谷歌搜索和其他谷歌服务，使谷歌成为世界上最大的在线用户数据收集商。无论谷歌如何处理数据，都会对在线隐私产生巨大影响。大多数专家认为，谷歌拥有全球最大的个人信息集合，超过任何政府部门。与谷歌最接近的竞争者是 Facebook。

谷歌 2007 年收购 DoubleClick 之后，开始使用行为定位，基于用户搜索活动展示更相关的广告，并在用户跳转网页时展示全屏广告或横幅广告。谷歌允许在其搜索页面上安装跟踪软件，并通过 Marketing Platform 在互联网上跟踪用户。其中一项计划允许广告商根据谷歌用户的历史搜索记录以及年龄、人口统计特征、地区和网络活动（如博客）等用户提交给谷歌的其他信息定向投放广告。Google AdSense 计划使谷歌能够帮助广告商根据历史搜索记录为各个细分市场选择关键词并设计广告，例如帮助服装网站设计和测试面向青少年女性的广告。现在，谷歌可实现在 YouTube 和谷歌移动应用程序上展示定向广告，其网络广告能够提供定向的横幅广告。

美国允许企业收集市场中的交易信息，并将这些信息用于其他营销目的而无须取得用户的**知情同意**（informed consent）。这些企业认为，当用户同意网站的服务条款时，他们也同意网站收集他们的在线活动信息。知情同意的**选择退出**（opt-out）模式允许企业收集个人信息，直到用户明确拒绝。隐私保护者希望看到更广泛使用知情同意的**选择加入**（opt-in）模式，在此情况下，除非用户明确同意信息的收集和使用，否则企业将被禁止收集任何个人信息，默认选项是不收集用户信息。

互联网行业更倾向于通过自我监管而不是隐私立法保护消费者。包括 Google Marketing Platform 在内的互联网广告行业成员，成立了网络广告促进会（Network Advertising Initiative，NAI），制定自己的隐私政策，帮助用户选择退出广告计划，并为消费者提供滥用补救措施。

微软、Mozilla 基金会、雅虎和谷歌等企业最近自行采取政策，以消除公众对在线跟踪的担心。微软在 2015 年发布的 Internet Explorer 11 浏览器将选择退出设置为默认选项，但由于大多数网站忽略了选择退出请求，因此将默认设置更改为选择加入。其他浏览器也有选择退出选项，但用户需要自行开启，而大多数用户都没能这样做。美国在线（AOL）制定了一项选择退出政策，允许网站用户选择不被跟踪。雅虎遵循 NAI 指南，允许用户选择退出跟踪和网站信标（网络爬虫），谷歌则缩短了跟踪数据的保留时间。

通常来说，大多数互联网企业在保护用户隐私方面做得远远不够，消费者也没有尽力保护自己。对于依赖广告支持日常运营的商业网站，出售用户信息是其主要收入来源。而在网站上发布隐私政策的企业中，有近半数未对其网站进行监控以确保政策真正实施。尽管绝大多数网络用户都表示对隐私问题感到担忧，但只有不到一半的用户阅读了网站上的隐私声明。一般来说，网站的隐私政策只有拥有法学学位的用户才能理解，关键术语模棱两可（Laudon & Traver，2020）。Facebook 和谷歌等企业现在所谓的隐私政策实际上是数据使用政策，但企业往往不愿承认的是，隐私还与用户权利有关，数据使用政策只是告诉用户信息将如何使用，而没有提及任何权利。

技术解决方案

除了立法之外，一些技术手段也可以在网站交互时保护用户隐私，其中许多工具被用于加密电子邮件，匿名发送电子邮件或浏览网页，防止用户的计算机接收 cookie，或检测和删除间谍软件。但大多数情况下，技术手段并不能保护用户从一个站点移动到另一个站点时不被跟踪。

许多浏览器都有"不跟踪"选项。对于选择了该选项的用户，浏览器会向网站发送请求，要求不跟踪用户的行为，但网站没有义务遵循这些请求。目前，互联网广告业并未就如何响应"不跟踪"的请求达成一致，也没有任何法律要求网站停止跟踪。移动设备上的私有浏览器加密软件或应用程序为用户提供了一个解决方案，至少可以保障他们的信息隐私。

4.3.2　财产权利：知识产权

现代信息系统对保护知识产权的现有法律与社会惯例提出了严峻挑战。**知识产权**（intellectual property）是个人或企业创造的有形或无形资产。由于数字信息很容易被复制并在网络上传播，信息技术使保护知识产权变得更加困难。知识产权受四种传统法律的保护：版权、专利、商标和商业机密。

版权

版权（copyright）是一项法定权利，旨在保护知识产权创作者在生前以及去世后 70 年内，其作品不被他人以任何目的复制。对于企业拥有的作品，版权在其创作后 95 年内得到保护。美国国会已将版权保护范围扩展到图书、期刊、演讲、戏剧、音乐作品、地图、绘画以及任何种类的艺术作品和电影等。版权法旨在通过保证创作者能够从其作品中获得经济和其他利益，鼓励创作者。大多数工业国家都有自己的版权法，国家之间也有一些国际公约和双边协议，协调并执行法律。

20 世纪 60 年代中期，美国版权局开始接受软件程序注册。1980 年，美国国会通过了《计算机软件版权法》（Computer Software Copyright Act），明确为在商业中出售的软件程序代码和原始副本提供保护，并规定购买者享有软件使用权，创作者保留法定所有权。

版权保护程序不被全部或部分拷贝。一旦被侵权，创作者可以很容易获得损害赔偿。版权保护的不足在于，无法保护作品背后的基本思想，仅保护它们在作品中的表达。竞争者可以使用软件了解其工作原理，并按照相同思想开发新的软件，而不会侵犯版权。

针对外观与感知的侵权诉讼体现了思想和表达之间的差异。例如，20 世纪 90 年代初，苹果公司起诉微软和惠普侵犯了苹果 Macintosh 界面的表现形式，声称被告复制了重叠视窗的表现形式。但被告反驳说，重叠视窗只能由一种方式表现，因此在版权法的合并原则下是不受保护的。当思想及其表现形式合并时，该表现形式无法受到版权保护。

总的来说，法院借鉴了 1989 年 Brown Bag 软件公司诉赛门铁克公司（Symantec Corp）一案的判决。在这起案件中，法院分析了涉嫌侵权的软件要素，认为类似的概念、功能、下拉菜单等一般功能特征和颜色不受版权法的保护（Brown Bag Software v. Symantec Corp.，1992）。

专利

专利（patent）赋予所有者对其发明享有 20 年的专有权。美国国会设立专利法的根本目的是确保新机器、新设备或新方法的发明者，能够获得其劳动的全部经济收入及其他奖励，并在专利所有者的许可下，向希望使用该专利的人提供详细图表和资料，使发明得到广泛使用。专利授予由美国专利商标局（US Patent and Trademark Office）决定，并依据法院判决执行。

专利法的关键概念是原创性、新颖性和创造性。直到 1981 年美国最高法院通过了准予计算机程序纳入专利申请对象的决议，专利局才开始接受软件专利申请。从那以后，专利局已经授予数百项软件专利，同时还有数千项申请等待审议。

专利保护的优势在于它赋予软件基本概念和思想的垄断权。但申请软件专利的困难在于有严格的非显而易见性（例如，作品必须具有特殊的理念和贡献）、原创性和新颖性标准，且需要耗费几年时间才能获得专利保护。

2011 年，苹果起诉三星侵犯其 iPhone、iPad 和 iPod 专利，被称为专利权世纪之战。2012 年 8 月 24 日，加州联邦地方法院的陪审团判定三星赔偿苹果 10 亿美元，并禁止三星在美国销售其新推出的 Galaxy 10 平板电脑。这一判决确立了一个标准，明确了竞争对手最大在何种程度上接近苹果 iPhone 等行业领先和树立标准的产品，才能避免侵犯设计和实用专利权。三星随后也在针对苹果的专利侵权诉讼中胜诉，禁止苹果销售几款较旧的 iPhone 和 iPad 设备。2014 年，苹果再次起诉三星，声称其侵犯了五项专利，涉及三星 Galaxy 5 中用于处理照片、视频和列表的硬件和软件技术。2015 年，美国上诉法院重申三星抄袭了特定的设计专利，但将苹果要求的赔偿金额从 20 亿美元降至 9.3 亿美元。经过七年的法庭斗争，两家企业最终在 2018 年达成和解，苹果从三星处获得了约 5 亿美元的赔偿。

更复杂的是，苹果是三星最大的客户之一，其 iPhone、iPad、iPod Touch 和 MacBook 系列产品的闪存处理器、图形芯片、固态硬盘和显示部件都来自三星，三星和苹果的专利案件反映了领先计算机企业之间的复杂关系。

商标

商标（trademarks）是用于区分市场中产品的标记、符号和图像。商标法确保消费者付费购买的商品是正版，也保护了企业为将产品推向市场而进行的投资。典型的商标侵权行为表现为一家企业侵占或剽窃竞争对手的标志。企业通过削弱商标与产品之间的联系来淡化另一家企业商标价值的行为，也属于商标侵权。如果一家搜索引擎企业盗用谷歌的商标图案、颜色和图像，则会侵犯谷歌的商标，这种行为也将淡化谷歌搜索服务与其商标之间的联系，从而在市场上造成混乱。

商业机密

任何知识性工作产品，用于商业目的的公式、设备、模式或数据汇编，只要不是基于公共领域信息，均可归为商业机密（trade secret）。美国各州对商业机密的保护没有统一标准，总体而言，商业机密法为产品背后的思想赋予垄断权，但这种垄断保护是非常有限的。

包含新颖或独特要素、程序或数据汇编的软件也属于商业机密。商业机密法保护工作产品中蕴含的实际想法，而不仅仅是它们的表现形式。为此，软件开发者或所有者必须与员工及客户签订保密协议，防止商业机密落入公共领域。

商业机密保护的局限性在于，尽管任一复杂程度的软件程序都有其独特之处，但当软件被广泛使用时，很难防止产品中的想法落入公共领域。

知识产权面临的挑战

当代信息技术，尤其是软件，对现有知识产权制度提出了严峻的挑战，并引发了重大的商业伦理、社会和政治问题。不同于图书、期刊和其他媒体，数字媒体容易被复制、传播和更改，易于制作盗版，且难以建立独特性。

包括互联网在内的数字网络的普及，使得知识产权保护更加困难。在广泛使用网络之前，软件、图书、杂志文章或电影的复制品必须存储在纸张、计算机磁盘、录像带等实体介质上，这对复制品的传播造成了一定阻碍。但应用网络，信息可以更广泛地复制和传播。国际数据公司（International Data Corporation）和商业软件联盟（Business Software Alliance，BSA）进行的全球软件调查显示，2018 年个人计算机上安装的软件中有 37% 未经授权（BSA，2018）。

互联网旨在在世界范围内自由传播信息，包括受版权保护的信息。利用互联网可以轻松复制任何信息，并将其发送给世界各地成千上万的人，即使他们使用不同类型的计算机系统。信息可以从一个地方非法复制，并通过其他系统和网络传播，即使这些当事人不愿意参与侵权。

数十年来，用户一直在互联网上非法复制和传播数字音乐文件。Napster，以及后来的 Grokster、Kazaa、Morpheus、Megaupload 和 The Pirate Bay 等文件共享软件如雨后春笋般不断涌现，帮助用户查找并交换数字音乐和视频的文件，包括受版权保护的文件。非法的文件共享非常普遍，以至于威胁到整个音乐唱片行业的生存，并一度占用了 20% 的网络带宽。虽然唱片业打赢了一些官司，但这并不能完全阻止非法文件共享。电影和有线电视产业也在进行类似的斗争，一些欧洲国家与美国当局合作关闭了非法共享网站，但结果只是好坏参半。

随着 iTunes 等合法在线音乐商店和 Pandora 等流媒体服务的发展，非法文件共享大幅减少。苹果 iTunes 商店使音乐和娱乐付费合法化，并创造了一个封闭环境，除非在苹果设备上播放，否则音乐和视频将无法被轻易复制和广泛传播。亚马逊的 Kindle 也保护了出版商和作者的权利，因为它使书籍无法被复制到互联网上传播。Pandora 和 Spotify 提供的网络广播服务以及 Hulu 和 Netflix 等网站上提供的好莱坞电影也抑制了盗版，因为流媒体无法在单独的设备上录制，视频也难以下载。虽然合法的在线音乐平台取得了这些进展，但自 2000 年以来，艺术家和唱片公司的收入下降了 50%，减少了数千个相关工作岗位。2019 年，音乐产业仅创造了 100 亿美元的收入，与 2010 年的峰值收入持平，而这些收入完全基于音乐流媒体获得（RIAA，2019）。

1998 年《**数字千年版权法**》（Digital Millennium Copyright Act，DMCA）也为版权提供了保护，该法案实施了《世界知识产权组织条约》（World Intellectual Property Organization Treaty），规定了回避基于技术的版权材料保护是非法的。互联网服务提供商（internet service providers，ISPs）在收到问题通知时，必须删除其托管的版权侵犯者的网站。软件和信息产业协会（Software and Information Industry Association，SIIA）作为微软及其他主要软件和信息内容公司的代表，将致力于制定新法律并执行现行法律，以保护全球知识产权。SIIA 开通反盗版热线，鼓励个人举报盗版行为，提供教育计划帮助组织机构打击盗版软件，并发布软件使用指南。

➡ 4.4　信息系统如何影响法律责任和义务，以及日常生活质量？

除了隐私和产权保护，新的信息技术对追究个人和机构责任的现有法律与社会惯例也提出了挑战。如果个体被软件控制的机器伤害，谁应该被追究并承担法律责任？Facebook或推特等社交网站应该为发布的色情或侮辱性内容负责吗？还是它们对用户发布的内容不承担任何责任，就像电话系统等普通运营商那样？互联网又是什么情况呢？如果将信息处理工作外包给云服务提供商，而云服务提供商未能提供足够的服务，该怎么办？云服务提供商通常声称用户使用的软件是问题所在，而不是服务器有问题。

4.4.1　计算机相关法律责任问题

2018 年，运动服装制造商安德玛透露，黑客入侵了其 MyFitnessPal 健身应用，窃取了超过 1.5 亿用户的数据。这些数据包括电子邮件地址、密码、用户名以及其他未披露的信息。声明发布后，企业股票下跌了 2%，导致 MyFitnessPal 用户对该应用程序失去信心（Shaban，2018）。尽管这款应用不涉及信用卡信息，但超过 200 万用户在应用程序中输入了详细的运动和饮食信息。个人和企业的信息被与其交互的企业泄露，谁应该对他们受到的个人和经济损失承担法律责任？

信息系统管理者是否要为企业系统可能造成的危害负责？除了 IT 管理者，只要计算机软件是机器的一部分，并且机器对个人造成了身体或经济上的伤害，软件的开发者和使用者都可能承担法律责任。但是，如果软件功能像一本书一样仅用于存储和显示信息，法院不愿让作者、出版商和书商对内容负责（欺诈或诽谤除外）。因此，法院通常对追究软件开发者的责任持谨慎态度。

一般而言，很难（并非不可能）让软件开发者对像书籍一样的软件产品承担责任，无论由此造成的人身或经济损失有多大。从历史来看，图书和期刊的印刷出版商不对内容负责，因为这种赔偿责任会干扰保障言论自由的《第一修正案》所明确的权利。此外，软件故障造成的伤害很少致命，更多的情况只是给用户使用带来不便，但不会对他们造成物理伤害（医疗设备除外）。

软件即服务又是怎样的呢？自动取款机是银行为客户提供的一项服务，如果这项服务出现了问题，客户因无法及时获取资金而感到不便，甚至受到了经济损失，是否应该将责任扩展到导致问题发生的财务、会计、模拟或营销系统的软件出版商和运营商？

软件和书籍存在很大差异。软件用户期望软件绝对可靠；软件不像书籍那样容易检查，并且更难与其他软件进行比较以确认质量；软件执行任务，而不像书籍那样描述任务；人们依赖本质上基于软件的服务。考虑到软件在日常生活中的重要性，即使软件仅提供信息服务，责任法也很有可能将范围扩大到软件。

电话系统不对传输的信息负责，因为它们是受监管的公共运营商。作为提供电话服务权利的回报，电话系统提供商必须以合理的价格向所有人提供电话服务，并保证通话的可靠性。同样，有线网络被视为不受监管的专用网络，但使用公共无线电波的广播公司在内容和设备方面需要受到联邦和地方的限制。在美国，除少数网站外，网站对其发布的内容不承担责任，无论这些内容是网站所有者还是用户发布的。

4.4.2　系统质量：数据质量和系统错误

2018 年，许多大型云服务提供商都经历了严重的中断，导致美国和欧洲各地的站点和服务暂停运营。谷歌云（Google Cloud）的中断事故导致 Snapchat、Spotify 和 Pokémon GO 等平台瘫痪。亚马逊网络服务（Amazon Web Services，AWS）的中断事故导致亚马逊云平台上的 Alexa 以及 Atlassian、Slack 和 Twilio 等多家企业的服务瘫痪。微软的 Azure 服务中断事故影响了其在北欧的存储和网络服务。

云计算服务中断很少见，但是，随着越来越多的企业依赖云服务并将其数据和运营集中在少数几家云服务提供商，中断使云服务的可靠性和质量受到了质疑，这些中断是可接受的吗？

由此产生的争论引发了一个相关但又独立的商业伦理问题：什么是可接受的、技术上可行的系统质量水平？什么时候系统管理者能够说："停止测试吧，我们已经竭尽全力把软件做到完善，出货吧！"个人和组织也许会对可避免和可预见的结果负责，他们有责任察觉并纠正这些后果（参见"互动讨论：技术"）。然而，一些系统错误的预见和纠正需要花费很高昂的代价，导致追求这种完美在经济上是不可行的，没有人能负担得起这样的产品。

例如，尽管软件公司试图在产品投放市场前对其进行调试，但最终推向市场的产品依然会存在一些瑕疵，因为修复所有微小错误的时间和成本将严重阻碍产品的发布。如果产品不投放市场将会怎样？整个社会福利是否会停滞甚至下降？进一步说，计算机服务提供商的责任究竟是什么？是否应该下架那些永远不可能做到完美的产品？警告用户还是忽视这些风险（让买家自己小心）？

系统性能差的三个主要来源是：（1）软件漏洞和错误；（2）人为错误或自然原因引起的硬件或设备故障；（3）输入数据质量差。在第 8 章，我们将讨论为什么无论多么复杂的软件代码都无法实现零缺陷，以及为什么无法估计剩余错误的严重性。因此，实现完美软件还存在技术障碍，用户必须意识到灾难性故障的可能性。软件行业至今尚未制定可接受但性能不完美的软件的测试标准。

虽然媒体经常报道软件瑕疵和设施故障，但迄今为止，企业系统故障的最常见来源是数据质量（参见第 6 章）。很少有企业会定期衡量其数据的质量，但一些组织报告的数据显示，企业数据的错误率在 0.5%～30%。

互动讨论：技术　　**波音737 MAX 坠毁：事故详情及原因**

2018 年 10 月 29 日，狮航（Lion Air）610 航班飞机从印度尼西亚雅加达起飞后不久，机头撞入了爪哇海，机上 189 名乘客和机组人员全部遇难。2019 年 3 月 10 日，埃塞俄比亚航空（Ethiopian Airlines）302 航班飞机也在类似情况下坠毁，机上 157 人全部遇难。这两架坠毁的飞机均为波音 737 MAX 8 型飞机，两起事故都是由 737 MAX 中用于防止飞机失速的同一自动系统引起的。

尽管波音 737 飞机有许多型号，但机动特性增强系统（Maneuvering Characteristics

Augmentation System，MCAS）只安装在波音737 MAX上，该机型在十年前开发，并于2017年首次投入使用。MCAS的设计初衷是为了修正737 MAX的设计缺陷。波音公司（Boeing）希望在其窄体机机群中增加一种更省油的飞机，以与空客（Airbus）A320neo竞争。但是，重新设计机型将花费数年时间，因此波音公司并没有设计一款全新的飞机，而是选择在737的机身上增加一个更经济但更大的发动机，使现有的737更具燃油效率和竞争力。但新发动机太大，无法像标准的737那样放置在机翼中部，因此波音公司将引擎放置在机翼上方更高的位置。这种新的发动机位置可能会使飞机的机头在飞行中向上，导致飞机失速然后坠毁。MCAS旨在防止飞机的机头飞得太高。

飞机外部的传感器一旦检测到飞机的机头上升，就会自动启动MCAS并将飞机拉平。即使飞机没有处于自动驾驶状态，MCAS也可以被激活，即便飞行员将其关闭，它也可以根据需要多次重复启动。在狮航坠机事件中，传感器错误地计算出飞机的机头向上，但实际上飞机处于水平状态。MCAS接收到这些错误参数，反复试图将飞机的机头向下推，将飞机恢复到传感器认为水平的状态。最终，MCAS导致飞机的机头大幅度向下，以至于飞行员无法将其抬起，飞机机头向下坠入大海。

波音公司迫切想利用737 MAX节省时间和成本，以至于将安全性置于次要地位。波音公司向美国联邦航空管理局（Federal Aviation Administration，FAA）施压，要求允许对737 MAX开发的很大一部分进行自我认证。在几乎没有监督的情况下，波音公司专注于在创纪录的时间内尽可能提高燃油效率。FAA的官员称，到2018年，波音公司获准对其96%的工作进行自我认证。

FAA的确允许美国各飞机制造商对新飞机开发的一部分进行自我认证，这是因为如果要承担所有认证工作，该机构将额外需要一万名工作人员和超过18亿美元资金。波音公司被允许对新的MCAS软件进行自我认证，波音公司也自我证实MCAS是安全的。在认证过程中，FAA几乎完全将控制权交给了波音公司，仅指派两名相对缺乏经验的FAA工程师监督波音公司在该系统上的早期工作。因此，当FAA工程师开始调查第一起波音737 MAX坠机事故时，他们对MCAS系统知之甚少，他们掌握的关于这架飞机的文件也没有包含完整的安全审查资料。

MCAS的原始版本依赖于至少两种传感器的数据，但波音的最终版本只使用了一种传感器的数据。在狮航和埃塞俄比亚航空的两起坠机事件中，都是受损的单一传感器导致飞机进入无法拉升的俯冲状态。据三名FAA官员称，波音公司从未向参与制订飞行员培训手册的FAA工作人员披露MCAS的这一设计更改。当波音公司要求从飞行员手册中删除对该系统的描述时，FAA同意了这一请求。因此，大多数737MAX飞行员直到第一次坠机后才知道这个软件的存在。波音公司没有向737 MAX试飞员提供详细的报告，说明MCAS能以多快的速度或多陡的坡度将飞机机头向下推，以及该系统仅依赖于一个而不是两个传感器验证飞机机头角度数据的准确性。

监管机构认为，飞行员无需大量的再次培训就可以驾驶新型737 MAX飞机，因为它们与前几代飞机基本相同，这为波音公司节省了更多的资金。所有驾驶737 MAX飞机的飞行员从未接受过飞行模拟器的训练。相反，波音公司仅使用iPad提供了两小时关于新飞机的课程，并向飞行员发放了13页的手册，解释737 MAX和早期737型号之间的区别。波音公司从未对飞行员进行过新的MCAS软件培训，许多飞行员并不知道这一功能的存在。波音公司后来声称，这是因为不想让飞行员负担过量的信息，但737 MAX的生产过于仓促，以至于在 737 MAX 完成时，飞行模拟器还没有准备好。

波音公司还出售昂贵的附加安全功能，这些功能本可以防止两起坠机事故。一个功能是两个外部传感器可用于通知飞行员他们的迎角（他们如何逆风飞行）。另一个功能是分歧警报，当传感器给出错误读数时，警报就会开启。狮航和埃塞俄比亚航空使用的标准 737 MAX 机型都没有这些安全功能，因为他们的管理层认为负担不起（波音公司现在在其标准 737 MAX 套件中包含了其中一个功能）。

埃塞俄比亚航空空难发生一天后，中国停飞了所有 737 MAX 飞机，其他国家和地区紧随其后，包括埃塞俄比亚、印度尼西亚、新加坡、英国、欧盟、澳大利亚、马来西亚和加拿大。FAA 最初为 737 MAX 辩护，但最终屈服于飞机停飞的巨大压力。波音公司暂停向其客户交付所有 MAX 喷气式飞机，未完成的订单价值达 5 000 亿美元。737 MAX 最初被预计占未来交付量的 2/3 以及年利润的 40%，本该成为波音公司的主要赚钱利器。但截至 2019 年 3 月，波音的股票市值已损失约 280 亿美元。虽然监管机构正在等待波音公司的解决方案，但 737 MAX 飞机仍处于停飞状态，如果禁令持续时间过长，波音公司可能不得不停止生产。遇难者家属已经对波音公司提起了 100 多起诉讼。737 MAX 和波音的未来看起来都很黯淡。

资料来源：Oliver Taylor，"10 Facts about the Boeing 737 MAX Air Crashes，" *ListVerse*，April 8，2019；Natalie Kitroeff，Daid Gelles，and Jack Nicas，"The Roots of Boeing's 737 MAX Crisis：A Regulator Relaxes Its Oversight，" *New York Times*，July 27，2019；Jack Nicas，Natalie Kitroeff，David Gelles and James Glanz，"Boeing Built Deadly Assumptions into 737 Max，Blind to a Late Design Change，" *New York Times*，June 1，2019；Andrew Tangel and Andy Pasztor，"Boeing's Own Test Pilots Lacked Key Details of 737 MAX Flight-Control System，" *Wall Street Journal*，May 3，2019；Robert Wall and Andrew Tangel，"Safety Fears Put Boeing on the Defensive，" *Wall Street Journal*，March 11，2019；Andrew J. Hawkins，"Everything You Need to Know about the Boeing 737 MAX Airplane Crashes，" *The Verge*，March 22，2019；and Zach Wichter，"The Boeing Crashes：A Brief Guide to What Happened，" *New York Times*，March 22，2019.

案例分析问题

1. 本案例描述的问题是什么？你认为这是一个商业伦理困境吗？为什么？

2. 描述人员、组织和技术因素在波音 737 MAX 安全问题中的作用，公司管理层在多大程度上负有责任？

3. 波音提供的解决方案是否充分？解释你的答案。

4. 波音公司和 FAA 可以采取哪些措施防止这个问题的发生？

4.4.3 生活质量：公平、机会和边界

随着信息技术能力的增强，引入信息技术和信息系统的负面社会影响也不断扩大。很多负面的社会后果虽然没有侵犯个人权利或财产，但可能对个人、社会和政治团体造成极大的伤害。计算机和信息技术在给我们带来好处的同时，也可能破坏文化和社会的重要元素。如果要在使用信息系统的正面和负面影响之间取得平衡，谁应该为不良后果负责？本节将从个人、社会和政治反应等角度探讨一些信息系统的负面社会后果。

科技巨头：集中经济和政治权力

2019 年，亚马逊占电子商务零售额的一半以上，占图书销售量的 75%，谷歌占在线

搜索业务的 87％，Facebook（包括 Instagram）的用户占所有社交网络用户的 86％以上，占互联网用户总数的 60％。90％的新在线广告收入流向了谷歌或 Facebook。流媒体方面，75％的用户使用 Netflix，53％的用户使用 YouTube，33％的用户使用亚马逊。在办公软件方面，微软占据主导地位，在全球 20 亿台个人计算机中 90％以上使用 Windows 系统和软件产品。苹果占美国智能手机市场的 48％（谷歌占剩余 52％）。数以百万计的苹果应用程序只能在苹果手机上运行，安卓应用程序仅能在安卓手机上运行。在这些所谓的科技巨头的新世界中，寡头和垄断主导网络和移动平台，这些企业创造的财富不可避免地转化为政治影响力：这些企业在华盛顿和各州首府聚集了一大群说客，以确保那些可能影响其市场和税收问题的立法或立法调查能够充分体现它们的利益。科技巨头每年在华盛顿的游说投入已超过 300 亿美元，仅次于金融公司的游说力度（Lohr，Isaac，& Popper，2019）。

市场力量的集中在美国或欧洲并不罕见。从 1890 年美国的《谢尔曼反托拉斯法》（Sherman Antitrust Act）开始，一直持续到 20 世纪 60 年代，垄断始终被视为对竞争和小型初创企业的威胁，限制了自由贸易。垄断企业通常通过收购较小的竞争对手来扩大规模，或通过开发类似产品来打垮它们，或者进行掠夺性定价，在短时间内大幅降低价格以迫使小企业退出市场。科技巨头有过很多类似行为。但反垄断思想在 20 世纪 70 年代转变为另一种损害标准，即消费者福利。按照这种观点，规模大本身并不是一种危险，甚至也不是反竞争行为，相反，价格和消费者福利变得至关重要，只要消费者没有被迫支付更高的价格，那么市场力量就不重要，也不会对社会或经济造成损害。从这个角度来看，由于 Facebook、谷歌和亚马逊的产品要么是免费的，要么价格非常低，因此不会有什么伤害。

但有批评家指出，消费者福利还受到价格以外的其他方式的损害，即阻碍新的创新企业进入市场，或它们没有生存足够长的时间成为独立企业繁荣发展。由小型初创企业发起的指控反竞争和不公平做法的投诉和诉讼，以及对科技巨头滥用个人隐私的担忧，导致大量批判文章和多项国会调查涌现。科技巨头如今成为公众批评、立法调查和监管行动的目标。许多评论员呼吁将科技巨头拆分为彼此独立的业务，就像 1911 年《谢尔曼反托拉斯法》拆分标准石油公司以及拆分影像、烟草、钢铁、铁路、肉类包装、电信和计算机等领域的其他垄断企业一样（Kang，Streitfeld，& Karni，2019）。

快速变化：减少对竞争的响应时间

信息系统有助于打造更加高效的国内和国际市场。过去，企业需要花费许多年的时间适应竞争环境的变化，但如今快速发展的全球市场大大缩短了这一缓冲期。基于时间的竞争也有不利的一面，个体工作的企业也许没有充足时间应对来自全球市场的竞争，甚至可能在一年内与个体的工作一起被淘汰。我们要承担充斥"即时工作""即时办公"，甚至"即时住所和假期"的"即时社会"的风险。优步（见第 10 章）和其他按需服务企业的影响之一是创造了不提供福利或保险的即时就业机会。

保持界限：家庭、工作和休闲

无所不在的计算、远程办公、游牧计算、移动计算，以及能够在任何地方做任何事的计算环境正在变为现实，这模糊了将工作、家庭以及休闲分开的传统界限。

虽然作家可以在任何时间、任何地点工作，但信息系统的出现以及知识工作岗位的增加，越来越多的人将原本用于休闲或者和家人、朋友交流的时间变成了工作时间。如今，每天的实际工作时间已经延伸到通勤时间、假期时间和休闲时间，远远超过了 8 小时。智能手机的爆炸式增长和使用，使许多员工感到时刻处于工作中。

把休闲时间花费在计算机上也不利于维护密切的社会关系。过度使用网络和手机，即使是为了休闲娱乐，也会使人们远离与家人和朋友的面对面关系。在中学生和青少年群体中，这可能会引起有害的反社会行为，如激增的网络霸凌。

界限的模糊会带来非常大的风险。过去，家庭和朋友为个人提供了强大的支持，他们通过保护私人生活，为人们提供厘清头绪、以与雇主相反的方式思考以及实现梦想的地方，成为社会中的平衡点。

依赖性和脆弱性

如今，企业、政府、学校等都十分依赖信息系统，一旦系统出现故障，它们的正常运转将受到威胁。试想一下，如果国家电网关闭，而又没有备用设施弥补系统造成的损失，会发生什么？现在，系统像电话一样普及，但令人难以置信的是，信息系统行业并没有像电话、电力、广播、电视或其他公共事业那样，拥有技术监管制度和行业标准。标准的缺失以及某些系统应用程序的危害，将引发对国家标准和监管的呼吁。

计算机犯罪和滥用

包括计算机在内的新技术通过创造新的有偷窃价值的物品、新的行窃方式以及新的危害他人的方法，为犯罪提供了新的机会。**计算机犯罪**（computer crime）是通过使用计算机或针对计算机系统实施的非法行为。现在，仅仅是未经授权的访问或意图损害计算机的行为，即便在偶然情况下发生，也被视为触犯联邦法律。最常见的计算机犯罪包括：恶意软件、网络钓鱼、网络中断、间谍软件和拒绝服务攻击。全部计算机犯罪造成的真实代价尚不清楚，但估计有数十亿美元。本书第 8 章将对计算机犯罪进行更详细讨论。

计算机滥用（computer abuse）是指使用计算机进行的合法但缺乏商业伦理的行为。互联网、电子邮件和手机的普及，将计算机滥用的一种形式——垃圾邮件——变成了个人和企业都面临的严重问题。最初，**垃圾邮件**（spam）是组织或个人发送给对所售产品或服务不感兴趣的大量互联网用户的无用电子邮件。垃圾邮件的发送者通常推销色情内容、欺诈交易和服务或其他未被文明社会普遍认可的产品。一些国家已通过法律禁止垃圾邮件或限制其使用。在美国，如果垃圾邮件不涉及欺诈且邮件的发件人和主题能被正确识别，那么它仍然是合法的。

向互联网用户发送数千条广告信息只需几美分，因此垃圾邮件的数量迅速增长。2018年，垃圾邮件约占电子邮件的 55%（Symantec，2019）。大多数垃圾邮件来自僵尸网络，它通过数千台计算机发起并传播垃圾邮件。企业处理垃圾邮件的成本非常高，预计每年超过 500 亿美元，因为处理数十亿封无用电子邮件需要消耗巨大的计算和网络资源以及时间成本。

当用户查看电子邮件、办理网上银行业务、支付账单和披露个人信息时，身份和金融盗窃网络犯罪分子将智能手机作为目标。手机垃圾邮件通常以 SMS 文本消息的形式出现，但越来越多的用户也在 Facebook 新闻订阅和消息服务中收到垃圾邮件。

网络服务提供商和个人可以使用垃圾邮件过滤软件阻止垃圾邮件进入邮箱，但是过滤软件也可能会阻止合法邮件。垃圾邮件发送者也可以通过不断变更电子邮件账户、在图像中添加垃圾信息、在电子邮件附件或电子贺卡中嵌入垃圾邮件以及使用被僵尸网络劫持的计算机躲避过滤软件的筛查（见第 8 章）。尽管垃圾邮件由另一个国家/地区托管，但许多垃圾邮件都是从同一国家/地区发送。

与美国相比，欧洲对垃圾邮件的监管更为严格。2002 年，欧洲议会通过了一项禁止未经请求发送商业信息的禁令，只允许针对事先同意的用户进行数字营销。

2004 年生效的美国《反垃圾邮件法案》（CAN-SPAM Act）未禁止垃圾邮件，但明确禁止欺诈电子邮件。该法案要求商业电子邮件显示正确的主题，能识别真正的发件人，为收件人提供将他们从电子邮件名单中删除的简易办法，并禁止使用虚假的回信地址。已有一些人因这项法律被指控，但它对垃圾邮件的影响微乎其微，这很大程度上是由于互联网的安全性极低，以及海外服务器和僵尸网络的使用。大多数大规模垃圾邮件已转移到东欧，那里的黑客控制着能够生成数十亿条垃圾邮件的全球僵尸网络。Festi 是近年来最大的垃圾邮件网络之一，其最著名的身份是全球伟哥垃圾邮件行业背后的垃圾邮件生成器。

就业：渗透式技术与流程再造的就业损失

在信息系统领域，流程再造通常被认为是新信息技术带来的主要好处。但很少有人注意到，业务流程再造已导致数百万工厂中层管理者和文员失业。一些经济学家发出新的警告，称除了蓝领的工厂工作，信息和计算机技术还将威胁中产阶层和白领工作。埃里克·布林约尔松和安德鲁·麦卡菲认为，近年来自动化步伐的加快，是机器人技术、数控机器、计算机库存管理、模式识别、语音识别和电子商务等技术融合的结果。机器现在可以完成许多以前由人类完成的工作，包括技术支持、呼叫中心工作、X 光检查，甚至法律文件审查（Brynjolfsson & McAfee，2011）。

这些观点与其他经济学家的判断形成鲜明对比，后者认为新技术创造的新工作岗位将与它们破坏的工作岗位一样多或更多。在某些情况下，在金融业等 IT 资源投入较高的行业，就业人数将继续增长或保持不变。例如，电子商务的增长导致了零售业工作岗位的减少，但仓库工人、主管和配送工作岗位却因此增加。这些经济学家还认为，被技术取代的聪明、受过教育的工人将在高速发展的行业中找到更好的工作。失去工作机会的往往是没有专业技能的蓝领工人和年龄较大、受教育程度较低的中层管理者。很难确定这些群体是否能够轻松接受高质量、高收入工作的再培训。本书第 1 章的“互动讨论：人员”专栏探讨了这个问题。

公平和机会：种族和社会阶层分化加剧

每个人都有平等的机会参与数字时代吗？信息系统技术会缩小美国及其他社会中存在的社会、经济和文化差距吗？还是会加剧分化，让富人更加富有？

这些问题还没有明确的答案，因为信息系统技术对社会各群体的影响尚未被深入研究。但已知的是，信息、知识、计算机以及通过教育机构和公共图书馆获取这些资源的机会，在各种族和社会阶层之间的分配并不公平，其他的信息资源也是如此。研究发现，尽管在过去五年中，计算机拥有量和互联网接入量激增，但在美国低收入群体中，拥有计算机或接入互联网的比重偏低。尽管这种差距正在缩小，但各族群中高收入家庭仍然比同种族低收入家庭更有可能拥有计算机和互联网。此外，高收入家庭的孩子更有可能利用互联网追求教育目标，而低收入家庭的孩子更有可能把时间花在娱乐和游戏上。这就是所谓“浪费时间”的差距。

如果不加以纠正，这种**数字鸿沟**（digital divide）可能会导致拥有计算机知识和技能的信息“富豪”与大量缺乏计算机知识或对其掌握不熟练的信息“贫民”之间形成鲜明对比。公益组织希望通过包括互联网在内的数字信息服务缩小这一数字鸿沟，就像现在普及的电话服务一样。

4.4.4 健康风险：RSI、CVS 和认知下降

当今常见的职业病是**重复性压力损伤**（repetitive stress injury，RSI）。重复性压力损伤由肌肉群被迫进行重复性动作引起，这些动作常常带有高冲击负荷（如网球）或几万次低冲击负荷（如敲击计算机键盘）。据估计，重复性压力损伤在劳动人群中的发病率高达三分之一，占所有残疾病例的三分之一。

重复性压力损伤的最大单一来源是计算机键盘。与计算机相关的最普遍的重复性压力损伤是**腕管综合征**（carpal tunnel syndrome，CTS），当压力通过腕管作用于正中神经时，会产生疼痛感。这种压力是由不断重复的键盘敲击引起的，一项文字处理工作可能需要敲击键盘 23 000 次。腕管综合征的症状包括麻木、短暂的疼痛、不能抓握物体、刺痛等。数百万工人被诊断患有腕管综合征，它影响了 3%～6% 的劳动力（LeBlanc & Cestia，2011）。

重复性压力损伤是可以避免的。为腕部设计工作台（用腕托支撑腕部）、适当的显示器支架和脚踏板都有助于保持正确的姿势并降低重复性压力损伤的发生概率，符合人体工程学的键盘也是一种选择，这些措施还应配合频繁的休息和员工轮岗。

重复性压力损伤不是计算机引起的唯一职业病。背部和颈部的疼痛、腿部压力和足部疼痛也是由工作台不符合人体工学设计造成的。**计算机视觉综合征**（computer vision syndrome，CVS）是指与使用台式计算机、笔记本电脑、电子阅读器、智能手机和手持视频游戏的显示器相关的眼睛疲劳症状。每天在计算机前至少花费三个小时的人群中，有 90% 都可能受到计算机视觉综合征的影响。计算机视觉综合征的症状通常是暂时的，包括头痛、视力模糊、眼睛干燥和发炎。

除了这些疾病，计算机技术还可能损害认知功能，或者至少改变思考和解决问题的方式。尽管互联网让人们更容易获取、创造和使用信息，但一些专家认为，它也阻碍了人们专注和独立思考。他们认为，过度使用计算机（和智能手机，见"互动讨论：人员"专栏）会降低智力。麻省理工学院的一位学者认为，接触计算机只是鼓励人们去寻找答案，而不是真正参与解决问题。在这种观点下，相比于聆听、绘画、辩论、观察和探索，学生们浏览网页或回复电子邮件所学到的东西并不多（Henry，2011）。

无论是从个人、社会、文化还是政治角度来看，计算机都已经成为我们生活的一部分。随着信息技术持续改变世界，这些问题和我们的选择会变得更加复杂。互联网和信息经济的发展表明，随着我们进入第一次数字时代，商业伦理和社会问题都将进一步加剧。

互动讨论：人员　　　　　**智能手机的危害有多大？**

对许多人而言，智能手机已变得不可或缺，但它们也因影响我们思维和行为的方式而受到抨击，尤其对儿童而言。许多家长、教育工作者、心理学家，甚至硅谷名人都越来越担心，即使将屏幕作为学习工具，它的好处也被夸大了，屏幕带来的成瘾和发育迟缓风险

似乎很高。

平均而言，使用智能手机的美国青少年在 10 岁时收到第一部手机，且每天使用超过 4.5 小时（不包括发短信和通话）。78％的青少年至少每小时检查一次手机，50％的青少年表示对手机上瘾。多项研究指出，大量使用智能手机和社交媒体会对大脑仍在发育的儿童的身心健康产生负面影响，这些影响小到课堂上的分心，大到有更高的自杀和抑郁风险。

媒体与儿童健康中心和阿尔伯塔大学最近对 2 300 多名教师进行的一项调查发现，67％的教师报告称，课堂上因数字技术而分心的学生人数正在增加，75％的教师认为学生专注学习的能力有所下降。圣地亚哥州立大学心理学教授让・特温格的研究发现，相比于每天在电子设备上花费时间少于 1 小时的青少年，花费 3 小时以上的美国青少年自杀风险增加 35％，而花费 5 小时以上的青少年的自杀风险将增加 71％。这项研究还表明，重度使用社交媒体的 8 年级学生患抑郁症的风险要高出 27％，而花费更多时间参加体育运动、与朋友闲逛或做作业的学生患抑郁症的风险则显著降低。此外，每天在电子设备上花费 5 小时或更多的青少年，每晚睡眠不足 7 小时的可能性要增加 51％（与推荐的 9 小时睡眠时间相比）。

研究技术对商业和文化影响的尼古拉斯・卡尔也有同样的担忧，他一直高度批评互联网对认知的影响，担心过度使用移动设备会降低注意力和深度思考的能力。

卡尔认为，智能手机以便利的方式提供了许多有用的功能。然而，这种便利性使它们对人们的注意力、思维和行为产生了极大影响。智能手机以深刻而复杂的方式重塑了人们的思想，即使不使用这些设备，它们的影响也会持续存在。研究表明，随着大脑对科技的依赖度加深，智力会降低。

卡尔提到了得克萨斯大学奥斯汀分校的心理学家和营销学教授艾德里安・沃德的研究成果。10 年来，沃德一直在研究智能手机和互联网如何影响人们的思想和判断。沃德观察到，使用智能手机，甚至是铃声或振动，都会产生干扰，使人们更难专注于困难的问题或工作，注意力分散会影响推理和表现。

2017 年 4 月发表于《应用认知心理学》（*Applied Cognitive Psychology*）的一项研究调查了智能手机如何影响阿肯色大学蒙蒂塞洛分校 160 名学生的课堂学习。研究发现，没有带手机到教室的学生在测试中的得分比带手机的学生高出一个完整的等级，无论带手机的学生是否使用了手机。2016 年发表在《劳动经济学》（*Labour Economics*）上的一项针对 91 所英国中学的研究发现，当学校禁止使用智能手机时，学生的考试成绩会大幅提高，其中成绩最差的学生提升最多。

卡尔还注意到，过度使用智能手机可能不利于社交技能和人际关系。通过智能手机以电子方式与"朋友"进行联系并不能取代真实的人际关系和面对面交谈。

2018 年初，两家最大的苹果公司投资者呼吁 iPhone 制造商采取更多措施防止儿童沉迷智能手机。投资者敦促苹果公司提供更多工具来防止智能手机成瘾，并为家长提供更多监控儿童智能手机使用情况的选项。虽然苹果智能手机和平板电脑的 iOS 操作系统提供了家长控制功能，包括限制应用程序以及位置共享、访问特定内容等功能，但投资者认为苹果公司需要做得更多，例如，允许父母设置指定手机用户的年龄、设定屏幕使用时间限制、选择一天中手机可以使用的时间以及屏蔽社交媒体服务。

苹果公司开发了自己的屏幕使用时间追踪器，帮助父母限制他们和孩子使用 iPhone

的时间。但根据《纽约时报》和应用数据公司 Sensor Tower 的分析，苹果删除或限制了 17 款下载量最高的屏幕时间和家长控制应用中的至少 11 款，苹果还删除了一些鲜为人知的应用程序。在某些情况下，苹果公司强迫应用开发公司删除允许父母控制孩子设备或阻止孩子访问某些应用程序和成人内容的功能，在其他情况下，苹果公司只是将那些应用程序从苹果应用商店中下架。

资料来源：Jack Nicas, "Apple Cracks Down on Apps that Fight iPhone Addiction," *New York Times*，April 27，2019；Nellie Bowles, "Human Contact Is Now a Luxury Good," *New York Times*，March 23，2019，and "A Dark Consensus about Screens and Kids Begins to Emerge in Silicon Valley," *New York Times*，October 26，2018；Samuel Gibbs, "Apple Investors Call for Action over iPhone 'Addiction' among Children," *The Guardian*，January 8，2018；David Benoit, "iPhones and Children Are a Toxic Pair, Say Two Big Apple Investors," *Wall Street Journal*，January 7，2018；and Nicholas Carr, "How Smartphones Hijack Our Minds," *Wall Street Journal*，October 7，2017.

案例分析问题

1. 确定本案例研究中描述的问题。这从哪些意义上讲是一个商业伦理困境？
2. 是否应该限制儿童和青少年使用智能手机？为什么？
3. 智能手机降低认知能力的问题能够得到解决吗？为什么？解释你的答案。

➡ 4.5 管理信息系统对职业生涯有何帮助？

以下内容说明了本书第 4 章将如何帮助读者找到初级隐私分析师的工作。

4.5.1 企业

位于得克萨斯州的 Pinnacle 空军基地的人力资源办公室需要招聘一名初级隐私分析师。该办公室保存了 6 800 多名军人及其家属和 1 250 名文职雇员的详细人事记录，包括工作经历、薪酬、医疗保健和退休福利。

4.5.2 岗位描述

初级隐私分析师将协助员工保存记录，帮助确保遵守所有联邦和州隐私法规。工作职责包括：

- 分析并制定与隐私办公室职能相关的政策和程序；
- 记录并跟踪隐私法案要求，协助审查、编辑和准备响应记录，跟踪所有的隐私办公室通信；
- 监控并回复政府隐私办公室的书面、口头和电子信件询问，包括敏感的受益人/人员信件；
- 协调隐私办公室的会议；
- 审查并分析数据和文件，评估不同项目规划、报告和执行活动的选择、问题和立场。

4.5.3　招聘要求

- 文科或商科学士学位；
- 很强的沟通和组织能力；
- 有记录管理和文件系统相关经验。

4.5.4　面试问题

1. 你在隐私保护领域有哪些背景或工作经历？
2. 你对隐私法了解多少？
3. 你对书面和电子通信的隐私保护措施了解多少？
4. 如果你被要求改善组织的隐私保护，你会怎么做？
5. 你是否处理过涉及隐私保护的问题？你在解决方案中扮演了什么角色？

4.5.5　作者建议

1. 回顾本章内容，特别注意有关信息系统和隐私的部分。
2. 使用网络了解关于隐私法以及人事记录隐私保护程序和政策的信息。
3. 尝试了解更多有关美国军事基地或其他组织的员工记录保存和隐私保护的信息。
4. 如果你在隐私领域没有任何实践经验，试着说明你对隐私的了解，以及为何保护敏感的个人数据如此重要，表示你非常有兴趣了解更多信息并从事与隐私相关的工作。

本章小结

1. 信息系统引起了哪些商业伦理、社会和政治问题？

信息技术正在引发变革，但尚未针对这些变化制定可接受的法律和规则。包括互联网在内，日益增强的计算能力、存储能力和网络能力扩大了个人和组织行动的范围，并放大了信息技术的影响。信息在线上传播、复制和操纵的便捷性和匿名性，对隐私和知识产权的保护提出了新的挑战。信息系统引发的商业伦理、社会和政治问题主要集中在信息权利与义务、财产权利与义务、责任与控制、系统质量和生活质量等方面。

2. 哪些行为准则可以指导商业伦理决策？

判断行为的六大商业伦理原则包括：黄金法则、康德的绝对命令、滑坡效应、功利原则、风险规避原则和道德上的"没有免费午餐"原则。这些原则需要和商业伦理分析结合使用。

3. 为什么现代信息系统技术和互联网对个人隐私和知识产权保护提出了挑战？

现代数据存储和数据分析技术使企业能够从多个来源轻松收集个人数据，分析这些数据以创建关于个人及其行为的详细数字画像。可通过多个节点监视互联网上流动的数据。cookies 及其他网络监控工具可以密切跟踪网站访问者的活动。并非所有网站都有强有力的隐私保护政策，而且它们并不总是在收集个人信息前征求用户的知情同意。传统的版权法不足以防止软件盗版，因为数字材料很容易复制并通过互联网同时传输到多个地点。

4. 信息系统如何影响法律责任和义务，以及日常生活质量？

新的信息技术正在挑战现有的法律责任和社会惯例，要求个人和机构对给他人造成的伤害负责。虽然计算机系统是效率和财富的源泉，但它们也有一些负面影响。计算机的错误可能对个人和组织造成严重伤害，糟糕的数据质量也会导致企业运营中断和损失。当计算机取代了人工，或者业务流程再造精简了一些任务时，会导致工作岗位的减少。拥有和使用计算机的能力可能会加剧不同种族和社会阶层之间的社会经济差距。计算机的广泛使用增加了计算机犯罪和计算机滥用的机会。计算机还会造成健康和认知问题，如重复性压力损伤、计算机视觉综合征、无法清晰思考和执行复杂任务等。

 课后习题

1. 信息系统引起了哪些商业伦理、社会和政治问题？
- 解释商业伦理、社会和政治问题如何相互关联，并举一些例子。
- 列出并描述加剧商业伦理问题的关键技术趋势。
- 区分职责、问责和法律责任。

2. 哪些行为准则可以指导商业伦理决策？
- 列举并描述商业伦理分析的五个步骤。
- 识别并描述六条商业伦理原则。

3. 为什么现代信息系统技术和互联网对个人隐私和知识产权保护提出了挑战？
- 定义隐私和公平信息实践。
- 阐述互联网如何对个人隐私和知识产权的保护提出挑战。
- 阐述知情同意、立法、行业自我监管和技术工具如何帮助保护互联网用户的个人隐私。
- 列举并定义三种保护知识产权的制度。

4. 信息系统如何影响法律责任和义务，以及日常生活质量？
- 解释为什么很难让软件服务对故障或伤害承担法律责任。
- 列举并描述系统质量问题的主要原因。
- 指出并描述计算机和信息系统对生活质量的四种影响。
- 定义并描述计算机视觉综合征（CVS）和重复性压力损伤（RSI），并解释它们与信息技术的关系。

 讨论

1. ATM 等基于软件的服务的提供商是否应该对系统故障导致的经济损失承担法律责任？
2. 企业是否应该为其信息系统导致的失业负责？为什么？
3. 讨论允许企业收集个人信息进行行为定位的利弊。

商业问题解决案例

Facebook 与用户隐私：你的生活待售

Facebook 称其企业使命是赋予人们建立社区并使世界更紧密的力量。在 2017 年和 2018 年，当人们知道 Facebook 失去了对用户在网站上分享的个人信息的控制权时，这些崇高的目标受到了严重打击。在 2016 年美国总统大选期间，Facebook 允许国外情报和政治顾问利用其平台加剧现有政治分裂，迫使人们远离社区，彼此疏远。

2018 年 1 月，一家名为剑桥分析公司（Cambridge Analytica）的政治咨询和选民分析公司的创始人和前雇员透露，该公司收集了多达 8 700 万 Facebook 用户的个人信息，并利用这些信息影响了美国 2016 年总统大选。Facebook 不出售其用户的个人信息，但它确实允许第三方应用程序获取这些信息。在这种情况下，一名英国研究人员经授权访问 50 000 名 Facebook 用户的信息进行研究。他开发了一个应用测验，声称可以测试用户的个性特征。Facebook 的设计使这款应用程序不仅可以收集同意参加调查的用户的个人信息，还可以收集他们在 Facebook 社交网络中好友的个人信息。研究人员将数据卖给了剑桥分析公司，后者又将其用于在总统大选中发送定向政治广告。

在 2017 年 10 月的参议院听证会上，Facebook 证实了国外特工利用 Facebook 的社交网络试图影响 2016 年总统大选。利用由黑客搭建并操作的自动化软件机器人大军，超过 13 万条虚假信息被发送给美国的 Facebook 用户（软件机器人是一种执行自动化任务的软件程序，通常出于恶意目的在互联网上使用，参见第 8 章）。通过 7.5 万个虚假 Facebook 账户和 23 万个网上机器人，1.46 亿人的 Facebook 账号收到了机器人发送的消息。这些消息基于 Facebook 在正常业务中收集的个人信息确定定向群体，包括用户的宗教、种族、民族、个人兴趣和政治观点，广告针对的是持有相反政治观点的群体，目的是加剧社会矛盾。

这一切是如何发生的？事实证明，考虑到 Facebook 的设计和管理，实现这些非常容易且成本低廉。一旦向广告商、应用程序开发者或研究人员授予访问权限，Facebook 就无法控制对这些信息的使用。Facebook 很少审查第三方协议和政策的合规性。Facebook 高管称，对于有 8 700 万 Facebook 用户的个人信息被国外情报机构收集并被剑桥分析公司用于投放定向政治广告，他们和其他人一样感到十分震惊。

更糟糕的是，2018 年 6 月初，仅仅在 Facebook 因剑桥分析公司丑闻被迫解释其隐私措施并承诺改革的几个月后，《纽约时报》报道称 Facebook 与至少 60 家设备制造商以及选定的应用程序开发者建立数据共享合作伙伴关系。Facebook 允许苹果、三星、亚马逊和其他销售手机、平板电脑、电视和视频游戏机的企业在未经用户明确同意的情况下，访问 Facebook 用户及其好友的个人数据，所有这些做法都违反了 2012 年 Facebook 与美国联邦贸易委员会（FTC）达成的隐私协议。根据该协议，Facebook 同意停止欺骗用户其具有保护个人数据的能力，并停止在不通知用户的情况下与第三方共享数据。

事实上，Facebook 并没有改变其行为，而是选择欺骗用户，声称可以保护他们的隐私。企业电子邮件显示，包括创始人兼首席执行官马克·扎克伯格在内的 Facebook 高级管理人员显然已经意识到了这种欺骗行为。2019 年，Facebook 的隐私问题最终导致其因明显和故意违反 2012 年和解协议被处以创纪录的 50 亿美元罚款。Facebook 还同意监管机构对隐私问题进行新的监督，并制定处理个人信息的新方案和政策。虽然 50 亿美元是一笔巨款，但对于一家年收入 560 亿美元的企业而言，罚款可能不足以改变其实际行为。用批评家的话来说，这笔罚款对 Facebook 的收入几乎没有影响。Facebook 对用户的大规模监控没有具体限制，且新的隐私政策将由 Facebook 而不是美国联邦贸易委员会制定。该和解还为 Facebook 高管和董事提供了豁免权，使他们不必为过去违反 2012 年和解协议以及侵犯用户隐私承担任何个人责任，并使企业免受任何过去违规行为的索赔。换句话说，过去的一切都被一笔勾销。

Facebook 拥有各种引人注目的实用功能。它能帮助家庭找到丢失的宠物，并让现役士兵与家人保持联系；它为小企业提供了进一步发展电子商务的机会，为大企业提供了巩固品牌的机会。但或许最明显的是，Facebook 让用户更容易与朋友、亲戚、当地餐馆以及几乎感兴趣的所有事情保持联系。这就是那么多人使用 Facebook 的原因——它为用户提供了真正的价值。但这是有代价的，加入 Facebook 平台的成本是，用户的个人信息会被分享给广告商以及其他可能不认识的人。

Facebook 过去曾多次侵犯用户隐私并出现失误，这让人怀疑否应该信任这个拥有数十亿个人数据的平台。与欧洲国家不同，美国没有法律赋予消费者了解 Facebook 等企业使用了哪些数据的权利。根据《公平信用报告法》(Fair Credit Reporting Act)，用户可以质疑信用报告中的信息，但目前他们还无法了解 Facebook 收集了哪些用户数据。

你以为你的脸完全属于你吗？在 Facebook 上不是这样的，这主要归功于 Facebook 对用户进行图片标记的面部识别软件。这个"标签建议"功能会在用户注册时自动启用，而无须征得用户同意。2016 年，一家联邦法院批准了一项诉讼，质疑 Facebook 在未经用户同意的情况下使用照片标签的权利。这一功能也违反了多个州旨在保护生物特征数据隐私的法律。

《消费者报告》(*Consumer Reports*) 的一项研究发现，在每天使用 Facebook 的 1.5 亿美国人中，至少有 480 万人愿意分享可能以某种方式对他们不利的信息，包括在特定日期的出行计划，窃贼可以据此策划抢劫时间，或者对特定健康状况或治疗的页面点赞，这可能会导致保险公司拒绝承保。信用卡公司和类似组织已经开始参与网络连接（weblining，源自单词 redlining），根据与用户个人资料相似的其他人的行为，改变对待用户的方式。雇主可以通过 Facebook 上的"赞"评估应聘者的个性和行为。数百万 Facebook 用户从未调整过 Facebook 的隐私控制，允许使用 Facebook 应用程序的好友在他们不知情的情况下将其数据无意中传输给第三方。

为什么这么多人在 Facebook 上分享生活中的敏感细节？通常，这是因为用户没有意识到他们的数据正在以这种方式被收集和传输。如果应用程序收集了 Facebook 用户的好友信息，程序并不会通知该用户。Facebook 的许多功能和服务在未通知用户的情况下都是默认启用的，思睿高（Siegel＋Gale）的一项研究发现，Facebook 的隐私政策比政府通知或常见的银行信用卡协议更难理解，而后者已经是出了名的令人费解。用户是否知道当其使用 Facebook 登录某个网站时，Facebook 都会与该网站共享一些个人信息，并可以跟踪用户在该网站上的活动？下次访问 Facebook 时，点击隐私设置，看看是否能理解这些选项。

然而，一些迹象表明，无论是出于自愿还是被迫，Facebook 可能会对其数据收集过程更加负责。作为一家上市公司，Facebook 现在受到投资者和监管机构的更多审查。2018 年，为了应对美国的批评浪潮和欧盟《通用数据保护条例》，Facebook 更改了其隐私政策，使用户可以：更容易选择自己的隐私偏好；确切知道他们同意哪些内容；下载个人档案以及 Facebook 收集和分享的信息，包括面部图像；限制新闻订阅中的点击诱饵和垃圾邮件；更密切地监控应用程序开发者对个人信息的使用；加大力度消除数百万虚假账户。Facebook 雇佣了一万名员工和数百家事实核查公司识别并消除假新闻。这是 Facebook 有史以来第一次被迫对用户发布的内容进行编辑控制，从这个意义上说，它变得更像一个对内容负责的传统出版商和新闻媒体。不幸的是，正如研究人员和 Facebook 高管早就知道的，很少有用户（预计不到 12%）会花时间了解和调整他们的隐私偏好。事实上，用户选择并不是对 Facebook 使用个人信息的有力约束。

尽管美国 Facebook 用户几乎没有对 Facebook 收集的数据的追索权，但其他国家的用户做得更好。在欧洲，已有超过 10 万名 Facebook 用户要求提供他们的数据，欧洲法律要求 Facebook 在 40 天内回应这些请求。随着欧盟推行更严格的隐私保护立法，法国、西班牙、意大利、德国、比利时和荷兰的政府隐私监管机构一直在积极调查 Facebook 的隐私控制措施。

虽然 Facebook 已经关闭了一些更严重的侵犯隐私的功能并加强了同意程序，但 Facebook 的数据使用政策非常明确，作为使用 Facebook 服务的条件，用户授予公司将其个人信息用于广告的宽泛权限，用户的默认选项是"选择加入"。大多数用户不知道如何控制对其信息的使用，如果想使用 Facebook，他们不能"选择退出"所有共享。这被研究人员称为"控制悖论"：即使用户可以控制其个人信息的使用，他们通常也会选择不使用这些控制。尽管用户可以限制其信息的某些用途，但需要对 Facebook 数据功能有广泛的了解。Facebook 不仅在自身平台上展示广告，还通过 Facebook Audience 网络在互联网上展示广告。该网络通过跟踪用户在其他网站上的行为，将广告定向投放给这些网站上的用户。

批评家曾质疑 Facebook 为什么不提供按月收费的无广告服务，就像音乐流媒体网站那样，其他人则想知道为什么 Facebook 不允许用户选择退出跟踪。但这些改变对 Facebook 来说非常困难，因为它的商业模式完全依赖于对其用户个人隐私信息在一定程度上不受限制的使用，正如它在数据使用政策中声明的那样，用户使用 Facebook 即表示同意它的服务条款，这使 Facebook 能够与它选择的第三方合作伙伴共享用户信息。正如苹果首席执行官蒂姆 · 库克所言，在 Facebook，销售的产品就是用户本身。

资料来源：Mike Isaac and Natasha Singer, "On Wednesday, the Federal Trade Commission Placed New Conditions on Facebook for Privacy Violations," *New York Times*, July 24, 2019; "A $5 Billion Fine for Facebook Won't Fix Privacy," *New York Times*, July 25, 2019; Devin Coldewey and Natasha Lomas, "Facebook Settles with FTC: $5 Billion and New Privacy Guarantees," *Techcrunch*, July 24, 2019; John D. McKinnon, Emily Glazer, Deepa Seetharaman, and Jeff Horwitz, "Facebook Worries Emails Could Show Zuckerberg Knew of Questionable Privacy Practices," *New York Times*, June 12, 2019; Federal Trade Commission, "In the Matter of Facebook, a Corporation," FTC, July 24, 2019; Deepa Seetharaman and Kirsten Grind, "Facebook Gave Some Companies Access to Additional Data About Users' Friends," *Wall Street Journal*, June 8, 2018; Cecilia Kang and Sheera Frenkel, "Facebook Says Cambridge Analytica Harvested Data of Up to 87 Million Users," *New York Times*, April 24, 2018; Eduardo Porter, "The Facebook Fallacy: Privacy Is Up to You," *New York Times*, April 24, 2018; David Mayer, "Facebook Is Giving You New Privacy Options, But It's Clear What It Wants You to Choose," *Fortune*, March 19, 2018; Matthew Rosenberg, Nicholas Confessore, and Carole Cadwalladr, "How Trump Consultants Exploited the Facebook Data of Millions," *New York Times*, March 17, 2018; Georgia Wells and Deepa Seetharaman, "New Facebook Data Shows Russians Targeted Users by Education, Religion, Politics," *Wall Street Journal*, November 1, 2017; Hunt Allcott and Matthew Gentzkow, "Social Media and Fake News in the 2016 Election," *Journal of Economic Perspectives*, March 2017.

案例分析问题

1. 对 Facebook 进行商业伦理分析。本案例呈现的商业伦理困境是什么？

2. 隐私与 Facebook 的商业模式有什么关系？

3. 描述 Facebook 隐私政策和功能的弱点。哪些人员、组织和技术因素导致了这些弱点？

4. Facebook 能否在不侵犯隐私的情况下建立成功的商业模式？为什么？Facebook 能

够采取哪些措施使这成为可能?

参考文献

Adjerid, Idris, Eyal Peer, and Alessandro Acquisti. "Beyond the Privacy Paradox: Objective Versus Relative Risk in Privacy Decision Making." *MIS Quarterly* 42, No. 2 (June 2018).

Anderson, Chad, Richard L. Baskerville, and Mala Kaul. "Information Security Control Theory: Achieving a Sustainable Reconciliation Between Sharing and Protecting the Privacy of Information." *Journal of Management Information Systems* 34, No. 4 (2017).

Bilski v. Kappos, 561 US (2010).

Brown Bag Software vs. Symantec Corp. 960 F2D 1465 (Ninth Circuit, 1992).

Brynjolfsson, Erik, and Andrew McAfee. *Race Against the Machine* (Digital Frontier Press, 2011).

Culnan, Mary J., and Cynthia Clark Williams. "How Ethics Can Enhance Organizational Privacy." *MIS Quarterly* 33, No. 4 (December 2009).

Davenport, Thomas H., and Julia Kirby. "Beyond Automation." *Harvard Business Review* (June 2015).

European Commission. "2018 Reform of EU Data Protection Rules," https://ec.europa.eu (2018).

European Commission. "The EU-U.S. Privacy Shield Factsheet." July 2016. http://ec.europa.eu, accessed June 15, 2017.

European Parliament. "Directive 2009/136/EC of the European Parliament and of the Council of November 25, 2009." European Parliament (2009).

Federal Trade Commission. "FTC Releases 2018 Privacy and Data Security Update" (March 2019).

"Internet of Things (IoT): Privacy & Security in a Connected World" (January 2015).

Gopal, Ram D., Hooman Hidaji, Raymond A. Patterson, Erik Rolland, and Dmitry Zhdanov. "How Much to Share with Third Parties? User Privacy Concerns and Website Dilemmas." *MIS Quarterly* 42, No. 1 (March 2018).

Henry, Patrick. "Why Computers Make Us Stupid." *Slice of MIT* (March 6, 2011).

Kang, Cecelia, David Streitfeld and Annie Karni. "Antitrust Troubles Snowball for Tech Giants as Lawmakers Join In." *New York Times* (June 3, 2019).

Kang, Cecelia, and Kenneth P. Vogel. "Tech Giants Amass a Lobbying Army for an Epic Washington Battle." *New York Times* (June 5, 2019).

Laudon, Kenneth C. *Dossier Society: Value Choices in the Design of National Information Systems.* (New York: Columbia University Press, 1986).

Laudon, Kenneth C., and Carol Guercio Traver. *E-Commerce: Business, Technology, Society*, 15th ed. (Upper Saddle River, NJ: Prentice-Hall, 2020).

LeBlanc, K. E., and W. Cestia. "Carpal Tunnel Syndrome." *American Family Physician* 83, No. 8 (2011).

Lohr, Steve, Mike Isaac, and Nathaniel Popper. "Tech Hearings: Congress Unites to Take Aim at Amazon, Apple, Facebook and Google." *New York Times* (July 16, 2019).

Lomas, Natasha. "EU Parliament Calls for Privacy Shield to Be Pulled Until US Complies." *TechCrunch* (July 5, 2018).

Manyika, James, and Michael Spence. "The False Choice Between Automation and Jobs." *Harvard Business Review* (February 5, 2018).

Pew Research Center. "The State of Privacy in America" (January 20, 2016).

RIAA. "2018 RIAA Shipment & Revenue Statistics" RIAA (May 2019).

Satariano, Adam. "The European Union on Friday Enacts the World's Toughest Rules to Protect People's Online Data." *New York Times* (May 24, 2018).

Shaban, Hamza, "Under Armour Announces Data Breach, Affecting 150 Million Myfitnesspal App Accounts." *Washington Post* (March 29, 2018).

The Software Alliance. "BSA Global Software Survey 2018" (June 2018).

Symantec. "2019 Internet Security Threat Report" (2019).

US Department of Health, Education, and Welfare. *Records, Computers, and the Rights of Citizens* Cambridge, MA: MIT Press (1973).

US Senate. "Do-Not-Track Online Act of 2011." Senate 913 (May 9, 2011).

US Sentencing Commission. "Sentencing Commission Toughens Requirements for Corporate Compliance Programs" (April 13, 2004).

Wolcott, Robert C. "How Automation Will Change Work, Purpose, and Meaning." *Harvard Business Review* (January 11, 2018).

信息技术基础设施

第 2 篇通过介绍硬件、软件、数据库、网络技术以及用于安全和控制的工具与技术，为理解信息系统奠定技术知识基础。本部分将回答以下问题：当今企业需要哪些技术和工具来完成各项工作？对于这些技术，需要了解哪些信息以确保它们能够提高企业绩效？这些技术未来可能发生哪些变化？需要哪些技术和程序来确保系统的可靠性和安全性？

第 5 章：IT 基础设施：硬件与软件

第 6 章：商务智能基础：数据库与信息管理

第 7 章：通信、互联网和无线技术

第 8 章：信息系统安全

第 5 章 IT 基础设施：硬件与软件

● **学习目标**

阅读完本章，你将能够回答以下问题：

1. IT 基础设施由哪些部分组成？
2. 商业中主要使用哪些计算机硬件、数据存储、输入和输出技术？硬件的发展趋势是什么？
3. 商业中主要使用哪些计算机软件？软件的发展趋势是什么？
4. 管理硬件与软件技术有哪些关键问题？
5. 管理信息系统对职业生涯有何帮助？

美国航空公司迈向"云端"

美国航空集团（American Airlines Group Inc.）是美国主要的航空公司，也是世界上最大的航空公司之一。它拥有超过 12.8 万名员工，每年运送约 2 亿名乘客。美国航空公司和美鹰航空公司（American Eagle）平均每天提供近 6 700 次航班，飞往 50 多个国家的近 350 个目的地。

航空业的竞争非常激烈，而差异化竞争的一个关键领域是客户体验的质量。航空公司与客户沟通并提供预订、座位分配、出票、改签和其他客户服务的能力越来越依赖于数字渠道。客户希望航空公司提供更多的在线互动工具并更无缝响应他们的需求。

美国航空公司非常希望为乘客提供更好的自助服务功能，以应对恶劣天气导致航班中断时，乘客被迫改签的情况。尽管美国航空公司的信息系统能够为乘客重新预订下一个最优航班，但如果乘客想要改签其他航班，则必须致电预订台或前往机场服务台。美国航空公司希望乘客能够看见其他选项，通过网站、移动应用程序或自助服务台立即在线更新他们的航班选择。

不幸的是，美国航空公司原有的IT基础设施无法为客户提供这些重要服务，也无法满足企业的所有愿景。美国航空公司使用自己的计算中心和大型主机处理每日产生的数百万笔交易，其现有的面向客户的应用程序处于孤岛状态，无法快速整合集成客户服务所需的全部数据，每次数据变更都需要在不同团队管理的三个平台进行相同操作。

为了更好、更快地响应客户需求，公司将重要的计算工作由本地计算中心转移到IBM Cloud。IBM Cloud云计算服务套件提供计算机硬件、软件、存储、网络和其他服务支持企业系统运营，这些服务由IBM管理的远程计算中心按需提供，并可通过互联网进行访问。

IBM和美国航空公司合作开发了专为使用云技术设计的新应用程序。美国航空公司仅用四个半月的时间就开发出新的Dynamic Rebooking应用程序，开发时间仅为使用IBM旧的IT基础设施进行开发所需时间的一半。当旅行计划中断时，该应用程序为乘客提供重要信息和控制功能，为每位乘客确定最佳解决方案，引导乘客完成改签流程、处理重新出票、交付登机牌，并发送消息重新安排行李路线。客户对此的反馈非常好。

在开发Dynamic Rebooking的同时，IBM和美国航空公司还致力于将集团官方网站、客户移动程序和自助服务台应用程序等面向客户的界面全部迁移到IBM Cloud。这将允许客户通过手机或计算机预付行李费并托运行李，这一功能已经在其他航空公司实现，但直到现在美国航空公司还无法提供。

迁移到IBM Cloud还使美国航空公司避免了升级现有硬件所需的大量资金支出，显著提高了服务器性能和可靠性，减少了终端用户响应时间。对于使用IBM云服务执行的计算工作，IBM向美国航空公司提供24小时的应用程序支持和管理。过去用于维护低效老旧技术的时间现在可用于解决新的业务需求，帮助美国航空公司在客户服务上继续创新并超越竞争对手。

资料来源："IBM Cloud Flies with American Airlines," www.ibm.com, accessed January 27, 2019; www.aa.com, accessed January 28, 2019; Chris Preimesberger "American Airlines Heads for a New Cloud with IBM," *eWeek*, June 29, 2017; and Becky Peterson, "American Airlines Looks to the IBM Cloud to End Travel Hell," *Business Insider*, January 27, 2017.

美国航空公司的经验说明了信息技术基础设施在当今企业经营中的重要性。以合适的价格使用合适的技术，能够提高组织绩效。美国航空公司负担着老旧的硬件和软件平台，这些老旧平台的成本太高且难以使用，导致无法增加动态改签等新的客户服务，阻碍企业高效运营及有效吸引和留存客户。

下图指出了上述案例和本章的要点。美国航空公司将云计算用于IT基础设施能够开发关键应用程序，更快速地为客户提供服务，并将IT系统的运营和管理委托给云服务提供商（IBM）的外部专家。美国航空公司只需为实际使用的计算能力付费，而不必进行大量成本高昂的前期IT投资。美国航空公司采用混合云战略，即公司自己维护部分IT基础设施，其余部分通过云计算服务维护。

以下是一些需要思考的问题：云计算如何帮助美国航空公司变得更有竞争力？云计算基础设施能为美国航空公司带来哪些商业利益？

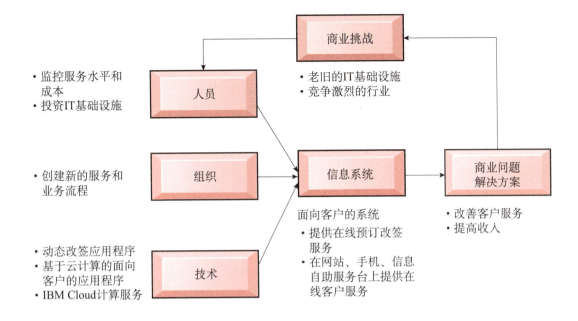

5.1　IT 基础设施由哪些部分组成？

如果想知道为什么全球企业每年在计算机和信息系统上的花费高达 3.8 万亿美元，只需设想一下现在创立或管理一家企业需要什么。企业需要大量的计算机设备、软件和通信功能来运营并解决基本的业务问题。

你的员工会在旅行途中或在家中完成一些工作吗？你可能需要为他们配备笔记本电脑、平板电脑或智能手机。如果你受雇于中型或大型企业，还需要一个更大的服务器计算机，可能是数百甚至数千台服务器组成的数据中心或服务器群。**数据中心**（data center）是涵盖通信、存储、安全系统和备用电源等计算机系统和相关组件的设施。

你还需要大量的软件。每台计算机都需要一个操作系统和一系列能够处理电子表格、文档和数据文件的应用软件。除非企业只有一名员工，否则你还需要网络连接企业中的所有人员，也许还有客户和供应商。事实上，你可能需要连接办公室员工的局域网，以及员工外出时仍可以共享邮件和文档的远程访问网络。你还希望所有员工都能访问固定电话系统、移动电话网络和互联网。最后，为了使所有这些设备和软件能够协调运行，你需要专业人士运用和管理这些技术。

上述所有元素共同构成了本书第 1 章中首次定义的企业 IT 基础设施，企业 IT 基础设施为企业全部信息系统提供了基础或平台。

5.1.1　IT 基础设施组件

现代 IT 基础设施由五个部分组成：计算机硬件、计算机软件、数据管理技术、网络和通信技术以及技术服务（见图 5-1），这些组件之间必须相互协调。

计算机硬件

计算机硬件由计算机处理、数据存储、输入和输出等技术组成，包括大型主机、服

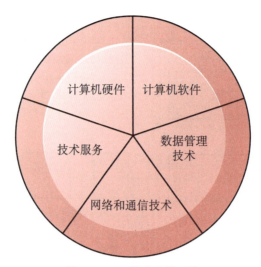

图 5 - 1 IT 基础设施组件

说明：企业 IT 基础设施由计算机硬件、计算机软件、数据管理技术、网络和通信技术及技术服务组成。

务器、台式计算机和笔记本电脑，以及能够访问企业数据和连接互联网的移动设备。计算机硬件还包括收集并输入数据的设备、存储数据的物理介质以及输出处理后信息的设备。

计算机软件

计算机软件包括系统软件和应用软件。**系统软件**（system software）管理计算机的资源和活动，**应用软件**（application software）使计算机完成终端用户的具体任务，如处理订单或生成邮件列表。如今大部分系统软件和应用软件都不再定制开发，而是从外部供应商处直接购买。本书将在 5.2 节详细描述这些类型的软件。

数据管理技术

除了存储数据的物理介质外，企业还需要专门的软件来组织数据，使它们可供企业用户使用。**数据管理软件**（data management software）组织、管理并处理与库存、客户和供应商相关的业务数据。第 6 章将详细介绍数据管理软件。

网络和通信技术

网络和通信技术为员工、客户和供应商提供数据、语音和视频连接支持，包括运行企业内部网络的技术、通信/电话服务技术以及运行网站和通过互联网连接其他计算机系统的技术。第 7 章将深入分析这些技术。

技术服务

企业需要人员来运行管理上述 IT 基础架构组件并培训员工如何在工作使用这些技术。本书第 2 章描述了信息系统部门的作用，它是企业为此设立的内部业务部门。如今，很多企业把外部技术顾问作为内部信息系统员工的补充，提供内部无法获取的专业知识。当企业需要进行重大系统变更或部署全新的 IT 基础设施时，通常会求助于外部技术顾问来帮助它们完成系统集成。

系统集成意味着要确保新的基础设施能够与企业遗留系统共同运行，保证基础设施的新要素之间能够协调工作。**遗留系统**（legacy systems）通常是为继续使用旧计算机创建的旧的业务处理系统，避免因替换或重新设计带来的高昂成本。

数以千计的技术供应商提供 IT 基础设施和服务，具有将它们整合在一起的多种方式。本章介绍企业运营所需的硬件和软件基础设施，第 6 章介绍数据管理组件，第 7 章专门介绍网络和通信技术组件，第 8 章讨论确保信息系统可靠性和安全性的硬件和软件。

➡ 5.2 商业中主要使用哪些计算机硬件、数据存储、输入和输出技术？硬件的发展趋势是什么？

计算机和信息系统可以应对企业面临的许多问题与挑战，为了提高效率，企业需要选择与业务挑战的性质相匹配的计算机硬件，在技术投资上既不超支也不落后。

5.2.1 计算机种类

从最小的手持设备到最大的大型机和超级计算机，计算机的尺寸不同，处理信息的能力也各不相同。如果你是独自工作或在小型企业中与几个人共同工作，可能会使用台式计算机或**个人计算机**（personal computer，PC），可能还需要具有强大计算能力的移动设备，如 iPhone、iPad 或安卓移动设备。如果你从事需要强大绘图和计算能力的高级设计或者工程工作，可能会使用**工作站**（workstation），工作站的大小与工作台匹配，但比个人计算机拥有更强大的数学和图形处理能力。

如果企业拥有多台联网计算机或要维护一个网站，则需要配置一台**服务器**（server）。服务器计算机经过专门优化以支持计算机网络，使用户能够共享文件、软件、打印机等外围设备或其他网络资源。

服务器可为电子商务提供硬件平台。通过安装专门的软件，服务器可以提供定制网页、处理采购和销售数据或与企业内部系统交换数据。有时，许多服务器会连接在一起来满足大企业的全部处理需求。如果企业需要处理数以百万计的金融交易或客户记录，就需要多台服务器或大型计算机来完成这些工作。

大型计算机最早出现在 20 世纪 60 年代中期，大型银行、保险公司、证券公司、航空公司、政府机构至今仍用它们处理十万级甚至百万级的记录和交易数据。**大型机**（mainframe）是一种大容量、高性能的计算机，能够迅速处理大量数据。例如，IBM Z14 大型机每天可以处理 120 亿次加密交易，IBM 重新调整了大型机系统的用途，使其可用作大规模企业网络和企业网站的巨型服务器。一台 IBM 大型机可以运行足够多的 Linux 或 Windows 服务器软件，从而取代数千台基于 Windows 的小型服务器。**超级计算机**（supercomputer）是专门设计且更复杂的计算机，用于需要快速、复杂地计算数千个变量、数百万个测量值和数千个方程的任务。超级计算机通常用于结构化、科学探索、仿真模拟等工程分析，以及机密武器研究等军事工作。例如，沃尔沃（Volvo）和大多数其他汽车制造商使用超级计算机模拟汽车碰撞测试。

如果你在国家海洋和大气管理局（National Oceanic and Atmospheric Administration，NOAA）或国家飓风中心（National Hurricane Center）长期从事天气预测工作，那么你面临的挑战是根据数十万个测量值和数千个方程预测天气系统的运动，可能需要访问超级计算机或名为网格的分布式计算机网络。

网格计算（grid computing）将地理上相互分离的计算机连接到一个网络中，并将网格上所有计算机的计算能力结合。网格计算利用了这样一个事实，即美国大多数计算机平均只有 25% 的时间在使用 CPU，剩下 75% 的容量可以用于处理其他任务。通过整合数千台个人计算机及其他联网计算机的运算能力，网格能够用极低的成本以超级计算机的速度解决复杂问题。

例如，荷兰皇家壳牌集团（Royal Dutch/Shell Group）正在使用一种可扩展的网格计算平台提高其科学建模应用程序的准确性和速度，从而找到最佳油层。该平台连接了 1 024 台运行 Linux 操作系统的 IBM 服务器，创建了世界上最大的商用 Linux 超级计算机。网格计算可以调整以适应季节性业务中的波动数据量。

计算机网络和客户端/服务器计算

除非是拥有独立计算机的小型企业，否则处理大多数工作都会使用联网计算机。使用多台由通信网络连接的计算机进行计算处理称为**分布式处理**（distributed processing）。**集中式处理**（centralized processing）由一台大型中央计算机完成所有计算处理，这种处理方式并不常见。

分布式处理的常见形式是**客户端/服务器计算**（client/server computing）。客户端/服务器计算将处理任务在客户端和服务器之间拆分，两者均处于网络中，但每台机器都被分配执行最适合的功能。**客户端**（client）是用户获取所需功能的入口，通常是台式计算机或笔记本电脑，用户通常只与应用程序的客户端直接交互。服务器为客户端提供服务，能够存储和处理共享数据，执行打印管理、备份存储等功能以及安全、远程访问和用户身份验证等网络活动。图 5-2 描述了客户端/服务器计算的概念。互联网上的计算都使用客户端/服务器模型（见第 7 章）。

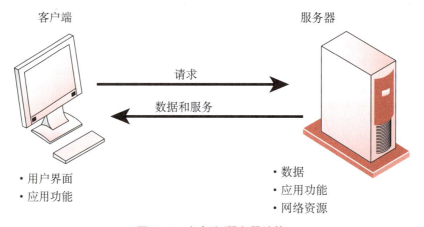

图 5-2 客户端/服务器计算

说明：在客户端/服务器计算中，计算机处理任务在经由网络连接的客户端和服务器之间分配，用户与客户端进行交互。

图 5-2 展示了最简单的客户端/服务器网络，包括与服务器计算机联网的客户端，处理任务在两种类型的计算机之间进行分配，称为双层客户端/服务器架构。虽然中小企业中能够见到简单的客户端/服务器网络，但大多数企业都具有更复杂的多层客户端/服务器架构（通常称为 **N 层客户端/服务器架构**（N-tier client/server architectures）），网络中

的工作根据请求的服务类型在多个级别的服务器之间协调分配（见图 5-3）。

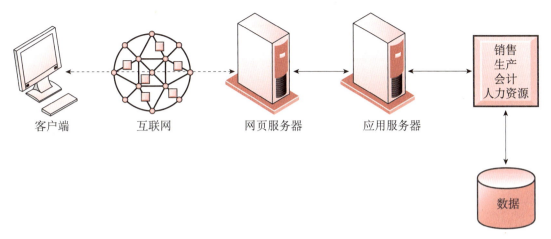

客户端　　　　　互联网　　　　　网页服务器　　　　应用服务器

销售
生产
会计
人力资源

数据

图 5-3　多层客户端/服务器网络（N 层）

说明：在多层客户端/服务器网络中，客户端的服务请求由不同级别的服务器处理。

例如，在第一级，**网页服务器**（web server）向客户端提供网页以响应服务请求。网页服务器软件负责查找和管理所存储的网页，如果客户端请求访问企业系统，如产品列表或价格信息，该请求被传递给**应用服务器**（application server）。应用服务器软件处理用户和组织后台系统之间的所有应用操作。应用服务器和网页服务器可以位于同一台计算机，也可以位于自己的专用计算机。第 6 章和第 7 章将对电子商务中多层客户端/服务器架构使用的其他软件进行更详细的介绍。

5.2.2　存储、输入和输出技术

除了处理数据的硬件外，还需要数据存储和输入输出技术。存储和输入输出设备被称为外围设备，因为它们位于主计算机系统单元之外。

二级存储技术

电子商务和电子商业的兴起，以及《萨班斯-奥克斯利法案》和《多德-弗兰克法案》等法案使存储成为一项战略性技术。企业现在需要存储的数据量每 12～18 个月就会翻一番。传统的存储技术包括磁盘、光驱、磁带和存储网络，其中存储网络可将多个存储设备连接到专门用于存储的高速网络上。

在大中型计算机和一些个人计算机中，机械磁盘驱动器仍被用作二级存储。然而，越来越多的个人计算机、智能手机和平板电脑使用**固态硬盘**（solid state drives，SSD）存储数据。SSD 将一系列半导体组织为非常快速的内部磁盘驱动器。便携式 USB 闪存驱动器也使用类似的技术进行外部存储。光盘驱动器（CD、DVD 和蓝光）使用激光束技术，以紧凑的形式存储声音、图像等大量数据。此外，企业还使用云计算服务进行大规模数据存储。本章稍后将进一步讨论云计算。

输入输出设备

用户主要通过输入和输出设备与计算机系统交互。**输入设备**（input devices）收集数据并将其转换为电子形式供计算机使用，**输出设备**（output devices）在数据处理完成后显

示处理后数据。表 5-1 描述了主要的输入和输出设备。

表 5-1   输入和输出设备

输入设备	描述
键盘	文本和数字数据的主要输入方式。
鼠标	具有点击功能的手持设备，用于控制光标在计算机屏幕上的位置并选择命令。在笔记本电脑上，轨迹球和触控板通常代替鼠标作为指点设备。
触摸屏	允许用户通过触摸显示屏表面与计算机进行交互的设备。用于机场、零售商场和餐馆的自助终端，以及 iPhone、iPad 和触控计算机等多点触控设备。
光学字符识别设备	可以将特殊设计的标记、字符和代码转换成数字形式的设备。使用最广泛的光学编码是条形码。
磁性墨水字符识别（MICR）设备	MICR 是主要用于银行支票处理的技术。支票底部的字符可识别银行、支票账户和支票编号。字符使用特殊的磁性墨水预印，以便将其转换成数字形式供计算机使用。
手写输入设备	手写识别设备，可将电子笔在触摸式平板电脑屏幕上的按压动作转换为数字形式。
数字扫描仪	将图像（如图片或文档）转换为数字形式的设备。
音频输入设备	将语音、音乐或其他声音转换为数字形式以供计算机处理的输入设备。
传感器	直接从环境中收集数据并输入计算机系统的设备。例如，农民可以使用传感器监测田间土壤的湿度。

输出设备	描述
显示器	通常是面板（LCD）显示屏。
打印机	生成信息输出的打印硬拷贝的设备。包括冲击式打印机（如点阵打印机）和非冲击式打印机（如激光、喷墨和热转印打印机）。
音频输出设备	将数字输出数据转换成可理解的语音、音乐或其他声音的输出设备。

5.2.3   硬件发展趋势

计算机硬件和网络技术的爆炸式增长极大地改变了企业组织计算能力的方式，企业将更多的计算能力放在网络和移动手持设备上。以下总结了八个硬件发展趋势：移动数字平台、IT 与自带设备（BYOD）消费化、纳米技术和量子计算、虚拟化、云计算、边缘计算、绿色计算和高性能/节能处理器。

移动数字平台

本书第 1 章指出，新的移动数字计算平台已经成为个人计算机和大型计算机的替代品。iPhone 和安卓智能手机等移动设备已经取代了个人计算机的许多功能，包括数据传输、上网、发送电子邮件和即时消息、显示数字内容以及与企业内部系统进行数据交换。新的移动平台还包括针对无线通信和互联网优化的小型轻量级上网本、iPad 等平板电脑（tablet computers）、汽车信息娱乐系统、可穿戴设备和亚马逊 Kindle 等能联网的电子书阅读器。

智能手机和平板电脑逐渐成为访问互联网的主要手段，这些设备越来越多地用于商业计算和消费者应用程序。例如，通用汽车的高管正在使用智能手机应用程序深入了解汽车销售信息、财务业绩、制造指标和项目管理状态。

可穿戴计算设备是移动数字平台的新成员，包括智能手表、智能眼镜、智能徽章和活动追踪器。正如"互动讨论：技术"专栏所述，虽然可穿戴计算技术仍处于起步阶段，但它已经具备商业价值。

互动讨论：技术　　企业为可穿戴计算机做好准备了吗？

可穿戴计算机正在迅速发展，智能手表、智能眼镜、智能 ID 徽章和活动追踪器有望改变人们的日常生活和工作方式。尽管苹果手表和健身追踪器等智能手表一直是流行的消费产品，但可穿戴计算机的商业应用似乎发展得更快。在美国斑马技术公司（Zebra Enterprises）调查的 1 100 家全球企业中，有一半表示它们计划到 2022 年部署可穿戴技术。研究公司 Tractica 的报告提出，到 2021 年，可穿戴计算机的全球销量约为 6 640 万台。

医生和护士使用智能眼镜查看患者的医疗记录；石油钻井工人戴着智能头盔与地面上的专家联系，专家可以远程查看工人的工作并传达指令；仓库经理可以使用智能手表捕捉实时性能数据，从而更好地管理订单配送和完成任务。可穿戴计算机可在不中断员工操作的情况下向员工传递信息，使员工能够更快地作出更明智的决策。

电子商务的发展推动了经济增长和对生产力的需求，需要更多仓库和配送工人。可穿戴计算机通过自动化、精简化的拣货和运输流程解决了这一问题。可穿戴计算技术无须携带并使用手持移动计算机挑选、处理、包装和运输产品，也不必往返于仓库通道和计算机工作站之间。在省去了一些步骤的同时，可穿戴技术也解放了工人的双手。例如，全球物流公司敦豪航空货运公司（DHL）在其仓库运营的"视觉拣货"系统中应用可穿戴设备，智能眼镜上显示的位置图可引导员工在仓库中移动，加快寻找物品的过程并减少错误。DHL 表示，这项技术将效率提高了 25%。

随着物联网传感器数据与人类实际行为相关联，可以发现新的见解和信息。例如，任务持续时间，以及一个员工或设备与其他员工和设备之间的接近程度信息可以解释以前无法识别的低效工作流程。

IBM 一直在与 Garmin Health、Mitsufuji、GuardHat 和 SmartCone 合作开发应用程序，以提高矿井、建筑工地和工厂等危险环境中工人的安全性。工人将佩戴可穿戴的沃森（Watson）物联网设备，监控生物特征和周围环境的变化，包括高度、温度和气体浓度。GuardHat 智能头盔将硬件和软件集成到一个监控系统中，可以跟踪生物特征信号以及周围气体等环境测量值。

谷歌开发了用于商业的 Glass Enterprise Edition 智能眼镜，其合作伙伴负责为制造和医疗保健等特定行业开发应用程序。Glass Enterprise Edition 通过消除干扰简化工作流程，使员工保持对工作的投入和专注。包括美国尊享医疗（Dignity Health）、波音公司和大众汽车在内的 50 多家企业一直使用谷歌眼镜更快、更有效地完成工作。

杜克能源公司（Duke Energy）一直在探索使用智能眼镜并发现了多种用途。杜克能源新兴技术办公室的技术开发经理亚历山大•武科耶维奇表示，智能眼镜可以让在现场工作的员工观看培训视频或教学视频，以帮助设备维修或升级。这种眼镜还可以进行远程管理，使管理人员能够获取生产线工人或变压器工人看到的内容，管理人员对获取的图像和视频添加注解后，再将它们发回现场工人。杜克能源公司还将智能眼镜用于仓库库存管理，当工作人员看到货物编号时，它就会自动记录到现有数据库中。

　　智能眼镜也面临一些挑战。与企业使用的任何其他移动设备一样，锁定通过智能眼镜访问的数据至关重要。当前的智能眼镜在设计时并没有考虑安全性，智能眼镜中的传感器也没有其他产品那么准确，现场工作人员使用智能眼镜定位断路器或其他设备时，可能会偏离实际位置 10～15 英尺，因为智能眼镜使用谷歌的 GPS 而不是能源行业更常见的军用级解决方案，后者可以将设备定位误差缩小在一厘米以内。此外，智能眼镜不一定允许同时佩戴安全保护眼镜。最后，将智能眼镜数据与杜克能源公司的内部数据库整合起来也可能会很困难。

　　智能眼镜就像智能手机，如果没有与内部内容和恰当的应用程序整合，就无法充分发挥作用。可穿戴计算机的价值不在于将相同信息从笔记本电脑或智能手机传输到智能手表或眼镜上。相反，其价值在于帮助企业利用可穿戴计算机寻找改进并增强业务流程的方法。可穿戴计算机的成功应用不仅取决于成本效益，还取决于开发新的、更好的应用程序，以及与现有 IT 基础设施和组织管理以及保护移动设备的工具的集成（参见本章结尾的案例）。

　　资料来源：Robert J. Bowman，"Wearables in the Workplace：A Boon for Safety or Intrusion on Privacy" *SupplyChain Brain*，April 22，2019；Chiradeep BasuMallick，"Why Wearable Technologies Will Drive Workplace Wellness in 2019," *HR Technologist*，January 18，2019；Sam Draper，"IBM Watson Wants to Use Wearable Devices to Improve Worker Safety," *Wearable Technologies*，March 8，2019；Alec Pestov，"Futureproofing the Workplace with Wearable Technology," vGIS，January 16，2019；"Improving Warehouse Productivity with Wearable Computers," www. sstid. com，accessed April 17，2019；Josh Garrett，"Wearables：The Next Wave of Enterprise IoT？" *IoT Agenda*，February 1，2018；and Lucas Mearian，"Is Google Glass Really Ready for the Enterprise？" *Computerworld*，August 1，2017.

案例分析问题

　　1. 可穿戴计算机有可能改变组织和员工开展业务的方式。讨论这句话的含义。

　　2. 如果一家企业计划为其员工配备可穿戴计算机，需要解决哪些人员、组织和技术问题？

　　3. 哪些类型的企业最有可能从可穿戴计算机中获益？选择一家企业，描述可穿戴计算机如何帮助该企业改善运营或决策。

IT 与 BYOD 消费化

　　智能手机和平板电脑的普及、易用和丰富的应用程序，极大地激发了员工在工作环境中使用个人移动设备的兴趣，这通常被称为自带设备。**自带设备**（bring your own device，BYOD）是 **IT 消费化**（consumerization of IT）的一个方面，新的信息技术首先出现在个人消费市场，随后传播到商业组织中。IT 消费化不仅包括个人移动设备，还包括源自个人消费者市场对软件服务的商业使用，如谷歌和雅虎搜索、Gmail、多宝箱（Dropbox），甚至是 Facebook 和推特。

　　IT 消费化迫使企业重新思考获取和管理信息技术设备和服务的方式。从历史来看，IT 部门控制企业硬件和软件的选择和管理（至少在大企业中），确保了信息系统能够得到保护并服务于企业目标。如今，员工和业务部门在技术选择中发挥更大的作用，许多情况下，员工需要使用自己的个人移动设备访问企业网络。虽然消费技术提供了促进创造力、协作力和生产力的新工具，但它们更难被企业管理和控制。本书将在 5.3 节和章末的案例中进一步探讨这个话题。

纳米技术和量子计算

多年来，微处理器制造商指数级提高了处理功能，同时试图将更多晶体管封装在更小空间中以缩小芯片尺寸。现在，它们正转向利用纳米技术将晶体管的尺寸缩小到几个原子的宽度。**纳米技术**（nanotechnology）利用单个原子和分子，制造比现有技术允许的尺寸小数千倍的计算机芯片和其他设备，芯片制造商正在寻找经济性生产纳米管处理器的方法。纳米管是比人类头发细约一万倍的微管，由卷起的六边形碳薄片组成，具有作为微型电线或超小型电子设备的潜在用途，并且是导电性非常好的电流导体。

另一种增强计算机处理能力的新方法是量子计算。**量子计算**（quantum computing）使用量子物理的原理来表示数据并执行操作。传统计算机将数据处理为 0 或 1，但无法同时处理，而量子计算可以实现。同时处于多种状态使得量子计算机获得极强的处理能力，能够以比现在快数百万倍的速度解决一些科学和商业问题。IBM 已通过 IBM Cloud 向公众提供量子计算服务，谷歌 Alphabet、大众汽车和洛克希德·马丁公司（Lockheed Martin）都在试验量子技术。

虚拟化

虚拟化（virtualization）是呈现计算能力和数据存储等计算资源的过程，使它们能够以不受物理配置和地理位置限制的方式被访问。虚拟化使单个物理资源（如服务器或存储设备）向用户显示为多个逻辑资源。例如，可以将服务器或大型机配置为运行同一操作系统或不同操作系统的多个实例，使它们像多个不同机器一样工作。对软件程序而言，每个虚拟服务器"看起来"就像真实物理服务器，多个虚拟服务器可以在单台机器上并行运行。VMware 是领先的 Windows 和 Linux 服务器虚拟化软件供应商。

服务器虚拟化提供在单个物理机器上运行多个系统的能力，是常用的降低技术成本的方法。大多数服务器仅以 15%～20% 的容量运行，虚拟化可以将服务器利用率提高到 70% 或更高。更高的利用率意味着需要更少的计算机处理相同数量的工作，节省存放机器的数据中心空间并降低能源消耗。虚拟化还有助于硬件管理的集中和整合。

虚拟化还使得多个物理资源（如存储设备或服务器）能够显示为单个逻辑资源，就像**软件定义存储**（software-defined storage，SDS）那样。SDS 将管理数据存储的软件与硬件分开，企业利用软件可以汇集并安排多种存储基础设施资源，有效分配它们以满足特定应用需求。SDS 使企业能够用成本较低的商用硬件和云存储硬件代替昂贵的存储硬件，以减少存储资源利用不足或过度的情况。

云计算

云计算（cloud computing）是一种计算模式，其计算机处理、存储、软件和其他服务均由虚拟化资源共享池通过网络（主要是互联网）提供，可以根据需要从任何连接的设备和位置访问这些计算资源云。云计算是增长最快的计算形式，到 2021 年，全球公共云计算支出达到 2 660 亿美元。高德纳咨询公司预测，到 2025 年，80% 的企业将用云计算服务取代传统的本地数据中心（Gartner，2018）。图 5 - 4 说明了云计算的概念。

用户可使用苹果 iCloud 或 Google Drive 等云服务来存储文档、照片、视频和电子邮件。基于云的软件为社交网络、流媒体视频、音乐和在线游戏提供了强大的支撑。现在，

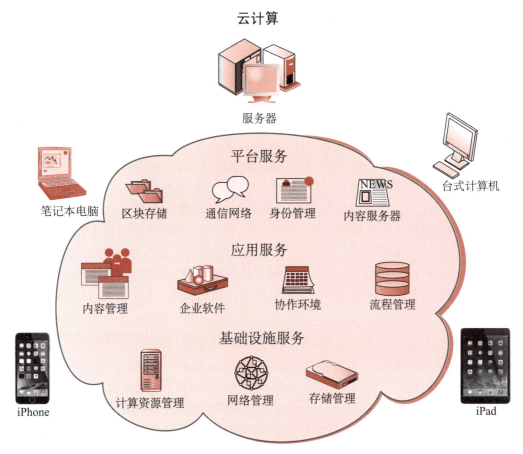

图 5-4 云计算平台

说明：在云计算中，硬件和软件功能是通过网络（通常是互联网）提供的虚拟资源池。企业和员工可以随时随地访问应用程序和 IT 基础设施。

私人和公共组织均使用云服务取代内部运行的数据中心和软件应用程序。亚马逊、谷歌、IBM、甲骨文和微软运营着大规模的可扩展云计算中心，为希望远程维护其 IT 基础设施的企业提供计算能力、数据存储和高速互联网连接。谷歌、微软、思爱普、甲骨文和 Salesforce.com 将软件应用程序以云计算服务的形式通过互联网销售。

美国国家标准与技术研究院（National Institute of Standards and Technology，NIST）认为云计算具有以下基本特征：

● **按需自助服务**（on-demand self-service）：用户可以根据需要自动获取服务器时间或网络存储等计算能力。

● **广泛的网络接入**（ubiquitous network access）：可以使用标准网络和互联网设备（包括移动平台）访问云资源。

● **与位置无关的资源池**（location-independent resource pooling）：集中计算资源以服务多个用户，根据用户需求动态分配不同的虚拟资源。用户通常不知道计算资源位于何处。

● **快速弹性**（rapid elasticity）：计算资源可以快速供应、增加或减少，以满足不断变化的用户需求。

● **可计量的服务**（measured service）：云资源按实际使用的资源数量收取费用。

云计算由以下三类服务组成：

● **基础设施即服务**（Infrastructure as a Service，IaaS）：客户使用云服务提供商的处理、存储、网络和其他计算资源来运行其信息系统。例如，亚马逊利用其 IT 基础设施的闲置容量提供广泛的云环境，销售 IT 基础设施服务，包括用于存储客户数据的简单存储服务（Simple Storage Service，S3）和用于运行应用程序的弹性计算云服务（Elastic Compute Cloud，EC2）。用户只需按实际使用的计算和存储容量付费（见"互动讨论：组织"）。图 5-5 显示了亚马逊网络服务（AWS）提供的一些主要服务。

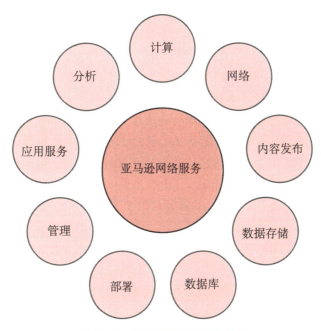

图 5-5　主要的亚马逊网络服务

说明：亚马逊网络服务是亚马逊为其云平台用户提供的一系列网络服务。AWS 目前提供超过 90 项服务，是美国最大的公共云服务提供商。

● **软件即服务**（Software as a Service，SaaS）：客户通过网络使用提供商在其云基础设施上托管并作为服务交付的软件。SaaS 的领先者包括谷歌 G Suite，它提供在线通用商业应用程序，还包括 Salesforce.com，其通过互联网提供客户关系管理和相关软件服务。这两家企业都向用户收取年度订阅费，虽然谷歌也有一个简化的免费版本。用户通过网络浏览器访问这些应用程序，数据和软件保存在提供商的远程服务器上。

● **平台即服务**（Platform as a Service，PaaS）：客户使用云服务提供商支持的基础设施和编程工具开发自己的应用程序。例如，微软在其 Azure 云服务中为软件开发和测试提供了 PaaS 工具和服务。另一个例子是 Salesforce.com 的 Salesforce 平台。

互动讨论：组织　　　　　　　　　　**展望"云端"**

可以在云端查看计算发生在哪里。云计算是目前增长最快的计算形式。思科公司称，2021 年 94％的计算工作在某种形式的云环境中运行，包括公共云和私有云平台。高德纳咨询公司预测，到 2025 年，80％的企业将淘汰其传统的数据中心。

从小型互联网初创企业到网飞（Netflix）和联邦快递等老牌企业，云计算已成为各规模企业都负担得起的明智选择。AWS 为订阅企业提供灵活的计算能力和数据存储，以及数据管理、消息传递、支付和其他根据业务需要能够共同或单独使用的服务。无需资金实力雄厚，任何能够连接互联网的企业都可使用与亚马逊用于运营其零售业务相同的计算系统。如果用户提供服务器空间、带宽、存储和其他服务的参数标准，AWS 可以自动分配这些资源。用户无须支付月费或年费来使用亚马逊计算资源，相反，用户只需按照实际使用量付费。规模经济使云计算的成本保持在较低水平。

云计算也吸引了许多企业，因为云服务提供商负责企业 IT 基础设施的维护和保养，让企业能够将更多时间用于价值更高的工作。初创企业和小型企业认识到，它们不再需要建立自己的数据中心。借助亚马逊等现有云基础设施，它们可以使用以前只有大型企业才能使用的技术。

总部位于旧金山的 99designs 运营着一个在线市场，将需要设计商标、宣传册、服装和包装的企业或个人与能够提供这些服务的设计师联系起来。该网站有超过 160 万注册用户，每秒钟能收到两份新的设计作品，设计师通过响应在网站上发布的客户设计简报来竞争工作。该公司使用 AWS 托管其信息系统，因为 AWS 可以轻松满足流量和用户逐年快速增长带来的计算需求，无须对新信息技术进行大量前期投资。99designs 使用 AWS 进行数据管理、托管应用程序并存储超过 100 TB 的大量设计数据。AWS 帮助 99designs 减少了直接管理所需的 IT 基础设施数量，从而持续节省运营成本。

尽管云计算被认为是比购买和拥有信息技术更便宜、更灵活的替代方案，但并非总是如此。对于大企业而言，每个月向公共云支付一万名甚至更多员工的服务费可能比企业维护自己的 IT 基础设施和员工更加昂贵。此外，企业还担心使用按次付费模式会带来计划外的"失控成本"。将云服务与现有 IT 基础设施集成，一些错误、管理不善或异常网页流量将增加云服务用户的费用。

Densify 是一家为大型企业服务的云优化公司，该公司对全球 70 家企业和 200 名云行业专业人士进行了调查，发现所有行业的企业可能在云服务上超额支出高达 42%。这些企业始终预估比实际需求更多的云计算容量，或者提前购买从未使用过的备用容量，这可能导致每年十万甚至数百万美元的 IT 预算损失。

对云的可靠性和安全性的顾虑是大规模使用云的一个主要障碍。2019 年 5 月 17 日，Salesforce 因软件更新错误而中断，导致 Salesforce 的营销云服务在周末关闭了 15 个小时。2018 年 9 月，恶劣天气引起硬件设备停用，导致微软 Azure 云服务中断，影响了多达 36 项云服务。一些服务中断需要两天才能恢复。2018 年 3 月 2 日上午，AWS Direct Connect 服务出现问题，导致多家大客户业务瘫痪，包括企业软件工具提供商 Atalassian、Capital One 和亚马逊自身的 Alexa 个人助理（混合云客户使用 AWS Direct Connect 在 AWS 基础设施和客户本地基础设施之间建立安全连接）。在过去的五年中，亚马逊的云计算也曾发生过严重的中断。

随着云计算的不断成熟以及主要云基础设施提供商积累了更多经验，云服务的可靠性稳步提高。专家建议，对于中断服务会造成重大风险的企业，可以考虑使用另一种计算服务作为备用。

2016 年 2 月，网飞花费了数十年的时间关闭了自己的数据中心，并专用亚马逊的云平台运营其业务。网飞不再需要提前几个月预测公司的硬件、存储和网络需求，也无须占用公司资源来保护和维护硬件，管理层对此十分满意。AWS 将提供网飞当前需要的任何硬件，而网飞拥有自己的软件，这对内容驱动型企业而言更为重要。

虽然网飞、财捷（Intuit）和瞻博网络（Juniper Networks）采用"云优先"战略，所有计算工作都在云中进行，但其他企业正在减少对云计算的投资。这些企业发现它们缺乏对迁移到 AWS 和 Azure 等公共云服务的内部专业知识的有效管理。如果它们必须恢复、移动或访问自身信息，成本就会成倍飙升，云服务带来了新的复杂性。

在线文件存储公司多宝箱是早期 AWS 的成功案例，但它从未在 AWS 上运行其所有系统。多宝箱的战略是建立全球最大的数据存储，这一战略的实现依赖于拥有自己的计算资源。多宝箱移除了在 AWS 上运行的大部分系统，以构建更适合自身需求的系统，在三年内节省了近 7 500 万美元的基础设施成本。但是这种转变代价高昂，多宝箱在三个托管设施中花费了超过 5 300 万美元，用于定制架构以容纳 EB 级存储。多宝箱将剩余 10% 的用户数据存储在 AWS 上，部分原因是为了将美国和欧洲的数据本地化。

许多大企业无法彻底将计算迁移到云平台，因为遗留系统最难转换。大多数大中型企业都倾向于混合方式。亚马逊、谷歌、微软、IBM 等领先云服务提供商出于某些目的使用自己的公共云服务，但同时也继续在私有服务器上保留某些功能。对可靠性、安全性和变更风险的担忧使它们难以将关键计算任务转移到公共云。

资料来源：Don Fluckinger, "Salesforce Outage Exposes Pardot Marketing Automation Data," *SearchCustomer Experience*, May 22, 2019; "AWS Case Study: 99Designs," https://aws.amazon.com, accessed April 30, 2019; Chris Preimesberger, "How Cloud Environments Will Evolve Over the Next Few Years," *eWeek*, March 12, 2019; Sarah Neenan, "A Look Back at the Top Cloud Computing News of 2018," searchcloudcomputing.com, December 2018; Angus Loten, "Rush to the Cloud Creates Risk of Overspending," *Wall Street Journal*, July 25, 2018; Clint Boulton, "How Public Cloud Powers Digital Transformation: 8 Real-World Examples," *CIO*, August 3, 2018; Trevor Jones, "Dropbox Is Likely an Outlier with Its Successful Cloud Data Migration off AWS," searchaws.com, February 28, 2018; Andy Patrizio, "Cisco Says Almost All Workloads Will Be Cloud-Based Within 3 Years," *Network World*, February 5, 2018; and Tom Krazit, "Widespread Outage at Amazon Web Services' U.S. East Region Takes down Alexa, Atlassian Developer Tools," *GeekWire*, March 2, 2018.

案例分析问题

1. 云计算服务提供了哪些商业价值？解决了哪些问题？
2. 云计算有哪些缺点？
3. 哪些类型的企业最有可能从云计算中受益？为什么？

本书第 2 章讨论了 G Suite、Microsoft Office 365 及其他用于台式计算机生产力和协作的相关软件服务。虽然它们越来越多地用于商业，但它们仍是个人消费者最喜欢的软件服务之一。Salesforce.com 是一家领先的商业软件服务公司，通过互联网提供客户关系管理（CRM）和其他应用软件解决方案，其销售云和服务云提供用于改善销售和客户服务的应用程序。营销云使企业能够通过电子邮件、移动设备、社交、网络和联网产品与客户进行数字营销互动。Salesforce.com 还提供了用于在线协作和参与的社区云平台，无须在不同应用程序间切换、可在不同类型设备上进行可视化和数据分析的分析云平台，以及用于患者护理管理的健康云。新兴的物联网（IoT）云将联网设备生成的产品使用和客户行为数据传输到 Salesforce 平台，以改善客户关系管理。

Salesforce.com 也是平台即服务（PaaS）的领先者，其 Salesforce 平台使用户能够开发、启动和管理应用程序，而无须处理开发新软件所需的基础设施。Salesforce 平台提供了一组开发工具和 IT 服务，使用户能够构建新的应用程序，并在 Salesforce.com 数据中心基础设施的云上运行。Salesforce.com 还在其 AppExchange 平台上列出了其他独立开发商的软件，该平台是在 Salesforce 平台上运行的第三方应用程序的在线市场。

云服务可以是公共云或私有云。**公共云**（public cloud）由 AWS 等云服务提供商拥有和维护，可供公众和行业机构使用。公共云服务常用于具有公共信息和产品描述的网站，一次性大型计算项目，新应用程序开发和测试，以及数据、音乐和照片等在线存储消费者服务。Google Drive、多宝箱和苹果 iCloud 都是这些消费者云服务的典型范例。

私有云（private cloud）专为某个组织运营，可以由组织自身或第三方管理，并在内部或外部托管。与公共云一样，私有云可以实现无缝分配存储、计算能力或其他资源，以按需提供的方式提供计算资源。一些企业需要灵活的 IT 资源和云服务模式，同时还需保留对自身 IT 基础设施的控制权，它们倾向于使用私有云（参见"互动讨论：组织"）。

由于使用公共云的组织不再拥有基础设施，它们不必在自己的硬件和软件上进行大量投资。相反，它们从远程供应商处购买计算服务，并只按实际使用的计算能力（效用计算）支付费用，或者按月或按年订阅计费。**按需计算**（on-demand computing）这一术语也可用来描述这类服务。

云计算也存在一些缺点。除非用户在本地存储数据，否则数据存储和控制将由提供商负责。一些企业担心将关键数据和系统委托给外部供应商会带来安全风险，因为这些供应商与其他企业也有合作。企业希望它们的系统能够全天候可用，并且不希望在云基础设施出现故障时遭受任何业务损失。然而，企业将更多的计算机处理和存储转移到某种形式的云基础设施上已经是一种大趋势。公共云服务尤其适用于没有充足 IT 资源或预算的初创企业和小企业。

大企业最有可能采用**混合云**（hybrid cloud）计算模式，在此模式下它们使用自己的基础设施处理最重要的核心活动，并为非核心系统或业务高峰期时需要的额外处理能力使用公共云计算。表 5-2 比较了三种云计算模式，云计算使企业逐渐从拥有固定基础设施转向拥有更灵活的基础设施，即一些基础设施由企业所有，另一些从云供应商拥有的大型计算机中心租用。

表 5-2 云计算模式比较

云类型	描述	管理方	使用方
公共云	向多个客户提供计算、存储和软件服务，并可供公众使用的第三方服务	第三方服务提供商	没有重大隐私问题的企业 寻求按需付费 IT 服务的企业 缺乏 IT 资源和专业知识的企业
私有云	云基础设施仅为单个组织运营，可在组织内部或外部托管	内部 IT 部门或私人第三方托管	具有严格隐私和安全要求的企业 必须控制数据主权的企业
混合云	私有云和公共云服务的组合，分别是独立实体	内部 IT 部门、私人主机、第三方服务提供商	需要内部 IT 控制，也愿意将部分 IT 基础设施分配给公共云的企业

边缘计算

在云计算系统中，将笔记本电脑、智能手机、平板电脑、无线传感器网络和本地服务器与单个中央公共云数据中心交互以处理所有数据，可能造成效率低下且成本高昂。**边缘计算**（edge computing）是一种优化云计算系统的方法，它通过在位于网络边缘、更靠近数据源的一组关联服务器上执行处理实现优化。这减少了本地计算机和其他设备与中央云数据中心之间的双向数据传输量。

当传感器或其他物联网设备不需要持续连接到中央云时，部署边缘计算将十分有价值。例如，海洋中的石油钻井平台可能有数千个传感器，它们会产生用于确认系统是否正常工作的大量数据，但这些数据在生成后不需要立即通过网络发送。因此，本地边缘计算系统可以编译这些数据，再将每日报告发送到中央数据中心或云端长期存储。通过只由网络发送重要数据，边缘计算系统减少了网络上的数据传输量。

边缘计算还减少了数据传输和处理的延迟，因为数据不必通过网络传输到远程数据中心或云端进行处理。这对于金融服务、制造业、在线游戏等毫秒必争的领域具有重要意义。Network Next 是一家致力于游戏网络优化的公司，其使用边缘计算技术缩短实时在线多人游戏的数据传输延迟和响应时间。

绿色计算

通过控制硬件数量和能源消耗，虚拟化已成为促进绿色计算的主要技术之一。**绿色计算**（green computing）或**绿色 IT**（green IT），是指在尽量减少对环境影响的情况下，设计、生产、使用和处置计算机、服务器及相关设备（如显示器、打印机、存储设备、网络和通信系统等）的实践和技术。

绿屋数据（Green House Data）的调查显示，全球数据中心消耗的能源相当于 30 座核电站的发电量，约占全球能源消耗总量的 1.5%。降低计算机能耗一直是绿色计算的重中之重。一个企业数据中心轻易消耗比标准办公大楼多 100 倍的电力，所有这些额外的消耗将对环境造成负面影响、增加企业运营成本。现在，数据中心的设计考虑能源效率问题，使用最先进的空气冷却技术、节能设备、虚拟化和其他节能措施。微软、谷歌、Facebook 和苹果等大企业开始建设基于风力、水力等清洁能源驱动的数据中心以减少碳足迹。

高性能/节能处理器

减少电力需求和硬件扩展的另一种方法是使用更高效、更节能的处理器。现代微处理器在单个芯片上具有多个处理器核（进行计算机指令的读取和执行）。**多核处理器**（multicore processor）是在一个集成电路上连接两个或多个处理器核，从而提高性能、降低能耗，更有效地并行处理多个任务。这一技术使两个或多个处理器能够比单处理核的资源密集型芯片更快地执行任务，同时降低能耗并散热。如今，使用双核、四核、六核或八核处理器的计算机，以及使用 16 核或 32 核处理器的服务器并不罕见。一些处理器还是为解决机器学习应用程序的密集数据需求专门设计的（AI 处理器），这部分将在本书第 11 章讨论。

芯片制造商正在研究能够最大限度降低能耗的微处理器，这对于延长小型移动数字设备的电池续航至关重要。高性能微处理器（如苹果 iPhone 和 iPad 使用的 A10、A11 和 A12 仿生处理器以及英特尔 Atom 处理器）用于轻型智能手机和平板电脑、智能汽车以及医疗保健设备。苹果用于 iPhone XS 的 A12 处理器集成了两个用于处理繁重计算任务的性能内核，四个用于处理日常任务的效率内核以及一个四核 GPU（图形处理单元），效率内核使 A12 的能耗比其前身 A11 仿生处理器的能耗减少 50%。

➡ 5.3 商业中主要使用哪些计算机软件？软件的发展趋势是什么？

硬件的使用需要软件的配合，软件提供指导计算机工作的详细指令。系统软件和应用软件相互关联，就像是相互嵌套的方框，每个方框都必须与周围方框紧密交互，图 5 - 6 说明了这种关系。系统软件围绕并控制对硬件的访问，应用软件必须通过系统软件才能运行，终端用户主要使用应用软件。每种类型的软件都必须针对特定机器设计，以确保其兼容性。

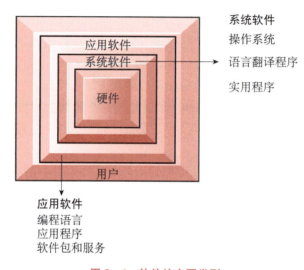

图 5 - 6　软件的主要类型

说明：系统软件、应用软件和用户之间的关系可以用一系列嵌套框说明。系统软件包括操作系统、语言翻译程序和实用程序，控制对硬件的访问。应用软件包括编程语言和软件包，必须通过系统软件才能运行。用户主要与应用软件进行交互。

5.3.1　操作系统软件

管理并控制计算机活动的系统软件称为**操作系统**（operating system）。其他系统软件包括计算机翻译程序，其将编程语言转换为计算机能够理解的机器语言，以及执行复制、排序或计算平方根等常见处理任务的实用程序。操作系统分配并指派系统资源、调度计算机资源和计算机作业的使用并监视计算机系统活动。操作系统在主存储器中为数据和程序提供位置，控制打印机、显示器和通信链路等输入输出设备。操作系统还协调计算机各个区域的工作安排，并行处理不同工作的不同部分。

个人计算机、服务器和移动设备操作系统

操作系统控制用户与计算机的交互方式。现代个人计算机操作系统和应用软件使用**图形用户界面**（graphical user interface，GUI），广泛使用图标、按钮、条块和窗口执行

任务。

　　传统的客户端操作系统软件是围绕鼠标和键盘设计的，但随着引入**多点触控**（multi-touch）技术，操作系统的使用变得更加自然和直观。智能手机、平板电脑和某些个人计算机型号上的多点触控界面允许用户使用一根或多根手指执行特殊手势，无须使用鼠标或键盘即可操作屏幕上的列表或对象。

　　表 5 - 3 比较了领先的个人计算机和服务器操作系统，包括 Windows 系列操作系统（Windows 10 和 Windows Server）、UNIX、Linux 和 Macintosh 计算机操作系统。

表 5 - 3　个人计算机和服务器的主要操作系统

操作系统	特点
Windows 10	最新的 Windows 客户端操作系统支持多点触控、移动设备和传统个人计算机，并提供语音搜索功能。
Windows Server	用于服务器的 Windows 操作系统。
UNIX	用于个人计算机、工作站和网络服务器。支持多任务、多用户处理和网络服务。适用于多种型号的计算机硬件。
Linux	开源系统，是 UNIX 和 Windows 操作系统的可靠替代方案，可在多种类型的计算机硬件上运行，支持软件开发人员定制修改。
macOS	Macintosh 计算机的操作系统，具有高度可视化和用户友好的特点，支持多点触控。

　　微软 Windows 操作系统具有客户端版本和服务器版本，拥有精简的图形用户界面，可支持触摸屏、移动设备、键盘和传统个人计算机操作。在客户端层面，大多数个人计算机使用微软 Windows 或苹果操作系统。最新的 Windows 客户端版本是 Windows 11。

　　服务器的 Windows 操作系统提供网络管理功能，包括对虚拟化和云计算的支持。Windows Server 有多个版本，分别适用于小型、中型和大型企业。

　　如今，操作系统的种类比过去更加多样化，新的操作系统用于在手持移动数字设备或云连接计算机上进行计算。谷歌的 Chrome OS 为使用联网计算机或移动设备的云计算提供轻量级的操作系统。程序不存储在用户计算设备上，而是借助 Chrome 浏览器直接通过互联网获取使用，用户数据存储在互联网服务器上。**安卓**（Android）是面向智能手机、平板电脑等移动设备的开源操作系统，由谷歌领导的开放手持设备联盟（Open Handset Alliance）研发。安卓已经成为全球最受欢迎的智能手机平台，与苹果公司 iPhone、iPad 和 iPod Touch 使用的 iOS 移动操作系统竞争。

　　UNIX 是一种多用户、多任务操作系统，由贝尔实验室（Bell Laboratories）于 1969 年开发，可用于连接各种类型计算机，高度支持通信和网络。UNIX 通常用于工作站或者服务器，为在高端服务器上运行大型系统提供可靠性和可扩展性。UNIX 可在多种计算机上运行，且能轻松实现个性化定制。只需稍做修改，在 UNIX 下运行的应用程序就可以从一台计算机移植到另一台计算机。UNIX 也开发了图形用户界面，但不同 UNIX 版本彼此不兼容，限制了 UNIX 软件的可移植性。

　　Linux 是一种类似于 UNIX 的操作系统，可以从互联网免费下载，也可以向为该软件提供附加工具的企业支付少量费用购买。Linux 系统免费、可靠、设计紧凑，能够在许多硬件平台上运行，包括服务器、便携式计算机和消费类电子产品。

　　Linux 性能稳定、价格低廉，作为 UNIX 和 Windows 操作系统的替代品十分流行。例如，亿创理财公司（E* Trade Financial）通过在小型、廉价的 IBM 服务器上运行 Linux 系统，而不是使用大型、昂贵、配置专有 UNIX 系统的 Oracle Sun 服务器，每年可节省 1 300 万美元。

　　Linux 在后台发挥重要作用，在全球 35％ 的服务器市场中运行网页服务器和局域网。IBM、惠普、戴尔和甲骨文等企业已经将 Linux 作为其向企业用户提供的重要产品之一，这些主流软件供应商也提供了可在 Linux 上运行的软件版本。

5.3.2　应用软件和桌面生产力工具

　　如今，企业可以将一系列工具开发应用软件，包括传统编程语言、应用软件包和桌面生产力工具，用于开发互联网应用程序的软件以及企业集成软件。了解软件工具和编程语言适用的工作非常重要。

商业编程语言

　　商业领域常用的编程语言包括 C、C++、Visual Basic 和 Java。**C 语言**（C）是 20 世纪 70 年代初开发的一种强大而高效的语言，它将机器的可移植性与对计算机资源的严格控制和高效利用相结合。C 语言主要由专业程序员用于操作系统和应用软件，尤其用于个人计算机。**C++**是 C 语言的更新版本，包含 C 语言的所有功能，以及面向软件对象的附加功能。与传统程序将数据和对数据的操作分开不同，软件**对象**（object）将两者结合。Visual Basic 是一种使用广泛的可视化编程工具和环境，用于开发适用于 Windows 操作系统的应用程序。**可视化编程语言**（visual programming language）允许用户操作图形或图标元素来编写程序。COBOL（Common Business Oriented Language）是 20 世纪 60 年代早期为业务处理开发的一种编程语言，至今仍可以在银行、保险和零售业的大型遗留系统中找到。

　　Java 已成为领先的网络交互式编程环境。Java 平台已迁移到移动电话、智能手机、汽车、音乐播放器、游戏机，甚至是提供互动内容和按次付费服务的有线电视系统。无论设备使用何种微处理器或操作系统，Java 均可运行。在每个使用 Java 的计算环境中，Java 虚拟机解释该设备的 Java 程序代码。通过这种方法，只需编写一次代码，就能在所有安装 Java 虚拟机的设备上使用。

　　其他流行的网络应用程序编程工具包括 Ruby、Python 和 PHP。Ruby 是一种面向对象的编程语言，以构建网络应用程序的速度快和易用性著称，Python 因简洁明了而备受赞誉，现在被广泛用于构建云计算应用程序。

软件包和桌面生产力工具

　　当今企业使用的很多软件都不是自定义编程，而是由应用程序软件包和桌面生产力工具组成。**软件包**（software package）是预先写好的、预编码的、可商用的程序集合，软件包让个人和企业不再需要自己编写软件以实现特定功能。在大型主机和大型计算机上运行的软件包通常需要专业程序员来安装和支持，但是面向消费者的桌面生产力软件包可以由用户自己轻松安装和运行。主要的桌面生产力软件工具如表 5-4 所示。

表 5 - 4　桌面生产力软件

软件工具	功能	举例
文字处理	允许用户使用各种格式选项以电子方式对文档进行更改。	Microsoft Word iWork Pages
电子表格	将数据组织成由行和列组成的网格。当用户更改一个或多个值时，电子表格上的其他所有相关值都会自动重新计算。可用于建模和假设分析，也可以将数值数据进行图形化展示。	Microsoft Excel iWork Numbers
数据管理	创建文件和数据库，用户可以在其中存储、处理和检索相关数据。适用于小型信息系统。	Microsoft Access
演示图形	创建专业品质的电子图形演示和计算机幻灯片；可以包含声音、动画、照片和视频剪辑的多媒体显示。	Microsoft PowerPoint iWork Keynote
个人信息管理	创建并维护预约、日历、待办事项列表和业务联系信息；也用于电子邮件。	Microsoft Outlook
桌面排版	创建具有专业外观的文档、手册或书籍。	Adobe InDesign

软件套件　主要的桌面生产力工具常作为软件套件捆绑。Microsoft Office 就是一个例子。核心办公工具包括 Word 文字处理软件、Excel 电子表格软件、Access 数据库软件、PowerPoint 演示文稿图形软件和 Outlook（用于电子邮件、日程安排和联系人管理的工具）。微软现在提供 Office 365 订阅服务，是其生产力和协作工具的云版本。Microsoft Office 的竞争对手是一些低成本的办公生产力套件，如开源的 OpenOffice（可通过互联网免费下载），以及基于云计算的 Google Docs 和 G Suite（参见本书第 2 章）。

网页浏览器　网页浏览器（web browsers）是一种十分简单易用的软件，用于显示网页、访问网站和其他互联网资源。浏览器可以显示图形、音频、视频信息以及传统文本，并允许通过点击或触摸屏幕上的按钮或高亮文本链接到相关网站。网页浏览器已成为访问互联网或使用基于互联网技术的网络系统的主要界面。当前领先的网络浏览器包括微软 IE 浏览器、微软 Edge、Mozilla Firefox（火狐）、苹果 Safari 和谷歌 Chrome。

5.3.3　HTML 和 HTML5

超文本标记语言（HTML）是一种页面描述语言，用于指定文本、图形、视频和声音在网页上的放置，并用于创建与其他网页和对象的动态链接，借助这些链接，用户只需点击高亮显示的关键字或图形，就可以立即被传送至另一个网页。表 5 - 5 展示了一些 HTML 语句示例。

表 5 - 5　HTML 语句示例

文本	HTML
Subcompact	\<TITLE\>Subcompact\</TITLE\>
4 passenger	\<L1\>4 passenger\</L1\>
$ 16,800	\<L1\> $ 16,800\</L1\>

HTML 程序可以自定义编写，也可使用网页浏览器或文字处理、电子表格、数据管理和演示图形等工具的 HTML 编写功能创建。Adobe Dreamweaver 等 HTML 编辑器是专门用于创建网页的更强大的 HTML 编写程序。

HTML 最初旨在创建并链接主要由文本构成的静态文档。然而，现在的网页更具社交性和互动性，许多网页都包含丰富的多媒体元素，如图像、音频和视频。Flash、Silverlight、Java 等第三方组件可将这些丰富媒体与网页集成。然而，这些附加组件需要额外的程序并给计算机处理带来压力。HTML 的最新版本 **HTML5** 解决了这一问题，它可以直接将图像、音频、视频和其他元素嵌入文档，而无须附加组件。HTML5 还使网页在移动设备和台式计算机等不同显示设备上更容易运行，网页的运行速度更快，基于网络的移动应用也能像网页一样运行。

5.3.4　网络服务

网络服务（web services）是指一组松散耦合的软件组件，它们使用通用的网络通信标准和语言相互交换信息。网络服务可在两个系统之间交换信息，不论它们是基于何种编程语言和操作系统。网络服务可用于构建开放标准和基于网络的网页应用程序以链接不同组织的系统，也可用于创建能够链接企业内不同系统的应用程序。借助网络服务，不同应用程序能够以标准方式相互通信，而无需耗时的自定义编码。

网络服务的技术基础是 **XML**，即**可扩展标记语言**（Extensible Markup Language）。该语言于 1996 年由万维网联盟（W3C，监督网络发展的国际组织）开发，是一种比 HTML 更强大、更灵活的网页标记语言。HTML 仅限于描述数据应如何以网页的形式显示，而 XML 可以执行数据的显示、通信和存储。在 XML 中，数字不仅仅是数字符号，XML 标签指定数字是代表价格、日期还是邮政编码。表 5-6 展示了一些 XML 语句示例。

表 5-6　XML 语句示例

文本	XML
Subcompact	<AUTOMOBILETYPE="Subcompact">
4 passenger	<PASSENGERUNIT="PASS">4</PASSENGER>
$16,800	<PRICE CURRENCY="USD">$16,800</PRICE>

XML 通过标记文档内容选定元素的含义，使计算机能够自动操作并解释其数据，在无须人工干预的情况下对数据执行操作。XML 为数据交换提供了一种标准格式，使网络服务能够将数据从一个进程传递到另一个进程。

网络服务通过标准网络协议上的 XML 消息进行通信。企业通过目录发现和定位网络服务，就像在电话簿黄页上查找服务一样。利用网络协议，软件应用可与其他应用自由连接，无须逐个进行自定义编程，因为每个程序都使用相同的协议标准。

用于构建企业软件系统的网络服务集合构成了面向服务的架构。**面向服务的架构**（service-oriented architecture，SOA）是一组自包含的服务，它们相互通信以创建工作应用程序，软件开发人员可以在其他组合中重复使用这些服务，以根据需要组建其他应用程序。几乎所有主要的软件供应商，如 IBM、微软、甲骨文和惠普，都提供了工具和整个平台，通过网络服务构建并集成软件应用程序。

Dollar Rent-A-Car 的系统使用网络服务将其在线预订系统与西南航空公司（Southwest Airlines）的网站连接起来。尽管这两家企业的系统基于不同的技术平台，但在西南航空网站预订航班的用户无须离开航空公司网站，就可以在 Dollar Rent-A-Car 网站上预订汽车。Dollar Rent-A-Car 并没有选择花费大量的资源使其预订系统与西南航空的信息系统共享数据，而是利用 Microsoft.NET 网络服务技术作为中介。西南航空的预订首先被转换成网络服务协议，然后再被转换成可以被 Dollar Rent-A-Car 的计算机理解的格式。

其他汽车租赁公司之前已经将其信息系统与航空公司网站相连接，但是由于没有网络服务，这些连接需要逐个建立。网络服务为 Dollar Rent-A-Car 的计算机与其他企业的信息系统通信提供了一种标准方式，而无须为每个系统建立特殊连接。Dollar Rent-A-Car 正在将其网络服务的使用范围扩大到直接与小型旅行运营商系统、大型旅行预订系统以及手机无线网站连接。Dollar Rent-A-Car 不必为每个新合作伙伴的信息系统或每个新无线设备编写新的软件代码（见图 5-7）。

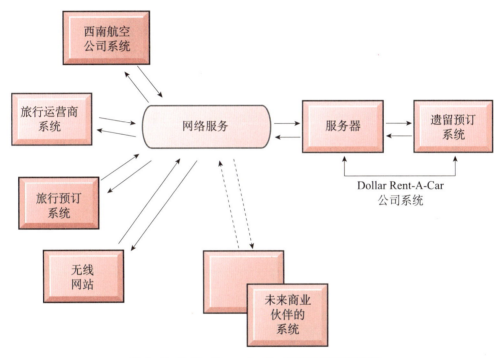

图 5-7　Dollar Rent-A-Car 如何使用网络服务

说明：Dollar Rent-A-Car 使用网络服务提供标准的软件中间层，与其他企业的信息系统通信。Dollar Rent-A-Car 可以使用这组网络服务连接到其他企业的信息系统，而无须为每个企业的系统建立单独的连接。

5.3.5　软件趋势

如今，获取软件的渠道越来越多，供用户创建自定义软件应用程序的功能也越来越多。开源软件以及基于云的软件服务和工具的广泛应用就是这种趋势的典型例证。

开源软件

开源软件（open source software）为所有计算机用户提供免费访问其程序代码的权

限，因此用户可以修改代码以修正错误或作出改进。开源软件不属于任何企业或个人，全球网络的程序员和用户通常无偿进行管理和维护。流行的开源软件工具包括本章前面介绍过的 Linux 操作系统、Apache HTTP 网络服务器、Mozilla Firefox 网络浏览器和 Apache OpenOffice 桌面生产力套件。谷歌的安卓移动操作系统和 Chrome 浏览器也基于开源代码。现在，用户可以找到数以千计的开源计算机程序，来完成从电子商务购物车结算到销售团队管理的所有工作。

基于云的软件服务和工具

过去，Microsoft Word 或 Adobe Acrobat 等软件都是封装的，在单一机器上运行。如今，用户可以从供应商网站下载软件，或将软件用作通过互联网提供的云服务（回顾本书 5.2 节对 SaaS 的讨论）。除了谷歌和雅虎为个人和小型企业提供的免费或低成本的工具，运行大型企业业务的企业软件和其他软件也可作为云服务从主流商业软件供应商处获取。

糅合和应用程序　用于个人和企业任务的软件可能由大型独立程序组成，也可能由与互联网上其他应用程序自由集成的可互换组件组成。个人用户和企业组合匹配这些软件组件，以创建自定义应用程序并与他人共享信息，由此产生的软件应用程序称为**糅合**（mashups）。这样，从不同来源制作的新产品所发挥的作用大于其各部分的总和。如果你曾经对 Facebook 进行个性化配置或在你的博客中加入视频播放或幻灯片展示，那么你已经实现了糅合。

网络糅合将两个或多个在线应用程序进行整合，创造出一种能比原始的单一资源提供更大客户价值的混合体。例如，ZipRealty 使用谷歌地图和在线房地产数据库 Zillow.com 提供的数据，按照用户指定的任何邮政编码展示多重挂牌服务（multiple listing service，MLS）的完整列表。

应用程序（Apps）是在互联网、计算机、手机或平板电脑上运行的小型专用软件程序，一般通过互联网交付。谷歌将其在线服务称为应用程序，但如今谈到应用程序时，通常是指为移动数字平台开发的应用程序。正是这些应用程序将智能手机和其他移动手持设备变成了通用计算工具。现在有数百万个可安装的应用程序适用于 iOS 和安卓操作系统。

一些下载的应用程序不能访问网络，但大多数都可以联网并提供比传统网页浏览器更快的网络内容访问。这些应用程序具有简化的非浏览器途径供用户使用网络，并执行从阅读报纸到网购、搜索、购买等一系列任务。由于现在很多用户通过移动设备访问互联网，因此有人将应用程序看作新的浏览器。应用程序也开始影响传统网站的设计和功能，因为大量的用户被应用程序的外观、使用感受和运行速度吸引。

许多应用程序都是免费的或仅收取少量费用，使用成本远低于传统软件，这进一步增加了它们的吸引力。苹果 iPhone 和 iPad 平台上已经有超过 190 万个应用程序，安卓设备上运行的应用程序数量也与之相近。这些移动平台的成功很大程度上取决于它们提供的应用程序的数量和质量。应用程序将用户与特定硬件平台联系起来，随着用户在手机上安装的应用程序越来越多，切换到竞争移动平台的成本也会上升。

最常下载的应用程序包括游戏、新闻和天气、地图/导航、社交网络、音乐和视频/电影。但也有面向商业用户的商务应用程序，它们可以创建和编辑文档、连接企业系统、安排并参与会议、跟踪发货、提供语音服务。还有大量用于在线搜索及购买商品和服务的电子商务应用程序。

➡ 5.4 管理硬件与软件技术有哪些关键问题？

计算机硬件和软件技术的选择和使用对企业绩效有深远的影响。本节将介绍进行硬件和软件技术管理时可能面临的关键性问题，包括：容量规划和可扩展性；确定技术资产的总持有成本；决定拥有并维护自己的硬件、软件和其他基础设施组件，还是从外部技术服务提供商处租借；管理移动平台和软件本地化。

5.4.1 容量规划和可扩展性

电子商务需要更多的处理和存储资源，来应对企业不同部门之间以及企业与客户和供应商之间激增的数字交易。大量的网站并发访问以及运行涵盖大量数据密集型图片和视频的交互式网页都会给计算机系统带来压力，

管理人员和信息系统专家比以前更需要关注计算机硬件的容量规划和可扩展性。从信息技术角度来看，**容量规划**（capacity planning）是预测计算机硬件系统何时达到饱和状态的过程。它考虑系统能够同时容纳的最大用户数、现有和未来软件应用程序的影响以及处理业务的最短响应时间等性能指标。容量规划确保企业的计算能力足以满足当前和未来的需求。例如，纳斯达克股票交易市场持续进行容量规划以确定股票交易量的峰值，并确保其有足够的计算能力来应对交易量的大幅上升。

可扩展性（scalability）是指计算机、产品或系统在不中断的情况下扩展以服务大量用户的能力。电子商务需要可扩展的 IT 基础设施，即能够随着网站规模和访问者数量的增加而扩展。组织必须确保它们有足够的计算能力、存储能力和网络资源来处理激增的数字交易，使这些数据可实时在线获取。

5.4.2 技术资产的总持有成本

企业计算硬件和软件成本时，不能只考虑购买价格，还必须考虑后续硬件和软件的升级、维护、技术支持、培训等持续管理成本，甚至是运行并安置这些技术设备的成本。**总持有成本**（total cost of ownership，TCO）模型可用于分析这些直接和间接成本，帮助企业确定实施某项技术的实际成本。表 5-7 描述了在总持有成本分析中需要考虑的关键组成部分。

表 5-7　总持有成本的构成

硬件获取	计算机、显示器、存储器、打印机等计算机硬件设备的采购成本
软件获取	为每个用户购买软件或许可的成本
安装	安装计算机硬件和软件的成本
培训	为信息系统专业人员和终端用户提供培训的成本
技术支持	提供持续的技术支持、咨询台等的成本

维护	硬件和软件升级成本
基础设施	获取、维护和支持相关基础设施，如网络和专用设备（包括存储备份单元）的成本
宕机时间	硬件和软件故障导致系统无法处理或完成用户任务造成的生产力损失
空间和能耗	放置技术设备、为设备供电等房屋设施成本和能耗成本

考虑全部成本要素后，技术支持人员、宕机时间和额外的网络管理等隐形成本，可能会使分布式客户端/服务器架构比集中式大型机架构更加昂贵，尤其是那些包含手持计算机和无线设备的架构。

由于规划不善，很多大企业负担着冗余、不兼容的硬件和软件，这些企业可以通过加强硬件和软件资源的集中化和标准化来降低总持有成本。如果企业能够最大限度地减少员工使用的计算机模型和软件的数量，就可以缩减维护 IT 基础设施所需的信息系统员工的规模。

5.4.3　使用技术服务提供商

管理者面临一些非常重要的问题：应该如何获取并维护技术资产？应该自己构建软件应用程序，还是外包给外部承包商？应该自己购买并运行应用程序，还是从外部服务提供商处租用？过去，大多数企业自己运行设备并开发软件。如今，越来越多的企业从外部服务提供商处获取硬件和软件技术。

外包

很多企业正在将 IT 基础设施的维护和新系统的开发**外包**（outsourcing）给外部供应商。企业与外部服务提供商签订合同，运行计算机中心和网络、开发新软件或管理 IT 基础设施的所有组件。例如，联邦快递将其 30% 的 IT 系统运营和软件开发外包给外部 IT 服务提供商。

专业的网站托管服务适用于缺乏资金或技术资源运营自己网站的企业。**网站托管服务**（web hosting service）提供商维护一个大型网站服务器或一系列服务器，可为付费用户提供维护网站的空间。购买该服务的企业可以创建自己的网页，或者让托管服务提供商或网页设计公司创建网页。一些服务商提供共同托管服务，即企业实际购买并拥有托管其网站的服务器计算机，但是将其放置于托管服务的物理设施中。

企业通常保留对硬件资源的控制，但将软件开发和维护外包给那些在世界低收入地区离岸运营的企业。这种将软件工作外包到国外的做法称为**离岸软件外包**（offshore software outsourcing）。不久之前，这种软件外包只涉及低级别的维护、数据输入和呼叫中心运营，但随着离岸企业（尤其是在印度）的日益成熟和经验积累，越来越多的新程序开发正在离岸进行。本书第 12 章将详细讨论离岸软件外包。

为了管理与外包商或技术服务提供商的关系，企业需要签订一份包含**服务等级协议**（service level agreement，SLA）的合同，服务等级协议是客户与其服务提供商之间的正式合同，明确定义了服务提供商的具体职责和客户期望的服务等级。服务等级协议通常指定所提供服务的类型和等级、性能测量标准、技术支持选项、安全和灾难恢复方案、硬件和软件所有权和升级服务、客户支持、计费方式以及终止协议的条件。

选择云服务

企业现在可以选择维护自己的 IT 基础设施或使用基于云的硬件和软件服务，越来越多的企业正稳步转向使用基于云的服务和工具。考虑使用云计算模式的企业需要认真识别并评估外部服务的成本和收益，衡量所有管理、组织和技术问题，包括企业可接受的服务水平和性能，以及部署和管理新的基于云计算的 IT 基础设施所需的专业知识。云计算的新用户常常忽略网络、数据传输和存储带来的额外成本，以及升级或更换业务应用系统以适应云环境所必需的工作。将工作负载从本地转移到云端之后，企业可能会发现计算成本要高于最初的估计。

5.4.4 管理移动平台

企业为员工配备移动计算设备所带来的生产力收益，必须与将这些设备集成到企业 IT 基础设施并提供技术支持带来的成本增加相平衡，尤其是当企业允许员工使用自带设备（BYOD）进行工作时（参见章末的案例分析）。

为了让个人移动设备能够访问企业信息，需要对企业网络进行配置以接受这些设备的连接。企业需要一个高效的库存管理系统，来跟踪员工使用的设备、每个设备的位置以及设备上安装的软件。企业还需要掌握个人设备上存储了哪些企业数据，但这通常是难以判断的。当员工通过个人设备访问企业网络和数据时，保护这些网络和数据就变得更加困难。

如果设备被偷窃或受损，企业需要确保敏感信息或机密信息不被泄露。企业通常具备远程消除设备数据或对数据进行加密的技术，以确保设备被盗后无法使用数据。本书第 8 章将详细讨论移动设备安全问题。

许多企业只允许员工的移动设备访问有限的应用程序和非关键的企业数据，更关键的业务系统需要更多的企业控制。企业通常使用**移动设备管理**（mobile device management，MDM）软件来监控、管理并保护整个企业中的移动设备。该软件可用于多个移动服务提供商或组织中使用的多个移动操作系统。移动设备管理工具使 IT 部门能够监控移动设备使用情况、安装或更新移动软件、备份和恢复移动设备，并在设备被偷或丢失时删除软件和数据。

5.4.5 全球化企业的软件本地化管理

如果经营一家全球企业，那么上述管理问题都会受到系统创建需求的影响，即需要创建能在不同国家的多个业务单元使用的系统。虽然英语已经成为标准的商务语言，但英语通常只在企业高层广泛应用，在企业中低层则并非如此。在新的信息系统在全球范围内成功实施之前，可能需要使用本地语言界面构建软件。

这些界面的创建可能成本高昂而混乱。菜单栏、命令、错误信息、报告、查询、在线数据输入表格和系统文档都需要翻译成使用系统的国家的语言。为了更有效地提高全球员工的工作效率，软件界面必须易于理解和快速掌握。将软件转换为以第二语言运行的整个过程称为软件本地化。

全球系统还必须考虑当地文化和业务流程的差异。一些跨职能部门的系统，如企业及供应链管理系统，并不总是与其他国家的语言、文化背景和业务流程的差异兼容。在全球系统环境中，所有这些因素都会增加企业的总持有成本，并影响是否外包或使用技术服务提供商的决策。

➡ 5.5 管理信息系统对职业生涯有何帮助？

以下内容说明了本书第 5 章将如何帮助读者找到初级 IT 顾问的工作。

5.5.1 企业

A1 Tech IT 咨询公司是一家总部位于亚特兰大的全国技术咨询企业，现招聘一名初级 IT 顾问。公司与技术服务提供商合作，为中小型企业创建和销售基于云、网络和 IT 托管服务的领先技术解决方案。公司目前拥有 65 名员工，并以出色的客户服务著称。

5.5.2 岗位描述

初级 IT 顾问将与公司的客户经理合作，与现有客户保持良好关系，帮助技术顾问为潜在客户提出解决方案和建议。公司将提供关于技术行业及 IT 咨询流程的在职培训。初级 IT 顾问的工作职责包括：
- 提供对潜在和现有客户以及行业竞争格局的研究；
- 管理数字营销活动；
- 协助识别潜在商业机会；
- 准备有关识别、跟踪以及监控客户和潜在客户的定期报告。

5.5.3 招聘要求

- 学士学位或同等学力；
- 能够通过电话、电子邮件和面对面交流与客户进行良好沟通；
- 较强的组织、演讲和写作能力；
- 能够在快节奏的环境中工作，并与团队成员有效协作；
- 熟练使用 Microsoft Office（Word、Excel 和 PowerPoint）。

5.5.4 面试问题

1. 你对云计算和 IT 托管服务了解多少？你熟悉常用的操作系统、安全和数据管理平台吗？你是否在工作中使用过这些服务？你是如何使用的？

2. 你和客户有过很多面对面的接触吗？能否描述一下你为客户做的工作？你是否曾经帮助客户解决技术问题？

3. 你有数字营销经验吗？

4. 举例说明你帮助解决的销售相关问题或其他业务问题。你做过写作和分析工作吗？你能否举例说明？

5. 你对 Microsoft Office 的掌握程度如何？你使用 Excel 电子表格做过哪些工作？

5.5.5　作者建议

1. 参考本章和本书的第 6～8 章，特别关注云计算、网络技术和技术管理服务。

2. 使用网络搜索这家公司，了解该公司如何与其他技术企业合作以提供 IT 服务。尽可能了解这些合作企业以及它们提供的工具和服务。

3. 详细询问你将如何使用 Microsoft Office，并在可能的情况下提供你如何使用该工具解决课堂问题或完成相关工作的示例。用你的写作示例展示你的分析技能和项目经验。

4. 表明你想要了解更多有关与该公司合作的技术行业以及技术和服务的信息。

5. 查看公司的领英页面以及 Facebook 和推特上的帖子，了解公司的战略趋势和重要议题。

 **本章小结**

1. IT 基础设施由哪些部分组成？

IT 基础设施由为企业特定信息系统应用程序提供平台的共享技术资源组成，主要的 IT 基础设施组件包括计算机硬件、计算机软件、数据管理技术、网络和通信技术以及技术服务。

2. 商业中主要使用哪些计算机硬件、数据存储、输入和输出技术？硬件的发展趋势是什么？

计算机分为大型主机、中型计算机、个人计算机、工作站和超级计算机。大型机是最大的计算机，中型计算机主要是服务器，个人计算机是台式计算机或笔记本电脑，工作站是具有强大数学和图形能力的台式计算机，超级计算机是可以快速执行大量复杂计算的精密、强大的计算机。通过创建网格计算将网络中所有的计算能力结合，能够进一步提高计算能力。在客户端/服务器模式中，计算处理在通过网络连接的客户端和服务器之间进行分配。客户端和服务器之间具体的任务划分由应用程序决定。

二级存储技术包括磁盘、光盘、固态硬盘、USB 闪存驱动器和磁带。基于云的存储服务越来越多地用于个人和企业数据。主要的输入设备包括键盘、鼠标、触摸屏（包括多点触控）、磁性墨水字符识别设备和光学字符识别设备、手写输入设备、数字扫描仪、音频输入设备和传感器。主要的输出设备是显示器、打印机和音频输出设备。

硬件发展趋势包括移动数字平台、纳米技术、量子计算、IT 与 BYOD 消费化、虚拟化、云计算、边缘计算、绿色计算和高性能/节能处理器。云计算根据需求通过网络（主要是互联网）提供计算机处理、存储、软件和其他虚拟化资源服务。

3. 商业中主要使用哪些计算机软件？软件的发展趋势是什么？

系统软件和应用软件是两种主要的软件类型。系统软件协调计算机系统的各个部分，并在应用软件和计算机硬件之间起中介作用。应用软件用于开发特定的商业应用程序。

管理和控制计算机活动的系统软件称为操作系统。领先的个人计算机和服务器操作系统包括 Windows 10、Windows Server、UNIX、Linux 和 Macintosh 操作系统。安卓、iOS 和 Chrome 是领先的移动设备和网络操作系统。

在商业应用软件中使用的主要编程语言有 Java、C、C＋＋和 Visual Basic。个人计算机和基于云的生产力工具包括文字处理、电子表格、数据管理、演示图形和网络浏览器软件。Java 是一种独立于操作系统和硬件的编程语言，是领先的网络交互式编程环境。Ruby 和 Python 用于网络和云计算应用程序。HTML 是一种用于创建网页的页面描述语言。

网络服务是基于 XML 和开放网络标准的松散耦合的软件组件，可以与任何应用程序软件和操作系统共同工作。它们可以用作应用程序的组件来连接两个组织的系统或单个企业内部的不同系统。

软件发展趋势包括开源软件以及 SaaS、糅合和应用程序等基于云计算的软件工具和服务的广泛使用。

4. 管理硬件与软件技术有哪些关键问题？

管理者和信息系统专家需要特别注意硬件容量规划和可扩展性，以确保企业有足够的计算能力来满足当前和未来的需求。企业还要平衡构建并维护自己的硬件和软件与将其外包或使用按需收费的云计算模式之间的成本和收益。组织技术资产的总持有成本（TCO）不仅包括计算机硬件和软件的原始采购成本，还包括硬件和软件升级、维护、技术支持和培训成本，以及管理并维护移动设备的成本。拥有全球业务的企业还需要进行软件本地化管理。

课后习题

1. IT 基础设施由哪些部分组成？
- 定义 IT 基础设施并描述其每个组件。

2. 商业中主要使用哪些计算机硬件、数据存储、输入和输出技术？硬件的发展趋势是什么？
- 列举并描述当今企业使用的计算机种类。
- 定义客户端/服务器计算模式，描述双层与 N 层客户端/服务器架构之间的区别。
- 定义并描述移动数字平台、自带设备（BYOD）、纳米技术、网格计算、云计算、边缘计算、虚拟化、绿色计算和多核处理。

3. 商业中主要使用哪些计算机软件？软件的发展趋势是什么？
- 区分应用软件和系统软件，说明计算机操作系统所起的作用。
- 列举并描述主要的个人计算机、服务器、移动设备和云操作系统。
- 说明并描述主要的桌面生产力软件工具。
- 解释如何使用 Java 和 HTML 构建网络应用程序。
- 定义网络服务，描述其使用的技术，解释网络服务如何使企业获益。
- 解释为什么开源软件在今天如此重要，并分析它对企业的好处。
- 定义并描述云计算软件服务、糅合和应用程序，解释它们如何使个人和企业获益。

4. 管理硬件与软件技术有哪些关键问题？
- 解释为什么管理者需要关注技术资源的容量规划和可扩展性。
- 描述技术资产的总持有成本（TCO）的构成。
- 说明使用外包、云计算服务和移动平台的优势和挑战。

● 解释为什么软件本地化已成为全球化企业的重要管理问题。

 讨论

1. 为什么为组织选择计算机硬件和软件是一项重要的业务决策？选择计算机硬件和软件时，应该考虑哪些人员、组织和技术问题？

2. 组织是否应该使用软件服务提供商（包括云服务）来满足其全部软件需求？为什么？在作决策时应该考虑哪些人员、组织和技术因素？

3. 云计算的优点和缺点是什么？

商业问题解决案例

企业如何应对自带设备？

几乎每个拥有智能手机的人都希望能够将其带入工作场所并在工作中使用，许多雇主也希望员工这么做。MarketsandMarkets 对自带设备（BYOD）趋势的一项调查发现，到 2018 年初，北美企业中 BYOD 的使用率接近 50％。Sapho 公司的工作场所生产力专家研究发现，通过在工作中使用个人设备，普通员工每周可以节省 81 分钟的工作时间。

BYOD 会成为新常态吗？事实上未必。多项研究表明，半数企业认为 BYOD 对它们而言还是一个严重的问题。虽然 BYOD 可以提高员工的工作满意度和生产力，但如果管理不当，也会引发许多问题。支持个人设备比支持企业提供的设备更加困难，管理移动设备的成本可能会增加，保护企业数据和网络也会变得更加困难。

如果每个员工都携带自己的设备在工作中使用，IT 部门可能会对硬件失去控制。如果没有管理移动设备的制度或工具，组织就无法控制安装哪些应用或程序、如何保护设备或下载哪些文件。过去，企业能够控制员工使用的技术，以防止隐私泄露、黑客入侵和未经授权访问企业信息的行为。无法控制硬件意味着更多的漏洞，这是与 BYOD 之间的重大权衡，为员工提供更多灵活性的同时，也可能使企业面临更大风险。

BYOD 的支持者认为它可以提高员工的工作效率，但事实并非总是如此。当员工带着自己的设备工作时，他们可能会忍不住在工作中使用它们进行娱乐或与朋友聊天。员工很容易将大量的时间花费在短信、YouTube 视频和查看 Facebook 更新上，生产力反而会下降（参见第 7 章"互动讨论：人员"）。

BYOD 需要企业将很大部分的 IT 资源专门用于管理和维护组织内的大量设备。最初，企业试图将商用智能手机限制在单一平台来管理移动性，这使得跟踪每台移动设备和进行软件升级或修复更加容易，因为所有员工都使用相同设备，或者至少使用相同的操作系统。

如今，移动数字环境更加复杂，市场上有各种各样的设备和操作系统，但管理和安全工具并不完善。安卓系统占据了全球智能手机市场 80％以上的份额，iOS 是一个相对封闭的系统，只能在有限数量的苹果移动设备上运行。相比之下，安卓的碎片化使得企业 IT 管理更加困难且成本更高。全球有成千上万种不同型号的安卓设备，安卓巨大的消费市场吸引了众多黑客，安卓系统本身也很容易受到攻击，因为它具有开源架构和多个版本。

如果允许员工使用多种类型的移动设备和操作系统，企业就需要一种有效方法来跟踪员工使用的所有设备。要访问企业信息，企业的网络必须设置为可接收来自该设备的连接。当员工更换运营商、电话号码或者购买一个新的移动设备时，企业将需要快速灵活地确保其员工仍然能够保持生产力。企业需要一个系统来跟踪员工在使用哪些设备、设备位于何处、是否正在使用以及安装了什么软件。对于毫无准备的企业来说，跟踪哪些人员可以访问哪些数据可能是一场噩梦。

由于可用的移动设备和操作系统种类繁多，为每个员工提供足够的技术支持可能十分困难。当员工无法访问关键数据或他们的移动设备遇到其他问题时，他们将需要信息系统部门的帮助。只使用台式计算机的企业往往拥有型号相同且操作系统相同的计算机，这使得技术支持容易得多。移动性为企业需要的技术支持引入了新的多样性和复杂性。

人们对于使用移动设备访问企业信息的安全性十分担忧。如果设备被盗或受损，企业需要采取措施确保敏感或机密信息不会被泄露。与仅在企业内部和企业设备上操作相比，移动性使企业资产和数据面临更大的风险。企业通常使用能够远程消除设备数据或对数据进行加密的技术，确保设备被盗后数据无法使用。本书第 8 章将详细讨论移动设备安全问题。

全球再保险巨头瑞士再保险集团（Swiss Re）认为，每位员工都应该能够按照自己选择的方式工作，并提倡更多的员工使用自己的智能手机和平板电脑访问公司内部网络和个人信息管理应用程序。瑞士再保险集团通过使用 MobileIron 提供的安全且可扩展的企业移动管理（Enterprise Mobility Management，EMM）系统，成功实现了 BYOD，并与当地合作伙伴一起管理所有技术和组织。

瑞士再保险集团的企业移动管理系统使公司能够在单一平台上保护并管理不同移动设备和操作系统。它结合用户身份、使用环境和隐私强制措施，设置对公司数据和服务的适当访问权限。企业移动管理软件可防止未经授权访问移动设备上的公司应用程序和集团数据，实现公司安全策略的统一管理和实施。

在过去六年中，4 500 部员工持有的 iPhone 和 iPad 与公司现有设备共同添加到瑞士再保险集团的系统中。大约三分之一的智能手机和平板电脑为公司所有，另外三分之二为公司员工所有。支持多种移动操作系统对瑞士再保险集团而言是巨大的技术和组织挑战，因此公司的 BYOD 计划最初仅限于使用苹果 iOS 系统的移动设备。移动设备帮助公司显著提高了员工生产力，因为员工可以更快地访问文档且摆脱地理因素的限制，管理层希望在未来将 BYOD 计划扩展到安卓设备。

兄弟工业公司（Brother Industries）非常重视安全性，最初涉足 BYOD 的过程非常严格。兄弟工业公司是一家总部位于日本的全球打印设备制造商。2012 年，兄弟工业将 iPhone 和 iPad 作为公司的标准移动设备，但这个早期的 BYOD 计划不允许设备访问苹果的应用程序商店，希望直接从苹果下载应用程序的员工必须征得管理层许可。随后，兄弟工业通过使用移动管理平台放松了这些严格的限制，该平台允许员工安装他们需要的应用程序，同时能够保证公司网络和服务器的安全。但员工仍然不满意，因为他们依旧无法读取电子邮件附件中的加密文件，电子邮件和日历也无法正确显示，实地工作的员工被迫返回办公室查看文件附件。当兄弟工业采用 MobileIron 为公司及其子公司进行企业移动管理时，这些问题得以解决。员工可以查看电子邮件附件中的加密文件，也可以使用更多符合公司规定的应用程序。管理层可以监控哪些应用程序正在被使用以及如何被使用。兄弟工业尚未对整个公司的移动设备管理解决方案进行标准化。其日本和美国子公司以及亚洲的工厂正在使用 MobileIron，但其他亚洲销售公司和欧洲子公司在使用不同的解决方案。这种不一致性是可接受的，因为不同地区使用移动设备的偏好和方式不同。

奥雅纳集团有限公司（Arup Group Limited）是一家总部位于伦敦的跨国工程顾问公司，该公司使用 MobileIron 管理基于 iOS、安卓和 Windows 移动操作系统的设备。奥雅纳在全球 35 个国家拥有 13 000 多名员工，为建筑和其他人造环境提供工程、规划、项目管理和咨询服务。奥雅纳的许多员工在工作中使用移动设备和应用程序，因为这些工作通常需要在现场进行，移动性提高了他们的工作效率。通过列举一系列生产力应用程序并强调公司支持 BYOD，奥雅纳鼓励员工将自己的设备注册到 BYOD 计划中。奥雅纳的移动政策因地区而异，在美洲和欧洲，许多员工配备了公司自有的移动设备，但他们仍然能够通过自助门户注册他们的个人设备，亚洲的员工则是从公司批准的列表中选择移动设备。奥雅纳的 BYOD 计划包括数千种移动设备，其中 65％基于 iOS，30％基于安卓，其余为 Windows 移动设备。

资料来源："Brother Industries Switches to MobileIron for Optimal Mobile Business Technology," "Arup Builds a Mobile-First Future with MobileIron," and "Swiss Re Chooses MobileIron 'Bring Your Own Device' Technology," www. mobileiron. com, accessed May 1, 2019; "5 BYOD Management Case Studies," Sunviewsoftware. com, accessed March 9, 2018; Stasmayer Incorporated, "The 'Bring Your Own Device' Trend: Is It Worth It?" www. stasmayer. com, accessed March 10, 2018; and Lisa Phifer, "The Challenges of a Bring Your Own Device（BYOD）Policy," *Simple MDM*, January 5, 2017.

案例分析问题

1. 允许员工在工作中使用个人移动设备有哪些优点和缺点？

2. 在决定是否允许员工在工作中使用个人移动设备时，应该考虑哪些人员、组织和技术因素？

3. 比较并评估本案例中描述的不同企业应对 BYOD 挑战的做法。

4. 允许员工使用自己的智能手机工作能够为企业节省资金。你同意这一观点吗？为什么？

参考文献

Benitez, Jose, Gautam Ray, and Jörg Henseler. "Impact of Information Technology Infrastructure Flexibility on Mergers and Acquisitions." *MIS Quarterly* 42, No. 1 (March 2018).

Benlian, Alexander, Marios Koufaris, and Thomas Hess. "Service Quality in Software-as-a-Service: Developing the SaaS-Qual Measure and Examining Its Role in Usage Continuance." *Journal of Management Information Systems* 28, No. 3 (Winter 2012).

Burden, Adam, Edwin Van der Ouderaa, Ramnath Venkataraman, Tomas Nyström, and Prashant P. Shukla. "Technical Debt Might Be Hindering Your Digital Transformation." *MIT Sloan Management Review* 60. No,1 (Fall 2018).

Carr, Nicholas. *The Big Switch* (New York: Norton, 2008.)

Choi, Jae, Derek L. Nazareth, and Hemant K. Jain. "Implementing Service-Oriented Architecture in Organizations." *Journal of Management Information Systems* 26, No. 4 (Spring 2010).

Cisco Systems. "Cisco Global Cloud Index: Forecast and Methodology, 2016–2021 White Paper." (February 1, 2018).

Gartner, Inc. "Gartner Identifies the Top 10 Trends Impacting Infrastructure and Operations for 2019." (December 4, 2018).

Gartner, Inc. "Gartner Says Global IT Spending Reach $3.8 Trillion in 2019." (January 28, 2019).

Gómez, Jaime, Idana Salazar, and Pilar Vargas. "Firm Boundaries, Information Processing Capacity, and Performance in Manufacturing Firms." *Journal of Management Information Systems* 33, No. 3 (2016).

Gregory, Robert Wayne, Evgeny Kaganer, Ola Henfridsson, and Thierry Jean Ruch. "IT Consumerization and the Transformation of IT Governance." *MIS Quarterly* 42, No. 4 (Deember 2018).

Guo, Zhiling, and Dan Ma. "A Model of Competition Between Perpetual Software and Software as a Service." *MIS Quarterly* 42, No. 1 (March 2018).

Hu, Paul Jen-Hwa, Han-Fen Hu, Chih-Ping Wei, and Pei-Fang Hsu. "Examining Firms' Green Information Technology Practices: A Hierarchical View of Key Drivers and Their Effects." *Journal of Management Information Systems* 33, No. 4 (2016).

"Hybrid IT Takes Center Stage." *Harvard Business Review Analytic Services* (2016).

Intel Corporation. "Full Throttle Optimization: A Guide to Cloud Services Transformation." (2018).

Joe-Wong, Carlee, and Soumya Sen. "Harnessing the Power of the Cloud: Revenue, Fairness, and Cloud Neutrality." *Journal of Management Information Systems* 35, No. 3 (2018).

Kathuria, Abhishek, Arti Mann, Jiban Khuntia, Terence JV Saldanha, and Robert J. Kauffman." A Strategic Value Appropriation Path for Cloud Computing." *Journal of Management Information Systems* 35, No. 3 (2018).

King, Charles. "IBM Reinvents the Z Mainframe-Again." *eWeek* (May 20, 2019).

Krancher, Oliver, Pascal Luther, and Marc Jost. "Key Affordances of Platform-as-a-Service: Self-Organization and Continuous Feedback." *Journal of Management Information Systems* 35, No. 3 (2018).

Li, Shengli, Hsing Kenneth Cheng, Yang Duan, and Yu-Chen Yang. "A Study of Enterprise Software Licensing Models." *Journal of Management Information Systems* 34, No. 1 (2017).

Linthicum, David. "Prepare for These Cloud Computing Challenges in 2019." SearchCloudComputing.com (December 2018).

Loten, Angus. "Rush to the Cloud Creates Risk of Overspending." *Wall Street Journal* (July 25, 2018).

Martin, Timothy W., and Sarah Krouse."The Big Hangup: Why the Future Is Not Just Your Phone." *Wall Street Journal* (January 12, 2019).

Mell, Peter, and Tim Grance. "The NIST Definition of Cloud Computing, Version 15." NIST (October 17, 2009).

Moqri, Mahdi, Xiaowei Mei, Liangfei Qiu, and Subhajyoti Bandyopadhyay. "Effect of 'Following' on Contributions to Open Source Communities." *Journal of Management Information Systems* 35, No. 4 (2018).

Mueller, Benjamin, Goetz Viering, Christine Legner, and Gerold Riempp. "Understanding the Economic Potential of Service-Oriented Architecture." *Journal of Management Information Systems* 26, No. 4 (Spring 2010).

Retana, German F., Chris Forman, Sridhar Narasimhan, Marius Florin Niculescu, and D. J. Wu. "Technology Support and Post-Adoption IT Service Use: Evidence from the Cloud." *MIS Quarterly* 42, No. 3 (September 2018).

Rosencrance, Linda. "3 Real-world Edge IoT Examples," *IoT Agenda* (June 2019).

Schuff, David, and Robert St. Louis. "Centralization vs. Decentralization of Application Software." *Communications of the ACM* 44, No. 6 (June 2001).

Sherae L. Daniel, Likoebe M. Maruping, Marcelo Cataldo, and Jin Herbsleb. "The Impact of Ideology Misfit on Open Source Software Communities and Companies." *MIS Quarterly* 42, No. 4 (December 2018).

Song, Peijian, Ling Xue, Arun Rai, and Cheng Zha. "The Ecosystem of Software Platform: A Study of Asymmetric Cross-Side Network Effects and Platform Governance." *MIS Quarterly* 42, No. 1 (March 2018).

Tucci, Linda. "The Shift to Edge Computing Is Happening Fast: Here's Why." SearchCIO.com (April 2019).

Weinschenk, Carl. "Mobile Device Management and the Enterprise." *IT Business Edge* (November 29, 2018).

第**6**章 商务智能基础：数据库与信息管理

阅读完本章，你将能够回答以下问题：

1. 什么是数据库？关系数据库如何组织数据？
2. 数据库管理系统的原理是什么？
3. 企业主要使用哪些工具和技术访问数据库信息以提高绩效和决策能力？
4. 为什么数据治理和数据质量保证对管理企业数据资源至关重要？
5. 管理信息系统对职业生涯有何帮助？

达美乐的数据管理："一对一定制"比萨

达美乐比萨（Domino's Pizza）是全球最大的比萨外卖连锁店，在 70 个国家拥有近 1.5 万家门店，每年销售数百万份比萨。达美乐超过 50％的零售额来自数字渠道，消费者可以通过推特、Facebook、智能手表、电视、福特 Sync 车载娱乐系统、亚马逊 Echo 智能音箱、短信和达美乐网站订餐，也可以通过电话或前往达美乐门店订购比萨。

达美乐拥有 17TB 的结构化和非结构化消费者数据，这些数据来自 85 000 个不同的内部和外部来源。所有这些有价值的数据都提供了潜在的竞争优势，但对达美乐来说，分析这些庞大数据以详细了解消费者及其购买模式并非易事。数据是通过多种工具和流程收集的，因此存在数据质量问题。达美乐有超过 1.1 万企业客户以及希望构建并使用其数据仓库的营销机构，这些数据管理问题也阻碍了公司快速响应其网站上的潜在客户。

达美乐选择了基于拓蓝（Talend）的解决方案，后者为数据集成、数据管理、企业应用程序集成、数据质量、云存储和处理大数据提供软件工具和服务，使达美乐可以在单一环境中管理所有企业数据。拓蓝可以对不同数据源的数据进行清洗，使数据更加准确一致，供企业中的多个团队使用。来自达美乐所有线下门店销售系统、供应链中心和销售渠道的数据都被输入企业管理框架，并在其中整合来自美国邮政管理局（US Postal Service）的数据、人口统计数据和竞争对手数据。通过使用拓蓝带有的主数据管理（Master Data Management，MDM）软件和 Apache Hadoop 管理大量结构化和非结构化数据，达美乐可以轻松从数百万个订单交易中识别独特的消费者。

借助新的数据管理平台，达美乐可使用统一、一致的数据源提高财务和物流配送的绩效，并在多个交互点与消费者创建一对一的购买体验。达美乐现在可以识别每个消费者的个人购买模式，还可以查看居住在一个家庭中的多个消费者，确定哪个成员是主要购买者，哪个成员对达美乐优惠券反应最好，以及每个成员对所使用的达美乐购买渠道反应如何。达美乐可以根据符合个人画像的消费者统计模型，为个人消费者或家庭提供不同的优惠券和产品优惠。

这些数据还有助于达美乐评估各个直营店和特许加盟店的业绩以推动其增长。达美乐可以针对特定门店的消费者群体定制优惠券和特别优惠，并基于每家门店的市场、与其他市场的比较以及竞争环境，为每家门店提出运营建议。所有这些信息让达美乐的管理层更加确信，公司正在尽可能快地为消费者提供最好的产品。达美乐已经成为一家数据驱动型企业。

资料来源："Big Data & Predictive Analytics Solutions, Domino's Case Study," www. newmarketsanalytics. wordpress. com, accessed January 6，2019；"Domino's：Mastering Data-One Pizza at a Time," www. talend. com, accessed February 14，2019；and Bernard Marr，"Big Data-Driven Decision-Making at Domino's Pizza," Forbes, A-April 6，2018.

达美乐的经验说明了数据管理的重要性。企业的业绩表现取决于其对自身拥有的数据的利用。达美乐是一家发展前景良好的企业，但其客户数据来自多个不同的渠道，未经整合的数据难以访问和分析，影响了企业的运营效率和管理决策。企业如何存储、组织和管理数据对组织效率有巨大的影响。

下图指出了上述案例和本章的要点。达美乐从实体店、网站订单和多种社交媒体等渠道积累了大量的消费者数据，但市场营销活动和为常客提供的个性化优惠没有达到预期效果，因为收集分析数据以详细了解每个消费者需求十分困难。解决方案是整合达美乐所有渠道的消费者数据，创建用于报告和分析的单一数据源，并使用拓蓝软件整合不同的消费者数据，以便企业能够为每个消费者构建唯一档案。该解决方案改善了消费者营销和门店绩效，同时降低了成本。

为了使这个解决方案发挥作用，达美乐必须将数据重新组织成整个企业统一的标准格式，建立访问并使用数据的规则、职责和程序，同时向消费者提供能够访问数据的工具，以便消费者进行查询和报告。

新的企业管理框架通过提供更全面、更准确的消费者数据，让访问每个消费者的所有业务数据更为容易，提高了达美乐的运营效率和管理决策水平。该解决方案通过帮助达美乐更详细地了解其消费者，增加了营销机会并提高了市场营销和销售活动的有效性。

思考以下问题：达美乐的数据管理问题对业务有何影响？更好地利用消费者数据如何提高了达美乐的运营效率和管理决策水平？

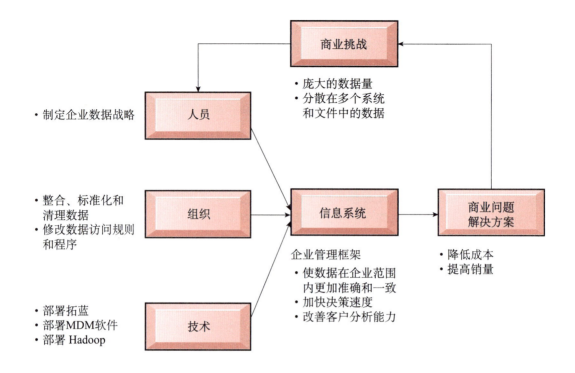

6.1　什么是数据库？关系数据库如何组织数据？

计算机系统按层级结构组织数据，从位和字节开始，再到字段、记录、文件和数据库（见图 6-1）。**位**（bit）代表计算机可以处理的最小数据单位。一组位，称为一个**字节**（byte），表示单个字符，可以是字母、数字或其他符号。一组字符组成一个词、一组文字或一个完整数字（如人名或年龄），称为**字段**（field）。一组相关的字段，如学生的身份证号（ID）、所修课程、日期和成绩，构成一条**记录**（record）。一组相同类型的记录称为**文件**（file），例如，图 6-1 中的记录构成一份学生课程文件。一组相关的文件则组成一个**数据库**（database）。图 6-1 中所示的学生课程文件可以与学生个人历史文件和财务背景文件组合，创建学生数据库。数据库是所有信息系统的核心，因为它们可以实时、持续跟踪企业必须处理的人员、地点和业务数据。

6.1.1　实体和属性

为了开展业务，可能会使用有关信息类别的数据，如客户、供应商、员工、订单、产品、发货人、零件等，每个广义类别都代表存储信息的人、地点或事物，称为**实体**（entity）。每个实体都有称为**属性**（attributes）的具体特征。例如，在图 6-1 中，"课程"是一个实体，"学生 ID""课程名称""日期""成绩"是它的属性。如果企业需要记录所用零件及其供应商，那么"供应商"就是一个实体，它将具有供应商名称和地址等属性，地址又可能包括街道、城市、州和邮政编码等。"零件"也是一个实体，通常有零件描述、零件单价和零件供应商等属性。

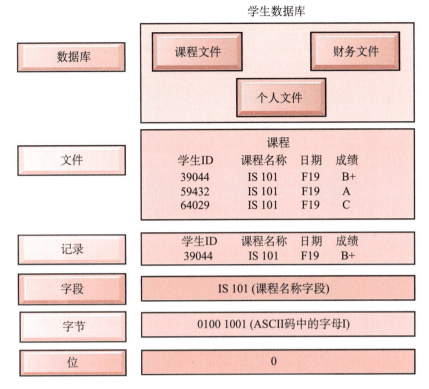

图6-1 数据层级结构

说明：计算机系统以层级方式组织数据，其中位是最低的层级，可以是0或1。位可以组成一个字节，用来表示一个字母、数字或符号。字节可以组成字段，相关字段可以组成一条记录，相关记录组合起来可形成文件，相关文件可组成一个数据库。

6.1.2 在关系数据库中组织数据

使用纸质文档存储数据时，需要为每个实体及其属性创建一份文件。在信息系统中，数据库采用类似方法组织数据，对相关的数据分组。**关系数据库**（relational database）是当前最常见的数据库类型。关系数据库将数据组织成具有列和行的二维表（称为关系），每个表都包含有关实体及其属性的数据。一般来说，每个业务实体都有一个表，因此最基础的情况下，企业将有一个客户表、一个供应商表、一个库存零件表、一个员工表和一个销售交易表。

下面通过一个例子说明关系数据库如何组织供应商和零件数据。图6-2展示了供应商表，它是由数据的列和行构成的表格。关于供应商的每个数据元素，如供应商名称、街道、城市、州和邮政编码，都作为单独字段存放在供应商表中。每个字段代表供应商实体的一个属性，关系数据库中的字段也称为列。

表中关于单个供应商的具体信息称为行，行通常称为记录。

注意，表中有一个供应商编号的字段，该字段唯一标识每条记录，以便对记录进行检索、更新或排序，这样的字段被称为**关键字段**（key field）。关系数据库中的每个表都有一个字段被指定为**主关键字**（primary key），主关键字是表中任意行所有信息的唯一标识，

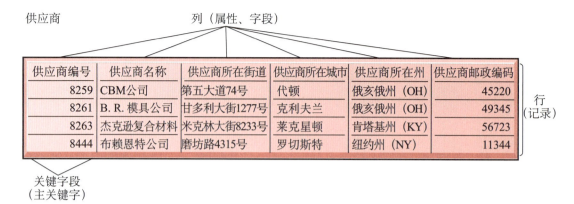

图 6 - 2　关系数据库表

说明：关系数据库以二维表的形式组织数据。这里展示了供应商实体的表，显示其如何表示实体及其属性。供应商编号是关键字段。

不能重复。

供应商名称也可以作为关键字段。但是，如果两个供应商有相同的名称（这种情况经常发生），供应商名称就无法作为每个供应商的唯一标识，因此有必要选择一个特殊的标识字段。例如，有两家供应商都叫作"CBM"，但一家位于代顿，另一家位于圣路易斯，很容易混淆。如果每家供应商都有一个唯一的供应商编号，就可以避免这种混淆。

从表中还看到地址信息被分成四个字段：供应商所在街道、供应商所在城市、供应商所在州和供应商邮政编码。数据被分成人们想要单独访问的最小元素，以便轻松选择表中与一个字段内容匹配的行，如俄亥俄州（OH）的所有供应商。数据行也可按照供应商所在州字段的取值进行排序，从而获得各州（而不是其所在城市）所有供应商的列表。

到目前为止，供应商表中没有包含任何有关其提供零件的信息。零件是独立于供应商的实体，包含零件信息的字段应存储在单独的零件表中（见图 6 - 3）。

零件

零件编号	零件名称	单价	供应商编号
137	门闩	22.00	8259
145	后视镜	12.00	8444
150	门板模型	6.00	8263
152	门锁	31.00	8259
155	压缩机	54.00	8261
178	门把手	10.00	8259

主关键字　　　　　　　　　　　　　　　　外键

图 6 - 3　零件表

说明：零件实体的数据有一张独立的表，零件编号是主关键字，供应商编号是外键，用户可以从供应商表中找到每个零件供应商的相关信息。

为什么不将零件信息与供应商信息放到同一张表中？如果这么做，表中每一行将同时包含零件和供应商的属性。由于一家供应商可能供应多种零件，表中将需要许多额外的行来显示供应商提供的所有零件，数据库将维护大量有关供应商的冗余数据，并且很难搜索任何单个零件的信息，因为我们不知道该零件是该供应商表记录的第1个还是第15个。因此，应该创建一个单独的零件表存储这三个字段，从而解决这一问题。

零件表还必须包含供应商编号字段，以表示每种零件的供应商。不必要在每条零件记录中重复供应商的所有信息，因为可以使用零件表中的供应商编号字段，在供应商表中查找。

值得注意的是，供应商表和零件表中都有供应商编号字段。在供应商表中，供应商编号是主关键字，而当供应商编号字段出现在零件表中时，它被称为**外键**（foreign key）。外键本质上是一个查找字段，用于查找某种零件的供应商信息。零件表也有自己的主关键字——零件编号，用来唯一标识每种零件，该关键字不用于连接零件表和供应商表，但可连接零件表与其他实体。

使用关系表组织数据时，确保特定实体的所有属性仅适用于该实体十分重要。如果将供应商地址信息与零件记录共同保存，则该信息将不仅与零件相关，而且与零件和供应商都相关。当供应商地址变化时，有必要修改每条零件记录中的数据，而不是仅在供应商记录中更改一次。

6.1.3 建立关系

将数据分解为供应商表和零件表之后，还需要明确两者之间的关系。**实体关系模型**（entity-relationship diagram）描述关系数据库中实体表之间的关系。实体关系模型提供的最重要信息是两个表相互关联的方式。关系数据库中的表可能具有一对一、一对多和多对多的关系。

存储员工机密数据的人力资源系统是一对一的关系。系统将员工姓名、出生日期、家庭住址、工作职位等数据存储于一个表中，将员工薪酬和养老金福利等机密数据存储于另一个表中。与单个员工相关的两个表具有一对一的关系，因为员工表中具有基本员工数据的每条记录仅对应机密数据表中的一条记录。

供应商实体和零件实体之间是一对多的关系。每个供应商可以供应多种零件，但每种零件只有一家供应商。对于供应商表中的每条记录，零件表中可能有多条记录与之对应。

图6-4说明了实体关系模型如何描述这种一对多关系。矩形框代表实体，连接矩形框的线代表关系。以两个短竖线标记结束的连接两个实体的线表示一对一关系，以位于一个短竖线之后的鸟足状记号为结束的连接两个实体的线表示一对多关系。图6-4显示每个零件只有一家供应商，但同一家供应商可提供多种零件。

图6-4 一个简单的实体关系模型

说明：该图显示了供应商实体和零件实体之间的关系。

　　如果想在数据库中添加一个关于订单的表，也会发现一对多关系，因为一家供应商可对应多份订单。订单表只包含订单编号和订单日期两个字段。图 6-5 显示了从供应商处采购零件的订单报告。查看报告可以发现右上角的信息来自订单表，实际采购的零件列在报告的下部。

订单编号：3502
订单日期：1/15/2020

供应商编号：8259
供应商名称：CBM公司
供应商地址：俄亥俄州代顿市第五大道74号，45220

订单编号	零件编号	零件数量	零件名称	单价	总价
3502	137	10	门闩	22.00	$220.00
3502	152	20	门锁	31.00	620.00
3502	178	5	门把手	10.00	50.00
			订单总额		$890.00

图 6-5　订单报告示例

说明：阴影部分显示哪些数据来自订单表、供应商表和订单项表。数据库不必维护总价和订单总额数据，因为这些数据可从表中的其他数据导出。

　　因为一份订单可以是来自同一供应商的多种零件，而一种零件可在不同订单中被多次采购，零件表和订单表之间创建了多对多关系。当两个表之间存在多对多关系时，就需要将这两张表连接到另一张表以表示这种关系。可创建一个单独的表存储订单中的每行项目，这样的表通常被称为连接表或交互关系。本例中，连接表只包含三个字段：订单编号和零件编号，它们用来连接订单表和零件表以及零件数量，如果仔细观察报告的左下角，会发现零件信息来自订单项表。

　　至此，在数据库中总共创建了四张表。图 6-6 描述了最终表，图 6-7 显示了这组表的实体关系模型。注意订单表中没有总价数据，因为该值可通过单价与零件数量相乘计算得出，在需要时可使用零件表和订单项表中已存在的信息获得。订单总额是另一个派生字段，可通过加总所有已订购商品的总价得到。

　　简化复杂数据以减少数据冗余和复杂的多对多关系，提高稳定性与灵活性的过程称为**规范化**（normalization）。设计合理且规范化的数据库易于维护，并能最大限度地减少数据冗余。

　　关系数据库系统还必须遵循**参照完整性**（referential integrity）规则，以确保各关联表间的数据保持一致。当一个表有指向另一个表的外键时，除非在被指向的表中已存在相应记录，否则无法用外键向表中添加记录。在上文创建的数据库中，供应商编号作为外键将零件表链接到供应商表，除非供应商表中存在供应商编号为 8266 的记录，否则无法在零件表中添加供应商编号为 8266 的新零件记录。如果要删除供应商表中编号为 8266 的记录，也必须同时删除零件表中的相应记录。换言之，不应该从不存在的供应商处获取零件。

　　上述零件、订单和供应商示例是一个很简单的示例。即使是非常小的企业，一般也有许多其他重要的实体表，如客户表、货运表和员工表等。大型企业则可能要维护包含数千个实体（表）的数据库系统。对于任何规模的企业来说，重要的是建立一个包含所有实体

零件

零件编号	零件名称	单价	供应商编号
137	门闩	22.00	8259
145	后视镜	12.00	8444
150	门板模型	6.00	8263
152	门锁	31.00	8259
155	压缩机	54.00	8261
178	门把手	10.00	8259

订单项

订单编号	零件编号	零件数量
3502	137	10
3502	152	20
3502	178	5

订单

订单编号	订单日期
3502	1/15/2020
3503	1/16/2020
3504	1/17/2020

供应商

供应商编号	供应商名称	供应商所在街道	供应商所在城市	供应商所在州	供应商邮政编码
8259	CBM公司	第五大道74号	代顿	俄亥俄州（OH）	45220
8261	B. R. 模具公司	甘多利大街1277号	克利夫兰	俄亥俄州（OH）	49345
8263	杰克逊复合材料	米克林大街8233号	莱克星顿	肯塔基州（KY）	56723
8444	布赖恩特公司	磨坊路4315号	罗切斯特	纽约州（NY）	11344

图6-6　带有样本记录的最终数据库设计

说明：供应商、零件和订单数据库最终设计包含四张表，订单项表是一张连接表，用于消除订单表和零件表之间的多对多关系。

图6-7　包含四张表的数据库的实体关系模型

说明：该图显示了供应商、零件、订单项和订单实体之间的关系。

及实体间关系的良好的数据模型，这样的模型能够最大限度减少冗余，最大程度提高准确性，并使数据易于访问以进行报告和分析。

需要特别强调的是，如果企业不能设计正确的数据模型，信息系统将无法正确地为企业服务，企业系统将无法发挥应有的作用，因为系统不得不处理可能不准确、不完整或难以检索的数据。本节的重点在于帮助读者正确理解组织的数据及其在数据库中的表示方式。

例如，Famous Footwear 是一家鞋类连锁商店，在美国49个州拥有1 100多家门店。由于数据库无法快速调整整个门店库存，公司无法实现"在合适的门店以合适的价格销售合适款式的鞋"的目标。公司现有一个数据库，但其设计初衷是为管理生成标准报告，而不是及时响应市场变化，因此管理层无法获取每家门店中特定产品的准确库存数据。为了解决这一问题，公司必须建立一个新的数据库，以便更好地组织销售和库存数据，从而更好地进行分析和存货管理。

➡ 6.2　数据库管理系统的原理是什么？

创建文件并确定业务所需数据后，企业需要一个数据库管理系统来管理和使用数据。

数据库管理系统（database management system，DBMS）是一类用于创建、存储、组织和访问数据库中数据的软件。Microsoft Access 是适用于桌面系统的 DBMS 软件，而 DB2、Oracle Database 和 Microsoft SQL Server 是适用于大型主机和中型计算机的 DBMS，MySQL 是一种流行的开源 DBMS。所有这些产品都是支持关系数据库的关系型 DBMS。

DBMS 通过分离数据的逻辑视图和物理视图，使终端用户和程序员无须理解数据的实际存储路径和存储方法。逻辑视图以终端用户或业务专业人员能理解的方式呈现数据，物理视图则显示数据在硬盘等物理存储介质上的实际组织和结构。

数据库管理软件使用户可以根据需求获取物理数据库的不同逻辑视图。如图 6 - 8 所示的人力资源数据库，福利部门可能需要包含员工姓名、社会保障号码以及健康保险的数据视图，薪资部门可能需要员工姓名、社会保障号码、总收入和净收入等数据。构成这些视图的所有数据都存储在一个数据库中，组织可轻松对其进行管理。

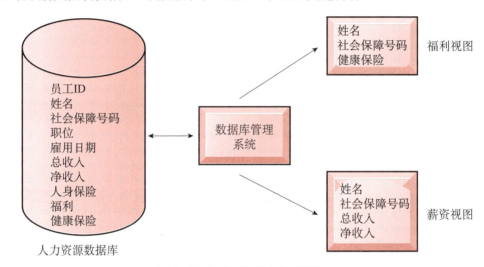

图 6 - 8　多视图的人力资源数据库

说明：单个人力资源数据库根据用户的信息需求提供多种数据视图。这里展示了两个视图，一个是福利部门感兴趣的数据，另一个是薪资部门所需数据。

6.2.1　关系数据库管理系统操作

在关系数据库中，只要两个表存在共同数据元素，就可以对表格进行组合以获取所需数据。下面继续使用图 6 - 2 和图 6 - 3 描述的供应商表和零件表作为示例。

假设要在数据库中查找提供编号为 137 或 150 的零件的供应商名称，需要使用供应商表和零件表的信息，这两张表有一个共同数据元素：供应商编号。

如图 6 - 9 所示，关系数据库中有三个可用于创建有用数据集的基本操作：选择（select）、投影（project）、连接（join）。选择操作会创建一个子集，由文件中满足给定条件的记录组成。换言之，选择操作创建满足特定条件的行的子集。本例中，我们希望从零件表中选择零件编号为 137 或 150 的记录（行）。连接操作将两个表结合，为用户提供比单个表更多的信息。本例中，我们希望将已缩减的零件表（只包含 137 或 150 零件的记录）与供应商表连接成一个新表。

零件

零件编号	零件名称	单价	供应商编号
137	门闩	22.00	8259
145	后视镜	12.00	8444
150	门板模型	6.00	8263
152	门锁	31.00	8259
155	压缩机	54.00	8261
178	门把手	10.00	8259

选择零件编号=137或150

供应商

供应商编号	供应商名称	供应商所在街道	供应商所在城市	供应商所在州	供应商邮编
8259	CBM公司	第五大道74号	代顿	俄亥俄州 (OH)	45220
8261	B. R. 模具公司	甘多利大街1277号	克利夫兰	俄亥俄州 (OH)	49345
8263	杰克逊复合材料	米兑林大街8233号	来克星顿	肯塔基州 (KY)	56723
8444	布赖恩特公司	磨坊路4315号	罗切斯特	纽约州 (NY)	11344

根据供应商编号连接

零件编号	零件名称	供应商编号	供应商名称
137	门闩	8259	CBM公司
150	门板模型	8263	杰克逊复合材料

投影所选择的列

图6-9 关系数据库管理系统的三个基本操作

说明：选择、连接和投影操作可以组合来自两个表的数据，并且只显示所选择的属性。

投影操作创建由表中的列组成的子集，允许用户创建仅包含所需信息的新表。在本例中，我们希望从新表中提取以下各列：零件编号、零件名称、供应商编号和供应商名称（见图 6 - 9）。

6.2.2 数据库管理系统的功能

DBMS 包含用于组织、管理并访问数据库中数据的功能和工具，其中最重要的是数据定义、数据字典和数据操作语言。

DBMS 具有**数据定义**（data definition）功能，可指定数据库内容的结构，该功能可用于创建数据库表并定义每个表中字段的特征。关于数据库的这些信息记录在**数据字典**（data dictionary）中，数据字典是存储数据元素定义及其特征的自动或手动文件。Microsoft Access 提供最基本的数据字典功能，可以显示表中各字段的名称、描述、大小、类型、格式及其他属性信息（见图 6 - 10）。大型企业数据库的数据字典可能会保存更多信息，如用途、所有权（组织中负责维护数据的人员）、授权、安全性以及使用每个数据元素的个人、业务、程序和报告。

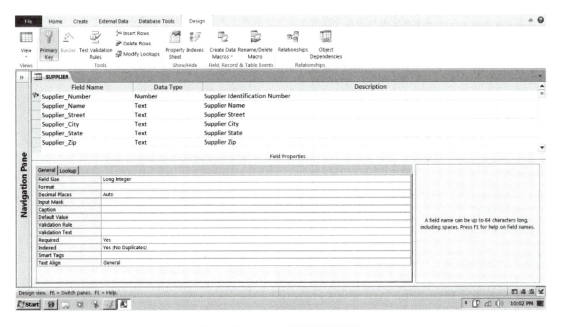

图 6 - 10 Access 数据字典功能

说明：具有基本的数据字典功能，可以显示关于数据库中每个字段的大小、格式和其他属性信息。此处显示了供应商表中维护的信息。供应商编号左侧的小钥匙图标表明该字段是关键字段。

资料来源：由微软公司提供。

查询和报告

DBMS 包含用于访问和操作数据库中信息的工具。大多数 DBMS 都有一种专门的语言，称为**数据操作语言**（data manipulation language），用于添加、修改、删除和检索数据库中的数据。该语言包括一系列命令，允许终端用户和程序员从数据库中提取数据以满足信息请求和应用程序开发需求。目前最常用的数据操作语言是**结构化查询语言**（Structured Query Language，SQL），图 6 - 11 展示了生成图 6 - 9 中新结果表的 SQL **查询**（query）语句。查询是对数据库中数据的请求命令。

SELECT PART.Part_Number, PART.Part_Name, SUPPLIER.Supplier_Number,
SUPPLIER.Supplier_Name
FROM PART, SUPPLIER
WHERE PART.Supplier_Number = SUPPLIER.Supplier_Number AND
Part_Number = 137 OR Part_Number = 150;

图 6 - 11 SQL 查询示例

说明：图中展示了 SQL 语句示例，用于查询编号为 137 或 150 的零件的供应商。该 SQL 语句生成的列表与图 6 - 9 的结果一致。

DB2、Oracle Database 或 SQL Server 等适用于大中型计算机的 DBMS 软件都使用 SQL 从数据库中检索所需信息。尽管 Microsoft Access 也使用 SQL，但它同时提供了一套自己开发的用户友好工具，可用于查询并将数据库中的数据组织为更精美的报告。

Microsoft Access 具有帮助用户创建查询的功能，用户只需指定所需的表、字段及结果，再选择满足特定条件的数据行，这些操作即被逐一转换成 SQL 命令。图 6 - 12 说明了如何使用 Microsoft Access 的查询工具构建图 6 - 11 中选择零件和供应商的 SQL 查询。

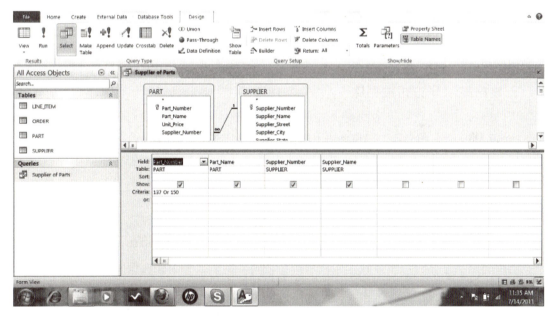

图 6 - 12 Microsoft Access 查询示例

说明：此图说明了如何使用 Microsoft Access 查询工具建立图 6 - 11 中的查询，展示了用于查询的表、字段和选择标准。

资料来源：由微软公司提供。

DBMS 通常还具有生成报表的功能，将所需数据以更结构化和更精美的格式呈现出来，而不仅仅局限于查询。Crystal Reports 是用于大型企业 DBMS 的流行**报表生成器**（report generator），它也可以与 Microsoft Access 一起使用。

Microsoft Access 还拥有开发桌面系统应用的功能，包括用于创建数据输入窗口和报告，以及用于开发业务处理逻辑的工具。这些功能主要服务于信息系统专家。

6.2.3　非关系数据库、云数据库和区块链

30 多年来，关系数据库技术一直是数据库的黄金标准，而云计算、大数据、网络服务的大量工作负荷以及存储新型数据的需求，都要求数据库改变以表、列和行的形式组织数据的传统关系模型。为此，企业正在转向 "NoSQL" 非关系数据库技术。**非关系数据库管理系统**（non-relational database management system）使用更灵活的数据模型，旨在管理分散在许多分布式机器上的大量数据集，轻松实现扩大或缩小。这种设计可加速对大量结构化和非结构化数据的简单查询，包括网页、社交媒体、图形及其他难以使用传统 SQL 工具分析的数据形式。

NoSQL 数据库有多种类型，每一种都有自己的技术特征和状态。Oracle NoSQL 数据库和亚马逊的 SimpleDB 正是如此，后者在云端运行亚马逊网络服务。SimpleDB 提供了一个简单的网络服务接口，可用于创建并存储多种数据集、方便查询并返回结果。在使用时不需要预先定义正式的数据库结构，也不需要在添加新数据时改变定义。

美国大都会人寿保险公司（MetLife）使用的 MongoDB 是一类开源 NoSQL 数据库，汇集来自独立管理系统、理赔系统等 70 多个来源的数据，包括半结构化和非结构化数据，如健康记录和死亡证明图像等。NoSQL 数据库能处理结构化、半结构化和非结构化数据，无须按照关系数据库的要求，通过烦琐、昂贵且耗时的数据库映射将所有数据规范化为一个严格的模式。

云数据库和分布式数据库

亚马逊和其他云计算供应商提供关系数据库引擎。亚马逊关系数据库服务（Amazon Relational Database Service，Amazon RDS），提供 MySQL、Microsoft SQL Server、Oracle Database、PostgreSQL、MariaDB 或 Amazon Aurora 等数据库引擎。云数据库按需使用，根据实际使用量收取费用。甲骨文在自己的数据库云服务上使用关系数据库。微软在云端提供的关系数据库服务是基于 Microsoft SQL Server DBMS 的 Microsoft Azure SQL Database。基于云的数据管理服务对于专注于网络的初创企业或中小型企业十分有吸引力，云数据库使得它们能够以比内部数据库产品更低的成本使用数据库功能。

谷歌将其 Spanner 分布式数据库技术作为云服务提供。**分布式数据库**（distributed database）是存储在多个物理位置的数据库。数据库的一部分或副本存放在不同的物理位置。Spanner 可以在全球数百个数据中心的数百万台机器上存储信息，使用特殊的计时工具精确同步所有位置的数据并确保数据始终一致。谷歌使用 Spanner 支持各种云服务，包括 Google Photos、AdWords（谷歌的在线广告系统）和 Gmail，现在正在向可能需要此类功能开展全球业务的其他企业提供这一技术。

区块链

区块链（blockchain）是一种分布式数据库技术，使企业和组织在无须中央授权的情况下，在网络上实时创建并验证交易。系统将交易以分布式账簿的形式存储在计算机网络中，数据库中保存的信息由网络中的计算机不断核对。

区块链维护着一个不断增长的记录列表，称为区块。每个区块都包含一个时间戳和指

向前一个区块的链接。一旦数据区块被记录在区块链账薄系统上，就无法追溯更改。当想要添加交易时，网络中的参与者（所有人都拥有现有区块链的副本）运行算法来评估并验证提议的交易。对账薄系统的合法更改在几秒或几分钟内通过区块链被记录并加密保护。对参与者和参与企业的加密和身份验证，确保只有合法的参与者才能够输入信息，且区块链只接受经过验证的交易，这使区块链系统成为可能并吸引了很多商业企业。交易一经记录就无法更改。图6-13说明了区块链如何完成订单。

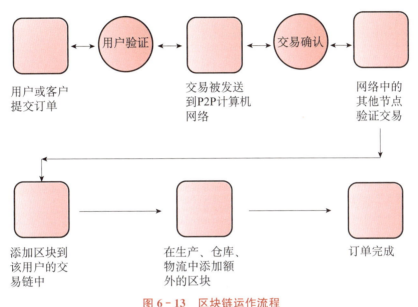

图6-13 区块链运作流程

说明：区块链系统是一种分布式数据库，用于记录点对点计算机网络中的交易。

使用区块链数据库对企业大有裨益。区块链网络从根本上降低了验证用户和交易的成本，同时降低了在数千家企业中存储并处理交易信息的风险。数千家企业不再需要构建自己的私人交易系统，再与供应商、托运商和金融机构系统集成，区块链可以为它们提供统一、简单、低成本的交易系统。智能合约是执行企业间交易规则的计算机程序，有助于记录交易的标准化。例如，产品的价格是多少，它们将如何运输，交易何时完成，谁将为交易提供资金，融资条件是什么，等等。

区块链的简单性和安全性使其在对金融交易、供应链交易、医疗记录和其他类型数据的存储和保护方面有广阔的应用前景。区块链是比特币、以太坊（Ethereum）和其他加密货币的基础技术。本书第8章将提供关于使用区块链保护交易的更多细节。

6.3 企业主要使用哪些工具和技术访问数据库信息以提高绩效和决策能力？

企业使用数据库跟踪基本活动，如采购支付、订单处理、客户服务和薪酬发放等，企业还需要数据库提供信息，帮助企业高效运营并辅助管理者和员工作出更优决策。如果企业想知道哪个产品最受欢迎或哪些客户最有价值，可通过数据找到答案。

6.3.1   大数据的挑战

组织收集的大部分数据都是交易数据，它们很容易存储到关系型数据库管理系统的行和列中。来源不同的数据呈现爆炸式增长，包括网络流量、电子邮件、社交媒体内容（如推文和状态信息），以及从传感器获得的机器生成数据。这些数据可能是非结构化或半结构化的，因此不适用于以行和列组织数据的关系数据库产品。现在我们用**大数据**（big da-ta）这一术语描述这些数据集，它们规模巨大，超出了传统 DBMS 获取、存储和分析数据的能力。

互动讨论：人员   **大数据棒球**

大数据分析正在席卷整个商业领域，职业体育行业也不例外。棒球、橄榄球、足球、曲棍球、网球甚至帆船比赛都在寻找分析球员和竞争球队数据的方法，以提高运动成绩。大数据分析的使用彻底改变了棒球比赛，防守转换战术、挥棒路径变化、球队选拔和培养球员的方式都发生了改变。

考虑到美国职业棒球大联盟（Major League Baseball，MLB）球队在预算上存在巨大差异，资金雄厚的球队通常在招募优秀球员方面具有优势。迈克尔·刘易斯 2003 年出版的《点球成金》（*Moneyball*）一书描述了奥克兰运动家队（Oakland Athletics）经理比利·比恩如何利用大数据分析指导球员的选拔和培养，将本处于劣势的运动家队转变为常胜球队。严格的统计分析表明，相比于速度和接球率等长期使用的指标，上垒率和长打率是进攻成功的更好指标，且在公开市场上获得的成本更低，这些发现与传统的棒球经验以及许多棒球天才球探和教练的信念背道而驰。比恩根据这些发现重建了运动家队，通过使用先进的分析技术深入了解每个球员的价值和对球队的贡献，造就了一支连续多年夺冠的球队，而那些资金雄厚的球队却忽略了这一点。

大数据帮助波士顿红袜队（Boston Red Sox）在 2004 年赢得世界大赛冠军，帮助圣路易斯红雀队（St. Louis Cardinals）赢得了 2006 年和 2011 年的冠军。如今，每支 MLB 球队都在不同程度上使用大数据和深度分析来支持有关球赛的决策。一些转变较慢的球队，如匹兹堡海盗队（Pittsburgh Pirates）、芝加哥小熊队（Chicago Cubs）和休斯敦太空人队（Houston Astros），在充分利用大数据之前战绩表现不佳。

休斯敦太空人队 2017 年取得世界大赛的胜利，这是球队 56 年历史上首次夺得 MLB 冠军。仅仅在四年前，球队曾在 162 场比赛中输掉了 111 场。从那时起，随着球队更多依赖大数据分析来调整球队阵容和场上决策，太空人队的命运发生了转变。太空人队总经理杰夫·鲁布诺开始使用大数据分析进行球员选择和球场决策，如开场时球员的站位等。一些大数据分析结果给出了非传统的球员站位方式，例如，太空人队将游击手的位置从投手的正后方调整到垒的另一侧，因为大数据分析发现这样会增加双打概率。在 2017 年世界大赛最后一场的冠军争夺赛中，太空人队使用一名先发投手来结束比赛，一名内野手站在右外野，这是五年前任何内野手都不会选择的位置。

如今，最大的挑战不是是否在棒球运动中使用大数据，而是如何有效地使用大数据。有时候可能难以解释数据并区分哪些是干扰信息、哪些是实际可操作的信息。球员和投手必须处理的数据量可能是巨大的——投球使用率、挥杆面、旋转率等。当一个球员进入击球手的位置时，每个击球手所考虑的信息是不同的。有些人想知道投手在某些情况下会怎么做——投手会使用何种方式投球，以及该投手使用这种投球的频率，而有些人只想集中注意力寻找球的位置。在不过度分析并分心影响当前任务的情况下，一个人能够处理的数据是有限的。

许多棒球专家依旧相信，传统的球员评估方法以及直觉、财力和运气，仍然是球队获胜的关键因素。例如，旧金山巨人队（San Francisco Giants）在招募球员时不仅使用大数据和统计数据，也听取球探和教练的意见。巨人队的替补教练罗恩·沃图斯表示，数字并不能完全说明球员的素质，因此巨人队将统计数据与球探、教练和球员经验相结合，尤其是在巨人队与不熟悉的国家联盟以外的球队打交道时。沃图斯认为，要挖掘球员的个人优势，更多的是通过了解球员个人及其能力，而不是数据。手型好的游击手有时可以比平时更远离本垒，而跑得快的游击手可能比平时更接近本垒。防守对手的细微差别在统计数据上并不相关，但当对球员了解不够充分、不知道他们的天赋时，统计数据会有所帮助。

资料来源："Big Data Baseball and the Rise of the Pirates Through Analytics," www. sloansportsconference. com, accessed March 14, 2019; "Nick San Miguel, 'San Francisco Giants: Analytics Are Not the Answer'," www. around-thefoghorn. com, accessed March 15, 2019; Richard Justice, "MLB Clubs Stay Focused on Future of Analytics," www. mlb. com, accessed March 14, 2019; "How the Houston Astros Are Winning Through Advanced Analytics," *McKinsey Quarterly*, June 2018; "A View from the Front Lines of Baseball's Data-Analytics Revolution," *McKinsey Quarterly*, July 2018; and Christina Kahrl, "How the Giants Use Metrics on D," ESPN.com, March 11, 2015.

案例分析问题

1. 信息技术如何改变棒球比赛？请解释为什么。

2. 信息技术如何影响休斯敦太空人队和奥克兰运动家队的决策？使用大数据会改变哪些决策？

3. 大数据在休斯敦太空人队世界大赛的胜利中发挥了多大的作用？

4. 棒球应该在多大程度上依赖大数据分析？解释你的答案。

大数据通常具有"3V"特征：数据规模性（volume）、数据类型和来源的多样性（variety）、数据处理的高速性（velocity）。大数据并不特指具体数量，但通常是从 PB 级到 EB 级范围内的数据，即来自不同来源的数十亿到万亿条记录。与传统数据相比，大数据以更大的量级和更快的速度产生。例如，一架喷气式飞机可在 30 分钟内产生 10TB 数据，而每天有超过 25 000 次航班；推特每天产生超过 8TB 的数据。数字信息正以指数级增长，2020 年达到 35 ZB。根据国际数据中心（International Data Center，IDC）技术研究公司的数据，全球数据每两年就会增长一倍以上。

企业对大数据有浓厚兴趣，因为相比于较小的数据集，大数据可以揭示更多的模式和有价值的关系，并可能提供有关客户行为、天气模式、金融市场活动或其他现象的新见解。例如，全球在线图片网站 Shutterstock 存储了 2 400 万张图片，且每天增加 1 万张。为了找到优化 Shutterstock 体验的方法，公司分析其大数据以了解网站访问者光标停放的位置，以及他们在购买前将鼠标悬停在图像上的时间。大数据在公共部门中也有许多应用。例如，市政府使用大数据管理交通流量和打击犯罪，人物互动会议（Interactive Session on People）展示了美国职业棒球大联盟如何使用大数据提高球员和球队的表现。

　　然而，为了从这些数据中获得商业价值，组织需要利用新技术和新工具管理并分析非传统数据及传统企业数据，组织还需要明确数据分析目标以及大数据的局限性。获取、存储和分析大数据的成本可能很高，而且从大数据中得到的信息不一定能够帮助管理者作出决策。清楚理解大数据能够解决的商业问题非常重要，本章的章末案例详细探讨了这些问题。

6.3.2　商务智能技术基础设施

　　如何了解整个企业当前运营、发展趋势和变化的简明可靠信息？对于一家大企业而言，这些数据可能必须从不同系统（如销售、制造和会计系统）甚至从外部来源（如人口统计或竞争对手数据）获取，可能会更加需要使用大数据。当代商务智能技术基础设施包括一系列工具，可用于从企业使用的不同类型数据中获取有用信息，包括大量的半结构化和非结构化大数据。这些工具包括数据仓库和数据集市、Hadoop、内存计算和分析平台，其中一些工具可作为云服务获取。

数据仓库和数据集市

　　过去 30 年来，数据仓库一直是分析企业数据的传统工具。**数据仓库**（data warehouse）是用于存储决策者可能感兴趣的企业当前和历史数据的数据库。这些数据来源于许多核心运营业务系统，如销售、客户账户和制造系统，也可能包括来自网站交易的数据。数据仓库从组织内的多个系统中提取当前数据和历史数据，并与来自外部的数据相结合，经过对不正确和不完整的数据进行更正，并将数据存储在公共存储库中，可为管理报告和分析提供支持。

　　任何用户都可以根据需要访问数据仓库中的数据，但不能修改数据。数据仓库系统还提供了一系列标准化查询工具、分析工具和图形报告工具。数据仓库可以部署在本地、云端或混合云环境中（参见本书第 5 章）。

　　企业通常创建全企业范围的数据仓库，有一个中央数据库为整个组织服务。企业有时也会创建较小的、分散的数据仓库，称为数据集市。**数据集市**（data mart）是数据仓库的子集，将汇总或高度集中的部分数据存放在针对特定用户群体的独立数据库中。例如，企业可能会开发营销和销售数据集市来处理客户信息。巴诺书店（Barnes & Noble）曾经维护很多数据集市——一个用于零售商店销售数据，一个用于大学书店销售，还有一个用于在线销售。

Hadoop

　　关系型 DBMS 和数据仓库产品不适合组织和分析大数据或不易用行和列表示的数据。为了处理大量非结构化、半结构化及结构化数据，组织使用 **Hadoop**。Hadoop 是由 Apache 软件基金会管理的开源软件框架，支持在廉价计算机上对大量数据进行分布式并行处理。Hadoop 将大数据问题分解成子问题，并将它们分布在数千个低成本计算机处理节点，然后将结果整合为容易分析的小数据集。你可能使用过 Hadoop 在互联网上查找最佳机票、在谷歌上进行搜索或者在 Facebook 上与朋友联系。

　　Hadoop 由几项关键服务组成：用于数据存储的 Hadoop 分布式文件系统（Hadoop Distributed File System，HDFS）和用于高效并行数据处理的 MapReduce。HDFS 将 Hadoop 集群中众多节点上的文件系统链接在一起，形成一个大文件系统。Hadoop 上的 MapReduce 受到谷歌 MapReduce 系统的启发，用于分解大型数据集的处理并将工作分配给集群中的各个节点。HBase 是 Hadoop 的非关系型数据库，支持快速访问 HDFS 上存储的数据，并提供运行大规模实时应用程序的业务平台。

Hadoop 能处理不同类型的海量数据，包括结构化的交易数据、松散的结构化数据（如 Facebook 和推特上的信息流）、复杂数据（如网络服务器日志文件）以及非结构化的音频和视频数据。Hadoop 在低成本服务器上运行，可以根据需要增加或减少处理器。企业使用 Hadoop 分析大规模数据，并将其作为非结构化和半结构化数据导入数据仓库前的暂存区。雅虎利用 Hadoop 跟踪用户行为，使其能够根据用户兴趣调整主页。生命科学研究公司 NextBio 使用 Hadoop 和 HBase 为进行基因组研究的制药企业处理数据。IBM、惠普、甲骨文、微软等顶级数据库提供商都有自己的 Hadoop 软件，其他供应商则提供将数据移入和移除 Hadoop 或用于分析 Hadoop 内数据的工具。

内存计算

另一种用于大数据分析的方法是**内存计算**（in-memory computing），这种方法主要依靠计算机的主内存（RAM）进行数据存储，传统的 DBMS 使用磁盘存储器系统。用户访问存储在系统主内存中的数据，消除在传统的基于磁盘的数据库中检索和读取数据的瓶颈，大大缩短查询响应时间。内存处理使相当于数据集市或小型数据仓库大小的大型数据集能够全部暂存在内存中。过去需要数小时或数天时间的复杂业务计算可在几秒内完成，甚至可在手持设备上完成。

本书前面的章节描述了当代计算机硬件技术的一些进步，如强大的高速处理器、多核处理和不断下降的内存价格等，这些进步使内存处理成为可能，帮助企业优化内存使用、提高处理性能并降低成本。领先的内存数据库产品包括 SAP HANA、Oracle Database In-Memory、Microsoft SQL Server 和 Teradata Intelligent Memory。

分析平台

商业数据库提供商提供专门的高速**分析平台**（analytic platform），利用关系和非关系型技术优化针对大数据集的分析。分析平台有专为查询处理和分析设计的预配置软硬件系统。例如，IBM PureData System for Analytics 将数据库、服务器和存储器紧密集成，处理复杂分析查询的速度比传统系统快 10～100 倍。分析平台还包括内存系统和 NoSQL 非关系型数据库管理系统，现在也可作为云服务使用。

图 6-14 展示了基于上述技术的现代商务智能技术基础设施。可从多个操作系统中提取当前和历史数据、网络数据、社交媒体数据、物联网（IoT）机器生成数据、非结构化音频/视频数据和其他外部数据。一些企业将这些类型的数据存入数据湖。**数据湖**（data lake）是原始非结构化数据或尚未分析的结构化数据的存储库，可以通过多种方式访问。数据湖以原始格式存储这些数据，直到它们被使用。Hadoop 分布式文件系统（HDFS）通常用一组集群计算机节点存储数据湖内容，Hadoop 集群可对这些数据进行预处理，以用于数据仓库、数据集市、分析平台或供高级用户直接查询，系统输出结果包括报表、仪表板和查询结果。本书第 11 章将会对各种类型的商务智能用户和商务智能报告进行更详细的介绍。

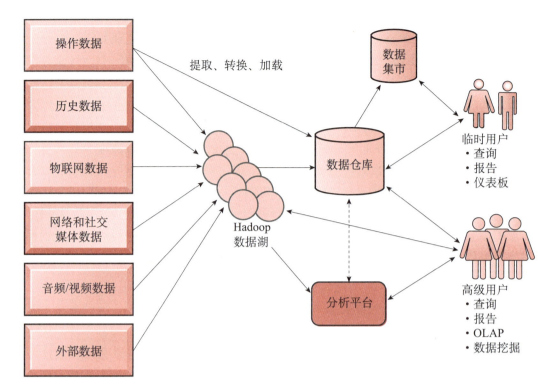

图 6 – 14　商务智能技术基础设施

说明：现代商务智能技术基础设施具有管理并分析来源多样、大规模、不同类型数据的功能和工具，包括面向临时业务用户的操作简便的查询和报告工具，以及面向高级用户的复杂分析工具。

6.3.3　分析工具：关系、模式和趋势

使用上述商务智能技术获取并组织数据后，可以使用数据库查询和报告系统、多维数据分析和数据挖掘软件对其进行深入分析。本节将介绍这些工具，本书第 11 章将详细介绍商务智能分析和应用程序。

联机分析处理

假设一个企业在东部、西部和中部地区销售四种不同的产品——螺母、螺栓、垫圈和螺丝。对于简单的问题，如上个季度销售了多少垫圈，可通过查询销售数据库轻松找到答案。但如果想知道每个销售区域销售了多少垫圈，并将实际销量与预期销量进行比较，该怎么办？

要回答这一问题，需要使用**联机分析处理**（online analytical processing，OLAP）。OLAP 支持多维数据分析，用户可从多个维度以不同方式查看同一数据。信息的各个方面——产品、价格、成本、销售区域和时间段——分别代表不同维度。产品经理可以使用多维数据分析工具获取 6 月份东部地区的垫圈销量，并与上月、去年同期以及预期销量进行比较。即使数据存储在非常大的数据库中，例如有多年的销售数据，OLAP 也能使用户在极短时间内在线获取特定问题的答案。

图 6 – 15 展示了一个表示产品、区域、实际销量和预期销量的多维模型。实际销量矩阵可以堆叠在预期销量矩阵之上，形成一个六面立方体。如果将立方体单向旋转 90°，显

示的面将展示不同产品的实际销量与预期销量的对比。再将立方体旋转 90°，将看到不同区域实际销量和预期销量的对比。如果从原始视图旋转 180°，将看到各区域不同产品的预期销量。表示多维数据集的立方体可以相互嵌套，构建更复杂的数据视图。企业可以使用专门的多维数据库，或使用在关系数据库中创建多维数据视图的工具。

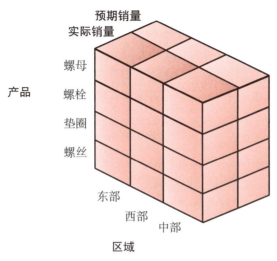

图 6 - 15　多维数据模型

说明：此视图显示产品与区域。将立方体旋转 90°，就显示各产品的实际销量和预期销量。如果将立方体再次旋转 90°，将会看到不同区域的实际销量与预期销量。其他视图界面均可由相同方法得到。

数据挖掘

传统数据库查询能够回答"编号 403 的产品在 2019 年 2 月的发货量是多少"。而 OLAP 或多维分析则支持更复杂的信息请求，如"按季节和销售区域比较过去两年 403 号产品的实际销量和预期销量"。使用 OLAP 和面向查询的数据分析，用户需要对要查找的信息有充分的认识。

相比之下，**数据挖掘**（data mining）更受探索驱动。数据挖掘通过发现大型数据库中隐藏的模式和关系来推断规则，以预测未来行为，这些对企业数据的深入洞察是 OLAP 无法提供的。这些模式和规则用于指导决策制定并预测这些决策的效果。能够从数据挖掘中获取的信息类型包括关联、序列、分类、聚类和预测。

● 关联（association）是与单个事件相关联发生的事情。例如，一项关于超市购买模式的研究表明，购买玉米片时，65％的人会同时购买可乐；当有促销活动时，85％的人会购买可乐。这些信息能帮助管理者作出更好的决策，因为他们已经了解了促销的盈利能力。

● 在序列（sequence）中，事件会随着时间推移相互关联。例如，购买房子的人，有 65％的可能性会在两周内购买新冰箱，有 45％的可能性会在一个月内购买烤箱。

● 分类（classification）是通过检查已分类的现有项目推断一组规则，来识别新项目所属组的模式。例如，信用卡或电话公司常担心失去稳定用户。分类有助于识别可能流失的用户的特征，提供一个模型预测哪些用户可能会流失，以便管理者通过特殊活动来挽留。

● 聚类（cluster）的工作原理与分类相似，但它没有事先定义的类别。数据挖掘工具可以发现数据中的不同分组，例如查找银行卡的相似用户组，或根据人口统计数据和个人投资类型对数据库中的用户进行划分。

● 虽然这些应用都涉及预测，但预测（forecast）以不同方式实现。通常使用一系列现有值预测未来值。例如，预测可能会在数据内部找到模式，帮助管理者估计连续变量的未来价值，如销售数据。

这些系统不仅可以完成关于模式或趋势的高级分析，如有需要还可以深入挖掘，提供更详细的信息。数据挖掘广泛应用于企业各职能部门、政府和科研机构。数据挖掘的常见应用之一是深入分析客户数据模式，以更好地开展一对一营销或者识别有价值的客户。

凯撒娱乐（Caesars Entertainment）是世界上最大的博彩公司。该公司分析顾客玩老虎机或在其旗下赌场、酒店的消费记录。公司营销部门根据特定顾客对公司的持续价值建立详细的档案。例如，数据挖掘可以告诉公司一个老顾客最喜欢的博彩项目，以及该顾客对房间住宿、餐厅和娱乐的偏好。这些信息可以指导公司如何培养高利润顾客、如何鼓励这些顾客更多地消费、如何吸引更多具有消费潜力的顾客等管理决策。商务智能极大地提高了凯撒娱乐的利润，成为公司商业战略的核心，顾客数据则是公司最有价值的资产。

文本挖掘和网络挖掘

非结构化数据占组织有用信息的 80% 以上，也是企业想要分析的大数据的主要来源之一，大多数以文本文件的形式存在。电子邮件、备忘录、呼叫中心记录、调查反馈、法律案例、专利描述和服务报告等数据，对于发现能够帮助员工作出更好业务决策的模式和趋势很有价值。如今，企业可利用**文本挖掘**（text mining）工具来分析这些数据。文本挖掘工具可以从非结构化大数据集中提取关键元素、发现模式和关系并对信息进行总结。

企业可使用文本挖掘工具分析客户服务中心的通话记录，识别主要的服务和维修问题，或评估消费者对企业的看法。**情感分析**（sentiment analysis）软件可以挖掘电子邮件、博客、社交媒体对话或调查表中的文本评论，以检测对某个特定主题的正面和负面观点。例如，卡夫食品公司（Kraft Foods）利用社区信息门户和情感分析工具分析消费者在各大社交网络、博客和其他网站上关于卡夫产品的讨论。卡夫希望能够理解相关评论内容，不仅仅捕捉对品牌的提及，还包括识别消费者谈论他们如何烧烤、使用某些酱料和香料时的情绪和感受。

网络是非结构化大数据的另一个重要来源，可以用于揭示模式、趋势以及对客户行为的洞察。从网络中发现并分析有用的模式和信息称为**网络挖掘**（web mining）。网络挖掘可帮助企业理解客户行为、评估某个特定网站的有效性或量化营销活动的效果。例如，营销人员可利用 Google Trends 跟踪谷歌搜索查询中使用的各种单词和短语的流行程度，从而了解人们对什么感兴趣以及他们想要购买哪些产品。

网络挖掘通过内容挖掘、结构挖掘和使用挖掘来寻找数据中的模式。网络内容挖掘是从网页内容中提取知识的过程，网页内容可能包括文本、图像、音频和视频数据。网络结构挖掘分析与特定网站结构相关的数据。例如，指向某个文档的链接数目表明了该文档的受欢迎度，文档中的链接表明了该文档所含主题的丰富性和多样性。每当收到对网站资源的请求时，网络使用挖掘都会检查网络服务器记录的用户交互数据。使用数据记录用户在网站上的浏览或交易行为，并将数据收集在服务器日志中。分析这些数据能帮助企业确定特定客户的价值、制定跨产品的交叉营销策略并提高促销活动的有效性。

6.3.4 数据库与网络

许多企业都使用网络将内部数据库中的一些信息提供给客户和业务合作伙伴，潜在客户可能使用企业网站查看企业产品目录或订货。相应地，企业也可以通过网络查看其供应商产品库存的可用性。

这些操作涉及通过网络查询及（在订货时）更新企业数据库。假设使用网络浏览器的客户想要搜索在线零售商的数据库以获取商品价格信息。图6-16说明了客户如何通过网络访问零售商的内部数据库。客户使用个人计算机或移动设备中的网络浏览器软件，通过互联网访问零售商网站，用户的浏览器软件使用HTML命令与网络服务器通信，向组织的数据库请求数据。

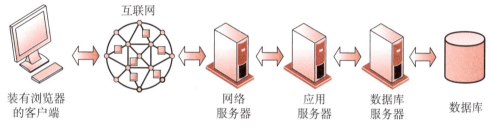

图6-16 将内部数据库与网络连接

说明：用户使用台式计算机或移动设备上的浏览器软件访问组织内部数据库。

很多后端数据库无法解释用HTML编写的命令，因此网络服务器会将数据请求传递给特定软件，将HTML命令转换成SQL语句，再交由DBMS处理。在客户端/服务器环境中，DBMS通常安装在**数据库服务器**（database server）的专用计算机上。DBMS接收SQL请求并提供所需数据。信息从企业内部数据库重新传送回网络服务器，再以网页的形式呈现给用户。

图6-16表示在网络服务器和DBMS之间工作的软件可在应用服务器上运行，应用服务器在其专用计算机上运行（参见第5章）。应用服务器接收来自网络服务器的请求，基于这些请求按照业务逻辑处理业务，并提供与企业后端系统或数据库的连接。

使用网络访问组织内部数据库有很多优势。首先，如何使用网络浏览器软件广为人知，与专门的查询工具相比，网络浏览器可减少对员工的培训。其次，网络界面几乎无须更改内部数据库，企业可以利用它们对旧系统的投资，因为与重新设计构建新系统以改善用户访问相比，在旧系统中增加网络界面的成本要低得多。

通过网络访问企业数据库能够提高效率，创造新的机遇，甚至在某些情况下改变企业的商业模式。ThomasNet.com提供了多达50万个工业品供应商的最新产品信息目录，涵盖化学、金属、塑料、橡胶和汽车设备等领域。Thomas Register是该公司的前身，过去常常发送包含这些信息的大量纸质目录。现在，公司在其网站上提供这些信息，已成为一家更精简的企业。Facebook是通过网络访问大型数据库建立全新业务的一个例子，Facebook维护一个庞大的数据库，用于存储并管理它收集的22亿活跃用户及其兴趣爱好、朋友列表和照片等所有数据。

➡ 6.4　为什么数据治理和数据质量保证对管理企业数据资源至关重要？

建立数据库只是一个开始。要确保企业数据准确、可靠、即时可用，企业还需要制定特殊的数据治理政策和程序。**数据治理**（data governance）制定政策和程序，使数据可作为组织资源被管理。它明确了组织共享、传播、获取、标准化、分类和存储信息的规则，包括确定哪些用户和组织单位可以共享信息、信息可以在何处发布、谁负责更新和维护信息以及应如何保护数据资源（参见第 8 章）。企业的信息政策可能会规定，只有薪资或人力资源部门的特定成员才有权更改或查看敏感的员工数据（如员工薪资或社会保障号码），这些部门还要对数据的准确性负责。

6.4.1　保证数据质量

如今的组织十分依赖数据来驱动运营和决策，因此数据质量保证尤为重要。如果客户的电话号码或账户余额数据不正确会怎样？如果数据库中存储的产品价格错误，会产生怎样的影响？即使有设计良好的数据库和信息政策，不准确、不及时或与其他信息源不一致的数据也会给企业带来严重的运营和财务问题。如果错误的数据未被发现，它们通常会导致决策错误、产品召回甚至经济损失。

高德纳咨询公司的报告披露，《财富》1 000 强企业的大型数据库中有超过 25％的信息是不准确和不完整的，包括错误的产品编号和产品描述、库存描述、财务数据、供应商信息及员工数据。其中一些数据质量问题是由多个系统产生的数据冗余和不一致造成的。例如，销售订购系统和库存管理系统可能都维护了产品数据，但销售订购系统可能使用 Item Number 作为产品编号字段，而库存系统使用 Product Number。服装零售商的销售、库存和制造系统可能使用不同代码来表示同一属性的值，一个系统可能将服装尺寸表示为"超大号"，其他系统可能使用代码"XL"表示同样的信息。在数据库设计过程中，客户、产品、订单等描述实体的数据应在使用数据库的所有业务领域统一命名和定义。

想想你在一天内收到多封相同的广告邮件的情况，这很可能是你的名字在数据库中被多次维护的结果。你的姓名可能拼写错误，或者你在一些情况下使用过中间名的首字母，再或者姓名信息最初是记录在纸质表格上的但没有被正确扫描到系统中。由于这些不一致，数据库会将你视为不同的人！我们经常收到寄给 Laudon、Lavdon、Lauden 或 Landon 的重复邮件。

如果数据库设计合理并建立了企业范围内的数据标准，重复和不一致的数据信息应该是最少的。然而，大多数数据质量问题，如名称拼写错误、数字顺序颠倒或不正确、编码丢失等，都来自数据输入过程中的错误。随着企业将业务转移到网络，并允许客户和供应商将数据输入直接更新内部系统的网站中，这类错误的发生概率不断增加。

在新的数据库运行之前，组织需要识别并纠正错误数据，在数据库运行后建立更好的数据处理规则。数据质量分析一般开始于**数据质量审计**（data quality audit），这是对信息系统中数据的准确性和完整性水平的结构性审核。可通过调查全部数据文件、调查数据文件样本或调查用户对于数据质量的意见等方式实施数据质量审计。

数据清洗（data cleansing），也称为数据清理，包括检测并纠正数据库中不正确、不完整、格式不规范或冗余的数据的活动。数据清洗不仅可以更正数据，还可以加强来自不同信息系统的多个数据集之间的一致性。专门的数据清洗软件可以自动检查数据文件，更正数据错误，并以企业范围内一致的格式集成数据。

数据质量问题不仅仅是企业问题，它也给个人带来严重问题，影响个人的财务状况甚至影响个人工作。例如，征信机构维护的消费者信用历史数据不正确或没有及时更新，可能会阻碍个人获得信用贷款、降低他们找到工作或留任的机会。正如"互动讨论：组织"提到的，不完整或不准确的数据库也会给刑事司法制度和公共安全带来问题。

互动讨论：组织　　　　　　　　**没有数据的数据库**

2017 年 11 月 5 日，德文·凯利手持一把鲁格 AR‑556 半自动步枪走进得克萨斯州萨瑟兰斯普林斯的第一浸信会教堂，向在周日早上聚集参加礼拜的群众连开数枪，几分钟内造成 26 人死亡，20 人受伤。凯利后来被发现死于他的 SUV 中，身上有自杀造成的枪伤。这次袭击是得克萨斯州历史上死亡人数最多的个人大规模枪击事件，是美国第五次致命的大规模枪击事件，也是美国现代史上发生在宗教场所死亡人数最多的枪击事件。

这场悲剧本来是可以避免的。2012 年，凯利在美国空军服役期间因家庭暴力受到军事法庭审判，同时被禁止购买或持有枪支和弹药。但空军未能在联邦调查局（Federal Bureau of Investigation，FBI）国家犯罪信息中心（National Crime Information Center，NCIC）的数据库中记录审判信息，而 NCIC 是国家即时检查系统（National Instant Check System，NICS）用来标记违禁购买枪支的数据库，这使得凯利在购买枪支时通过了背景调查，并在四年时间里购买了四支枪支。

联邦许可的枪支经销商必须根据 NICS 系统核查每一位购买者的证件，该系统包含数百万条犯罪历史记录和保护令。系统本应标记任何被禁止购买枪支的潜在购买者，如逃犯、被判有罪的重刑犯或被军队开除的人。空军承认未将家庭暴力通知联邦当局，而这本可以阻止凯利购买枪支。

分析 NICS 运作方式可以发现，各州、军方和其他组织与司法部之间在信息共享方面存在巨大差异，造成了背景调查的盲点，使本该被禁止拥有枪支的人获得许可。专家认为，未能标记凯利可能反映了系统性缺陷，而不是一次偶然失误。联邦调查局在收集背景调查记录方面始终存在困难，部分原因是不完整或缺失的犯罪历史信息导致很难确定是否应该禁止某人获得枪支。美国政府问责局（Government Accountability Office，GAO）对各州和地方当局报告的一项研究发现，2006—2015 年期间，有 6 700 支枪支被错误地卖给有家庭暴力犯罪记录的个人。

这些犯罪历史记录的缺失也导致了其他大规模枪击事件的发生。例如，2019 年 2 月加里·马丁在伊利诺伊州奥罗拉的亨利普安（Henry Pratt）阀门公司杀害了五名同事，打伤了六名警察，他同样通过了拥有枪支所需的两次背景调查。过去的犯罪记录在两次背景调查中都没有出现，这本该阻止他购买任何枪支。马丁在 20 世纪 90 年代曾因持刀伤人和斗殴被法院定罪，但在用来确定其是否应该拥有枪支的犯罪历史数据库中却找不到相应记录。

联邦法律要求，包括军事部门在内的联邦部门至少应每季度向司法部通报其掌握的记录，说明被取消购枪资格的个人名单。然而，在州一级，除非州法律或联邦资金另有规定，否则这种通报是自愿的。目前尚不清楚有多少军事法庭记录被提交给联邦调查局，这一信息不被允许透露。

数据库的漏洞也影响了执法的其他方面，如量刑和假释。2017 年 10 月辛普森的假释判决就是一个例子。在投票决定将已服刑九年的辛普森从监狱中释放出来之前，内华达州假释委员会曾详细讨论了他入狱前的抢劫案以及服刑期间的表现。内华达州假释委员会的成员表示，辛普森 2008 年因拉斯维加斯酒店抢劫案被定罪之前，没有刑事犯罪记录。尽管 1995 年辛普森在谋杀其前妻妮可·辛普森和罗纳德·戈德曼一案中被判无罪，但 1989 年在洛杉矶他没有对当时是他妻子的辛普森女士的轻罪指控提出抗辩。而内华达州假释委员会没有掌握这些信息，因为辛普森 1989 年的定罪记录没有出现在 NCIC 数据库中。因此，当四人陪审团于 2017 年 10 月一致投票决定释放他时，并没有考虑 1989 年的定罪记录。

联邦系统对辛普森 1989 年定罪记录的遗漏，再次凸显了联邦犯罪数据库存在重大漏洞的问题。联邦犯罪数据库主要依赖地方和州机构的准确和完整报告。司法部报告称，各州未能将大部分有效逮捕令从其数据库传输到联邦系统，而且常常忘记更新记录以显示案件是否最终定罪。一些州仍然依赖纸质文件，这使得它们更有可能不会出现在联邦电子记录数据库中，尤其是那些时间比较久远的记录。美国参议院议员呼吁立法提高 NICS 记录保存的完整性，但目前仍然没有一个政府数据库能够包含个人的完整犯罪记录并实时更新。

资料来源：Chuck Goudie, Bob Markoff, and Christine Tressel, "Many Missed Moments to Stop a Mass Killer in Aurora," ABC7 Chicago, February 22, 2019; Merton Miller, "Incomplete Records Contribute to National Charities," *Clearance Jobs*, February 27, 2018; Kristina Peterson and Jacob Gershman, "Lapses in Gun Buyers' Records Come Under Scrutiny," *Wall Street Journal*, November 7, 2017; Melissa Jeltsen, "Air Force Failed To Enter Church Shooter's Domestic Violence Record In U. S. Database," *Huffington Post*, November 6, 2017; and Richard Perez-Pena, "Nevada Parole Board Unaware of O. J. Simpson's Old Conviction," *New York Times*, August 11, 2017.

案例分析问题

1. 定义本例中描述的问题。这个问题有多严重？
2. 哪些人员、组织和技术因素导致了这个问题？
3. 联邦调查局 NCIC 和 NICS 数据库中不完整的记录有哪些政治和社会影响？

➡ 6.5　管理信息系统对职业生涯有何帮助？

以下内容说明了本书第 6 章将如何帮助读者找到在全球数据服务公司担任初级销售和营销助理的工作。

6.5.1　企业

Global Online Stats 是一家全球领先的定量数据、统计数据和市场研究产品提供商，现招聘一名初级销售和营销助理。公司拥有 500 多名员工，在波士顿、伦敦和巴黎设有办事处。公司提供一系列工具和服务，用于访问各规模商业企业的在线定量数据库，包括咨询公司、媒体机构和各个国家不同行业的大型企业的营销部门。

6.5.2　岗位描述

该职位与总经理和全球销售总监紧密合作，开发维护销售机会和新客户。工作职责包括：

- 利用现有客户或与媒体和行业协会合作产生的记录，以及电话、电子邮件和在线搜索等方式，挖掘新客户；
- 发展客户关系，将短期客户转变为长期业务客户；
- 为各类产品和业务线开发销售机会；
- 寻找并安排与潜在新客户的会面；
- 更新客户资料。

6.5.3　招聘要求

- 四年制本科学历；
- 极强的口头和书面沟通能力；
- 熟练使用 Microsoft Office 办公软件；
- 有销售或营销实习经验或电话咨询经验者优先；
- 外向、有竞争力、有积极主动的销售态度。

6.5.4　面试问题

1. 你是否使用过在线数据库或数据库软件？你用这些数据库做了什么？你学习过数据库课程吗？

2. 你在大学课程或之前的工作中接触过定量数据吗？你是怎么处理这些数据的？

3. 你对 Microsoft Office 工具（Word、Excel、PowerPoint、Access）的掌握程度如何？

4. 你有哪些销售和营销经验？

5. 你的外语水平如何？

6. 如果将我们的产品和服务销售给国外企业，你认为会面临哪些挑战？

6.5.5　作者建议

1. 参考本章和第 11 章对商务智能和分析的讨论。

2. 利用网络查找关于该公司的更多信息，包括其产品、服务、客户以及运作方式。尝试了解更多有关公司在线定量数据库的信息。

3. 详细询问你需要用 Microsoft Office 工具完成哪些工作。

4. 询问你在如何使用公司数据产品方面会接受多少培训。

本章小结

1. 什么是数据库？关系数据库如何组织数据？

数据库是一组相关文件，用于企业跟踪人员、地点和事物（实体），维护信息。关系数据库是目前信息系统中组织和维护数据的主要方法。它将数据存储在由行和列形成的二维表中，称为关系，每个表都包含有关实体及其属性的数据。每行代表一条记录，每列代表一个属性或字段。每个表还包含一个关键字段，用于唯一标识每条记录，以便进行检索和操作。实体关系模型以图形方式描述了关系数据库中实体（表）之间的关系。分解复杂的分组数据并对其进行精简，最小化冗余的多对多关系的过程称为规范化。

2. 数据库管理系统的原理是什么？

数据库管理系统（DBMS）由允许集中数据和数据管理的软件组成，保证企业拥有单一、一致的来源以满足其全部数据需求。一个数据库通常为多个应用程序提供服务。DBMS 将数据的逻辑视图和物理视图分离，使用户无须关心数据的物理存储位置。DBMS 的主要功能包括数据定义、数据字典和数据操作语言。非关系数据库在管理关系数据模型不易处理的数据类型方面越来越流行。

3. 企业主要使用哪些工具和技术访问数据库信息以提高绩效和决策能力？

现代数据管理技术拥有一系列工具，用于从企业不同类型数据中获取有用信息，包括不同来源的半结构化和非结构化大数据。这些功能包括数据仓库和数据集市、Hadoop、内存计算和分析平台。OLAP 将数据间关系表示为多维结构，可以被可视化为数据立方体及其嵌套。数据挖掘对包括数据仓库在内的大量数据进行分析，寻找可用于预测未来行为和指导决策的模式和规则。文本挖掘工具帮助企业分析由文本组成的大型非结构化数据。网络挖掘工具关注分析来自万维网的有用信息和模式，包括分析网站结构、用户在网站上的活动和网页内容。传统数据库可以连接到网络或网络界面，以便用户访问组织内部数据。

4. 为什么数据治理和数据质量保证对管理企业数据资源至关重要？

开发数据库系统需要管理组织数据的策略和程序，以及良好的数据模型和数据库技术。数据治理包括在组织中维护、分配和使用信息的政策和程序。不准确、不完整或不一致的数据可能导致企业管理者作出错误决策，给企业带来严重的运营和财务问题。确保数据质量的措施包括使用企业范围的数据标准、最大限度减少不一致和冗余的数据库、数据质量审计和使用数据清洗软件。

课后习题

1. 什么是数据库？关系数据库如何组织数据？
- 定义数据库。
- 定义并说明实体、属性和关键字段的重要性。
- 定义关系数据库并说明它如何组织和存储信息。

- 说明实体关系模型和规范化在数据库设计中的作用。

2. 数据库管理系统的原理是什么？

- 定义数据库管理系统（DBMS），描述它的工作原理，解释它如何使组织获益。
- 定义并比较数据的逻辑视图和物理视图。
- 定义并说明关系数据库管理系统的三种操作。
- 指出并描述 DBMS 的三个主要功能。
- 定义非关系型 DBMS，并解释它与关系型 DBMS 有何不同。

3. 企业主要使用哪些工具和技术访问数据库信息以提高绩效和决策能力？

- 定义大数据并描述管理和分析大数据的技术。
- 列出并描述现代商务智能技术基础设施的组成部分。
- 描述联机分析处理（OLAP）的功能。
- 定义数据挖掘，描述可通过数据挖掘获取哪些类型的信息，解释它与 OLAP 的区别。
- 解释文本挖掘和网络挖掘与传统数据挖掘的区别。
- 解释用户如何通过网络访问企业内部数据库中的信息。

4. 为什么数据治理和数据质量保证对管理企业数据资源至关重要？

- 定义数据治理并解释它如何帮助组织管理数据。
- 列举并描述常见的数据质量问题。
- 列举并描述确保数据质量的重要工具和技术。

 讨论

1. 有人认为，无须使用数据管理软件创建数据库环境。请就此观点展开讨论。
2. 终端用户应在多大程度上参与数据库管理系统和数据库设计的选择？
3. 组织如果没有信息政策，会有哪些后果？

商业问题解决案例

大数据能提供答案吗？

如今，企业要处理来自社交媒体、搜索引擎、传感器和传统来源的海量数据。据估计，全世界每天产生 2.5 万亿字节的数据。理解大数据以改善决策和业务绩效，已成为不同形式和规模的组织的主要机会之一，但这也代表着巨大的挑战。

亚马逊、YouTube 和 Spotify 等企业通过分析它们收集的用户兴趣和购买记录的大数据，为书籍、电影和音乐创建数百万个性化推荐，从而获得了蓬勃发展。许多在线服务企业分析大数据来为消费者提供服务，包括寻找汽车、计算机、手机套餐、服装、机票、酒店房间和许多其他类型商品和服务的最低价格。大数据还在体育（参见"互动讨论：人员"）、教育、科学、医疗保健和执法方面带来了许多益处。

医疗保健企业目前正在分析大数据，以确定针对慢性病和常见病最有效且最经济的治疗方案，为患者提供个性化护理建议。通过分析患者、医疗保健提供者、处方治疗效果等数十亿个数据点，英国国家医疗服务（National Health Service，NHS）节省了约 5.81 亿英镑（7.84 亿美元）。这些数据存储在 Oracle Exadata 数据库云服务器中，可以被快速分析（回顾本章关于分析平台的讨论）。NHS 利用大数据分析的结果创建仪表板，识别同时服用 10 种或更多药物的患者，以及哪些患者服用了过多的抗生素。汇总大量关于癌症患者服用的药物和接受的治疗的数据，将这些信息与患者的治疗效果相关联，有助于 NHS 确定更有效的治疗方案。

纽约市分析收集的全部犯罪相关数据以降低犯罪率。其 CompStat 犯罪绘图程序计划使用全市范围内的综合数据库，数据库中包含该市 76 个辖区的全部犯罪或投诉、逮捕和传票记录，每周报告辖区、巡逻区和全市范围内的犯罪投诉和逮捕活动。CompStat 可以将数据显示在地图上，显示犯罪和逮捕地点、犯罪高发地点和其他相关信息，以帮助辖区指挥官快速识别模式和趋势，并在最需要的地方部署警力。

使用大数据也有一定局限性。许多企业在没有为这些新信息或衡量成功的关键绩效指标建立业务目标的情况下，就匆忙启动了大数据项目。拥有大量数据并不一定意味着正在收集正确的信息或将作出更明智的决策。大数据分析专家们认为，太多企业被大数据的效果吸引，一头扎进大数据项目中却一无所获。这些企业积累了海量数据，但没有明确的目标，对于大数据将如何实现它们的目标或能够回答哪些问题一无所知。企业也不会从未经适当清洗、组织和管理的大数据中受益。

大数据并不总是反映情感或直觉感受。例如，当乐高（LEGO）在 2002—2003 年面临破产时，公司使用大数据确定千禧一代的注意力持续时间短且容易感到无聊。来自数据的信息导致乐高不再强调其标志性小型积木，而是转向简单的大型积木，但这一变化只是加速了乐高的衰落，因此公司决定走进消费者的家中，尝试与曾经忠诚的消费者重新建立联系。在与一名 11 岁的德国男孩进行互动后，乐高发现对于孩子来说，玩耍并展示对某件事情的掌握，比获得即时满足更有价值。2014 年，乐高在其电影大获成功后再次转型，成为世界上最大的玩具制造商。可见，数据模式和趋势有时会误导决策者。

海量数据不一定能提供更可靠的见解。有时，被分析的数据并不是所需数据的真正代表。例如，由于大多数美国人没有固定电话，美国的选举民调机构一直努力获取具有代表性的人口样本。民意调查机构联系手机用户更加费时昂贵，这些手机用户目前占样本的75%。美国法律禁止手机自动拨号，且手机用户倾向于屏蔽未知来电，因此民意调查人员不得不手动逐个拨打更多号码。但推特上的观点并不能反映全体美国民众的观点，老年人、低收入群体或性格内向的人往往不使用社交媒体，甚至计算机，这些人在通过推特调查民意时常常被排除在外。

尽管大数据非常擅长发现相关性，尤其是可能被小数据集的分析忽略的微弱相关性，但大数据分析不一定能显示因果关系或说明哪些相关性是有意义的。例如，大数据分析可能会发现，美国犯罪率的下降与 Blockbuster 等视频租赁店市场份额的下降高度相关。但这并不一定意味着这两种现象之间有任何有意义的联系。对于试图使用大数据解决的问题，数据分析师需要有一些相关的商业知识。

有些事物可以被测量并不意味着它们应该被测量。例如，一家大企业想要根据推特上的提及次数衡量其网站流量，企业构建了一个数字仪表板实时显示结果。过去，企业的大部分销售信息和销售额都来自贸易展览和会议。将推特上的提及次数作为关键指标改变了销售部门的关注点，销售部门将精力和资源投入监控网站点击和社交媒体流量中，这带来了许多不合格的潜在客户，而这些潜在客户永远不会带来销售额。

所有数据集和数据驱动的预测模型都会带有数据收集者和数据分析者的个人偏见。几年前，谷歌利用从网络搜索中收集的数据开发了其认为领先的算法，以确定感染流感的人数以及流感的传播方式。该算法将人们的位置与谷歌上流感相关的搜索查询联系起来，计算美国流感患者的数量。与美国疾病控制中心（Centers for Disease Control，CDC）随后收集的常规数据相比，谷歌始终高估流感发病率。一些科学家认为，谷歌被媒体对美国当年严重流感季的广泛报道"欺骗"，而社交媒体的报道进一步放大了这一现象。为预测流感趋势构建的模型是基于一个有缺陷的假设，即谷歌上与流感相关的搜索发生率是实际感染流感人数的精确指标。谷歌的算法只关注数字，而没有考虑搜索结果的情景。

纽约警察局（New York Police Department，NYPD）最近开发了 Patternizr 工具，基于模式识别潜在的犯罪分子。该软件在纽约警察局数据库中搜索 77 个管辖区的数十万条犯罪记录，根据一组识别特征查找可能由同一个人或同一团伙实施的一系列犯罪。过去，分析师必须手动查看报告以识别模式，这一过程非常耗时且效率低下。但一些专家担心，Patternizr 会无意中使偏见永久化。纽约警察局使用了 10 年的人工识别模式数据训练 Patternizr，并从数据中删除了性别、种族和具体位置等属性。然而，如果种族和性别在过去的人工预测模型中起到了作用，那么即使删除了这些敏感属性，也可能不会消除 Patternizr 中的种族和性别偏见。高德纳咨询公司的分析师斯图尔特称，Patternizr 将会对个人资料符合系统推断的人进行排查。最好的情况下，可能只是一些人会感到不便和受到侮辱，但在最坏的情况下，无辜的人会被送进监狱。

许多企业都在积极收集和挖掘有关个人的海量数据集合，如购物习惯、收入、爱好、住所以及移动设备记录的移动信息等。它们利用这些大数据挖掘关于用户的新事实，并根据微妙的模型对用户进行分类，将他们标记为"风险"（例如，贷款违约风险或健康风险）、预测他们的行为并操纵他们以获取最大利润。隐私专家担心，在没有正当程序、没有反击能力，甚至不知道自己受到歧视的情况下，用户将被贴上标签并承担不利后果。

美国前进保险公司（Progressive）会在车里安装一个小型设备，以分析客户的驾驶习惯。这种做法表面上是为了提供更优惠的保险费率，但一些计算保险费率的标准被认为是有歧视性的。例如，保险公司偏好不在深夜开车且不经常开车的车主。然而，较贫穷的人更有可能上夜班并有更长的通勤时间，这可能会使他们的汽车保险费率更高。

越来越多的企业正在转向使用计算机系统来筛选和雇用求职者，尤其是低工资的服务业岗位。但这些用于评估求职者的算法可能会过滤掉合格的求职者，使他们无法获得工作机会。例如，其中一些算法认为，从统计数据来看，通勤时间较短的人比通勤时间较长、交通不便或频繁更换住址的人更有可能长期从事一份工作。因此，在有关通勤时间的面试问题中，通勤时间较长的求职者的得分会较低。尽管这些考虑在统计上可能是合理的，但以这种方式筛选求职者是否公平？

资料来源：Brian Holak，"NYPD's Patternizr Crime Analysis Tool Raises AI Bias Concerns，"searchbusinessanalytics.com，March 14，2019；Linda Currey Post，"Big Data Helps UK National Health Service Lower Costs，Improve Treatments，"*Forbes*，February 7，2018；Michael Jude，Rajkumar Venkatesan and Christina Black，"Using Big Data：3 Reasons It Fails and 4 Ways to Make It Work，"University of Virginia Darden School of Business Press Release，February 2018；Alex Bekker，"Big Data：A Highway to Hell or a Stairway to Heaven? Exploring Big Data Problems，" *ScienceSoft*，May 19，2018；Ernest Davis，"The Problems of Big Data，and What to Do About Them，" World Economic Forum，February 15，2017；and Gary Marcus and Ernest Davis，"Eight（No，Nine！）Problems With Big Data，" *New York Times*，April 6，2014.

案例分析问题

1. 案例中描述的组织通过分析和使用大数据获得了哪些商业利益？

2. 从本案例描述的组织中，找出两个通过使用大数据获得改进的决策，以及两个没有获得改进的决策。

3. 描述使用大数据的局限性。

4. 是否全部组织都应收集并分析大数据？为什么？在企业决定使用大数据之前，应该考虑哪些人员、组织和技术问题？

参考文献

Barton, Dominic, and David Court. "Making Advanced Analytics Work for You." *Harvard Business Review* (October 2012).

Beath, Cynthia, Irma Becerra-Fernandez, Jeanne Ross, and James Short. "Finding Value in the Information Explosion." *MIT Sloan Management Review* 53, No. 4 (Summer 2012).

Bessens, Bart. "Improving Data Quality Using Data Governance." *Big Data Quarterly* (Spring 2018)

Bughin, Jacques, John Livingston, and Sam Marwaha. "Seizing the Potential for Big Data." *McKinsey Quarterly* (October 2011).

Caserta, Joe, and Elliott Cordo. "Data Warehousing in the Era of Big Data." *Big Data Quarterly* (January 19, 2016).

Chai, Sen and Willy Shih. "Why Big Data Isn't Enough." *MIT Sloan Management Review* (Winter 2017).

Clifford, James, Albert Croker, and Alex Tuzhilin. "On Data Representation and Use in a Temporal Relational DBMS." *Information Systems Research* 7, No. 3 (September 1996).

DalleMule, Leandro, and Thomas H. Davenport. "What's Your Data Strategy?" *Harvard Business Review* (May–June 2017).

DataInformed. "The Database Decision: Key Considerations to Keep in Mind." *Wellesley Information Services* (2015).

Davenport, Thomas H. *Big Data at Work: Dispelling the Myths, Uncovering the Opportunities* (Boston, MA: Harvard Business School, 2014).

Duncan, Alan D., Mei Yang Selvage, and Saul Judah. "How a Chief Data Officer Should Drive a Data Quality Program." Gartner Inc. (October 14, 2016).

Eckerson, Wayne W. "Analytics in the Era of Big Data: Exploring a Vast New Ecosystem." TechTarget (2012).

Experian Data Quality. "Connecting Data Quality Initiatives with Business Drivers." *Experian Data Solutions* (2016).

Experian Information Solutions. "The 2018 Global Data Management Benchmark Report." (2018).

Felin, Teppo and Karim Lakhani. "What Problems Will You Solve with Blockchain?" *MIT Sloan Management Review* 60, No. 1 (Fall 2018).

Henschen, Doug. "MetLife Uses NoSQL for Customer Service Breakthrough." *Information Week* (May 13, 2013).

Hoffer, Jeffrey A., Ramesh Venkataraman, and Heikki Toppi. *Modern Database Management*, 13th ed. (Upper Saddle River, NJ: Prentice-Hall, 2019).

Horst, Peter and Robert Dubroff. "Don't Let Big Data Bury Your Brand." *Harvard Business Review* (November 2015).

Kroenke, David M, David J. Auer., Robert C. Yoder, and Scott L. Vandenberg. *Database Processing: Fundamentals, Design, and Implementation*, 15th ed. (Upper Saddle River, NJ: Prentice-Hall, 2019).

Lee, Yang W., and Diane M. Strong. "Knowing-Why About Data Processes and Data Quality." *Journal of Management Information Systems* 20, No. 3 (Winter 2004).

Lukyanenko, Roman, Jeffrey Parsons, Yolanda F. Wiersma, and Mahed Maddah. "Expecting the Unexpected: Effects of Data Collection Design Choices on the Quality of Crowdsourced User-Generated Content," *MIS Quarterly* 43, No. 2 (June 2019).

Marcus, Gary, and Ernest Davis. "Eight (No, Nine!) Problems with Big Data." *New York Times* (April 6, 2014).

Martens, David, and Foster Provost. "Explaining Data-Driven Document Classifications." *MIS Quarterly* 38, No. 1 (March 2014).

McAfee, Andrew, and Erik Brynjolfsson. "Big Data: The Management Revolution." *Harvard Business Review* (October 2012).

McKendrick, Joe. "Building a Data Lake for the Enterprise." *Big Data Quarterly* (Spring 2018)

Morrow, Rich. "Apache Hadoop: The Swiss Army Knife of IT." Global Knowledge (2013).

O'Keefe, Kate. "Real Prize in Caesars Fight: Data on Players." *Wall Street Journal* (March 19, 2015).

Redman, Thomas. *Data Driven: Profiting from Your Most Important Business Asset*. (Boston, MA: Harvard Business Press, 2008).

Redman, Thomas C. "Data's Credibility Problem." *Harvard Business Review* (December 2013).

Ross, Jeanne W., Cynthia M. Beath, and Anne Quaadgras. "You May Not Need Big Data After All." *Harvard Business Review* (December 2013).

SAP. "Data Warehousing and the Future." (February 2017).

Wallace, David J. "How Caesar's Entertainment Sustains a Data-Driven Culture." *DataInformed* (December 14, 2012).

Zoumpoulis, Spyros, Duncan Simester, and Theos Evgeniou, "Run Field Experiments to Make Sense of Your Big Data." *Harvard Business Review* (November 12, 2015).

第 **7** 章　通信、互联网和无线技术

➡ **学习目标**

阅读完本章，你将能够回答以下问题：
1. 通信网络有哪些主要组成部分和关键网络技术？
2. 网络有哪些类型？
3. 互联网和互联网技术如何工作？它们如何支持通信和电子商务？
4. 无线网络、通信和互联网接入有哪些主要技术和标准？
5. 管理信息系统对职业生涯有何帮助？

无线技术助力环法自行车赛

每年7月，约有200名自行车骑手在法国最艰难的地形中骑行2 200英里，包括比利牛斯山脉和阿尔卑斯山的陡峭路段。环法自行车赛被认为是世界上最盛大的自行车比赛。

第一届环法自行车赛于1903年举行，作为促进《汽车报》销量的一种方式，最初主要吸引当地的选手和观众。得益于报纸、广播和电视等媒介的传播，环法自行车赛的相关报道和影响力不断增加。与橄榄球、棒球、网球和足球等其他竞技运动一样，如今的环法自行车赛爱好者不仅观看比赛，还想要参与其中，期待有更多的信息和互动方式，包括数据增强的观看、直播、视频点播、移动应用程序和社交媒体互动等。数字技术已成为吸引观众、运动员、赞助商和广播公司的关键。

直到2014年，环法自行车赛在技术应用方面都相对落后。自行车赛并不容易生成实时统计数据，唯一的实时信息来源是赛事主管举起的黑板，赛事主管乘坐位于自行车骑手前方的摩托车，电视观众可从多个摄像机角度看到计时和比赛，但也是仅此而已。

如今，环法自行车赛的实时数据可在两秒钟内传送给电视观众。每个参赛车手的车座下方都安装了一个小巧轻便的跟踪传感器，传感器包含全球定位系统（GPS）芯片、射频芯片和可充电电池。传感器每秒传输自行车的 GPS 位置和速度数据，在比赛过程中共产生超过 30 亿个数据点。这些实时数据与天气、道路坡度、过去几年的比赛数据等其他来源的信息相结合。使用环法自行车赛移动应用程序的比赛组织者、广播公司、车队、电视观众和车迷现在可以查看有关比赛进度和车手的详细统计数据。车手会戴上耳机，在骑车时接收实时数据。但是，系统不包含用于监测车手身体表现的生物特征数据，车队会将这些数据保密。

Dimension Data 是一家总部位于南非的全球 IT 服务公司，负责建造和运营环法自行车赛的数字基础设施。每辆赛车的传感器数据被转发到比赛上空的飞机和直升机，以报道电视比赛。比赛数据被传输到 Dimension Data 的云服务，该服务托管在伦敦和阿姆斯特丹的远程数据中心，由自行车专家开发的强大算法对比赛数据和外部信息进行分析，为广播公司、社交媒体和环法自行车赛应用程序提供实时信息，数据从自行车传递给观众只需两秒钟时间。系统能够根据车手当前和历史数据以及比赛状态，在比赛前和比赛中进行预测，如预测车手大部队赶上领先车手的可能性。系统还可根据历史比赛结果和表现生成车手资料，显示每个车手在不同比赛条件下的优势和劣势。

数字技术极大提高了环法自行车赛的观众参与度，观众在电视上观看现场比赛的同时还能在社交媒体上讨论相关话题。2014 年，环法自行车赛组织发布的视频片段的播放量仅有 600。到 2016 年，这一数字飙升至 5 500 万，并有 1 700 万人访问了赛事网站。主办方的目标是吸引更多的观众，目前来看环法自行车赛已经取得了成功。

资料来源：www.letour.fr/en, accessed May 20, 2019；www.dimensiondata.com, accessed May 30, 3019；Bryan Glick, "Tour de France Pumps Tech," *Computer Weekly*, August 15-21, 2017; "Tour de France Behind the Scenes: How Dimension Data Rider Live Tracking Works," *DCRainmaker*, July 13, 2017; Dave Michels, "Adding an IoT Dimension to the Tour de France," *Network World*, May 23, 2017; and Scott Gibson, "5 Ways Tour de France Is Winning the Digital Race in 2017," *Dimension Data*, June 29, 2017.

环法自行车赛的经验说明当代网络技术能够提供一些强大的功能和机会。现在，每年的环法自行车赛都使用无线网络和无线传感器技术密切跟踪车手的速度和位置及其他相关数据，并将比赛信息实时传递给车迷和广播公司。

下图列出了上述案例和本章的要点。环法自行车赛在广阔而复杂的地形上进行，难以追踪车手并生成实时比赛统计数据。这一传奇赛事拥有众多粉丝，管理层意识到无线网络技术和物联网会带来新的机遇，进一步扩大粉丝基础并加深粉丝参与度。借此，环法自行车赛能够提供实时比赛统计数据、车手资料、比赛结果预测以及电视广播和社交媒体内容，从而提高这项运动的知名度和车迷的参与度，环法自行车赛的车手和车队也可以利用这些信息提高他们的成绩。

思考以下问题：为什么无线技术在环法自行车赛中发挥了如此关键的作用？描述该技术如何改变环法自行车赛提供和使用比赛数据的方式。

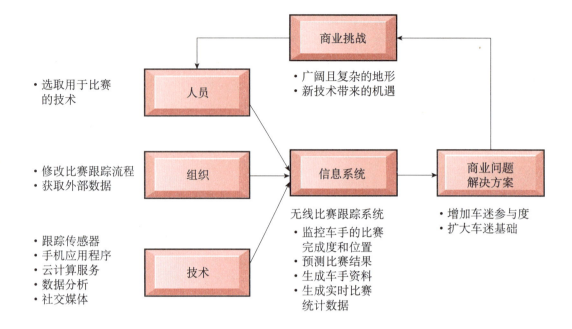

- 选取用于比赛的技术

人员

商业挑战
- 广阔且复杂的地形
- 新技术带来的机遇

- 修改比赛跟踪流程
- 获取外部数据

组织

信息系统

商业问题解决方案

无线比赛跟踪系统
- 监控车手的比赛完成度和位置
- 预测比赛结果
- 生成车手资料
- 生成实时比赛统计数据

- 增加车迷参与度
- 扩大车迷基础

- 跟踪传感器
- 手机应用程序
- 云计算服务
- 数据分析
- 社交媒体

技术

7.1 通信网络有哪些主要组成部分和关键网络技术?

经营企业或在企业工作离不开网络,你需要与客户、供应商和员工进行快速沟通。1990年之前,企业使用邮政系统或带有语音和传真的电话系统进行通信。而如今,员工可以使用接入无线网络的计算机、电子邮件、短信、互联网、移动电话和移动计算机进行沟通。网络和互联网已经与商业活动紧密联系在一起。

7.1.1 网络和通信发展趋势

过去,企业使用两种完全不同的网络:电话网络和计算机网络。电话网络处理语音通信,计算机网络处理数据通信。在整个20世纪,电话公司使用语音传输技术(硬件和软件)建立电话网络,世界各地的电信运营商几乎都是垄断经营。计算机公司最初建立计算机网络是为了在不同位置的计算机之间传输数据。

由于电信管制的放松和信息技术的不断创新,电话网络和计算机网络正在融合为基于互联网共享标准和技术的单一数字网络。如今的电信供应商,如AT&T和威瑞森,提供数据传输、互联网接入、移动电话服务、电视节目和语音服务。美国有线电视(Cablevision)和康卡斯特(Comcast)等有线电视公司也提供语音服务和互联网接入。计算机网络已经扩展到网络电话和视频服务。

语音和数据通信网络也变得更强大(更快)、更便携(更小且可移动)、更便宜。2000年普通网络传输速率为每秒56千比特,但如今大多数美国家庭使用电话和有线电视公司提供的高速**宽带**(broadband)连接,传输速率为3~20Mbps(每秒数百万比特)。服务费用也快速下降,从2000年的每千比特50美分下降到现在的不到1美分。

越来越多的语音和数据通信以及互联网接入是通过连接无线网络的移动电话、移动手持设备和个人计算机等宽带无线平台实现的。在美国，超过70%的互联网用户使用智能手机和平板电脑访问互联网。

7.1.2 什么是计算机网络?

如果需要在同一办公室里连接两个或更多员工的计算机，就需要一个计算机网络。在最简单的情况下，网络由两台或多台相连的计算机组成。图7-1说明了简单网络中的主要硬件、软件和传输组件：客户端计算机和专用服务器计算机、网络接口、连接介质、网络操作系统软件以及集线器或交换机。

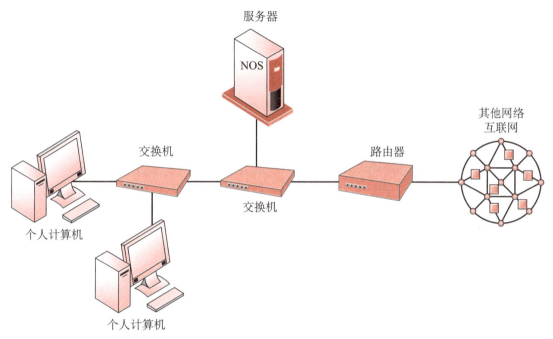

图7-1 简单计算机网络的组件

说明：此处展示了一个简单的计算机网络，包括计算机、安装于专用服务器上的网络操作系统（NOS）、连接设备的电缆（线路）、交换机和路由器。

网络中的每台计算机都包含一个用于连接到网络的网络接口设备。连接网络组件的介质可以是电话线、同轴电缆，也可以是蜂窝电话和无线局域网（Wi-Fi网络）的无线电信号。

网络操作系统（network operating system，NOS）发送和管理网络通信并协调网络资源。它可以安装在网络中的每台计算机上，也可以安装在网络中所有应用程序的专用服务器上。服务器是网络中的一台计算机，为客户端计算机执行重要的网络功能，如显示网页、存储数据和存储网络操作系统（从而控制网络）。Microsoft Windows Server 和 Linux 是应用最广泛的网络操作系统。

大多数网络还包含充当计算机之间连接点的交换机或集线器。**集线器**（hubs）是连接网络组件的简单设备，用于将数据包发送到所有其他连接设备。**交换机**（switch）比集线器更加智能，可以过滤数据并将其转发到网络上的指定目的地。

如何与另一个网络（如互联网）进行通信？需要一个路由器。**路由器**（router）是一种通信处理器，通过不同网络传输数据包，确保发送的数据能够到达正确的地址。

网络交换机和路由器在其硬件中内置了专用软件，指引网络上的数据移动。这可能会造成网络瓶颈，使配置网络的过程更加复杂和耗时。**软件定义网络**（software-defined networking）是一种新的联网方式，由一个中央程序管理许多控制功能，该程序可在独立于网络设备的低成本服务器上运行。这种方式尤其适用于有许多硬件的云计算环境，因为它允许网络管理员以更灵活和更有效的方式管理流量负载。

大型企业网络

上述网络可能仅适用于小型企业，那么拥有许多办公地点和数千名员工的大型企业应该如何搭建网络呢？随着企业的发展，许多小型局域网可以相互连接成整个企业的网络基础设施，大型企业的网络基础设施由大量的小型局域网组成，这些小型局域网与其他局域网和企业范围的企业网络相连。许多强大的服务器可支持企业网站、企业内联网和外联网，其中一些服务器与支持后台系统运行的其他大型计算机相连。

图7-2展示了一个更复杂、规模更大的企业网络。企业网络基础设施支持销售人员使用智能手机，支持连接到企业网站和企业内部网络的移动员工使用移动无线局域网（Wi-Fi网络）。除了计算机网络，企业的基础设施可能还包括一个独立电话网络，用于处理大部分语音数据。许多企业正在逐步放弃传统的电话网络，采用在现有数据网络上运行的互联网电话（本章稍后将进行介绍）。

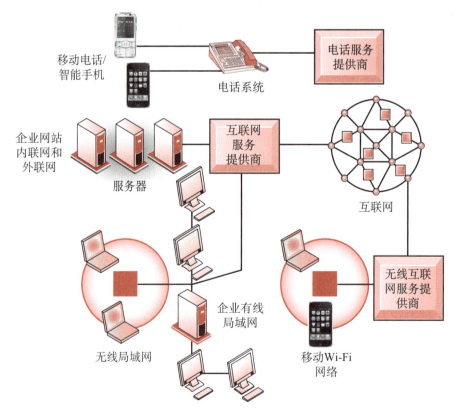

图7-2　企业网络基础设施

说明：现代企业网络基础设施是不同网络组成的集合，从公共交换电话网络到互联网，再到连接团队、部门或办公室楼层的企业局域网。

从图中可以看出，大型企业网络基础设施使用多种技术，从普通电话服务和企业数据网络，到互联网服务、无线互联网和移动电话。如今，企业面临的主要问题之一是如何将这些不同的通信网络和渠道加以整合，使信息能够在企业部门之间以及不同系统之间顺畅流动。

7.1.3 关键数字网络技术

当代数字网络和互联网主要基于三项关键技术：客户端/服务器计算、分组交换，以及广泛使用的通信标准（其中最重要的是传输控制协议/网际协议，即 TCP/IP）。

客户端/服务器计算

本书第5章中介绍的客户端/服务器计算是一种分布式计算模式，其中部分处理工作由低成本的小型客户端计算机完成，通常使用台式计算机、笔记本电脑或手持设备。这些功能强大的客户端由网络服务器计算机控制的网络相互连接。服务器设置了网络的通信规则，并为每个客户端提供一个地址，以便其他客户端可以在网络上找到它。

客户端/服务器计算很大程度上取代了集中式大型机计算，在大型机计算模式中，绝大部分处理任务都由中央大型机完成。客户端/服务器计算将计算扩展到各部门、工作组、工厂车间和其他无法由集中式架构提供服务的业务单元，也使个人计算机、笔记本电脑、移动电话等个人计算设备连接互联网成为可能。互联网是客户端/服务器计算的最大应用。

分组交换

分组交换（packet switching）是一种将数字信息分割成包，在包可用时将其沿不同通信路径发送出去，到达目的地后再重新组装的方法（见图7-3）。在分组交换技术产生之前，计算机网络租用专门的电话线路完成与远程计算机的通信。在电路交换网络，如电话系统中，只有组建完整的点对点电路才能进行通信。这些专用的电路交换技术价格昂贵，浪费了可用的通信容量，因为不论是否发送数据，电路都要维持可用状态。

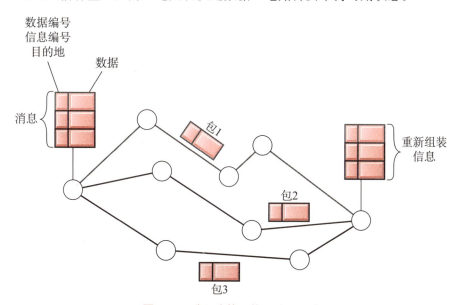

图7-3　分组交换网络和分组通信

说明：数据被分成小的数据包，在不同的通信信道上独立传输，并在最终目的地重新组装。

分组交换能更有效地使用网络通信能力。在分组交换网络中，信息首先被分解成固定的数据包。每个数据包都包含地址信息和校验信息，以保证数据被正确地发送到目的地。数据包通过路由器在不同的通信信道上传输，数据包之间彼此独立。来自同一数据源的数据包在经过许多路径和网络后，在目的地重新组合成原始信息。

TCP/IP 协议和连接

在典型的电信网络中，信息传输需要不同硬件和软件协同工作。同一网络中的不同组件必须遵守称为协议的公共规则来相互通信。**协议**（protocol）是管理网络节点间信息传输的一套规则和程序。

过去，各种专有和不兼容的协议迫使企业从单一供应商处购买计算和通信设备，如今，企业网络逐渐采用一套通用的全球标准，即**传输控制协议/网际协议**（Transmission Control Protocol/Internet Protocol，TCP/IP）。TCP/IP 协议诞生于 20 世纪 70 年代初，最早用于支持美国国防高级研究计划局（Defense Advanced Research Projects Agency，DARPA）的科学家在不同类型的计算机之间远距离传输数据。

TCP/IP 由一组协议构成，主要包括 TCP 和 IP。TCP 指的是传输控制协议，处理计算机之间的数据传输。TCP 在计算机之间建立连接，对数据包传输进行排序，并在发送成功后返回确认信息。IP 指的是网际协议，负责数据包的传递，包括传输过程中数据包的拆解和重组。图 7-4 展示了美国国防部规定的 TCP/IP 参考模型的四个层次。各层描述如下：

1. 应用层。应用层使客户端应用程序能够访问其他层并定义应用程序交换数据的协议，用于传输网页文件的超文本传输协议（HTTP）就是其中之一。

2. 传输层。传输层负责向应用层提供通信和分组服务。这一层包括 TCP 和其他协议。

3. 互联网层。互联网层负责寻址、发送并打包 IP 数据包。互联网协议是该层使用的协议之一。

4. 网络接口层。网络接口层位于模型最底层，负责在网络媒介上放置和接收数据包，网络媒介可以是任何网络技术。

图 7-4　传输控制协议/网际协议（TCP/IP）参考模型

说明：此图说明了用于通信的 TCP/IP 参考模型的四个层次。

使用 TCP/IP 协议，即使是基于不同硬件和软件平台的两台计算机也可以通信。从一台计算机发送到另一台计算机的数据向下通过所有四个层次，从发送计算机的应用层开始，直到网络接口层，数据到达接收计算机后向上逐层传递，重新组装成计算机可以使用的格式。如果接收计算机发现损坏的数据包，它会请求发送计算机重新发送。当接收计算机响应时，数据传输方向与此相反。

➡ 7.2　网络有哪些类型？

本节将进一步介绍企业可使用的其他网络技术。

7.2.1　信号：数字与模拟

网络中的通信方式有两种：模拟信号和数字信号。模拟信号由连续波形表示，通过通信介质传播并用于音频通信。最常见的模拟信号设备包括电话听筒、计算机扬声器、iPhone 耳机等，所有这些设备都能产生耳朵能识别的模拟波形。

数字信号是离散的二进制波形，而不是连续波形。数字信号以两种离散状态的字符串形式传递信息：1 和 0，分别表示电脉冲的开和关。计算机使用数字信号，利用调制解调器将数字信号转换成模拟信号，这些模拟信号可以通过电话线、电缆或使用模拟信号的无线介质发送或接收（见图 7-5）。**调制解调器**（modem）是调制器-解调器（modulator-demodulator）的缩写，电缆调制解调器通过电缆网络将计算机接入互联网。数字用户线路（DSL）调制解调器通过电话公司的固定电话网络将计算机接入互联网。无线调制解调器和传统调制解调器拥有相同功能，可将计算机连接到手机网络或 Wi-Fi 网络等无线网络。

图 7-5　调制解调器的功能

说明：调制解调器是将数字信号转换成模拟信号（或反之）的设备，使计算机可以通过电话和电缆网络等模拟网络传输数据。

7.2.2　网络类型

网络的分类方法有很多种，其中之一是根据地理范围对网络进行分类（见表 7-1）。

表 7-1　网络类型

类型	范围
局域网（LAN）	可达 500 米；办公室或整个楼层
校园局域网（CAN）	可达 1 000 米；大学校园或企业设施
城域网（MAN）	城市或大都市区
广域网（WAN）	地区、跨大陆或全球区域

局域网

如果企业使用网络，那么员工可能通过局域网与其他员工和团队联系。**局域网**（local area network，LAN）旨在连接 500 米半径范围内的个人计算机和其他数字设备。局域网通常用于连接小型办公室内的几台计算机、一栋建筑内的所有计算机或邻近的几幢大楼里的所有计算机。局域网通过互联网连接到广域网（WAN，本节后面将介绍）和世界各地的其他网络。

图 7-1 中的网络可用作小型办公室的局域网。一台计算机是专用的网络服务器，为用户提供网络中共享计算资源的访问，包括软件程序和数据文件。

服务器决定访问权限以及访问顺序。路由器将局域网连接到其他网络，如互联网或其他企业的网络，使局域网可与外部网络交换信息。最常见的局域网操作系统是 Windows 和 Linux。

以太网是物理网络层面的主要局域网标准，它规定了在计算机之间传输信号的物理介质、访问控制规则以及在系统上传输数据的标准化二进制位集。最初，以太网传输速率仅为 10Mbps。较新的版本，如千兆以太网，数据传输速率可达 1Gbps。

图 7-1 描述的局域网使用客户端/服务器架构。在此架构中，网络操作系统位于单独的服务器上，服务器为网络提供大部分控制和资源。局域网也可以采用**点对点**（peer-to-peer）架构，点对点网络平等对待所有处理器，主要用于 10 个或更少用户的小型网络。网络中不同类型的计算机可通过直接访问实现数据交换，共享外围设备而无需单独的服务器。

大型局域网有许多客户端和服务器。每个服务器分别负责特定服务，如存储和管理文件及数据库（文件服务器或数据库服务器）、管理打印机（打印服务器）、存储和管理电子邮件（邮件服务器）以及存储和管理网页（网页服务器）。

城域网和广域网

广域网（wide area network，WAN）的覆盖面较广，可以跨越地区、国家、大洲甚至整个地球。当前最普遍、最强大的广域网是互联网。计算机通过电话系统、专用电缆系统等公共网络，或通过租用线路和卫星连接到广域网。**城域网**（metropolitan area network，MAN）是指跨越城域（通常是城市及其主要郊区）的网络，其覆盖的地理范围介于广域网和局域网之间。

7.2.3　传输介质和传输速度

网络可以采用不同的物理传输介质，包括双绞线、同轴电缆、光纤电缆和用于无线传输的介质。每种介质都有优势和局限。每种介质速度范围较广，取决于软件和硬件配置。表 7-2 对这些介质进行了比较。

表 7-2　物理传输介质

传输介质	描述	速度
双绞线	用于语音和数据通信的成对绞合铜线。双绞线是最常用的 10Mbps 局域网电缆，最大建议传输距离为 100 米。	10～100＋Mbps

续表

传输介质	描述	速度
同轴电缆	厚绝缘铜线，具有高速数据传输能力，比绞合线更不易受干扰。目前用于有线电视和更远距离（100 米以上）的网络。	1Gbps 以上
光纤电缆	透明玻璃纤维束，通过激光产生的光脉冲传输数据。适用于大量数据的高速传输。比其他物理传输介质成本更高，通常用于客户端和互联网主干网之间的最后一英里连接。	15Mbps～6＋Tbps
无线传输介质	基于各种频率的无线电信号，包括地面和卫星微波系统以及蜂窝网络。用于远程、无线通信和互联网接入。	高达 600＋Mbps

带宽：传输速度

通信介质传输的数字信息总量以比特/秒（bps）为单位。传输一个或几个比特需要一个信号变化或周期。因此，每种传输介质的传输容量都是其频率的函数。介质每秒发送的周期数以**赫兹**（hertz）为单位测量，一赫兹代表介质的一个周期。

一个通信信道可容纳的频率范围称为**带宽**（bandwidth）。带宽是单个通道上可容纳的最高频率和最低频率之差。频率范围越大，带宽越大，信道的传输容量也越大。

7.3 互联网和互联网技术如何工作？它们如何支持通信和电子商务？

互联网已成为不可或缺的个人和商业工具，但互联网究竟是什么？它是如何工作的？互联网技术可以为企业带来什么？本节将介绍互联网的一些重要功能。

7.3.1 什么是互联网？

互联网是世界上最广泛的公共通信系统，也是世界上最大的客户端/服务器计算和网络互联应用，连接了世界各地数百万的个人网络。互联网始于 20 世纪 70 年代初期，最初作为美国国防部的一个项目，用于连接世界各地的科学家和大学教授。

大多数家庭和小型企业通过订阅互联网服务提供商连接到互联网。**互联网服务提供商**（Internet service provider，ISP）是一个永久连接到互联网的商业组织，向用户提供临时连接权限。EarthLink、NetZero 和 AT&T 都是互联网服务提供商。个人还可通过拥有指定互联网域的企业、大学或研究中心连接互联网。

互联网服务提供商提供多种互联网连接服务。通过电话线和调制解调器以每秒 56.6 千比特（Kbps）连接网络曾经是最常见的接入方式，但现在已经基本上被高速宽带连接取代。数字用户线路、电缆、卫星互联网连接和 T 线路均能够提供这些宽带服务。

数字用户线路（digital subscriber line，DSL）技术在现有电话线路上运行，取决于使用模式和距离，以 385Kbps～3Mbps 不等的速度传输语音、数据和视频。威瑞森提供的光纤电缆服务 Fios 传输速率最高可达 900Mbps，但大多数家庭服务只使用 100Mbps 的传输速度。有线电视服务商提供的**有线网络连接**（cable Internet connections）使用同轴数字电缆线为家庭和企业提供高速互联网接入，尽管大多数供应商提供的网络传输速率在 3Mbps

和 20Mbps 之间，但它们可提供高达 50Mbps 的高速互联网访问。在没有数字用户线路和有线网络连接的情况下，用户可以通过卫星访问互联网，尽管这种连接方式的上传速度比其他宽带服务慢。

T1 和 T3 是数字通信的国际电话标准。它们是可供租用的专用线路，适用于需要保证高速通信服务水平的企业或政府机构。**T1 线路**（T1 lines）可以 1.54Mbps 的速度保证传输，T3 线路则以 45Mbps 的速度提供数据传输服务。相比之下，互联网不提供这种有保证的通信服务，仅仅是尽力而为。

7.3.2 互联网寻址和架构

如本章前面所述，互联网以 TCP/IP 协议为基础。每个连接到互联网（或其他 TCP/IP 网络）的设备都被分配一个由一串数字组成的唯一的**互联网协议地址**（Internet Protocol（IP）address）。

当用户向互联网或其他 TCP/IP 网络上的另一个用户发送消息时，消息首先被分解成数据包，每个数据包都包含其目标地址。之后，数据包从客户端发送到网络服务器，然后发送到所需数量的其他服务器，最终到达已知地址的目标计算机。到达目标计算机时，数据包被重新组合成原始消息。

域名系统

互联网用户很难记住一长串数字，因此 IP 地址可以用一种称为**域名**（domain name）的自然语言约定来表示。**域名系统**（Domain Name System，DNS）将域名转换为 IP 地址。DNS 服务器维护一个数据库，包含映射到其相应域名的 IP 地址。用户只需输入域名即可访问互联网上的计算机，如 Expedia.com。

如图 7-6 所示，DNS 具有层次结构。其顶部是根域名，根域名的子域称为顶级域名，顶级域名的子域称为二级域名。顶级域名是两到三个字符的名称，如上网时常用的 .com，.edu，.gov 等以及各种国家代码，如 .ca 代表加拿大，.it 指的是意大利。二级域名由两部分构成，分别指定顶级域名和二级域名名称，如 buy.com，nyu.edu 或 amazon.ca 等。层级结构底部的主机名指定互联网或专用网络上的特定计算机。

下面的列表显示了目前可用并获官方批准的常见扩展域名。国家也有域名 .uk，.au，.fr，分别代表英国、澳大利亚和法国，还有一类新的国际化顶级域名使用非英语字符。未来，如下所示的域名列表将扩展到包含更多类型的组织和行业：

.com   商业组织
.edu   教育机构
.gov   政府机构
.mil   军方
.net   网络计算机
.org   任何类型的组织
.biz   商业企业
.info   信息提供商

互联网架构与治理

互联网数据流量通过跨洲高速骨干网络传输，传输速度通常在 155Mbps～2.5Gbps

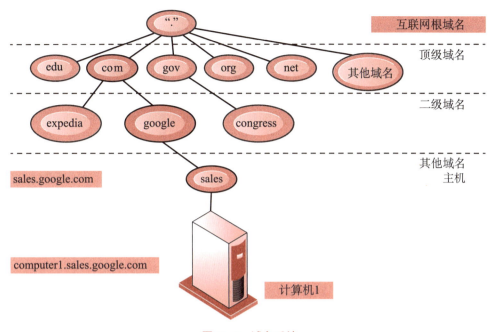

图 7-6 域名系统

说明：域名系统是一个层次结构，包括根域名、顶级域名、二级域名和三级主机。

（见图 7-7）。这些干线通常由长途电话公司（称为网络服务提供商）或国家政府拥有，本地通信线路由美国和其他国家/地区的电话和有线电视公司所有，这些公司将家庭和企业零售用户连接到互联网。区域网络向互联网服务提供商、私营企业和政府机构出租访问权。

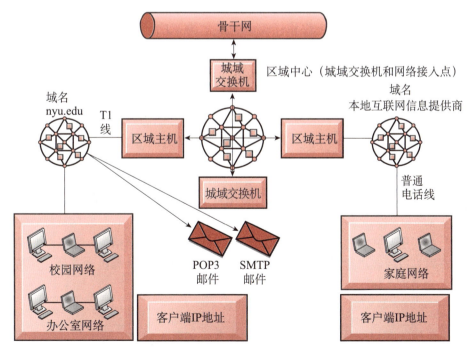

图 7-7 互联网网络架构

说明：互联网骨干网连接到各区域网络，进而为互联网服务提供商、大型企业和政府机构提供访问权限。网络接入点（NAP）和城域交换机（MAE）是骨干网与区域和本地网络相互连接，以及骨干网所有者相互连接的枢纽。

每个组织都为自身使用的网络和本地互联网连接服务付费，其中一部分费用支付给长途干线所有者。个人互联网用户向互联网服务提供商支付服务费用，无论他们使用多少互联网连接，他们通常只需支付固定的订阅费。互联网不属于任何人，也没有正式的管理者。然而，许多专业组织和政府机构共同制定了全球互联网政策，包括帮助定义互联网总体架构的互联网架构委员会（Internet Architecture Board，IAB）、管理域名系统的互联网名称与数字地址分配机构（Internet Corporation for Assigned Names and Numbers，ICANN）以及为网络设置了超文本传输语言和其他编程标准的万维网联盟（World Wide Web Consortium，W3C）。

这些组织影响政府机构、网络所有者、互联网服务提供商和软件开发者，目标是保持互联网尽可能高效运行。互联网还必须遵守其运营所在国家的法律，其技术基础设施也必须符合所在国家的规定。尽管互联网和网络在发展早期很少面临立法或行政干预，但随着互联网在传播含有一些令人反感的内容的信息和知识中"助纣为虐"，这种情况正在发生变化。

未来的互联网：IPv6 和 Internet2

互联网最初并不是为了服务数十亿用户和传输大量数据而设计的。由于互联网用户的快速增长，按照旧的地址约定可用的 IP 地址即将用尽。基于 32 位地址的旧系统正在被新版本 IP 寻址模式 **IPv6**（Internet Protocol version 6）替代。IPv6 包含 128 位地址（2 的 128 次幂），可提供千万亿个唯一一地址。IPv6 与目前使用的大多数调制解调器和路由器兼容，如果 IPv6 在本地网络上不可用，将返回旧的寻址系统。随着旧设备逐渐被更换，向 IPv6 的过渡将需要数年时间。

Internet2 是一个先进的网络联盟，为 317 所美国大学、60 个政府机构、43 个地区和州教育网络、59 家领先企业和代表 100 多个国家的 70 个国家研究和教育网络合作伙伴提供服务。为了连接这些社区，Internet 2 开发了一个 100 Gbps 的高容量网络，作为最终可能迁移到公共互联网的前沿技术的测试平台，网络中包括大规模网络性能测量和管理工具、安全身份验证和访问管理工具，以及调度高带宽、高性能电路等功能。

7.3.3 互联网服务和通信工具

互联网以客户端/服务器技术为基础。使用互联网的个人用户通过计算机上的客户端应用程序，如互联网浏览器软件控制上网行为。电子邮件和网页等互联网数据存储在服务器上。客户端利用互联网向远程计算机上的特定网络服务器请求信息，服务器将请求的信息通过互联网发送回客户端。如今，客户端平台不仅包括个人计算机和其他计算机，还包括智能手机和平板电脑。

互联网服务

连接互联网的客户端计算机可访问多种服务，如电子邮件、聊天和即时通信、新闻组、**远程登录**（Telnet）、**文件传输协议**（File Transfer Protocol，FTP）和万维网。表 7-3 展示了对这些服务的简要描述。

表7-3　主要的互联网服务

服务	支持的功能
电子邮件	用户之间的信息传递；文档共享
聊天和即时通信	交互式对话
新闻组	在电子公告板上的讨论组
远程登录	登录一台计算机，并在另一台计算机上进行操作
文件传输协议（FTP）	在计算机之间传输文件
万维网	使用超文本链接检索、格式化并展示信息（包括文本、音频、图形和视频）

每项互联网服务都由一个或多个软件程序实现，可能所有服务运行在同一台服务器计算机上，或者不同服务分配给不同的机器。图7-8说明了在多层客户端/服务器架构下这些服务的运行方式。

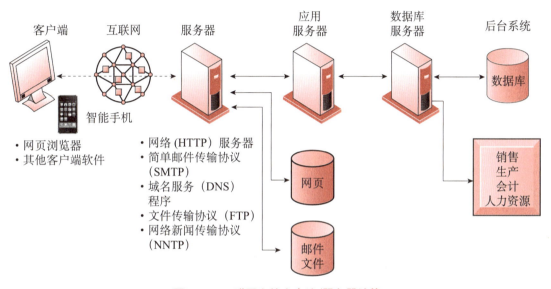

图7-8　互联网上的客户端/服务器计算

说明：装有网络浏览器或其他软件的客户端计算机可通过互联网访问服务器上的一系列服务，这些服务可能在一台服务器或多台专用服务器上运行。

电子邮件（email）使信息能够在计算机之间交换，具有将信息传递给多个收件人、转发消息、将文本文档或多媒体文件附加到消息等功能。如今，大多数电子邮件都通过互联网发送。电子邮件的成本远低于电话、邮政或次日达的成本，并且可以在几秒钟内到达世界任何地方。

聊天功能使同时连接到互联网的两个或多个用户能够进行实时的交互式对话。**聊天**（chat）系统目前支持文本、语音和视频聊天。许多在线零售企业在其网站上提供聊天服务，以吸引访问者、鼓励重复购买并改善客户服务。

即时通信（instant messaging）是一种聊天服务，允许参与者创建自己的私人聊天频道。即时通信系统可自动发出好友上线提醒，使用户可以发起与其他人的聊天会话。面向消费者的即时通信系统包括 Yahoo! Messenger、Google Hangouts、AOL Instant Messenger 和 Facebook Messenger。注重安全的企业会使用 IBM Sametime 等专有即时通信和消息传递系统。

新闻组是发布在互联网电子公告板上的讨论组，用户可在其中分享关于特定主题的信息和想法，如放射学或摇滚乐队。任何人都可以在这些公告板上发布信息供他人阅读。

员工本应使用电子邮件、即时通信和互联网提高工作效率，但本章"互动讨论：人员"专栏的案例表明情况并非总是如此。许多企业管理者认为他们需要监控甚至规范员工的在线行为，但这是否符合商业伦理？虽然企业可能出于重要的商业原因而监控员工的电子邮件和网络活动，但这对员工隐私意味着什么？

互动讨论：人员　　监控员工使用网络：不道德还是好主意？

互联网已成为一种非常有价值的商业工具，但它也严重分散了员工的注意力。员工在工作时浏览 Facebook、购物、运动等无关网站，收发个人邮件，与朋友聊天，下载视频和音乐等行为浪费了宝贵的工作时间。国际数据公司（International Data Corp，IDC）的一项调查显示，员工 30%～40% 的互联网访问时间都花费在与工作无关的浏览上，高达60% 的网上购物是在工作时间完成的。总部位于英国的就业网站 MyJobGroup.co.uk 对1 000 名英国员工进行调查，发现其中近 6% 的员工每天使用 Facebook 等社交媒体的时间超过一个小时，约占他们每天工作时长的八分之一。根据概率推算，英国 3 400 万劳动力中约有 200 万人情况相同，这将导致英国经济每年损失约 140 亿英镑的生产力。

许多企业已经开始监控员工对电子邮件和互联网的使用，有时员工甚至并不知情。Veriato OsMonitor、Work Examiner、Mobistealth 和 Spytech 等供应商现在提供可监控员工上网行为的工具，这些产品能够让企业记录在线搜索、监控文件下载和上传、记录键盘输入、监控电子邮件、创建聊天记录副本或截取计算机屏幕上的图像。对即时通信、短信和社交媒体的监控也在增加。

微软提供 MyAnalytics 软件，可从电子邮件、聊天记录、日历和其他来源收集数据，从而展示员工的时间使用分配，包括员工与关键联系人的联系频率以及他们是否同时处理过多任务。该软件只允许管理人员查看五人或五人以上的员工团队，而不是单个员工的信息。

尽管美国企业有权在工作时间监控员工的互联网和电子邮件活动，但这种监控是否违背商业伦理，或者这只是一种正确的商业行为？当员工专注于个人事务而不是工作内容时，管理者担心这会浪费工作时间并降低员工生产力。员工在个人事务上花费太多时间会导致企业利润损失，一些员工甚至会让客户为他们的个人网上消遣时间买单，从而过度收费。

如果个人活动占据了过多的企业网络流量，也会阻塞企业网络，导致无法进行正常的业务工作。服务于美国运输业的 GMI 保险服务公司发现，公司员工下载了大量音乐和流媒体视频，并将文件存储在公司服务器上，占用了 GMI 的大量服务器备份空间。

当员工在企业设施或设备上使用电子邮件或网络（包括社交网络）时，他们所做的任何事情，包括任何非法行为，都是以企业的名义。因此，企业可能被追责。许多企业管理层担心，员工访问或交易的涉及种族主义或其他可能令人反感的材料，可能会给企业带来负面舆论甚至诉讼。即使发现企业没有责任，对诉讼作出回应也可能会产生巨额的法律费用。此外，企业电子邮件或社交网络会泄露机密信息和商业机密。美国企业拥有监控员工在工作时间使用企业设备的合法权利，但问题是电子监控能否成为维持高效和积极工作环境的合适工具。一些企业采用零容忍的态度，试图禁止企业网络上的所有个人活动，另一些企业则阻止员工访问特定网站或社交网站、密切监控电子邮件或限制个人上网时间。

IT Authorities 是位于佛罗里达州坦帕市的基础设施管理和支持机构，该机构正在使用 Veriato 360 员工监控软件提高员工的工作效率。公司于 2016 年推行了该软件，以减少公司管理层认为的低效活动。公司首席执行官贾森·卡拉斯表示，知晓管理者能够看到员工是否在工作以及他们是如何工作的，对员工的不当行为能够起到巨大的威慑作用。对 IT 部门而言尤其如此，在任何时间，Veriato 360 都能够跟踪并记录员工访问的网站、传输的文件（以及如何传输）、通过电子邮件和即时通信发送的内容（以及发送对象）甚至员工离开计算机的时长。借助 Veriato 360，IT Authorities 等企业能够识别个人工作的正常模式以及任何异常情况，因此能够在企业发生巨大损失之前，快速解决问题以避免潜在生产力损失。

所有员工在工作时都应受到监控吗？并不一定。并非所有员工、工作场所或工作文化和环境都适合电子监控，这取决于企业管理者想要创造的工作环境。一些高管担心，监控会损害相互信任、奉献和积极的工作文化。在这样的环境中，对员工进行电子监视可能会适得其反。

没有解决方案是完美的，但许多顾问认为企业应该制定员工使用电子邮件、社交媒体和互联网的企业政策。许多员工不知道企业有权监控和收集他们的数据。企业政策应包括明确的规则，依据职位或级别规定员工在什么情况下可使用企业设备收发电子邮件、写博客或浏览互联网。企业政策还应告知员工这些活动是否受到监控，并解释原因。

这些规则应该根据具体业务需求和组织文化进行调整。例如，投资公司需要允许其员工访问其他投资网站，而依赖广泛的信息共享、创新和独立性的企业可能会发现，监控可能得不偿失。

资料来源：Sarah Krouse, "The New Ways Your Boss is Spying on You," *Wall Street Journal*, July 19, 2019; "Technology Is Making It Possible for Employers to Monitor More Work Activity than Ever," *Economist*, April 3, 2018; www. privacyrights. org, accessed June 15, 2019; Susan M. Heathfield, "Electronic Surveillance of Employees," www. thebalancecareers. com, January 31, 2019; "How Do Employers Monitor Internet Usage at Work?" wisegeek. com, accessed April 15, 2019; and Veriato, "Veriato 360 Helps IT Authorities Quickly Increase Employee Productivity," March 15, 2017.

案例分析问题

1. 管理者是否应该监控员工使用电子邮件和互联网的情况？为什么？
2. 描述有效的企业电子邮件和网络使用政策。
3. 管理者应该告知员工他们的网络行为正在被监控吗？还是管理者应该秘密监控？为什么？

IP 语音

互联网已成为语音传输和企业建立关系网的常见平台。**IP 语音**（Voice over IP, VoIP）技术通过分组交换以数字形式传递语音信息，从而节省了本地和长途电话网络费用（见图 7-9）。传统上通过公共电话网络传输的呼叫，现在往往通过基于互联网协议的企业网络或公共互联网传输。可使用配备麦克风和扬声器的计算机或具有 VoIP 功能的电话拨打或接听语音电话。

时代华纳（Time Warner）和美国有线电视等公司以捆绑的方式，将 VoIP 服务与高速互联网及有线电视产品共同销售。Skype 通过点对点网络在全球范围内提供免费的 VoIP 服务，谷歌也有免费的 VoIP 服务。

虽然 IP 电话系统需要前期投资，但 VoIP 可以将通信和网络管理成本降低 20%～

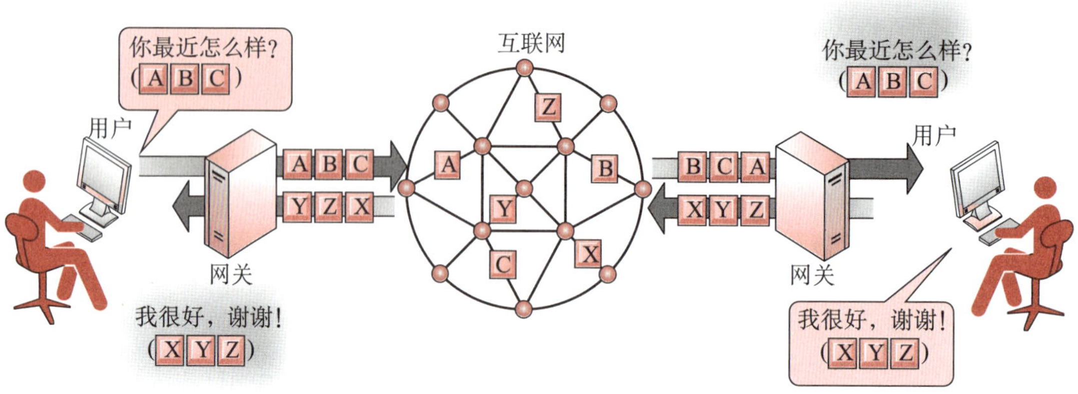

图 7-9 IP 语音的运行方式

说明：VoIP 电话将语音消息数字化并将其分解为数据包，这些数据包可能沿着不同的路线传输，最终在目的地重新组合。距离呼叫目的地最近的处理器（即网关）将数据包按正确顺序排列，并将它们定向到接收方的电话号码或接收计算机的 IP 地址。

30％。例如，VoIP 每年为英国维珍娱乐集团（Virgin Entertainment Group）节省 70 万美元的长途话费。除了降低长途费用和免除私人线路月费之外，IP 网络还为电信和计算服务提供统一的语音数据基础设施，企业不再需要维护独立的网络，也不必为每种类型的网络提供服务和人员支持。

统一通信

过去，企业的有线和无线数据、语音通信和视频会议网络各自独立运行，由信息系统部门单独管理。现在，企业可以使用统一通信技术，将不同通信模式合并到一个可普遍访问的服务中。**统一通信**（unified communications）将语音通信、数据传输、即时通信、电子邮件和电子会议等不同渠道集成到单一系统中，用户可以在不同通信模式之间无缝切换。在线状态技术显示某个用户此刻能否接听电话。

CenterPoint Properties 是芝加哥地区的一家工业房地产公司，它使用统一通信技术为其每笔房地产交易创建协作网站，每个网站都提供了访问结构化和非结构化数据的单一节点。集成的在线状态技术让团队成员可以一键发送电子邮件、即时消息、通话或创建视频会议。

虚拟专用网络

如果管理一个负责企业新产品和服务开发的营销团队，成员遍布各地，该怎么办？管理者会希望他们能够在不被其他人截获通信的情况下，相互发送电子邮件并与总部通信。过去，大型专用网络企业能够提供安全、私有和专用的网络，但这种方式成本很高。一个成本更低的解决方案是在公共网络中创建一个虚拟专用网络。

虚拟专用网络（virtual private network，VPN）是一种安全、加密的专用网络，在公共网络中配置以利用互联网等大型网络的规模经济和管理设施（见图 7-10）。VPN 可为企业提供安全、加密的通信，其成本要比相同配置的传统非互联网供应商更低，后者使用专用网络确保通信的安全。VPN 还提供组合语音和数据网络的网络基础设施。

其他的数据传输协议也可保护通过公共互联网传输的数据，包括**点对点隧道协议**（Point-to-Point Tunneling Protocol，PPTP）。在网络隧道中，数据包被加密封装在 IP 包

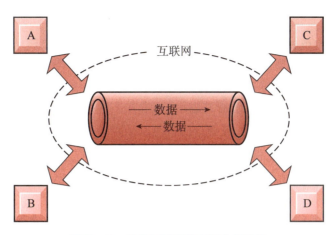

图 7 - 10　使用互联网的虚拟专用网络

说明：此 VPN 是经由互联网上的安全隧道连接的专有网络，它通过对数据进行编码并将其封装在互联网协议中，保护在公共互联网上传输的数据。通过在网络信息周围添加一个封装以隐藏内容，组织可以创建一个通过公共互联网传输的专有连接。

中。通过在网络信息周围添加此封装以隐藏内容，商业企业能够创建通过公共互联网传输的专有连接。

7.3.4　万维网

万维网是最流行的互联网服务，它是一个具有公认标准的系统，通过客户端/服务器架构实现信息存储、检索、格式化和显示。网页使用嵌入超文本的链接进行格式化，这些链接将文档彼此连接，并将页面与声音、视频、动画文件等其他对象链接。当用户点击图形或视频播放按钮时，就点击了一个超链接。**网站**（website）是链接到主页的网页集合。

超文本

网页以标准的超文本标记语言（HTML）为基础，HTML 可以对文档进行格式化，并能够与存储在同一计算机或远程计算机上的其他文档和对象结合（参见第 5 章）。计算机的网络浏览器软件使用**超文本传输协议**（Hypertext Transfer Protocol，HTTP）请求存储在互联网主机服务器上的网页，从而实现用户对网页的访问。HTTP 是网络上传输页面的通信标准。例如，在浏览器中输入网址 http://www.sec.gov 时，浏览器会向 sec.gov 服务器发送一个 HTTP 请求以访问 sec.gov 的主页。

每个网页地址都以 HTTP 开头，之后是域名，其指定了存储该网页的组织的服务器计算机，大多数企业的域名都与其官方名称相同或密切相关。网页地址中还包括目录路径和网页名称，可帮助浏览器跟踪所请求的页面。这些地址共同成为**统一资源定位符**（uniform resource locator，URL）。在浏览器中输入 URL 后，URL 会告诉浏览器信息存储的位置。例如，对于 http://www.megacorp.com/content/features/082610.html 这一 URL，http 制定了显示网页的协议，www.megacorp.com 是域名，content/features 是目录路径，说明了页面在网络服务器中的存储位置，082610.html 是网页名称及其采用的格式名称（这是一个 HTML 页面）。

网页服务器

网页服务器是定位并管理存储网页的软件。网页服务器在计算机上定位用户请求的网页，并将其返回给用户计算机。虽然服务器应用程序也可以安装在小型组织的单个计算机上，但是它们通常在专用计算机上运行。

如今，常用的网页服务器是微软 Internet Information Services（IIS）和 Apache HTTP Server。Apache 是一个免费的开源产品，可以从网络下载。

在网络上搜索信息

没有人确切知道网页的实际数量。表层网络是被搜索引擎访问并记录信息的网络。例如，2018 年谷歌索引了约 130 万亿个页面，这对应了大部分可公开访问的网页。但是，还有一个包含约一万亿个附加页面的深层网络，其中许多网页是专有页面（如《华尔街日报》的在线页面，没有访问代码就无法访问），或者是存储在受保护的企业数据库中的页面。Facebook 存储超过 20 亿用户的文本、照片和媒体网页，它是一个封闭网络，其网页无法被谷歌或其他搜索引擎完全搜索。称为暗网（dark web）的一小部分深层网络刻意避开搜索引擎，它们使用掩码 IP 地址，只能通过特殊的网络浏览器访问，以保持匿名。暗网已成为犯罪分子的避风港，因为暗网允许在完全匿名的情况下买卖信用卡、社会保障号码等非法商品。

搜索引擎　面对众多网页，快速找到对个人或企业有用的特定网页十分重要。但是，如何才能从数以亿计的索引网页中找到真正需要的一两个页面呢？**搜索引擎**（search engine）提供了可行方案，它可以在网络上瞬间查找到用户所需的信息，是互联网时代不可或缺的应用程序。如今，搜索引擎可以对 HTML 文件、Microsoft Office 应用程序文件、PDF 文件、音频、视频和图像文件等进行筛选。全世界有数百个搜索引擎，但绝大多数的搜索结果都来自谷歌、百度、雅虎和微软的必应（见图 7 - 11）。虽然我们通常认为亚马逊是一个在线商店，但它同时也是强大的产品搜索引擎。

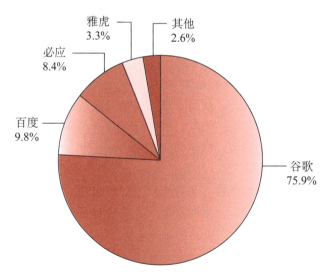

图 7 - 11　全球主要的台式计算机/笔记本电脑网页搜索引擎

说明：谷歌是世界上最受欢迎的搜索引擎。

资料来源：Net Market Share，2019 - 05.

　　网页搜索引擎始于 20 世纪 90 年代初，最初只是相对简单的软件程序，在网络中漫游、访问网页并收集每个页面上的内容信息。第一代搜索引擎只是其访问过的所有页面的简单关键字索引，页面列表可能与用户想要搜索的内容并不相关。

　　1994 年，斯坦福大学计算机专业的学生大卫·费罗和杨致远创建了一个他们最喜欢的网页的手工列表，并将其命名为"Yet Another Hierarchical Officious Oracle"，简称雅虎（Yahoo）。雅虎起初并不是一个搜索引擎，而是按照编辑认为重要的类别组织的网站精选列表。目前，雅虎主要依赖微软必应获取搜索结果。

　　1998 年，斯坦福大学计算机专业的学生拉里·佩奇和谢尔盖·布林发布了第一代谷歌。这是一个全新的搜索引擎，它不仅对每个网页中的单词建立索引，还根据网页的相关性对搜索结果排名。佩奇为这一页面排名系统（PageRank 系统）的想法申请了专利，该系统通过计算链接到某一页面的网站数量以及该页面链出的网页数量衡量网页的受欢迎程度。系统假定受欢迎的网页与用户搜索更相关。布林开发了一个独特的网页爬虫程序，它不仅可以索引网页中的关键词，还可以索引词语组合，如作者及其文章标题。这两项技术是谷歌搜索引擎的重要基础。图 7-12 说明了谷歌的工作原理。

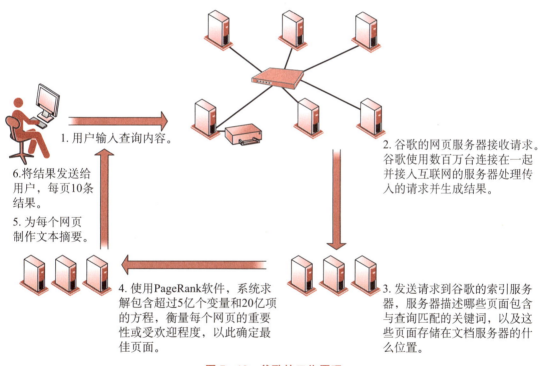

图 7-12　谷歌的工作原理

　　说明：谷歌搜索引擎不停地抓取网页，为每个网页内容建立索引，计算其受欢迎程度，并存储页面，以便能够快速响应用户查看页面的请求。整个过程大约需要半秒钟。

　　移动搜索　来自智能手机和平板电脑的移动搜索占搜索总量的 55％以上，且这一比重还在持续扩大。为此，谷歌、亚马逊和雅虎开发了新的搜索界面，使智能手机的搜索和购物更加方便，谷歌修改了搜索算法，以支持更适合在手机屏幕上观看的网站。虽然智能手机广泛用于购物，但在美国，实际购物通常发生在笔记本电脑或台式计算机上，其次是平板电脑。

　　语义搜索　让搜索引擎理解用户真正在寻找什么，是让搜索引擎变得更有辨别力和更有帮助的另一种方式。**语义搜索**（semantic search）的目标是构建一个能够真正理解人类语言和行为的搜索引擎。谷歌和其他搜索引擎公司正试图改进搜索引擎算法，以获取更多的用户意图和搜索含义。例如，谷歌的蜂鸟搜索算法不在搜索中单独评估每个单词，而是评估整个句子，重点关注获取单词背后的含义。例如，如果用户搜索"2019 年谷歌年报精选财务数据"这样的长句子，蜂鸟会识别出用户真正想得到的内容是谷歌的母公司 Alphabet 2019 年 2 月向证券交易委员会提交的 10K 报告。

谷歌搜索引擎还使用知识图谱（Knowledge Graph），这是一种搜索算法，能够预测用户在搜索某个主题时可能想要了解的更多信息。在许多搜索结果页面中，知识图谱的结果会出现在屏幕右侧，包含有关用户正在搜索的主题或人物的更多信息。例如，如果用户搜索"塔霍湖"，搜索引擎将返回有关塔霍湖的基本信息（如海拔、平均温度和当地鱼类）、地图和酒店住宿。谷歌已将**预测搜索**（predictive search）作为大多数搜索结果的一部分，这部分搜索算法猜测用户要查找的内容，并在用户输入搜索内容时对搜索关键词提出建议。

视觉搜索和视觉网络　虽然搜索引擎最初是为搜索文本文档而设计的，但互联网上照片和视频的爆炸式增长催生了对这些视觉对象进行搜索和分类的需求。面部识别软件可以创建人脸的数字版本。用户可以使用数字图像在 Facebook 上搜索人，以查找和识别其他用户。Facebook 现在使用人工智能技术来提高其面部识别能力的准确性。

随着网络上可视化内容的增多，对照片、图像和视频的搜索变得越来越重要。**视觉网络**（visual web）是指拼趣（Pinterest）等网站。在这些网站上，图片取代了文本文档，用户搜索内容是图片，产品图片也取代了产品展示广告。拼趣是一个社交网站，为用户（及品牌）提供展示有趣图片的在线平台。2019 年，拼趣在全球拥有超过 2.9 亿的月活跃用户。Instagram 是视觉网络的另一个例子，它是一个照片和视频共享网站，允许用户拍摄照片、编辑照片，并将其分享给 Facebook 和推特等其他社交网站上的好友。2019 年，Instagram 有 10 亿月活跃用户。

智能代理购物机器人　本书第 11 章将介绍带有内置智能的软件代理的功能，此类软件可以收集或过滤信息，执行其他任务以协助用户。**购物机器人**（shopping bots）使用智能代理软件在互联网上搜索购物信息。MySimon 和 PriceGrabber 等购物机器人，以及 Trivago 等旅游搜索工具可根据用户建立的标准，帮助有兴趣购买或租赁度假房的用户过滤并检索信息，在某些情况下还可与卖家协商价格和交货条件。

搜索引擎营销　通过提供**搜索引擎营销**（search engine marketing），搜索引擎已经成为主要的广告平台和购物工具。搜索信息是网络上最主要的活动之一，据估计，2019 年美国有 2.42 亿人使用搜索引擎，2.15 亿人使用移动搜索。基于如此庞大的用户规模，搜索引擎成为最赚钱的在线营销和广告形式——搜索引擎营销的基础。当用户在谷歌、必应、雅虎或这些搜索引擎提供服务的任何其他网站上输入搜索词时，他们会收到两种类型的结果列表：广告商付费赞助的排名链接（通常显示在搜索结果页面最顶部）和无赞助的自然搜索结果。此外，广告商还可以购买搜索结果页面一侧的小文本框。付费赞助广告是当前增长最快的互联网广告形式，它作为一种强大的新兴营销工具，可在适当时刻将消费者兴趣与广告信息精准匹配。搜索引擎营销将搜索过程的价值转化为企业利润。2019 年，搜索引擎营销产生 480 亿美元收入，占数字广告支出的 44.2%，几乎占全部在线广告（1 250 亿美元）的一半（eMarketer, 2019）。2018 年，谷歌 1 360 亿美元的收入中约 90% 来自在线广告，其中 90％ 的广告收入来自搜索引擎营销（Alphabet，2019）。

由于搜索引擎营销十分有效，能够带来最高的点击率和最高的广告投资回报，企业开始优化其网站以获得搜索引擎的认可。页面优化得越好，其在搜索引擎结果列表中的排名就越高。**搜索引擎优化**（search engine optimization，SEO）是通过一系列技术提高网站流量的质量和数量的过程，当某些关键词和短语被搜索时，这些技术可帮助网站在主流搜索引擎中获得更高的排名。一种方法是确保网站描述中使用的关键词与潜在客户可能使用的搜索词相匹配。例如，如果大多数潜在客户搜索"照明"，那么在网站中使用关键词"照明"比"灯"更有可能让网站在搜索引擎中排在第一位。此外，将网站尽可能多地与其他网站链接也有帮助，因为搜索引擎会评估此类链接以确定网页的受欢迎程度以及它如何链接到网络上的其他内容。

搜索引擎也可能被诈骗者操纵，他们创建数千个虚假的网站页面，并将它们链接到一个零售商网站，试图欺骗谷歌搜索引擎。企业也可以给所谓的"链接工厂"付费，让其链接到自己的网站。对此，谷歌在 2012 年改变了它的搜索算法，通过更仔细地检查链接质量，降低链接到这些网站的可疑网站的搜索排名。

通常来说，搜索引擎对无法承担大型营销活动的小型企业非常有帮助。当用户使用搜索引擎时，他们可能正在寻找特定产品或服务，这些用户正是所谓的"热门潜在客户"，即寻找产品相关信息并有购买意图的群体。此外，搜索引擎只对网站的点击量收费，商家无须为无效广告付费。消费者也可以从搜索引擎营销中受益，因为商家广告只在消费者寻找特定产品时才会出现。因此，搜索引擎营销减少了消费者的精力耗费并降低了搜索成本，包括实地搜索产品产生的交通成本。一项研究估计，全球搜索引擎对商家和消费者的价值预计超过 8 000 亿美元，其中约 65％ 的收益通过较低的搜索成本和较低的价格流向消费者（Mckinsey，2011）。

在网络上共享信息

如今，网站不仅包含静态内容，还使用户能够在线协作、共享信息、创建新的服务和内容。现在网络可支持交互性、实时用户控制、社交参与（分享）和用户生成内容的能力。这些功能背后的技术和服务包括云计算、软件糅合和应用程序、博客、简易信息聚合（RSS）、维基和社交网络。本书第 5 章介绍了云计算、糅合和应用程序，第 2 章介绍了社交网络。

博客（blog）是网络日志的流行叫法，是一类个人网站，通常包含作者按时间顺序排列（由近到远）的一系列日志以及指向相关网页的链接。博客还可能包括博客链接（指向其他博客的链接集合）和转发日志（博客中引用其他原创博客的日志列表）。大多数博客都允许读者在博客日志下发表评论。创建博客的行为通常被称为写博客。博客可由 Blogger.com 或 TypePad.com 等第三方服务托管，博客功能也已经被整合到 Facebook 等社交网络和 IBM Notes 等协作平台中。WordPress 是领先的开源博客工具和内容管理系统。**微博**（microblogging）在推特或其他具有空间或大小限制的平台中使用，这是一种博客类型，具有内容短小的特点，通常包含短句、单个图片或视频链接等。

博客页面通常在博客服务商或软件提供的模板的基础上撰写，因此不具备 HTML 技能的人也可以发布自己的网页并与他人分享内容。与博客有关的网站通常被称作**博客圈**（blogosphere）。博客不仅是流行的个人发布工具，也具有商业用途（见第 2 章和第 10 章）。

如果你是一个狂热的博客阅读者，你可能会使用 RSS 及时了解喜欢的博客动态，而无须经常查看它们是否更新。**简易信息聚合**（Really Simple Syndication/Rich Site Summary，RSS）从网站上提取指定内容并将其自动发送给用户。RSS 阅读软件从用户指定的网站或博客上收集内容，并将网站的新信息反馈给用户。RSS 阅读器可以通过谷歌和雅虎等网站获取，并已嵌入主流网页浏览器和电子邮件程序中。

博客允许访问者对原始内容添加评论，但不允许更改原始发布的内容。相比之下，**维基**（wiki）是协作网站，访客可以添加、删除或修改内容，包括之前的作者创作的作品。wiki 一词源自夏威夷语，意思是"快速"。

维基软件通常提供一个模板，定义所有页面共有的布局和元素，展示用户可编辑的软件程序代码，并将内容以基于 HTML 的页面形式在网页浏览器中显示。一些维基软件只允许使用基本的文本格式，而其他工具则允许使用表格、图像甚至是投票或游戏等互动元素。大多数维基都有审查其他用户的工作并纠正错误的功能。

由于维基使信息共享变得十分容易，它们也具有很多商业用途。美国国土安全部（Department of Homeland Security）的国家网络安全中心（National Cyber Security Center，NCSC）开发了一个维基软件，用于促进与其他联邦机构共享关于威胁、攻击和响应的信息，并作为技术和标准信息的存储库。皮克斯维基（Pixar Wiki）是一个宣传皮克斯动画工作室作品的协作社区维基，允许任何人创建或编辑有关皮克斯电影的文章。

社交网络（social networking）使用户能建立朋友和同事的社交圈。用户通常会创建个人资料，通常是上传照片、视频、音频文件和文本的网页，之后与被标记为好友或联系人的其他用户共享这些个人资料。社交网站具有高度交互性，提供实时用户控制，依赖用户生成内容，并广泛依赖于社交参与以及内容和观点的分享。领先的社交网站包括 Facebook、推特和领英（用于职业联系人）。

社交网络从根本上改变了人们使用互联网的方式，包括如何沟通以及与谁沟通，企业管理者如何与客户、供应商和员工保持联系，商品和服务提供商如何了解其客户，以及广告商如何接触潜在客户群体等。大型社交网站也是应用程序开发平台，用户可在其中创建软件应用程序，并将其出售给社区其他用户。Facebook 集成了数百万个应用程序和网站，包括游戏、视频共享以及与家人和朋友交流的应用程序。本书第 2 章和第 10 章介绍了社交网络的更多商业应用，其他章节也涉及有关社交网络的讨论。

未来网络

未来的互联网将具有更多可视化内容，主要功能是为个人提供更多的工具以理解互联网上数以万亿计的页面，为智能手机提供数以百万计的应用程序，以及提供可视的甚至三维（3D）的网络，让用户可在 3D 环境中浏览网页（回顾本章前面对语义搜索和视觉搜索的讨论）。

未来，最有可能率先实现的是一种无处不在的网络。从城市的交通信号灯和用水量到客厅灯光，再到汽车的后视镜，以及个人的行程和会面，均能够被网络控制。这种网络称为**物联网**（Internet of Things，IoT），其以遍布现实世界的数十亿个联网传感器为基础。物体、动物或人被赋予唯一标识符以及通过网络传输数据的能力，无须人与人或人与计算机之间交互。通用电气、IBM、惠普和甲骨文等企业以及数百家小型初创企业，正在通过广泛使用远程传感器和快速云计算构建智能机器、工厂和城市。2019 年，全球有超过 260 亿台活跃物联网设备，预计到 2025 年，这一数字将上升至 750 亿台（Bera，2019）。随着时间的推移，越来越多的日常物理对象将连接至互联网并能被其他设备识别，创建能够感知数据变化并作出响应的网络。章首案例描述的环法自行车赛追踪系统就是一个物联网应用，本章"互动讨论：技术"专栏讨论的数据驱动垃圾管理系统也是一个物联网应用。本书第 2 章和第 11 章提供了更多有关物联网的示例。

应用程序互联网（App Internet）是未来网络的另一个要素。移动平台上应用程序的增长十分迅速，在美国，超过 80％的移动设备使用时间花费在应用程序而非浏览器上。应用程序让用户能够直接访问内容，比加载浏览器和搜索内容快得多。

引领未来网络的其他互补趋势包括：云计算和软件即服务（SaaS）商业模式的更广泛应用，移动平台和互联网访问设备之间无处不在的连接，以及网络从独立分散的应用程序和内容网络向无缝连接、可交互操作的整体的转变。

互动讨论：技术　　物联网助力垃圾管理

2003 年，旧金山市设定了一个雄心勃勃的目标：零垃圾。这意味着城市产生的所有垃圾都将被回收和堆肥，而不是倾倒在垃圾填埋场。如今，旧金山已接近实现这一目标。得益于这项大型政治、经济和教育计划，旧金山市减少了 80％的垃圾填埋量，比美国其他大型城市要做得好。信息技术也在提供有效垃圾分类方法、改善全市垃圾收集服务等方面发挥了重要作用。

旧金山政府与回收垃圾管理公司 Recology 合作，该公司同样有雄心壮志——"一个没有垃圾的世界"。这家拥有百年历史的公司自豪地称自己为"资源回收的领导者"，不断研究和推广垃圾处理新技术，包括利用红外线传感器根据塑料的大小、形状和结构自动进行分类的光学分类，还包括将垃圾填埋场产生的甲烷转化为电力的垃圾填埋气体捕获系统。

Recology 的大部分垃圾管理工作都在其 2 000 辆卡车上进行。Recology 更新了其 JD Edwards EnterpriseOne ERP 系统以实现车队无纸化管理。机修工可以使用该系统在线查看并填写工作订单，管理人员可以在线查看订单，而不用追踪纸质订单。

Recology 的卡车司机过去常常使用纸质表格报告燃油水平，办公室工作人员必须手动将这些数据输入系统。现在，连接到每辆卡车加油系统的物联网传感器可以自动感知数据，并将数据直接发送到 JD Edwards 车队管理模块，整个过程不需要人工参与。新卡车将配备与控制器局域网（Controller Area Network，CAN）总线连接的物联网设备。控制器局域网协议使设备能够在没有主机的应用程序中相互通信。物联网设备每天从每辆车上收集超过 100 万个数据点，包括油门位置、行驶速度、液压执行器运动、燃料燃烧量等。Recology 的 IT 部门总监迈克·麦克劳林和其团队决定将哪些数据发送到 ERP 系统，以便更有效地管理卡车车队。

Recology 的管理者还可以使用 EnterpriseOne Orchestrator 功能操作数据。例如，当卡车的油位过低时，Orchestrator 会发送电子邮件提示卡车司机及时加油。如果卡车组件显示错误，Orchestrator 可以安排卡车维修。减少人工劳动让管理者和员工有时间专注于能够创造价值的工作，如进行垃圾审计以帮助公司在回收和堆肥方面找到更多机会。

所有这些技术改进都创造了显著的价值，但 Recology 希望有更多措施来处理日益增多的可堆肥和可回收材料。一种可行方案是在垃圾流程的各个节点安装物联网传感器，以监控垃圾的产生、回收和堆肥。旧金山的一家初创公司 Compology 开发了一项新技术，用于监测和分析来自垃圾箱的物联网传感器数据。垃圾回收车司机通常每天沿着固定路线行驶，无论垃圾箱是否需要清空，司机都会在沿途的每个垃圾桶处停下来收集垃圾。因为司机在到达垃圾桶之前不知道里面有多少垃圾，而且每个垃圾桶内的垃圾数量可能会因星期几和季节而不同。Compology 传感器每天多次拍摄垃圾箱内部的高分辨率照片，将图像发送到云端。因此，垃圾回收车可以监控垃圾桶内的装载情况，优化卡车路线和时间表，避免卡车因为收集空垃圾桶或半满垃圾桶中的垃圾而浪费时间。该技术还可用于估算垃圾中不可回收物品的比例。有了这些信息，旧金山等城市可以确定哪些家庭或企业制造了大量的垃圾。

除了垃圾处理，Recology 还提供展览和教育服务。企业与社会各界积极合作，推广零垃圾目标。消除旧金山剩余 20% 的垃圾比之前的 80% 困难得多，仅靠新技术并不能解决这一难题。目前，旧金山居民每年仍将近 60 万吨垃圾送往垃圾填埋场。为了大幅降低这一数字，城市居民需要使用可回收产品并减少浪费。人们倾向于低估个人浪费的数量以及能够回收或堆肥的数量。消费者行为研究发现，个人行为会受到知识水平的影响。希望旧金山市收集的垃圾产生以及回收和堆肥的影响等数据，能够使居民意识到他们的浪费行为并采取环保行动。

资料来源：Monica Mehta, "Zero-Waste Innovation," *Profit Magazine*, Spring 2019；Neil Sequeira, "IoT Applications in Waste Management," *IoT for All*, January 22, 2019；www.compology.com, accessed June 18, 2019; and Anne Poirot, "How IoT Technology Could Solve San Francisco's Waste Problem," Medium.com, May 15, 2017.

案例分析问题

1. 本案例描述了什么问题？这是人员、组织还是技术问题？解释你的答案。

2. 信息技术和物联网在帮助城市解决垃圾管理问题中发挥了什么作用？描述用于此目的的 IT 应用。

3. 这些 IT 应用在多大程度上解决了垃圾管理问题？解释你的答案。

➡ 7.4 无线网络、通信和互联网接入有哪些主要技术和标准？

欢迎进入无线革命时代！手机、智能手机、平板电脑和支持无线的个人计算机已经演变成便携式媒体和计算平台，使用户可以执行许多从前只能在台式计算机上完成的计算任务，同时还具备其他功能。本书第 1 章和第 5 章有关移动数字平台的讨论介绍了**智能手机**（smartphones）。iPhone、安卓手机、黑莓等智能手机将手机功能与支持 Wi-Fi 的移动笔记本电脑功能结合，使得在一台设备中集成音乐、视频、互联网访问和电话服务成为可能。互联网中的很大一部分正在成为具有移动性、可随处访问的宽带服务，用于传输视频、音乐和网络搜索。

7.4.1　蜂窝系统

如今，美国 96％的成年人拥有手机，81％拥有智能手机（He，2019）。手机是现在主要的数字平台，使用智能手机和平板电脑的活跃时间占使用数字媒体时间的三分之二，仅智能手机应用就占据了数字媒体使用时间的一半以上。

不同地区使用的数字蜂窝服务可能相互冲突。欧洲和美国以外的大部分地区，使用全球移动通信系统（Global System for Mobile Communications，GSM）标准。GSM 的优势在于其国际漫游功能。美国的 T-Mobile 和 AT&T 也提供 GSM 服务。

在美国，码分多路访问（Code Division Multiple Access，CDMA）是一个具有竞争性的标准，威瑞森和斯普林特使用这一系统。CDMA 是第二次世界大战期间由军方开发的，它在多个频率上传输，占据整个频谱，并随着时间推移将用户随机分配到一个频率范围，这使得 CDMA 比 GSM 更高效。

早期的蜂窝系统主要用于电话语音和短文本消息等有限数据传输。如今，无线运营商提供 3G 和 4G 网络。对于在快速移动的用户来说（如在车里），**3G 网络**（3G networks）最低能够提供 144Kbps 的传输速度，最高能够提供 2Mbps 的传输速度，能够满足发送电子邮件和浏览网络的需求，但这对于观看视频来说太慢了。**4G 网络**（4G networks）的传输速度要快得多，下载速度可达 100 Mbps，上传速度可达 50 Mbps，可满足用户在智能手机上观看高清视频的需求。长期演进技术（Long Term Evolution，LTE）和全球微波接入互操作性（WiMAX，见下一节）是目前的 4G 标准。

5G 是下一代无线技术，支持千兆级别的大量数据传输。与现有蜂窝系统相比，5G 传输延迟更少，能够同时连接更多设备，如密集的传感器和智能设备网络。自动驾驶汽车、智慧城市和物联网的广泛应用都需要 5G 技术。AT&T、威瑞森和其他运营商已经推出 5G 网络，这将提高智能手机的速度和处理密集数据的能力。在 5G 网络下，移动互联网用户可以在几秒内下载整部电影。

7.4.2　无线计算机网络和互联网接入

一系列技术为个人计算机和移动设备提供高速无线互联网访问，这些新的高速服务将互联网接入拓展到传统有线互联网服务无法覆盖的众多地点，使计算无处不在。

蓝牙

蓝牙（bluetooth）是 802.15 无线网络标准的通俗名称，可用于创建小型**个人局域网**（personal area network，PAN）。它使用基于无线电的低功率通信技术，在 10 米范围内可连接多达八个设备，并可在 2.4 GHz 频段内实现高达 722 Kbps 的传输速率。

配有蓝牙功能的无线电话、寻呼机、计算机、打印机和计算设备可以相互通信，甚至相互操作，而无须用户直接干预（见图 7 - 13）。例如，用户可以指示笔记本电脑以无线方式将文档发送到打印机。蓝牙可将无线键盘和鼠标与个人计算机连接，或者将手机与耳机连接，而无需电线。蓝牙的功耗很低，因此适用于电池供电的便携式笔记本或手机。

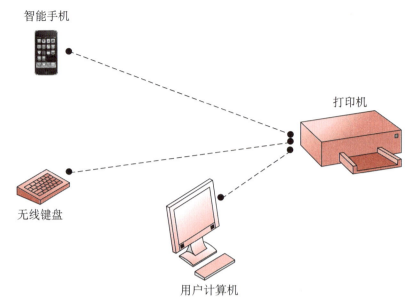

智能手机

打印机

无线键盘

用户计算机

图 7 - 13 蓝牙创建的网络（PAN）

说明：蓝牙使手机、智能手机、无线键盘和鼠标、个人计算机和打印机等设备能够在 10 米的小范围内进行无线交互。除了图中显示的连接之外，蓝牙还可以用于将相似设备连接，如将数据从一台个人计算机发送到另一台个人计算机。

蓝牙不仅适用于个人网络，在大型企业中也有应用。例如，联邦快递的司机使用蓝牙将手持计算机采集的物流数据传输到蜂窝发射器，再由蜂窝发射器将数据转发到企业计算机，司机无须花费时间将手持设备与发射器实际连接。蓝牙技术每年为联邦快递节省约 2 000 万美元。

Wi-Fi 和无线互联网接入

用于无线局域网和无线互联网访问的 802.11 标准集称为 **Wi-Fi**。其中，第一个被广泛采用的标准是 802.11b，该标准可在未经许可的 2.4GHz 频段内以高达 11Mbps 的速率传输，有效传输距离为 30～50 米。802.11g 标准在 2.4GHz 范围内的传输速率可达 54Mbps，802.11n 能够以 100Mbps 的速率传输。现在，个人计算机和平板电脑内置 Wi-Fi 支持功能，iPhone、iPad 和其他智能手机也是如此。

在大多数 Wi-Fi 通信中，无线设备通过无线接入点与有线局域网通信。无线接入点是由无线电接收器/发射器和连接到有线网络、路由器或集线器的天线组成的盒子。

图 7 - 14 展示了一个 802.11 无线局域网，它将少量移动设备连接到更大的有线局域网和互联网。大多数无线设备都是客户端机器。移动客户端需要的服务器位于有线局域网中。无线接入点控制无线站点，并充当主有线局域网和无线局域网之间的桥梁。

如今，Wi-Fi 最主要的用途是提供高速无线互联网服务。在这种情况下，无线接入点只需要接入有线服务或 DSL 电话服务提供的互联网连接。范围内的计算机通过无线接入点以无线方式连接到互联网。

热点（hotspots）是具有一个或多个无线接入点的位置，通常位于公共场所。一些热点是免费的，不需要任何额外的软件即可使用；另一些则需要在网页上提供信用卡号来注册或激活用户账户。

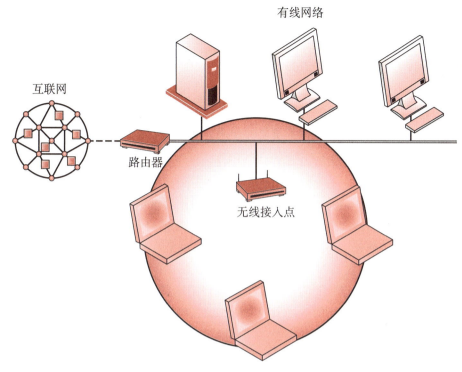

图 7 - 14　802.11 标准的无线局域网

说明：配备网络接口卡的移动计算机通过无线接入点连接到有线局域网。无线接入点使用无线电波将有线网络的网络信号传输到客户端适配器，适配器再将信号转换成移动设备可以理解的数据。然后，客户端适配器将数据从移动设备传输回接入点，接入点将数据转发到有线网络。

不同规模的企业都在使用 Wi-Fi，以提供低成本的无线局域网和互联网访问。酒店、机场休息室、图书馆、咖啡馆和大学校园都有 Wi-Fi 热点，可供移动设备接入互联网。达特茅斯学院（Dartmouth College）是众多提供校园 Wi-Fi 的大学之一，学生可使用 Wi-Fi 进行研究、课程学习和娱乐。

然而，Wi-Fi 也带来了一些挑战，安全问题就是其中之一，它使无线网络容易受到入侵者的攻击。本书将在第 8 章详细介绍 Wi-Fi 的安全问题。

Wi-Fi 的另一个问题是容易受到附近同频段系统的干扰，如无线电话、微波炉或其他无线局域网。但是，基于 802.11n 标准的无线网络能够解决此类问题，它通过使用多个无线天线串联传输并接收数据，使用多进多出（multiple input multiple output，MIMO）技术协调多个同时发出的无线电信号。

WiMAX

大量地区无法使用 Wi-Fi 或固定宽带连接。Wi-Fi 系统的覆盖范围通常不超过 300 英尺，使得不使用有线或 DSL 服务的农村地区难以接入互联网。

为解决这些问题，电气与电子工程师协会（Institute of Electrical and Electronics Engineers，IEEE）开发了一系列 WiMAX 标准。WiMAX（Worldwide Interoperability for Microwave Access）即全球微波接入互操作性，是 IEEE 802.16 标准的通俗名称。WiMAX 的无线接入范围可达 31 英里，传输速率可达 30～40 Mbps（固定基站可达 1 Gbps）。

WiMAX 的无线功能十分强大，可以将高速互联网连接传送到数千米外的家庭和企业屋顶天线。市场上已经推出了具有 WiMAX 功能的蜂窝手机和笔记本电脑。如前文所述，移动 WiMAX 是 4G 网络技术的一种。

7.4.3 RFID 和无线传感器网络

移动技术正在为整个企业提升效率和创新工作方式。除了前文介绍的无线系统，射频识别系统和无线传感器网络也发挥了重要的作用。

射频识别（RFID）和近场通信（NFC）

射频识别（radio frequency identification，RFID）系统为供应链追踪商品流动提供了强大的技术支持。RFID 系统使用带有嵌入式微型芯片的微型标签，标签中包含商品及其位置信息，可在短距离范围内向 RFID 阅读器传输无线信号。RFID 阅读器将数据通过网络传送到计算机进行处理。与条形码不同，RFID 标签无须视觉接触即可读取。

RFID 标签以电子方式编程，包含可以唯一标识物品的信息以及有关该物品的其他信息，如存储位置、制造地点和时间，以及生产过程中的状态。RFID 阅读器发射的无线电波范围从 1 英寸到 100 英尺不等。当 RFID 标签进入阅读器的范围时，标签被激活并开始发送数据。阅读器捕获这些数据并解码，然后通过有线或无线网络将它们发送到主机进一步处理（见图 7 - 15）。RFID 标签和天线有多种形状和尺寸。

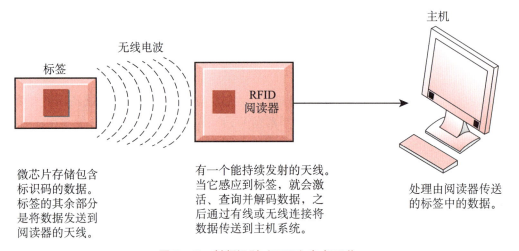

图 7 - 15 射频识别（RFID）如何工作

说明：RFID 使用低功率无线电发射器读取存储在 1 英寸到 100 英尺范围内标签中的数据。阅读器从标签捕获数据，再通过网络将其发送到主机进行处理。

在库存控制和供应链管理中，与条形码系统相比，RFID 系统能捕获并管理仓库或生产中物品更详细的信息。大量物品一起运输时，RFID 系统可以追踪每个托盘、批次甚至每件货物的情况。这一技术帮助沃尔玛等企业改进收货和仓储运营操作，提高准确了解仓库或零售货架库存的能力。

沃尔玛在商店收货区域安装了 RFID 阅读器，以记录带有 RFID 标签的货盘和货物箱的入库情况。当装有货物的箱子从仓库进入销售区后，RFID 阅读器将对标签进行第二次读取。软件将沃尔玛 POS 系统的销售数据与 RFID 扫描的库存数据相结合，以确定哪些商品即将缺货，并自动生成物品清单，以便在商品售完之前从仓库补货。这些信息有助于沃尔玛减少缺货情况、增加销售额并进一步降低成本。

过去，RFID 标签因成本太高而无法普及，但目前在美国，一个 RFID 标签的成本大约为 7 美分。随着价格的下降，对于很多应用而言 RFID 具有成本效益。

除了安装 RFID 阅读器和标签系统，企业可能还需要升级硬件和软件，以处理 RFID 系统产生的多达数十或数百 TB 的数据。

企业需要相应软件过滤、汇总 RFID 数据，防止商业网络和系统应用过载。应用程序常常需要重新设计以接收 RFID 系统频繁产生的海量数据，并与其他应用程序共享。主流企业软件供应商现在均能够提供其供应链管理应用程序的 RFID 版本。

Apple Pay、Google Wallet 等轻触即付（tap-and-go）服务使用**近场通信**（near field communication，NFC）的 RFID 相关技术。NFC 是一种短距离无线连接标准，它利用电磁无线电场使两个兼容设备能够在几厘米距离内进行数据交换。智能手机或其他 NFC 兼容设备发出的射频信号能够与兼容读卡器或智能海报中的 NFC 标签交互。这些信号产生流过 NFC 标签的电流，使设备和标签能够相互通信。在大多数情况下，标签是被动的且只能发送信息，智能手机等其他设备是主动的，能够发送和接收信息（有些 NFC 系统的两个部分都是主动的）。

NFC 可用于无线支付、信息检索，甚至可随时随地与朋友交换视频或信息。借助 NFC，用户可以将网站链接分享到朋友的手机上，也可以在包含 NFC 标签的海报或显示器前挥动手机，获取博物馆或展品中的内容信息。

无线传感器网络

企业如果想采用先进技术监控建筑物安全或检测空气中的有害物质，可能会部署无线传感器网络。**无线传感器网络**（wireless sensor networks，WSN）是嵌入物理环境的互连无线设备网络，提供覆盖大范围的多点检测。这些设备内置处理器、存储和射频传感器以及天线。设备连接到一个互连的网络，将捕获的数据传送到计算机进行分析。网络由数百到数千个节点组成。图 7 - 16 展示了一种无线传感器网络，数据从各个节点通过网络流向拥有更大处理能力的服务器。服务器充当基于互联网技术的网络的网关。

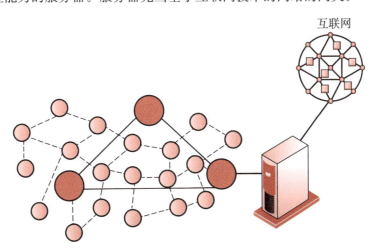

图 7 - 16　无线传感器网络

说明：小圆圈表示较低级别的节点，大圆圈表示较高级别的节点。数据在低级别节点之间相互传送，或由低级别节点传送至高级别节点，从而更快传输数据并，提升网络性能。

　　无线传感器网络对于监测环境变化、监控交通或军事活动、保护财产、有效操作和管理机器及车辆、建立安全边界、监控供应链管理或者检测化学、生物或放射性物质等有重要作用。RFID 系统和无线网络推动了本章前面介绍的物联网（IoT）的发展，喷气发动机、发电厂涡轮机或农业设备等机器上的传感器持续收集数据，通过互联网发送数据进行分析。

➡ 7.5　管理信息系统对职业生涯有何帮助？

　　以下内容说明了本书第 7 章将如何帮助读者找到汽车数字顾问的工作。

7.5.1　企业

　　A1 Western Car Dealers 是一家位于南加州的发展迅速的大型汽车经销商，现招聘一名汽车数字顾问来管理其数字营销计划。公司拥有 500 多辆待售车辆，170 名员工，三个销售和维修新车及二手车的门店。

7.5.2　岗位描述

　　汽车数字助理是销售团队的一部分，负责协助经销商集团进行在线营销，包括搜索引擎优化（SEO）、搜索引擎营销（SEM）、社交媒体和声誉管理以及网站管理。工作职责为协助经销商所有者、经销经理和市场营销经理开展以下方面的工作：
- 在线广告、SEO 和 SEM；
- 社交媒体管理，包括管理经销商的全部社交媒体和内容日历并发布新的内容；
- 在线声誉管理；
- 网站管理；
- 维护经销商博客。

7.5.3　招聘要求

- 市场营销专业本科学历；
- 了解数字营销和社交媒体；
- 熟练使用 Microsoft Office 办公软件；
- 熟悉汽车销售和内容管理系统。

7.5.4　面试问题

　　1. 你是否学习过数字营销课程？
　　2. 你是否有数字营销活动经验？你使用过 SEO 和 SEM 吗？如何衡量社交媒体营销活动的有效性以及受众增长？

3. 你是否有使用社交媒体管理软件的经验？

4. 你有在线声誉管理的经验吗？

5. 你维护过博客吗？

6. 你对 Microsoft Office 软件的掌握程度如何？

7.5.5 作者建议

1. 查看本章关于搜索、搜索引擎营销和博客的讨论，以及第 10 章中关于电子商务营销和建立电子商务形象的讨论。

2. 使用网络了解更多关于 SEO、SEM、社交媒体管理、在线声誉管理以及用于此项工作的软件工具的信息。查询如何使用标准化工具生成指标报告，以及如何根据社交媒体数据进行分析和建议。

3. 查看大城市的主要汽车经销商如何使用社交媒体渠道。它们是否在 YouTube、Instagram、Facebook 和推特上发布内容？哪些渠道的用户参与度更高？

4. 向面试官询问你需要做哪些网站管理工作，以及需要具备哪些软件技能。

5. 询问这份工作需要哪些 Microsoft Office 办公软件技能。准备一些你使用 Microsoft Office 完成工作的例子。

 本章小结

1. 通信网络有哪些主要组成部分和关键网络技术？

一个简单的网络由两台或多台相连的计算机组成。基本网络组件包括计算机、网络接口、连接介质、网络操作系统软件和集线器或交换机。大型企业的网络基础设施包括传统电话系统、移动蜂窝通信、无线局域网、视频会议系统、企业网站、内联网、外联网和包括互联网在内的一系列局域网和广域网。

客户端/服务器计算的兴起、分组交换的使用以及传输控制协议/互联网协议（TCP/IP）被采纳为连接不同计算机和网络（包括互联网）的通用通信标准，共同塑造了现代网络。协议提供了一组通用规则，确保通信网络中的不同组件之间能够通信。

2. 网络有哪些类型？

主要的物理传输介质包括双绞线、同轴电缆、光纤电缆和无线传输。

局域网（LAN）可以在 500 米范围内连接计算机和其他数字设备，目前已用于许多企业的计算任务。广域网（WAN）能够覆盖较大的地理范围，从方圆几米到整个大陆，通常是独立管理的私有网络。城域网（MAN）覆盖单个城市区域。

数字用户线路（DSL）技术、有线互联网连接和 T1 线路通常用于大容量互联网连接。

3. 互联网和互联网技术如何工作？它们如何支持通信和电子商务？

互联网是一个全球性网络，使用客户端/服务器计算模式和 TCP/IP 网络参考模型。互联网上的每台计算机都被分配唯一的数字 IP 地址。

域名系统（DNS）将 IP 地址转换为对用户更友好的域名。全球互联网政策由互联网架构委员会（IAB）和万维网联盟（W3C）等组织和政府机构制定。

主要的互联网服务包括电子邮件、新闻组、聊天、即时通信、远程登录、文件传输协议和万维网。网页基于超文本标记语言（HTML），可以显示文本、图形、视频和音频。

网站目录、搜索引擎和 RSS 技术帮助用户在网上找到他们需要的信息。RSS、博客、社交网络和维基是网络当前的信息共享方式。未来网络将有更多的语义搜索、视觉搜索、应用程序的普及以及众多不同设备（物联网）的互联。

企业也开始使用 VoIP 技术进行语音传输，并使用虚拟专用网络（VPN）作为私有广域网的低成本替代方案，以降低企业运营成本。

4. 无线网络、通信和互联网接入有哪些主要技术和标准？

蜂窝网络正向高速、高宽带、数字分组交换传输的方向发展。3G 网络能够以 144Kbps～2Mbps 的速率传输数据，4G 网络的数据传输速率可达 100Mbps，传输速率达到千兆级的 5G 网络已经开始推广。

蜂窝标准包括主要在美国使用的码分多路访问（CDMA）以及在欧洲和世界大部分地区使用的全球移动通信系统（GSM）。

无线计算机网络标准包括用于小型个人局域网络（PAN）的蓝牙（802.15）、用于局域网（LAN）的 Wi-Fi（802.11）和用于城域网（MAN）的 WiMAX（802.16）。

射频识别（RFID）系统是一种强大的技术，可以通过带有物品及其位置信息的嵌入式微型标签跟踪货物的流动。RFID 阅读器读取这些标签传输的无线电信号，将数据通过网络传送至计算机进行处理。无线传感器网络（WSN）是由相互连接的无线传感设备和传输设备组成的网络，这些设备嵌入物理环境，可提供大范围的多点测量。

 课后习题

1. 通信网络有哪些主要组成部分和关键网络技术？
- 描述简单网络的特征和大型企业的网络基础设施。
- 说出并描述影响当代通信网络系统的主要技术和趋势。

2. 网络有哪些类型？
- 定义模拟信号和数字信号。
- 区分局域网、城域网和广域网。

3. 互联网和互联网技术如何工作？它们如何支持通信和电子商务？
- 定义互联网，描述它是如何工作的，并解释它如何为企业创造价值。
- 解释域名系统（DNS）和 IP 地址系统如何工作。
- 列出并描述主要的互联网服务。
- 定义并描述 VoIP 和虚拟专用网络，解释它们如何为企业提供价值。
- 列出并描述在网上查找信息的各种方法。
- 描述如何使用在线搜索技术进行营销。

4. 无线网络、通信和互联网接入有哪些主要技术和标准？
- 定义蓝牙、Wi-Fi、WiMAX 以及 3G、4G 和 5G 网络。
- 描述以上技术各自具有的功能以及最适合的应用类型。
- 定义 RFID，解释它的工作原理，描述它如何为企业提供价值。
- 定义无线传感器网络，解释它如何工作，描述使用它的应用程序的种类。

 讨论

1. 有观点认为，未来几年，智能手机将成为人们最重要的数字设备。对此你有什么看法？

    2. 所有主要的零售和制造企业都应该使用 RFID 吗？为什么？

    3. 确定互联网能否为企业提供竞争优势需要考虑哪些问题？

商业问题解决案例

谷歌、苹果和 Facebook 为互联网体验而战

互联网行业的三大巨头——谷歌、苹果和 Facebook——正处于一场史诗争斗中，都试图主导用户的互联网体验。它们在搜索、音乐、视频和其他媒体以及开展这些应用的设备上竞争。具有高级功能和能够随时随地访问互联网的移动设备正迅速取代传统的台式计算机，成为最流行的计算设备。如今，人们将一半以上的时间花费在移动设备上，这些移动设备可利用不断增长的云计算能力。因此，如今的科技巨头为争夺这一全新网络世界的控制权展开激烈斗争，也就不足为奇。

苹果最初是一家个人计算机企业，后来迅速扩展到软件和消费电子产品领域。iPod MP3 播放器和 iTunes 数字音乐服务颠覆了音乐产业之后，苹果公司又凭借 iPhone、iPod Touch 和 iPad 占领了移动计算领域。现在，苹果想要成为互联网的首选计算平台。

苹果的竞争优势不仅在于其硬件平台，还在于其卓越的用户界面和移动软件应用程序，苹果在这些方面全都处于领先地位。苹果的应用商店为其手机和平板设备提供了超过 200 万个应用程序，极大地丰富了使用移动设备的体验。对于企业而言，谁创造了最吸引人的设备和应用程序，谁就将获得比竞争对手更大的竞争优势。应用程序是传统浏览器的替代。

苹果凭借其创新力蓬勃发展。2011 年，苹果发布了 Siri（语音解释和识别界面），它集合了搜索/导航工具和个人助理的功能。Siri 承诺会随着对用户熟悉度的提升而改进个性化推荐，所有这些功能都通过语音指令实现。谷歌紧随其后发布自己的智能助手工具 Google Now 和 Google Assistant 进行反击。

无论是在美国还是在发展中国家，苹果的手机和平板电脑都面临着低价智能手机和多功能安卓手机的激烈竞争。iPhone 的销售增长速度开始放缓，但苹果并不仅仅依靠硬件设备实现未来增长，服务一直在苹果生态系统中发挥重要作用，并已成为主要的收入来源。苹果拥有超过 14 亿台活跃设备，这创造了有购买服务意愿的庞大用户群体，是苹果公司新的收入来源。苹果的服务业务，包括苹果音乐（下载和订阅）、视频销售和租赁、书籍、应用程序（包括应用内购买、订阅和广告）、iCloud 存储和支付，一直在以两位数的速度增长。2018 年，苹果服务业务的收入增长了 33%，达到近 400 亿美元，约占企业总收入的 15%。

随着苹果推出 Apple Watch 和 Home Pod 等更多产品，其服务收入将继续增长和多样化，与苹果用户的联系进一步加深。苹果首席执行官称，苹果已经成为世界上最大的服务企业之一。这种以服务为导向的策略并非没有风险，因为谷歌和 Facebook 在服务领域都具有强大的竞争力，而苹果需要在非苹果设备上提供一些服务，才能够维持其市场地位。谷歌仍然是世界领先的搜索引擎，约占来自笔记本电脑和台式计算机设备网络搜索的 75% 以及移动搜索市场的 90%。谷歌母公司 Alphabet 约 84% 的收入来自广告，其中大部分来自谷歌搜索引擎。尽管谷歌仍主导在线广告，但其作为互联网门户的地位正在下滑。新的

搜索初创企业专注于操作和应用程序而非网页。Facebook 也已成为互联网的重要门户。

2005 年，谷歌购买了安卓开源移动操作系统，在移动计算领域展开竞争。谷歌免费向智能手机制造商提供安卓系统，通过应用购买和广告间接获取收入。许多制造商都采用安卓作为标准。相比之下，苹果只允许自己的设备使用专有操作系统，其销售的所有应用程序只能在苹果设备上运行。安卓在全球智能手机市场上的占比约为 80%，也是平板电脑最常用的操作系统，并在手表、汽车仪表板和电视等 4 000 多种不同设备上运行。谷歌希望将安卓应用到尽可能多的设备。

谷歌的安卓在未来几年可能会获得更多的市场份额，这对于苹果而言可能是个挑战，因为苹果正努力保持用户忠诚度，让软件开发商专注于 iOS 平台。谁能够主导智能手机操作系统，谁就能控制智能手机用户花费大量时间的应用程序以及向移动设备投放广告的内置渠道。谷歌开始监控安卓移动应用程序中的内容，并在智能手机的谷歌搜索结果列表中投放链接。但谷歌无法监控或跟踪 iPhone 应用程序的使用情况。由于全球超过一半的搜索查询来自移动设备，谷歌修改了搜索算法，在其搜索引擎对网站排名依据的 200 多个因素中增加了"移动友好度"，对更适合在智能手机屏幕上浏览的网站进行排名优化。尽管移动广告的每点击成本落后于桌面广告，但二者之间的费用差距正在缩小。谷歌进行了设计优化，以呈现一个更简洁的移动搜索页面。

包括搜索、YouTube 和地图在内的七项谷歌产品和服务拥有超过 10 亿用户。谷歌的最终目标是将其服务与设备结合，使用户能够全天候与谷歌无缝互动，使所有用户都愿意使用谷歌服务。为使其搜索和相关服务更加强大且更加用户友好，谷歌在人工智能和机器学习领域进行了大量投资（见第 11 章）。这些技术已经在语音搜索、谷歌翻译和垃圾邮件过滤等应用程序中实施，目标是将搜索发展成一种更智能的辅助工具。计算机能够理解人们在说什么，并在正确的时间用正确的信息以对话的方式作出响应。Google Assistant 试图在用户和搜索引擎之间建立可持续的对话。

Facebook 是世界上最大的社交网络服务，有 24 亿月活跃用户。人们使用 Facebook 与朋友和家人保持联系，发布重要的事情。Facebook 平台使开发者能够构建与 Facebook 集成的应用程序和网站，接触到 Facebook 的全球用户网络并开发个性化的社交产品。Facebook 十分普及且极具吸引力，已经成为用户访问互联网的主要门户。对于很多人来说，Facebook 就是互联网，他们在互联网上做的一切都是通过 Facebook 完成的。

Facebook 致力于将其流量和用户数据转化为广告收入，期望这些收入越来越多地来自移动智能手机和平板电脑。截至 2019 年初，全球 96% 的活跃用户账户通过智能手机和平板电脑访问社交网络。Facebook 广告允许公司根据用户真实身份和表达出的兴趣来定位用户，而不是根据用户网络浏览习惯和其他在线行为进行推测

截至 2018 年第一季度末，Facebook 全球收入的 98% 来自广告，广告收入的 89% 来自移动广告。Facebook 的许多广告都根据用户年龄、性别和其他人口统计数据实现了精准定位。Facebook 现在是谷歌在移动广告市场的主要竞争对手，甚至试图与新兴的移动平台竞争较量。Facebook 和谷歌共同主导数字广告行业，该行业几乎全部的增长都由二者贡献。Facebook 对其主页进行了彻底的更新，为广告商市场定位提供更多机会和信息。尽管大部分广告收入仍来自其新闻订阅，但 Facebook 正在扩大在 Instagram、Stories、WhatsApp、Facebook Watch 视频点播服务和 Messenger 等产品的广告投放。Facebook 凭借个性化搜索工具，挑战谷歌在搜索领域的统治地位。Facebook 首席执行官相信，社交

网络是人们使用网络及获取所需其他内容（包括新闻和视频）的理想方式，这使社交网络成为企业理想的营销平台。但 Facebook 无法仅仅依靠社交网络实现长期增长和繁荣。在过去的几年中，Facebook 已经进入虚拟现实、即时通信、视频等领域。

Facebook 正在挑战 YouTube 作为个人视频首选平台的地位，其开发了自己的电视节目，并通过部署聊天机器人使其信息更智能。聊天机器人是精简的软件代理，它能理解用户的输入和所说内容，并通过回答问题或执行任务进行响应。聊天机器人在 Facebook Messenger 服务的后台运行（见本书第 11 章）。在 Facebook Messenger 中，用户可以使用优步打车、获取更新的新闻、查看航班状态，或者使用增强现实技术在图片或视频上叠加耐克运动鞋模型，想象新款耐克运动鞋的外观。Facebook 打算通过低价网络连接吸引发展中国家用户，实现下一个"十亿网络用户"。Facebook 在新兴市场推出多项服务，如 Free Basics 服务旨在让人们使用包括社交网络在内的网络应用程序。Facebook 希望通过无人机和卫星及其他技术将互联网推广到服务水平较低的地区。Facebook 最终可能成为服务水平较低地区的互联网服务提供商。

个人数据货币化推动了 Facebook 和谷歌的商业模式。然而，这种做法对个人隐私造成了威胁。Facebook 和谷歌免费服务背后的用户监控行为已经受到大西洋两岸用户、监管机构和立法者的围攻。要求限制 Facebook 和谷歌收集使用个人数据的呼声越来越高，尤其是在有关 Facebook 被利用影响美国大选，以及 Facebook 不受限制地与第三方企业分享用户数据的消息被披露之后（见本书第 4 章的章末案例）。这两家公司都必须接受欧盟的新隐私法，即《通用数据保护条例》（GDPR），该法律要求企业在处理用户的数据之前必须获得用户的同意，这可能会促使美国日后出台更严格的隐私立法。尽管限制使用用户数据的努力会使基于广告收入的互联网商业模式（如 Facebook 和谷歌的商业模式）面临风险，但目前已经出现了一些转向更多依赖付费订阅的商业模式。苹果的隐私保护功能也给 Facebook 和谷歌的广告驱动型商业模式带来压力，这些功能允许苹果设备的用户选择拒绝定向广告。

这些科技巨头也因垄断行为而受到审查。在美国，89％的互联网搜索来自谷歌，95％的年轻人在互联网上使用 Facebook 的产品，99％的手机操作系统由谷歌和苹果提供。批评家呼吁对这些大型企业进行拆分，或像对标准石油（Standard Oil）和 AT&T 那样对它们进行监管。美国司法部（US Justice Department）已经对这些大型科技巨头发起了正式的反垄断审查。2018 年 7 月，欧盟监管机构对谷歌母公司 Alphabet 处以 50 亿美元的罚款，原因是该公司强迫使用安卓操作系统的手机制造商安装谷歌搜索和浏览器应用程序。不到一年，欧盟反垄断监管机构又对 Alphabet 处以 17 亿美元的罚款，原因是其 Adsense 业务部门的限制性广告行为。这些企业是否恃强凌"客"，不思进取？政府对这一问题的回应也将影响苹果、谷歌和 Facebook 的发展，以及这些科技公司所能提供的互联网体验。

资料来源：Wayne Rush，"How Google，Facebook Actions Could Bring Big Tech Under Attack in US，" *eWeek*，March 22，2019；Tripp Mickle，"With the iPhone Sputtering，Apple Bets Its Future on TV and News，" *Wall Street Journal*，March 25，2019；Tripp Mickle and Joe Flint，"Apple Launches TV App，Credit Card，Subscription Services，" *Wall Street Journal*，March 25，2019；Associated Press，"EU Fines Google a Record ＄5 Million over Mobile Practices，" July 18，2018；"Search Engine Market Share，" www.netmarketshare.com，accessed June 16，2019；"Device Usage of Facebook Users Worldwide as of January 2019，" statista.com，accessed June 17，2019；David Streitfeld，Natasha Singer，and Steven Erlanger，"How Calls for Privacy May Upend Business for Facebook and Google，" New York Times，March 24，2018；"Google Wants to Be Everywhere with Everyone，" *New York Times*，May 17，2017.

案例分析问题

1. 比较谷歌、苹果和 Facebook 的商业模式和核心竞争力。

2. 为什么移动计算对这三家企业如此重要？评估每家企业的移动战略。

3. 你认为哪家企业及其商业模式最有可能主导互联网？为什么？

4. 苹果、谷歌或 Facebook 主导互联网体验，会为企业或个人消费者带来什么不同？解释你的回答。

参考文献

Alphabet, Inc. "Form 10K for the Fiscal Year Ending December 31, 2018." Securities and Exchange Commission, filed February 4, 2019.

Bera, Ana. "80 Mind-Blowing IoT Statistics (Infographic)," *safeatlast* (February 25, 2019).

CBS Interactive Inc. "How 5G Will Transform Business" (2019).

Chiang, I. Robert, and Jhih-Hua Jhang-Li. "Delivery Consolidation and Service Competition Among Internet Service Providers." *Journal of Management Information Systems* 34, No. 3 (Winter 2014).

eMarketer. "Digital Ad Spending March 2019" (2019).

"Facebook By the Numbers: Stats, Demographics & Fun Facts." *Omnicore* (January 6, 2019).

FitzGerald, Drew and Sarah Krouse. "How 5G Will Change So Much More Than Your Phone" *Wall Street Journal* (February 26, 2019).

Frick, Walter. "Fixing the Internet." *Harvard Business Review* (July–August 2019).

He, Amy. "Average US Time Spent with Mobile in 2019 Has Increased US Adults Spend More Time on Mobile than They Do Watching TV." *eMarketer* (June 4, 2019).

Iyer, Bala. "To Project the Trajectory of the Internet of Things, Look to the Software Industry." *Harvard Business Review* (February 25, 2016).

Gong, Jing, Vibhanshu Abhisek, and Beibei Li. "Examining the Impact of Keyword Ambiguity on Search Advertising Performance: A Topic Model Approach." *MIS Quarterly* 42, No. 3 (September 2018).

McKinsey & Company. "The Impact of Internet Technologies: Search" (July 2011).

National Telecommunications and Information Agency. "NTIA Announces Intent to Transition Key Internet Domain Name Functions." (March 14, 2014).

Panko, Raymond R., and Julia L. Panko. *Business Data Networks and Security*, 11th ed. (Upper Saddle River, NJ: Prentice-Hall, 2019).

Pew Research Center. "Mobile Fact Sheet" (June 12, 2019).

"Search Engine Market Share." Netmarketshare.com, accessed June 21, 2019.

Wang, Weiquan, and Izak Benbasat. "Empirical Assessment of Alternative Designs for Enhancing Different Types of Trusting Beliefs in Online Recommendation Agents." *Journal of Management Information Systems* 33, No. 3 (2016).

第 **8** 章 信息系统安全

→ 学习目标

阅读完本章，你将能够回答以下问题：

1. 为什么信息系统容易遭受破坏、出错和滥用？
2. 安全与控制的商业价值是什么？
3. 安全与控制的组织框架有哪些组成要素？
4. 哪些重要工具和技术能够保护信息资源？
5. 管理信息系统对职业生涯有何帮助？

电力网络成为网络战战场

美国电网是对商业和日常生活至关重要的复杂数字和物理系统，由 7 000 多座发电厂、55 000 座变电站、16 万英里高压输电线路和 550 万英里低压配电线路组成。发电机、变电站和电力线组成三个主要互连网络，由 66 个制衡机构和 5 000 个不同公用事业机构运营。电网存在很多薄弱环节，可能被侵入计算机系统的黑客利用。对美国电网的入侵至少从 2013 年就开始了。

黑客攻击可能导致美国全部或部分电力服务瘫痪，严重的网络攻击可能会导致美国大部分地区停电数周甚至数月，进而造成医院生命保障系统瘫痪、清洁水源供应和卫生设施中断以及金融和交通系统大规模停摆。伦敦劳埃德银行（Lloyds of London）2015年的一项研究发现，对美国东北部 50 台发电机的网络攻击可能导致 9 300 万人断电，经济损失超过 2 340 亿美元。

在过去几年里，黑客攻击了佛蒙特州的一家公共事业企业、乌克兰和爱尔兰电网、一家美国核电站以及多家美国能源企业。随着世界局势紧张，针对多个国家的黑客活动不断增加，黑客对 2016 年美国总统大选的干预就是最明显的证明。

负责监管美国和加拿大电网的北美电力可靠性公司（North American Electric Reliability Corporation）发布了电力企业应如何通过物理和电子手段保护电网的标准和指南。尽管这些标准和指南有助于维持发电厂和高压输电网络的安全，但对于直接向家庭和工作场所供电的低压配电网络而言，安全性保护措施仍不充分。

承包商和分包商用于服务电网的系统尤其容易受到攻击，因为此类系统对于黑客入侵的准备往往不够充分。黑客能够进入这些较小的系统，并将其作为进入美国电网的后门。为了获取访问电网网络的用户名和密码，黑客在面向公共事业工程师的网站上植入恶意软件，发送带有感染附件的电子邮件。在某些情况下，黑客能够入侵监控和控制电流的系统。博纳维尔电力管理局（Bonneville Power Administration）和太平洋公司（PacifiCorp）等大型公共事业系统以及几家负责陆军基地应急电力系统建设的能源公司，都成为黑客的攻击目标。

某些国家可能很容易遭到网络攻击，但它们并没有坐以待毙。自 2012 以来，美国已经将侦察探测器置于他国电网的控制系统中。2019 年 6 月，美国加大了对数字电网的入侵力度，表明政府将更积极地部署网络工具。除了针对黑客活动采取更多公开行动外，美国还在其他目标中植入潜在的破坏性恶意软件。这些新的网络入侵在一定程度上是一种警告，同时也是为网络攻击做的准备。但这些网络入侵行为本身也增加了发生重大网络冲突的概率。

资料来源：Rebecca Smith and Bob Barry, "America's Electric Grid Has a Vulnerable Back Door—and Russia Walked Through It," *Wall Street Journal*, January 10, 2019; David E. Sanger and Nicole Perlroth, "U. S. Escalates Online Attacks on Russia's Power Grid," *New York Times*, June 15, 2019; Shelby Lin Erdman, "How Vulnerable Is the U. S. Power Grid to a Cyberattack? 5 Things to Know," *AJC*, March 19, 2018; Melanie Kenderdine and David Jermain, "U. S. Power Grid Needs Defense against Looming Cyberattacks," *The Hill*, March 23, 2018; and Manimaran Govindarasu and Adam Hahn, "Cybersecurity and the Power Grid：A Growing Challenge," *The Conversation*, February 23, 2017.

境外黑客试图渗透和破坏美国电网的行为，揭示了企业为什么需要特别注意信息系统安全。IT 安全漏洞使黑客得以入侵美国电网的信息系统，这有可能导致美国关键基础设施停运，使企业、政府和日常生活陷入瘫痪。在其他领域，薄弱的 IT 安全防御也可能给企业和消费者造成数十亿美元的财产损失。

下图指出了上述案例和本章的要点。美国电网庞大而复杂，有许多未设防的接口可能成为恶意入侵者的突破口。使用电网的小型组织往往缺乏网络安全意识、资源和工具，无法防止员工因错误响应黑客程序而泄露访问电网系统的身份验证信息。

美国需要更好的技术、培训和程序来保护自身电网的薄弱部分。目前发生的网络攻击事件已经造成了严重的后果，但这可能只是未来入侵关键系统的预演。同样令人不安的是，这些可能使美国电网遭到黑客攻击的安全漏洞，在企业和其他组织中也很常见。

思考以下问题：黑客利用了哪些安全漏洞？哪些人员、组织和技术因素造成了这些安全漏洞？这些问题对企业有什么影响？对美国电网的黑客攻击能否被成功阻止？

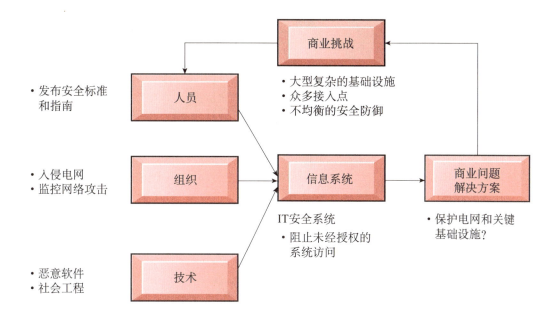

➡️ 8.1 为什么信息系统容易遭受破坏、出错和滥用?

在没有防火墙或杀毒软件的情况下连接到互联网会发生什么?计算机可能会在几秒钟内瘫痪,需要许多天才能恢复。如果使用计算机处理业务,在计算机停机期间,可能无法向消费者销售产品或向供应商下订单。计算机系统被外部人员入侵时,他们可能盗取或破坏重要数据,如机密的用户支付数据。如果太多数据遭到破坏或泄露,这些业务可能再也无法恢复。

简而言之,企业需要把安全和控制放在首位。**安全**(security)是为阻止对信息系统进行未经授权的访问、更改、盗窃或物理破坏而采取的政策、程序和技术措施。**控制**(controls)是为确保组织资产安全、记录准确性和可靠性以及运营符合管理标准而采取的方法、政策和组织程序。

8.1.1 为什么系统易受攻击?

当大量数据以电子形式存储时,它们容易受到多种威胁。位于不同地点的信息系统通过通信网络互相连接。潜在的非法访问或破坏不再局限于某个区域,可能出现在网络的任意接入点。图8-1说明了信息系统当前的安全挑战和漏洞。这些威胁可能源自技术、组织和环境因素以及不当的管理决策。在图中描述的多层客户端/服务器计算环境中,每一层及各层之间的通信都存在漏洞。在客户端层,用户可能因引入错误或非法访问而对系统造成危害。入侵者有可能获取在互联网和其他网站中传递的数据、在传输过程中窃取有价值的数据或未经授权更改数据。辐射也可在不同接入点破坏网络。入侵者可以发动拒绝服务攻击或植入恶意软件来破坏网站运行。入侵者可能会窃取、破坏或更改存储在数据库或文件中的企业数据。

计算机系统可能因硬件故障、配置不正确、使用不当或犯罪行为而出现故障。编程错

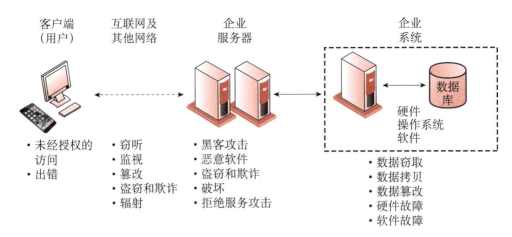

图 8-1　当前的安全挑战和漏洞

说明：基于网络的应用程序架构通常包括网络客户端、服务器和连接到数据库的企业信息系统。每个组件都存在安全挑战和漏洞。洪水、火灾、电力故障和其他电气问题都可能造成网络中断。

误、安装不当或未经授权的变更会导致计算机软件故障。电源故障、洪水、火灾或其他自然灾害也会破坏计算机系统。

如果有价值的信息存放在组织控制之外的网络和计算机上，则与国内或海外其他企业合作也会导致系统漏洞。如果没有强有力的保护措施，这些信息可能会丢失、损坏或落入他人手中，导致商业机密泄露或侵犯个人隐私。

便携性使手机和平板电脑容易丢失或被盗。智能手机和其他互联网设备一样存在安全漏洞，容易受到恶意软件的攻击和外来入侵。企业员工使用的智能手机通常包含一些敏感数据，如销售数据、客户姓名、电话号码和电子邮件地址等。入侵者还可利用这些设备访问企业内部系统。

互联网漏洞

像互联网这样的大型公共网络比内部网络更容易受到攻击，因为它们面向所有人开放。互联网的覆盖范围如此之广，以至于滥用行为一旦发生，将引发极其广泛的影响。当企业网络与互联网连接时，组织的信息系统更容易受到外部人员攻击。

电子邮件、即时通信（IM）和点对点（P2P）文件共享程序的广泛应用，也增加了漏洞。电子邮件附件可能成为恶意软件或非法访问企业内部系统的跳板。员工也可能使用电子邮件将有价值的商业机密、财务数据或客户敏感信息发送给未经授权的收件人。在某些情况下，互联网上的即时通信活动可作为进入其他安全网络的后门。通过 P2P 网络共享文件，如非法共享音乐文件，可能会传输恶意软件，将个人或企业计算机上的信息泄露给外部人员。如果未正确使用或配置系统，存储在这些云系统中的数据可能会面临风险。

无线网络的安全挑战

蓝牙和 Wi-Fi 网络都容易受到黑客的攻击。使用 802.11 标准的局域网（LAN）很容易被配备笔记本电脑、无线网卡、外置天线和黑客软件的外部人员入侵。黑客使用这些工具检测未受保护的网络、监控网络流量，并寻机侵入互联网或企业网络。许多无线网络没有针对**驾驶攻击**（war driving）的基本保护措施，在驾驶攻击中，窃听者驾车经过建筑物或停在建筑物外围，以拦截无线网络流量。

入侵者可利用从 Wi-Fi 收集的信息，在附近位置的不同无线电频道上建立非法接入点，强制 Wi-Fi 用户与非法接入点连接。一旦连接，黑客就可以捕获毫无防备的用户的账号和密码。

8.1.2　恶意软件：病毒、蠕虫、特洛伊木马和间谍软件

恶意软件（malware）包括各种形式的威胁，如计算机病毒、蠕虫和特洛伊木马（见表 8-1）。据估计，每天约有 35 万个新发现的恶意软件变体（Akamai，2019）。**计算机病毒**（computer virus）是一种流氓软件程序，通常在用户不知情或未经允许的情况下，附加在其他软件程序或数据文件中。大多数计算机病毒都会产生有效荷载，这些有效荷载可能是相对良性的，如显示消息或图像的指令，也可能具有高度破坏性，如破坏程序或数据、阻塞计算机内存、格式化计算机硬盘驱动器或导致程序运行异常。当人们产生行动（如发送电子邮件或复制带有病毒的文件）时，病毒会在计算机间扩散传播。

表 8-1　恶意代码示例

名字	类型	描述
Cryptolocker	勒索软件/木马	劫持用户照片、视频和文本文件；用几乎无法破解的非对称加密技术对它们进行加密；要求用户支付赎金。
Conficker	蠕虫	最早出现于 2008 年 11 月，至今仍然存在。利用 Windows 软件中的漏洞控制计算机，将其连接到可以远程操控的虚拟计算机。控制全球范围内超过 500 万台计算机，难以根除。
Sasser.ftp	蠕虫	最早出现于 2004 年 5 月。通过攻击随机 IP 地址在互联网上传播，导致计算机不断崩溃或重新启动，受感染的计算机搜寻更多的攻击对象。影响了全球数百万台计算机，造成 148 亿～186 亿美元损失。
ILOVEYOU	病毒	最早出现于 2000 年 5 月 3 日。用 Visual Basic 脚本编写的脚本病毒，以主题为 "ILOVEYOU" 的电子邮件附件传播。用自己的副本覆盖音乐、图像和其他文件，造成 100 亿～150 亿美元损失。

蠕虫（worms）是一种独立计算机程序，通过网络在计算机之间进行自我复制并传播。与病毒不同，蠕虫可以独立运行而不依附于其他计算机程序文件，且较少依赖人类行为在计算机之间快速扩散。蠕虫会损坏数据和程序，破坏甚至中断计算机网络的运行。

蠕虫和计算机病毒在互联网上常见的传播方式有：下载的软件文件；电子邮件附件；受感染的电子邮件、在线广告或即时通信；公共云数据存储服务。**偷渡式下载**（drive-by download）是指用户有意或无意请求的文件中附带恶意软件的下载，如今十分普遍。

与其他联网设备一样，智能手机也可能遭受黑客的各种攻击，包括未经用户许可下载恶意文件、删除文件、传输文件、安装在后台运行的程序以监控用户行为，将智能手机变成在僵尸网络中向他人发送电子邮件和短信的机器人。IT 安全专家称，移动设备当前产生了最大的安全风险，甚至超过了大型计算机。卡巴斯基实验室报告称，2018 年共发生了 1.165 亿次移动恶意软件攻击，是上一年的两倍（Kaspersky Lab，2019）。

安卓是全球主要的移动操作系统，也是大多数黑客攻击的移动平台。移动设备病毒会对企业计算造成严重威胁，因为现在有大量无线设备与企业信息系统相连。

博客、维基和 Facebook、推特、领英等社交网站已成为恶意软件入侵的新渠道。用户更有可能相信从朋友那里收到的信息，即使这些信息可能是不合情理的。例如，2018年，一种名为 FacexWorm 的恶意软件出现在 Facebook Messenger 中。点击 Facebook Messenger 中的链接，用户跳转至一个虚假的 YouTube 页面，该页面试图欺骗用户在 Chrome 浏览器中安装虚假的 YouTube 扩展插件，恶意软件将借助该插件窃取密码或比特币等加密货币财产。

物联网（IoT）带来了新的安全挑战，这些挑战来自联网设备本身、设备平台和操作系统、设备通信，甚至设备所连接的系统。物联网设备及平台需要额外的安全工具来应对信息攻击和物理篡改，需要额外的工具来加密通信并应对耗尽电池的攻击等新挑战。但传感器等许多物联网设备的处理器和操作系统较为简单，难以支持复杂的安全策略。

许多恶意软件感染都由特洛伊木马造成。**特洛伊木马**（Trojan horse）是一种看似无害，但实际上可能造成意外后果的软件程序。特洛伊木马本身不是病毒，因为它不能复制，但它通常是将病毒或其他恶意代码引入计算机系统的一种方式。特洛伊木马一词源于特洛伊战争期间，希腊人使用巨型木马诱骗特洛伊人打开其坚固的城门。

宙斯（Zbot）木马是一种现代特洛伊木马，其在 2009 年感染了 360 多万台计算机，至今仍然存在威胁。该木马通过捕捉用户使用计算机时的按键窃取银行的登录密码。宙斯木马主要通过偷渡式下载和网络钓鱼传播，其最新变种很难被根除。

SQL 注入式攻击（SQL injection attacks）利用编程质量较差的网络应用程序中的漏洞，将恶意程序代码植入企业系统和网络。当网络程序无法正确验证或过滤用户在网页上的输入数据时，如用户在线订购商品时，漏洞便会形成。攻击者利用此类输入验证错误向底层数据库发送恶意 SQL 查询，从而检索数据库、植入恶意代码或访问网络上的其他系统。

名为**勒索软件**（ransomware）的恶意软件在台式机和移动设备上激增。勒索软件通过控制用户计算机、阻止对文件的访问或频繁弹出垃圾信息等方式向用户勒索钱财。例如，2017 年 5 月，WannaCry 勒索软件攻击了 150 多个国家和地区的计算机，它对受感染计算机的文件进行加密，迫使用户支付数百美元以重新获取访问权限。2019 年，一个黑客组织入侵得克萨斯州 22 座城市的计算机系统并加密其数据，以索要数百万美元赎金（Fernandez，Sanger，& Martinez，2019）。下载受感染的附件、点击电子邮件中的链接或访问虚假网站都可能受到勒索软件攻击。

一些**间谍软件**（spyware）也是恶意软件。这些小程序会秘密安装在计算机上，监控用户的上网活动并提供广告。已经记录在册的间谍软件有数千种，许多用户受这些间谍软件困扰，认为自己的隐私权遭到侵犯。有些类型的间谍软件极为恶劣。**键盘记录器**（keyloggers）记录计算机上的每一次按键以窃取软件序列号、发动网络攻击、访问电子邮件账户、获取计算机系统密码或截取信用卡或银行账户等个人信息。上文介绍的宙斯木马就使用了键盘记录器。其他间谍软件程序会重置网页浏览器主页、重定向搜索请求或占用大量计算资源来降低计算机性能。

8.1.3　黑客和计算机犯罪

黑客（hacker）是指企图在未经授权的情况下访问计算机系统的个人。黑客通过寻找网站和计算机系统安全保护的漏洞获取非法访问权限。黑客活动已经从单纯的系统入侵扩大到盗窃商品和信息、系统损坏和**网络破坏**（cybervandalism），以及故意中断、污染甚至破坏网站或企业信息系统。

欺骗和窃听

试图隐藏真实身份的黑客经常通过虚假电子邮件地址或假冒他人来伪装自己。**电子欺骗**（spoofing）还可能涉及将网页链接重定向至与原地址外观相似但不同的虚假地址。例如，如果黑客将用户重定向到一个看起来与真实网站几乎完全相同的虚假网站，他们就可以收集并处理订单信息，从而有效窃取真实网站上的商业机密以及客户敏感信息。本书在讨论计算机犯罪时将更详细地介绍其他形式的电子欺骗。

嗅探器（sniffer）是一种监听程序，用于监听网络中传输的信息。合法使用嗅探器有助于识别网络中潜在的故障点或犯罪活动。但当用于犯罪目的时，它们可能具有破坏性且难以检测。黑客可利用嗅探器从网络上的任何地点窃取电子邮件信息、企业文档、机密报告等私有信息。

拒绝服务攻击

在**拒绝服务攻击**（denial-of-service（DoS）attack）中，黑客向网络服务器发送成千上万的虚假通信或服务请求，造成网络崩溃。网络无法响应如此多的请求，导致无法为合法请求提供服务。**分布式拒绝服务攻击**（distributed denial-of-service（DDoS）attack）使用大量计算机从众多发射点涌向网络并将其淹没。

虽然 DoS 攻击不会破坏信息或访问企业信息系统的内部区域，但它们经常会使网站瘫痪，导致合法用户无法访问网站。对于交易频繁的电子商务网站来说，这些攻击造成的损失惨重，在网站关闭期间，用户无法进行交易。中小型企业的网站尤其容易受到此类攻击，因为与大型企业网站相比，它们的网络保护措施更少。

DDoS 攻击的实施者通常在用户不知情的情况下把数千台感染恶意软件的僵尸电脑组织成一个**僵尸网络**（botnet）。黑客使用自动程序恶意软件感染他人的计算机以创建僵尸网络，恶意软件会打开一个后门用于攻击者发出指令。受感染的计算机将成为从属计算机或僵尸计算机服务于主计算机。当黑客感染了足够多的计算机时，就可以利用僵尸网络积累的大量资源发起 DDoS 攻击、开展网络钓鱼活动或发送未经请求的垃圾邮件。

全球 90% 的垃圾邮件和 80% 的恶意软件都是通过僵尸网络传播的。Mirai 僵尸网络就是一个例子，其在 2016 年 10 月感染了众多物联网设备（如联网监控摄像头），并利用这些设备对 Dyn 发起了 DDoS 攻击，Dyn 的服务器负责监控和重新发送互联网流量。Mirai 僵尸网络淹没了 Dyn 服务器，导致 Etsy、GitHub、网飞、Shopify、SoundCloud、Spotify、推特和其他主要网站关闭。2018 年 1 月，Mirai 僵尸网络的一个变体攻击了金融企业。

计算机犯罪

大多数黑客活动是刑事犯罪，系统漏洞使系统也成为其他计算机犯罪的目标。美国司法部将**计算机犯罪**（computer crime）定义为"任何涉及计算机技术知识的犯罪行为、调查或诉讼"。表 8 - 2 描述了计算机作为犯罪目标和犯罪工具的示例。

表 8-2　计算机犯罪示例

计算机作为犯罪目标
违反受保护计算机数据的机密性
未经授权访问计算机系统
故意访问受保护的计算机以进行欺诈
故意访问受保护的计算机并因疏忽或故意造成损坏
故意传输程序、程序代码或命令，使受保护的计算机被破坏
威胁要损坏受保护的计算机

计算机作为犯罪工具
窃取商业机密
未经授权复制软件或受版权保护的知识产权，如文章、图书、音乐和视频
计划诈骗
使用电子邮件或信息进行威胁或骚扰
故意试图拦截电子通信
非法访问存储的电子通信，包括电子邮件和语音邮件
使用计算机传播或持有儿童色情制品

没有人确切知道计算机犯罪的严重程度——有多少系统被入侵，有多少人参与犯罪，造成了多少经济损失。波耐蒙研究所（Ponemon Institute）2018 年网络犯罪成本年度研究指出，11 个国家 16 个行业的基准企业的平均网络犯罪安全成本为 1 300 万美元（Ponemon Institute，2019）。许多企业不愿意披露计算机犯罪，因为这些犯罪可能涉及员工，或者企业担心公开漏洞会损害它们的声誉。最具破坏性的计算机犯罪包括拒绝服务攻击、内部恶意行为以及基于网络的攻击。

身份盗用

随着互联网和电子商务的发展，身份盗用问题愈发严峻。**身份盗用**（identity theft）是窃取社会保障号码、驾驶执照编号或信用卡号等重要个人信息来假冒他人的犯罪行为。这些信息可能被用来以受害者的名义获取信贷、商品或服务，或者为盗用者提供虚假凭据。身份盗用在互联网上十分普遍，信用卡档案是网络黑客的主要目标（见章末案例）。根据标枪战略研究公司（Javelin Strategy & Research）2019 年发布的身份欺诈研究，2018 年身份盗用影响了 1 440 万消费者（Javelin，2019）。

网络钓鱼（phishing）是一种越来越常见的电子欺诈手段。网络钓鱼建立虚假网站或发送看似来自合法企业的电子邮件，要求用户回复邮件、在虚假网站输入信息或回拨电话，以获取用户社会保障号码、银行和信用卡信息等个人机密数据。eBay、PayPal、亚马逊、沃尔玛和各类银行都是网络钓鱼攻击的首选目标。**鱼叉式网络钓鱼**（spear phishing）是一种针对性更强的网络钓鱼形式，其信息来源看似更加可信，例如收件人所在企业内的同事或朋友。

邪恶双胞胎和域名欺骗这两种网络钓鱼技术很难被察觉。**邪恶双胞胎**（evil twins）是一种无线网络，假装在机场大厅、旅馆或咖啡馆等场合提供可信的 Wi-Fi 连接。伪造的网络看起来与合法的公用网络没什么区别，一旦不知情用户登录网络，欺诈者就能获取其密码或信用卡号码。

域名欺骗（pharming）会将用户重定向到虚假网页，即使用户在浏览器中输入正确网址也是如此。如果网络钓鱼犯罪者能够访问互联网服务提供商（ISP）存储的用于加快网络浏览速度的互联网地址，并且 ISP 服务器上存在漏洞的软件允许欺诈者侵入并更改这些地址，域名欺骗就能够实现。

根据波耐蒙研究所的 2018 年数据泄露成本研究，在其调查企业中，全球数据泄露的平均成本高达 386 万美元（Ponemon，2018）。此外，虽然难以量化，但数据泄露对企业品牌的损害可能更大。除了本章案例中讨论的数据泄露事件，表 8-3 还列举了其他重大数据泄露事件。

表 8-3　重大数据泄露事件

数据泄露事件	描述
万豪酒店（Marriott）	2018 年 11 月，全球最大的酒店集团万豪酒店透露，其旗下喜达屋酒店（Starwood）的预订数据库遭到黑客攻击，可能泄露了多达 5 亿客人的个人信息，包括客户姓名、电话号码、电子邮件地址、护照号码、出生日期、信用卡号码和信用卡有效期。有政府背景的黑客复制并加密了这些信息，并删除了原有信息。
雅虎（Yahoo）	雅虎在 2016 年 9 月和 12 月分别披露，其在 2013 年有超过 10 亿用户账户被盗，2014 年有 5 亿账户被盗。有政府背景的黑客发现一种伪造凭据的技术，无需密码即可登录某些用户的账户。2017 年 10 月，威瑞森（已收购雅虎）报告称，每个雅虎账户实际上都被黑客入侵过——超过 30 亿账户，包括电子邮件、Tumblr、Flickr 和 Fantasy。
索尼（Sony）	2014 年 11 月，黑客窃取了超过 100 TB 的企业数据，包括商业机密、电子邮件、人事记录和未上映的电影副本。恶意软件删除了索尼企业系统中的数据，导致数亿美元的损失以及品牌形象受损。索尼在 2011 年 4 月就曾遭到黑客攻击，入侵者盗取了超过 1 亿的 PlayStation 用户和索尼在线娱乐用户的个人信息，包括信用卡、借记卡和银行账号。
家得宝（Home Depot）	2014 年被恶意软件程序入侵，该程序伪装成杀毒软件，窃取门店的注册用户信息。造成 5 600 万个信用卡账户被盗，5 300 万客户电子邮件地址泄露。
易贝（eBay）	在 2014 年 2 月和 3 月，服务器受到网络攻击，包含客户姓名、加密密码、电子邮件地址、实际位置、电话号码和生日的数据库遭到破坏，1.45 亿用户受到影响。

美国国会于 1986 年通过了《计算机欺诈和滥用法案》（Computer Fraud and Abuse Act）以应对计算机犯罪威胁。该法案规定，未经授权访问计算机系统属违法行为。美国各州都有类似法律，欧洲国家也有相似立法。1996 年，美国国会通过了《国家信息基础设施保护法》（National Information Infrastructure Protection Act），将传播恶意软件和黑客攻击致使网站瘫痪的行为定为联邦犯罪。

美国相关法律，如《窃听法》（Wiretap Act）、《电信欺诈法》（Wire Fraud Act）、《经济间谍法》（Economic Espionage act）、《电子通信隐私法》（Electronic communications Privacy）、《反垃圾邮件法令》（CAN-SPAM Act）和 2003 年《保护法》（Protect Act of 2003），涵盖了各种计算机犯罪，包括拦截电子通信、利用电子通信进行欺诈、窃取商业机密、非法访问存储的电子信息、利用电子邮件进行威胁或骚扰以及传播或持有儿童色情内容等。一项拟议的联邦《数据安全和泄露通知法案》要求拥有个人信息的组织采取合理的安全措施以保障用户数据安全，并通知任何受数据泄露影响的个人。

点击欺诈

当用户点击搜索引擎上显示的广告时，广告商会为每次点击支付费用，因为每次点击都为其带来了潜在购买者。**点击欺诈**（click fraud）是指在无购买意愿或无意进一步了解广告内容的情况下，个人或计算机程序欺诈性地点击在线广告。点击欺诈已成为谷歌及其他提供点击付费在线广告的网站面临的一个严重问题。

一些企业雇用第三方（通常来自低收入国家）以欺诈方式点击竞争对手的广告，通过提高竞争对手的营销成本来削弱其竞争力。点击欺诈也可通过软件程序实现，僵尸网络就常用于此目的。谷歌等搜索引擎尝试通过更改规则等方法遏制点击欺诈行为。

全球威胁：网络恐怖主义和网络战

本书描述的发布恶意软件、拒绝服务攻击、网络钓鱼等网络犯罪活动是无国界的。恶意软件攻击的服务器现在托管在 200 多个国家和地区。恶意软件攻击的主要来源包括美国、巴西、印度、德国和俄罗斯。互联网的全球性使网络犯罪分子可能在世界任何地点进行活动，造成危害。

互联网漏洞也让个人甚至整个国家成为出于政治动机的黑客进行破坏活动和间谍活动的目标。**网络战**（cyberwarfare）是国家支持的活动，旨在入侵他国的计算机网络并造成混乱和破坏，以打击另一个国家。网络战的例子包括章首案例中描述的黑客破坏美国 2016 年总统大选和渗透美国电网。除了主动攻击，网络战也包括防御这些类型的攻击。

网络战比传统战争更复杂。尽管许多潜在攻击对象都是军事目标，但一个国家的电网、水坝、金融系统、通信网络，甚至投票系统也可能遭到破坏。恐怖分子或犯罪集团等非国家团体也可能发动网络袭击，但往往很难判断谁应该对此类袭击负责。各国必须时刻警惕新的恶意软件和可能用于攻击它们的技术。一些黑客组织专门开发网络入侵技术，并将其公开出售给感兴趣的政府。

网络战攻击已经变得更加广泛、复杂且极具潜在破坏性。外国黑客窃取了美国输油管道和电网的源代码和架构图，数百次入侵美国能源部网络。多年来，黑客窃取了导弹跟踪系统、卫星导航设备、无人侦察机和尖端喷气式战斗机的研发计划。

美国情报部门透露，30 多个国家正在增强网络攻击能力。网络武器包括用于渗透工业、军事和关键民用基础设施控制器的恶意软件包、针对重要目标进行网络钓鱼攻击的电子邮件列表和文本以及拒绝服务攻击算法。美国网络战工作集中在美国网络司令部（United States Cyber Command），该部门负责协调并指导国防部信息网络的行动和防御，为军事网络空间行动做准备。网络战对现代社会的基础设施构成严重威胁，因为金融、卫生、政府和工业机构的日常运作都依赖于互联网。

8.1.4　内部威胁：员工

人们倾向于认为威胁企业安全的因素来自组织外部。但事实上，企业内部人员也会造成严重的安全问题。研究发现，用户缺乏网络知识是造成网络安全漏洞的主要原因。许多员工忘记进入计算机系统的密码或允许同事使用自己的密码，这些行为都会对系统造成危害。恶意入侵者有时会伪装成企业内部成员，以工作需要为由诱骗员工提供密码，从而进入企业系统，这种做法称为**社会工程**（social engineering）。内部员工也可能利用他们对本企业的了解入侵企业系统实施攻击。例如，2019 年 7 月，亚马逊网络服务的一名前员工利用其对亚马逊云安全防御措施的了解，窃取了亚马逊云计算服务存储的 1.06 亿条美国第一资本金融公司（Capital One Financial）的数据（McMilan，2019a）。

8.1.5 软件漏洞

软件错误会对信息系统构成持续威胁，给生产带来难以估量的损失，有时甚至还会危及使用或依赖系统的人员。软件程序复杂性和规模的不断增加，以及对软件快速交付的需求，都使得软件缺陷或漏洞不断增加。软件的主要问题是存在潜在**错误**（bugs）或程序代码缺陷。研究表明，消除大型程序中的全部错误是不可能的。错误主要源于决策代码的复杂性，一个只有几百行的相对较小的程序会包含数十个决策，这些决策会导致数百乃至数千种不同的路径。大多数企业的重要程序通常要大得多，可能包含数万甚至数百万行代码，每行代码的选择和路径都是较小程序的数倍。

大型程序无法做到零缺陷。另外，也不可能对程序进行完整的测试。对包含数千种选择和上百万条路径的程序进行完整测试需要几千年的时间。即使经过严格测试，也无法确定一个软件是否完全可靠。只有经过大量实际操作，才能证明软件的可靠性。

商业软件的缺陷不仅会影响性能，还会造成安全漏洞，使网络面临入侵者的攻击。每年，安全公司都会在互联网和个人计算机软件中发现数以千计的软件漏洞。2019年5月，Facebook修复了其加密消息应用WhatsApp的一个软件漏洞，该漏洞允许攻击者在用户手机上安装间谍软件（McMillan，2019b）。

零日漏洞（zero-day vulnerabilities）尤为棘手，它们是软件创建者不知道的软件漏洞。黑客会在软件提供商意识到问题并迅速修复之前利用这个安全漏洞。这种类型的漏洞之所以被称为零日，是因为软件开发者在了解软件存在漏洞后只有零日的时间修复代码，以防其被用来实施攻击。2018年12月，微软不得不针对其IE浏览器软件中的一个零日漏洞发布紧急更新，该漏洞使外部入侵者可以访问计算机内存。内存损坏可能使攻击者能够像合法用户一样访问计算机系统（Kerner，2018）。有时，安全研究人员会提前发现软件漏洞，但更多情况下，这些漏洞直到攻击发生时才被发现。

一旦发现软件漏洞，软件提供商会在不影响软件正常运行的前提下，发布名为**补丁**（patches）的小程序修复这些缺陷。是否追踪漏洞、测试并安装补丁取决于软件用户，这一过程称为补丁管理。

由于企业IT基础设施通常包含多个业务应用程序、安装的操作系统和其他的系统服务软件，在企业使用的全部设备和服务上维护补丁通常耗时且昂贵。恶意软件的生成速度太快，以至于从发现漏洞和补丁到网络攻击发生，企业几乎没有时间作出响应。

微处理器设计中新发现的漏洞

"互动讨论：技术"专栏将介绍新发现的漏洞，这些漏洞源于计算机微处理器芯片的设计缺陷，使黑客能够使用恶意软件程序访问开发者认为受到完全保护的数据。这些漏洞影响了过去20年生产的几乎所有计算机芯片。

互动讨论：技术 Meltdown 和 Spectre 威胁全球计算机

2018年1月初，一条消息震惊了全球计算机用户，过去20年制造的每一块计算机芯片都存在基本的安全漏洞，攻击者有可能访问曾被认为受到完全保护的数据。安全研究人员在 2017 年底发现了这些漏洞。这些漏洞源于芯片用于提高运行效率的内置功能，使恶意程序能够访问本没有权限的数据。

这些漏洞有两种变体——Meltdown 和 Spectre。Meltdown 的名称来源于它能够"融化"由硬件强制执行的安全边界。利用 Meltdown，攻击者可使用计算机上运行的程序访问通常没有权限的全部计算机数据，包括其他程序的数据和只有管理员才能查看的数据（系统管理员负责计算机系统的维护、配置和可靠运行）。Meltdown 的影响范围仅限于 1995 年以来生产的特定类型的英特尔芯片。

Spectre 的影响范围并不局限于某家制造商的处理器，而是几乎全部现代处理器。它需要对受害者程序的内部运作有更深入的了解。Spectre 的名称来源于预测执行，即芯片能够预测未来操作以便更快工作。Spectre 诱使系统错误预测应用程序的行为，它的名字也表明，这种漏洞将更难被彻底消除。毫无疑问，这种类型的漏洞攻击将会相继发生，Spectre 将在未来一段时间内困扰用户。

利用 Meltdown 和 Spectre，攻击者可以从程序中窃取一些本该保密的数据。例如，Spectre 可以利用网站上的 JavaScript 代码诱使网络浏览器泄露用户和密码信息。Meltdown 可以用来查看计算机系统上其他用户的数据，以及同一硬件上的虚拟服务器，这对于云计算主机来说尤其危险。Meltdown 和 Spectre 最令人担忧的方面是，安全漏洞并非来自软件缺陷而是更底层的硬件平台的基本设计。

没有证据表明 Spectre 和 Meltdown 已被黑客利用，但基于这两种漏洞的入侵很难被发现。此外，安全漏洞的根本性和普遍性，使得它们可能造成灾难性后果，尤其是对于许多用户共享主机的云计算服务而言。全球安全软件公司迈克菲（McAfee）的研究人员称，这些漏洞对恶意行为者格外有吸引力，因为它们的影响范围前所未有，泄露高度敏感数据的危害极大。弗雷斯特市场咨询（Forrester）表示，笔记本电脑、台式机、平板电脑和智能手机的性能受到的影响较小。Meltdown 和 Spectre 背后的根本漏洞在硬件层面，因此无法直接修复。

主要技术供应商只能发布解决问题的软件修复程序。此类修复主要通过更改或禁止软件代码利用底层硬件内置的推测执行和缓存功能，以减轻漏洞危害（缓存是一种加速计算机内存访问的技术，通过在 CPU 芯片上而不是单独的 RAM 芯片上放置少量内存存储，加速计算机内存访问）。由于这些功能旨在提高系统性能，因此禁用它们可能会降低系统速度。专家最初预测系统性能可能会下降多达 30%，但实际上下降了 5%～10%。

云供应商已采取措施修补底层基础设施，用户还希望云供应商能为他们的操作系统和应用程序安装补丁。微软发布了 Windows 7 及所有更高版本的操作系统补丁，这些补丁也适用于微软的 IE 和 Edge 浏览器。苹果发布了 Safari 浏览器和 iOS、macOS、tvOS 操作系统的补丁。谷歌发布了 Chrome 浏览器的补丁，并提供列表说明哪些型号的 Chromebook 需要安装补丁。较旧的操作系统，如 Windows XP，和数百万未从谷歌获取安全更新的第三方安卓手机可能永远不会得到修复。因此，组织应尽快更新浏览器或安装补丁。由于这些漏洞使攻击者可以在网页运行 JavaScript 时窃取用户设备内存中的密码，因此建议用户在不使用浏览器时保持其关闭。弗雷斯特还建议企业使用其他技术保护未安装修复程序的用户和组织的数据。

芯片制造商英特尔已为其处理器发布了一系列解决方案。自新代码发布以来，尚未销售的英特尔 CPU 都安装了这些微代码补丁，但仍有数亿个系统可能需要更新。彻底修复

Meltdown 和 Spectre 的唯一方法是更换受影响的处理器。重新设计和生产的新的处理器和架构可能需要 5～10 年的时间才能投入市场。如果说 Spectre 和 Meltdown 有什么正面影响，那就是它们让全球更加关注软件和硬件的安全性，将更多的精力集中于开发更强大的系统架构以满足安全计算需求。

资料来源：Curtis Franklin Jr.，"How Intel Has Responded to Spectre and Meltdown," *Information Week*，January 4，2019；James Senders，"Spectre and Meltdown Explained；A Comprehensive Guide for Professionals." *TechRepublic*，May 15，2019；Josh Fruhlinger，"Spectre and Meltdown Explained；What They Are，How They Work，What's at Risk," CSO，January 15，2018；and Warwick Ashford，"Meltdown and Spectre a Big Deal for Enterprises," *Computer Weekly*，January 9，2018.

案例分析问题

1. Spectre 和 Meltdown 的危害有多大？请解释你的答案。

2. 比较 Spectre 和 Meltdown 对云计算中心、企业数据中心、个人计算机和智能手机用户造成的威胁。

3. 假设你正在运行一个公共云计算中心，或运行一个企业数据中心，或者你是个人计算机用户。面对以上三种情况，你将如何防范 Spectre 和 Meltdown？

8.2 安全与控制的商业价值是什么？

企业宝贵的信息资产需要保护。企业系统中通常存储有关个人税收、金融资产、医疗记录、工作绩效评估等机密信息。企业系统还可能包含商业机密、新产品开发计划、营销策略等企业运营信息。政府系统可能存储武器系统、情报行动和军事目标的相关信息。这些信息资产具有重大价值，一旦丢失、损毁或者落入坏人之手，后果可能是毁灭性的。安全漏洞、灾难或技术故障造成的系统瘫痪可能对企业的财务状况产生永久性影响。一些专家认为，如果三天内未能修复应用程序或数据丢失，40％的企业将无法恢复到原有状态。

安全措施和控制不足可能导致严重的法律责任。企业不仅要保护自己的信息资产，还要保护客户、员工和商业合作伙伴的信息资产。否则，企业可能因数据泄露或失窃而面临代价高昂的诉讼。组织如果未采取有效保护措施防止机密信息泄露、数据损坏或隐私侵犯，则可能对造成的不必要风险和损失承担法律责任。例如，塔吉特不得不向为万事达卡提供服务的几家美国银行支付 3 900 万美元，因为 2013 年塔吉特的支付系统遭到大规模黑客攻击，导致 4 000 万人蒙受损失，这些银行被迫为塔吉特客户赔付数百万美元。塔吉特还因黑客攻击向维萨支付了 6 700 万美元，并支付 1 000 万美元以解决塔吉特客户提起的集体诉讼。开发一个完善的安全与控制框架来保护企业信息资产对整个企业（包括高级管理层）至关重要，对信息资产的保护工作也不再仅仅局限于 IT 部门（Rothrock et al.，2018）。

8.2.1 电子记录管理的法律法规要求

美国政府法规强制要求保护数据免遭滥用、泄漏和未经授权的访问，迫使企业更加重视安全和控制。企业在保留并存储电子记录以及保护隐私方面面临新的法律义务。

在美国，医疗保健行业企业必须遵守美国 1996 年颁布的《健康保险流通与责任法案》（Health Insurance Portability and Accountability Act，HIPAA）。该法案概述了医疗安全和隐私的规则与程序，简化医疗保健计费管理，使数据在医疗服务提供方、付款人和医疗保健计划之间自动传递。该法案要求医疗保健行业成员将患者信息保留六年，并确保这些记录的保密性。该法案还规定了医疗保健服务提供方处理患者信息需遵循的隐私、安全和电子交易标准，对违反医疗隐私、通过电子邮件披露患者信息或未经授权的网络访问等行为的处罚。

美国的金融服务企业必须遵守美国国会于 1999 年通过的《金融服务现代化法案》，该法案更广为人知的名称是以发起人命名的《格雷姆-里奇-比利雷法案》（Gramm-Leach-Bliley Act）。该法案要求金融机构确保客户数据的安全性和保密性。金融机构必须将数据存储在安全的介质上，且必须执行特殊的安全措施来保护数据在存储介质上和传输过程中的安全。

上市公司必须遵守 2002 年颁布的《上市公司会计改革与投资者保护法案》，即广为人知的《萨班斯-奥克斯利法案》（Sarbanes-Oxley Act），该法案以美国马里兰州参议员保罗·萨班斯和美国俄亥俄州众议员迈克尔·奥克斯利两位发起人命名。该法案在安然（Enron）、世通（Worldcom）等上市公司的金融丑闻曝光之后出台，旨在保护投资者利益。该法案规定企业及其管理层有责任保护内部使用和外部发布的财务信息的准确性和完整性。

《萨班斯-奥克斯利法案》的根本目的是确保内部监控到位，规范财务报表的信息创建和归档。由于财务报表数据由信息系统生成、存储并传输，因此该法案要求企业关注信息系统安全和其他控制措施，以确保数据的完整性、保密性和准确性。凡是处理关键财务报告数据的应用系统都必须加以控制，确保数据准确可靠。确保企业网络安全、阻止对系统和数据进行非法访问、发生灾难或其他服务中断时确保数据完整性和可用性的控制措施也至关重要。

8.2.2 电子证据和计算机取证

安全、控制和电子记录管理已成为应对法律行动的必要条件。如今，股票欺诈、挪用公款、盗窃商业机密、计算机犯罪以及许多民事案件的大部分证据都以数字形式存在。除打印的信息，现在的法律案件越来越依赖于数字证据，这些数字证据存储在便携式存储设备、CD、计算机硬盘以及电子邮件、即时通信和电子商务交易中。

在法律诉讼中，企业有义务对可用作证据的信息查询请求作出响应，且法律要求企业提供这些数据。如果企业在获取所需数据时遇到困难，或数据遭到篡改或毁坏，那么响应查询请求的成本可能会极其高昂。如今，法院对不正当损毁电子文档的行为会判处严厉的经济处罚，甚至会判处刑事处罚。

有效的电子文档保存政策可确保电子文档、电子邮件和其他电子记录有序整理、易于访问，能在适当的期限内保存。电子文档保存政策反映了为计算机取证妥善保存证据的意识。**计算机取证**（computer forensics）对保存在计算机存储介质或从计算机存储介质中提取的数据进行科学收集、审查、鉴定、保存和分析，使其可在法律诉讼中作为证据。计算机取证主要涉及以下问题：

- 从计算机中恢复数据，保持证据完整性。
- 安全存储和处理恢复的电子数据。
- 在大量电子数据中寻找重要信息。
- 向法庭提交信息。

电子证据可能以计算机文件和环境数据存于计算机存储介质中，对普通用户不可见，如个人计算机硬盘驱动器上已删除的文件。通常可利用各种技术恢复用户从计算机存储介质上删除的数据，计算机取证专家尽可能恢复这些隐藏数据以作为证据呈现。

应将计算机取证意识纳入企业应急处理预案。首席信息官、安全专家、信息系统员工和企业法律顾问应共同合作，制订能够在法律需要时起作用的计划。

8.3 安全与控制的组织框架有哪些组成要素？

除非知道如何以及在哪里部署系统，否则即使拥有最好的安全工具，信息系统也并非安全可靠。企业必须了解面临的风险以及必须采取哪些控制措施来保护信息系统。企业还必须制定安全策略和计划，保证信息系统发生故障时企业仍能正常运行。

8.3.1 信息系统控制

信息系统控制有手动和自动两种方式，由通用控制和应用控制组成。**通用控制**（general controls）管理组织信息技术基础设施中计算机程序的设计、安全和使用，以及数据文件的安全。通常，通用控制适用于所有计算机应用程序，由硬件、软件和手动程序共同组成，可创建整体控制环境。

通用控制包括软件控制、硬件控制、计算机操作控制、数据安全控制、系统开发过程控制和管理控制。表8-4描述了通用控制组件的功能。

表8-4 通用控制

通用控制类型	功能
软件控制	监控系统软件的使用，阻止对软件程序、系统软件和计算机程序的未经授权访问。
硬件控制	保证计算机硬件的物理安全，检查设备故障。高度依赖计算机的企业还必须进行系统备份并制订持续运行计划，以提供稳定的服务。
计算机操作控制	监督计算机部门的工作，确保程序始终正确地进行数据存储和处理。包括对设置计算机处理过程的控制以及对异常中断的备份和恢复过程的控制。
数据安全控制	确保内部或外部托管维护的重要商业数据文件在存储或使用过程中不会受到未经授权的访问、篡改或破坏。
系统开发过程控制	对系统开发的各个环节进行审核，确保开发过程得到适当的控制和管理。
管理控制	规定标准、规则、程序和控制原则，确保通用控制和应用控制能够正确执行和实施。

应用控制（application controls）是针对特定计算机应用程序（如薪资结算或订单处理）的特殊控制活动，包括自动和手动控制，确保只有经过授权的数据才能被应用程序准确完全地处理。应用控制可分为：输入控制、处理控制、输出控制。

输入控制在数据进入系统时检查数据的准确性和完整性。输入授权、数据转换、数据编辑和错误处理等问题都有特定的输入控制。处理控制保证数据在更新过程中的完整性和准确性。输出控制确保计算机处理的结果准确、完整且正确传输。

信息系统控制不应该是事后的控制，而应被纳入系统设计，不仅要考虑系统在所有可能条件下的表现，还要考虑使用系统的组织和人员的行为。

8.3.2　风险评估

企业在将资源投入安全和信息系统控制之前，必须了解哪些资产需要保护以及这些资产的脆弱程度。风险评估有助于回答这些问题，并确定保护资产的最具成本效益的控制措施。

风险评估（risk assessment）能够确定企业在某一活动或流程没有得到适当控制时面临的风险程度。尽管并非所有的风险都可以被预见或度量，但借助风险评估，大多数企业能够对面临的风险有所了解。企业管理者应与信息系统专家合作，共同确定信息资产的价值、系统漏洞位置、可能发生故障的频率以及潜在损失。例如，如果一个故障每年可能最多发生一次且每次造成的损失不超过 1 000 美元，那么花费两万美元设计并维护防范该故障的控制系统是不明智的。然而，如果同样的故障每天至少发生一次，且每年造成的损失超过 30 万美元，那么在控制上花费 10 万美元是完全合适的。

表 8 - 5 展示了一个在线订单处理系统的风险评估结果，该系统每天处理约三万份订单。一年内每种风险发生的概率用百分比表示。表中第三列显示了每种风险的最低、最高和平均损失金额，平均损失额为最高损失额与最低损失额之和的二分之一。每种风险的预计年损失额为平均损失额与发生概率的乘积。

表 8 - 5　在线订单处理系统风险评估

风险	发生概率（%）	损失范围/平均值（美元）	预计年损失（美元）
电力故障	30	5 000～200 000（102 500）	30 750
盗用	5	1 000～50 000（25 500）	1 275
用户错误	98	200～40 000（20 100）	19 698

风险评估结果表明，一年内发生电力故障的概率为 30%。每次停电造成的订单交易损失在 5 000 美元到 200 000 美元之间（平均为 102 500 美元），具体金额取决于业务中断时间的长短。一年内发生盗用事件的概率约为 5%，每次造成的损失从 1 000 美元到 50 000 美元不等（平均为 25 500 美元）。一年内发生用户错误的概率为 98%，每次造成的损失从 200 美元到 40 000 美元不等（平均为 20 100 美元）。

风险评估完成后，系统构建者将重点关注有最大漏洞和最大损失的控制点。本例中，应侧重于最大限度降低电力故障和用户错误风险，因为这两者的预计年损失额较高。

8.3.3 安全策略

确定主要系统风险之后，企业需要制定安全策略来保护自身资产。**安全策略**（security policy）包括信息风险分级、确定可接受的安全目标以及确定实现安全目标的机制。企业最重要的信息资产有哪些？由谁产生并控制这些信息？当前有哪些保护信息的安全策略？管理层对各类信息资产的可接受风险水平如何？例如，管理层是会接受每10年丢失一次客户信用数据，还是会选择建立一个可以抵御百年一遇灾难的信用数据安全系统？管理层必须估计达到可接受风险水平的成本。

企业可以根据安全策略制定其他相关措施，明确哪些企业信息资源的使用行为是可以接受的，以及哪些企业成员能够访问这些信息资源。**可接受使用策略**（acceptable use policy，AUP）规定企业信息资源和计算设备的可接受使用情况，包括对台式机和笔记本电脑、移动设备、电话和互联网的使用。一个良好的可接受使用策略需要为每个用户定义可接受和不可接受的行为并指出违规的后果。

图8-2展示了组织如何为人力资源职能中不同级别的用户具体说明访问规则的示例。它根据执行该工作所需的信息，指定每名用户能够访问人力资源数据库的哪些部分。人力资源数据库中包含敏感的个人信息，如员工工资、福利和医疗记录等。

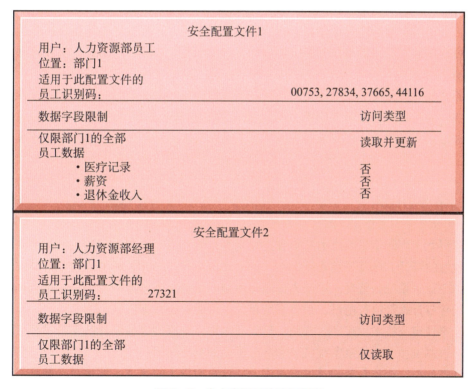

图8-2 人力资源系统访问规则

说明：此处的两个示例描述了人力资源系统中可能使用的两种安全配置文件或数据安全模式。根据安全配置文件的不同，用户访问组织各类系统、系统模块或数据时拥有特定的权限。

图8-2中说明的访问规则适用于两类用户。一类用户由执行文书功能的所有员工组

成，负责将员工数据输入系统。适用于此配置文件的用户可以更新系统，但无法读取并更新薪资、医疗记录或收入数据等敏感字段。另一类配置文件适用于部门经理，他们无法更新系统，但是可以读取其部门全部员工的数据字段，如医疗记录和薪资。本章后续内容将对用户身份验证技术进行详细讨论。

8.3.4 灾难恢复计划和业务连续性计划

企业必须为停电、洪水、地震、恐怖袭击等事件做好计划，这些事件将阻碍信息系统和企业运营。**灾难恢复计划**（disaster recovery planning）为恢复中断的计算和通信服务制订计划，主要关注维持系统正常运行的技术问题，如要备份哪些文件、备份计算机系统或灾难恢复服务的维护等。

万事达卡国际组织在密苏里州的堪萨斯城建立了一个备份计算机中心，将其作为圣路易斯主计算机中心的紧急备份系统。许多公司不会建立自己的备份设施，而是与 SunGard Availability Services 等基于云的专业灾难恢复企业签订合同，这些企业在全美各地建有备份计算机中心，可供客户在紧急情况下运行关键应用程序。

业务连续性计划（business continuity planning）侧重于企业如何在灾难发生后恢复业务运营。业务连续性计划明确企业的关键业务流程，确定在系统发生故障时处理关键业务功能的行动计划。例如，Healthways 是一家总部位于田纳西州富兰克林的健康改善公司，公司实施了一项业务连续性计划，确定了整个公司近 70 个部门的业务流程，并明确了系统中断可能对这些流程造成的影响。Healthways 识别其关键业务流程，联合各部门共同制订行动计划。

业务经理和信息技术专家需要共同制订这两种计划，以明确哪些系统和业务流程对企业最重要。他们必须进行业务影响分析以确定企业的核心系统以及系统中断对业务的影响。管理层必须了解企业在系统停机的情况下可以维持的最长时间，以及必须优先恢复哪些业务。

8.3.5 审计的作用

管理层如何判断信息系统的安全和控制是否有效？要回答这一问题，组织必须展开全面且系统性的审计。**信息系统审计**（information systems audit）检查企业的整体安全环境并控制单个信息系统的管理。审计人员应在系统中跟踪样本业务的流程，在适当的情况下使用自动化审计软件执行测试。信息系统审计也可能检查数据质量。

安全审计审查技术、程序、文档、培训和人员。全面彻底的审计甚至会模拟攻击或灾难事件，以测试技术、信息系统员工和业务员工的响应情况。

审计将列举所有控制缺陷并进行排序，估计它们发生的概率，评估每个缺陷对财务和组织的影响。表 8-3 是一个贷款系统控制缺陷的审计列表示例。其中一部分用于通知管理层控制缺陷的情况以及管理层的回复。管理层应制订计划以应对控制中存在的重大缺陷。

表 8 - 3 控制缺陷的审计列表示例

职能：贷款 地点：皮奥里亚，伊利诺伊州	编制人：埃里克森 日期：2020 年 6 月 16 日		接收人：本森 审核日期：2020 年 6 月 28 日	
缺陷类型及其影响	错误/滥用发生的可能性		向管理层的报告	
	是/否	发生原因	报告日期	管理层回复
丢失密码的用户账户	是	使系统对未授权的外来者或攻击者开放	2020/5/10	删除没有密码的账户
网络配置允许共享系统文件	是	将关键系统文件暴露给连接网络的恶意团体	2020/5/10	确保只共享必需的目录，并采用强密码保护
软件补丁可在没有标准和控制组最终批准的情况下更新生产程序	否	所有生产计划都需要管理部门批准；标准和控制小组将此类情况界定为临时生产状态		

说明：该表为审计师在商业银行贷款系统中发现的控制缺陷列表示例。此表格可帮助审计人员记录并评估控制缺陷，同时显示与管理层讨论这些缺陷的结果，以及管理层采取的修正措施。

8.4 哪些重要工具和技术能够保护信息资源？

企业可使用一系列技术保护其信息资源，包括用于管理用户身份、防止未经授权的系统和数据访问、确保信息系统可用性以及确保软件质量的工具和技术。

8.4.1 身份管理与身份认证

大中型企业拥有复杂的 IT 基础设施和众多系统，每个系统都有自己的用户群组。**身份管理**（identity management）软件自动跟踪所有用户及其系统权限，为每个用户分配访问各个系统的唯一数字标识。身份管理还包括验证用户、保护用户身份以及控制访问系统资源的工具。

用户必须经过授权和身份验证才能访问系统。**身份认证**（authentication）是指确认一个人是否与其声称的身份相符的能力。身份认证通常需要使用只有授权用户才知道的**密码**（password）。终端用户使用密码登录计算机系统或访问特定信息系统和文件。但是用户经常忘记密码、与他人共享密码或使用容易猜到的简单密码，从而危及系统安全性。过于严格的密码系统会影响员工的工作效率。密码可能在网络传输中被嗅探器捕捉，或者通过社会工程被窃取。

令牌、智能卡和生物识别等新技术能够解决身份认证的一些问题。**令牌**（token）是一种类似于身份证的物理设备，可以用于证明单个用户的身份。令牌通常体积轻巧，可以安装在钥匙环上，并能够生成动态密码。**智能卡**（smart card）是一种信用卡大小的设备，内置存储访问权限和其他数据的芯片，也可用于电子支付系统。读卡器读取智能卡上的数据，判断当前用户是否具有访问权限。

生物识别（biometric authentication）使用读取并分析指纹、虹膜、声音等人类生物特征的系统，授予或拒绝访问权限。生物识别认证以对每个人独一无二的生理和行为特征的测量为基础。它将个人独有的特征，如指纹、面部、声音、视网膜图像等，与数据库中存储的相关资料进行对比，判断二者之间是否存在差异。如果二者匹配，则授予访问权限。指纹和面部识别技术已应用于安全控制，许多笔记本电脑和一些智能手机配备指纹识别设备，还有一些配备内置摄像头和面部识别软件。先锋领航（Vanguard）和富达（Fidelity）等金融服务公司为客户提供语音认证系统。

黑客破解传统密码的事件不断发生，突显了对更安全的身份验证方式的需求。**双重验证**（two-factor authentication）通过多步骤验证用户以提高安全性。用户必须提供两种身份识别方式以实现身份验证，一种通常是物理令牌，如智能卡或带有芯片的银行卡；另一种通常是数据，如密码或个人识别号码（PIN）。指纹、虹膜或声音等生物特征数据也可用作身份验证机制之一。银行卡就采用了双重验证：银行卡是物理凭证，PIN码是与之相关的另一项数据凭证。

8.4.2　防火墙、入侵检测系统和反恶意程序软件

如果没有针对恶意软件和入侵者的防范措施，连接到互联网会有很大风险。防火墙、入侵检测系统和反恶意程序软件已经成为必不可少的商业工具。

防火墙

防火墙（firewalls）能够阻止未授权用户访问专用网络。防火墙由硬件和软件组合而成，控制传入和传出的网络流量。虽然防火墙也可用于保护企业网络的某一部分不受其他部分的影响，但其通常位于组织私有内部网络与不受信任的外部网络（如互联网）之间（见图8-4）。

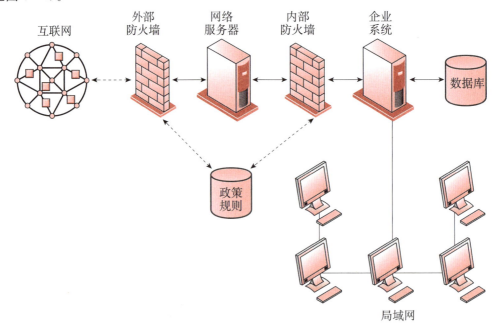

图8-4　企业防火墙

说明：防火墙位于企业专用网络和公共互联网或其他不受信任的网络之间，防止未经授权的流量。

防火墙就像一个守门人，在授予网络访问权限之前检查每个用户的身份。防火墙识别传入流量的名称、IP 地址、应用程序和其他特征，根据网络管理员预先编入系统的访问规则检查这些信息。防火墙能阻止未经授权的通信进出网络。

在大型组织中，防火墙常常安装在专用计算机上，与网络中的其他计算机分隔开。因此，任何传入请求都无法直接访问私有网络资源。目前有多种防火墙屏蔽技术，包括静态包过滤、状态检测、网络地址转换和应用代理过滤等。这些技术经常组合使用以提供防火墙保护。

包过滤（packet filtering）对在可信网络和互联网间来回流动的数据包标头的选定字段逐一检测。这种过滤技术可能漏掉许多类型的攻击。

状态检测（stateful inspection）检测数据包是否为发送方和接收方之间合法会话的一部分，以进一步加强安全检测。它建立状态表以跟踪多个数据包的信息。是否接收数据包取决于其所属会话是否经过授权或连接是否合法。

网络地址转换（Network Address Translation，NAT）可在使用静态数据包过滤和状态检测时提供另一层保护。网络地址转换能够隐藏组织内部主机的 IP 地址，防止防火墙外的嗅探器程序探测到主机并渗入内部系统。

应用代理过滤（application proxy filtering）检查数据包的应用内容。代理服务器能够拦截来自组织外部的数据包、进行检查并将代理传递到防火墙的另一端。外部用户如果希望与企业内部用户通信，首先要与代理应用程序通信，代理应用程序再与企业内部计算机建立通信。同样，组织内部的计算机用户也通过代理与外部计算机通信。

要建立一个完善的防火墙，管理员必须维护详细的内部规则，确定哪些人员、应用程序或地址的访问请求能够被允许或拒绝。防火墙可以阻止（但不能完全禁止）外部网络的渗透，应被视为整体安全计划的一个要素。

入侵检测系统

除防火墙外，商业安全软件供应商也提供入侵检测工具和服务，防范可疑的网络流量对文档和数据库的渗透。**入侵检测系统**（intrusion detection systems）具有实时监控工具，可在企业网络的薄弱点或热点持续检测并拦截入侵者。系统会在检测到可疑或异常事件时发出警报。扫描软件检测已知的计算机攻击模式（如错误密码攻击）、检查重要文件是否被篡改或删除，并发送恶意破坏或系统管理错误警告。入侵检测工具还可自定义在接收非法通信时关闭网络中高度敏感的部分。

反恶意程序软件

个人和企业的防御技术方案必须包括每台计算机的反恶意程序保护。**反恶意程序软件**（anti-malware software）能够检测、阻止并移除计算机病毒、计算机蠕虫、特洛伊木马、间谍软件和广告软件等恶意软件。但是，大多数反恶意程序软件只对软件编写时已知的恶意程序有效。为了保持有效性，软件必须不断更新，即便如此，反恶意程序软件也不总是有效，因为一些恶意程序可以逃避软件检测。组织需要使用额外的恶意程序检测工具获取更好的保护。

统一威胁管理系统

为帮助企业降低成本并提高可管理性，安全软件供应商已将多种安全工具集成到单个设备或云服务中，包括防火墙、虚拟专用网络、入侵检测系统、网页内容过滤和反垃圾邮件软件等。这些功能全面的安全管理产品被称为**统一威胁管理**（unified threat management，UTM）系统。领先的统一威胁管理供应商包括 Fortinent、Sophos 和 Check Point，思科系统和瞻博网络等网络供应商也在其产品中提供统一威胁管理功能。

8.4.3　无线网络保护

最初的 Wi-Fi 安全标准称为有线等效加密（Wired Equivalent Privacy，WEP），因为其加密密钥相对容易破解，故而缺乏有效性。2004 年 6 月，Wi-Fi 联盟行业贸易组织最终确定了 802.11i 规范（也称为 Wi-Fi 网络安全接入 2 或 WPA2），该规范用更强的安全标准取代了有线等效加密。目前最新的安全标准是 2018 年确定的 WPA3。新标准使密码更难被破解，通过个性化数据加密方式增强公共网络中的用户隐私保护。在访问内部数据时，企业可以将 Wi-Fi 与虚拟专用网络（VPN）技术结合，进一步提高 Wi-Fi 安全性。

8.4.4　加密和公钥基础设施

许多企业使用加密技术保护其存储的、物理传输的或通过互联网发送的数字信息。**加密**（encryption）是将纯文本或数据转换为密文的过程，除发送方和指定接收方之外的任何人都无法读取该密文。数据经过称为加密密钥的秘密数字代码加密，把普通数据转换成密文。加密信息必须由接收方进行解密。

SSL 和 S-HTTP 是加密网络流量的两种方式。**安全套接层协议**（Secure Sockets Layer，SSL）及其后续的传输层安全协议（Transport Layer Security，TLS）使客户端和服务器计算机能够在安全的网络会话中相互通信时管理加密和解密活动。**安全超文本传输协议**（Secure Hypertext Transfer Protocol，S-HTTP）是另一种用于加密网络数据流的协议，但它仅限于加密单个消息，而 SSL 和 TLS 能够在两台计算机之间建立安全连接。

互联网客户端浏览器和服务器内置安全会话功能。客户端和服务器协商使用何种密钥以及安全级别。一旦在客户端和服务器之间建立起安全会话，会话中的所有信息都将被加密。

对称密钥加密和公钥加密是两种常用的加密方法。在对称密钥加密中，发送方和接收方通过创建单个加密密钥建立安全的互联网会话。密钥会被传送给接收方，因此发送方和接收方共用同一密钥。加密密钥的强度由其位长决定，如今，一般的对称密钥长度为 56～256 位（56～256 个二进制数字组成的字符串），具体取决于所需的安全级别。密钥越长就越难被破解，但同时对合法用户处理信息的计算能力要求也越高。

所有对称加密方案的共同问题在于，密钥本身必须以某种方式在发送方和接收方之间共享，入侵者可能在传输过程中截获并破解密钥。另一种更安全的加密形式称为**公钥加密**（public key encryption），它使用两个密钥：一个共享密钥（公钥）和一个完全私有的密钥（私钥），如图 8-5 所示。两个密钥在数学上彼此相关，使用公钥加密的数据只能用私钥解密。为了发送和接收信息，通信双方必须先创建一对私钥和公钥。公钥保存在目录中，私钥则由用户秘密保存。发送方使用接收方的公钥加密消息，接收方在收到信息后用其私钥解密。

图 8-5 公钥加密

说明：公钥加密系统可视作一系列公钥和私钥，在传输数据时加密数据，在接收数据时解密数据。发送方在目录中找到接收方的公钥，并使用该公钥加密信息。信息会以加密形式在互联网或私有网络上传输。当加密信息到达目标地点后，接收方用自己的私钥解密数据并读取信息。

数字证书（digital certificates）是用于鉴定用户身份和电子资产以保护在线交易的数据文件（见图 8-6）。数字证书系统使用证书授权中心（certificate authority，CA）作为受信任第三方来验证用户身份。世界各国有许多证书授权中心，如赛门铁克（Symantec）、GoDaddy、科摩多（Comodo）等。

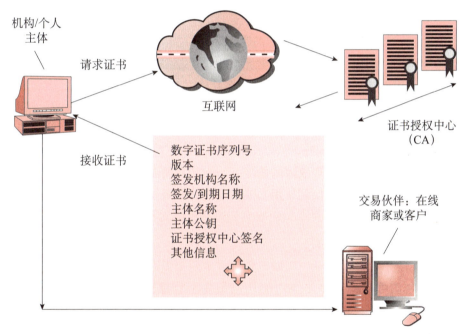

图 8-6 数字证书

说明：数字证书有助于确立用户和电子资产的身份。它们提供安全、加密的在线通信以保护在线交易。

证书授权中心离线验证数字证书用户的身份。信息存放在证书授权中心服务器，服务器生成包含所有者身份信息和公钥副本的加密数字证书，该证书验证公钥属于指定所有者。证书授权中心会打印或在互联网上公开公钥。加密信息的接收方利用证书授权中心的公钥对附加在信息上的数字证书进行解码，以验证该数字证书是由证书授权中心签发，然后从证书中获取发送方的公钥和身份信息。使用该信息，接收方可以发送加密回复。例如，数字证书系统可以使信用卡用户和商家在交换数据之前，验证他们的数字证书是否由授权的可信第三方签发。**公钥基础设施**（public key infrastructure，PKI）使用与证书授权中心共同工作的公钥加密技术，已广泛应用于电子商务。

8.4.5　使用区块链保护交易

本书第 6 章介绍了区块链技术，其作为一种保护交易和在多方之间建立信任的替代方法而备受关注。区块链是包含交易记录的一系列数字区块。每个区块都与之前和之后的区块相连接，区块链不断更新并保持同步。篡改单个记录十分困难，因为必须更改包含该记录的区块以及与其链接的所有区块才能避免被检测。

区块链交易一旦被记录，就无法更改。区块链中的记录通过加密技术保护，所有交易都被加密。区块链网络参与者创建的交易有分配的私钥，个人私钥同时充当个人数字签名。如果记录被更改，签名就会失效，区块链网络将立即检测到问题。由于区块链没有中心节点，因此不存在单点故障，也不能在单台计算机上对其篡改。区块链尤其适用于对安全性要求高且参与者彼此未知的环境。

8.4.6　确保系统可用性

随着企业运营和盈利越来越依赖数字网络，企业必须采取额外措施确保它们的系统和应用程序始终可用。例如，航空和金融服务行业的企业多年来一直使用容错计算机系统确保其关键应用程序能够持续在线处理交易。在**在线交易处理**（online transaction processing）中，在线输入的交易由计算机立即处理，每时每刻都会发生对数据库、报告和信息请求的大量更改。

容错计算机系统（fault-tolerant computer system）包含冗余的硬件、软件和电源组件，即使在一个或多个组件出现故障的情况下，也能不间断地提供服务。容错计算机能够检测硬件或软件故障并自动切换到备用功能。这些计算机组件可在不停机或不干扰系统运行的情况下修复组件。**停机时间**（downtime）是指系统无法运行的时间段。

安全外包

许多企业，尤其是小型企业，因缺乏资源或专业知识而无法自行提供安全、高可用性的计算环境。它们可以将许多安全功能外包给**安全管理服务提供商**（managed security service provider，MSSP），由后者负责监控网络活动、管理防火墙、执行漏洞检测以及检测病毒与入侵。SecureWorks、AT&T、威瑞森、IBM 和赛门铁克都是领先的安全管理服务提供商。

8.4.7　云计算和移动数字平台的安全问题

尽管云计算和新兴移动数字平台能为企业带来巨大收益，但它们也对系统安全性和可靠性提出了新的挑战。接下来将讨论其中的一些挑战及应对之策。

云计算安全

利用云计算平台处理业务时，保护敏感数据的责任和义务依然由拥有数据的企业承担，了解云服务提供商如何组织其服务并管理数据至关重要（参见"互动讨论：组织"）。

互动讨论：组织   **云计算是否安全？**

  过去几年，许多企业已经改变了它们的 IT 战略，将越来越多的应用程序和数据转移到公共云基础设施和平台上。然而，使用公共云打破了许多企业多年来建立的传统网络安全模式。企业需要修改其网络安全规范，以便在使用公共云服务时，既能保护关键数据，又能充分利用云服务的速度和灵活性。

  管理云服务的安全和隐私与管理传统 IT 基础设施类似。但是，风险可能有所不同，因为部分（但不是全部）安全责任转移给了云服务提供商。云服务的类别（IaaS、PaaS 或 SaaS）影响安全责任的划分方式。对于 IaaS，提供商通常提供并负责保护基本 IT 资源，如机器设备、存储系统和网络。云服务客户通常负责部署在云计算环境中的操作系统、应用程序和企业数据，这意味着云服务客户将承担保护应用程序和企业数据的主要责任。

  企业客户应仔细审查与云服务提供商签订的服务协议，确保其托管在云服务中的应用程序和数据能够得到保护，且符合安全性和合规性政策。但这不能解决全部的安全问题。尽管有些组织知道如何管理数据中心的安全，但在将计算工作转移到云端时，它们并不知道具体需要采取哪些行动。这些组织需要新的工具和技能从终端管理云计算安全，从而配置并启动云实例、管理身份和访问控制、更新安全控制以匹配配置更改以及保护计算任务和数据。许多 IT 部门存在一种误解，即它们不需要对云计算中发生的任何事件负责。企业必须更新数据中心的安全规范，以适应使用云服务的需求。使用云服务的组织通常需要在用户层、应用层和数据层运用额外的控制。

  云服务提供商的安全防护能力已经有了显著提高。亚马逊云服务几乎不存在安全性问题，它们对员工进行严格管理，包括监管员工每天的工作内容，指示服务团队通过工具和自动化限制员工对数据的访问。亚马逊还会轮换用于身份认证的安全凭证，频繁更改，有时几个小时就会修改。

  对于大多数企业而言，缺乏软件补丁或配置错误是云数据面临的最大威胁。许多组织遭到破坏的原因是，当新的漏洞被发现后，它们忽略了安装补丁或等待太久才能够安装补丁（参见本章上文对补丁管理的讨论和章末的案例研究）。没有配置云服务的安全控制也会导致企业面临安全漏洞威胁。一些用户会忘记设置 "AWS 存储桶" 的密码（存储桶是 AWS Simple Storage Solution S3 存储服务中的一个逻辑存储单元，存储桶用于存储由数据和描述数据的元数据构成的对象）。如果不了解亚马逊的基本安全功能，如基于资源的访问策略（访问控制列表）或存储桶权限检查，就会在无意中将数据暴露给公共互联网。

  金融出版商道琼斯公司（Dow Jones & Co.）于 2017 年 7 月披露，该公司多达 220 万客户的个人和财务信息可能遭到泄露，包括《华尔街日报》（*The Wall Street Journal*）和《巴伦周刊》（*Barron's*）的订阅用户。该泄露事件源于 AWS S3 安全存储库的配置错误。道琼斯公司原本打算通过互联网向特定客户提供半公开访问权限。然而，它最终向 "经过身份验证的用户" 授予通过 URL 下载数据的访问权限，包括任何注册（免费）AWS 账户的用户。Facebook、埃森哲（Accenture）、威瑞森、维亚康姆（Viacom）、特斯拉、优步科技等知名企业也都曾因错误配置 AWS S3 安全设置，泄露企业敏感信息。此类配置错误通常由缺乏安全经验的员工造成，而安全配置本应由经验丰富的 IT 专业人员完成。为了防止 AWS 存储桶配置错误，还需要制定政策，避免由粗心的或未经培训的员工造成的损害。

尽管客户可以自主选择云的安全配置，但亚马逊始终采取自己的措施来防止配置错误。2017 年 11 月，亚马逊更新了 AWS 仪表板，将 AWS S3 控制台的公共部分用亮橙色封装，云用户可以清晰获取存储桶及其对象的访问权限状态。这有助于云用户及时了解亚马逊 S3 存储桶正在向公众互联网开放。亚马逊还为存储在 AWS 存储桶中的所有对象添加了默认加密，并为跨区域复制添加了访问控制列表。亚马逊还提供 Zelkova 新工具以检查 AWS S3 的安全策略，帮助云用户了解哪种安全策略的安全等级更高。此外，Amazon Macie 是一项使用机器学习检测个人身份信息和知识产权的托管服务，自 2017 年 8 月起可用于 S3。

资料来源：Sue Poremba，"Moving to a Cloud Service? Don't Ditch Your Security Pros," *Security Boulevard*，January 8，2019；Sean Michael Kerner，"Facebook User Info Exposed in Misconfigured Public Cloud Storage," *eWeek*，April 4，2019；Oracle and KPMG，"Business-Critical Cloud Adoption Growing Yet Security Gaps Persist，Report Says," February 20，2019；Kathleen Richards，"New Cloud Threats as Attackers Embrace the Power of the Cloud," Search-CloudSecurity. com，April 3，2018；"AWS S3 Security Falls Short at High-Profile Companies," SearchCloudSecurity. com，April 2018；and "Making a Secure Transition to the Public Cloud," *McKinsey & Company*，*January* 2018.

案例分析问题

1. 云计算会带来哪些安全问题？这些安全问题有多严重？解释你的回答。
2. 哪些人员、组织和技术因素会影响云安全？云安全在多大程度上是一个管理问题？
3. 组织可以采取哪些措施提高其基于云的系统的安全性？
4. 企业是否应该在公共云上运行其关键业务系统？为什么？

云计算是高度分布式的。云应用位于大型远程数据中心和服务器群组上，为多个企业客户提供业务服务和管理数据。为了降低成本，云服务提供商通常将计算工作分配给全球各地能够最有效地完成该工作的数据中心。使用云计算时可能无法确切知道数据的托管位置。

几乎所有云服务提供商都使用加密技术确保数据传输安全。但是，如果数据存储设备还存储了其他企业的数据，那么确保数据存储加密也十分重要。云服务提供商尤其需要防范 DDoS 攻击，因为它会导致合法用户无法使用云服务。

企业通常希望系统能够实现全天候运行。尽管云服务提供商会偶尔中断，但其可靠性已经提高到足以让许多大型企业将云服务作为其 IT 基础设施的一部分。大多数企业将其关键系统部署在企业内部或私有云中。

云用户需要确认，无论其数据存储在哪里，数据保护等级都应达到企业要求。企业应确定云服务提供商对数据的存储和处理符合法律规定的相关保密条款。云用户应知道云服务提供商如何将其数据与其他企业的数据隔开，并有权要求云服务提供商证明加密机制的完善性。了解灾难事件发生时云服务提供商将如何响应、能否完全恢复用户数据、需要多长时间才能恢复也十分重要。云用户还需要了解云服务提供商是否接受外部审计和安全认证。这些控制内容应在与云服务提供商签署协议之前写入服务级别协议（service level agreement，SLA）中。云安全联盟（Cloud Security Alliance，CSA）已为云安全创建行业标准，并为保护云计算提供最佳实践。

移动平台保护

如果移动设备执行了计算机的许多功能，那么也需要像保护台式机和笔记本电脑一样保护移动设备免受恶意软件、盗用、意外丢失、未授权访问和黑客攻击的危害。访问企业系统和数据的移动设备需要特殊保护，企业应确保其安全策略涵盖移动设备，并提供支持、保护和使用移动设备的详细信息。企业需要移动设备管理工具对所有使用中的设备授权；维护全部移动设备、用户和应用程序的精确库存记录；控制应用程序更新；锁定或清空丢失或被盗设备以防止数据泄露。数据丢失防护技术可识别关键数据的存储位置、访问数据的人员、数据离开企业的方式以及数据去向。企业应制定指导方针，规定可用的移动平台和软件应用程序，以及远程访问企业系统所需的软件和程序。组织的移动安全规范应该禁止员工使用不安全的、基于消费者的应用程序传输和存储企业文件，或在没有加密的情况下使用电子邮件发送此类文件。企业应该尽可能加密通信，并要求所有移动设备用户使用智能手机的密码功能。

8.4.8 确保软件质量

除了实施有效的安全和控制措施，组织还应利用软件指标和严格的软件测试提高系统的质量和可靠性。软件指标是以量化的形式客观评估系统。信息系统部门和终端用户可持续使用软件指标共同测试系统性能，在问题发生时识别问题。软件指标的示例包括单位时间内可处理的业务数量、在线响应时间、每小时打印的工资单数量、每百行程序代码发现的错误数量。为了成功应用软件指标，需要精心设计度量方法，并客观、公正地使用。

尽早、定期、全面的测试能够显著提高系统质量。许多企业仅将测试作为证明其工作正确性的一种方法。实际上，所有大型软件都存在错误，测试的目的就是及时发现这些错误。

良好的测试甚至在编写软件程序之前就开始了，通过编码演练（walkthrough），即根据具体测试目标选择一组具备所需技能的人员，对规范或设计文档进行审查。当开发人员开始编写软件程序时，也可使用编码演练审查程序代码。然而，代码必须经过计算机运行测试。当程序出现错误时，可通过调试（debugging）找到错误根源将其消除。本书第12章将详细介绍将信息系统投入运营所需的各个测试阶段。

8.5 管理信息系统对职业生涯有何帮助？

以下内容说明了本书第8章将如何帮助读者找到身份认证与管理支持专家的入门工作。

8.5.1 企业

No. 1 Value Supermarkets 是一家总部位于得克萨斯州普莱诺的大型连锁超市，现招聘一名身份认证与管理支持专家。该公司在得克萨斯州23个城市拥有59家零售店，员工超过8 000人，每周购物人次近100万。

8.5.2　岗位描述

身份认证与管理支持专家将负责监控公司的身份管理系统，确保公司的身份管理符合审计和安全控制要求。该职位直接向公司安全运营经理报告。工作职责包括：
- 执行身份管理系统与业务应用程序集成的数据完整性测试；
- 集成 Windows Active Directory 文件与身份管理系统；
- 维护系统用户身份和权限信息。

8.5.3　招聘要求

- 学士学位；
- 熟练使用计算机；
- 多任务处理和独立工作能力；
- 注重细节；
- 良好的时间管理能力；
- 具备与技术人员和非技术人员沟通的能力。

8.5.4　面试问题

1. 你对身份认证和身份管理了解多少？你是否使用过身份管理系统或其他 IT 安全系统？你使用这些系统做了哪些工作？
2. 你是否使用过 Windows Active Directory？你使用这个软件做过哪些工作？
3. 在确保数据完整性方面，你拥有哪些专业知识和相关经验？
4. 请举例说明你如何同时处理多项任务并进行时间管理。
5. 请说明你掌握的计算机技能和使用过的软件工具。

8.5.5　作者建议

1. 回顾本章的最后两节，特别是对身份管理和身份认证的讨论。同时回顾本书第 6 章对数据完整性和数据质量的讨论。
2. 使用网络查找有关身份管理、数据完整性测试、身份管理软件工具和 Windows Active Directory 的更多信息。
3. 使用网络了解更多有关公司的信息，如公司使用的系统类型以及可能使用这些系统的人。

本章小结

1. 为什么信息系统容易遭受破坏、出错和滥用？

数字信息易受到损坏、滥用、错误、欺诈以及硬件或软件故障的影响。互联网是一个开放系统，组织内部系统更易受到外部行为的影响。黑客能发动拒绝服务（DoS）攻击或入侵企业网络，造成严重的系统中断。入侵者使用嗅探器程序很容易入侵 Wi-Fi 网络，获取访问网络资源的地址。恶意软件会禁用系统和网站，主要攻击目标是移动设备。云计算的分散性导致难以跟踪未授权的活动或远程控制。软件出现问题，是因为软件漏洞可能无法完全消除，且容易被黑客和恶意软件利用。终端用户常常将错误引入系统。

2. 安全与控制的商业价值是什么？

缺乏健全的安全和控制措施，可能导致依赖计算机系统处理核心业务的企业损失销售额和生产力。如果员工档案、商业机密或商业计划等机密的企业信息资产被泄露给外部人员，可能会使企业承担法律责任并造成重大损失。《健康保险流通与责任法案》《萨班斯-奥克斯利法案》《格雷姆-里奇-比利雷法案》等美国法律要求企业实行严格的电子记录管理，并遵守严格的安全、隐私和控制标准。一些法律行为需要电子证据和计算机取证，这也要求企业更加重视安全和电子记录管理。

3. 安全与控制的组织框架有哪些组成要素？

企业需要为其信息系统建立一套完善的通用控制和应用控制方案。风险评估需要评估信息资产、识别控制点和控制缺陷，并确定最具成本效益的控制方法。企业还必须制定一致的安全策略和计划，在灾难或中断发生时保证业务持续运营。安全策略包括可接受使用策略和身份管理策略。全面彻底的信息系统审计有助于组织确定其信息系统安全和控制的有效性。

4. 哪些重要工具和技术能够保护信息资源？

防火墙防止未授权的用户通过互联网访问私有网络。入侵检测系统监测私有网络中试图访问企业系统的可疑网络流量。密码、令牌、智能卡和生物识别技术都可用于系统用户认证。反恶意程序软件检查计算机系统是否受到病毒或蠕虫的感染，并将其消除。加密，即对信息进行编码和打乱，是一种广泛使用的技术，用于保护未受保护的网络上的电子传输。区块链技术使企业能够在没有中央授权的情况下在网络上创建并验证防篡改交易。将数字认证与公钥加密技术相结合以验证用户身份，能够进一步保护电子交易。企业可以使用容错计算机系统确保信息系统始终可用。使用软件指标和严格的软件测试有助于提高软件质量和可靠性。

 课后习题

1. 为什么信息系统容易遭受破坏、出错和滥用？
- 列举并描述当代信息系统面临的常见威胁。
- 定义恶意软件并区分病毒、蠕虫和特洛伊木马。
- 定义黑客，说明黑客如何制造安全问题和破坏系统。
- 定义计算机犯罪，提供两个以计算机为犯罪目标和将其作为犯罪工具的例子。
- 定义身份盗用和网络钓鱼，解释为什么身份盗用是一个大问题。
- 描述员工造成的安全和系统可靠性问题。
- 解释软件缺陷如何影响系统可靠性和安全性。

2. 安全与控制的商业价值是什么？
- 解释安全和控制如何为企业提供价值。
- 描述安全和控制与美国政府监管要求及计算机取证之间的关系。

3. 安全与控制的组织框架有哪些组成要素？

- 定义通用控制，描述其包含的各种类型。
- 定义应用控制，描述其包含的各种类型。
- 描述风险评估功能，说明如何对信息系统进行风险评估。
- 定义并描述安全策略、可接受使用策略和身份管理。
- 解释信息系统审计如何强化安全和控制。
4. 哪些重要工具和技术能够保护信息资源？
- 列举并描述三种身份认证方法。
- 描述防火墙、入侵检测系统和反恶意软件对提升系统安全的作用。
- 解释加密如何保护信息。
- 描述加密和数字证书在公钥基础设施中的作用。
- 区分灾难恢复计划和业务连续性计划。
- 识别并描述云计算和移动计算带来的安全问题。
- 描述提高软件质量和可靠性的措施。

 讨论

1. 信息系统安全不仅仅是一个技术问题，还是一个商业问题。请讨论你对这句话的理解。

2. 你会从何处着手为企业制订业务连续性计划？该计划将解决企业哪些方面的问题？

3. 假设你所在的企业在其电子商务网站上销售商品并接受信用卡付款。讨论该网站面临的主要安全威胁及其潜在影响。如何将这些威胁降至最小？

商业问题解决案例

艾可菲黑客攻击是否"后无来者"？

艾可菲（Equifax）是美国三大征信机构之一（另外两个是环联（Trans Union）和益博睿（Experian）），维护大量的个人和财务数据，供贷款机构在消费者申请信用卡、抵押贷款或其他贷款时确定其信用。据其网站介绍，该公司掌握全球超过 8.2 亿名消费者和 9 100 多万家企业的数据，并管理一个包含 7 100 多家企业员工信息的数据库。这些数据由银行和其他企业直接提供给艾可菲和其他征信机构。对于征信机构如何收集并存储他们的个人和财务数据，消费者几乎没有选择余地。

艾可菲掌握了最全面的个人数据。如果说有哪家企业需要对其信息系统进行严密的安全保护，艾可菲等征信机构责无旁贷。但不幸的是，事实并非如此。

2017 年 9 月 7 日，艾可菲报告称，从 2017 年 5 月中旬到 7 月，黑客已经获得其部分系统的访问权限，可能窃取了约 1.43 亿美国消费者的个人信息，包括社会保障号码、驾照号码和签发日期等。此外，20.9 万名消费者的信用卡号码和 18.2 万名消费者的个人信息也被泄露。艾可菲向执法部门报告了这一安全事故，并聘请了一家网络安全公司进行调查。此次泄密事件的规模、严重性和个人信息泄露的数量是前所未有的。

美国证券交易委员会的文件显示，在艾可菲发现这一漏洞后，包括首席财务长甘布尔在内的三名高管立即出售了价值 180 万美元的股票。但公司发言人声称，三名高管在 8 月 1 日和 8 月 2 日出售股票时并不知道发生了入侵事件。彭博社（Bloomberg）报道称，此次股票出售并未提前计划。2017 年 10 月 4 日，艾可菲首席执行官理查德·史密斯在国会作证，并为该泄密事件道歉。

艾可菲数据泄露的规模仅次于 2013 年的雅虎泄露事件，后者影响了雅虎全部 30 亿用户的数据。由于艾可菲存储的大量敏感的个人和财务数据被盗，而这些数据可用于保护消费者银行账户、医疗记录和贷款融资，艾可菲泄露事件的后果将十分严重。黑客一举盗取了多项重要的个人信息，可能使用这些信息进行诈骗。高德纳咨询公司的欺诈分析师阿维娃·利坦称，如果消费者面临的风险等级用 1～10 来衡量，那么此次事件评级为 10。

2005 年艾可菲上市后，首席执行官史密斯将公司从一家增长缓慢的信用报告公司（每年增长 1%～2%）转变为全球数据巨头。艾可菲收购了拥有消费者就业历史、储蓄记录和工资信息数据库的公司，并在国际上进行扩张。该公司买卖数据片段，使贷款机构、房东和保险公司能够决定是否发放贷款、出租公寓和雇用求职者。艾可菲已转型为一家利润丰厚的公司，拥有价值 12 万亿美元的消费者财富数据。2016 年，公司收入达到 31 亿美元。

据其竞争对手披露，艾可菲并没有在快速发展下同步提升其技术能力。艾可菲似乎更关注将日益增长的数据商业化。艾可菲积极的扩张战略和数据积累造就了复杂的 IT 环境。艾可菲核心信息系统的复杂性和陈旧性使 IT 安全面临巨大挑战。

黑客窃取了艾可菲系统的访问权限，系统内存有客户姓名、社会保障号码、出生日期和住址。申请信用卡和个人贷款等各种消费信贷时，通常需要提供这四项信息。掌握这些数据的犯罪分子可以冒充他人身份以获得贷款批准。信贷专家、前艾可菲经理约翰·乌尔茨海默将这一泄露事件称为"噩梦"，因为个人身份的四个关键信息都遭到泄露。

这次黑客攻击源于 Apache Struts 的一个已知漏洞，这是艾可菲和其他企业用于搭建网站的开源软件。该漏洞于 2017 年 3 月公开确认，对应的修复补丁同时发布。这意味着艾可菲在入侵发生前两个月就掌握了消除此漏洞的信息，但它坐以待毙。

早在发生大规模黑客袭击之前，艾可菲的安全系统就曾多次暴露出漏洞。一名黑客在 2013 年 4 月至 2014 年 1 月期间访问了其信用报告数据。艾可菲发现，2015 年软件变更期间发生的"技术错误"导致部分消费者数据泄露。2016 年和 2017 年的黑客事件泄露了艾可菲公司存储的消费者 W-2 表格的信息。此外，艾可菲在 2017 年 2 月披露，一个"技术问题"泄露了一些使用 LifeLock 防止身份盗用服务的消费者的信用信息。

2017 年早些时候，四家企业根据公开信息对美国征信企业的安全状况进行了分析，结果显示，在对于传输消费者敏感信息的网站的基础维护上，艾可菲较为落后。网络风险分析公司 Cyence 认为，艾可菲在未来 12 个月将有 50% 的概率发生数据泄露。调查还发现，与其他金融服务企业相比，艾可菲的表现也不够好。尽管其他的分析给予艾可菲更高的总体排名，但都认为艾可菲在整体网络服务安全、应用程序安全和软件补丁方面表现不佳。

专注于信用评分服务的数据分析公司费埃哲（Fair Isaac Corporation，FICO）在一项安全分析中发现，截至 7 月 14 日，艾可菲运营的面向公众的网站存在证书过期、证书链接错误或其他网络安全问题。证书用于验证用户与网站的连接是否合法且安全。

外部安全分析的结果与艾可菲高管宣称的网络安全是首要任务的说法明显相互矛盾。艾可菲高管此前曾表示，网络安全是公司支出增长最快的领域之一。在发现黑客攻击数周后举行的投资者发布会上，艾可菲的高管们还鼓吹了公司对于安全的重视。

艾可菲没有透露此次攻击的细节，但原因要么是其数据库没有加密，要么是黑客利用了应用程序漏洞获取了数据访问权限。专家们认为（也希望）黑客无法访问艾可菲所有的加密数据库，无法凭此匹配驾照或社会保障号码等信息来建立一个完整的身份盗用数据档案。

艾可菲管理层表示，尽管黑客可能窃取了大约 1.43 亿美国消费者的数据，但在公司的核心信用报告数据库中并未发现任何未经授权的活动的证据。黑客攻击在消费者、金融机构、隐私倡导团体和媒体中引发了轩然大波。艾可菲的股票市值下跌了三分之一，艾可菲首席执行官史密斯辞职，首席安全官（CSO）和首席信息官（CIO）也离开了公司。银行不得不更换约 20.9 万张在事故中被盗的信用卡，这是一笔重大开支。有关诉讼正在进行中。

不幸的是，消费者将承担最严重的后果，因为泄露社会保障号码、居住地址、债务记录、出生日期等唯一识别个人身份的信息可能会产生永久性影响。这些关键的个人数据可能会在暗网上流传多年，供不法分子进行身份盗用。这类信息将帮助黑客回答访问金融账户时需要的一系列安全验证问题。世界隐私论坛（World Privacy Forum）执行董事帕梅拉・迪克森表示："这已经是最糟糕的情况了。"如果你有信用报告，那么至少有 50％ 的信息可能在这次泄露事件中被窃取。

尽管在时任美国政府的领导下，监管环境可能会变得更加宽松，但数据泄露事件仍然使艾可菲面临法律和财务挑战。不过这种监管过于宽松，艾可菲等征信机构并没有受到严格监管。考虑到被泄露数据的规模及其影响，对泄密的处罚几乎微不足道。目前还没有联邦政府批准的数据存储的保险或审计系统，就像联邦存款保险公司（Federal Deposit Insurance Corporation）在损失发生后为银行提供保险那样。对于许多类型的数据，几乎不需要持有监管牌照就可以存储个人身份信息。在许多情况下，服务条款文件也会保护企业免受违反法律的影响。

专家表示，任何监管机构都不太可能因这次泄露事件而关停艾可菲，因为艾可菲对美国金融体系至关重要。负责监管艾可菲的两家监管机构——联邦贸易委员会和消费者金融保护局（Consumer Financial Protection Bureau），拒绝就任何可能对艾可菲施行的违规处罚发表评论。

即使发生了史上最严重的数据泄露事件，艾可菲依然能够像往常一样继续开展业务。问题波及的范围更加广泛。公共政策并无良方来严惩未能保护用户数据的企业。许多国家允许金融公司、科技公司、医疗机构、广告商、保险公司、零售商和政府机构使用大量个人信息数据库。

艾可菲为消费者提供的补救措施非常薄弱。用户可登录艾可菲网站查看其信息是否被泄露，网站要求用户提供他们的姓氏和社会保障号码的后六位数字。但即使他们这样做，也不一定知道自己是否受到了影响。艾可菲改为提供注册日期用于其保护服务，为 2017 年 11 月之前注册的消费者提供为期一年的免费信用保护服务。显然，所有这些措施都无济于事，因为在未来几年里，被盗的个人数据将持续提供给暗网上的黑客。参与网络战的政府可使用这些数据填充详细的个人和医疗信息数据库，这些数据库也可以用于勒索或在未来发动攻击。讽刺的是，艾可菲要求用户必须放弃向艾可菲索赔损失的合法权利才能使用信用保护服务，而艾可菲却没有受到惩罚。2018 年 3 月 1 日，艾可菲宣布，此次泄露内容还包括 240 万美国人的姓名和驾照号码信息。

2018 年底，美国众议院监督和政府改革委员会发布了一份关于艾可菲泄露事件的报告。该报告认为，这起事故本来"完全可以预防"，归咎于艾可菲未能实施适当的安全计划来保护敏感数据。但政府当局既没有制裁艾可菲，也没有解决此次事件暴露出的更深层的全行业缺陷。自黑客入侵事件发生以来，艾可菲已经支出了超过 10 亿美元的诉讼和罚款费用，并不得不支付高达 7 亿美元的和解金以解决数据泄露引发的调查和诉讼。目前，艾可菲照常开展业务。

恶性数据泄露事件不断发生。但即使泄露数据涉及数千万或数亿人，艾可菲和雅虎等遭到黑客攻击的企业仍在继续运营。黑客事件不会就此停止，甚至以后还会有更多。企业需要投入更多的精力，将安全性规范应用于其 IT 基础设施和系统开发活动的各个方面。利坦表示，为了防止艾可菲这样的数据泄露事件再次发生，企业需要多层安全控制，并且需要做好当前安全措施失效的准备。

资料来源：Dave Sebastian and AnnaMaria Andriotis, "Equifax to Pay Up to \$700 Million in Data Breach Settlement," *Wall Street Journal*, July 22, 2019；"The Unfinished Business of the Equifax Hack," Bloomberg, January 29, 2019；Financial Tips, "The Equifax Hack Affects Millions," April 9, 2019；Ethhack, "Equifax Knowledge Breach Restoration Prices Go \$1 Billion," Ethhack. com, May 14, 2019；Michael Heller, "Equifax Breach Report Highlights Multiple Security Failures," SearchSecurity. com, December 12, 2018；Selena Larson, "Equifax Says Hackers Stole More than Previously Reported," CNN, March 1, 2018；AnnaMaria Andriotis and Michael Rapoport, "Equifax Upends CEO's Drive to Be a Data Powerhouse," *Wall Street Journal*, September 22, 2017；AnnaMaria Andriotis and Robert McMillan, "Equifax Security Showed Signs of Trouble Months Before Hack," *Wall Street Journal*, September 26, 2017；Tara Siegel Bernard and Stacy Cowley, "Equifax Hack Exposes Regulatory Gaps, Leaving Customers Vulnerable," *New York Times*, September 8, 2017；Farhad Manjoo, "Seriously, Equifax? This Is a Breach No One Should Get Away With," *New York Times*, September 8, 2017；Eileen Chang, "Why Equifax Breach of 143 Million Consumers Should Freak You Out," thestreet. com, September 8, 2017；and Nicole Perlroth and Cade Metz, "What We Know and Don't Know About the Equifax Hack," *New York Times*, September 14, 2017.

案例分析问题

1. 识别并描述本例中讨论的安全和控制弱点。
2. 哪些人员、组织和技术因素导致了这些问题？
3. 讨论艾可菲数据泄露造成的影响。
4. 如何防止未来发生类似的数据泄露事件？解释你的回答。

参考文献

Akamai Technologies. "What Is Malware?" www.akamai.com, accessed June 27, 2019.

Anderson, Chad, Richard L. Baskerville, and Mala Kaul. "Information Security Control Theory: Achieving a Sustainable Reconciliation Between Sharing and Protecting the Privacy of Information." *Journal of Management Information Systems* 34, No. 4 (2017).

Bauer, Harald, Ondrej Burkacky, and Christian Knochenhauer. "Security in the Internet of Things." *McKinsey and Company* (May 2017).

Bose, Idranil, and Alvin Chung Man Leung. "Adoption of Identity Theft Countermeasures and Its Short- and Long-Term Impact on Firm Value." *MIS Quarterly* 43, No. 1 (March 2019).

Carson, Brant, Giulio Romanelli, Patricia Walsh, and Askhat Zhumaev. "Blockchain Beyond the Hype: What Is the Strategic Business Value?" *McKinsey and Company* (June 2018).

Cloud Standards Customer Council. "Security for Cloud Computing: Ten Steps to Ensure Success, Version 3.0" (December 2017).

Cram, W. Alec, John D'Arcy, and Jeffrey G. Proudfoot. "Seeing the Forest and the Trees: A Meta-Analysis of the Antecedents to Information Security Policy Compliance." *MIS Quarterly* 43, No. 2 (June 2019).

Esteves, Jose, Elisabete Ramalho, and Guillermo de Haro. "To Improve Cybersecurity, Think Like a Hacker." *MIT Sloan Management Review* (Spring 2017).

Federal Bureau of Investigation. "2018 Internet Crime Report" (2018).

Fernandez, Manny, David E. Sanger, and Marina Trahan Martinez. "Ransomware Testing Resolve of Cities Across America." *New York Times* (August 22, 2019).

Goode, Sigi, Hartmut Hoehle, Viswanath Venkatesh, and Susan A. Brown. "User Compensation as a Data Breach Recovery Action: An Investigation of the Sony PlayStation Network Breach." *MIS Quarterly* 41, No. 3 (September 2017).

Gwebu, Kholekile L., Jing Wang, and Li Wang. "The Role of Corporate Reputation and Crisis Response Strategies in Data Breach Management." *Journal of Management Information Systems* 35, No. 2 (2018).

Hui, Kai-Lung, Seung Hyun Kim, and Qiu-Hong Wang. "Cybercrime Deterrence and International Legislation: Evidence from Distributed Denial of Service Attacks." *MIS Quarterly* 41, No. 2 (June 2017).

Iansiti, Marco, and Karim R. Lakhani. "The Truth About Blockchain." *Harvard Business Review* (January–February 2017).

Javelin Strategy & Research. "2019 Identity Fraud Study" (March 6, 2019).

Kaminski, Piotr, Chris Rezek, Wolf Richter, and Marc Sorel. "Protecting Your Digital Assets." *McKinsey & Company* (January 2017).

Kaspersky Lab. "Kaspersky Finds Mobile Malware Attacks Doubling from 2018." *TechBarrista* (March 12, 2019).

Kerner, Sean Michael. "Microsoft Patches Out-of-Band Zero-Day Security Flaw for IE." *eWeek* (December 20, 2018).

Kwon, Juhee, and M. Eric Johnson. "Meaningful Healthcare Security: Does Meaningful-Use Attestation Improve Information Security Performance?" *MIS Quarterly* 42, No. 4 (Decmber 2018).

Liang, Huigang, Yajiong Xue, Alain Pinsonneault, and Yu "Andy" Wu. "What Users Do Besides Problem-Focused Coping When Facing IT Security Threats: An Emotion-Focused Coping Perspective." *MIS Quarterly* 43, No. 2 (June 2019).

McMillan, Robert. "How the Capital One Hacker Stole Reams of Unsecured Data from the Cloud." *Wall Street Journal* (August 4, 2019a).

————. "Microsoft Announces a Monster Computer Bug in a Week of Them." *Wall Street Journal* (May 15, 2019b).

Menard, Philip, Gregory J. Bott, and Robert E. Crossler. "User Motivations in Protecting Information Security: Protection Motivation Theory Versus Self-Determination Theory." *Journal of Management Information Systems* 34, No. 4 (2017).

Moody, Gregory D., Mikko Siponen, and Seppo Pahnila. "Toward a Unified Model of Information Security Policy Compliance." *MIS Quarterly* 42, No. 1 (March 2018).

Oracle and KPMG. "Oracle and KPMG Cloud Threat Report" (2019).

Panda Security. "Cybersecurity Predictions 2019" (2018).

Panko, Raymond R., and Julie L. Panko. *Business Data Networks and Security*, 11th ed. Upper Saddle River, NJ: Pearson (2019).

Ponemon Institute. "Ninth Annual Cost of Cybercrime Study" (March 6, 2019).

——————. "2018 Cost of Data Breach Study" (2018).

Rothrock, Ray A., James Kaplan, and Friso Van der Oord. "The Board's Role in Managing Cybersecurity Risks." *MIT Sloan Management Review* (Winter 2018).

Samtani, Sagar, Ryan Chinn, Hsinchun Chen, and Jay F. Nunamaker. "Exploring Emerging Hacker Assets and Key Hackers for Proactive Cyber Threat Intelligence." *Journal of Management Information Systems* 34, No. 4 (2017).

Symantec. "Internet Security Threat Report" (February 2019).

Venkatraman, Srinivasan, M. K. Cheung, Christy Lee, W. Y. Zach, Fred D. Davis, and Viswanath Venkatesh. "The "Darth" Side of Technology Use: An Inductively Derived Typology of Cyberdeviance." *Journal of Management Information Systems* 35, No. 4 (2018).

Wang, Jingguo, Zhe Shan, Manish Gupta, and H. Raghav Rao. "A Longitudinal Study of Unauthorized Access Attempts on Information Systems: The Role of Opportunity Contexts." *MIS Quarterly* 43, No. 2 (June 2019).

Yin, Hao Hua Sun, Klaus Langenheldt, Mikkel Harlev, Raghava Rao Mukkamala, and Ravi Vatrapu. "Regulating Cryptocurrencies: A Supervised Machine Learning Approach to De-Anonymizing the Bitcoin Blockchain." *Journal of Management Information Systems* 36, No. 1 (2019).

Young, Carl S. "The Enemies of Data Security: Convenience and Collaboration." *Harvard Business Review* (February 11, 2015).

Yue, Wei T., Qiu-Hong Wang, and Kai-Lung Hui. "See No Evil, Hear No Evil? Dissecting the Impact of Online Hacker Forums." *MIS Quarterly* 43, No. 1 (March 2019).

第 3 篇

数字化时代的关键系统应用

第 3 篇探讨了企业目前用于提高运营水平和决策能力的核心信息系统应用。这些应用包括企业系统、供应链管理系统、客户关系管理和人工智能系统、电子商务应用以及商业智能系统。本部分将回答如下问题：企业应用系统如何提升企业的业务绩效？企业如何利用电子商务扩大业务范围？企业如何利用信息系统提升决策水平并从人工智能中获益？

第 9 章：实现卓越运营和亲密的客户关系：企业应用
第 10 章：电子商务：数字市场与数字商品
第 11 章：提高决策能力和管理人工智能

第 **9** 章 实现卓越运营和亲密的客户关系：企业应用

➡ **学习目标**

阅读完本章，你将能够回答以下问题：

1. 企业系统如何帮助企业实现卓越运营？
2. 供应链管理系统如何协调计划、生产和物流配送？
3. 客户关系管理系统如何帮助企业提升与客户的亲密度？
4. 企业应用带来哪些挑战？企业应用如何利用新技术？
5. 管理信息系统对职业生涯有何帮助？

雅芳"美化"其供应链系统

雅芳（Avon）是美国历史最悠久的美妆公司，至今已有 130 多年的历史。它生产和销售化妆品、香水、洗浴用品、配饰、服装和各种家居装饰用品。雅芳还是全球领先的美容及相关产品直销商，在 143 个国家拥有 600 万名上门推销员，年收入超过 80 亿美元。雅芳还通过互联网和实体店等其他渠道销售。

为了在竞争激烈、瞬息万变的行业中生存，同时也为激励销售代表、刺激销售，雅芳每隔几周就会推出新产品和促销活动。只有做到预测市场趋势和客户偏好，迅速作出反应，雅芳才能不断取得成功。雅芳每天需要几乎零差错处理多达五万个订单，其仓库也要保持库存充足，在接单后迅速将货物发往世界各地。

但长期以来，雅芳的全球供应链表现得并不尽如人意。雅芳最近扩大了在欧洲、中东和非洲的业务，但没有建立一个负责整个公司订购、库存和供应计划的中央计划职能部门。雅芳在德国、英国和波兰的三家工厂的生产计划高度依赖手工操作，缺乏灵活性，无法支持雅芳在新市场的增长。

为了提高公司管理产品状态和库存的能力，雅芳采用了 JDA 软件提供的制造和智能处理解决方案，集中规划全球范围内的订购、库存和供应。该软件帮助雅芳在面临产品生命周期缩短、季节性波动、销售渠道众多、频繁促销和购物者偏好不断变化等挑战时，能够实现准确预测。JDA 软件的智能处理功能可帮助公司作出具有高回报率的高效分销决策。该软件能够降低库存水平及成本，改善客户服务，支持更敏捷、更高利润回报和更快响应的运营，从而同时满足雅芳在多个市场的需求。

JDA 软件从雅芳的多个市场收集有关库存、未来销售需求、运输计划和销售历史的供应链数据，基于这些数据和高级规划参数来创建公司的战略分销和生产计划。该系统还为雅芳提供了一份有关库存不平衡、服务风险和运输要求的清单。雅芳现在可以简化跨境订单处理并更快地响应客户的需求变化。

JDA 的灵活性及其高级规划和分销功能，使雅芳能够通过单一系统满足不同类型市场的需求。雅芳花费四个月的时间将 JDA 软件应用于欧洲、中东和非洲（EMEA）的 29 个市场，并在 EMEA 地区提供八种语言的培训。自采用 JDA 供应链解决方案以来，雅芳不仅降低了客户服务成本，还将客户服务满意度提高到 99.5%。库存水平在短短六个月内下降了 17%，库存成本相应降低了 2 000 万美元。雅芳现在全面掌握其供应链的情况，从而能够更轻松地进入新的国家和市场。

资料来源： "Avon: Supply Chain Makeover," https://jda.com, accessed March 18, 2019; https://about.avon.com, accessed March 18, 2019; James Henderson, "Avon Announces Progress on Its Supply Chain Transformation Initiative," *Supply Chain Digital*, September 4, 2018.

雅芳在全球多渠道市场上所面临的计划、库存和供应问题，充分说明了供应链管理系统在商业中的关键作用。雅芳的经营业绩无法获得提升的原因，是它在全球不同市场上无法实现产品供给和不断变化的需求之间的平衡。雅芳原有的供应链系统高度依赖手工操作且缺乏灵活性，无法支持雅芳在新市场的增长。客户订购的产品可能存在缺货情况。这种供需不平衡会导致公司或是持有过多的库存，或是无法满足客户的订单，无法在正确的时间或地点完成销售。

下图指出了上述案例和本章的要点。雅芳所在的全球美妆行业，客户的偏好变化迅速，需求十分不稳定。因此，公司必须快速推出吸引客户的新产品。雅芳的供应链庞大而复杂，需要为全球不同地区的客户提供订购服务。雅芳的传统供应链系统无法协调全球范围内的订单需求、产品库存和供应计划。JDA 软件工具提供的供应链规划及相关功能，使得雅芳管理层更容易获取和分析需求数据，从而更好地预测市场、规划库存和实施生产。升级的供应链管理系统大大提高了全球企业的决策制定和运营效率。

思考以下问题：低效率的供应链对雅芳的商业模式有什么影响？JDA 软件工具如何改进了雅芳的经营方式？

9.1 企业系统如何帮助企业实现卓越运营？

在全球范围内，企业内部和企业间的联系日益增强。当某个客户下了一笔大订单，或者供应商供货延迟时，企业一定希望能够快速反应。尤其是经营一家大型企业时，还要及

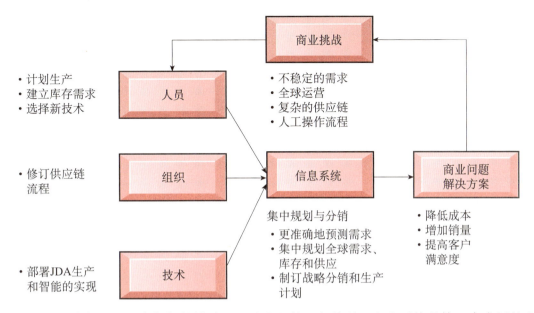

时了解这些事件对企业各部门的影响，以及企业的运行状况。企业系统是第2章介绍的企业应用之一，它提供的集成功能使上述需求成为可能。本节将介绍企业系统如何工作以及它对企业有何帮助。

9.1.1 什么是企业系统？

假设企业内同时存在着几十甚至上百个数据库和系统，但这些数据库及系统彼此之间互不相连。企业有十条不同的生产线，每一条生产线都在不同的工厂里生产，且每个工厂由独立的、不兼容的系统控制生产、仓储和分销。

同时，管理者的决策往往是基于手工报告完成的，报告的信息严重滞后，因此很难了解整个企业的运行状况。销售人员常常无法判断客户订购的产品是否有库存，生产部门也不能直接根据销售数据制订新的生产计划。因此企业需要一个特殊的企业系统进行信息整合。

我们在第2章已经介绍过企业系统，它由一套集成的软件模块和一个通用的中央数据库组成，也被称为企业资源计划（ERP）系统。中央数据库从企业各个部门（如生产制造、财务会计、市场营销以及人力资源等部门）收集大量关键业务流程数据，为组织内的各种业务活动提供数据支持。一旦新的信息被输入企业系统，其他所有的业务流程就可以立即使用该信息（见图9-1）。

如果销售代表向系统提交了一份轮辋的订单，系统会验证该客户的信贷额度，安排发货、确定最佳运输路线，并在库存中预设需求信息。如果当前库存不足以满足订单，系统将调度生产更多的轮辋，从供应商处订购所需的材料和部件。有关销售和生产的预测信息会据此立即更新。企业的总账和现金流也会根据订单的收入和成本自动更新。用户进入系统后，可以随时追踪订单的进程。管理层也可以随时获得企业运行状况的信息，并根据系统生成的相关数据，进行产品成本和利润的管理分析。

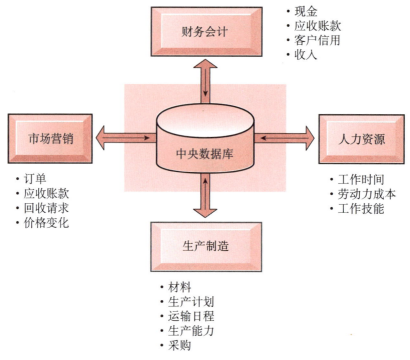

图9-1 企业系统的工作原理

说明：企业系统由一系列集成的软件模块和一个中央数据库组成，使数据能在企业不同的业务流程和职能部门中共享。

9.1.2 企业软件

企业软件（enterprise software）是根据上千个预定义的实践效果最好的企业流程开发的。表9-1描述了企业软件支持的一些主要业务流程。

表9-1 企业系统支持的业务流程

财务会计流程	包括总账、应付账款、应收账款、固定资产、现金管理和预测、产品成本会计、成本中心会计、资产会计、税务会计、信贷管理和财务报表
人力资源流程	包括人事管理、工时管理、工资、人事规划与发展、福利核算、应聘跟踪、时间管理、薪酬管理、人力规划、绩效管理和差旅费用报告
生产制造流程	包括采购计划、库存管理、采购运输、生产计划、生产调度、物料需求计划、质量控制、配送、运输执行和工厂及设备维护
市场营销流程	包括订单处理、报价、合同、产品配置、定价、账单、信用检查、激励和奖金管理、销售计划

企业如果要采用此类软件，首先需要选择希望使用的功能，随后在预定义业务流程中绘制出本企业需要的业务流程。企业可以通过软件制造商提供的配置表，根据自身业务模式修改系统。例如，企业可以通过配置表选择是否根据产品线、地理位置或者分销渠道跟踪收入。

如果企业软件不支持企业的运营方式，企业可以重写部分软件功能以支持其业务流程。但是，企业软件通常极其复杂，大量的定制可能会降低系统性能，影响整合信息和流程的核心功能。企业如果想要充分发挥企业软件的作用，就必须改变原有的业务处理方式，以匹配软件中定义的业务流程。

为了实施新的企业系统，Tasty Baking 公司首先识别现有的业务流程，然后将其转换为思爱普 ERP 软件中选择的业务流程。为了确保企业软件发挥最大性能，Tasty Baking 公司对思爱普软件做了极少的更改，仅进行不到 5% 的系统定制，尽可能多地使用思爱普软件自带的工具和功能。思爱普企业软件中设置了 3 000 多个配置表。

领先的企业软件供应商包括思爱普、甲骨文、IBM、Infor Global Solutions 和微软。它们针对中小型企业和云计算服务提供商，分别提供不同版本的企业软件包（见 9.4 节）。

9.1.3　企业系统的商业价值

企业系统的商业价值主要体现在两个方面：一是提高企业运营效率；二是提供全面的企业信息，帮助管理者作出更好的决策。对于需要在多个地点开展业务的大型企业来说，使用企业系统可以实现统一的运营标准和数据管理，使各地的员工以相同的标准处理业务。

例如，可口可乐利用思爱普企业系统，实现了在 200 个国家的重要业务流程标准化。如果缺乏统一的业务流程标准，企业就无法利用其在世界范围内的购买力获得较低价格的原材料，也无法快速响应市场变化。

企业系统还可以帮助企业快速响应客户对信息或产品的需求。由于企业系统集成了订单、生产和数据，企业可实现按需生产和采购，将产品库存量和库存时间降至最低。

全球领先的铝材和铝制品生产商美国铝业公司（Alcoa），其业务遍及 31 个国家的 200 多个地区。最初，该公司的每条业务线都拥有独立的信息系统，造成系统的冗余和低效。相比于同行业的其他公司，美国铝业公司操作应付账款等财务流程的成本要高得多，周期也更长（周期是指某一业务从开始到结束的总时间）。因此，公司无法在全球范围内作为整体运营。

采用甲骨文的企业软件之后，美国铝业公司消除了许多冗余的业务流程和系统。甲骨文企业系统可以核实货物，自动生成付款收据，缩短了支付的处理周期。与之前相比，美国铝业公司的应付账款交易处理周期缩短了 89%。此外，财务与采购活动的集中处理，帮助公司在全球范围内节省了近 20% 的开支。

企业系统为改进管理决策提供了许多有价值的信息。公司总部可以获取有关销售、库存和生产的即时数据，从而更准确地预测销售和生产。企业软件提供的分析工具，可以根据系统收集的数据，对公司的整体绩效进行评估。在企业系统中，数据按照通用标准和格式定义，保证在各部门之间的通用性和共享性。借助企业系统，公司高管可以随时获取特定部门的运营状况信息，识别利润最低和最高的产品，并计算整个公司的成本。例如，美国铝业公司的企业系统具备全球人力资源管理功能，该功能可以显示员工培训投入与质量之间的关系，评估公司为员工提供服务的成本，评估员工招聘、薪酬激励和培训的有效性。"互动讨论：组织"专栏更详细地描述了企业系统的商业价值。

互动讨论：组织　**索马湾使用云端 ERP 实现快速发展**

索马湾（Soma Bay）是位于埃及红海沿岸的一个 1 000 万平方英里的度假社区。五星级酒店、锦标赛高尔夫球场、水上运动设施、世界级水疗中心、豪华度假屋等众多景点，使其成为理想的度假天堂。索马湾发展公司的总部位于埃及赫尔格达，拥有 2 000 多名员工。

不幸的是，政治动荡和经济萧条对索马湾的入住率和盈利能力造成了影响。当胡斯尼·穆巴拉克在 2011 年埃及革命期间被推翻时，埃及货币急剧贬值。在随后的几年里，政治局势逐渐稳定，埃及经济复苏，但 2015 年底一架商用客机在西奈沙漠上空坠毁后，埃及旅游业又遭受了 13 亿美元的损失。索马湾发展公司的酒店入住率从 2015 年的 50% 以上骤降至 2016 年第一季度的 25%。

外汇波动和政治动荡是索马湾无法控制的因素，但公司管理层在经济低迷时期所能做的是密切监控运营和成本，使决策更加明智。甲骨文的 JD Edwards Enterprise One ERP 系统使这成为可能，该系统的应用程序和数据都存储在甲骨文的云基础设施即服务（Oracle Cloud IaaS）中。

过去，索马湾发展公司曾试图使用基于 Excel 的系统来管理公司的主要业务，但这种方式十分不方便。管理者必须手动分析电子表格才能理解盈利的基本驱动因素，而且通常要花费很长时间才能获得作出合理决策所需的信息。这些系统使索马湾难以管理其快速的扩张计划，其中包括在五年内建造 1 000 套新房屋。

索马湾公司的首席财务官穆罕默德·塞里和他的团队选择 JD Edwards Enterprise One 作为解决方案，因为该系统可以创建跨职能领域的标准化业务流程，使用标准的账目图表提供及时的报告，解释每个业务单元的盈利能力。该系统还可以识别业务的盈利驱动因素和增长驱动因素。Enterprise One 将来自总账和其他财务系统的数据与来自运营系统的数据完美结合。

使用 Enterprise One 云平台后，在整个索马湾分布式组织中创建现金流报告、项目管理报告、应收账款账龄报告、设施管理报告和关键绩效指标报告变得很方便。公司管理层对甲骨文的云基础设施即服务的灾难恢复能力也十分满意。数年前，楼上漏水曾淹没了索马湾的开罗数据中心。正是存储在甲骨文云端的数据备份，使得索马湾能够快速恢复数据和运营。

JD Edwards Enterprise One 包含 80 多个独立的应用模块，可支持广泛的业务流程。该软件套件还包括支持 iOS 和安卓的移动应用，可以在智能手机和平板电脑上使用。索马湾使用 JD Edwards Enterprise One 的财务、采购、库存管理、作业成本、房地产管理、房屋建筑商管理、资本资产维护、服务管理，以及工时与人力管理等模块。例如，JD Edwards Enterprise One 的房屋建筑商管理模块可帮助索马湾协调活动，并分析整个房屋建设周期的利润水平；房地产管理模块简化了物业的财务、运营和设施管理流程，协调团队之间的工作并提供了每个业务单元的全面管理视图；作业成本模块显示了房地产业务的持续成本，有助于管理者合理分配在材料、人工和其他需求上的投入，并根据每个设施管理项目立项时的预算和规划跟踪资金使用情况。管理者可以使用编码识别项目，将它们与财务账户编码匹配，以确定预算费用和实际费用。因此，管理者可以判断复杂的项目是否正常进行，并在部门之间共享费用数据。

Enterprise One 软件可创建货币中性财务报告。这有助于协调索马湾的旅游部门（主要面向德国和欧洲其他地区）和房屋销售部门（主要面向埃及）的收入，以抵消不同货币对财务业绩的影响。房屋建筑带来的收入约占公司收入的 25%。

拥有双重收入来源可以降低风险。即便旅游业发展缓慢，但索马湾仍然有房地产业务的收入，反之亦然。ERP 系统可提供密切跟踪成本所需的数据。例如，2017 年索马湾在新建筑上投入了一亿埃及镑（约合 570 万美元）。Enterprise One 提供了有关该项目的现金管理和现金流的信息。根据这些信息，索马湾可以准确跟踪现金流和支付给承包商的款项。

在 2016 年经济低迷期间，索马湾利用 Enterprise One 的成本及利润管理功能，提供详细的财务数据，帮助管理者谨慎控制固定运营费用，使公司的损失最小化。即便业务收入来自不同的货币和市场，Enterprise One 也能对成本和盈利能力进行全面的分析。它能够在排除汇率影响后，显示入住率下降对业务的影响，帮助管理层评估公司的整体表现。这些数据及分析能力帮助索马湾挺过了经济低迷期，并实施了积极的转型计划。

如今，95％的索马湾员工都会在一定程度上使用 Enterprise One 软件。公司的运营模式更加稳定，酒店入住率正在逐步上升。此外，索马湾发展公司还在六个海滨社区新建了 500 套度假屋。公司财务总监切里夫·萨米尔称，这种能够跟踪公司在项目上花费的每一分钱的管理模式，已经彻底改变了公司的经营模式。

资料来源：www.searchoracle.com, accessed January 30, 2019；David Baum, "Destination：Cloud," *Profit Magazine*, Fall 2017；"Destination Cloud：How Oracle IaaS Has Shaped Soma Bay," *Queset Oracle Community*, June 27, 2019；and www.somabay.com, accessed January 31, 2019.

案例分析问题

1. 确定并描述本例中讨论的问题。哪些人员、组织和技术因素导致了这个问题？

2. 为什么解决方案需要 ERP 系统？基于云的 ERP 系统在解决方案中起到了什么作用？

3. 索马湾新企业系统的商业价值是什么？它如何改变公司的决策制定和运营方式？

9.2 供应链管理系统如何协调计划、生产和物流配送？

如果你管理一家小型企业，只生产很少的产品或提供简单的服务，也仅有几家供应商，那么可以使用电话和传真机来协调供应商的订单和物流。但如果你管理一家生产复杂产品或提供多种服务的大型企业，会有上百家供应商。每家供应商又有自己的一系列供应商，那么你需要协调成百上千家企业的活动来生产产品和提供服务。面对复杂的、大规模的供应链管理问题，第 2 章介绍的供应链管理系统是一种可用的解决方案。

9.2.1 供应链

企业的**供应链**（supply chain）是由组织和业务流程构成的网络，包括原材料采购、原材料向半成品和成品的转变、成品分销给客户等过程。供应链连接供应商、制造商、分销中心、零售商和客户，涵盖从源头到最终消费的产品和服务的全过程，供应链中的物流、信息流、资金流都是双向的。

在供应链中，产品从原材料开始，先被转变为半成品（也被称为零部件），最后加工为成品。成品被运至分销中心，再从分销中心流向零售商和客户。退货产品则沿反方向流动，从买方返回至卖方。

我们以耐克运动鞋的供应链为例。耐克在全球范围内设计、营销和销售运动鞋、袜子、运动服装与配件等。它的主要合约制造商来自中国、泰国、印度尼西亚、巴西等国家。这些国家的供应商为耐克生产成品。

耐克的合约供应商并非从零开始生产运动鞋，而是从其他供应商那里获得运动鞋的部件——鞋带、鞋眼、鞋面和鞋底，然后将它们组装成运动鞋成品。同样，生产配件的供应商也有自己的供应商。例如，鞋底供应商有合成橡胶的供应商、用于融化橡胶的化学品供应商以及用来灌注橡胶的模具供应商。鞋带供应商有纤维线供应商、染料供应商和塑料花边供应商等。

图 9-2 是耐克运动鞋供应链的一个简化示意图。该图展示了耐克与分销商、零售商、消费者之间的信息流和原料流。耐克的合约制造商是它的主要供应商（第一层）。鞋底、鞋帮和鞋带供应商是二级供应商（第二层）。而这些供应商的供应商就是三级供应商（第三层）。

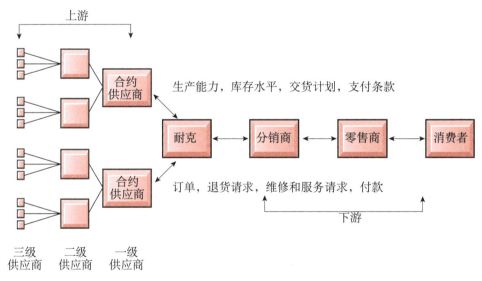

图 9-2　耐克的供应链

说明：该图展示了耐克供应链的主要实体，以及协调采购、制造和运送产品等各项活动的上下游信息流。这里只展示了一个简化的供应链，上游部分只关注了运动鞋和鞋底的供应商。

供应链的上游包括耐克的直接供应商、供应商的供应商，以及管理供应商之间关系的流程。下游则包括分销和运输产品至最终消费者的组织和流程。耐克运动鞋的合约供应商作为生产企业，也拥有内部的供应链流程，将其供应商提供的原材料、部件和服务转化为成品或半成品（配件或组件），并管理原材料和库存。

经过简化，图 9-2 描述的供应链仅显示了耐克两家合约制造商和鞋底供应商的上游供应链。实际上耐克拥有上百家合约制造商来生产成品运动鞋、袜子和运动服，每家合约制造商又有自己的供应商。耐克供应链的上游部分实际上由几千家实体组成。不仅如此，耐克还有众多的分销商和成千上万的零售店，因此其供应链的下游部分也是庞大而复杂的。

9.2.2 信息系统和供应链管理

不准确或不及时的信息会造成供应链效率低下，如零件短缺、生产能力未充分利用、存货积压或者运输成本过高等。例如，制造商可能因为无法准确知道何时会从供应商那里收到供货，而持有过多的零件库存。这些供应链的低效状况将导致企业25%的运营资金被浪费。

如果制造商能够准确了解客户需要产品的数量和时间，以及自身何时可以生产，就可以实施高效率的**准时制生产策略**（just-in-time strategy）。原材料能够在开工时刻及时送达，成品能够在完成后及时装运。

然而在供应链中，由于很多事情不可预见，使得不确定性始终存在，例如不确定的产品需求、供应商延迟发货、有缺陷的零部件或原材料、生产过程中断等。为了满足客户需求，制造商常常在仓库中存储比实际需求量更多的材料或产品，以应对这些不确定性和不可预见的事件。安全库存在供应链中发挥重要的缓冲作用。尽管过多的库存会导致成本升高，但低库存水平造成订单取消的损失也是高昂的。

牛鞭效应（bullwhip effect）是供应链管理中反复出现的一个问题，表现为当一种产品从供应链中的一个实体转移到下一个实体时，有关它的需求信息会失真。对某一商品需求的小幅上升可能会导致供应链中的不同成员——分销商、制造商、供应商、二级供应商（供应商的供应商）和三级供应商（供应商的供应商的供应商）囤积大量库存，以便有充足的库存应对突发情况。这些变化在整个供应链中扩散，从计划订单开始的小变化逐渐放大，造成额外的库存、生产、仓储和运输成本（见图9-3）。

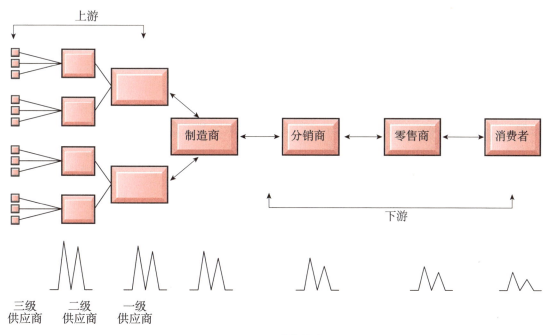

图9-3 牛鞭效应

说明：不准确的信息可能会导致产品需求的微小波动在供应链的传递过程中被放大。零售产品的微小波动可能会导致分销商、制造商和供应商的库存过多。

　　例如，宝洁公司（P&G）发现，扭曲的信息造成了帮宝适一次性纸尿裤在供应链上的各个节点库存过多。尽管消费者在商店的购买量相对稳定，但当宝洁推出大型价格促销时，来自分销商的订单会大幅增加，帮宝适成品及其原材料就会沿着供应链在仓库中积累，以满足实际上并不存在的需求。为解决这个问题，宝洁修改了营销、销售和供应链流程，并使用更准确的需求预测模型。

　　当供应链中所有成员能够获得准确及时的信息时，企业可以通过减少需求和供应的不确定性来克服牛鞭效应。如果所有供应链成员能够共享有关库存水平、生产计划、需求预测和物流的动态信息，它们就能够更准确地调整自己的采购、生产和分销计划。供应链管理系统可以提供这种共享信息支持，帮助供应链成员作出更优的原材料采购和生产调度决策。

9.2.3　供应链管理软件

　　供应链管理软件可以分为供应链计划软件和供应链执行软件。**供应链计划系统**（supply chain planning systems）使企业能够对现有的供应链进行建模，预测产品需求，并制订最优的采购和制造计划。此类系统可以帮助企业作出更优的决策，如确定在特定时间内生产具体产品的数量，确定原材料、中间产品和成品的库存水平，确定产品的存储地点以及交付使用的运输方式。

　　例如，一个大客户下了一笔订货量超出以往的订单或者临时更改了订单，都可能对整个供应链产生巨大影响。这时，企业可能需要从供应商处订购额外的原材料或不同的原材料组合，新的生产计划可能会改变原有的工作安排，运输公司也可能需要重新安排交货时间。供应链计划软件将对生产和运输计划进行必要的调整。更改后的信息将在供应链成员之间共享，以便协调相关工作。**需求计划**（demand planning）是供应链计划中最重要也是最复杂的功能之一，它决定了企业需要生产多少产品来满足所有客户的需求。JDA Software、思爱普和甲骨文都提供供应链管理解决方案。

　　供应链执行系统（supply chain execution systems）负责管理分销中心和仓库的物流，确保以最有效的方式将产品运输到指定地点。该系统还可以追踪产品的物理状态，管理所有供应链成员的原材料、仓库、运输和财务信息。以海沃氏（Haworth）使用的仓库管理系统（Warehouse Management System，WMS）为例。海沃氏是世界领先的办公家具制造商和设计公司，在美国四个州设有分销中心。WMS 可跟踪产品从海沃氏分销中心到客户的物流过程。此外，WMS 还可以根据地理位置、设备、库存和人员的即时情况，指导货物的运输，制订消费者订单的执行和运输计划。

9.2.4　全球供应链和互联网

　　在互联网出现之前，由于供应链内的采购、物料管理、制造和分销等活动之间信息不流畅，供应链难以协调。同时，由于供应商、分销商或物流供应商的系统基于不兼容的技术平台和标准，企业与外部供应链合作伙伴之间同样难以共享信息。互联网技术的出现，在一定程度上提高了企业供应链管理系统的集成度。

　　管理者可以利用网络界面进入供应商的系统，确保供应商的库存和生产能力与企业的产品需求相匹配。商业伙伴可以使用基于网络的供应链管理工具，在线合作并对未来情况作出预测。销售代表可以获取供应商的生产计划和物流信息，以跟踪客户的订单状态。

全球供应链问题

随着越来越多的企业进入国际市场，将业务外包、寻找跨国供应商并将产品销售到国外已经成为了商业活动的主要形态。企业的供应链扩展到多个国家和地区，使得管理全球供应链更加复杂、更具挑战性。

与国内供应链相比，全球供应链跨越的地理范围更广，时间差异更大，且供应链的成员通常来自多个国家。全球供应链管理需要考虑不同国家的法规和文化差异，因此，其执行标准可能在不同国家间有所差异。

借助互联网，企业能够管理全球供应链的众多环节，如采购、运输、沟通和国际金融等。如今的服装行业依赖于将业务外包给其他低薪国家的合约制造商，服装企业已经开始使用网络来管理它们的全球供应链与生产问题（回顾第3章中关于利丰集团的讨论）。

除了生产制造，全球化也鼓励将仓库管理、运输管理和其他相关业务外包给第三方物流供应商，如UPS的供应链解决方案和施耐德公司（Schneider）的物流服务。这些物流公司提供基于网络的软件，让客户能够更好地了解它们的全球供应链。客户可以登录安全网站监控库存和运货信息，提高全球供应链管理的效率。

需求驱动的供应链：从"推"到"拉"的生产模式和高效的客户响应

除了降低成本外，供应链管理系统还可以提高对客户需求的响应能力，实现客户需求驱动业务（我们在第3章介绍了高效的客户响应系统）。

早期的供应链管理系统由 **推动模式**（push-based model）所驱动（也称为按库存生产）。在推动模式中，主生产计划根据对产品需求的预测制订，生产出的产品被"推向"客户。基于网络的工具实现了信息集成，供应链管理可以更容易遵循拉动模式。在 **拉动模式**（pull-based model）（也称为需求驱动模型和按订单生产）中，只有客户的实际需求或购买行为才会触发供应链的运转。根据客户订单形成的生产计划和运输计划逆供应链而上，从零售商到分销商、制造商，最终到达供应商。按订单生产的产品将沿供应链回到零售商。如图9-4所示，制造商根据实际订单的需求信息，驱动其生产计划和原材料采购。第3章描述的沃尔玛连续补货系统就是基于拉动模式的例子。

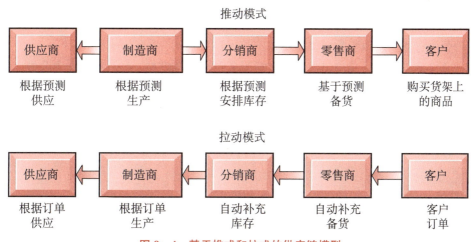

图9-4　基于推式和拉式的供应链模型

说明：推动模式和拉动模式的区别可以总结为一句话：生产我们所卖的，而非卖我们所生产的。

互联网和互联网技术使串行供应链向并行供应链的转变成为可能：在串行供应链中，信息流和物流从一家企业到另一家企业依次流动，而在并行供应链中，信息可同时在供应链网络成员之间多个方向流动。由制造商、物流供应商、外包制造商、零售商和分销商组成的复杂供应网络，可以根据计划或订单的变化及时调整。最终，互联网将创造一个覆盖整个供应链的数字物流神经系统（见图 9-5）。

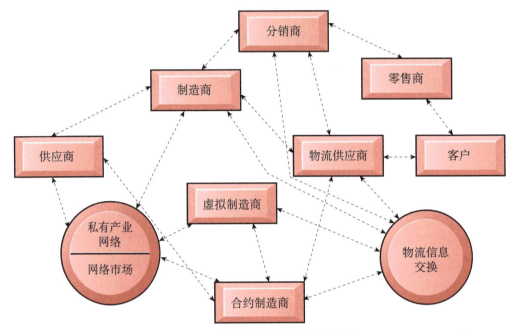

图 9-5　新兴的互联网驱动的供应链

说明：新兴的互联网驱动供应链像数字物流神经系统一样运行。它为企业、企业网络和电子市场提供了多向的沟通，使供应链中的合作伙伴能够立即调整库存、订单和生产能力。

9.2.5　供应链管理系统的商业价值

利用供应链管理系统，企业可以简化内部和外部的供应链流程，为管理人员提供生产、存储和运输的更准确信息。企业通过应用网络化、集成化的供应链管理系统，可以实现供需匹配，降低库存水平，改善配送服务，加快产品上市时间，更有效地利用资产。

对于许多企业来说，供应链总成本占据了主要的运营成本。在一些行业中，供应链总成本占到运营预算的 75%。因此，是否能够降低供应链成本对企业的盈利能力有巨大影响。

除了降低成本，供应链管理系统还可以帮助企业增加销量。如果客户需要的产品缺货，那么客户就会从其他企业购买类似产品。更准确的供应链控制，可以提高企业满足客户需求的能力。

9.3　客户关系管理系统如何帮助企业提升与客户的亲密度？

"客户永远是对的"或"客户第一"，这些说法在今天可能更加真实。因为具有竞争优势的创新产品或服务的寿命通常很短，企业逐渐意识到最持久的竞争优势是它们与客户间的亲密关系。有人认为，竞争的基础已经由谁销售最多产品和服务，转向谁拥有最多的客户，与客户建立的亲密关系才是企业最有价值的资产。

9.3.1 什么是客户关系管理？

建立和培养与客户牢固、持久的关系需要哪些信息？需要明确目标客户群体、如何与他们联系、为他们提供服务和商品的成本是否高昂、他们对何种产品和服务感兴趣、他们在企业消费的金额是多少等等。就像经营一家小镇商店一样，管理者希望了解每个客户，让每个客户都觉得自己是特别的。

在社区运营的小型商店里，店主可以面对面地了解客户。但如果是经营范围覆盖整个城市、地区、国家，甚至全球的大型企业，就无法以这种亲近方式了解客户。企业有大量的客户，与客户联系的方式也多种多样，可以通过网络、电话、电子邮件、博客和面对面交流等。整合所有来源的信息十分困难，因为大企业的销售、服务和营销流程往往是高度分散化的。客户的一些信息可能存储于其在企业的个人账户，另一些信息则可能根据其购买的产品进行归类。在这种传统的业务环境中，没有便捷的方法来整合所有信息，以提供企业内客户的统一视图。

这正是客户关系管理系统能够发挥作用的地方。我们在第2章介绍的客户关系管理（CRM）系统是企业应用程序之一，它从整个组织收集整合客户数据，合并数据，分析数据，然后将分析结果传送到企业内各个系统和客户接触点。**接触点**（touch point）也被称为联络点，是企业与客户进行交互的一种方式，如电话、电子邮件、客户服务台、传统邮件、Facebook、推特、网站、无线设备或零售商店等。设计良好的CRM系统能为企业提供统一、完整的客户信息，这对提高销售和客户服务水平很有帮助（见图9-6）。

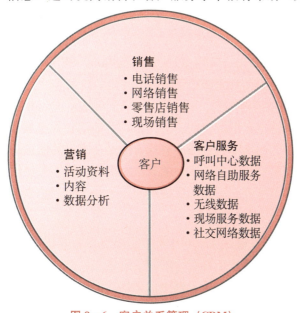

图9-6　客户关系管理（CRM）

说明：客户关系管理系统从多个角度分析客户。这些系统使用一套集成的应用来处理客户关系的各个方面，包括客户服务、销售和营销。

设计良好的 CRM 系统为回答以下问题提供了数据支持和分析工具：特定类型的客户对企业的价值体现在哪里？谁是企业最忠实的客户？谁是为企业带来高利润的客户？高利润客户想要购买何种产品？企业可以根据这些问题的答案来获取新客户，为现有客户提供更好的服务和支持。同时，为了留住高利润客户，企业将更精确地根据客户偏好提供定制产品。

9.3.2　客户关系管理软件

商业 CRM 软件包的范围很广，从针对某些特定功能的专用工具，如为特定客户定制网站，到用来收集与客户的交互数据，使用复杂的报表工具进行分析，并和其他企业应用共享数据的大型企业应用，如供应链管理系统等企业系统。更复杂的 CRM 软件包还包括**伙伴关系管理**（partner relationship management，PRM）和**员工关系管理**（employee relationship management，ERM）模块。

PRM 使用许多与 CRM 相同的数据、工具和系统来加强企业与销售伙伴之间的协作。如果企业不直接将产品销售给客户，而是通过分销商或零售商进行销售，那么 PRM 有助于企业利用上述渠道更好地向客户销售。通过 PRM，企业可以与销售伙伴交流客户信息和共享销售意向，从而整合销售意向、定价、促销、订单配置及产品性能。PRM 还能为企业提供评估合作伙伴业绩的工具，确保其最佳合作伙伴获得完成更多业务所需的必要支持。

ERM 软件能够处理与 CRM 紧密相关的员工问题，如管理目标设定、员工绩效管理、薪酬管理和员工培训等。主要的 CRM 应用软件供应商包括甲骨文、思爱普、Salesforce. com 和 Microsoft Dynamics CRM。

CRM 系统通常为销售、客户服务和营销提供软件和在线工具。接下来，我们将简要描述其中的一些功能。

销售自动化

CRM 系统中的**销售自动化**（sales force automation，SFA）模块能帮助销售人员提高工作效率，将销售工作集中在利润回报最高的客户上，这些客户是销售人员和服务人员的首选对象。SFA 模块提供销售预测、联络方式、产品信息、产品配置能力、生成销售报价等功能。软件可以汇总特定客户以往的购买经历，帮助销售人员做出个性化的推荐。SFA 模块便于在销售、营销和运输部门之间共享现有和潜在客户的信息。SFA 通过降低每笔销售的成本，以及获取新客户和维持老客户的成本，提高了销售人员的效率。此外，SFA 模块还提供销售预测、区域管理和团队销售的功能。

客户服务

CRM 系统中的客户服务模块为呼叫中心、服务台以及客户支持人员提供信息与工具，以提升工作效率。客户服务模块还具有分配和管理客户服务需求的功能。

客户服务模块的其中一项功能是管理电话预约或电话咨询热线。当客户呼叫客服电话时，系统将电话转给合适的客服人员，客服人员将该客户的相关信息录入系统。数据一旦录入系统，任何客服代表都能为该客户提供服务。一致且准确的客户信息，有助于呼叫中心每天处理更多呼叫并缩短每次呼叫的持续时间。因此，呼叫中心和客户服务团队以更低的成本实现了更高的业务量、更短的业务时间和更高的服务质量。相应地，客户也会因为缩短在电话上向客服人员重申问题的时间而感到更加满意。

CRM 系统还包括基于网络的自助服务功能：企业网站可以向客户提供个性化信息查询功能，为客户提供除客服电话以外的服务选项。

营销

CRM 系统提供以下功能来支持直销活动：获取潜在客户及客户数据，提供产品和服务信息，提供针对目标市场的营销活动建议，以及安排和跟踪直销信件或电子邮件（见图9-7）。营销模块提供的分析工具，可用于分析营销数据和客户数据，识别高利润客户，设计能够满足特定用户偏好的产品和服务，以及识别交叉销售机会等。

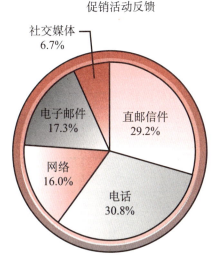

2020年1月不同营销渠道的
促销活动反馈

图 9-7 CRM 系统如何支持市场营销

说明：客户关系管理软件使用户能够一站式地管理和评估多个渠道（包括电子邮件、直邮信件、电话、网络和社交媒体）的营销活动。

交叉销售（cross-selling）是指向客户推销互补产品的一种营销策略（例如，在金融服务中，可以向拥有支票账户的客户推销货币市场账户或者住宅装修贷款等）。CRM 工具还能帮助企业在各个阶段管理和执行营销活动，包括从计划制订到预测每次营销活动的成功率。

图9-8描述了常见的 CRM 软件产品所具备的销售、客户服务和营销功能。与企业软件一样，CRM 软件也是业务流程驱动的，整合了数百个被认为是该领域最佳实践的业务流程。为了发挥软件的最大效用，企业需要对其业务流程进行修改和建模，与 CRM 软件中的最佳实践业务流程相符合。

图9-9说明了如何使用 CRM 软件提升客户服务，实现提高客户忠诚度的最佳实践。直接为客户服务增加了企业留住客户的机会，对于那些能带来长期利润的客户，企业应给予优惠待遇。CRM 软件可以根据客户的价值和对企业的忠诚度给每个客户打分，并将这些信息提供给呼叫中心，为每个客户匹配最合适的客服人员。该系统可以自动为客服人员提供详尽的客户信息，包括客户的价值和忠诚度得分。客服人员可以利用这些信息向客户提供特别优惠或额外服务，增进客户与企业的关系。

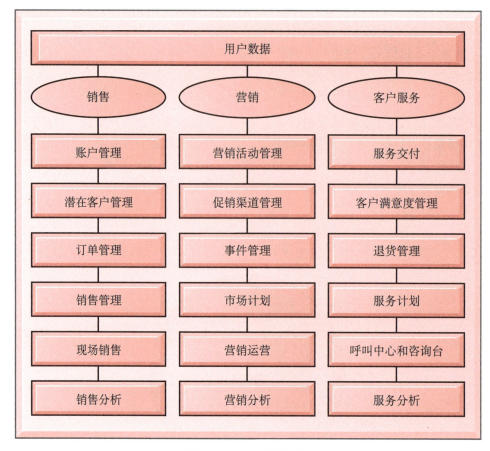

图 9-8　CRM 软件功能

说明：常见的 CRM 软件产品从多个来源整合客户信息，能够支持销售、营销和客户服务的业务流程，同时也包括对 CRM 运营和分析方面的支持。

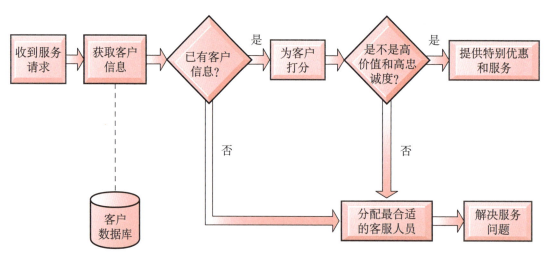

图 9-9　客户忠诚度管理流程图

说明：该流程图显示了如何使用 CRM 软件提升客户服务，以实现提高客户忠诚度的最佳实践。CRM 软件帮助企业识别高价值的客户并为其提供特别优惠。

9.3.3 运营型 CRM 与分析型 CRM

我们之前描述的所有应用系统可以分为运营型 CRM 和分析型 CRM。**运营型 CRM**（operational CRM）主要指面向客户的应用，如销售人员自动化工具、呼叫中心和客户服务支持工具，以及营销自动化工具等。**分析型 CRM**（analytical CRM）的应用程序主要对运营型 CRM 生成的客户数据进行分析，提供改善企业绩效的信息。

分析型 CRM 应用的数据主要来自运营型 CRM 系统、客户接触点和其他来源。这些数据已经被整合在数据仓库或分析平台中，分析型 CRM 可以将其用于联机分析处理（OLAP）、数据挖掘和其他数据分析技术（见第 6 章）。组织收集的客户数据可与其他来源的数据相结合，例如从其他企业购买的直接营销活动客户名单或人口统计数据。在对这些数据进行分析后，可确定客户购买模式，建立细分市场进行目标营销，识别盈利客户和非盈利客户（见图 9 - 10）。

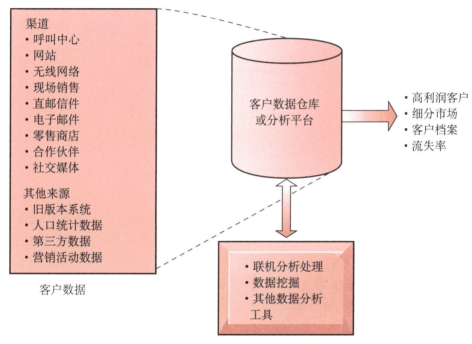

图 9 - 10　分析型 CRM

说明：分析型 CRM 使用客户数据仓库或分析平台，分析企业从客户接触点和其他来源收集的客户资料。

分析型 CRM 的另一个重要输出是客户对于企业的生命周期价值。**客户生命周期价值**（customer lifetime value，CLTV）主要包括客户为企业带来的收入、获取客户并为其提供服务的成本，以及企业和客户关系的预期保持时间三方面内容。

9.3.4 客户关系管理系统的商业价值

高效的客户关系管理系统可以为企业创造商业价值，包括提高客户满意度、降低直接营销成本、提供更有效的营销方案，以及降低维系客户的成本等。通过 CRM 系统，企业可以有效识别高利润客户，制定精准的市场营销方案和交叉销售策略（见"互动讨论：人员"）。

　　如果销售、客户服务和营销能够更好地响应客户需求，客户流失就会减少。**流失率**（churn rate）可以反映停止使用或购买企业产品或服务的客户数量，是衡量一家企业客户群增长或下降的重要指标。

互动讨论：人员　　CRM 帮助阿迪达斯与客户建立"一对一"联系

　　阿迪达斯（Adidas）是全球领先的运动鞋、服装和配饰制造商，每天销售 120 万双运动鞋。公司总部位于德国黑措根奥拉赫，在全球拥有约 6 万名员工，2018 年净销售额为 219 亿欧元（249 亿美元）。阿迪达斯是世界上仅次于耐克的第二大运动服装制造商。

　　阿迪达斯也是数字营销和在线营销的领导者。网上商店已经成为比实体店铺更重要的销售渠道。阿迪达斯的网站成为连接消费者和提供个性化客户体验的关键渠道，可以帮助阿迪达斯实现差异化竞争，增加销售量。电子商务是阿迪达斯目前最赚钱的销售渠道，截至 2020 年，其线上销售额达到 40 亿欧元（45 亿美元）。

　　阿迪达斯没有选择在价格上进行竞争，而是在品牌质量和客户体验上展开竞争。核心销售渠道从实体到数字的转变，使公司能够及时跟上不断变化的消费者偏好。客户显然是阿迪达斯的业务核心，相比于亚马逊等其他在线零售商提供的体验，客户希望能够与阿迪达斯建立更个性化的关系。

　　为了更好地服务客户并管理与客户的关系，阿迪达斯使用 Salesforce 提供的基于云计算的客户关系管理（CRM）和应用程序开发工具。在 Salesforce 的帮助下，阿迪达斯能够识别关键客户群体，与客户建立更紧密的联系，并根据每个客户的需求设计不同的个性化体验。此外，阿迪达斯还可以使用 Salesforce 的 CRM 工具整合公司与客户在多个渠道的互动信息，建立每个客户的单一视图。

　　Salesforce 营销云是一个 CRM 平台，营销人员可以利用该平台创建和管理与客户相关的营销关系和营销活动。营销云整合了用于客户旅程管理、电子邮件、移动短信、社交媒体、个性化网站、广告、内容创建、内容管理和数据分析的综合解决方案，涵盖了所有可以想象到的客户互动和参与方式。该软件提供预测分析功能，可以帮助管理者作出决策，例如，基于给定的信息，判断哪个渠道更容易触达特定消费者。营销人员可以借助该平台上的 Journey Builder 组件，基于客户的行为和需求、人口统计数据及沟通渠道偏好等因素，定制营销活动。

　　营销云与 Salesforce 的销售云和服务云相连接，提供统一的客户体验，避免销售、营销和服务团队的代表分别联系客户。服务云是一个提供客户服务和客户支持的平台。公司可以使用服务云实现自动化服务流程，简化现有工作流程，通过信息定位与业务相关的文章、主题和专家，帮助公司的 1 100 名客服人员提供更好的服务。服务云可以跨各种社交平台"倾听"和响应客户，自动为客户分配合适的客服人员。针对手机应用的服务，可以将客户支持软件植入移动应用程序，以提供视频聊天、屏幕共享和屏幕引导帮助等服务。服务云使公司能够通过统一的应用程序，以每个客户所偏好的形式，如电子邮件、网络、社交媒体或电话等，为其提供更加个性化和更加方便的客户服务。

　　阿迪达斯通过使用 Salesforce 商务云在全球部署电子商务网站。商务云为公司提供在全球开展业务所需的各种语言和货币种类支持。阿迪达斯利用个人客户的信息和通过商务云获得的消费者偏好来创造更好的产品，这些产品可以非常迅速地生产并交付给客户。阿迪达斯还利用 Salesforce 的 DMP 数据管理平台，从所有渠道和浏览设备中捕捉用户的网络行为。

为了更贴近消费者，阿迪达斯开发了一款移动应用程序，可以根据消费者的个人偏好和行为（通过各种数字接触点获得）定制个性化内容、交互和产品。该应用程序的功能包括定制产品推荐、颜色偏好和定位、订单跟踪、博客文章、个性化文章、视频、有关个人体育和体育明星偏好的实时更新，以及一款能够回答用户问题，并作出更个性化产品推荐的智能在线聊天工具——Einstein。该应用程序与 Apple Pay 和 Android Pay 等移动支付系统兼容。

阿迪达斯数字体验设计副总裁杰奎琳认为，使用 Salesforce 进行 CRM 提高了公司管理个人客户的能力。客户是谁？我们对该客户了解多少？该客户从哪里来？以及该客户对什么感兴趣？面对这些问题，借助 Salesforce CRM 工具，阿迪达斯现在可以更轻松地给出答案。CRM 为阿迪达斯提供信息，以调整其呈现给客户的内容，尽可能接近客户的实际需求。阿迪达斯现在可以通过多种渠道，在任何设备上与每一位客户建立一对一的联系。

数据来源："Adidas," www. salesforce.com, accessed January 11, 2019; "Fact Sheet 2018," www. adidas-group.com, accessed March 20, 2019; Stuart Lauchlan, "Dreamforce 2018—Adidas Gets Closer to Customers by Adopting an Athletic Mindset in Business." Diginomica, September 27, 2018; and Nadia Cameron, "Adidas Taps Data and Technology Smarts to Build Personalized Digital Engagement with Customers," CMO, November 7, 2017.

案例分析问题

1. 使用竞争力模型和价值链模型对阿迪达斯进行分析。
2. 阿迪达斯的商业战略是什么？客户关系管理在此战略中扮演什么角色？
3. 信息系统如何支持阿迪达斯的战略？
4. 使用 Salesforce 如何让阿迪达斯更具竞争力？它如何改变企业的经营方式？
5. 举例说明两个使用 Salesforce 改进的业务决策。

9.4 企业应用带来哪些挑战？企业应用如何利用新技术？

许多企业已经运用了企业系统、供应链管理系统和客户关系管理系统，这些系统是帮助企业实现卓越经营和提升决策水平的强大工具。但这些企业应用会改变组织的原有工作方式与业务流程，使企业应用软件的实施极具挑战性。下面简要分析这些挑战，以及企业应用软件如何为企业创造价值。

9.4.1 企业应用的挑战

由于可以极大地降低库存成本、缩短订单交货时间、实现更高效的客户响应和更高的产品利润，企业系统、供应链管理系统和客户关系管理系统对于企业来说十分具有吸引力。但是为了发挥企业应用的价值，管理者必须对业务进行必要的变革。

企业应用包括一系列复杂的软件，且购买和实施这些软件的成本很高昂。根据全景咨询公司（Panorama Consulting Solutions）2019 年对 241 名 ERP 用户的调查，45％的 ERP 项目的成本超支，且平均超出预算 24％，同时有 58％的 ERP 项目出现延期（Panorama Consulting Solutions，2019a）。项目范围的变化和额外的定制工作加剧了项目延期和成本过高的问题。

企业应用不仅需要深层次的技术变革，还需要业务运作方式的根本性变革。企业必须全面变革原有的业务流程，才能发挥企业软件的最大价值。企业员工也必须接受新业务流程所赋予的职能和责任。员工必须学习如何在新系统下开展一系列新工作，了解他们输入系统的信息如何影响其他部门。这些都需要开展新的组织学习，并应被纳入 ERP 的实施成本中。

供应链管理系统需要多个组织共享信息和业务流程，系统中的每个成员都需要改变其工作流程和使用信息的方式，以创建一个能为整体供应链提供最佳支持的系统。

一些企业在最初使用企业应用时，因为不了解需要进行哪些组织性变革，遇到了许多运营问题并遭受了较大经济损失。例如，凯马特（Kmart）安装使用了 i2 Technologies（现在的 JDA Software）研发的供应链管理系统，但在商品上架过程中遇到了很多麻烦。这是因为 i2 软件不能很好地和凯马特的促销驱动型商业模式相匹配，进而导致了产品需求剧烈波动。超市巨头澳大利亚伍尔沃斯公司（Woolworths）在将老旧的 ERP 系统过渡到思爱普时，也遇到了数据相关的问题，该企业无法生成各个门店最近 18 个月内的每周损益报告。由于没有理解或正确记录这些业务流程，企业不得不改变其数据收集程序。

企业应用程序还会带来转换成本。企业一旦采用了某一供应商（如思爱普、甲骨文等）的企业应用，更换供应商的成本就会非常高昂。此外，企业只能依赖该供应商进行软件升级和安装维护。

企业应用基于组织范围内定义的数据。管理者需要准确了解企业如何运用这些数据，以及这些数据在 CRM、SCM 或 ERP 系统中是如何被组织的。在 CRM 系统中，数据清理工作尤其必要。

企业软件供应商正在尝试解决这些问题，例如，为中小型企业提供精简版软件和快速启动程序，为大型企业提供最佳实践指南。企业还可以通过云应用获得本地企业软件无法提供的灵活性，避免受单一类型系统的限制。

企业可以通过减少企业应用的定制化功能来节省时间和金钱。例如，肯纳金属公司（Kennametal）是一家位于宾夕法尼亚州市值 20 亿美元的金属加工工具公司。在过去的 13 年时间里，该公司花费了 1 000 万美元维护一个有 6 400 多个定制功能的 ERP 系统。但现在公司用一个通用的、非定制的思爱普企业软件取代了原有系统，并调整自身业务流程以适应新系统。另一个例子是欧迪办公（Office Depot）在将内部系统迁移到甲骨文 ERP 云计算时也选择了非定制化。通过非自定义的甲骨文 ERP 应用，欧迪办公简化了其信息系统并降低了维护和管理成本（Thibodeau，2018）。

9.4.2 下一代企业应用

如今的企业应用更加灵活、用户友好，支持网络、移动化且能够与其他系统集成，这些特点使企业应用软件更有价值。彼此独立的企业系统、CRM 系统和 SCM 系统已成为历史，主要的企业软件供应商已经开发了"企业解决方案""企业套件"或"电子商务套件"，使 CRM、SCM 和 ERP 系统彼此更紧密地协同工作，并与客户和供应商的系统相连接。

下一代企业应用将具备云解决方案以及更多可用于移动平台的功能。大型企业软件供应商，如思爱普、甲骨文、微软和恩柏科（Epicor），已经推出了各自王牌 ERP 系统的云版本，以及针对中小型企业基于云的产品（如前面在"互动讨论：组织"所述）。例如，思爱普为大型企业提供 SAP S/4HANA Cloud 产品，为中小型企业提供 SAP Business ByDesign 和 SAP Business One 企业软件，微软则提供了其 ERP 和 CRM 软件的 Dynamics 365 云版本。除了大型软件供应商，NetSuite 等小型厂商也提供基于云计算的企业系统。

Salesforce 是基于云的 CRM 系统领域无可争议的全球市场领导者，我们在第 5 章曾对其进行讨论。Salesforce.com 通过联网的计算机或移动设备提供服务，其产品被广泛应用于中小型和大型企业。随着云计算产品的成熟，越来越多的企业，包括《财富》500 强企业在内，选择在云计算中运行其全部或部分企业应用。

社交型 CRM

CRM 软件供应商应正在利用社交网络技术完善它们的产品。加强社交功能可以帮助企业更快地识别新想法，提高团队生产力，加深与客户的互动（见第 10 章）。企业可以使用**社交型 CRM**（social CRM）工具分析客户对其产品和服务的看法，更好地与客户建立联系。

社交型 CRM 工具使企业能够将社交网络中的客户评论、社交关系与 CRM 流程相连接。主要的 CRM 供应商提供将社交网络数据接入 CRM 软件的工具。例如，思爱普、Salesforce.com 和甲骨文的 CRM 产品能够跟踪和分析 Facebook、领英、推特、YouTube 和其他网站上的社交媒体活动。SAS 等商业智能和分析软件供应商，也具备社交媒体分析（通过多种社交网络衡量客户参与度）的能力，以及用于测试和优化社交网络和传统网络活动的管理工具。

Salesforce.com 将社交媒体和社交媒体营销工具与其系统相连接，跟踪销售过程中的潜在客户，使管理者能够将社交营销资金投向核心客户，并观察评论反馈。如果广告代理商想要在 Facebook 或推特上投放有针对性的广告，这些功能可以让广告定向投放于那些被 CRM 系统跟踪记录的潜在客户。用户能够实时查看推文，并可能发现新的信息。他们还可以管理多个广告并进行比较，找出哪些广告具有最高的点击率和单次点击成本。

企业应用程序中的商务智能

供应商已经在企业应用中添加了商务智能功能，帮助管理人员从这些系统生成的大量数据中获取有价值信息，其中包括来自物联网（IoT）的数据。思爱普使用 HANA 内存计算技术，使其企业应用能进行更快速、更复杂的数据分析。类似的商务智能还包括用于柔性报表、特设分析、交互式仪表板、假设情境分析和数据可视化的工具，以及用于分析大量数据、建立联系、进行预测并为运营优化提供建议的机器学习算法。例如，思爱普开发了一个使用机器学习和神经网络的应用程序（见第 11 章），以识别在石油和天然气行业中的机器性能状态。该软件可自动生成潜在机器故障的通知，并将其发送给思爱普的设备维护模块，管理者使用该模块来安排机器维修和更换（Franken，2018）。主要的企业应用供应商也提供能在移动设备上工作的部分产品。

9.5　管理信息系统对职业生涯有何帮助？

以下内容说明了本书第 9 章将如何帮助读者找到制造业管理培训生的工作。

9.5.1　企业

XYZ 是一家总部位于密歇根州的大型公司，在全球拥有 40 家制造工厂和 4 000 多名员工，现为制造管理项目招聘一名应届毕业生。该公司为全球汽车、重型卡车、航空航天、电力、电信和其他行业生产紧固件、工程配件、连接和悬挂部件。

9.5.2　岗位描述

制造管理项目是一个需要轮岗的为期两年的项目，旨在培养和培训未来的管理人员，使应届大学毕业生能够获得工厂、技术和企业环境中的关键技能和行业经验。工作职责包括：

- 与业务部门和项目团队一起部署系统，包括 ERP 和 JDA 制造系统；
- 了解每个业务部门的业务流程和数据需求；
- 熟练支持和组织业务需求分析会议；
- 跟踪和记录对功能和业务规范的变更；
- 编写用户文档、说明和步骤；
- 监测和记录系统实施后的问题和修订要求。

9.5.3　招聘要求

- 信息技术、管理信息系统、工程或相关专业学士学位，平均绩点在 3.0 以上；
- 熟练使用 Office 办公软件；
- 良好的书面和口头沟通能力；
- 在校内外都有良好的表现记录；
- 有在团队中担任领导角色的经验。

9.5.4　面试问题

- 请描述你在团队中做的项目。你是否担任了领导角色？你具体做了哪些工作来帮助团队完成目标？这些项目中是否有 IT 项目？
- 你对 ERP 或 JDA 制造系统了解多少？你使用过这些系统吗？你用这些系统完成了哪些工作？
- 告诉我们你掌握哪些 Microsoft Office 软件技能。你用过哪些 Microsoft Office 工

具？你会使用 Access 和 Excel 吗？你用这些工具解决过哪些问题？你学习过 Access 或 Excel 的课程吗？

9.5.5 作者建议

1. 搜索这家公司、它所处的行业及其面临的挑战。浏览公司的领英页面，查看它们过去 12 个月的帖子。留意公司的领英帖子是否存在一些趋势。

2. 查看本书第 9 章关于企业应用以及第 12 章关于开发系统和 IT 项目管理及实施的相关内容。

3. 观看大型 IT 咨询公司发布的有关制造技术和企业系统最新趋势的 YouTube 视频。

4. 了解你将在工作中使用哪些 Microsoft Office 办公软件技能，以及你需要展示哪些 Excel 和 Access 技能。提供你使用上述软件完成工作的示例，表现出你将积极学习这些软件的必要技能以完成工作任务的信心。

5. 提供你曾完成的写作材料，证明你的分析能力和项目经验。

本章小结

1. 企业系统如何帮助企业实现卓越运营？

企业系统由一系列的软件模块和一个通用中央数据库组成。该数据库从众多应用中收集数据并将整合后的数据反馈给这些应用，而这些应用将支持组织内部几乎所有的业务活动。当一个流程向企业系统输入新信息时，其他业务流程便可以立即使用该信息。

企业系统通过在整个公司实施统一的数据标准、业务流程以及单一的技术平台来实现组织集中化。企业系统产生的整个公司范围内的数据，可帮助管理者评估组织绩效。

2. 供应链管理系统如何协调计划、生产和物流配送？

供应链管理（SCM）系统实现了供应链成员之间的信息流自动化，使各成员能根据信息流作出更优决策，例如何时采购、何时生产、何时装货运输等。供应链管理系统提供的更准确的信息可以降低不确定性并减小牛鞭效应的影响。

供应链管理软件包括供应链计划软件和供应链执行软件。互联网技术有助于实现全球供应链管理，为处于不同国家和地区的组织提供连接支持，共享供应链信息。改善供应链成员之间的沟通也有助于企业实现更有效的客户响应和向需求驱动模式的转变。

3. 客户关系管理系统如何帮助企业提升与客户的亲密度？

客户关系管理（CRM）系统集成了销售、营销和客户服务中面向客户的流程，使这些流程实现自动化，并提供了企业范围内统一的客户视图。企业与客户进行互动时，可以使用这些知识，为客户提供更好的服务或销售新产品和服务。CRM 系统还可以识别客户价值和销售机会，从而降低客户流失率。

主要的客户关系管理软件提供运营型 CRM 和分析型 CRM 功能，通常包括销售伙伴关系管理（伙伴关系管理）模块和员工关系管理模块。

4. 企业应用带来哪些挑战？企业应用如何利用新技术？

成功实施企业应用并非易事，因为企业不仅需要进行大规模的组织变革和大量的软件投资，还需要仔细评估系统将如何提高组织绩效。如果企业软件的实施流程有缺陷，或企业不知道如何使用这些系统来评估绩效的改进，那么企业应用将无法带来价值。为掌握这些新程序，员工需要接受培训。此外，数据管理也至关重要。

如今，企业应用更加灵活，并且能够使用网络服务和面向服务的架构（service-oriented architecture，SOA）与其他系统集成，这些软件也可以在云基础设施或移动平台上运行。CRM 软件增加了社交网络功能，加强内部协作，深化与客户的互动，有效利用社交网站数据。企业应用还整合了商务智能功能，分析它们生成的大量数据。

✔️ 课后习题

1. 企业系统如何帮助企业实现卓越运营？
- 定义企业系统并描述企业软件如何工作。
- 描述企业系统如何为企业提供价值。

2. 供应链管理系统如何协调计划、生产和物流配送？
- 定义供应链以及供应链的每一个组成部分。
- 解释供应链管理系统如何减小牛鞭效应，以及它们如何为企业提供价值。
- 定义并比较供应链计划系统和供应链执行系统。
- 描述全球供应链面临的挑战，以及互联网技术如何帮助企业更好地管理供应链。
- 区分供应链管理中的推动模式和拉动模式，解释现代供应链管理系统是如何促进拉动模式的。

3. 客户关系管理系统如何帮助企业提升与客户的亲密度？
- 定义客户关系管理并解释为什么客户关系在当下如此重要。
- 描述伙伴关系管理（PRM）和员工关系管理（ERM）是如何与客户关系管理（CRM）相关联的。
- 描述客户关系管理软件中用于销售、营销和客户服务的工具和功能。
- 区分运营型 CRM 和分析型 CRM。

4. 企业应用带来哪些挑战？企业应用如何利用新技术？
- 列举并描述企业应用带来的挑战。
- 解释如何应对这些挑战。
- 描述企业应用如何利用云计算和商务智能。
- 定义社交型 CRM，并解释客户关系管理系统如何运用社交网络创造价值。

📖 讨论

1. 供应链管理较少管理物品的实际移动，更多的是管理信息。讨论这句话的含义。
2. 如果一家企业计划实施企业应用，那么它应该先做好准备工作。讨论这句话的含义。
3. 企业应该首先安装哪个企业应用：ERP、SCM 还是 CRM？解释你的答案。

商业问题解决案例

克莱门斯食品集团与新型企业应用

克莱门斯食品集团（Clements Food Group）以为客户提供方便在家烹饪的培根和其他食品而闻名。克莱门斯食品集团的总部位于宾夕法尼亚州哈特菲尔德，是一家垂直模式的公司，业务范围包括无抗生素养猪、食品生产、物流服务和运输。该公司使用快速响应的猪肉生产系统，专注于为合作伙伴提供最高质量的产品，以及能够简化合作伙伴运营的先进解决方案。

克莱门斯的服务和品牌系列包括猪肉产品生产商 Hatfield Quality Meats 和 Nick's Sausage Company，物流和运输公司 PV Transport，以及 CFC Logistics Country View Family Farms。CFC Logistics Country View Family Farms 是一家猪肉采购和生产公司，管理 100 多家按合同养猪的家庭农场。克莱门斯的产品由美国东北部和大西洋中部地区的杂货店及食品零售商销售。克莱门斯每年饲养和加工大约 500 万头猪，管理全流程的采购、生产和物流服务。克莱门斯约有 2 200 名员工，年收入超过 5 亿美元。

对于像克莱门斯这样从事生鲜食品行业的公司来说，要想盈利，就必须保证订单的及时性和准确性，并掌握在整个农场和生产设施网络中有关产品和仓库活动状态的准确信息。在剧烈波动的市场中，能否明确收益、成本和价格可能会对公司利润造成数百万美元的影响。但克莱门斯现在面临的问题是，公司原有的系统无法跟上产量的增长，无法支持公司未来的增长。管理层认为公司需要一个新的平台，以提供更好的可视化生产、更有效的规划以及对可承诺量（available-to-promise，ATP）流程更严格的控制。可承诺量提供对客户订单查询的响应，同时提供所需产品的可生产数量和交货日期。克莱门斯还希望能掌握工厂盈利能力的实时信息，例如按订单计算的每日利润率。

2010 年，克莱门斯制订了一项五年计划，希望通过集成系统平台实现 IT 基础设施现代化，以优化其供应网络并改善多业务运营中的调度、优化和利润可视化。2014 年，克莱门斯宣布将在密歇根州科尔德沃特新建第三家猪肉加工厂，该工厂占地 55 万平方英尺。如果能够使用更为现代化的 IT 平台，该新建工厂可以显著增加产量并带来双倍收入。克莱门斯需要一个能够处理新增产量和管理多家工厂的新系统来替代原有过时的 ERP 系统，有 70 多个不同的应用需要集成到新系统中。

克莱门斯食品集团高级副总裁乔舒亚·伦内尔斯和团队对新技术进行深入分析，认为关键在于要采用适合生鲜食品行业的最佳技术。在市场波动和销售生鲜食品的固有风险下，关于产量和成本的准确信息尤为重要。克莱门斯认为集成最先进系统的思爱普软件是帮助公司实现增长目标和跨组织边界共享数据的最佳解决方案。伦内尔斯认为 SAP S/4HANA 平台在 15 年内都不需要再次进行重大升级。

SAP S/4 HANA 是一个基于 SAP HANA 内存计算平台的业务套件。它具有涵盖企业所有日常流程的企业资源规划软件，还集成了思爱普商务套件的部分产品，用于客户关系管理、供应商关系管理和供应链管理。SAP S/4HANA 可用于本地、云端和混合计算平台。

克莱门斯没有选择渐进式实施新系统，而是在整个企业中以一种全面的"大爆炸"方式实施 SAP S/4HANA 财务管理，同时更新了材料管理和生产计划功能。新系统需要在科尔德沃特新建工厂正式运营前及时投入使用。伦内尔斯称，公司在 15 年前的 ERP 实施中曾使用过分阶段方法，但这一过程花费了数年时间，并导致大量定制。截至公司准备实施 SAP S/4HANA 时，原有的 ERP 系统已经连接了 70 多个应用。采取"大爆炸"方式是在科尔德沃特新建工厂开工前及时启动和运行新系统的唯一方法。

作为一家生鲜食品公司，克莱门斯在新系统投入使用时必须处理好公司的主数据，避免出现生产或运输停滞（主数据在企业的核心运营中起关键作用，通常由组织中的多个用户和组共享；主数据包括客户数据、员工数据、库存数据和供应商数据等）。克莱门斯原有系统中的主数据在测试中就曾出现不少问题，因此该公司需要进行严格的主数据清理工作。

克莱门斯选择了殷智咨询集团（itelligence Group）的执行顾问来帮助处理主数据和其他迁移问题。殷智咨询集团是思爱普全球白金合作伙伴，拥有超过 25 年的服务经验。它为客户提供从软件实施咨询到托管的全方位服务。克莱门斯认为殷智咨询是一个在新鲜肉类和加工肉类方面具有丰富食品专业知识和经验的合作伙伴。殷智咨询为克莱门斯提供专有的生猪采购解决方案，有助于克莱门斯按时交付预算内的项目，同时最大限度减少对业务的影响。

殷智咨询有指导其他肉类加工公司进行类似大规模新系统实施的经验。伦内尔斯希望殷智咨询能够发挥业务流程专家的作用，帮助克莱门斯重新审视现有业务流程。克莱门斯在业务流程改造、预算管理、整体测试周期和系统实施理念方面采纳了殷智咨询的建议。

殷智咨询给出的一个极具价值的建议是鼓励项目成员将系统实施看作是由业务主导，而非仅仅是一个 IT 项目。因此，克莱门斯一开始由 IT 部门领导该项目，但在五个月后指派内部业务主管担任项目负责人。这种转变使项目团队在所有测试阶段都更加客观。在每个测试周期后，项目团队会收到来自各部门的客观评分，评分的标准基于业务流程是否得到改进。这帮助项目团队及时发现问题，而不是等到上线后才发现它没有达到预期目标。在进行系统更新时将各业务部门都包括在内，有助于减少不必要的系统定制。

2017 年 5 月，克莱门斯的两家生产工厂启用了 SAP S/4HANA，三个月后，科尔德沃特新建工厂开始运营。整个过程没有发生业务中断。为避免生产或运输能力中断，该公司为生产安排了一些计划停机时间，解决运输或采购方面可能出现的任何问题，这些问题与科尔德沃特新建工厂的主要配送系统相关。计划内的停机时间还确保了在测试期间发现的任何与主数据相关的问题都能被清除，使主数据在系统正式上线之前准备就绪。管理层曾预计新系统大约需要六个月的时间才能稳定运行，结果证明这一预测是准确的。

肉类加工行业的销售预测面临独特的挑战，因为需要考虑多种因素，包括肉制品的易腐性、原材料和副产品的季节性等。过去，克莱门斯每周四都会发布一份基于旧系统的销售报告，以显示前一周的销售情况，这导致实际盈利能力的信息存在滞后性。现在，公司可以利用发票衡量盈利能力，并且可以立即了解每笔订单的利润。在生鲜食品行业，价格每天都在变化，因此，掌握有关盈利能力的实时信息十分重要。

新系统提供的深入洞察力和可视性显著改善了公司的客户服务。通过在 SAP S/4HANA 上运行可承诺量流程，以及将 SAP S/4HANA 与公司的仓库管理系统集成，克莱门斯可以确保在客户通过电话下单时，能够及时了解该产品是否有库存。在猪肉行业，这是一项极其复杂的任务，因为一头猪可以分解成数百种副产品。在实施 SAP S/4HANA 之前，克莱门斯只有在准备发货时，才能向客户提供相同的保证。

在新系统平稳运行后，克莱门斯将 SAP HANA 实时视图与现有的 SAP BusinessObjects 商务智能套件结合使用，以升级报表功能。过去，同一种数据可能分散在多个系统上，而现在，公司拥有单一的数据来源，并且对数据进行了整合。凭借单一的数据来源和便捷的数据获取方式，克莱门斯可以创建数据仪表板，快速地生成数据报表。

资料来源："Clemens Food Group," www. itelligencegroup. com, accessed March 19, 2019; Ken Murphy, "Clemens Food Group Corrals the Power of the Digital Core," *SAP Insider*, January 24, 2018; and www. clemensfoodgroup. com, accessed March 19, 2019.

案例分析问题

1. 为什么供应链管理和企业资源规划对克莱门斯食品集团如此重要？

2. 公司面临什么问题？哪些人员、组织和技术因素导致了这个问题？

3. 对于克莱门斯食品集团来说，SAP S/4HANA 是理想的解决方案吗？为什么？

4. 克莱门斯食品集团若要成功实施 SAP S/4HANA，需要解决哪些人员、组织和技术问题？

参考文献

Bowers, Melissa R., Adam G. Petrie, and Mary C. Holcomb. "Unleashing the Potential of Supply Chain Analytics." *MIT Sloan Management Review* 59 No. 1 (Fall 2017).

Bozarth, Cecil, and Robert B. Handfield. *Introduction to Operations and Supply Chain Management*, 5th ed. Upper Saddle River, NJ: Prentice-Hall (2019).

D'Avanzo, Robert, Hans von Lewinski, and Luk N. van Wassenhove. "The Link Between Supply Chain and Financial Performance." *Supply Chain Management Review* (November 1, 2003).

Davenport, Thomas H. *Mission Critical: Realizing the Promise of Enterprise Systems* Boston: Harvard Business School Press (2000).

Dixon, Matthew. "Reinventing Customer Service." *Harvard Business Review* (November–December 2018).

Franken, Govert. "SAP AI: Machine Learning in Oil and Gas." blogs.sap.com, accessed April 11, 2018.

Fruhlinger, Josh, and Thomas Wailgum. "15 Famous ERP Disasters, Dustups and Disappointments." *CIO* (July 10, 2017).

Hitt, Lorin, D. J. Wu, and Xiaoge Zhou. "Investment in Enterprise Resource Planning: Business Impact and Productivity Measures." *Journal of Management Information Systems* 19, No. 1 (Summer 2002).

Hu, Michael, and Sean T. Monahan. "Sharing Supply Chain Data in the Digital Era." *MIT Sloan Management Review* 57 No. 1 (Fall 2015).

Kitchens, Brent, David Dobolyi, Jingjing Li, and Ahmed Abbasi. "Advanced Customer Analytics: Strategic Value Through Integration of Relationship-Oriented Big Data." *Journal of Management Information Systems* 35, No. 2 (2018).

Laudon, Kenneth C. "The Promise and Potential of Enterprise Systems and Industrial Networks." Working paper, The Concours Group. Copyright Kenneth C. Laudon (1999).

Lee, Hau L., V. Padmanabhan, and Seugin Whang. "The Bullwhip Effect in Supply Chains." *MIT Sloan Management Review* 38 No. 3 (Spring 1997).

Malik, Yogesh, Alex Niemeyer, and Brian Ruwadi. "Building the Supply Chain of the Future." *McKinsey Quarterly* (January 2011).

Nadeau, Michael. "ERP Heads for the Cloud." *CIO* (September 20 2016).

——————. "Hybrid ERP Matures as Companies Develop Better Strategies." *CIO* (February 22, 2017).

Oracle Corporation. "Alcoa Implements Oracle Solution 20% Below Projected Cost, Eliminates 43 Legacy Systems." www.oracle.com, accessed August 21, 2005.

Panorama Consulting Solutions. "2019 ERP Report" (2019a)

——————. "6 Tips for Global ERP Implementations" (March 25, 2019b).

Rai, Arun, Paul A. Pavlou, Ghiyoung Im, and Steve Du. "Interfirm IT Capability Profiles and Communications for Cocreating Relational Value: Evidence from the Logistics Industry." *MIS Quarterly* 36, No. 1 (March 2012).

Ranganathan, C., and Carol V. Brown. "ERP Investments and the Market Value of Firms: Toward an Understanding of Influential ERP Project Variables." *Information Systems Research* 17, No. 2 (June 2006).

Seldon, Peter B., Cheryl Calvert, and Song Yang. "A Multi-Project Model of Key Factors Affecting Organizational Benefits from Enterprise Systems." *MIS Quarterly* 34, No. 2 (June 2010).

Sodhi, ManMohan S., and Christopher S. Tang. "Supply Chains Built for Speed and Customization." *MIT Sloan Management Review* 58 No. 4 (Summer 2017).

Strong, Diane M., and Olga Volkoff. "Understanding Organization-Enterprise System Fit: A Path to Theorizing the Information Technology Artifact." *MIS Quarterly* 34, No. 4 (December 2010).

Sykes, Tracy Ann, Viswanath Venkatesh, and Jonathan L. Johnson. "Enterprise System Implementation and Employee Job Performance: Understanding the Role of Advice Networks." *MIS Quarterly* 38, No. 1 (March 2014).

Tate, Wendy L., Diane Mollenkopf, Theodore Stank, and Andrea Lago da Silva. "Integrating Supply and Demand." *MIT Sloan Management Review* 56 No. 4 (Summer 2015).

Thibodeau, Patrick. "Office Depot Says 'No' to Oracle ERP Cloud Customizations." *TechTarget* (February 1, 2018).

Tian, Feng, and Sean Xin Xu. "How Do Enterprise Resource Planning Systems Affect Firm Risk? Post-Implementation Impact." *MIS Quarterly* 39, No. 1 (March 2015).

"Top 5 Reasons ERP Implementations Fail and What You Can Do About It." *Ziff Davis* (2013).

Van Caeneghem, Alexander, and Jean-Marie Becquevort. "Turning on ERP Systems Can Turn Off People." *CFO* (February 5, 2016).

Wailgum, Thomas. "What Is ERP? A Guide to Enterprise Resource Planning Systems." *CIO* (July 27, 2017).

Zhang, Jonathan Z., George F. Watson IV, and Robert W. Palmatier. "Customer Relationships Evolve—So Must Your CRM Strategy." *MIT Sloan Management Review* 59 No. 4 (May 1, 2018).

第10章 电子商务：数字市场与数字商品

学习目标

阅读完本章，你将能够回答以下问题：

1. 电子商务、数字市场和数字商品有哪些特点？
2. 电子商务主要有哪些商业模式和盈利模式？
3. 电子商务如何改变市场营销方式？
4. 电子商务如何影响企业间交易？
5. 移动商务在商业中的作用是什么？最重要的移动商务应用是什么？
6. 构建电子商务需要解决哪些问题？
7. 管理信息系统对职业生涯有何帮助？

仪表板上的电子商务："第四块屏幕"争夺战

企业始终在寻找更多吸引客户和销售产品的方法。现在，企业将目光投向了汽车仪表板。美国司机平均每天使用汽车的时间为 51 分钟，这为企业吸引消费者注意力创造了新机会。继电视、计算机和手机之后，汽车仪表板正逐渐成为吸引消费者眼球的"第四块屏幕"。

机会无处不在。当地医院、餐馆和其他服务机构可根据固定的行车路线投放广告。司机可以在仪表板屏幕上点咖啡或支付加油费用。通过监控驾驶模式，保险公司可以为驾驶行为良好的司机提供较低的费率。汽车制造商可以利用汽车传感器产生的数据识别需要更换的部件，并提供优惠券和维修服务。麦肯锡咨询公司（McKinsey & Co.）称，到 2030 年，基于仪表板的产品和服务可能会创造高达 7 500 亿美元的收入。

汽车制造商试图凭借汽车仪表板上显示的内容与客户建立更密切的联系。谷歌和苹果也希望将仪表板用作其应用程序和屏幕的另一个平台。为了控制仪表板显示，汽车制造商和大型科技企业正展开一场大战。

汽车制造商目前处于劣势。新车型的设计和制造需要数年时间，汽车的使用周期往往比智能手机更长。老款汽车显示屏并不像智能手机那样在设计时考虑快速更新。

谷歌和苹果公司已经分别开发了 Android Auto 和 CarPlay 车载系统，它们可以通过大图标和语音控制将智能手机应用程序显示在汽车显示屏上，司机在使用智能应用时能够将视线保持在道路上并握住方向盘。雪佛兰（chevrolet）、丰田（Toyota）和沃尔沃（Volvo）等汽车制造商正在将其仪表板显示器与 Android Auto 和 CarPlay 兼容。谷歌最近创建了一个新版本的安卓操作系统（Android Automotive），该系统专为无须智能手机输入的车辆仪表板而设计。

福特（Ford）和戴姆勒（Daimler AG）等汽车制造商认为，开发自有仪表板应用程序和系统软件是更好的选择。大众汽车（Volkswagen AG）希望能够掌握其车载电子设备生成的大量消费者数据，开发了自己的车载操作系统 vw. OS，以及在云端运行的在线应用程序和服务商店。大众的 I. D. 系列电动汽车是第一款使用其自有仪表板系统的汽车。福特也在开发自己的仪表板系统，它允许用户将一些智能手机应用投送到汽车屏幕上。

"第四块屏幕"本身也面临一系列挑战。一是它可能会分散司机的注意力，司机在驾驶汽车时仍需要将注意力集中在道路上，并将手放置在方向盘上。二是对于在高速公路上以 70 英里/小时的速度快速行驶的汽车，风声和道路噪声的干扰可能会导致语音识别效果不佳。

"第四块屏幕"对隐私保护也提出了挑战，因为车载软件能够从汽车和司机处收集大量个人数据，这对比美国拥有更严格的数据保护标准的欧洲汽车制造商而言尤为重要。大众汽车拒绝了谷歌访问汽车油量数据的请求，该请求可以使安卓系统计算车辆对汽油的需求，并提供前往加油站的路线。谷歌还向宝马（BMW）请求在乘客座椅上安装传感器以确定乘客的体重，从而判断乘客是成年人还是儿童。谷歌发言人表示，谷歌的数据收集政策承诺，只有经过司机许可后才会访问信息。

资料来源：Tim Higgins and Willam Boston, "The Battle for the Last Unconquered Screen—the One in Your Car," *Wall Street Journal*, April 6, 2019; Peter Koeppel, "The Fight for the Fourth Screen—Your Dashboard Display," *Koeppel Direct*, June 11, 2019; and Ronan Glon, "What Is Android Auto?" *Digital Trends*, June 23, 2019.

上述互联网仪表板娱乐系统说明了当今电子商务的一些主要趋势。电子商务无处不在，基于互联网的购买、销售和广告不再局限于计算机屏幕，它们也出现在移动智能手机、平板电脑，甚至汽车仪表板上。被买卖的不仅是产品，还有信息和服务。这些仪表板信息娱乐服务使用先进的数据挖掘和基于位置的广告推送，基于收集的用户数据以及购买行为（如购买汽油）获取利润。苹果、谷歌和主要汽车制造商都在争夺汽车仪表板这一宝贵资源，以向用户提供创新的信息娱乐服务。

下图指出了上述案例和本章的要点。汽车制造商和大型科技企业面临的挑战是如何利用互联网、仪表板显示技术的改进以及定位技术，从为汽车司机提供的广告和服务中赚取利润。汽车制造商和科技企业都在技术上进行了大量投资，以设计并实施用于汽车显示屏的新型电子商务界面和操作系统，收集和分析由车载系统生成的有关司机和汽车的大量数据。目前面临的主要问题是，这些仪表板系统能否真正在全部驾驶条件下正常运行而不会分散司机的注意力，也不会侵犯用户隐私。

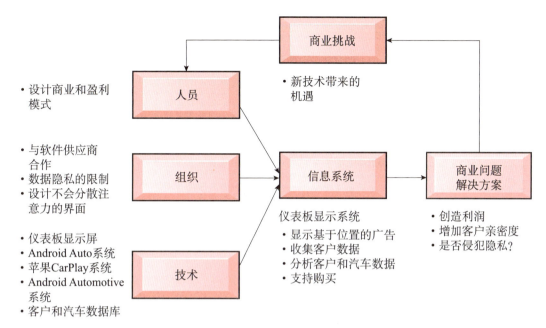

思考以下问题：在为电子商务设计并实施汽车仪表板显示系统时，必须解决哪些人员、组织和技术问题？使用这种形式的电子商务有哪些优点和缺点？

➡ 10.1 电子商务、数字市场和数字商品有哪些特点？

2019 年，使用智能手机、平板电脑或台式计算机在线购买商品和服务已经十分普遍。2019 年，约有 2.24 亿美国人（约占互联网用户的 92%）在线浏览商品，其中 1.95 亿人在线下单购买，在全球其他数百万用户中也大致如此。虽然大多数购买仍通过传统渠道进行，但电子商务继续快速增长，改变了许多企业的经营方式（eMarketer，2019b）。电子商务由三个主要部分组成：零售商品、旅游及服务、在线内容。2019 年，电子商务零售商品（6 370 亿美元）、旅游及服务（2 410 亿美元）和在线内容（580 亿美元）的消费总额约达 9 970 亿美元。仅零售商品的销售额就占美国 5.5 万亿美元零售总额的 11%，并以每年 14% 的速度增长（相比之下，2019 年传统零售的增速为 4%）（eMarketer，2019h）。在庞大的实体零售市场中，电子商务仍只是一小部分。电子商务已经从台式计算机和家用计算机扩展到移动设备，从孤立的活动发展为新的社交商务，从面向全美市场的《财富》1 000 强企业，到移动设备定位的本地商家和消费者。在排名前 100 的电子商务零售网站上，超过 50% 的在线购物者使用智能手机购物，45% 的电子商务销售额来自移动设备，而57% 的电子商务订单交易来自台式计算机。理解 2020 年电子商务的关键词是"社交化、移动化和本地化"（eMarketer，2019g）。

10.1.1 当今电子商务

电子商务是指利用互联网和网络进行交易。确切地说，电子商务是组织和个人之间的数字化商业交易。在大多数情况下，电子商务指的是发生在互联网和网络上的交易。商业交易包括为获取产品或服务而跨越个人或组织边界进行的价值交换（如货币）。

电子商务始现于 1995 年，当时最早的互联网门户网站之一网景（Netscape.com）承接了第一笔大企业广告订单，"网络可以成为广告和销售新媒介"这一理念开始普及。在最初几年增长了两三倍的情况下，没有人预料到电子商务零售额会呈指数级增长。电子商务一直保持着两位数的增长速度，直到 2008—2009 年经济衰退，增长才趋于平缓（见图 10-1），但相比于传统零售业在经济衰退期间每年萎缩 5％，电子商务领域的情况要好很多。从 2009 年起，线下零售额一直保持 2％～4％的增长速度，而电子商务取得了巨大成功，达到了 12％～15％的增长速度。

图 10-1　电子商务增长

说明：电子商务零售收入每年增长 15％～25％，直到 2008—2009 年经济衰退，才显著放缓。2018 年，电子商务零售收入年增长率为 14％。

资料来源：Based on data from eMarketer, "US Retail Ecommerce Sales, 2018-2022," 2019; eMarketer, "US Digital Travel Sales, 2019-2023," 2019.

电子商务初期的快速发展造成了电子商务股票的市场泡沫，2001 年 3 月泡沫破裂，造成大量电子商务企业破产。然而，对于亚马逊、eBay、Expedia 和谷歌等企业来说，结果反而乐观：收入飙升，调整为能够产生利润的商业模式，股价持续上涨。到 2006 年，电子商务收入恢复稳定增长，继续成为美国、欧洲和亚洲增长最快的零售贸易形式。

● 2019 年，在线消费品零售总额（包括旅游和数字内容）增长到 6 370 亿美元，比 2018 年增长 14.5％以上，其中 1.95 亿人在线购买商品，2.24 亿人在线浏览商品信息（eMarketer，2019f）。互联网影响了超过 2 万亿美元的实体店零售额，约占全部零售额的 40％。

● 美国的网民总数从 2004 年的 1.47 亿人增加到 2019 年的 2.84 亿人。在全球范围内，超过 44 亿人使用互联网。互联网用户总量的增加刺激了电子商务的增长（Internet World Stats，2019）。

● 2019 年，约 1.1 亿美国家庭使用互联网宽带接入，约占所有家庭的 82％。

● 2019 年，约 2.62 亿美国人使用智能手机访问互联网。基于应用程序、娱乐下载和位置的服务快速发展。2019 年，移动电子商务产生的收入约为 2 780 亿美元，占全部电子商务的 44％。手机和平板电脑成为最常见的互联网接入设备。目前，超过 80％的手机用户使用手机访问互联网，尽管他们同时也使用台式计算机（eMarketer，2019e）。

● 2018 年，B2B 电子商务（利用互联网进行企业与企业之间的商务和协作）扩大到 6.2 万亿美元以上。表 10-1 重点介绍了这些新兴电子商务的发展。

表 10-1　电子商务的发展

业务转型

● 与实体零售、服务和娱乐相比，电子商务仍是增长最快的商业形式。社交化、移动化和本地化商务已成为发展最快的电子商务形式。

● 电子商务产品范围不断扩大，尤其在社交网络、旅游、娱乐、零售服装、珠宝、电器、家居用品等服务经济中。优步、来福车（Lyft）、爱彼迎（Airbnb）等按需服务、送餐服务和宠物护理服务进一步扩大了在线服务范围。

● 拓宽在线消费者的人口统计数据与普通消费者相匹配。

● 纯电子商务商业模式进一步完善，实现了更高水平的盈利能力。沃尔玛、彭尼百货、里昂比恩和梅西百货等传统零售企业纷纷开发全渠道商业模式，巩固在零售业的领导地位。全球最大的零售商沃尔玛决定向电子商务领域投资逾 10 亿美元，以与亚马逊竞争。沃尔玛目前在电子商务领域的年销售额为 200 亿美元，排名第四，约占美国电子商务销售总额的 3％。亚马逊以 2 580 亿美元的在线销售额位居榜首，约占全部电子商务销售总额的 50％。

● 小型企业和创业者不断涌入电子商务市场，他们通常依赖亚马逊、苹果和谷歌等行业巨头的基础设施，并越来越多利用云计算资源。

● 移动电子商务快速发展，提供基于位置的服务，以及电子书、电影、电视节目等娱乐下载。2019 年，移动电子商务创造超过 2 780 亿美元的收入。

技术基础

● 无线互联网连接（Wi-Fi、WiMAX 和 4G 智能手机）继续扩大。

● 功能强大的智能手机和平板电脑可提供音乐、上网、娱乐和语音通信功能。播客和流媒体作为分发视频、广播和用户生成内容的平台而迅速发展。

● 移动设备扩展到苹果手表和 Fitbit 追踪器等可穿戴设备以及亚马逊 Alexa 和谷歌智能助理等家用设备。

● 随着通信成本下降，网络宽带在家庭和企业中的普及率越来越高。

● Facebook、推特、领英、Instagram 等社交网络应用程序和网站正致力于成为电子商务、营销和广告的新平台。Facebook 在全球拥有 23 亿用户，在美国拥有 1.9 亿用户（Facebook，2019）。

● 基于互联网的计算模式，如智能手机应用、云计算、软件即服务（SaaS）和平台即服务（PaaS），降低了搭建和维护电子商务网站的成本。

新的商业模式出现

● 超过 75％的互联网用户已加入在线社交网络，创建博客分享照片和音乐。这创造了与电视观众一样庞大的用户群体，对市场营销人员极具吸引力。2019 年，使用社交网络占用户在线时间的 15％。社交网站已经成为新闻、音乐以及越来越多的产品和服务进入互联网的主要门户（eMarketer，2019a）。

● 在线广告的增长速度是电视广告和平面广告的两倍，这颠覆了传统广告行业。谷歌、雅虎和 Facebook 每年展示超过一万亿条广告。

● 优步、来福车、爱彼迎等按需服务电子商务网站将市场创新者的商业模式（按需模式）扩展到了新的经济领域。

● 报纸和其他传统媒体也使用在线互动模式，虽然赢得了一定数量的在线读者，但广告收入正在流向谷歌、Facebook、门户网站等在线媒体。《纽约时报》2019 年拥有 400 多万订阅用户，每年以 25％的速度增长，每年新增 40 万数字订阅用户。但地方报纸由于无法吸引数字受众纷纷倒闭。由于电子书的增长和传统贸易书籍的持续吸引力，图书出版业继续以近 5％的速度缓慢增长，出版贸易中增长最快的部分是数字音频下载。

● 在好莱坞和纽约的各大版权所有者与网飞、亚马逊、苹果、YouTube 等互联网企业的合作下，提供电视、电影、音乐、游戏的在线娱乐商业模式发展迅速。越来越多的在线流媒体平台正转向电影和电视制作。有线电视略有下降，因为一些观众减少了有线电视订阅，转而依赖 Roku 或 YouTube TV 等基于互联网的替代品。

10.1.2 新兴电子商务：社交化、移动化和本地化

电子商务最大的变化之一是更加社交化、移动化和本地化。曾经在线营销主要是创建企业网站、在雅虎等门户网站上购买展示广告、在谷歌上购买相关搜索广告、发送电子邮件信息等。展示广告是在线营销的重要部分，但它正逐渐被视频广告取代，后者的广告效果要好得多。在互联网诞生之初，展示广告以电视广告为基础，将品牌信息闪现给数百万用户，但并不期待用户能立刻作出反应、提出问题或浏览产品。如果广告不起作用，解决方案通常是重复播放广告。衡量广告成功的主要指标是网站吸引了多少用户观看（唯一访问者）以及营销方案可以产生多少印象（指一则广告展示给一个人）。这些指标从电视时代延续下来，主要根据观众规模和广告观看量衡量广告效果。

从观看到对话：对话式商务

2007 年以来，随着 Facebook 和其他社交网站的快速发展、iPhone 及其他智能手机的爆炸式增长以及广告商对本地化营销兴趣的日益浓厚，一切都发生了改变。新兴的社交化、移动化、本地化电子商务的不同之处在于"对话"和"参与"，通常被称为对话式商务。这一新时期的营销以企业与客户、潜在客户甚至反对者进行多重在线对话为基础。企业品牌在网络和社交媒体上被讨论（这也是对话的一部分），进行企业营销、建立并恢复企业品牌，需要管理者定位、识别并参与这些对话。社交营销意味着所有事情都具有社交性：倾听、讨论、互动、共鸣和参与。在线营销的重点已经从关注观看转变为关注参与以客户为导向的对话。从这个意义上说，社交营销不仅是一个新的广告渠道，还是一种用于与消费者沟通的技术工具。领先的社交商务平台包括 Facebook、Instagram、推特和拼趣。

过去，企业可以严格控制其品牌信息并引导消费者购买。但社交营销并非如此，消费者的购买决策越来越多地受到来自社交网络的对话、选择、品位和观点的驱动。社交营销就是企业参与并塑造社交过程。

从桌面计算机到智能手机

如今，在线广告占全部广告的一半以上，其规模超出电视广告 80%。移动营销现在占在线营销的近 70%，其余是基于浏览器的桌面广告、搜索、展示广告、视频广告、电子邮件和游戏（eMarketer，2019i）。

社交化、移动化和本地化电子商务相互关联。随着移动设备越来越强大，访问 Facebook 和其他社交网站变得更加方便。随着移动设备用户群体的扩大，消费者可使用移动设备发现本地商家，商家也可以使用移动设备提醒附近的消费者有特价优惠。

10.1.3 为什么电子商务与众不同

电子商务为何发展如此迅速？答案在于互联网和万维网的独特性。简单而言，互联网和电子商务技术比以往的广播、电视和电话等技术更加丰富和强大。表 10-2 描述了互联网和万维网作为商业媒介的独特特征。下文将详细介绍每个特征。

表 10 - 2　电子商务技术的八个独特特征

电子商务技术维度	商业意义
无处不在：互联网技术可随时获取，在工作场所、家中及其他有台式计算机和移动设备的地方均能够使用。移动设备将服务扩展到提供服务的本地区域和商家。	市场超越了传统界限，脱离了时间和地理位置的限制，创建了市场空间；购物可以随时随地进行；提高消费者购物的便利性；降低购物成本。
全球化：电子商务技术跨越国界，覆盖全球。	商业可以跨越文化和国界而无须修改。市场空间可能包括全球数十亿消费者和数百万企业。
通用标准：有一套通用技术标准，即互联网标准。	通过全球使用同一套技术标准，不同的计算机系统可以轻松相互通信。
丰富性：视频、音频和文本信息均可被传输。	视频、音频和文本信息被整合到单一的营销信息和消费者体验中。
交互性：电子商务技术可与用户交互。	消费者参与的对话会动态调整，使消费者成为向市场交付商品过程中的参与者。
信息密度：降低了信息成本并提高了信息质量。	信息处理、存储和通信成本大幅下降，流通性、准确性和及时性大大提高。信息变得丰富、便宜且更准确。
个性化/定制化：允许将个性化信息传递给个人和团体。	营销信息的个性化以及产品和服务的定制化均基于个人特征。
社交技术：支持内容生成和社交网络。	新的互联网社交和商业模式使用户可以创建和传播内容，并支持社交网络。

无处不在

在传统商业中，市场是消费者可以访问并进行交易的实体场所，如零售店。电子商务却无所不在，这意味着商业交易可以在任何时间、任何地点发生。消费者可使用台式计算机或智能手机在家中、办公室甚至汽车里进行购物。由此产生了**市场空间**（market space）——一个超越传统边界、不受时空限制的市场。

从消费者的视角看，"无所不在"降低了**交易成本**（transaction costs），即参与市场活动的成本。交易时，消费者无须花费时间和金钱前往市场，选购商品耗费的精力也更少。

全球化

电子商务技术使商业交易能够跨越文化和国界，比传统商业更方便、更经济。因此，电子商务卖家的潜在市场规模与全球网络用户规模（约超过 30 亿）大致相当。

相比之下，大多数传统商业都是本地性或区域性的，只包括当地商家或在当地拥有店铺的全国商家。例如，电视、广播电台和报纸主要是地方和区域机构，尽管拥有强大的全国网络吸引全国受众，但它们无法轻易跨越国界触及全球受众。

通用标准

电子商务技术的一个显著特性是互联网技术标准，进行电子商务活动的技术标准是通用标准。这一标准被全球各国共享，任意两台计算机都可以相互连接而不必考虑各自使用的技术平台。相比之下，大多数传统商业技术在各国之间并不通用。例如，世界各地的电视和无线电标准各不相同，蜂窝电话技术也是如此。

互联网和电子商务的通用技术标准大大降低了**市场进入成本**（market entry costs），

即商家将商品投入市场所需支付的成本。同时，对于消费者而言，通用标准降低了**搜索成本**（search costs），即寻找合适产品所需的努力。

丰富性

信息**丰富性**（richness）是指信息的复杂性和内容。传统市场、全国销售人员、小型零售商店都拥有丰富的信息，它们可在销售时使用听觉和视觉提供个性化的面对面服务。传统市场的信息丰富性使其成为强大的销售或商业环境。在网络蓬勃发展之前，需要在信息丰富性和覆盖范围之间权衡，受众的规模越大，信息丰富性越低。但网络使同时向大量用户发布文字、音频和视频等丰富信息成为可能。

交互性

与 20 世纪任何一种商业技术不同（电话技术除外），电子商务技术具有交互性，这意味着商家和消费者之间可以进行双向交流。在电视节目播放过程中，电视台无法向观众提问或与他们对话，也无法要求消费者将反馈信息填写到表格中。相比之下，这些活动都可在电子商务网站或移动应用程序上进行。交互性使在线商家能够以近似面对面的交流方式吸引消费者，且这种交互方式规模更大、受众范围更广。

信息密度

互联网和网络极大增加了**信息密度**（information density），即所有市场参与者、卖家和消费者可以获得的信息总量和质量。电子商务技术降低了信息收集、存储、处理和通信的成本，也大大提高了信息的通用性、准确性和及时性。

电子商务市场的信息密度让价格和成本更加透明。**价格透明**（price transparency）是指消费者可以轻松发现市场价格的多样性；**成本透明**（cost transparency）是指消费者发现商家为产品支付的实际成本的能力。

信息密度的提高也使商家受益。在线商家可以获取比以前更多的消费者信息，能够将市场划分为愿意支付不同价格的群体，并实施**价格歧视**（price discrimination），即以不同的价格向不同目标群体销售相同或几乎相同的商品。例如，在线商家发现某些消费者热衷于价格高昂的国外旅行，于是向他们推销高价的高端旅行计划，因为商家确信他们愿意为此支付额外费用。同时，在线商家也可以用更低的价格向价格敏感的消费者推销相同的假期计划。信息密度还有助于商家在成本、品牌和质量方面提高产品区分度。

个性化/定制化

电子商务技术可以提供**个性化**（personalization）服务。商家可以根据用户的点击行为、姓名、兴趣和历史购买调整信息，对特定消费者进行有针对性的营销。电子商务技术还提供**定制化**（customization）服务，即根据用户偏好或购买行为习惯改变提供的商品或服务。电子商务技术的交互性使商家能够在消费者购买时从市场上收集大量相关的信息。随着信息密度的增加，消费者购买历史和购买行为信息也可以被在线商家存储利用。

由此产生的结果是，相比于传统商务，电子商务具有前所未有的个性化与定制化水平。例如，观众可通过切换频道选择想看的节目，但无法改变某个频道播放的内容。但是《华尔街日报》在线（*Wall Street Journal Online*）等在线新闻媒体允许用户选择先看哪一类新闻，并提供实时推送提醒。

社交技术：用户生成内容和社交网络

与以往技术相比，互联网与电子商务技术日益社交化。用户可以创建文本、视频、音乐或照片等内容，并与他们的朋友（以及更大的全球社区）分享。通过这些交流，用户可以创建新的社交网络，并加强现有的社交网络。

以前所有的大众媒体，包括印刷出版业，都使用广播模式（一对多）。在这种模式下，内容由职业作家、编辑、导演和制片人等专家创造，大量用户集中消费标准化的产品。新兴的互联网和电子商务使用户能够大规模创建并传播内容，自行决定要观看的内容。互联网提供了一种独特的多对多大众传播模式。

10.1.4　电子商务的关键概念：全球市场中的数字市场和数字商品

商业活动的位置、时间和收入模式在一定程度上取决于信息的成本和传播方式。互联网创造了一个数字市场，全世界数百万人可以直接、实时、免费交换大量信息。因此，互联网改变了企业开展业务的方式，扩大了它们的全球影响力。

互联网降低了**信息不对称**（information asymmetry）。当交易中的一方比另一方拥有更多有关交易的重要信息时，就产生了信息不对称。这些重要信息有助于决定交易双方的议价能力。在数字市场中，消费者和供应商可以看到商品价格，从这个意义上说，数字市场比传统市场更透明。

例如，在汽车销售网站出现之前，汽车经销商和消费者之间存在严重的信息不对称。只有经销商了解制造商的价格，消费者很难货比三家。汽车经销商的利润率很大程度上依赖于这种信息不对称。如今消费者可以访问大量能够提供有竞争力的价格信息的网站，四分之三的美国汽车购买者使用互联网寻找最优惠的价格。因此，网络减少了汽车购买中的信息不对称。互联网也帮助采购产品的企业减少了信息不对称，让它们能够以优惠的价格和条款达成交易。

数字市场灵活高效，因为它降低了搜索和交易成本，降低了**菜单成本**（menu costs）——商家改变价格的成本，增加了价格歧视，并依据市场情况动态调整价格。在**动态定价**（dynamic pricing）中，产品价格取决于消费者需求特征或卖方的供应情况。例如，亚马逊和沃尔玛等在线零售商会根据每天的时间段、产品需求和用户访问网站的历史情况调整价格。利用大数据分析，一些在线企业可根据行为目标参数在个人层面上调整价格，如消费者是一个喜欢讨价还价的人（他们将获得更低的报价）还是一个直接接受当前报价的人。价格也可能因区位而异。优步和其他乘车服务采用峰时定价法，根据需求调整乘车价格（在极端天气和重大会议期间，价格会提高）。

新的数字市场可能会降低或提高转换成本，具体取决于销售的产品或服务的性质，数字资产也可能会因为运输时间而导致额外的延迟满足。与实体市场不同，消费者无法立即消费服装等在网络上购买的产品（数字音乐和某些数字产品可以立即消费）。

数字市场绕过分销商或零售店等中间商，提供了许多直接向消费者销售的机会。取消分销渠道的中间商可以显著降低交易成本。在实体市场中，为传统分销渠道的所有步骤付费可能导致产品价格高达其原始制造成本的 135%。

图 10-2 说明了减少分销过程中的每个环节可以节省的成本。通过直接向消费者销售

或减少中间商数量，企业可以在降低价格的同时提高利润。去除价值链中负责中间步骤的组织或业务流程层称为**去中介化**（disintermediation）。电子商务也催生出一系列全新的中介机构，如亚马逊、eBay、PayPal 和 Blue Nile 等。因此，去中介化因行业而异。

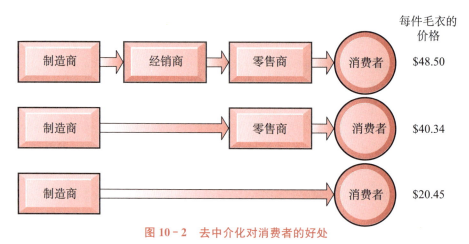

图 10 - 2　去中介化对消费者的好处

说明：传统分销渠道有多个中间层，每一层都增加了产品（如毛衣）的最终成本。消除中间层可以降低产品的最终成本。

去中介化正在影响服务市场。运营在线预订网站的航空公司和酒店能够获取更高的收入，因为它们去除了作为中介的旅行代理商。表 10 - 3 总结了数字市场与传统市场的区别。

表 10 - 3　数字市场与传统市场的区别

	数字市场	传统市场
信息不对称	不对称性低	不对称性高
搜索成本	低	高
交易成本	低（有时几乎为零）	高（时间、运输）
延迟满足	高（对于数字商品而言较低）	低（现货购买）
菜单成本	低	高
动态定价	低成本、即时	高成本、延迟
价格歧视	低成本、即时	高成本、延迟
市场细分	低成本、精确度中等	高成本、精确度低
转换成本	更高/更低（取决于产品特征）	高
网络效应	强	弱
去中介化	可行性高	可行性低

数字商品

互联网数字市场大幅扩大了数字商品的销售。**数字商品**（digital goods）是指可以通过数字网络交付的商品。音乐、视频、好莱坞电影、软件、报纸、杂志和书籍都可作为数字商品呈现、存储、传输和销售。大多数情况下，数字商品具有知识产权，被定义为"思想作品"。知识产权受版权法、专利法、商标法和商业机密法的保护（见第 4 章），不会被盗用。如今，所有这些产品都以数字流或下载的形式交付，而实体产品的销量却在下降。

通常，多生产一单位数字商品的边际成本约等于零（复制一份音乐文件基本无需任何成本）。然而，制作最初一单位数字商品的成本相对较高，几乎等于产品的总成本，因为库存和分销几乎没有成本。数字商品通过互联网交付的成本很低，市场营销的成本几乎不变，定价变化可能很大。在互联网上，由于菜单成本很低，商家可以随时根据需要调整价格。

互联网数字商品对市场产生的影响是革命性的，我们每天都能感受到这种影响。依赖于实体产品销售的企业，如书店、音乐商店、图书出版商、唱片公司、电影制片厂等，面临销售量下降甚至业务遭到破坏的挑战。印刷版报纸和杂志的订阅量正在下降，而在线读者规模和订阅量正在扩大。

唱片行业总收入从 1999 年的 140 亿美元下降到 2016 年的约 77 亿美元，下降近 50%，这几乎完全由 CD 专辑销量的快速下降和数字音乐服务（包括合法和非法音乐盗版）的增长导致。但凭借付费订阅的增长，唱片行业 2018 年的收入增长了 16%，达到近 100 亿美元（RIAA.com，2019）。自 2003 年创建以来，苹果 iTunes 商店已售出超过 500 亿首歌曲，这种数字发行模式弥补了因数字音乐渠道损失的部分收入。然而，随着流媒体成为消费者获取音乐的主要途径，苹果的下载业务迅速衰落，近年来下降超过 25%。自 iTunes 出现以来，非法下载减少了一半，2018 年合法在线音乐的销售额（包括下载和流媒体）达到 80 亿美元。随着云流媒体服务的扩大，非法下载将进一步减少。包括数字下载和流媒体在内的数字音乐销售占唱片行业收入的 80% 以上。用户每下载一首单曲，唱片公司和流媒体可分别获得大约 32 美分和 0.5 美分的收入。在这种模式下，唱片公司可凭借歌曲（歌词和音乐）版权获得收入，但演奏音乐的艺术家几乎没有从流媒体音乐中获得任何收入。在 Spotify 这样有广告支持的平台上，艺术家们从一首流媒体歌曲中获得的收入仅仅是几美分/百万浏览量。

与音乐行业相比，好莱坞受到非法数字发行平台的冲击要小得多，因为下载完整的高质量盗版电影更加困难，用户可以轻松获得低价格、高质量的正版电影。好莱坞与网飞、谷歌、Hulu、亚马逊和苹果签订了利润回报丰厚的分销协议，使用户可以方便地支付并下载高质量电影和电视剧。2018 年，在线影视行业创造了 970 亿美元的收入。但与在线分销商的协议不足以完全弥补 DVD 销售的损失，2006—2018 年，DVD 销售下降了约 60%。2018 年，数字流媒体和数字下载增长了 28%，占家庭娱乐的 75% 以上。随着智能手机、平板电脑和智能电视的发展，人们可以在更多地点更方便地观看电影，对好莱坞电影的需求与电视剧一样，也在不断增长。

2019 年，有 2.58 亿互联网用户观看在线电影，约占美国互联网成年用户的 82%。毫无疑问，互联网正在成为与有线电视匹敌的主要电影和电视剧发行渠道，有朝一日可能会完全取代有线电视。

表 10-4 描述了数字商品与传统实体商品的区别。

表 10-4　数字商品与实体商品的区别

	数字商品	实体商品
边际成本/单位	零	大于零，高
生产成本	高（成本中的大部分）	可变
复制成本	接近零	大于零，高
分销交付成本	低	高
库存成本	低	高
营销成本	可变	可变
定价	可变性较高（捆绑，随机定价）	固定，基于单位成本

➡ 10.2　电子商务主要有哪些商业模式和盈利模式？

电子商务是商业模式和新兴信息技术的巧妙结合。本节首先介绍电子商务的基本类型，之后对电子商务的商业模式和盈利模式进行介绍。

10.2.1　电子商务类型

电子商务的分类方法有很多，其中一种是根据电子商务参与者的性质进行划分。三种电子商务类型分别是：企业对消费者（B2C）电子商务、企业对企业（B2B）电子商务和消费者对消费者（C2C）电子商务。

- **企业对消费者电子商务**（business-to-consumer（B2C）electronic commerce）指企业向个人消费者销售商品和服务。亚马逊、沃尔玛和苹果音乐都是典型的 B2C 商务。向个人消费者销售书籍、软件和音乐的巴诺书店也是 B2C 电子商务的一个例子。
- **企业对企业电子商务**（business-to-business（B2B）electronic commerce）指企业间进行产品和服务的销售。化工产品和能源买卖网站 Elemica 是 B2B 电子商务的一个例子。
- **消费者对消费者电子商务**（consumer-to-consumer（C2C）electronic commerce）指消费者直接向消费者销售。例如，大型网络拍卖网站 eBay 可让用户将商品拍卖给出价最高的人或以固定价格将商品出售给其他消费者。eBay 作为中间商创建了一个可进行个人交易的数字平台。Craigslist 也是消费者可直接向他人购买和销售的平台。

另一种对电子商务进行分类的方法是根据参与者在交易中使用的平台。大部分电子商务交易都是在有线接入互联网的台式计算机上实现的。如今，智能手机和平板电脑等无线移动替代品出现，使用无线设备在任何地点购买商品和服务称为**移动商务**（mobile commerce/m-commerce）。上述三种电子商务交易都可以使用移动商务技术进行。本书将在 10.5 节详细讨论移动商务。

10.2.2　电子商务商业模式

信息经济的快速变化为商业模式的"破旧立新"创造条件。表 10 - 5 描述了一些重要的互联网商业模式。所有这些商业模式都通过互联网（包括移动设备应用程序）为现有产品和服务增值，或为新产品和新服务奠定基础。

表 10 - 5　互联网商业模式

类型	说明	示例
网络零售商	直接向消费者或个体企业销售实体产品。	亚马逊 Blue Nile
交易经纪人	通过在线销售交易为用户节省金钱和时间，对每笔交易收取费用。	ETrade.com Expedia

续表

类型	说明	示例
市场创造者	为买卖双方提供数字环境，使其可以互动、搜索和展示产品，并为这些产品定价；服务于消费者和 B2B 电子商务，通过收取交易费用获得收入。	eBay Priceline. com Exostar Elemica
内容提供商	通过在网络上提供新闻、音乐、照片、视频等数字内容创造收入。收入来自用户付费访问内容或销售广告空间。	华尔街日报 盖蒂图片社（GettyImages. com） 苹果音乐 MSN Games
社区提供商	提供在线社区，让兴趣相似的用户可以交流并找到有用信息。	Facebook 推特
门户网站	提供进入网络入口，以及专门的内容和服务。	雅虎 MSN 美国在线（AOL）
服务提供商	提供照片共享、视频共享、用户生成内容等应用服务；提供在线数据存储、备份等其他服务。	谷歌文档 Photobucket. com 多宝箱

门户网站

门户网站是用户通往网络的入口，通常是用户设置为主页的网站，包括谷歌、必应等搜索引擎。雅虎、Facebook、MSN 和美国在线等门户网站不仅提供网络搜索工具，还集成新闻、电子邮件、即时通信、地图、日历、购物、音乐下载、视频等内容和服务。如今，门户网站商业模式为用户提供一个目标站点，用户可在其中搜索网页、阅读新闻、娱乐游戏和在线社交，同时也被推送广告。Facebook 是一种基于社交网络的特殊门户网站。2018 年，美国人一半的在线时间花费在 Facebook 上，平均每天约一个小时。门户网站主要通过吸引大量受众，向广告商收取展示广告投放费用（与传统报纸类似）、向其他网站收取链接引流费用，以及对高级服务收费来实现盈利。2019 年，门户网站（不包括谷歌、Facebook 或必应）的展示广告收入达到 100 亿美元。虽然门户网站和搜索引擎网站有数百个，但雅虎、MSN 和美国在线等顶级门户网站因其卓越的品牌认知占据了 80% 以上的互联网门户流量。

网络零售商

在线零售商店，通常也被称为**网络零售商**（e-tailer），有各种不同的规模，大到 2018 年零售额超过 2 070 亿美元的零售巨头亚马逊，小到仅拥有自己网站的小型本地商店。网络零售商与实体店类似，不同之处在于消费者只需连接互联网即可查看网络零售商的库存并下订单。2019 年，在线零售（线上实体商品销售）产生约 6 370 亿美元的收入。网络零售商的价值主张是向消费者提供全天候便利、低廉的购物体验，提供种类丰富的商品，并由消费者自主选择。沃尔玛或史泰博（Staples.com）等网络零售商还拥有线下实体店，线上商店只是现有实体店的子公司或一个部门，与线下实体店经营相同的产品。一些网络零售商只在互联网上运营，没有实体店，如 Ashford.com 和 eVitamins.com。还有许多其他类型的网络零售模式，如在线直邮目录、网上商城和工厂在线直销等。

内容提供商

电子商务逐步成为全球内容渠道。内容的广义概念包含任何形式的知识产权。**知识产权**（intellectual property）是创造者主张产权的有形和无形的思想产品。内容提供商通过网络发布信息内容，如数字视频、音乐、照片、文本和艺术作品等。内容提供商的价值主张是让消费者能够便捷地找到大量在线内容，并以相对低廉的价格购买，从而在多个计算机设备或智能手机上播放观看。

内容提供商并不一定是内容创造者（有时它们确实是，如迪士尼官网），它们更多的是基于网络传播他人制作或创建的内容。例如，苹果在其音乐商店销售音乐曲目，但自身并不创作或委托制作新音乐。

iPhone、iPod 和 iPad 等移动联网设备的广泛普及，促进了播客和移动流媒体等新型数字内容交付形式。**播客**（podcasting）是一种通过互联网发布音频或视频广播的方式，允许订阅用户将音频或视频文件下载到个人计算机、智能手机、平板电脑或便携式音乐播放器上。**流媒体**（streaming）是一种发布音乐和视频文件的方式，通过不间断的数据流将内容传输至用户设备，无须存储在本地设备。

尽管方式各不相同，但 2019 年在线内容产生约 600 亿美元的收入，是电子商务中增长最快的领域，年增长率达 18%。

交易经纪人

通过个人、电话或邮件为消费者处理交易的网站称为交易经纪人。该模式在金融服务和旅游服务行业应用最为广泛。在线交易经纪人的主要价值主张是，为消费者节省时间和金钱，在一个地点提供各种金融产品或旅游套餐。与传统模式相比，在线股票经纪人和旅游预订服务收取的费用要低得多。富达金融服务公司和 Expedia 是美国最大的金融服务交易经纪人和旅游服务经纪人。

市场创造者

市场创造者（market creators）为买卖双方创建一个可以交流、展示产品、搜索产品和确定价格的数字环境。在线市场创造者的价值主张是，为买卖双方提供一个平台，卖家可以轻松展示自己的商品，买家可以直接从卖家处购买。eBay 和 Priceline 等在线拍卖市场是市场创造者商业模式的典型示例。另一个例子是亚马逊的 Merchants 平台，其与 eBay 的运作方式类似，商家可以在亚马逊网站上开设网店，以固定价格向消费者销售商品。优步（见章末案例）和爱彼迎是按需经济（通常被错误地称为共享经济）的典型例子，它们为用户建立满足供需关系的数字平台。例如，空闲的汽车或房间可以匹配到想要出行或住宿的个人。Kickstarter.com 等众包融资市场可将私募股权投资者和企业家聚集在一个融资市场中。

服务提供商

网络零售商在线销售产品，服务提供商则在线提供服务。照片共享及用于数据备份和存储的在线网站都属于服务提供商的商业模式。软件不再是盒装磁盘的物理产品，更多向软件即服务（SaaS）的模式发展，如 Office 365，用户可以在线订阅而不是从零售商处购买。谷歌在开发在线软件服务应用方面处于领先地位，相关服务应用包括 G Suite、

Google Sites、Gmail 和在线数据存储服务。Salesforce.com 是基于云的客户管理软件的主要提供商（见本书第 5 章和第 9 章）。

社区提供商（社交网络）

社区提供商（community provider）创建数字在线环境网站，具有相似兴趣的用户可在网站上进行交易（买卖商品）；分享兴趣、照片和视频；互动交流；获取感兴趣的信息；甚至可借助虚拟人物形象置身于虚拟世界。Facebook、汤博乐、Instagram、领英、推特等大型社交网站以及数百个规模较小的网站都为用户提供建立社区的工具和服务。社交网站已成为近几年发展最快的网站，其用户规模往往在一年内实现翻倍。

10.2.3　电子商务盈利模式

盈利模式（revenue model）描述企业如何获取收入、创造利润并产生较高的投资回报。尽管已经出现了多种电子商务盈利模式，但是大多数企业主要依赖以下六种盈利模式的一种或组合：广告、销售、订阅、免费/免费增值、交易费用以及联盟。

广告盈利模式

在**广告盈利模式**（advertising revenue model）下，网站通过吸引大量访问者并向其展示广告而获取收入。广告是电子商务中应用最广泛的盈利模式。如果没有广告收入，互联网体验将会与现在大不相同，因为用户将需要支付费用才能访问内容。网络上的内容，从新闻、视频到评论，对访问者免费是因为广告客户支付了制作和分发成本，以获得向用户展示广告的机会。2019 年，企业在线广告投入达 1 290 亿美元，比 2018 年增长了 19%，主要在网站付费信息、搜索排行、视频、应用功能程序、游戏和即时通信等渠道呈现，其中约 900 亿美元用于移动广告，占数字广告总规模的 68%。在过去的五年里，广告商增加了在线广告投入，并保持了在广播、电视等传统渠道上的支出（但削减了印刷广告支出）。2019 年，在线广告占美国所有广告的 54%（eMarketer，2019）。

拥有大量访问者或能吸引高度专业化、差异化访问群体的网站能够保持用户黏性，因此能够收取更高的广告费。例如，雅虎几乎全部的收入都来自广告，包括展示广告（横幅广告）、视频广告，还有少量的搜索引擎文本广告。谷歌和 Facebook 超过 90% 的收入来自广告，包括向广告客户出售关键词（AdWords）、广告空间（AdSense）和展示广告空间。2019 年，在所有网站上万亿个展示广告中，仅 Facebook 的广告就占据了三分之一。

销售盈利模式

在**销售盈利模式**（sales revenue model）下，企业通过向消费者销售商品、信息或服务获取收入。亚马逊（销售书籍、音乐和其他产品）、里昂比恩以及盖普（Gap）等企业都有销售盈利模式。内容提供商通过音乐（如苹果音乐和 iTunes Store）和书籍等完整文件的下载或流传输，以及音乐和视频流（如 Hulu.com 电视节目）的下载费用获得收益。苹果公司率先推出小额支付功能。**小额支付系统**（micropayment system）为内容提供商处理大量小额货币交易（每笔交易从 25 美分到 5 美元不等）提供了一种经济有效的方法。互联网上最大的小额支付系统是苹果公司的 iTunes Store，其在全球拥有超过 10 亿客户，这些客户常常以 99 美分的价格购买音乐单曲或以不同价格购买电影。

订阅盈利模式

在**订阅盈利模式**（subscription revenue model）下，提供内容或服务的网站向用户收取订阅费用以提供部分或全部产品的持续访问权限。内容提供商常采用该盈利模式。例如，在线版本的《消费者报告》仅向付费用户提供评级详情、评论和推荐等优质内容的访问权，此部分的年订阅费用为 39 美元。网飞是最成功的订阅网站之一，2019 年在全球拥有超过 1.3 亿用户。订阅模式要想取得成功，提供商提供的内容必须具有一定的差异性和高附加值，且不易在其他地方获得或复制。提供在线订阅内容或服务的企业还包括 Match. Com（约会服务）、Ancestry. com（家谱研究）和微软 Xbox Live。

免费/免费增值盈利模式

在**免费/免费增值盈利模式**（free/freemium revenue model）下，企业免费提供基本服务或内容，但对高级或特殊功能收取额外费用。例如，谷歌提供免费应用程序，但对增值服务收费。订阅广播服务商潘多拉网络电台（Pandora）提供有限播放时间和附带广告的免费服务，同时提供无限播放的高级服务。这一模式的商业逻辑是通过免费服务吸引大量受众，之后将其中一些受众转化为付费订阅服务用户。但难点在于如何让享受免费服务的用户成为付费用户，"免费"是一种严重亏本的模式。到目前为止，所有免费音乐流媒体网站都没有实现盈利。尽管如此，企业发现带有广告收入的免费服务比付费订阅更加有利可图。

交易费用盈利模式

在**交易费用盈利模式**（transaction fee revenue model）下，企业收取促成或执行交易的费用。例如，eBay 提供一个在线拍卖市场，如果卖家成功出售了一件物品，eBay 会向卖家收取少量交易费用。E* Trade 是一家在线股票经纪公司，每次代表客户进行股票交易时都会收取一定交易费用。交易费用盈利模式之所以能广泛普及，部分原因是用户无法明确感知使用平台的真实成本。

无论是银行还是支付系统，在线金融服务都依赖于交易费用模式。虽然网上银行服务主要由拥有数百万客户的大型银行主导，但新兴金融科技（也称为 **FinTech**）企业创造性地利用信息技术与银行在 P2P 账单支付、汇款、借贷、众筹、金融咨询和账户整合等领域展开竞争（参见"互动讨论：技术"）。Venmo、Zelle 等 P2P 支付服务是金融科技中增长最快的部分（参见 10.5 节关于移动支付应用系统的讨论）。许多金融科技企业通常并不盈利，但会因为其拥有的技术和客户群体而被大型金融服务企业收购。

联盟盈利模式

在**联盟盈利模式**（affiliate revenue model）下，网站（称为"联盟网站"）将访问者引向其他网站，收取推荐费用或由此产生的销售收入中的一部分。例如，MyPoints 通过向其会员提供特别优惠，将企业与潜在客户联系起来以获得收益。当会员利用这些优惠进行购买时，就能获得可免费兑换产品和服务的积分，而 MyPoints 将获得相应的推荐费。Epinions、Yelp 等社区点评网站的很大一部分收入来自引导潜在客户到购物网站进行消费。亚马逊通过联盟将其标志放在合作伙伴博客上，从而将消费者引导至亚马逊购物网站。个人博客通常也包括展示广告，这是联盟计划的一种。一些博主通过高度评价某些产品并提供销售渠道链接，直接从制造商处获得报酬或免费产品。

互动讨论：技术   **小型企业向金融科技应用贷款**

比利·乔·威尔逊是比利·乔手工食品店的老板，其店铺位于得克萨斯州阿兰萨斯港。当他正在餐车里制作炸鸡牛排三明治时，平板电脑上的一个应用程序发消息问他是否需要贷款 5 000 美元。这条消息由 Square 公司发出，该公司主要生产面向小型企业的信用卡付款处理设备。当威尔逊使用 Square 处理支付时，Square 的算法一直在后台运作，判断他是否有可靠的信誉。Square 的算法系统认为威尔逊具有较高的信誉。经过简单操作后，威尔逊接受了 Square 的贷款条款，并在几天内收到了贷款。此后，威尔逊一共贷款超过 15 万美元，还在附近开了一家美食酒吧。

Square 等科技企业正在进入传统银行领域，不仅提供在线支付服务，还涉足银行的核心贷款业务。这些科技企业的优势在于它们可以利用庞大的客户数据库。例如，自 2013 年以来，PayPal 利用其为互联网零售商处理支付业务时收集的数据，向小型企业发放了 60 多亿美元贷款。亚马逊也以卖家的历史交易量作为授予信贷的基础，向在其网站上销售商品的独立商家提供了超过 30 亿美元的贷款。2017 年，财捷集团（Intuit）开始向使用其 Quickbooks 会计软件处理会计报表数据的企业提供贷款。其他非银行在线贷款提供商还包括借贷俱乐部（Lending Club Corp.）、OnDeck、CAN Capital、PayPal Working Capital 和 Kabbage。

Square 已向各类小型企业发放了超过 35 亿美元的贷款和现金预支，现在正在进入消费贷款领域。Square 可向其企业用户提供高达 10 万美元的贷款。Square 还在探索向使用其 Cash App 数字汇款服务的 700 多万用户提供个人贷款和信贷额度服务，与 Venmo 展开竞争。

截至 2019 年 9 月 30 日，在过去的 12 个月里，Square 共发放了约 20 万笔商业贷款，是通过美国小企业管理局（Small Business Administration）从银行获取贷款数量的三倍多。但 Square 在贷款领域仍是较小的参与者，其商业贷款金额平均为 6 500 美元，远低于传统的银行贷款。

Square 的贷款资金来自各投资者，因为 Square 收取的利率或费用高于银行贷款，后者由低成本存款提供资金基础。为了避免传统银行面临的监管规定，Square 将贷款中受严格监管的部分外包（如在全国范围内以统一利率和条款提供贷款的能力）。这使得 Square 能够作为一个利基金融机构运营，可提供受监管的银行在不受美联储监管时无法提供的银行服务。

Square 通过分析其庞大的信用卡交易数据库评估一家企业是否有资格获得贷款。Square 会查看企业回头客数量、退款数量、业务历史和处理量数据。整个贷款过程是自动化的，客户很容易获得和偿还贷款。大多数客户无须提交正式申请，只需要在应用程序内点击几次即可完成操作，不用填写冗长的表格。经过审批，商业贷款将在下一个工作日存入借款人的银行账户。Square 从企业每日信用卡销售额中提取一定比例作为贷款还款。Square 不收取利息，而是收取贷款金额 10%～16% 的固定费用（1 万美元贷款的费用可能在 1 000～1 600 美元），贷款需要在 18 个月内全部偿还。

并非所有企业都对 Square 的算法驱动贷款感到满意。康涅狄格州奥克维尔的 Hardcore Sweets Bakery 是一家创意纸杯蛋糕店，其在 2014—2018 年从 Square 贷款超过 13 万美元，用于购买更多厨房设备和开设第二家分店。据共同所有人妮可·布拉多克所说，

Square 在没有解释原因的情况下，停止向蛋糕店提供贷款。Square 的客服团队没有回复她的电话，她收到的电子邮件也仅仅是一般性回复。对于 Square 来说，有时需要更人性化的接触与服务。

Square 还面临其他的权衡。网络借贷快速和便利的代价是其利率高于传统银行。例如，芝加哥的 Getting Better Fitness 健身房就必须为 Kabbage 的短期贷款支付高达 25% 的利息。该健身房后来改用 PayPal Working Capital 提供的利率为 11% 的资金。马里兰州贝莱尔的 Tea By Two 茶馆最近从 OnDeck 获得了两万美元的贷款并需支付高达 18% 的利息。但是从网络贷款机构获得贷款的可能性更高，且获得贷款的速度比传统银行快得多，通常也不需要抵押品，这对初创企业尤其具有吸引力。

伊利诺伊州霍姆伍德的 Rapid Brewing 啤酒公司最近在需要紧急维修管道时从 Square 获得了一笔贷款，公司在一天之内就收到了 7 800 美元的贷款。Rapid Brewing 签订的贷款条款允许 Square 保留 14.8% 的每日信用卡销售额来偿还本金，且必须在 18 个月内全部偿还。Square 不收取利息，而是收取 1 008 美元的固定费用。该啤酒公司共同所有人莱耶·罗萨多认为，虽然从 Square 获得贷款较为容易，但她更可能会使用传统银行来获得更大额度的贷款。

资料来源：Becky Yeruk, "Some Small Businesses See Big Benefits in Online Financing," *Wall Street Journal*，May 12，2019；"Square Capital Review：Merchant Cash Advances by Another Name," www.business.org, accessed July 13，2019；www.squareup.com, accessed July 13，2019；and Peter Rudegeair, "A $150,000 Small Business Loan—from an App," *Wall Street Journal*，December 28，2018.

案例分析问题

1. 本案例描述的金融科技服务与传统银行有何区别？解释你的答案。
2. 本案例描述的金融服务如何利用信息技术进行创新？
3. 对于小企业而言，从金融科技服务获得贷款有哪些优缺点？
4. 如果经营一家小企业，在决定是否使用金融科技服务时，需要考虑哪些因素？

➡ 10.3 电子商务如何改变市场营销方式？

尽管电子商务和互联网改变了各个行业并创造了新的商业模式，但没有哪个行业受到的影响比市场营销更大。

互联网为营销人员提供了发现潜在客户并与其交流的新方式，包括搜索引擎营销、数据挖掘、推荐系统和定向电子邮件，这些方式的成本远低于传统营销方式。互联网使**长尾营销**（long tail marketing）成为可能。在互联网出现之前，吸引大批用户关注的成本很高，无论是对于音乐、好莱坞电影、书籍还是汽车，营销人员都不得不将营销重点放在热门产品上。相比之下，互联网使营销人员能够以低廉的价格为需求低的产品找到潜在客户。例如，互联网使得向小规模受众销售独立音乐成为可能。几乎任何产品都有相应需求，将一系列长尾销售组合在一起，就能创造丰厚的利润。

互联网还提供自动化、即时化的工具，以收集客户信息、调整产品供应并提高客户价值。表 10-6 描述了电子商务中常用的市场营销和广告方式。

表 10 - 6 不同网络营销方式的广告支出

营销方式	2019 年收入 （10 亿美元）	描述
搜索引擎	53.7	与消费者购物时寻找的商品精确匹配的文字广告；以销售为导向。
展示广告	70.0	有交互功能的横幅广告（弹出式广告和底部广告）；越来越针对个人网络活动，可用于品牌推广和销售，包括社交媒体和博客展示广告。
视频	36.0	增长最快的形式，具有趣味性和交互性；可用于品牌推广和销售。
分类广告	2.1	招聘、房地产和服务广告；交互式、富媒体和个性化的用户搜索；可用于品牌推广和销售。
富媒体	41.3	动画、游戏和谜题；具有互动性、针对性和娱乐性；以品牌为导向。
潜在客户挖掘	2.6	营销公司在网上收集销售和营销线索，将其出售给多种活动的在线营销人员，以销售或品牌为导向。
赞助广告	2.8	由企业赞助的在线游戏、益智游戏、竞赛和促销网站；销售导向。
电子邮件	0.5	具有互动性和富媒体潜力的有效、有针对性的营销工具；销售导向。

资料来源：Based on eMarketer，"Digital Ad Spending by Format，2019，" eMarketer，March 2019.

10. 3. 1 行为定向

许多电子商务营销公司使用行为定向技术提高横幅广告、富媒体广告和视频广告的效果。**行为定向**（behavioral targeting）是指追踪用户在众多网站上的点击流（历史点击行为），以理解用户的兴趣和意图，并向用户展示与其行为匹配的广告。营销人员和大多数研究人员认为，精确理解用户能够增强营销效果（企业只为对其产品感兴趣的消费者支付广告费用），增加销售额和销售收入。但问题在于，针对数百万网络用户的行为定向可能会在未经用户同意的情况下侵犯个人隐私。当消费者对网络体验失去信任时，他们往往不会购买任何东西。随着消费者越来越重视购物和发送信息的安全，对滥用个人信息行为的抵制也在增强。Snapchat 提供"可消失的消息"，Facebook 也做出调整，将用户发布新帖子的默认选项改为"仅好友可见"。

行为定向发生在两个层面：跟踪在单个网站或单个应用程序内的行为，以及跟踪用户在数千个网站组成的广告网络上的行为。所有网站都会收集访问者浏览器活动的数据并将其存储在数据库中。网站还有工具记录用户从哪个网站跳转至该网站，又再跳转至何处。网站还可记录用户使用的操作系统类型、浏览器信息甚至某些位置数据。它们也会记录用户的浏览行为，如用户在特定网站上访问的具体网页、在每个网页的停留时间、访问的网页类型以及访问者购买的物品（见图 10 - 3）。企业通过分析这些有关消费者兴趣和行为的信息，对现有客户和潜在客户进行精确画像。目前，大多数热门网站的主页上都有数百个跟踪程序，可以跟踪用户从一个网站到另一个网站的点击流行为，向用户重定向广告，在不同网站上展示相同广告内容。谷歌营销平台（Google Marketing Platform）是目前最大的在线广告网络。

这些信息有助于企业了解其网站运行情况，创建独特的个性化网页向每个消费者展示其感兴趣的产品或服务的广告内容，改善消费者的购物体验，通过更好地理解消费者来创造附加值（见图 10 - 4）。使用个性化技术调整展示给每个消费者的页面，营销人员以显著降低的成本实现了需要单独雇用销售人员才能实现的收益。例如，通用汽车向女性展示雪佛兰横幅广告时强调安全性和实用性，呈现给男性消费者时则强调动力和耐用性。

| 第一步点击 |

消费者点击主页。商家可以知道消费者在下午2:30从雅虎门户网站进入（这可能有助于企业确定客户服务中心的人员安排），在主页上逗留了多长时间（这可能表明浏览网站有问题）。跟踪信标会在消费者浏览器上加载cookie，以便在整个网络上跟踪该消费者。

| 第二步点击 |

| 第三步点击 |

| 第四步点击 |

| 第五步点击 |

消费者点击"衬衫"，然后点击查看一件女士粉色衬衫。消费者点击选择粉色、10号尺码的衬衫，然后点击将其放入购物车。这些信息可以帮助商店确定哪些尺码和颜色最受欢迎。如果消费者跳转至另一个网站，页面将会展示同一品牌或不同品牌的粉色衬衫广告。

| 第六步点击 |

在购物车页面，消费者点击关闭浏览器而没有购买衬衫，这个操作可能表明消费者改变了主意，或者在网站的结账和支付过程中遇到了问题，这些行为也可能表明网站设计不佳。

图 10 - 3　网站跟踪访问者

说明：电子商务网站和谷歌营销平台等广告平台提供工具以跟踪消费者在线上商店的每个步骤，并在消费者从一个网站跳转到另一个网站时进行跟踪。通过对女装销售网站中消费者行为的详细分析，商家可以从每一个步骤获得消费信息，明确可以采取哪些行动来提高销量。

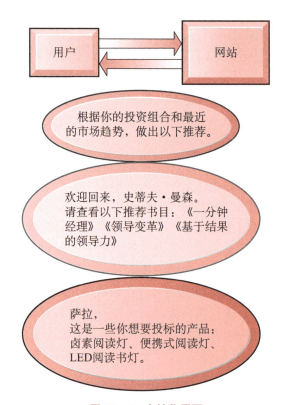

图 10 - 4　个性化网页

说明：企业可以设计独特的个性化网页，向每个用户展示其特别感兴趣的产品服务的内容或广告，从而改善用户购物体验并创造附加价值。

从广告网络到程序化广告购买只是一小步。广告网络创建了实时竞价平台，营销人员在自动化的环境中竞价选择网页发布商提供的有高度针对性的广告位。广告平台可以预测有多少目标用户会浏览广告，而广告购买者可以估计这些曝光能为他们带来多少价值。

一家大型全国性广告公司或全球制造商该如何触达数百万消费者？与数以百万计的网站都建立合作显然是不可能的。广告网络将数千个访问量达百万的热门网站组成一个网络，在整个网络中跟踪用户行为，建立每个用户的画像，然后将这些个人资料以竞价的方式出售给广告商。热门网站会下载数十个网络追踪 cookie、漏洞和信标，这些工具会在用户不知情的情况下向远程服务器报告用户的在线行为。如果要寻找拥有大学学历、居住在东北部、年龄在 18～34 岁之间、有意购买欧洲汽车的单身年轻消费者，广告网络能够识别并提供成千上万个符合这些特征的用户，并在这些用户从一个网站跳转到另一个网站时向他们展示欧洲汽车广告。虽然估计方法有所差别，但定向广告产生的消费者回复率比随机选择的横幅或视频广告高出 10 倍以上（见图 10-5）。交换广告就是使用这样的技术在几毫秒内将个人详细信息拍卖给广告商。2019 年，大约 73% 的在线展示广告都是通过程序化广告购买产生的定向广告，其余的广告则根据消费者访问的页面内容产生，如消费者的人口统计数据或所谓的爆炸式广告，这些广告被随机投放在任何可见的页面上，只有一些时间或季节限制条件。

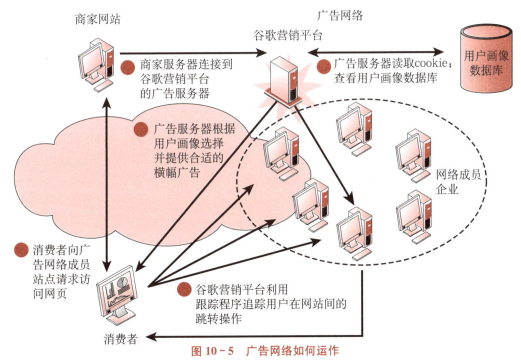

图 10-5　广告网络如何运作

说明：广告网络及其追踪程序的使用在隐私倡导者中引起了争议，因为它们能够通过互联网跟踪个人消费者。

原生广告（native advertising）是另一类广告，包括在社交网络新闻或传统编辑内容（如报纸文章）中投放广告，也被称为有机广告，即广告和页面内容十分接近或整合在一起。

68% 的互联网用户反对搜索引擎和网站跟踪他们的在线行为，并据此投放有针对性的广告。大多数美国人希望在浏览器中设置"禁止跟踪"选项，阻止网站收集有关其上网行为的信息。超过 50% 的用户十分在意在线个人数据；86% 的用户已采取措施隐藏自己的在线行为；25％的网络用户使用广告拦截软件（Rainie，2016）。

10.3.2　社交化电子商务和社交网络营销

社交媒体是发展最快的品牌推广和营销媒体之一。据估计，2019年企业花费约340亿美元通过 Facebook、Instagram、拼趣、推特和领英等社交网络，与数百万名每天在社交网站上花费数小时的消费者接触。企业的社交媒体营销支出比通过电视、杂志甚至报纸的营销支出要少得多，但这种情况在未来将会改变。线下世界中的社交网络是很长一段时间内由自愿相互交流的人组成的集合。Facebook、Instagram、拼趣、领英、推特、汤博乐等在线社交网络及其他带有社交功能的网站，让用户能够彼此沟通、形成群体和个人关系并分享兴趣、价值观和想法。

社交化电子商务是基于**社交图谱**（social graph）的商务模式，是对所有重要在线社交关系的映射。社交图谱与社交网络这一概念含义相似，后者多用于描述线下关系。读者可以将自己与10个最亲近的人用线条连接，绘制属于自己的社交图谱（网络）。如果这些人相互认识，那么把他们也用线连接起来。还可以让这10位朋友列出和他们最亲近的10个人。通过以上操作，就得到了自己社交网络的初步图谱。试想，如果互联网上的每个人都这样做，并将结果上传到同一个网站的大型数据库中，最终将会得到一个类似 Facebook 的网站。

根据小世界理论，世界上任何人之间的间隔都不会超过六个人。如果写下通讯录中100个朋友的姓名，再由他们向其中各自添加50个新朋友的姓名，依此类推，只需五次创建的社交网络将包含310亿人。因此，社交图谱是数百万个人社交图谱（以及其中所有人）的集合。

如果理解了人的互联性，就会明白这个概念对电子商务的重要性：你购买的产品和服务会影响你朋友的决定，他们的决定也会反过来影响你。如果你是一名试图推广和加强品牌的营销人员，可以利用人们沉浸于社交网络、分享兴趣和价值观、相互交流和影响的现象，你的目标受众不再是数百万名孤立的电视观众，而是观看节目的观众的社交网络和个人网络。在线社交网络也是互联网用户最为密集的地方。表10-7描述了推动社交化商务发展的要素。

表 10-7　社交化商务的要素

要素	描述
消息推送	社交用户在其主页上找到来自朋友和广告商的通知流。
时间轴	过去的一系列照片和时间，为用户创建个人历史，可以与朋友分享。
社交登录	网站允许用户通过 Facebook 或其他社交网站的网络页面登录。允许网站从 Facebook 获得有价值的社交资料信息，并将其用于自己的营销工作。
协同购物	消费者可通过浏览产品、聊天或发送信息相互分享购物体验。朋友之间可以在线聊天，讨论品牌、产品和服务。
网络通知	消费者可与朋友分享他们对产品、服务或内容的认可（或不认可），或分享他们的地理位置（可能是餐厅或俱乐部）。Facebook 的点赞按钮以及推特的推送和关注者按钮都是例子。
社交搜索（推荐）	消费者可以向朋友咨询购买产品、服务和内容的意见。虽然谷歌可以帮助消费者寻找想要的东西，但社交搜索可通过参考朋友的评价帮助消费者评估产品质量。例如，亚马逊的社交推荐系统可根据消费者的 Facebook 社交资料推荐产品。

Facebook 占据美国 80％以上的社交市场份额，是关注度最高的社交网络，2019 年美国用户的月访问量为 2.05 亿。其他四大社交网站规模也在增长，尽管增速较过去有所放缓。2019 年，领英的月活跃用户超过 3 亿。推特的活跃用户增至 1.1 亿，海外市场的增长速度超过了美国本土。拼趣以 8 650 万用户规模位列前 50 大网站。分析人士称，美国用户 25％的在线时长花费在社交网站上（每天约 57 分钟），网络社交是最常见的在线活动。社交网络应用是目前增长最快的智能手机应用，近一半的智能手机用户每天都会访问社交网站。2019 年，Facebook 超过 75％的访问来自智能手机。

在拼趣等**社交购物**（social shopping）网站上，用户可以与朋友交换购物想法。Facebook 提供"点赞"按钮，可以让朋友们知道该用户喜欢的产品、服务或内容。在一些情况下，用户可以在线购买产品。Facebook 每天在全球产生 50 亿个"点赞"。在线社区也是采用病毒式营销技术的理想场所。在线病毒式营销与传统的口碑营销相似，但不同的是，口碑会在网络社区中快速传播，且地理传播距离比小型朋友网络更远。

群体智慧

创建成千上万用户可以一起互动的网站为企业提供了新的营销和广告渠道，帮助企业发现哪些人喜欢（或讨厌）其产品。一些人认为，在**群体智慧**（wisdom of crowds）的现象中，一大群人可就大量话题或产品作出比一个人甚至一小群专家更优的决定。

尽管情况并非总是如此，但这种现象仍以有趣的方式发生着。在市场营销中，群体智慧的理念表明，企业应该首先咨询成千上万的消费者并与他们建立联系，然后更好地理解其产品和服务是如何被使用和赞赏（或拒绝）的。积极征求消费者意见可以建立信任，并向消费者传递信息，告诉他们企业关心他们的想法并需要他们的建议。

除了征求意见，企业还可以通过**众包**（crowdsourcing）解决一些业务问题。例如，宝马推出了一个众包项目，希望在客户的帮助下设计 2025 年的城市车辆。Kickstarter.com 是最著名的电子商务众筹网站之一，所有用户都可以在其中投资初创企业。其他的众包例子包括卡特彼勒与客户合作设计更好的机械、宜家设计家具、乐高创意开发新玩具和游戏、百事可乐与超级碗观众共同制作在线视频等。

目前，通过社交媒体进行营销仍处于初步探索阶段，企业都在尝试寻找成功的模式。社交互动和消费者情绪并不总是易于管理，这为企业推广品牌带来了新的挑战。"互动讨论：人员"专栏讨论了企业使用 Facebook 和 Instagram 进行社交营销的具体案例。

互动讨论：人员　　　　　**与消费者进行"社交"互动**

Facebook、Instagram、推特、Snapchat 和其他社交工具创造大量机会来吸引消费者、推广产品信息、发现消费趋势和影响因素、建立品牌知名度以及根据客户需求和反馈采取行动。营销人员和企业管理者可以利用社交媒体监控工具更好地了解消费者对产品、附加产品或产品更新的喜好和投诉情况，以及人们对品牌的评价（积极或消极情绪）。

Instagram 是增长最快的社交网络平台之一，月活跃用户超过 10 亿，在年轻的互联网用户群体中尤其受欢迎。Instagram 是一个强大的商业工具，让品牌能够快速获取受众群体的信息和图片，与他们互动并建立更紧密的关系。用户可通过关注、被关注、评论、喜欢、标记、发送私人信息等方式与其他 Instagram 用户互动。Instagram 拥有约 2 500 万个企业注册账户和 100 万个活跃广告商，它们通过赞助广告在平台上吸引更多消费者。2018 年，Instagram 的广告收入达到 90 亿美元。

耐克拥有超过 8 600 万 Instagram 粉丝，是最受欢迎的 Instagram 商业品牌之一。耐克发布各类内容，包括名人代言广告和具有生活风格的表演镜头，用静态图像、动画图像和视频定义"时刻"。与其他许多企业一样，耐克发现消费者不仅在购买它们的产品，还在购买与这些产品相关的生活方式。耐克借助与生活方式相关的故事不断推广其产品。

耐克将"为世界上的每一位运动员带来灵感和创新"作为自己的使命。无论是业余运动员还是专业运动员，耐克品牌都传递了这样一种信念，即人们可以通过相信自己来取得更多成就，"Just do it"，普通人也能够像成熟运动员一样强大。耐克在 Instagram 上发布的许多帖子都在鼓励粉丝练习篮球跳投或在沙滩上跑步，从而唤醒人们的情感，每个帖子都为品牌赢得了高达 50 万个"点赞"。

美国领先的卡车制造商麦克货车（Mack Trucks）推出新款 Anthem 车型时使用社交营销活动吸引客户、司机和经销商。过去，麦克货车将在货运出版物、小册子和行业展会上发布平面广告作为新产品的主要营销渠道。然而，这些渠道并没有使麦克货车为不同客户传递不同信息。例如，大型车队经理可能对燃油效率最感兴趣，而企业所有者可能对设计风格更感兴趣。麦克货车的营销团队在继续使用传统渠道扩大知名度的同时，也转向社交营销以专注于用户细分。

从 2017 年 7 月开始，麦克货车每两周推出一次 YouTube 视频，激发消费者对 Anthem 车型的兴趣。同年 9 月，公司还在 YouTube 和 Facebook 上对 Anthem 车型进行了现场直播。公司从预告活动中收集到 7 000 个电子邮件地址，最终有 3 700 人观看发布活动的直播。对于一个单价超过 10 万美元的产品而言，这些数字十分可观。麦克货车的营销团队还引导企业社交媒体账号的关注者访问照片、视频、文本摘要和其他描述新 Anthem 系列各个方面的内容。这些活动为麦克品牌吸引了超过四万名新关注者。

麦克货车使用甲骨文 Eloqua 营销云服务和甲骨文社交云将社交活动与甲骨文 Eloqua 数据库中存储的 17.5 万个客户及潜在客户的个人信息相关联。这样，数字营销团队能够了解数据库中的某个人是否点击 Facebook 帖子查看 Anthem 相关视频，或是否在企业网站上查找其他信息。引人注目的个性化内容有助于麦克货车吸引潜在消费者，在销售过程中进一步推动他们，直到他们主动与麦克货车的经销商联系，这时潜在消费者被视为有效的。当 Anthem 车型在各个社交网站上被提及时，甲骨文社交云会向团队成员发出通知，使其可在适当的时候作出回应。

麦克货车还邀请了有影响力的名人为 Anthem 车型做宣传。例如，乡村音乐艺术家史蒂夫·莫克勒为卡车司机录制了一首名为 Born Ready 的公路歌曲。超过 5.5 万人在 YouTube 上观看了莫克勒的表演，超过 9 300 人参加了麦克货车 Anthem 的宣传活动，其中约 1 700 人成为了有价值的潜在客户。Anthem 车型的宣传页面一共吸引了超过 14.6 万名访客，他们可以观看莫克勒的表演视频，并获取有关 Anthem 生产线的各种信息。麦克货车的高级管理层对数字营销效果以及信息的详细度和精确度非常满意。

但是，社交媒体活动策划也可能很棘手，而且有时难以预测结果。例如，唐纳德·特朗普的社交媒体粉丝曾呼吁抵制诺德斯特龙（Nordstrom），因为该公司将伊万卡·特朗普的服装系列从其门店下架。但诺德斯特龙的股价随之上涨，并在随后的几个月里超过了零售行业的许多竞争对手。在社交媒体的影响下，诺德斯特龙的消费者仍然对该品牌保持忠诚。

资料来源："Instagram by the Numbers," Omnicore, January 16, 2019; Brad Fay, Ed Keller, Rick Larkin, and Koen Pauwels, "Deriving Value from Conversations about Your Brand," *MIT Sloan Management Review*, Winter 2019; Rob Preston, "Open Road," *Profit Magazine*, Spring 2018; www. Macktrucks. com, accessed April 19, 2019; Tobias Matthews, "How Nike Uses Instagram and Is Winning," *Fourth Source*, January 13, 2018; Karisa Fagan, "6 Social Media Failures & What You Can Learn from Them," *Impact*, May 29, 2018; and Janet Morrissey, "Brands Heed Social Media. They're Advised Not to Forget Word of Mouth," *New York Times*, November 26, 2017.

案例分析问题

1. 分析使用社交媒体技术与消费者互动涉及的人员、组织和技术问题。

2. 使用社交媒体进行广告宣传、品牌建设、市场调研和客户服务有哪些优缺点？

3. 举例说明本案例中使用社交媒体与客户互动促成的商业决策。

4. 所有企业都应使用社交媒体技术进行客户服务和营销吗？为什么？什么样的企业最适合使用这些平台？

10.4 电子商务如何影响企业间交易？

企业间交易（B2B）代表了一个巨大的市场。2019 年美国 B2B 贸易总额约为 13.5 万亿美元，其中 B2B 电子商务（在线 B2B）贡献约 6.3 万亿美元（US Bureau of the Census，2019；作者估计）。2020 年，美国 B2B 电子商务增长到约 6.9 万亿美元。

企业间的交易过程十分复杂，需要大量的人工参与，因此消耗了大量资源。一些企业估计，每个支持生产的材料采购订单平均要花费至少 100 美元的管理费用，包括处理文件、审批购买决策、使用电话和传真机搜索产品并安排采购、运输和接收货物等。在全部经济活动中，每年有数万亿美元花费在本可以自动化实现的采购流程上。即使只有企业内部部分流程实现自动化并借助互联网完成部分采购处理工作，也能够释放数百万美元资金，用于更具生产性的用途，那么商品价格可能会下降，生产力会提升，经济财富也会增加，这就是 B2B 电子商务的前景。B2B 电子商务的挑战在于改变现有采购系统和模式，以及设计并实施新的基于互联网和云计算的 B2B 解决方案。

10.4.1 电子数据交换（EDI）

B2B 电子商务是指企业间发生的商业交易，这些交易越来越多通过互联网实现。目前约 80% 的在线 B2B 电子商务仍然基于**电子数据交换**（electronic data interchange，EDI）专用系统进行。电子数据交换使组织间能够通过计算机交换标准化的交易数据，如发票、提货单、装运时间表或采购订单。交易通过网络从一个信息系统自动传送到另一个信息系统，省去了纸质打印和手动输入数据的过程。许多国家和地区的很多行业都设立了电子数据交换标准，定义了各个行业电子交易的结构和信息域。

电子数据交换最初实现了采购订单、发票和运输通知等文件的自动化交换。一些企业使用电子数据交换进行文档自动化处理，需要及时补充库存和连续生产的企业则将电子数据交换作为持续补货系统使用。供应商可以在线获取采购企业的生产和交货进度，自动运送材料和货物以满足预定目标，无须企业采购代表参与（见图 10-6）。

图 10-6　电子数据交换（EDI）

说明：企业使用电子数据交换实现 B2B 电子商务交易以及自动化库存补充。供应商可以自动向采购企业发送有关货物的信息。采购企业可使用电子数据交换向供应商提供生产、存货需求及支付信息。

虽然许多组织仍然使用专用网络进行电子数据交换，但越来越多的企业使用互联网实现这一目标，因为互联网技术为企业间连接提供了更灵活、更低廉的平台。企业可将数字技术扩展到更广泛的活动并扩大其贸易伙伴范围。

以采购为例，采购不仅包括采购货物和原材料，还包括寻找供应商、与供应商谈判、支付货款和安排交货运输。企业可以借助互联网寻找成本最低的供应商、搜索供应商产品的在线目录、与供应商谈判、下订单、支付货款和安排运输。企业的交易对象不再局限于通过传统电子数据交换网络连接的合作伙伴。

10.4.2　B2B 购买和销售的新方式

互联网和网络技术使企业能使用与 B2C 商务相同的技术建立在线商店，向其他企业销售产品。企业还可以使用互联网技术创建外联网或电子市场，与其他企业建立联系并进行采购和销售。

专有行业网络（private industrial network）由通过安全网站与其供应商和其他主要业务伙伴连接的大企业构成（见图 10-7）。网络由买方企业所有，允许企业和指定的供应商、分销商和其他商业伙伴共同参与产品设计和开发、营销、生产计划、库存管理以及图片、电子邮件等非结构化通信。专有行业网络也称为**专用交换**（private exchange）。

大众集团供应商平台（VW Group Supply）是专有行业网络的一个典型例子，它将大众集团与其供应商联系在一起。大众集团供应商平台处理大众集团 90% 的全球采购业务，包括汽车和零部件的采购。

网络市场（net marketplaces），也称为电子商务枢纽，为众多买家和卖家提供了基于互联网技术的单一数字市场（见图 10-8）。网络市场可能由某一行业拥有，也可能由独立于买卖双方的中间机构运营。网络市场通过促成买卖交易并向用户提供其他服务获取收入。网络市场的参与者可通过在线谈判、拍卖或询价等方式确定价格，也可以直接使用固定价格。

网络市场有许多不同类型和分类方法。有些网络市场销售直接产品，有些销售间接产品。**直接产品**（direct goods）是在生产流程中使用的产品，如用于制造汽车主体的钢板。**间接产品**（indirect goods）是不直接参与生产过程的所有其他货物，如办公用品或用于维修的零件。有些网络市场支持与指定供应商建立长期采购合同的关系，而另一些则支持短

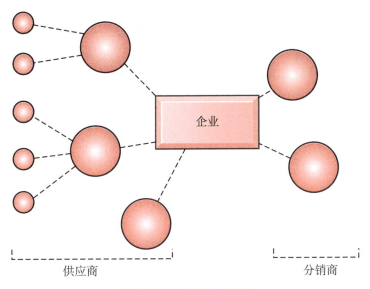

图 10 - 7　专有行业网络

说明：专有行业网络，也称为专用交换，将企业与其供应商、分销商和其他关键商业伙伴连接起来，实现高效的供应链管理和其他合作商业活动。

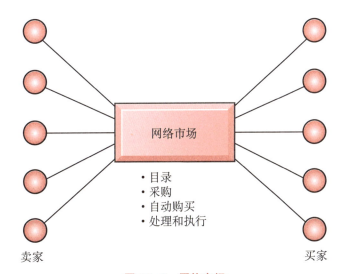

图 10 - 8　网络市场

说明：网络市场是多个买家可从多个卖家处进行购买的在线市场。

期现货采购，即根据实时需求采购商品，通常从不同的供应商处购买。

一些网络市场服务于特定行业的垂直市场，如汽车业、电信业，另一些网络市场则服务于水平市场，提供不同行业均可见的商品和服务，如办公设备或交通运输。

Exostar 是特定行业所有的网络市场的例子，其专注于长期采购合同关系，并提供通用网络和计算平台以提高供应链效率。Exostar 由航空航天与国防工业赞助，由英国宇航公司（BAE Systems）、波音公司、洛克希德·马丁公司、雷神公司（Raytheon）和罗尔斯·罗伊斯公司（Rolls-Royce Plc.）共同创建，旨在连接这些企业和它们的供应商并促进商业合作。目前，超过 12.5 万个来自商业、军事和政府部门的贸易伙伴使用 Exostar 寻找货源、电子采购和合作工具以购买直接或间接产品。

交易所（exchanges）是独立的第三方网络市场，把成千上万进行现货采购的供应商和买家连接起来。许多交易所为食品、电子、工业设备业等单一行业提供垂直市场，交易的产品主要是直接产品。例如，Go2Paper 为来自超过 75 个国家和地区的造纸行业买家和卖家提供纸张、纸板和工艺品现货市场。

交易所在电子商务兴起的早期迅速扩张，但许多都失败了。由于交易所鼓励竞争性投标，导致成交价格下降，且有些交易所不提供与买方的长期合作关系或服务，导致很多供应商不愿参与。许多重要的直接采购并不是以现货方式进行的，因为需要签订合同并考虑交付时间、定制、产品质量等问题。

➡ 10.5 移动商务在商业中的作用是什么？最重要的移动商务应用是什么？

走在任何一座大城市的主街道上，都能看到有许多人正在使用 iPhone、三星或黑莓手机。在乘坐火车、搭乘飞机时，会看到同行的人阅读在线报纸、在手机上观看视频、使用 Kindle 阅读小说。随着移动用户的飞速增长，移动广告和移动商务也快速发展。

2019 年，移动商务占所有电子商务的 45％左右，产生约 2 620 亿美元的收入，包括零售商品和服务、应用程序、广告、音乐、视频、铃声、电影、电视以及基于位置的服务（如定位本地餐厅和实时路况更新）。移动商务是增长最快的电子商务形式，每年以最低 30％的速度增长，到 2022 年将增长至 5 000 亿美元（见图 10-9）（eMarketer，2019g）。

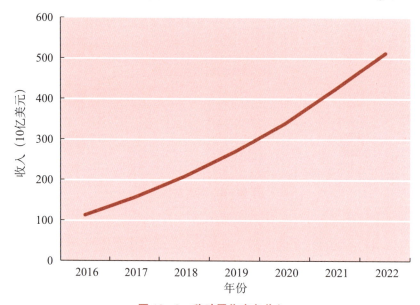

图 10-9 移动零售商务收入

说明：移动商务是增长最快的 B2C 电子商务类型。2021 年，移动商务销售额占电子商务总销售额的 54％。

资料来源：Data from eMarketer chart "Retail Mcommerce Sales, US, (billions) 20182022," eMarketer, 2018.

移动商务的主要增长领域包括以亚马逊为代表的大众市场零售，音乐、电视节目、电影、电子书等数字内容销售，面向移动设备的应用程序内销售。优步（详见章末案例）、爱彼迎等按需服务企业提供基于位置的服务，它们也属于移动商务。更大的移动屏幕和更便捷的支付方式也促进了移动商务的蓬勃发展。

10.5.1　基于位置的服务和应用

基于位置的服务（location-based services）包括基于位置的社交服务、基于位置的广告服务和基于位置的信息服务。74％的智能手机用户使用基于位置的服务。全球定位系统（GPS）将这些活动连在一起，成为移动电子商务的基础，确保智能手机上的地图服务可用。**基于位置的社交服务**（geosocial services）告诉用户在哪里与朋友见面，**基于位置的广告服务**（geoadvertising services）告诉用户最近的意大利餐厅在哪里。**基于位置的信息服务**（geoinformation services）告诉用户正在关注的房屋价格，或者路过的博物馆的特别展览。2019 年，按需服务是增长最快、最受欢迎的基于位置的服务。优步、来福车、爱彼迎等数百家提供按需服务的企业根据用户的位置（或者用户计划的旅行位置）提供本地服务。

Waze 是一种受欢迎的基于位置的信息服务，是谷歌旗下一款基于 GPS 的智能手机地图和导航应用程序。Waze 使用 GPS 在数字地图上定位用户的汽车，并像其他导航程序一样，不断收集用户的速度和方向信息。Waze 的不同之处在于它从提交事故报告、测速器、地标、街头集市、抗议活动甚至地址的用户处收集信息。Waze 使用这些信息给出导航备选路线、通行时间和警告提示，甚至可以提示附近加油站的位置。在美国，包括优步和来福车司机在内的 3 000 多万名驾驶员都在使用 Waze 应用。

Foursquare 以及 Facebook 和谷歌的新产品都属于基于位置的社交服务。通过打卡服务地点并说明所在位置，基于位置的社交服务能够帮助用户和朋友找到彼此。约 20％的智能手机用户都在使用基于位置的社交服务。

Foursquare 为超过 5 000 万名注册用户提供基于位置的社交网络服务，用户可以与朋友联系，更新自己的位置，并发表关于共享位置的评论和提示。在指定地点打卡后，用户可以获得积分奖励，还可以选择将打卡信息分享到推特和 Facebook。通过在带有特定标签的地点打卡、打卡达到一定次数或在特定时间打卡，用户还可以获得虚拟徽章。

基于位置的广告服务将用户与本地商家联系在一起，构成移动电子商务的经济基础。基于位置的广告根据用户的 GPS 定位向他们发送广告，智能手机将其位置报告给谷歌和苹果，当用户进入商家范围内时，商家会购买这些消费者的访问权限。例如，化妆品零售商科颜氏（Kiehl's）会向距离门店 100 码以内的消费者发送特别优惠和广告。

10.5.2　其他移动商务服务

银行与信用卡公司已推出让客户通过移动设备管理自己账户的服务。摩根大通（JP-Morgan Chase）和美国银行的客户可使用手机查询账户余额、转账和支付。使用 iPhone 和 Apple Watch 上的苹果支付以及其他安卓和 Windows 智能手机的支付模式，用户可以滑动手机从信用卡账户扣款。

移动广告是增长最快的在线广告平台，2019 年移动广告收入达到 870 亿美元，年增长率超过 20％。广告最终会被置于用户注意力最为集中的地方，这意味着越来越多的广告将转向智能手机和平板电脑。谷歌是最大的移动广告投放平台，发布了约 290 亿美元的移动广告，占其广告总收入的 60％。Facebook 以 270 亿美元排名第二，移动广告占其数字广告业务总收入的 90％。谷歌在移动搜索引擎中显示与用户搜索内容相关的广告，也会将广告嵌入游戏、视频和其他移动应用程序。

Shopkick 是一款移动应用程序，可帮助百思买、美嘉斯波（Sports Authority）和梅西百货等零售商向进入商店的消费者提供优惠券。Shopkick 能够自动识别用户进入合作零售店的时刻，并向其提供可用于兑换商店礼品卡的 kickbucks 虚拟货币。

现在 65％的线上零售商拥有移动商务网站，通常是其官方网站的简化版本，允许消费者使用智能手机购物。几乎所有的大型传统及线上零售商都有用于移动商务销售的应用，其中丝芙兰、家得宝、亚马逊和沃尔玛是典型代表。2019 年，66％以上的移动商务销售发生在应用软件中，而非移动网络浏览器上。至少对于移动用户来说，应用软件已经成为他们浏览商业信息的主要方式。

10.5.3 移动应用支付系统

目前，许多金融科技应用程序使用移动应用支付系统，用移动应用程序取代信用卡和传统银行服务。移动支付应用程序主要分为三种类型。基于近场通信（NFC）的系统使支持 NFC 的智能手机和其他移动设备通过靠近商家 POS 终端上的 NFC 读取器完成非接触式支付（回顾第 7 章关于射频识别（RFID）和近场通信（NFC）的讨论）。苹果支付和谷歌支付就使用此类系统。另一类支付系统是沃尔玛支付等二维码（QR code）支付系统，其使用付款人智能手机上的移动应用程序扫描二维码完成非接触式支付。Venmo 或 Zelle QuickPay 等点对点（P2P）支付系统被用于在安装了专有应用程序的个人之间转移资金。表 10 - 8 对这三种移动应用支付系统进行了比较。

表 10 - 8　移动应用支付系统的类型

类型	描述	例子
近场通信（NFC）	系统在付款人的移动设备和商家 POS 读取设备中使用近场通信（NFC）芯片驱动技术。当双方设备靠近并激活时，NFC 芯片会交换加密数据完成支付。使用 NFC 读取器和支持付款的软件，可在大量不同商家间通用。	苹果支付、谷歌支付、三星支付
二维码	快速响应技术将信息编码在二维码中，智能手机和商家的兼容设备上的扫描和生成二维码的应用程序执行非接触式交易。商户输入支付金额后，消费者打开应用程序显示为交易生成的二维码。商户扫描该二维码，从消费者的移动钱包中扣除支付金额。消费者也可以打开应用程序扫描识别商家显示的二维码，随后输入交易金额并完成付款。	星巴克、沃尔玛、塔吉特、唐恩都乐
点对点（P2P）支付系统	允许个人通过互联网将资金从其银行账户转移到同一平台上其他账户的技术。P2P 用户与受信任的第三方供应商建立安全账户，并指定用于发送和接收资金的银行账户或信用卡账户。使用第三方应用程序，用户可以向他人或商家账户汇款。用户通常通过电子邮件地址或手机号码认证身份。	Venmo、Zelle

🡆 10.6 构建电子商务需要解决哪些问题？

创建一个成功的电子商务网站需要对商业、技术、社会问题以及系统方法具有深入理解。如今，电子商务不仅仅存在于企业网站，还包括 Facebook 上的社交网站、推特推送以及智能手机的应用程序。通过这些方式，客户可以获得企业服务。开发并协调全部客户的触达方式可能很困难，对这一主题的完整介绍超出了本书的范围，有兴趣的同学可以参考专门针对这一主题的书籍（Laudon & Traver，2020）。建立成功的电子商务面临两大重要管理挑战：一是制定一个清晰的商业目标；二是选择正确的技术来实现这些目标。

10.6.1 制作电子商务展示图

电子商务已经从以个人计算机为中心的网络活动转变为以移动设备和平板电脑为基础的活动。目前，大多数美国互联网用户使用智能手机和平板电脑来购买商品和服务、查询价格、娱乐和访问社交网站，购物则相对较少。潜在客户在一天的不同时间使用不同的设备，参与不同的对话，这取决于他们正在做什么——与朋友聊天、发推特或阅读博客。在每一个触达点，企业都有可能与客户进行互动，因此，企业必须思考如何在这些不同的虚拟场所建立影响力。图 10-10 提供了发展电子商务时需要考虑的平台和相关活动的路线图。

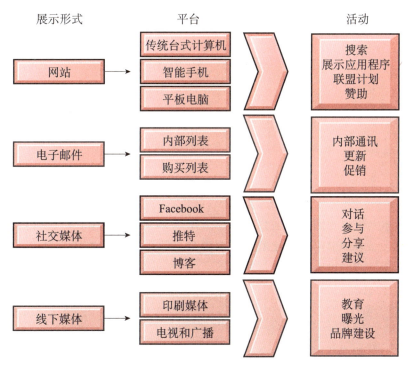

图 10-10 电子商务展示图

说明：企业需要考虑四种不同类型的电子商务展示形式，每种形式都有相应的平台和活动。

图 10 - 10 展示了四种电子商务形式：网站、电子邮件、社交媒体和线下媒体。企业必须针对每种类型选择合适的平台。例如，电子商务网站有三个不同的展示平台：传统台式计算机、智能手机和平板电脑，每个平台功能不同。对于每一种电子商务，企业都需要考虑相关活动。例如，在网站上，企业需要考虑搜索引擎营销、展示广告、联盟计划和赞助等活动。线下媒体之所以作为第四种电子商务形式，是因为很多企业使用多平台或整合营销，通过平面广告将客户吸引至指定网站。

10.6.2　制定时间线：里程碑

一年内企业想要做到什么程度？当开始发展电子商务时，制定一个大致的时间框架非常有帮助。企业应该将项目分成几个阶段，每个阶段要在规定时间内完成。表 10 - 9 展示了一家青少年时装初创企业一年的电子商务开发时间线。

表 10 - 9　电子商务开发时间线

阶段	活动	里程碑
阶段 1：规划	确立网站愿景；确定人员	网站使命宣言
阶段 2：网站开发	获取内容；开发网站设计；安排网站托管	网站规划
阶段 3：网站运行	设置关键词和元标签；关注搜索引擎优化；确定潜在赞助商	正常运行的网站
阶段 4：社交媒体规划	为产品和服务寻找合适的社交平台和内容	社交媒体计划
阶段 5：社交媒体实施	建立 Facebook、推特和拼趣主页	有效的社交媒体展示
阶段 6：移动计划	制订移动计划；考虑将网站移到智能手机上	移动媒体计划

10.7　管理信息系统对职业生涯有何帮助？

以下内容说明了本书第 10 章将如何帮助读者找到初级电子商务数据分析师的工作。

10.7.1　企业

SportsFantasy Empire 是一家创建电子竞技比赛的技术公司，目前正在招聘一名应届大学毕业生从事初级电子商务数据分析师的工作。SportsFantasy Empire 让玩家有机会通过网络和移动设备参加梦幻体育比赛，获取现金奖励。公司成立于 2014 年，总部位于洛杉矶，在旧金山和纽约设有办事处。

10.7.2　岗位描述

初级电子商务数据分析师将与 SportsFantasy Empire 的分析团队合作，共同分析大量数据，以获取有关公司游戏和用户的商业洞察，从而为公司增加收入。工作职责包括：

- 设置能定义用户体验和业务效率的赛争规模；
- 优化采购支出和营销策略，推动业绩增长；

- 确定改善用户游戏体验的更改设置方案；
- 评估新功能或网站变化如何影响用户行为；
- 制定核心业务指标的标准报告，包括比赛表现、玩家活动、细分市场表现和关键玩家表现的报告。

10.7.3　招聘要求

- 工程学、数学、商科或相关领域的学士学位；
- 有电子商务数据分析经验者优先；
- 具备统计学知识；
- 具有从数据中独立发现新见解的经验；
- 有模型构建、SQL、SAS 或其他编程语言经验者优先；
- 较强的沟通和组织能力；
- 热爱梦幻体育的玩家优先。

10.7.4　面试问题

1. 你玩过梦幻体育吗？你多久玩一次？你是否处理过有关梦幻体育的数据？你觉得自己为什么适合这份工作？

2. 你具有哪些统计学知识？你学过什么课程？你是否有使用统计数据的相关工作经验？

3. 你是否分析过网站性能或在线用户行为数据？

4. 你对通过社交媒体获取用户的成本了解多少（如评估社交网络上的用户获取与留存成本）？

5. 你将如何与我们的非技术团队合作获取用户数据洞察，以便他们能够提高客户参与度和忠诚度？

6. 你对 SQL 或 SAS 以及网站分析工具的掌握程度如何？你在工作中使用过这些工具吗？你是如何使用的？

7. 请举出一个你用数据分析解决问题的例子？你是否撰写过分析报告？能否提供相关例子？

10.7.5　作者建议

1. 回顾本章以及第 7 章对搜索和搜索引擎营销的讨论。要获得这个工作机会，你还应该学习统计学课程。SQL 和 SAS 课程或在职培训也会有所帮助。

2. 使用网络搜索关于这家公司的更多信息。尝试了解更多关于公司战略、竞争对手和业务挑战的信息。搜索公司过去 12 个月在社交媒体上发布的内容。了解公司在社交媒体上发布内容的主要趋势或主题。

3. 提前了解 SportsFantasy Empire 的游戏及其竞争对手提供的游戏，表明你熟悉该领域。询问公司如何对其在线业务进行微调。准备好例子说明你认为梦幻体育可以从哪些方面提升其在线形象。

4. 使用网络查找公司使用数据分析的案例。

 **本章小结**

1. 电子商务、数字市场和数字商品有哪些特点？

电子商务使组织和个人之间的数字化商业交易成为可能。电子商务技术的独特特征包括无处不在、全球化、通用标准、丰富性、交互性、信息密度、个性化/定制化以及社交技术。

相比传统市场，数字市场的透明度更高，减少了信息不对称、搜索成本、交易成本和菜单成本，并能够根据市场情况动态调整价格。音乐、视频、软件、书籍等数字商品可通过数字网络传输。数字商品一旦被生产，以数字方式交付该产品的成本很低。

2. 电子商务主要有哪些商业模式和盈利模式？

电子商务商业模式包括网络零售商、交易经纪人、市场创造者、内容提供商、社区提供商、服务提供商和门户网站。主要的电子商务盈利模式有广告、销售、订阅、免费/免费增值、交易费用和联盟。

3. 电子商务如何改变市场营销方式？

互联网为营销者提供了识别数百万潜在用户并与其沟通的新方式，且营销成本远低于传统媒体。众包利用群体智慧帮助企业更好地了解客户、优化产品和服务并增加客户价值。行为定向技术提高了横幅广告、富媒体广告和视频广告的效果。社交化电子商务利用社交网络和社交网站提高产品和服务营销的针对性。

4. 电子商务如何影响企业间交易？

B2B 电子商务使企业能够以电子方式寻找供应商、招标、下订单并跟踪运输中的货物，进而提高运营效率。网络市场为许多买家和卖家提供单一的数字化市场。专有行业网络将企业与其供应商和其他战略商业伙伴连接起来，构建高效率且高响应的供应链。

5. 移动商务在商业中的作用是什么？最重要的移动商务应用是什么？

移动商务尤其适合基于位置的应用，如寻找当地酒店和餐厅、监控当地交通、查询天气以及个性化的基于位置的营销。智能手机和其他移动设备可用于账单支付、银行业务、证券交易、交通信息更新以及音乐、游戏和视频等数字内容的下载。移动商务需要能够处理小额支付的无线设备以及特殊数字支付系统。智能手机的 GPS 功能使基于位置的广告、社交和信息服务成为可能。

6. 构建电子商务需要解决哪些问题？

构建成功的电子商务需要对业务目标有清晰的理解，并选择正确的平台、活动和时间线实现这些目标。电子商务不仅在企业网站展示，还包括 Facebook、推特和其他社交网站以及智能手机应用。

课后习题

1. 电子商务、数字市场和数字商品有哪些特点？

● 说明并描述当今电子商务发展的四种商业趋势和三种技术趋势。

● 列举并描述电子商务的八个独特特性。

● 定义数字市场和数字商品，描述它们的特点。

2. 电子商务主要有哪些商业模式和盈利模式？

● 列举并描述主要的电子商务商业模式。

● 列举并描述主要的电子商务盈利模式。

3. 电子商务如何改变市场营销方式？

● 说明社交网络和群体智慧如何帮助企业改进营销。

● 定义行为定向，解释其如何在网站和广告网络中发挥作用。

● 定义社交图谱，解释其如何在电子商务营销中使用。

4. 电子商务如何影响企业间交易？

● 解释互联网技术如何支持 B2B 电子商务。

● 定义并描述网络市场，解释其与专有行业网络的区别。

5. 移动商务在商业中的作用是什么？最重要的移动商务应用是什么？

● 列举并描述重要的移动商务服务和应用类型。

6. 构建电子商务需要解决哪些问题？

● 列出并描述电子商务的四种展示形式。

讨论

1. 互联网如何改变消费者和供应商的关系？

2. 互联网不会淘汰企业，但企业必须改变自己的商业模式。你同意这个观点吗？为什么？

3. 社交技术如何改变电子商务？

商业问题解决案例

优步会成为一切的"最优解"吗？

当你在纽约、巴黎、芝加哥或其他大城市需要搭车的时候，无须招手示意出租车，只需拿出智能手机点击优步应用，这时谷歌地图会弹出显示周围的环境。你要做的是在屏幕上选择地点并指定一名可用的司机，优步就会显示车辆到达所需时间及费用，并且保证乘车安全。到达目的地后，车费会自动从你的信用卡中扣除，不需要支付现金。

乘车费用除了考虑时间和距离因素，还会考虑用车需求因素。优步软件会预测一天中不同时间可能会有高需求的区域，并将这些信息发送到优步司机的智能手机，以便司机了解应该在哪里逗留。理想情况下，司机只需几分钟就能接到提出用车申请的乘客。优步还提供面向企业高管群体的价格更高、服务更好的城市汽车服务以及拼车服务。在用车需求高峰，优步可能比出租车更贵，但它仍然通过提供比传统出租车更加可靠、快速、方便的用车服务来吸引乘客。

优步的运营比传统出租车公司要精简得多。优步不拥有自己的出租车，也没有维护和融资成本。优步也没有自己的司机员工，而是将司机视为独立承包商，从每笔车费中获得分成。优步承担员工报酬、最低工资要求、驾驶员培训、健康保险、商业许可成本等员工成本。优步已经将运营出租车服务的成本完全转移给司机和乘客。司机需要自己支付汽车、燃油和保险费用。优步做的是提供一个智能手机平台，让需要服务（如出租车服务）的人找到能够满足需求的供应商。

优步依靠用户对司机的评价和乘车体验识别有问题的司机，并参考司机对乘客的评价识别有问题的乘客。优步还制定了相关的汽车清洁标准。优步使用评论来约束司机，但没有公开报告其系统中有多少评分较低的司机或乘客。

优步运营业务的许多决策不需要人工制定，而是依赖于微调的计算机算法。例如，优步系统使用司机手机中的加速度计以及 GPS 和陀螺仪跟踪司机的驾驶行为并向他们发送安全驾驶报告。优步的系统可自动决定需求高峰期和低谷期的乘车价格，以及司机应前往哪里寻找更多的乘客。优步司机会收到包含实时和预测信息的应用内通知、热点地图和电子邮件。优步的司机评分系统也是自动化的，在某些优步服务中，如果司机在 5 星评级系统中得分低于 4.6 星，他们可能会被"停用"。

优步由特拉维斯·卡兰尼克和格瑞特·坎普于 2009 年创立，总部位于旧金山。2018年，优步在全球 600 个城市拥有超过 300 万名司机，年营业收入达 113 亿美元。但在支付司机报酬、营销费用和其他费用后，优步仍处于亏损状态，原因在于发展中市场的亏损超过了北美、欧洲和其他地方的利润。优步的商业战略是快速扩张、放弃短期利润、为长期回报奠定基础。截至 2018 年 11 月，优步已向风险资本投资者筹集超过 240 亿美元。在过去的几年里，优步出售了在中国、东南亚和俄罗斯的业务，在这些地区，优步与竞争对手进行代价高昂的市场份额争夺战，退出这些市场让优步能够腾出资金投资印度、拉丁美洲和中东等其他市场。

优步以数字方式颠覆了传统且受到高度监管的行业，但也遭到美国和世界各地出租车服务企业的强烈反对。但在出租车需求较低的情况下，谁能与降价 40% 的新兴企业竞争呢？（当需求高时，优步的价格就会飙升。）也没有哪个城市或州愿意放弃对乘客安全、犯罪防范、司机培训的监管，以及向出租车公司收取出租车执照费用而产生的稳定现金收入。

如果优步是新型按需经济的典型代表，那么它也代表了与新型商业模式相关的社会成本和冲突。优步被指控将司机归为承包商而剥夺其雇员身份福利、违反美国和世界各地的公共交通法律法规、滥用其收集的个人信息、加剧交通拥堵、损害公众利益，以及拒绝对司机进行充分的犯罪、医疗和财务背景调查，从而未能保护公共安全。优步的企业形象因其激进、无拘无束的工作文化以及首席执行官卡兰尼克的负面报道进一步受损。

优步已经采取了一些补救措施。它改进其应用程序，让司机在工作期间获得更多休息时间。现在，司机每次完成行程后即可获得报酬，而不再是按周获得报酬，并可在应用内查看他们的收入。优步在其应用程序中增加了一个选项，让乘客可以给美国司机小费。卡兰尼克于 2017 年 6 月辞去了优步总裁的职务（达拉·科斯罗萨西接替了他的职位）。

批评家担心，优步和其他按需服务企业可能会创造一个兼职、低薪、临时工作的社会环境，取代传统的全职、有保障的工作环境，即所谓的工作"优步化"（Uberization）。根据一项研究，半数优步司机的收入低于他们所在州的最低工资。优步回应称，它正在降低交通成本、增加社会对打车服务的需求并为司机提供更多就业机会，后者的工资与其他出租车司机大致相同。

优步的商业模式可持续吗？目前这家公司仍然没有盈利。优步也有竞争对手，包括美国的来福车以及亚洲和欧洲的当地公司。纽约和其他城市的大型出租车公司也推出自己的打车应用，并将固定价格作为宣传卖点。最近，来自各方的竞争加剧，导致截至 2019 年 3 月的 12 个月里优步的亏损飙升至 37 亿美元以上。由财力雄厚的投资者（包括优步最大的股东软银集团）支持的初创企业利用大幅折扣挑战优步在美国、印度和墨西哥的送餐服务，以及优步在拉美的打车业务。优步曾经强劲的收入增长已经逐渐放慢了速度。原本前景很好的拉丁美洲市场从优步增长最快的地区沦为增长最慢的地区。与前一年的 215％ 相比，2018 年优步的年收入增长降至 22％。优步的高管层希望价格战最终会缓和，因为优步目前一直在采用低价策略。

优步的主要市场在人口密集的城市，但超过 70％ 的美国人生活在拥有汽车更方便、更便宜的乡村或郊区。网约车使人们远离了公共交通，导致大城市的交通拥堵，因此抗议者呼吁加强监管以限制网约车增长。

优步首席执行官科斯罗萨西一直在宣传优步是一家能提供另类运输服务的一站式商店，并推出新的当日达服务，包括送餐（优食，UberEats）、共享电动自行车和踏板车以及货运经纪等。他认为优步是"交通领域的亚马逊"，有可能成为所有交通方式的主导力量。在优步的未来愿景中，大多数人不再拥有汽车，人们将在短距离内使用电动自行车和踏板车；外卖晚餐将被按需送餐取代；自动驾驶汽车将负责人们的出行；高速公路上行驶的将是自动驾驶卡车；无人机将在空中运送货物。这对于优步而言是天方夜谭吗？

与福特、大众等主要汽车制造商一样，优步在自动驾驶汽车上投入了大量资金，管理层认为这是降低劳动力成本和确保长期盈利的关键（瑞银（UBS）的一项研究表明，自动驾驶"机器人出租车"的成本比传统出租车低 80％ 左右）。但自动驾驶汽车还需要很多年才能像人类驾驶一样在任何条件下都能安全行驶。目前，自动驾驶汽车仍然难以预测其他司机和行人的行为，也无法在所有天气条件和地形状况下都安全可靠地运行。

借助雷达、传感器和高分辨率摄像头，自动驾驶汽车可以检测并识别街道上的物体，包括其他汽车、行人和骑行者等。但他们难以完全准确预测这些汽车和行人接下来要做什么。面对行人横穿马路、汽车闯红灯或非法转弯等异常情况，自动驾驶汽车无法作出始终正确的反应。目前，自动驾驶汽车实现了想要替代人类驾驶员所需的大约 80％ 的技术。然而，剩下的 20％ 技术将更加难以突破，包括能够预测其他司机、行人和骑行者行为的技术。至少还需要数十年时间，一辆计算机驱动的汽车才能在任何情况下都像人类一样处理所有情况。本书第 11 章的章末案例将对这一问题进行更详细的介绍。

2018 年 3 月，在一辆优步自动驾驶汽车在亚利桑那州坦佩市撞死一名女性后，优步便缩减了其自动驾驶汽车项目。在事故发生之前，优步的自动驾驶汽车在穿越建筑区域和靠近大型卡车等高大车辆时就曾出现问题。几乎每行驶一英里测试司机就要接管汽车。在未来的许多年里，优步和其他企业将在自动驾驶汽车领域展开竞争。与此同时，优步仍然需要找到盈利的方法。优步将来能实现盈利吗？

资料来源：Eliot Brown, "Uber Wants to Be the Uber of Everything—But Can It Make a Profit?" *Wall Street Journal*, May 4, 2019; Paayal Saveri and Deirdre Rosa, "Uber's Growth Slowed Dramatically in 2018," CNBC, February 15, 2019; Alex Rosenblat, "When Your Boss Is an Algorithm," *New York Times*, October 12, 2018; Steven Hill, "New Leadership Has Not Changed Uber," *New York Times*, March 26, 2018; Daisuke Wakabashai, "Uber's Self-Driving Cars Were Struggling Before Arizona Crash," *New York Times*, March 23, 2018; Craig Smith, Rob Berger, Mike Isaac, and Noam Scheiber, "Uber Settles Cases with Concessions, But Drivers Stay Freelancers," *New York Times*, April 21, 2016.

案例分析问题

1. 利用竞争力和价值链模型对优步进行分析，它的竞争优势是什么？

2. 信息技术和优步的商业模式之间有什么关系？解释你的答案。

3. 优步的颠覆性有多大？

4. 优步及其商业模式是否引发了道德和社会问题？解释你的答案。优步的商业模式是否会造成道德困境？

5. 优步是一家能够持续经营的企业吗？解释你的答案。

参考文献

Almquist, Eric, Jamie Cleghorn, and Lori Sherer. "The B2B Elements of Value." *Harvard Business Review* (March–April 2018).

Bapna, Ravi, Jui Ramaprasad, and Akmed Umyarov. "Monetizing Freemium Communities: Does Paying for Premium Increase Social Engagement?" *MIS Quarterly* 42, No. 3 (September 2018).

Bell, David R., Santiago Gallino, and Antonio Moreno. "The Store Is Dead Long Live the Store." *MIT Sloan Management Review* (Spring 2018).

Brynjolfsson, Erik, Tomer Geva, and Shachar Reichman. "Crowd-Squared: Amplifying the Predictive Power of Search Trend Data." *MIS Quarterly* 40, No. 4 (December 2016).

"Do Search Ads Really Work?" *Harvard Business Review* (March–April 2017).

Dunn, Brian Kimball, Narayan Ramasubbu, F. Dennis Galletta, and Paull Benjamin Lowry. "Digital Borders, Location Recognition, and Experience Attribution within a Digital Geography." *Journal of Management Information Systems* 36 No. 2 (2019).

eMarketer. "Average Time Spent per Day with Social Networks." *eMarketer* (April 2019a.)

——————. "Digital Buyers." *eMarketer* (March 2019b).

——————. "Digital Travel Sales, by Country" 2018–2022." *eMarketer* (June 2019c).

——————. "Digital Video Viewers 2019–2023." *eMarketer* (March 2019d).

——————. "Mobile Device Internet Users" (May 2019e).

——————. "Retail Ecommerce Sales 2019–2023." *eMarketer* (May 2019f).

——————. "Retail Mcommerce Sales 2019–2023." *eMarketer* (July 2019g).

——————. "Retail Sales North America 2019–2023." *eMarketer* (May 2019h).

——————. "Total Media Ad Spending Share, by Media." *eMarketer* (February 2019i).

——————. "US Time Spent With Media," *eMarketer* (May 2019j).

Facebook. "Stats." https://newsroom.fb.com, accessed July 20, 2018.

Fang, Xiao, and Paul Jen-Hwa Hu. "Top Persuader Prediction for Social Networks." *MIS Quarterly* 42 No. 1 (March 2018).

Fay, Brad, Ed Keller, Rick Larkin, and Koen Pauwels. "Deriving Value from Conversations about Your Brand." *MIT Sloan Management Review* (Winter 2019).

Gomber, Peter, Robert J. Kauffman, Chris Parker, and Bruce W. Weber. "On the FinTech Revolution: Interpreting the Forces of Innovation, Disruption, and Transformation in Financial Services." *Journal of Management Information Systems* 35 No. 1 (2018).

Gunarathne, Priyanga, Huaxia Rui, and Abraham Seidmann. "When Social Media Delivers Customer Service: Differential Customer Treatment in the Airline Industry." *MIS Quarterly* 42 No. 2 (June 2018).

Hoang, Ai-Phuong, and Robert J. Kauffman. "Content Sampling, Household Informedness, and the Consumption of Digital Information Goods." *Journal of Management Information Systems* 35 No. 2 (2018).

Hong, Yili, Paul A. Pavlou, Nan Shi, and Kanliang Wang. "On the Role of Fairness and Social Distance in Designing Effective Social Referral Systems." *MIS Quarterly* 41 No. 3 (September 2017).

Hong, Yili, Yuheng Hu, and Gordon Burtch. "Embeddedness, Prosociality, and Social Influence: Evidence from Online Crowdfunding." *MIS Quarterly* 42 No. 2 (December 2018).

Hu, Nan, Paul A. Pavlou, and Jie Zhang. "On Self-Selection Biases in Online Product Reviews." *MIS Quarterly* 41, No. 2 (June 2017).

Internet World Stats. "Internet Users in the World." Internetworldstats.com (2019).

Jha, Ashish Kumar, and Suehal Shah. "Social Influence on Future Review Sentiments: An Appraisal-Theoretic View." *Journal of Management Information Systems* 36 No. 2 (2019).

Jung, JaeHwuen, Ravi Bapna, Jui Ramaprasad, and Akhmed Umyarov. "Love Unshackled: Identifying the Effect of Mobile App Adoption in Online Dating." *MIS Quarterly* 43 No.1 (March 2019).

Koh, Byungwan, Il-Horn Hann, and Srinivasan Raghunathan."Digitization of Music: Consumer Adoption Amidst Piracy, Unbundling, and Rebundling." *MIS Quarterly* 43 No. 1 (March 2019).

Laudon, Kenneth C., and Carol Guercio Traver. *E-commerce: Business, Technology, Society*, 15th ed. (Upper Saddle River, NJ: Prentice-Hall, 2019).

Li, Huifang, Yulin Fang, Kai H. Lim, and Youwei Wang. "Platform-Based Function Repertoire, Reputation, and Sales Performance of E-Marketplace Sellers." *MIS Quarterly* 43 No. 1 (March 2019).

Li, Xitong, and Lynn Wu. "Herding and Social Media Word-of-Mouth: Evidence from Groupon." *MIS Quarterly* 42 No. 4 (December 2018).

Liu, Qianqian Ben, and Elena Karahanna. "The Dark Side of Reviews: The Swaying Effects of Online Product Reviews on Attribute Preference Construction." *MIS Quarterly* 41, No. 2 (June 2017).

Lukyanenko, Roman, Jeffrey Parsons, Yolanda F. Wiersma, and Mahed Maddah. "Expecting the Unexpected: Effects of Data Collection Design Choices on the Quality of Crowdsourced User-Generated Content." *MIS Quarterly* 43 No. 2 (June 2019).

Mo, Jiahui, Sumit Sarkar, and Syam Menon. "Know When to Run: Recommendations in Crowdsourcing Contests." *MIS Quarterly* 42, No. 3 (September 2018).

Orlikowski, Wanda, and Susan V. Scott. "The Algorithm and the Crowd: Considering the Materiality of Service Innovation." *MIS Quarterly* 39, No. 1 (March 2015).

Phang, Chee Wei, Xueming, Luo and Zheng Fang. "Mobile Time-Based Targeting: Matching Product-Value Appeal to Time of Day." *Journal of Management Information Systems* 36 No. 2 (2019).

Rainie, Lee. "Americans' Complicated Feelings about Social Media in an Era of Privacy Concerns." *Pew Research Center* (May 2018).

_____. "The State of Privacy in Post-Snowden America." *Pew Research Center* (September 21, 2016).

RIAA. "RIAA 2018 Year-End Music Industry Revenue," *RIAA* (April 2019).

Shuk, Ying Ho, and Kai H. Lim. "Nudging Moods to Induce Unplanned Purchases in Imperfect Mobile Personalization Contexts." *MIS Quarterly* 42, No. 3 (September 2018).

US Bureau of the Census. "E-Stats." www.census.gov, accessed July 8, 2019.

Yuan, Lingyao (Ivy), and Alan R. Dennis. "Acting Like Humans? Anthropomorphism and Consumer's Willingness to Pay in Electronic Commerce." *Journal of Management Information Systems* 36 No. 2 (2019).

第11章 提高决策能力和管理人工智能

➡ **学习目标**

阅读完本章，你将能够回答以下问题：

1. 决策有哪些类型？决策过程如何进行？
2. 商务智能和商业分析如何支持决策？
3. 什么是人工智能？它和人类智慧有何不同？
4. 人工智能技术主要有哪些类型？它们如何为组织带来价值？
5. 管理信息系统对职业生涯有何帮助？

机器学习帮助阿克什胡斯大学医院作出更好的治疗决策

医疗保健行业充斥着海量数据，包括患者病史、临床记录、诊断图表和测试结果。医疗信息增长速度惊人。在有大量数据可供分析和学习的背景下，医疗保健专业人员应如何学习所在领域的知识，又应如何利用这些数据作出更优的治疗选择和医疗保健成本管理决策？

阿克什胡斯大学医院（Akershus University Hospital，Ahus）是众多致力于解决这一问题的医疗保健组织之一，它是一家挪威公立大学医院，为挪威奥斯陆附近约50万居民提供医疗服务，共有9 500名员工。阿克什胡斯大学医院积累了大量关于患者和治疗的数据，但这些信息大多是非结构化的文本报告，人工提取有价值的信息极其困难和耗时。梳理数千份复杂的临床文档几乎是不可能依靠手工完成的。

通过与凯捷咨询公司合作，阿克什胡斯大学医院试图使用 IBM Watson Explorer 中的人工智能技术来解决这个问题。IBM Watson Explorer 是一个认知计算平台，可以分析结构化和非结构化数据，从中发现人类难以辨别的趋势和模式。它使用自然语言处理技术搜索以普通语音等日常语言表达的数据，并使用机器学习算法改善搜索结果。自然语言处理技术使其能够理解、分析人类语言并理解其含义。尽管需要大量的人工标注，机器学习软件无需显式编程即可从海量数据库中识别模式。IBM Watson Explorer 能够快速挖掘大量数据、解释语音和文本、了解含义和上下文的细微差别、回答问题、得出结论并从其经验中学习。该系统可对摄取的内容进行推断和关联，并对潜在响应进行排名以供用户选择。

医院的影像诊断部门希望改进 CT 检查在急诊中的应用。在紧急情况下对儿科患者进行 CT 扫描时，医院使用 IBM Watson Explorer 分析 CT 扫描是否符合推荐的指导方法。CT 扫描可以挽救生命，但辐射也有害，因此不应过度使用。医院的大量 CT 扫描数据为文本格式，Watson Explorer 从 5 000 多份匿名 CT 检查报告中收集非结构化数据，并应用机器学习和自然语言处理技术分析 CT 扫描的频率及结果。

阿克什胡斯大学医院与凯捷咨询于 2016 年夏天实施了这一为期七周的项目。Watson 系统必须学习医学术语并理解使用背景。凯捷咨询将这一技术调整为适用于挪威语，医院则进一步训练 Watson 系统理解医学词汇和短语。该项目还创建了一个分类模型，用于训练 Watson 系统区分阳性和阴性扫描结果的文件，对数据进行相应的分类。

经过几轮测试，Watson Explorer 的内容分类准确率达到了 99%。最终的分析结果表明，阿克什胡斯大学医院的 CT 扫描使用频率处于可接受的水平，且医院在潜在有害影响和收益间维持了平衡。一个团队可能需要几个月甚至几年时间才能分析如此大量的数据，而 Watson 系统在几分钟内即可完成。

资料来源：IBM Corporation. "Akershus University Hospital," and "IBM Watson Explorer," www.ibm.com, accessed June 17，2019；and "Akershus University Hospital Optimizes the Use of CT Examinations," www.capgemini.com，accessed June 18，2019.

阿克什胡斯大学医院使用机器学习和自然语言处理等人工智能技术判断其 CT 扫描方案是否符合推荐的指导方法，这表明组织可以使用技术促进知识的获取和应用，从而提高绩效。促进知识的获取、创造新知识并利用这些知识改进业务流程和决策，对私营企业和公共组织的成功与生存都至关重要。

下图指出了上述案例和本章的要点。与其他医疗机构一样，阿克什胡斯大学医院面临数据丰富但知识匮乏的问题。医院拥有大量的患者和治疗数据，但大多是非结构化的，难以通过人工分析获取有效信息和洞察。机器学习和自然语言处理等人工智能技术帮助阿克什胡斯大学医院从数千份 CT 扫描记录中获得新的见解和知识，从而优化治疗方案并确保医生和员工遵循最佳实践。

思考以下问题：使用 IBM Watson Explorer 如何帮助阿克什胡斯大学医院提高知识水平？对医院的业务流程有何影响？

11.1 决策有哪些类型？决策过程如何进行？

信息系统的主要贡献之一是提高了个人和团体的决策水平。过去，企业决策只局限在管理层。如今，信息系统使组织中较低级别的员工也能获得信息，因此基层员工也需要负责企业的部分决策。但是更好的决策是什么？企业和其他组织如何进行决策？本节将对这

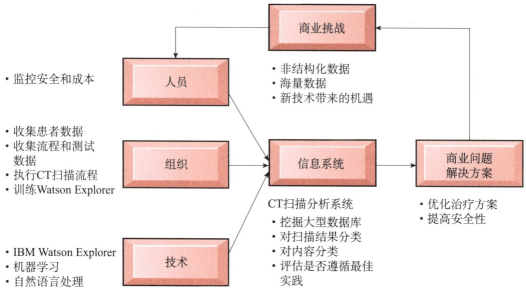

些问题进行详细介绍。

11.1.1　提高决策水平的商业价值

　　作出更好的决策对企业意味着什么？改进决策有哪些商业价值？以一家年收入 2.8 亿美元、拥有 140 名员工的美国小型制造企业为例，表 11-1 对该企业改进决策带来的商业价值进行了总结。企业计划投资新系统以提高决策质量，该表列出了在特定业务领域改进决策产生的年度收益估计值（以成本节约或收入增加的形式表示）。

表 11-1　提高决策水平的商业价值

决策示例	决策者	年度决策次数	单个决策改进为企业带来的价值（美元）	年度合计（美元）
为最有价值的客户提供支持	客户经理	12	100 000	1 200 000
预测呼叫中心每日需求	呼叫中心管理人员	4	150 000	60 000
每日确定零件库存水平	库存经理	365	5 000	1 825 000
识别主要供应商的竞争性投标	高级管理层	1	2 000 000	2 000 000
根据订单安排生产进度	制造经理	150	10 000	1 500 000
分配劳动力完成一项工作	生产车间经理	100	4 000	400 000

　　从表 11-1 能够看出，企业各层次都要参与决策过程，其中大量决策是常规、日常性的。尽管提高任何单一决策质量的价值可能很小，但是积少成多，最终能给企业带来巨大的价值。

11.1.2　决策类型

　　如第 2 章所述，组织中存在不同层级，每一个层级都有不同的信息需求，以支持作出决策和对其负责（如见图 11-1）。决策分为结构化决策、半结构化决策和非结构化决策。

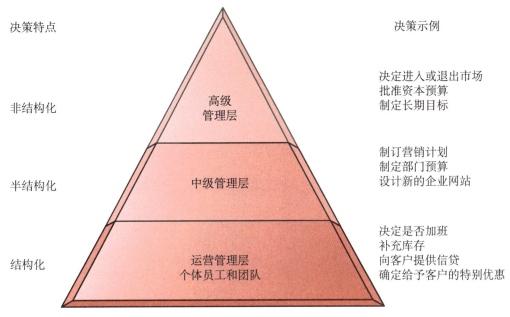

决策特点　　　　　　　　　　　　　　　　决策示例

非结构化

高级
管理层

决定进入或退出市场
批准资本预算
制定长期目标

半结构化

中级管理层

制订营销计划
制定部门预算
设计新的企业网站

结构化

运营管理层
个体员工和团队

决定是否加班
补充库存
向客户提供信贷
确定给予客户的特别优惠

图 11 - 1　企业中关键决策制定群体的信息需求

说明：高层管理者、中层管理者、运营管理者和普通员工面对不同类型的决策和信息需求。

　　非结构化决策（unstructured decisions）是决策者必须进行判断、评估和洞察才能解决问题的决策。每一个非结构化决策都是新颖、重要和非常规的，且没有统一或公认的程序来制定。

　　相比之下，**结构化决策**（structured decisions）是重复性且常规的，可依照明确程序制定的决策，因此不必每次都将它们视为新的决策。许多决策同时具备上述两种决策类型的要素，称为**半结构化决策**（semistructured decisions），这类决策问题只有一部分可由既定程序提供明确的答案。一般来说，结构化决策在较低的组织层级中更普遍，非结构化的问题则在企业较高层级中更常见。

　　高层管理者常常要面临许多非结构化决策情况，如制定企业 5 年或 10 年的目标，或决定企业是否进入新市场。要回答"企业是否应进入一个新的市场"，需要将新闻、政府报告、行业观点、企业业绩等多方信息汇总，还需要高层管理者利用经验作出判断，并征求其他管理者的意见。

　　中层管理者面临更加结构化的决策场景，但他们的决策可能会包含非结构化的部分。中层管理者遇到的一个典型决策问题可能是"为什么明尼阿波利斯的订单配送量在过去六个月内呈下降趋势？"中层管理者可以从企业系统或配送管理系统获取报告，了解明尼阿波利斯配送中心的订单情况和经营效益，这是决策的结构化部分。但在得出答案之前，中层管理者还必须找员工面谈，从外部环境中获取更多关于当地经济情况或销售趋势的非结构化信息。

　　运营管理者和普通员工倾向于制定结构化决策。例如，生产线主管必须决定一名按时计薪的工人是否有权获得加班费。如果员工在某天的工作时间超过八小时，主管通常会为当天的额外工作时长发放加班费。

　　销售客户代表通常要根据客户数据库的信用信息决定是否向某一客户提供信贷。如果客户符合企业标准，客户代表就可以给予该客户用于完成交易的信用额度。在这些情况下，大多数大企业决策都是高度结构化的，且每天会进行数千次，决策方案已被预先编进企业的工资支付和应收账款系统。

11.1.3　决策制定过程

决策制定是一个多步骤的过程。西蒙（1960）描述了决策制定的四个阶段：情报、设计、选择和实施（见图 11-2），这些阶段与贯穿本书的解决问题的四个步骤相对应。

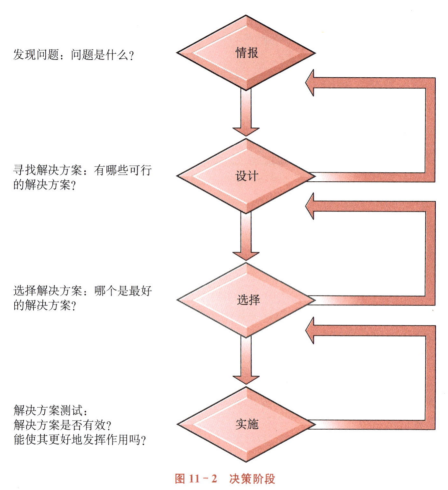

发现问题：问题是什么？　情报

寻找解决方案：有哪些可行的解决方案？　设计

选择解决方案：哪个是最好的解决方案？　选择

解决方案测试：
解决方案是否有效？
能使其更好地发挥作用吗？　实施

图 11-2　决策阶段

说明：决策制定过程可以分为四个阶段。

情报（intelligence）包括发现、识别并理解组织中出现的问题——问题存在的原因、位置以及对企业的影响。**设计**（design）包括识别并探索问题的各种解决方案。**选择**（choice）包括在可选解决方案中作出选择。**实施**（implementation）包括执行选择的方案并持续监控解决方案的效果。

如果选择的方案不起作用该怎么办？如图 11-2 所示，可返回决策过程的早期阶段并在必要时重复这些阶段的工作。例如，当销量下降时，销售管理团队可能会决定向销售人员支付更高的薪酬，激励他们提高销售业绩。如果这无法提高销量，管理者就要调查问题是否源于糟糕的产品设计、客户支持不足或其他方面，进而提出不同的解决方案。

11.1.4　高速自动决策

如今，组织作出的许多决策不是由经理或其他人完成的。例如，当你在谷歌搜索引擎中输入一个查询时，谷歌的计算机系统需要在平均约半秒（500 毫秒）的时间内决定显示哪些网址。美国电子交易所的高频交易程序可在纳秒内完成交易。人类因为速度太慢而被排除在决策链之外。

在这些高速自动决策中，决策过程的情报、设计、选择和实施部分由计算机算法完成，这些算法精确定义了制定决策所需遵循的步骤。软件开发者识别出问题，设计寻找解决方案的方法，定义一系列可接受的解决方案，并实施解决方案。在这些情况下，组织作出决策的速度往往快于管理人员监控或控制的速度，因此需要非常谨慎以确保系统的正常运行，防止可能造成的重大损失。

11.1.5　决策质量与决策制定

如何判断一个决策是否变得更好，或决策过程是否得到改进？准确度是决策质量的一个重要维度。一般而言，如果一个决策能更准确地反映现实世界中的信息，我们就认为该决策会更好。速度是另一个重要维度。我们往往希望决策过程高效且迅速。例如，申请汽车保险时，消费者希望保险公司作出快速、准确的决策。然而，在决策过程中还有许多其他质量维度需要考虑，哪些维度是重要的，这取决于所在的企业、参与决策的相关者以及管理者的个人价值观。表 11 - 2 描述了决策制定中需要考虑的质量维度。本章讨论信息系统如何改进决策和决策过程时，主要从这些质量维度出发。

表 11 - 2　决策和决策过程的质量

质量维度	描述
准确性	决策能够反映现实。
全面性	决策对事实和情况作了充分考虑。
公平性	决策真实地反映了受影响各方的关心点和利益。
速度（效率）	决策在时间和其他资源的利用方面是高效的，包括受影响方（如客户）的时间和资源。
连贯性	决策反映了一个理性的过程，能够向他人解释并易于理解。
正当程序	决策是已知过程的结果，能够向更高层级申诉。

➡ 11.2　商务智能和商业分析如何支持决策？

本书第 2 章介绍了支持不同层级和类型管理决策的各类系统，所有这些系统的基础是商务智能和商业分析基础设施，它们提供了支持决策制定的数据和分析工具。

11.2.1　什么是商务智能？

商务智能（business intelligence，BI）是硬件和软件供应商以及信息技术顾问用来描述存储、集成、报告和分析商业数据的基础设施的术语。基础设施收集、存储、清理数据，并向管理人员提供相关信息，如本书第6章描述的数据库、数据仓库、数据集市、Hadoop和数据分析平台。商业分析（business analytics, BA）也是供应商定义的术语，它更关注分析并理解数据的工具和技术，如本书第6章介绍的联机分析处理、统计、模型和数据挖掘。

商务智能与商业分析的核心是将企业产生的所有信息流整合成一个统一的、连贯的企业数据集，然后使用建模、统计分析和数据挖掘工具理解这些数据，以便管理者作出更好的决策和计划。

需要注意的是，商务智能与商业分析是技术供应商和咨询公司提供的产品。此类产品的主要供应商包括：思爱普、甲骨文、IBM、SAS和微软。现在，许多商务智能和商业分析产品都推出了云计算和移动版本。

11.2.2 商务智能环境

图11-3概述了商务智能环境，重点强调主流商务智能供应商提供的以及企业随时间推移而开发的硬件、软件和管理功能。

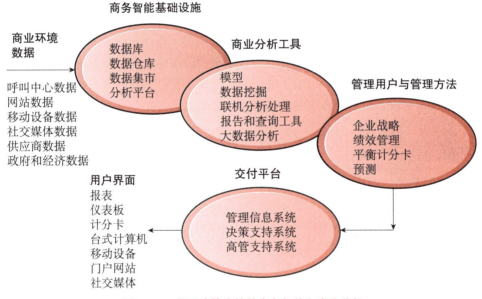

图11-3 用于决策支持的商务智能和商业分析

说明：商务智能和商业分析需要一个强大的数据库基础、一组分析工具以及能够提出问题并分析数据的管理团队。

商务智能环境主要有以下六个要素：

● **商业环境数据**：企业必须处理多来源的结构化和非结构化数据，包括大数据。这些数据需要经过整合、组织，才能被决策者分析和使用。

● **商务智能基础设施**：商务智能的基础是一个强大的数据库系统，它能捕获与业务运营有关的全部数据。数据可以存储在业务数据库，也可以组合集成到企业数据仓库、一系列相互关联的数据集市或分析平台。

● **商业分析工具**：一组用于分析数据并生成报告的软件工具，可回答管理者提出的问题，并使用关键绩效指标跟踪业务进展。

● **管理用户与管理方法**：商务智能硬件和软件的智能程度取决于使用者。管理者定义战略业务目标并指定衡量进度的多种管理方法，对数据分析制定规则。这些方法包括关注自身及竞争对手关键绩效指标的业务绩效管理和平衡计分卡方法。

● **交付平台——管理信息系统（MIS）、决策支持系统（DSS）、高管支持系统（ESS）**：商务智能和商业分析的结果可通过各种方式传递给管理者和员工，具体取决于他们开展工作所需的信息。本书第 2 章介绍的管理信息系统、决策支持系统和高管支持系统将信息和知识传递给企业中不同层级的人员——运营员工、中层管理者和高层管理者。过去，这些系统通常独立运行，难以共享数据。如今，商务智能和分析工具可以整合所有信息，将其呈现在管理者的台式计算机或移动设备上。

● **用户界面**：与阅读行列形式的枯燥报表相比，业务人员往往能从可视化数据中更快地获取信息。如今的商业分析软件提供**数据可视化**（data visualization）工具，如丰富的图形、图表、仪表板和地图等，并能够在手机、平板电脑、企业网站上提供报告。例如，Tableau Software 使非技术用户能够快速轻松地创建并共享自定义的交互式仪表板，从广泛的数据（包括电子表格、企业数据库和网络数据）中提出业务见解。另一个例子是西门子公司使用流程挖掘软件对其业务流程进行可视化和分析（见"互动讨论：技术"）。

互动讨论：技术　　西门子使业务流程更加可视化

西门子是一家德国制造集团，为工业自动化、医疗保健、能源、建筑和交通运输市场生产组件和系统。西门子总部位于慕尼黑和柏林，在全球拥有 37.2 万名员工，2017 年全球收入为 830 亿欧元（约 990 亿美元）。西门子是欧洲最大的工业制造企业，在海外设有分支机构，十分重视创新并持续改进业务流程的效率与质量。

西门子有数千个业务流程，其中一些非常复杂，管理层不断寻求提高业务效率的更优方案，并转向业务流程挖掘技术。2014 年，西门子成立了 Process DAsh（Data Analytics，smart handling）小组以积极支持西门子所有部门的全球流程优化。该小组使用 Celonis 流程挖掘分析工具和可视化软件收集分析 ERP 数据，确定生产、交付和付款流程中的瓶颈。Celonis 与思爱普合作，其软件在 SAP HANA 内存数据库平台运行。

流程挖掘软件通过分析企业应用程序事件日志中的数据，确定业务流程的实际工作方式，识别流程中的瓶颈和其他低效环节，对它们进行改进。该技术可以分析数百万条业务记录并发现与正常工作流程的偏差。在软件中按下一个按钮就会生成整个业务流程的快照。Process DAsh 小组使用 Celonis 软件获取大量信息系统中的全部个体数据，使用它们构建现有业务流程的逻辑模型并自动将其可视化。软件可根据事件发生的先后顺序，实时记录实际流程。

当流程挖掘软件分析 ERP 或 CRM 系统的业务日志时，用户可借助软件中的数据可视化功能查看在任何特定时间进行的流程。企业可使用流程挖掘软件检查 ERP 系统中应付账款模块的日志，查找导致发票处理意外延迟的原因。流程中哪些部分因存在瓶颈、冗余步骤或人工干预导致效率低下一目了然。包括 Celonis 在内的流程挖掘软件使用户能够深入查看与流程相关的各个文档。

Celonis 通过比较用户的目标运营模式和现有流程，为用户提供自动化的拟合差距分析。Celonis 能够分析偏差和性能损失的根本原因，强调对流程性能影响最大的问题。用户只需点击按钮就可以看到目标流程和实际流程之间的对比情况，也可以看到导致延迟和额外成本支出的主要原因。

如果企业还没有流程模型，软件会尝试使用机器学习等人工智能技术（参见 11.4 节）自动创建。如果流程模型已经存在，流程挖掘软件会将其与事件日志进行比较，找出差异并分析可能的原因。西门子使用 Celonis 提供的 Pi Conformance 工具和机器学习技术对流程建模。该软件使用算法不断学习西门子的绩效数据，进而预测哪些客户订单可能会延迟。

西门子使用 Celonis 分析和可视化工具了解其向供应商支付货款的时间周期。有些供应商对提前付款提供折扣，但西门子经常由于无法尽快支付货款而得不到折扣。西门子使用流程挖掘软件分析来自 ERP、会计和支付审批系统的数据，寻找造成延迟付款的原因。西门子还利用流程挖掘软件研究从客户下订单到完成付款的过程中存在的低效因素（订单到收款流程）。

使用 Celonis 软件之前，西门子一直都用手动方式管理业务流程，由各部门主管负责具体的业务流程。当出现意外情况时，如机器故障或零件发货延迟，无法轻易确定这些事件对整体运营的影响。

一些长期从事业务管理的西门子管理人员抵制流程挖掘，他们认为自己已经知道如何有效处理流程。西门子全球流程挖掘服务负责人拉斯·赖因克迈尔识别并招募愿意接受流程挖掘的员工来推广、促进流程挖掘的使用。西门子公司通过实施流程挖掘，识别出采购放缓、产品交付延迟和计费效率低下等问题，这些问题给公司造成了数百万美元的损失。西门子公司目前在全球拥有超过 2 500 个 Process DAsh 用户。

资料来源：Lindsay Clark, "Siemens Success Sets the Scene for Growth in Process Mining," *Computer Weekly*, April 12, 2018; Julian Baumann, "Siemens Is the World's Biggest User of Process Mining" and "Success Story: SIemens," www.celonis.com, accessed April 22, 2019; Margaret Rouse, "Process Mining Software," searchERP.com, June 30, 2017; and Ed Burns, "Siemens Uses Process Mining Software to Improve Manufacturing Visibility," SearchBusinessAnalytics.com, December 15, 2016.

案例分析问题

1. 确定本案例中的问题。哪些人员、组织和技术因素导致了这个问题？
2. 描述流程挖掘软件的功能。这是一个有效的解决方案吗？解释你的答案。
3. 流程挖掘如何改变西门子的决策？
4. 实施流程挖掘系统需要解决哪些人员、组织和技术问题？

虚拟现实和增强现实

虚拟现实（virtual reality，VR）系统具有强大的三维数据可视化能力。此类系统使用交互式图形软件创建计算机生成的模拟情景，这些模拟情景与现实非常接近，让用户几乎认为他们正处于真实世界中。在许多虚拟现实系统中，用户需要根据应用穿上特殊的衣服、戴上头盔和设备。这些可穿戴设备中含有传感器，可以记录使用者的动作并将信息立刻传输回计算机。

虚拟现实应用目前广泛用于娱乐、零售和制造业，沉浸式体验可以帮助客户可视化产品，或指导工厂工人使用复杂设备。奥迪（Audi）在其"dealership in a briefcase"项目中应用虚拟现实技术。通过佩戴 Oculus Rift 虚拟现实头盔，潜在消费者可以获得驾驶汽车或打开后备厢的真实感觉。这款 VR 头盔显示的 3D 效果与现实生活中看到的奥迪汽车完全一致。大众汽车集团也在试验利用虚拟现实技术加速汽车设计和开发，并在开发初期发现潜在的代价高昂的设计问题。借助 HTC Vive 虚拟现实头盔，大众可以构建数字化的汽车内外部组件的 360 度全景视图，以替代昂贵的实体原型。虚拟化的汽车组件，如按钮、车灯、控制台等内外部组件，可在设计过程中用几行软件代码轻松切换和替代。

增强现实（augmented reality，AR）是将数字数据和图像叠加到物理现实环境中来增强可视化的相关技术。数字技术提供额外信息以增强对现实的感知，使用户身处的真实世界更具互动性和趣味性。电视转播足球比赛中显示的黄色先行标记就是增强现实的例子，影像导航手术等医疗手段也使用增强现实，把计算机断层扫描（CT）、磁共振成像（MRI）扫描或超声成像数据叠加在患者身上进行手术导航。其他广泛应用增强现实的行业包括军事训练、工程设计、机器人和消费者设计。例如，负责设计并建造美国海军航空母舰的纽波特纽斯造船厂（Newport News Shipbuilding）在制造过程的最后阶段使用增强现实技术检查船只。通过查看叠加在船体的最终设计，工程师将检查时间从 36 小时缩短至仅 90 分钟，减少了 96%（Porter & Heppelmann，2017）。

11.2.3　商务智能与分析能力

商务智能和商业分析能为决策者提供准确和实时的信息，分析工具可帮助他们快速理解信息并采取行动。为实现这些目标，商务智能系统提供了以下六种分析功能：

生产报告（production reports）：基于特定行业需求的预定义报告（参见表 11 - 3）。

表 11 - 3　预定义的商务智能生产报告示例

业务功能领域	生产报告
销售	销售预测、销售团队绩效、交叉销售、销售周期
服务/呼叫中心	客户满意度、服务成本、问题解决率、客户流失率
市场营销	活动效果、忠诚度和流失率、购物篮分析
采购与支持	直接和间接支出、合同外采购、供应商绩效
供应链	未完成订单、完成状态、订货周期、物料清单分析
财务	总账、应收应付账款、现金流量、盈利能力
人力资源	员工生产率、薪酬、劳动力人口统计、员工留任

参数化报告（parameterized reports）：用户输入若干参数以筛选数据并消除某些参数的影响。例如，输入地区和时间参数，就可以了解产品销售在不同地区和时间的变化情况。星巴克凭此发现美国东部的大部分消费者在早上买咖啡，而西北部的消费者则是全天都买咖啡。各个地区可能据此推出不同的营销和广告活动。（参见本节后文对数据透视表的讨论。）

仪表板/计分卡（dashboards/scorecards）：用于展示用户定义的绩效数据的可视化工具。

即时查询/搜索/创建报告（ad hoc query/search/report creation）：允许用户基于查询

和搜索创建自己的报表。

向下钻取分析（drill down）：从高层次概述转到更详细视图的功能。

预测、情景化、建模（forecasts，scenarios，models）：使用标准统计工具进行线性预测、情景假设分析和数据分析等功能。

预测分析

商务智能的一个重要功能是对未来事件和行为建模，如预测客户响应产品报价的概率。**预测分析**（predictive analytics）使用统计分析、数据挖掘技术、历史数据和对未来情况的假设预测未来趋势和行为模式。首先要识别出可以预测未来行为且能够被测量的变量。例如，保险公司在发布汽车保险政策时，可能会把年龄、性别、驾驶记录等变量作为驾驶安全的预测指标。这些预测指标组成一个预测模型，在可接受的信度水平下预测未来事件发生的概率。佐治亚州立大学等使用预测分析检查数百万名学生的学业和个人记录，识别出有辍学可能的学生。

联邦快递一直使用预测分析工具创建模型，预测客户对价格变化和新服务的反响、最有可能转向竞争对手的客户以及新的快递网点和配送站将产生多少收入。联邦快递预测分析系统的准确率为 65%～90%。

预测分析逐渐被用于销售、营销、财务、欺诈检测和医疗保健的众多商务智能应用程序中，最广为人知的是用于金融服务行业的信用评分。当用户申请新的信用卡时，评分模型会通过信用历史、贷款申请和购买数据，确认其未来按时还款的可能性。医疗保险公司多年来一直使用数据分析预测最可能产生高昂医疗费用的患者。

许多企业使用预测分析来预测消费者对营销活动的响应情况。企业可以通过识别更有可能回应的消费者，将资源集中在他们身上来降低营销和销售成本。Slack Technologies 是一家为 1 000 万日活跃用户提供云团队协作工具和服务的企业，使用预测分析识别最有可能频繁使用其产品并升级至付费服务的用户。

大数据分析

预测分析可以使用来自私营和公共部门的大数据，包括来自社交媒体、客户交易以及传感器和机器输出的数据。在电子商务领域，许多在线零售商会向网站访问者推荐个性化在线产品，促进购买行为并将其决策偏好引向有大量库存的产品。然而，这些产品推荐大多是基于相似客户群体的行为，如年收入低于 5 万美元或年龄在 18～25 岁之间的消费者。现在，一些企业开始分析大量线上和线下客户数据以及社交媒体数据，使这些推荐更加个性化。这些手段提高了客户的消费金额和留存率。表 11 - 4 列举了利用大数据分析的企业案例。

表 11 - 4　大数据分析的应用

组织	大数据的能力
EHarmony	在线约会网站分析了 2 000 万名用户提供的个人信息和行为数据，根据数千对成功匹配案例的特征为在线用户推荐对象。每天处理超过 350 万次匹配推荐。
美国银行	能够同时分析 6 000 万名用户，了解所有渠道和互动中的每一个用户，提供一致、精心定制的服务。可以帮助银行确定哪些用户有资格获得信用卡以及能从竞争对手的再融资中获益的抵押贷款。当用户在线访问美国银行、拨打呼叫中心电话或访问任何一家分行时，在线应用程序或销售助理可以根据这些信息向用户呈现有竞争力的服务报价。

续表

组织	大数据的能力
普渡大学农业学院	从传感器、摄像头和人工输入信息中获取关于种子生长、水位、肥料量和土壤类型的 TB 级数据，使用 HPE 超级计算机分析。依靠数据帮助农民决定施肥量、种植深度以及每块土地和单株植物的用水量。自动化设备可针对不同杂草进行有效处理。
德国世界杯足球队	分析大量球员、球队的表现及其竞争对手的视频和统计数据获得信息，改进战术并利用竞争者的优劣势。出色的大数据分析帮助球队赢得 2014 年世界杯。

在公共领域，大数据分析正在推动智慧城市的发展。市政部门通过大量使用数字技术和公共数据存储记录，利用来自传感器、手机定位数据和智能手机应用的更多数据，能够更好地管理城市并为居民提供服务（参见第 2 章"互动讨论：组织"）。预测建模程序已被用于公共事业管理、交通运输、医疗服务和公共安全等方面的公共政策决策。例如，巴塞罗那城市公园内的灌溉系统可以自动监测土壤湿度，在需要浇水时启动洒水器。该市预计在当地公园安装传感器后，每年用于绿化的水费将减少 25%。

运营智能与分析

许多决策涉及如何在日常工作中管理城市和企业。这些决策主要是运营决策，对这些业务活动的监控称为**运营智能**（operational intelligence）。物联网从网络活动、智能手机、传感器、仪表和监控设备中采集大量数据流，用于组织内外部活动的运营智能分析。组织能够使用运营智能和分析软件分析实时产生的大数据流，对事件设置触发警报，或将事件输入实时仪表板以帮助管理者作出决策。

施耐德物流公司是北美最大的卡车装载、物流和联运服务提供商之一。该公司使用卡车、拖车和多式联运集装箱上的传感器数据实现运营智能。传感器监控位置、驾驶行为、燃油水平以及拖车或集装箱的装载状态。借助油箱传感器数据，公司可根据油量、卡车目的地和途中燃油价格，确定司机加油的最佳位置。公司的传感器还会记录卡车的急刹车行为并将数据传输到总部，在监控安全指标的仪表板中跟踪数据。这种管理方式在司机和上级主管之间建立起沟通渠道。

"互动讨论：组织"专栏介绍了石油和天然气公司如何使用运营智能进行预防性维护。借助运营智能，企业可以预测哪些设备或基础设施面临故障风险，提前安排维护。

互动讨论：组织　石油和天然气行业的预测性维修

在许多行业中，将现有生产率提高一个百分点就能产生巨大收益，石油和天然气行业正是如此。因此，设备故障造成的意外停机对该行业影响很大。生产平台停机一天将造成液化天然气（LNG）设施损失高达 2 500 万美元。中型液化天然气设施平均每年停机五天，造成 1.25 亿～1.5 亿美元的损失。因此，在能源价格下降导致收入下降的背景下，缩短停机时间至关重要。对此，大数据分析可以提供帮助。

油田和油气管道中的传感器会产生大量数据，数据分析结果可用于预测性维修。麦肯锡公司估计，近海石油生产平台一般有超过四万个数据标签。能源公司过去使用油田传感器监控实时运行状态，现在它们使用物联网数据预测设备故障，防患于未然。实地检查偏远地区的设备通常成本很高，缺乏可见性会引发设备故障、高昂的计划外维修、无法生产以及石油泄漏或其他事故等一系列问题。

预测性维修工具评估设备的运行状况并预测是否需要维修，确保设备处于最佳运行状态并防止故障。油气公司使用自动状态监测工具收集、分析重要设备的统计数据，如振动、温度、声音和电流，将结果与相似设备的历史信息进行比较，检测设备老化迹象。预测性维修计划提供的分析结果，使决策者可在不中断正常生产的情况下安排设备维修并确定优先级。

2015 年，英国石油公司（BP）与通用电气公司（General Electric）展开合作，为其650 口油井安装与通用电气 Predix 云平台相连的传感器。Predix 为开发和运行物联网应用程序提供服务，物联网应用程序收集工业传感器上的数据并在云平台上分析，为管理者安排维修检查提供实时信息，从而提高机器效率并缩短停机时间。英国石油公司的每口油井都配备了 20～30 个传感器来测量压力和温度，每 15 秒向 Predix 云端传输 50 万个数据点。英国石油公司希望利用这些数据预测油井流量和使用寿命，最终获得油田性能视图。

英国石油公司与通用电气合作开发了工厂运营顾问（Plant Operations Advisor，POA）应用程序，进一步提高英国石油公司石油和天然气生产的效率、可靠性和安全性。工厂运营顾问帮助工程团队实时响应问题以防止意外停机。英国石油公司首先使用工厂运营顾问帮助管理其在墨西哥湾的一个平台运行，之后可将其部署至全球设施。

通用电气认为管道风险管理是石油和天然气行业面临的一项重大挑战。全球有 200 万英里的输送管道，它们将原油或天然气从油田输送至精炼厂、加工厂，最后到市场。目前，美国约 55％的输油管道是在 1970 年之前安装的。尽管管道泄漏事故并不频繁，但一旦发生，就会造成严重的经济损失和环境破坏，给管道经营商和能源企业带来负面影响。管道经营商十分希望能够预知下一次漏点位置，但它们通常缺乏评估管道状态的数据。

通用电气开发了一套管道管理软件，可以访问、管理并整合管道安全管理的关键数据，包括用于监测基础设施老化的风险评估工具。通用电气的风险评估方案综合考虑了内外部因素（如洪水），以可视化方式提供管道中存在的风险的准确位置。借助通用电气的风险评估工具，管道经营商能够实时决定将维修人员部署在管道沿线的哪些位置。

在易发生地震、洪水和水毁的地区，天气会对管道状态造成更大风险。人工检查数千英里管道沿线的降雨或洪水等天气状况，并将这些数据与其他复杂的管道数据整合十分困难。通用电气 Predix 平台将所有相关数据集中于一处，使管道经营商更容易获取信息并确定潜在风险最高的区域。

荷兰皇家壳牌公司使用微软 Azure 云平台和 C3 IoT 的平台即服务（PaaS）应用开发平台，监控并预测压缩机、阀门和其他设备需要维修的位置和时间。使用这些工具构建的预测性维修应用程序已投入生产。其中一个用于维护运输澳大利亚煤层气（从未开采的煤层中收集的气体）的设备，另一个帮助检测下游阀门的异常情况。荷兰皇家壳牌公司计划在数十万个地点的 100 多万台独立设备上利用预测性维修技术。

资料来源：www.predix.io，accessed May 20，2019；"BP and GE Announce New Offshore Digital Technology with Plans to Deploy Globally，" www.powergenadvancement.com，accessed June 12，2019；"Predictive Maintenance Gains Greater Significance in Oil and Gas Industry，" *Oil & Gas Engineering*，May 24，2019；Caroline Donnelly，"AI and Machine Learning Help to Power Shell's Multi-Decade Digital Transition，" *Computer Weekly Nordic*，November 2018 - January 2019；Steven Norton，"Shell Announces Plans to Deploy Applications at Scale，" *CIO Journal*，September 20，2019；Laura Winig，"GE's Big Bet on Data and Analytics，" *MIT Sloan Management Review*，February 2016；and Holly Lugassy，"GE Leverages Pivotal Cloud Foundry to Build Predix，First Cloud for Industry，" CloudFoundry. org，May 11，2016.

案例分析问题

1. 为什么预测性维修在石油和天然气行业如此重要？它解决了哪些问题？

2. 物联网（IoT）和大数据分析在预测性维修中的作用是什么？

3. 英国石油公司和荷兰皇家壳牌公司的预测性维修应用程序如何改变业务运营和决策？

4. 举例说明如何将预测性维修系统应用于其他行业。

位置分析与地理信息系统

位置分析（location analytics）是大数据分析的一部分，是指从位置（地理）数据中获取商业洞察的能力，位置数据包括来自手机的位置数据、传感器或扫描设备的输出以及地图数据。例如，位置分析可帮助营销人员确定向哪些用户推送附近餐馆和商店的移动广告，或量化移动广告对线下门店访客的影响。位置分析还可以帮助公用事业企业识别、查看和评估停电及相关成本，从而确定营销、系统升级和客户服务工作的优先级。本书第 1 章描述的 UPS 包裹跟踪和配送路径系统使用了位置分析；星巴克也凭此确定新店位置（系统会识别出能够产生高回报率和高销售额的位置）。

星巴克和公用事业企业都是应用**地理信息系统**（geographic information systems，GIS）的案例。GIS 提供的工具可帮助决策者从可视化地图中获得启发。GIS 软件将人员或其他资源分布的位置数据与地图上的点、线和区域联系起来，一些 GIS 软件还具备更改数据和自动变更业务场景的建模功能。GIS 可帮助州和地方政府计算自然灾害和其他紧急情况的响应时间，帮助银行确定新分支机构或新建 ATM 终端的最佳位置，或帮助警察确定犯罪率最高的地点。

美国国家海洋与大气管理局（National Oceanic and Atmospheric Administration，NOAA）海岸管理办公室提供了一个网络地图工具，能够可视化沿海洪水或海平面上升超过平均潮汐高度六英尺对社区层面的影响。该地图工具还以当地地标为背景，模拟未来洪水发生后的场景，并提供水深、连通性、洪水频率、社会经济脆弱性、湿地损失和迁移的相关数据（NOAA Office for Coastal Management）。

11.2.4 商务智能用户

图 11-4 显示，超过 80％ 的商务智能用户是一般用户。高层管理者倾向于通过仪表板和计分卡等可视化界面，使用商务智能监控企业活动。中层管理者和分析师更关注数据和软件层面，输入查询并沿不同维度对数据进行交叉分析。运营人员、客户和供应商主要关注事先整理好的报告。

支持半结构化决策

许多商务智能预定义的生产报告都是管理信息系统报告，用于支持运营和中层管理者的结构化决策。本书第 2 章介绍过运营人员和中层管理者以及他们使用的系统。然而，有些管理者是系统的超级用户，热衷于商业分析，希望创建自定义报告。他们使用更复杂的

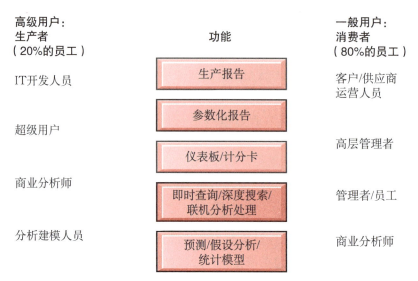

图 11 - 4 商务智能用户

说明：一般用户是商务智能输出的用户，高级用户是报告、新分析、模型和预测的生产者。

分析方法和模型探索数据中的模式、模拟替代业务场景或检验特定假设。决策支持系统是这类用户的商务智能平台，具有支持半结构化决策的功能。

与管理信息系统相比，决策支持系统更依赖于建模，其使用数学或分析模型进行假设分析或其他分析。假设分析是从已知条件或假设条件出发，允许用户改变某些变量值来测试结果，从而预测变量变化带来的结果。例如，将产品价格提高 5％ 或把广告预算增加 100 万美元会带来怎样的变化？**敏感性分析**（sensitivity analysis）模型通过反复提出假设，预测多次改变一个及以上变量值后的结果（见图 11 - 5）。反向敏感性分析能够帮助决策者进行变量求解，例如，如果希望明年卖出 100 万件产品，需要降价多少？

			单位变动成本		
总固定成本	19 000				
单位变动成本	3				
平均销售价格	17				
边际收益	14				
盈亏平衡点	1 357				
销售量	1 357	2	3	4	5	6
价格	14	1 583	1 727	1 900	2 111	2 375
	15	1 462	1 583	1 727	1 900	2 111
	16	1 357	1 462	1 583	1 727	1 900
	17	1 267	1 357	1 462	1 583	1 727
	18	1 188	1 267	1 357	1 462	1 583

图 11 - 5 敏感性分析

说明：此表显示了改变领带销售价格和单位成本对盈亏平衡点影响的敏感性分析结果。它回答了如下问题：如果销售价格和单位成本发生变化，盈亏平衡点将如何变化？

本书第 6 章介绍的多维数据分析和联机分析处理是商务智能的关键技术。电子表格也具有类似的多维分析功能，即**数据透视表**（pivot table）。超级用户管理者和分析师使用数据透视表识别并理解可能对半结构化决策有用的商业信息模式。

图 11 - 6 展示了一张 Microsoft Excel 数据透视表，其中列出了一家销售在线管理培训视频和书籍的企业的大量订单交易。该数据透视表显示了每笔订单的销售区域与广告来源

（网页横幅广告或电子邮件）两个维度之间的关系。该表能够解释除了销售区域这一因素外，消费者来源是否有所不同。图中的数据透视表显示，大部分消费者来自西部地区，且横幅广告在全部地区吸引了大多数消费者。

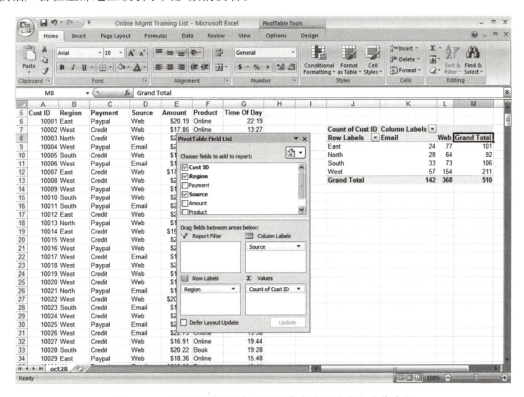

图 11-6　使用数据透视表分析消费者地区分布和广告来源

说明：在数据透视表中，可以根据地区分布和广告来源查看在线培训企业的消费者来源。

资料来源：由微软公司提供。

过去，大多数建模是使用电子表格和小型独立数据库完成的。如今，这些功能已经被整合到大型企业商务智能系统中，能够分析大型企业数据库中的数据，商务智能分析还包括各类用于密集建模的工具。这些功能有助于美国前进保险公司为其产品识别最佳客户。美国前进保险公司使用大量的保险行业数据，定义细分客户群体，如年龄在 30 岁及以上、受过大学教育、信用评分超过一定水平且无历史事故的摩托车骑手。对于每个细分群体，美国前进保险公司通过回归分析找出与保险损失最密切相关的因素，据此为每个群体设定价格，并使用模拟软件测试该定价能否使公司盈利。通过这些分析技术，美国前进保险公司可以在其他保险公司不愿涉足的传统高风险领域提供保险服务并获得收益。

高层管理者的决策支持：平衡计分卡与企业绩效管理

以高管支持系统（ESS）形式提供的商务智能帮助高层管理者关注影响企业整体盈利能力和成功的重要绩效信息。理解企业高管所需重要信息的主要方法是**平衡计分卡法**（balanced scorecard method）。平衡计分卡是实施企业战略计划的框架，从财务、业务流程、客户、学习和成长四个维度量化企业绩效（见图 11-7）。

每个维度的绩效由**关键绩效指标**（key performance indicator，KPI）衡量，这些指标是高层管理者为了解企业在各个维度上的表现而提出的。例如，衡量在线零售企业满足客

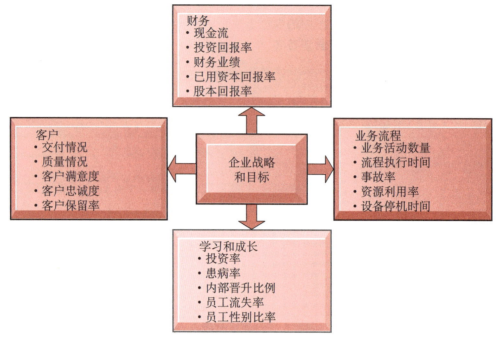

图 11-7　平衡计分卡框架

说明：在平衡计分卡框架中，企业战略目标沿四个维度展开：财务、业务流程、客户、学习和成长。每一个维度都由若干关键绩效指标衡量。

户需求能力的一个关键指标是将包裹送达消费者所需的平均时长，银行业务流程维度的一个关键绩效指标是办理基本业务（如开立新客户账户）所需时长。

平衡计分卡框架被认为是平衡的，因为它使管理者不仅仅关注财务业绩。从这个角度出发，财务绩效是历史，是过去行动的结果，管理者应关注当下可以改变的部分，如业务流程效率、客户满意度和员工培训。一旦顾问和高层管理者建立起平衡计分卡，下一步就是把每个关键绩效指标的信息流自动发送给领导层和其他管理者。

另一个密切相关的管理方法是**企业绩效管理**（business performance management，BPM）。这一概念最初由一个行业集团（由销售企业数据库系统的企业如甲骨文、思爱普和 IBM 领导）于 2004 年提出。企业绩效管理力图将企业战略（如差异化、低成本生产、市场份额增长和经营范围）系统性地转化为经营目标。一旦确定了战略和目标，企业即可开发出一系列关键绩效指标衡量实现目标的进展情况，之后使用从企业数据库系统中提取的信息衡量企业绩效。

现代高管支持系统的企业数据由企业现有的企业应用程序（企业资源规划、供应链管理和客户关系管理）提供。高管支持系统还提供对新闻服务、金融市场数据库、经济信息以及高级管理者所需的其他外部数据的访问。如果管理者需要更详细的数据视图，高管支持系统还具有**向下钻取**（drill-down）的能力。

设计精良的高管支持系统能够协助高级管理者监测组织绩效、跟踪竞争对手动向、识别不断变化的市场环境以及识别挑战和机遇。该系统也可以帮助企业的中低层员工监测和衡量其职责范围内的业务绩效。为了保证高管支持系统和其他商务智能系统具有实际应用价值，信息必须是可操作的，即在作出决策时可随时方便地使用。如果用户难以理解系统报告中的关键指标，那么员工的生产力和业务绩效可能会受到影响。

11.3　什么是人工智能？它和人类智慧有何不同？

智能技术通常被称为**人工智能**（artificial intelligence，AI）。人工智能有多种定义，在最宏伟的愿景中，人工智能是指能够像人类一样思考和行动的计算机系统。人类具有看、听、使用自然语言交流、作出决策、规划未来、实现目标、感知环境中的模式、学习，以及其他许多能力。人类也具有爱和恨的情感，有想要追求的目标。这些是人类智慧以及常识或广义智能的基础。

目前，人工智能的宏伟愿景仍然遥不可及，还没有任何计算机程序显示出广义智能或常识。人类智慧比最复杂的计算机程序还要复杂得多，涵盖的活动范围也比目前智能计算机系统和设备涵盖的活动范围更广。

相比而言，人工智能的狭义定义更加现实有用。人工智能程序与计算机程序相似：它们从环境中获取数据输入、处理数据并产生输出。人工智能程序与传统软件程序的不同之处在于它们用于输入和处理数据的技术。如今的人工智能系统可以执行许多人类无法完成的任务，在一些任务上可以接近或等同于人类，如解读 CT 扫描结果、识别人脸和声音、下象棋或围棋等，在某些定义明确的任务上甚至可以胜过人类专家。在许多行业，人工智能正在改变企业的运作方式，改变人们的工作地点以及工作方式。

人工智能的演变

过去十年，狭义的人工智能取得了重大进展。互联网、电子商务、物联网和社交媒体产生的大数据，是推动人工智能快速发展的主要力量，其他推动因素包括计算机处理成本的急剧下降和处理器性能的提升。最后，人工智能的发展还依赖于数万名人工智能软件工程师和大学人工智能研究中心对算法的改进，以及企业和政府的大量投资。在此期间，人工智能在理解人类如何思考方面几乎没有基础性的概念突破，许多算法和统计技术是几十年前开发的，只是现在能够大规模实施和改进。

人工智能的成果十分显著：图像识别程序的错误率从 25％下降至不到 3％；自然语言语音识别的错误率从 15％下降至 6％；在通用语言间的翻译测试中，谷歌的翻译程序实现了与人类相比约 85％的准确率。这些进步使 Siri（苹果）、Alexa（亚马逊）、Cortana（微软）、Now（谷歌）等个人助理及车载语音激活系统的应用成为可能。

计算机科学家艾伦·图灵在 1950 年的论文中将人工智能计算机程序定义为人类可以与之对话，却无法分辨它是一台计算机的程序（Turing，1950）。到目前为止，我们仍然无法与人工智能进行真正的对话，因为它没有真正了解世界，没有常识，也没有真正了解人类。尽管如此，人工智能对人类和企业仍大有益处。

11.4　人工智能技术主要有哪些类型？它们如何为组织带来价值？

人工智能是一系列编程技术和信息技术，每种技术在特定应用中都独具优势。表 11 -

5 描述了人工智能的主要类型：专家系统、机器学习、神经网络和深度学习、遗传算法、自然语言处理、计算机视觉系统、机器人、智能代理。本节将具体分析每种类型的人工智能，并理解它们在企业和其他组织中的应用。

表 11-5 人工智能的主要类型

专家系统	将专家知识表示为一组可编程的规则，以便计算机能够协助人类决策者。
机器学习	可从海量数据库中发现模式的软件，无须显式编程，但需要大量人类训练。
神经网络和深度学习	仿照人类神经元结构，训练算法根据数据输入将对象归入已知类别。深度学习使用多层神经网络揭示数据中的潜在模式，在有限情况下，无须人工训练即可识别模式。
遗传算法	仿照进化论的自然选择和变异的算法，通常用于为优化和搜索问题生成高质量解决方案。
自然语言处理	使计算机能够理解并分析人类自然语言的算法。
计算机视觉系统	可从现实世界的图像中查看并提取信息的系统。
机器人	使用可替代人类运动的机器和计算机系统来控制和处理信息。
智能代理	使用内置或学习的知识，为个人用户执行特定任务或服务的软件代理。

11.4.1 专家系统

专家系统（expert systems）开发于 20 世纪 70 年代，是第一个在商业和其他组织中大规模应用的人工智能，目前占全部人工智能系统的 20% 左右。专家系统通过深度访谈获取组织内专家的知识，将其表示为规则集，之后转换为 IF-THEN 形式的计算机代码。此类程序通常用于开发引导用户完成决策过程的应用程序。

专家系统可帮助企业改进决策、减少错误、降低成本、缩短培训时间、提供更好的质量和服务。专家系统已经被用于授信贷款决策和诊断设备问题的应用程序，以及医疗诊断、法律研究、土木工程、建筑维护、建筑计划制订和教育技术（个性化学习和响应测试）等方面（Maor，2003）。假设你是一栋有 14 层的办公楼的项目经理，需要完成安装办公楼空调系统的任务。一个完整的空调系统可能需要数百个零件和子组件，专家系统可通过询问一系列问题、向供应商下订单、估计项目的总成本等步骤引导你完成整个过程，全程仅需几个小时。图 11-8 展示了一个授信专家系统中的规则。

专家系统的工作原理

专家系统将人类知识建模为规则集，统称为**知识库**（knowledge base）。取决于决策问题的复杂性，专家系统可能有几条到数千条规则。**推理机**（inference engine）是用于在规则集合中进行搜索并得出结论的策略。推理机搜索规则并激活由用户收集和输入的事实触发的规则。

专家系统有许多局限性，其中最重要的是即使是专家也无法解释他们是如何作决策的，他们所知道的难以表达。就如人们会开车，但难以说出他们是如何做到的。规则的数量可以达到数千条，这可能使知识库变得混乱。在医疗诊断等快速变化的环境中，规则会发生变化，需要不断更新。此外，专家系统无法处理管理者和员工经常遇到的非结构化问

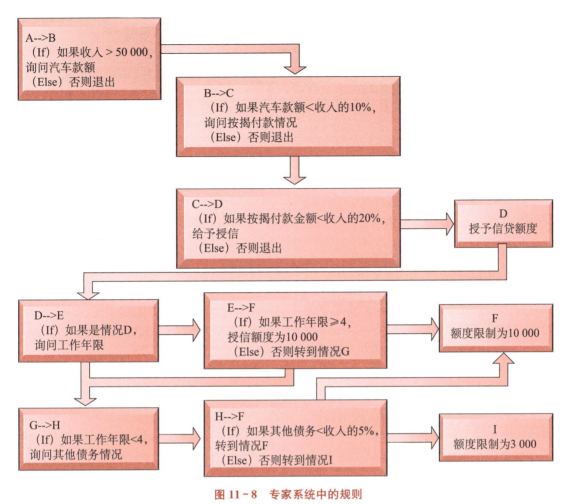

图 11 - 8　专家系统中的规则

说明：专家系统包含许多要遵循的规则。这些规则相互关联，输出结果数量是已知且有限的，实现同一结果可能会有多个路径，系统可以同时考虑多个规则。图中所示的规则适用于简单的授信专家系统。

题，也不使用实时数据指导决策。专家系统无法很好地扩大到由互联网和物联网产生的大量数据集中，开发成本也很高。由于这些原因，在过去的十年中，专家系统的开发在汽车诊断专家知识等小范围缓慢进行。

11.4.2　机器学习

如今，超过 75％ 的人工智能开发包含通过神经网络、遗传算法和深度学习网络完成的某种**机器学习**（machine learning，ML）。机器学习聚焦于找到数据中的潜在模式，并将输入数据归类为已知（和未知）的输出。机器学习基于完全不同于专家系统的人工智能范式。机器学习中没有专家，也不需要为反映专家理解的规则编写计算机代码。相反，机器学习始于包含数千万个数据点的海量数据集，通过分析大量示例及统计推断来找到数据中的模式和关系。本章描述的大数据分析应用，如荷兰皇家壳牌公司的预测性维修系统或西门子的过程挖掘系统，都利用了机器学习。表 11 - 6 提供了一些示例，说明领先的商业企业如何使用不同类型的机器学习。

表 11 - 6 机器学习示例

富国银行 （Wells Fargo）	Aiera 系统每天读取分析 1 600 只股票的 50 万份文件，为财富管理部门关注的 550 只股票生成买入和卖出指令。
网飞	其推荐系统基于视频相似度算法，使用统计和机器学习为全球 1.5 亿订阅者提供个性化视频推荐。
迅达集团 （Schindler Group）	使用通用电气的 Predix 操作系统和机器学习，监控超过 100 万台电梯和人行道的状况，预测设备的维修需求。
PayPal	使用机器学习算法从每年产生 40 亿笔交易的 1.7 亿客户中识别欺诈模式。

Facebook 在美国拥有超过两亿的月活跃用户，这些用户平均每天在 Facebook 上花费 35 分钟。Facebook 每月向用户展示 10 亿条广告，能够在一秒内决定向每个用户展示的广告。Facebook 的决策依据用户历史行为，包括用户分享的信息（帖子、评论、点赞）、社交网络好友的活动、提供给 Facebook 的背景信息（年龄、性别、位置、使用的设备）、广告商提供的信息（电子邮件地址、历史购买记录）以及 Facebook 跟踪的应用程序和其他网站上的用户活动。Facebook 使用机器学习识别数据中的模式，据此预测每个用户点击特定广告的概率。分析人员估计，Facebook 至少使用位于多个超大规模"超级数据中心"的 10 万台服务器来执行这项任务。此流程的最后一步是确定是否展示广告的简单结果。

目前，Facebook 广告的响应率（点击率）约为 0.1%，约为非定向展示广告的四倍，但低于定向电子邮件广告（约 3%）和谷歌搜索广告（约 2%）。所有大型互联网消费企业，包括亚马逊、谷歌、微软、阿里巴巴、腾讯、网飞和百度，都使用类似的机器学习算法。考虑到庞大的数据库规模、交易速度和实时处理的复杂性，任何人或群体都无法实现这些结果。这一简单示例说明了机器学习的优势，它可以在几秒钟内识别数百万用户的行为模式，并将对象分类。

监督学习和无监督学习

如今，几乎所有的机器学习都涉及**监督学习**（supervised learning），即通过向系统提供人类预先识别的输入和输出数据对其进行训练。发布在互联网上的一千万张图片形成了庞大的数据库，之后数据库分成两个部分，一部分是开发数据库，另一部分是测试数据库。人类选择一个目标，如识别包含汽车图像的所有照片，将大量经过验证的图片（其中一些包含汽车图像）输入神经网络，神经网络对开发数据库进行数百万次迭代处理，直到系统最终能以可接受的准确率识别包含汽车的图片。之后使用测试数据库对机器学习系统进行测试，以确保算法可在不同图片数据集上获得相同的结果。在多数情况下，机器学习可以接近或达到人类水平，但处理数据的规模和速度远超人类。随着程序员不断改进、扩大数据库以及使用更高性能的计算系统，机器学习系统的性能可以进一步提高。从这个意义上说，系统是可以"学习"的。监督学习也是用于开发自动驾驶汽车的技术之一，自动驾驶需要识别周围的物体，如人、其他汽车、建筑物和斑马线以引导驾驶（参见本章的章末案例）。

无监督学习（unsupervised learning）过程相似，不同之处在于无须人类向系统输入数据示例，系统只需处理开发数据库并报告发现的任何模式。例如，在一项被称为"The Cat Paper"的开创性研究工作中，研究人员从 YouTube 视频中抽取一千万张图片，构建了一个机器学习系统，该系统无须带有标签或经过验证的人脸照片"指导"即可识别人脸

（Le et al.，2011）。研究人员使用谷歌提供的 1 000 台机器和 16 000 个核心处理器搭建了一个强力神经网络计算机系统。系统处理器间共有 10 亿个连接，形成了一个庞大网络，能够小规模地模仿人类大脑神经元和突触（连接）。结果是系统可以识别图片中的人脸、猫脸以及人体。随后，通过 ImageNet（一个大型在线视觉数据库）上的 22 000 张目标图像对系统进行测试，准确率为 16%。因此，原则上可以创建无须人工干预即可"自学"的机器学习系统，但任重而道远：16% 的准确率远没有达到自动驾驶汽车的标准。尽管如此，该研究的准确率相比之前已经提高了 75%。

一岁大的婴儿可以识别人脸、猫、桌子、门、窗和数百种接触过的其他物体，并能够不断将新体验进行归类，以便未来可以准确识别。与目前最大的机器学习研究系统相比，婴儿仍具有巨大的计算优势。成年人大脑约有 840 亿个神经元，每个神经元之间有超过 1 万个连接，网络（大脑）中的连接总数超过 1 万亿个，人类大脑运行需消耗约 7 瓦的能量。现代智人已经出现约 30 万年，智人的哺乳动物祖先已经出现了 250 万年。由于这些原因，现在机器学习适用情况有限，它们需要大量的数据和计算设施，输出结果由人类预先定义，并使用二进制（0，1）输出，同时需要一群优秀的软件和系统工程师解决问题。对于像谷歌或 Facebook 这样需要处理大量数据并持续工作的应用，机器学习可能还需要数十万瓦特的电力供应。

11.4.3 神经网络

神经网络由相互连接的神经元组成。每个神经元可从其他神经元获取数据，并将数据传递给系统中的其他神经元。人工神经元不是像人脑一样的生物实体，而是执行神经元输入和输出功能的软件程序和数学模型。连接的强度（权重）由研究人员使用学习规则来控制。学习规则是一种算法，系统改变神经元之间的连接强度以产生最终需要的输出，可以识别癌性肿瘤图片、信用卡诈骗或可疑的电话呼叫模式。

神经网络（neural networks）使用机器学习算法和计算模型模仿人类大脑的运作模式，从大量数据中发现模式和关系，对于人类大脑而言，如此庞大规模的数据难以人工分析。神经网络是一种模式检测程序，通过筛选数据，从大量数据中学习模式，最终在数千个神经元的网络中找到路径。在识别汽车、动物、面孔和声音等方面，有些路径更胜一筹。数据可能有数百万条路径，算法（上文提到的学习规则）能够识别出成功的路径，并加强这些路径中的神经元连接，这一过程重复数千或数百万次，直至识别出效果最好的路径。学习规则从数据中找出最佳路径。在分析数百万条路径后，当模式识别准确率达到可接受的水平时，如识别癌症肿瘤的准确率接近甚至超过人类水平时，学习过程就会停止。

图 11-9 表示一个由输入层、处理层（隐藏层）和输出层组成的神经网络。人类通过输入一组他们希望机器学习的结果来训练网络。例如，如果目标是构建一个可以识别信用卡诈骗交易模式的系统，则需要使用诈骗交易的真实示例进行训练。数据集可能由一百万笔诈骗交易的记录组成，分为两个部分：训练数据集和测试数据集。训练数据集用于训练系统，经过数百万次的测试运行后，系统能够识别数据中的最佳路径。为了验证系统的准确性，需要将该系统用于之前没有分析过的测试数据集。如果成功，则该系统将在新的数据集上进行测试。图 11-9 中的神经网络已经学习了如何识别可能的信用卡诈骗交易行为。

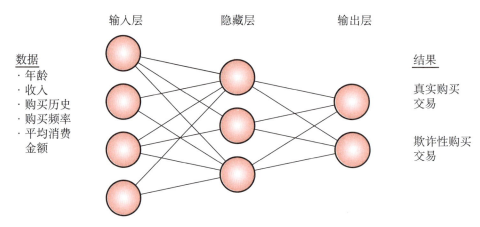

图 11 - 9　神经网络的工作原理

说明：神经网络使用从数据模式中学习的规则构建一个隐藏的逻辑层，之后隐藏层根据模型的经验对输入数据进行分类。在本例中，神经网络已被训练区分正常交易和信用卡诈骗交易。

　　神经网络在医学、科学和商业领域被用于解决模式分类、概率预测、控制和优化等问题。在医学上，神经网络被用于筛查冠状动脉疾病患者、诊断癫痫和阿尔茨海默病，并对癌症等病理图像进行模式识别。金融业则使用神经网络识别海量数据中的模式，有助于投资公司预测股票表现、企业债券评级或企业破产概率。维萨国际组织使用神经网络监测全部维萨卡交易，发现持卡人购买模式的突然变化，从而帮助检测信用卡诈骗。表 11 - 7 提供了神经网络示例。

表 11 - 7　神经网络示例

功能	输入	处理	输出/应用
计算机视觉	数百万数字图像、视频或传感器数据	识别图像和对象的模式	照片标记；人脸识别；自动驾驶
语音识别	数字音轨、声音	识别音轨及语音中的模式和含义	数字助理，聊天机器人，帮助中心
机器控制，诊断	物联网：数千个传感器数据	识别运行状态、故障模式	预防性设备维修；质量控制
语言翻译	数百万不同语言的句子	识别多种语言的模式	将句子从一种语言翻译为另一种语言
交易分析	数百万贷款申请，股票交易，电话	识别金融和其他交易中的模式	诈骗控制；服务盗取识别；股市预测
定向在线广告	数百万浏览记录	识别消费者群体；偏好	程序化广告

"深度学习"神经网络

　　"深度学习"（deep learning）神经网络更为复杂，在生成目标输出前需要对输入数据进行多层转换。神经元的集合称为节点或层。深度学习网络目前还处于发展阶段，主要用于探索未标记数据中的模式，系统不会被告知具体要查找什么，而是需要自主发现数据中的模式。开发者希望此类系统具备自学能力，如图 11 - 10 所示。

　　例如，上文对无监督学习的讨论中，列举了一个无须训练即可识别猫（The Cat Paper）和其他物体的机器学习系统，这一系统就使用了深度学习网络。它包含三层神经网

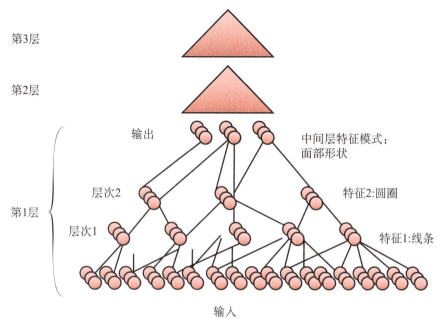

图 11 - 10 一个深度学习网络

说明：深度学习网络由多层神经网络组成，采用分层检测模式。图中展示的是第 1 层的扩展图，其他层也有相同的结构。

络（第 1 层、第 2 层和第 3 层），每一层神经网络有两个层次的模式检测（层次 1 和层次 2）。每个层级都是为了识别图片的低级别特征：第 1 层识别图片中的线条，第 2 层识别圆圈。第 1 层的结果可能是斑点和模糊边缘。第 2 层和第 3 层对第 1 层生成的图像进行细化，直到系统的输出结果能区分猫、狗和人，尽管最终的准确率仅为 16%。

许多专家认为，深度学习网络更接近人工智能的宏伟愿景，即机器学习系统能够像人类一样学习。但其他从事机器学习和深度学习的专家则持批判性态度（Marcus，2018；Pearl，2016）。

神经网络和机器学习的局限性

神经网络目前有许多局限性。它需要非常大的数据集才能识别模式。大型数据集中通常有许多无意义的模式，需要人类确定哪些模式有意义。同时，大型数据集中的许多模式是暂时的：股票市场或职业运动队的比赛表现数据可能存在某种模式，但这种模式不会持续很长时间。此外，许多重要决策常常缺乏大型数据集。例如，学生应该申请 A 大学还是 B 大学？企业应该与另一家企业合并吗？许多重要问题的答案很难具体说明或描述，从这个意义上说，至多只能实现半结构化决策，且在很大程度上取决于人类的评估、判断和情感。

系统工程师可能也无法解释神经网络和机器学习如何得出结论（Olah & Satyanarayan，2018）。例如，在 IBM 的沃森系统模拟操作《危险边缘》游戏时，研究人员无法确切说明沃森的选择，只能指出选择是正确的还是错误的。大多数现实世界的机器学习程序都将数字对象划分为简单的二进制类别（是或否；0 或 1）。但管理者、企业和组织面临的许多重大问题无法用二进制回答。此外，神经网络的训练数据过少或过多，都可能导致模型效果不佳。人工智能系统并不存在道德的概念，它们可能会推荐非法或不道德的行为。在当前大多数应用中，人工智能系统最适用于辅助较低级别的决策。在这些情况下，人工智能辅助但不会替代管理人员，出错不会造成死亡或伤害等灾难性后果。

11. 4. 4　遗传算法

遗传算法（genetic algorithms）是机器学习的另一种形式。遗传算法通过检验某个问题的大量可行解，找出最优解。该算法的灵感源于生物进化过程，如遗传、突变、选择和交叉（重组）。

遗传算法搜索一组随机生成的二进制字符串，从中找出能够解决问题的最优解。随着变化和组合，最差的解被丢弃，较好的解则被保留下来，并继续产生更好的解。

在图 11 - 11 中，每个字符串对应问题的一个变量。先运用拟合度测试，根据可行解的效果对种群中的字符串进行排序。在对初始种群的拟合度进行评估后，算法生成下一代拟合度较好的字符串，包括通过了拟合度测试的字符以及由配对字符产生的下一代字符，并进一步测试拟合度。这一过程持续进行，直到找出最优解。

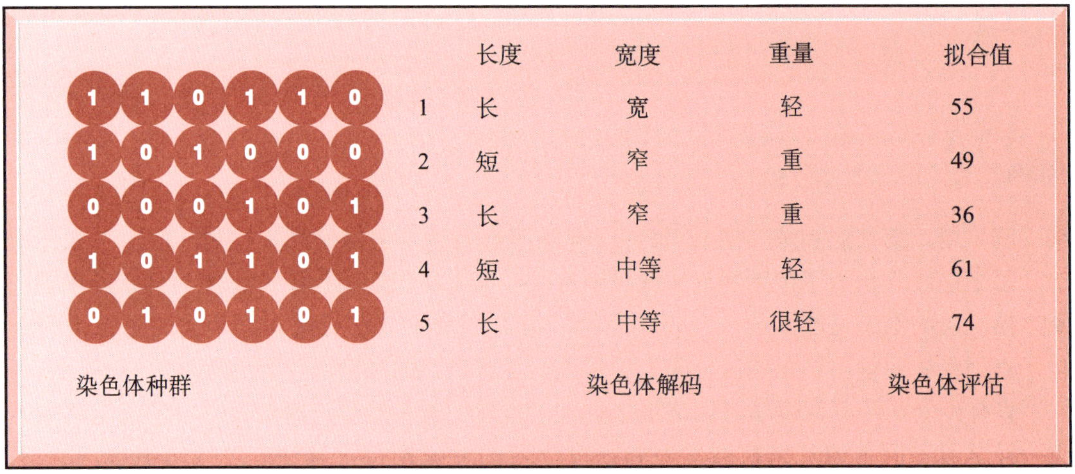

		长度	宽度	重量	拟合值
1 1 0 1 1 0	1	长	宽	轻	55
1 0 1 0 0 0	2	短	窄	重	49
0 0 0 0 0 1	3	长	窄	重	36
1 0 1 1 0 1	4	短	中等	轻	61
0 1 0 1 0 1	5	长	中等	很轻	74
染色体种群		染色体解码			染色体评估

图 11 - 11　遗传算法的组成部分

说明：本例演示了一个"染色体"的初始种群，每个染色体代表一个不同的解。遗传算法通过迭代优化初始解，获得更优解，具有更高拟合度的解更有可能成为最佳解。

遗传算法可用于解决动态的、复杂的、涉及成百上千个变量或公式的问题。但此类问题要求可行解的范围可表达成遗传式，并能够建立拟合度标准衡量。遗传算法可以快速评估多个可行解以找到最优解，因此求解速度较快。例如，通用电气的工程师使用遗传算法优化喷气涡轮飞机发动机的设计，每一次更改设计都需要修改多达 100 个变量。JDA 供应链管理软件使用遗传算法优化生产调度模型，该模型整合了客户订单、材料和资源可用性、制造和分销能力以及交货日期的数十万个详细信息。

11. 4. 5　自然语言处理、计算机视觉系统和机器人技术

其他重要的人工智能技术包括自然语言处理、计算机视觉系统和机器人技术。

自然语言处理

人类语言并不总是表述精确的，通常模棱两可，词的含义可能取决于复杂的变量，如

俚语、地区方言和社会背景。**自然语言处理**（natural language processing，NLP）使计算机能够分析自然语言——人类本能地使用的语言而不是专门为使计算机理解而开发的语言。自然语言处理算法通常以包含深度学习的机器学习为基础，可以从大量数据中学习如何识别说话者的意图。在章首案例中，阿克什胡斯大学医院使用自然语言处理和 IBM Watson Explorer 筛选数以千计的医疗记录，其中包含以自然语音等日常语言表达的非结构化文本数据。这些算法可以读取病历上的文本并对其含义进行分类。自然语言处理还被应用于谷歌搜索引擎、垃圾邮件过滤系统和文本挖掘情感分析等（参见第 6 章）。

总部位于东京的日本瑞穗实业银行（Mizuho Bank）采用先进的语音识别技术、IBM 沃森内容分析软件和云服务基础设施改善呼叫中心与客户的互动交流。在将客户的语音转换为文本数据后，该解决方案使用基于机器学习的自然语言处理算法分析与数千名客户的交互数据。系统从每次客户交互中学到越来越多的信息，最终能够在互动会话中的每个关键点推断客户的具体需求或目标。在此基础上，系统作出最佳响应并将提示信息实时传递至客服人员的计算机屏幕。通过帮助呼叫中心有效感知并响应客户需求，该解决方案将客户交互会话的平均时长缩短了 6% 以上（IBM，2019）。

计算机视觉系统

计算机视觉系统（computer vision systems）关注计算机如何模拟人类视觉系统以查看并提取现实世界图像中的信息。此类系统整合了图像处理、模式识别和图像理解技术。Facebook 的人脸识别工具 DeepFace 就是一个计算机视觉系统，在人脸识别方面，它几乎可以做到和人类大脑一样准确。DeepFace 将帮助 Facebook 提高现有人脸识别功能的准确性，确保 Facebook 用户的每张照片都与其账户相关联。计算机视觉系统也被用于无人驾驶（如无人机和自动驾驶汽车，参见章末案例）、工业机器视觉系统（如检查瓶子外观）、军事应用和机器人工具。

2017 年，美国职业篮球联赛（National Basketball Association，NBA）决定允许赞助商在球员球衣上添加品牌标志。事实证明，对于赞助商来说这项高达数百万美元的广告投资十分值得。专攻计算机视觉技术的人工智能公司 GumGum 称，固特异轮胎橡胶公司（Goodyear Tire & Rubber Co.）在克利夫兰骑士队队服上添加了品牌标志，仅在赛季的前半段通过社交媒体曝光就产生了 340 万美元的价值。GumGum 开发的算法使计算机能够识别图像中的内容。GumGum 使用计算机视觉技术完整分析广播和社交媒体内容出现的位置、曝光及持续时间，包括在线及电视播出的 NBA 内容中的固特异品牌标志。GumGum 的视觉技术无须人工监控屏幕上品牌标志出现的次数，而是自动跟踪并报告数据（Albertson，2018）。

机器人

机器人（robotics）涉及可移动机器的设计、建造、操作和使用，这些机器可代替人类，使用计算机系统进行控制、感官反馈、信息处理。机器人无法完全代替人类，而是被编程以自动执行一系列特定动作。机器人通常用于高危作业（如炸弹探测和拆除）、工业制造、军事行动（无人机）和医疗手术（手术机器人）。许多员工担心是否有一天机器人会完全取代人类，抢走他们的工作（参见第 1 章"互动讨论：人员"）。

机器人技术应用最广泛的场景是制造业。例如，汽车装配线使用机器人搬运重物、焊接、涂胶和喷漆。但是，人类仍负责汽车大部分的最终组装，尤其是在安装需要引导到位的小零件或布线时。位于法国克莱昂的雷诺汽车（Renault）工厂使用丹麦优傲机器人（Universal Robots）将螺丝拧入发动机，尤其是在人工难以安装的位置。机器人还可以检查使用的零件是否正确以及是否正确固定。雷诺公司使用的机器人还能够在人类靠近时自动减速或停下，避免造成伤害。

11.4.6　智能代理

智能代理（intelligent agents）是在后台工作的软件程序，无须人工干预即可为个人用户、业务流程或其他软件应用程序执行特定任务。智能代理使用有限的内置知识库或已学知识代表用户完成任务或作出决定，如删除垃圾邮件、安排见面日程或寻找前往加利福尼亚州最便宜的机票。

如今，操作系统、应用软件、电子邮件系统、移动计算软件和网络工具中有许多智能代理应用程序。企业对能够在互联网上自动搜索信息的智能代理机器人尤其感兴趣。本书第 7 章描述了购物机器人如何帮助消费者找到他们想要的产品，并帮助他们比较价格和其他属性。

虽然一些智能代理仅遵循一组简单的预定义规则，但更多的智能代理能够从经验中学习，并使用机器学习和自然语言处理调整行为。iPhone 和 iPad 的虚拟助理应用 Siri 就是一个例子。Siri 使用自然语言处理回答问题、提出建议和执行操作。随着使用时长的增加，Siri 能够学习用户的个人偏好并给出个性化结果，执行获取路线、安排见面日程和发送消息等任务。类似产品包括谷歌 Now、微软 Cortana 和亚马逊 Alexa。

聊天机器人（chatterbots）是一种软件代理，能够通过文本或听觉方式模拟与一个或多个人类用户的对话。聊天机器人试图理解用户输入的文本或语音内容，并通过回答问题或执行任务的方式作出响应。用户可以与聊天机器人对话的方式完成一些任务，如查看天气、管理个人财务、在线购物以及在遇到问题时获得帮助。跨国电信公司沃达丰（Vodafone）使用聊天机器人每月回答近八万个问题，为呼叫中心减少了 75% 的工作。沃达丰工作人员使用聊天机器人获取用户关于沃达丰产品和服务准确、最新的反馈信息。Facebook 已将聊天机器人集成到 Messenger 通信应用程序中，以便拥有 Facebook 品牌页面的外部企业可以通过聊天程序与 Facebook 用户互动。目前，聊天机器人通常用于执行非常基础的功能，但随着技术进步，使用 IT 应用程序的用户将越来越多地使用这些"会话代理"与系统交互。

➡ 11.5　管理信息系统对职业生涯有何帮助？

以下内容说明了本书第 11 章将如何帮助读者找到 AI 企业初级销售助理的工作。

11.5.1　企业

位于加利福尼亚州圣何塞的人工智能公司 RazzleDazzle 正在招聘一名初级销售助理。RazzleDazzle 专注于计算机视觉技术，致力于从每日生成的不同数据中挖掘视觉内容的价值，解决广告、职业体育等行业的问题。

11.5.2　岗位描述

初级销售助理将与销售团队在策划并举办活动、数据库管理、行政任务和客户研究等方面密切合作，支持销售和营销目标。工作职责包括：

- 使用 Salesforce.com 寻找潜在客户、输入数据和维护；
- 使用 Excel 更新销售团队资源；
- 安排会议并记录会议内容；
- 协助研究销售账户，以及新的活动创意和地点；
- 协助销售团队准备客户会议；
- 准备宣传材料。

11.5.3　招聘要求

- 应届大学毕业生；
- 有市场营销、管理信息系统、金融或文科学士学位；
- 对商业和工业有浓厚的学习兴趣；
- 熟悉 Microsoft Office 办公软件；
- 注重细节，有良好的沟通能力和热情的态度，能在快节奏环境中迅速成长。

11.5.4　面试问题

- 你对我们公司和计算机视觉系统了解多少？你做过人工智能技术相关工作吗？
- 你曾经使用过 Salesforce.com 吗？你是如何使用这个软件的？
- 你对 Microsoft Office 工具的掌握程度如何？你使用 Excel 电子表格做过哪些工作？
- 你能否提供一些写作文案来展示你的沟通技巧和对细节的捕捉能力？

11.5.5　作者建议

- 查看本章关于人工智能的部分，使用网络搜索更多有关计算机视觉系统的信息。
- 使用网络和领英搜索这家公司的更多信息——它的产品、服务、竞争对手以及运营方式。思考公司需要哪些销售助理来支持其销售团队，你可以作出哪些具体贡献。
- 深入了解 Salesforce.com 软件如何找到潜在客户、输入数据和维护。
- 仔细询问你将如何在这份工作中使用 Excel。描述一些你使用 Excel 做过的工作，可以在面试时提供一些作品。

✎ 本章小结

1. 决策有哪些类型？决策过程如何进行？

决策可分为结构化决策、半结构化决策和非结构化决策，结构化决策集中于组织的运营层，非结构化决策则集中在战略层。决策可由个人或团体制定，包括普通员工以及运营管理者、中层管理者和高层管理者。决策有四个阶段：情报、设计、选择和实施。

2. 商务智能和商业分析如何支持决策？

商务智能和商业分析能为决策者提供准确、实时的信息，分析工具能帮助决策者快速了解信息并采取行动。商务智能环境包括商业环境数据、商务智能基础设施、商业分析工具、管理用户与管理方法、交付平台（MIS、DSS 或 ESS）和用户界面。为实现这些目标，商务智能系统提供六种分析功能：生产报告，参数化报告，仪表板/计分卡，即时查询/搜索/创建报告，向下钻取分析，预测、情景化、建模。商务智能分析现在还处理大数据。预测分析、位置分析和运营智能是非常重要的分析能力。

管理信息系统（MIS）生成预定义生产报告，支持运营管理者和中层管理者进行结构化决策。为了作出非结构化决策，分析师和超级用户使用决策支持系统（DSS）及强大的分析和建模工具，包括电子表格和数据透视表。制定非结构化决策的高级管理人员使用仪表板和可视化界面，显示影响企业整体盈利能力、成功和战略的关键绩效信息。平衡计分卡和企业绩效管理是设计高管支持系统（ESS）时使用的两种方法。

3. 什么是人工智能？它和人类智慧有何不同？

人工智能的宏伟愿景是构建能够像人类一样思考和行动的计算机系统。目前，人工智能依然无法具备像人类一样的灵活性、广度和通用性，但它可在有限领域内捕获、编码并扩展组织知识。如今的人工智能系统可以执行许多人类无法完成的任务，并在某些定义明确的任务中与人类媲美。

4. 人工智能技术主要有哪些类型？它们如何为组织带来价值？

专家系统从有限领域的人类专家处获取隐性知识，并以规则的形式表达。机器学习软件可从收集的数据和示例中学习，尽管需要大量的训练，但其可从海量数据中识别模式而无须显式编程。

神经网络由试图模拟人脑思维过程的软件和硬件组成。神经网络的特点在于其能通过训练获得自主学习的能力，同时能够识别人类难以识别的模式。深度学习神经网络使用多层神经网络挖掘数据中的潜在模式，在有限的情况下无须人工标注数据即可识别。

遗传算法使用基于遗传学的过程（如适应度、交叉、突变）寻找特定问题的解决方案。遗传算法可用于解决优化问题，其评估众多可行解或变量以生成最优解。

智能代理是具有内置数据库或习得知识的软件程序，可为个人用户、业务流程或软件应用执行特定任务。可对智能代理编程，浏览大量数据以定位有用信息，并在某些情况下根据这些信息代表用户采取行动。聊天机器人是一种软件代理，旨在通过文本或听觉形式模拟与一个或多个人类用户的对话。

自然语言处理技术使机器能够理解人类语言并处理这些信息。计算机视觉系统主要解决如何让计算机模拟人类视觉系统，查看并提取真实世界图像中的信息。机器人技术主要包括可替代某些人类行为的可移动机器的设计、建造、操作和使用。

📝 课后习题

1. 决策有哪些类型？决策过程如何进行？

- 列举并描述组织中不同的决策层级和群体及其决策需求。
- 区分非结构化决策、半结构化决策和结构化决策。
- 列举并描述决策的各个阶段。

2. 商务智能和商业分析如何支持决策？

- 定义并描述商务智能和商业分析。
- 列举并描述商务智能环境的组成要素。
- 列举并描述商务智能系统提供的分析功能。
- 描述虚拟现实和增强现实如何提高数据可视化和决策能力。
- 定义预测分析和位置分析，并分别给出两个示例。
- 列举不同类型的商务智能用户，描述为每种用户提供决策支持的系统类型。
- 定义并描述平衡计分卡法和企业绩效管理。

3. 什么是人工智能？它和人类智慧有何不同？

- 定义人工智能（AI）。
- 解释人工智能与人类智慧的区别。

4. 人工智能技术主要有哪些类型？它们如何为组织带来价值？

- 定义专家系统，描述其工作原理，并解释它对企业的价值。
- 定义机器学习，解释其工作原理，并举例说明它可以解决的问题类型。
- 比较监督学习和非监督学习。
- 定义神经网络和深度学习神经网络，描述它们的工作原理以及它们如何使组织受益。
- 定义并描述遗传算法和智能代理。解释每种方法的工作原理以及适用的问题类型。
- 定义并描述计算机视觉系统、自然语言处理系统和机器人技术，举例说明它们在组织中的应用。

 讨论

1. 如果企业更广泛地使用决策支持系统和高管支持系统，它们会作出更好的决策吗？为什么？

2. 商务智能和商业分析能在多大程度上帮助企业完善商业战略？解释你的答案。

3. 人工智能技术有多智能？解释你的答案。

商业问题解决案例

汽车可以实现自动驾驶吗？它们应该自动驾驶吗？

汽车真的能够在没有人工操控的情况下自动驾驶吗？它们应该自动驾驶吗？自动驾驶是一个好的商业投资机会吗？对此，每个人都在寻找答案。

自动驾驶汽车技术已经发展到让任何汽车制造商都无法忽视的程度。各大汽车制造商都在竞相研发和完善自动驾驶汽车，它们相信自动驾驶汽车的市场有一天会达到数万亿美元。福特、通用汽车、日产（Nissan）、梅赛德斯（Mercedes）、特斯拉等企业在自动驾驶技术研发方面已经投入了数十亿美元。通用汽车收购了一家名为 Cruise 的自动驾驶汽车初创公司。优步和来福车等网约车公司认为，能够消除人力成本的无人驾驶汽车是其长期盈利的关键（瑞银集团的一项研究表明，自动驾驶"机器人出租车"每英里的成本将比传统出租车低约 80%）。自动驾驶汽车已在美国加利福尼亚州、亚利桑那州、密歇根州及巴黎、伦敦、新加坡和北京的指定地点上路测试。市场营销公司 ABI 预计，2025 年将有约 800 万辆具备一定程度自动驾驶能力的汽车进入市场。2018 年 12 月，Alphabet 的子公司

Waymo 在美国菲尼克斯推出"Waymo One"商业自动驾驶出租车服务。一辆能够真正代替人类驾驶员的汽车需要强大的计算机系统，该系统必须处理分析由无数传感器、摄像头和其他设备产生的大量数据，并根据实时情况控制和调整转向、加速和刹车。自动驾驶的关键技术包括：

传感器：自动驾驶汽车装有多种不同类型的传感器。汽车车轮上的传感器在汽车行驶和通过车流时测量汽车的速度。超声波传感器测量并跟踪道路边缘、人行道和汽车附近物体的位置。

摄像头：需要使用摄像头识别高速公路上的车道线、速度标志、交通信号灯等。安装在挡风玻璃上的摄像头可生成前方道路的 3D 图像，后视镜上的摄像头专注于车道标记，红外摄像机接收前照灯发出的红外光束以扩大夜间驾驶的视野。

激光雷达：激光雷达是光探测和测距设备，安装在大多数自动驾驶汽车的顶部。激光雷达每秒发射数百万束激光并测量它们反弹的时间。激光雷达可 360 度全方位观察汽车周围的环境，以高达两厘米的精度识别附近的物体。激光雷达非常昂贵且不够坚固，无法承受坑洼、极端温度、下雨或下雪的影响。

GPS：全球定位系统（GPS）可精确定位汽车的物理位置，精度在 1.9 米范围内。结合转速表、陀螺仪和高度计的读数，GPS 可以提供汽车的位置。

雷达：雷达通过物体反射的无线电波帮助汽车查看周围环境，如视角盲点，尤其有助于发现车辆等大型金属物体。

计算机：所有技术采集的数据都需要进行组合、分析并转化为机器可理解的视图，同时还需指导汽车通过，完成这些需要近乎超级计算机的处理能力。计算机软件具有避障算法、预测建模和智能物体识别（如区分自行车和摩托车）等功能，可指引自动驾驶汽车遵守交通规则并规避障碍物。

机器学习、深度学习和计算机视觉技术：汽车的计算机系统必须使用机器智能和深度学习进行训练，通过学习数百万个已经标注的例子，来完成检测车道、识别骑手等任务。由于真实驾驶情况太过复杂，无法为每种可能情况制定规则，因此汽车必须能够从经验中了解并学习如何自行导航。

地图：在自动驾驶汽车上路之前，研发人员会使用摄像头和激光雷达极其详细地绘制所在区域的地图。这些信息有助于汽车验证其传感器读数，同时，了解自己的物理位置对于汽车也至关重要。

自动驾驶汽车企业总是倾向于过度宣传进展。我们应该相信这些企业吗？这还是未知的。

2018 年 3 月，一辆在自动驾驶模式下运行的优步沃尔沃 XC90 汽车在亚利桑那州坦佩市撞死了一名女性。优步因此暂停了一段时间的自动驾驶汽车测试。在事故发生之前，优步的自动驾驶汽车在穿过施工区域和靠近大型卡车等高大车辆时就遇到了问题。与其他自动驾驶汽车项目的司机相比，优步的司机不得不更频繁地干预汽车的驾驶行为。

优步的事故引发人们对于自动驾驶汽车是否已经具备在公共道路上测试的条件，以及监管机构应如何应对这一问题的质疑与讨论。自动驾驶汽车技术的捍卫者指出，美国每年有近四万人死于道路交通事故，其中 90% 以上的事故是人为失误造成的。但无论自动驾驶汽车的普及速度有多快，都需要很长一段时间才能让机器人大幅降低这一数字，并说服大众相信自动驾驶会更好。

虽然自动驾驶汽车的支持者构想出一个自动驾驶世界，在那里几乎所有交通事故都将被消除，老年人和残疾人可以自由出行，但大多数美国人并不认同。皮尤研究中心的一项调查发现，大多数美国人不想乘坐自动驾驶汽车，并且不确定自动驾驶会让道路更危险还是更安全。87％的受访者希望永远有人在方向盘后面，能够在出现问题时随时接管。

在自动驾驶汽车可以安全上路之前，还有很多地方需要改进。目前，自动驾驶汽车还无法在所有天气条件下安全行驶，大雨或大雪天气会干扰现有的汽车雷达和激光雷达系统——自动驾驶汽车无法在这样的天气条件下自主驾驶。当树枝位置太低或桥梁和道路上的车道标志模糊时，自动驾驶汽车也会遇到问题。在一些道路上，自动驾驶汽车将不得不在没有白线、道路边缘分界线不清晰或者只有路桩的情况下作出驾驶决策。自动驾驶汽车并不会把路桩识别为有效的车道标记。

计算机视觉系统能够准确识别物体，但"场景理解"仍然具有挑战性——例如，判断路上的一个袋子是空的还是装有重物。虽然自动驾驶汽车的视觉系统能够可靠地识别信号灯，但如果信号灯出现故障，它们就会出现一些判断错误。在这种情况下，就需要驾驶经验、直觉，以及知道如何与其他车辆进行配合。自动驾驶汽车还必须能够识别路边移动的人、确定他是否在骑自行车并预测他可能会作出的反应和行为。这些判断对于自动驾驶汽车而言仍然难以做到。混乱的环境，如挤满了汽车、行人和自行车的拥挤街道，对于自动驾驶汽车来说尤其困难。

驾驶汽车并入快速流动的车道是一项复杂的任务，通常需要与迎面而来的司机进行眼神交流。自动驾驶汽车如何与人类和其他机器通信让他们知道自己想做什么？研究人员正在调查电子标志和车对车通信系统是否能解决这个问题。此外，自动驾驶还面临所谓的"电车难题"：在碰撞不可避免的情况下，自动驾驶汽车如何决定撞向的对象？它应该撞向左边的汽车还是路边的树？

不太先进的自动驾驶汽车技术版本已经上市，凯迪拉克（Cadillac）Super Cruise、日产 ProPILOT Assist 以及特斯拉 Autopilot 能够使汽车保持在车道内并与其他汽车保持安全距离，方向盘后的驾驶员可以暂时将手从方向盘上移开，但前提是驾驶员需要时刻保持注意，并随时准备接管驾驶。这些不太先进的系统无法看到停止的消防车或信号灯。但驾驶员常常没有做好随时接管汽车的准备，因为他们的注意力会分散。美国至少有两名特斯拉司机死于使用该系统。2016 年，一辆汽车撞上了卡车，2018 年，另一辆车撞上了高速公路护栏。这就是所谓的"交接问题"。半自动汽车需要能够确定其人类驾驶员在做什么，以及如何在必要情况下让驾驶员控制方向盘。

同时，我们也要重视系统安全。自动驾驶汽车本质上是一组与外界无线连接的联网计算机和传感器，它们并不比其他联网系统更安全。保护系统免受想要撞毁汽车或将汽车武器化的入侵者控制，可能是自动驾驶汽车未来最大的挑战。

至少还需要几十年的时间，计算机驱动的汽车才能在任何条件下都像人类一样处理各种情况。克利夫兰州立大学的研究人员估计，到 2030 年，只有 10％～30％的汽车将实现完全自动驾驶。普华永道（PwC）分析师估计，届时将有 12％的车辆实现完全自动驾驶，但它们只能在气候条件良好及有限的地理区域行驶，就像 Waymo 在菲尼克斯的自动驾驶货车车队一样。真正的自动驾驶汽车仍将只存在于科幻小说。

更有可能的是，自动驾驶技术将被纳入目前的手动驾驶汽车中。目前，汽车配备了先进的物体识别、雷达和激光探测等技术，能在人类驾驶员出现操作失误时控制驾驶，并且配备了为自动驾驶而开发的专用详细地图。2022 年，美国几乎所有新车都配备自动紧急制动系统，这将减少 50% 的追尾事故和 56% 的受伤事故。一旦紧急制动技术全面应用，可将追尾事故的伤亡人数减少 80%。具有一定程度自动驾驶技术的人工驾驶汽车将变得更安全，其安全性将远远超过完全自动驾驶汽车。这使得对完全自动驾驶汽车的需求放缓。

许多分析师预计，自动驾驶技术的首次部署将是在有限条件和区域内运营的机器人出租车服务，这样运营商就可以避开过于复杂的十字路口，并确保将每个物体都详细绘制在地图上。波士顿咨询集团（Boston Consulting Group）预测，到 2030 年，美国 25% 的行驶里程可能来自共享自动驾驶汽车。为了乘车，乘客可能必须前往预先确定的上车点和下车点，以便自动驾驶汽车可以安全合法地靠边停车。在定价方面，自动驾驶汽车的制造商将考虑收回研发成本，但为了获得更多的潜在消费者，也不会定价太高。对于未来不可避免的交通事故及责任和赔偿问题，制造商还将与监管机构和保险公司不断谈判协商。

迄今为止，自动驾驶汽车发生的事故表明，有必要建立一个可靠的标准来衡量自动驾驶的可靠性和安全性。截至 2018 年，美国已有 29 个州颁布了监管自动驾驶汽车的立法，其中有多个州要求安全驾驶员始终在车里准备随时接管。美国联邦监管机构推迟制定一套自动驾驶汽车的总体标准，给各州留下一个有待填补的空白。联邦政府仍致力于自动驾驶汽车的立法。H. R. 3388 是去年投票通过的一项法案，该法案有助于为无人驾驶汽车的发展制定统一标准。

资料来源：Christopher Mims, "Self-Driving Cars Have a Problem：Safer Human-Driven Ones," *Wall Street Journal*, June 15, 2019, and "Driverless Hype Collides with Merciless Reality," *Wall Street Journal*, September 13, 2018；National Conference of State Legislatures, "Autonomous Vehicles—Self Driving Vehicles Enacted Legislation," www. ncsl. org, accessed June 25, 2019；Matt McCall, "Why Autonomous Vehicles Are Such a Game-Changer for Uber and Lyft," InvestorPlace.com, March 25, 2019；Brent Kenwell, "This Is How Many Autonomous Cars Will Be on the Road in 2025," TheStreet. com, April 23, 2018；Jack Karsten and Darrell West, "The State of Self-Driving Car Laws Across the U. S. ," Brookings Institute, May 1, 2018；Alex Davies, "The WIRED Guide to Self-Driving Cars," *WIRED*, May 17, 2018；Daisuke Wakabashai, "Uber's Self-Driving Cars Were Struggling Before Arizona Crash," *New York Times*, March 23, 2018；Kevin Roose, "The Self-Driving Car Industry's Biggest Turning Point Yet," *New York Times*, March 29, 2018；Tim Higgins, "VW, Hyundai Turn to Driverless-Car Startup in Silicon Valley," *Wall Street Journal*, January 4, 2018；John Markoff, "A Guide to Challenges Facing Self-Driving Car Technologists," *New York Times*, June 7, 2017；and The Editorial Board, "Would You Buy a Self-Driving Future from These Guys?" *New York Times*, October 14, 2017.

案例分析问题

1. 自动驾驶汽车技术带来了哪些人员、组织和技术挑战？
2. 自动驾驶汽车是一项好的商业投资吗？解释你的答案。
3. 自动驾驶汽车技术引发了哪些道德伦理和社会问题？
4. 汽车真的能够在没有人类驾驶员的情况下自动驾驶吗？它们应该这样做吗？

参考文献

Albertson, Mark. "NBA Advertisers Chew on Data from GumGum's Computer Vision Tool." *Silicon Angle* (March 22, 2018).

Barro, Senén, and Thomas H. Davenport. "People and Machines: Partners in Innovation." *MIT Sloan Management Review* 60, No. 4 (Summer 2019).

Berinato, Scott. "Data Science and the Art of Persuasion." *Harvard Business Review* (January–February 2019).

Breuker, Dominic, Martin Matzner, Patrick Delfmann, and Jörg Becker. "Comprehensible Predictive Models for Business Processes." *MIS Quarterly* 40, No. 4 (September 2016).

Brynjolfsson, Erik, Tomer Geva, and Shachar Reichman. "Crowd-Squared: Amplifying the Predictive Power of Search Trend Data." *MIS Quarterly* 40, No. 4 (December 2016).

Burtka, Michael. "Genetic Algorithms." *The Stern Information Systems Review* 1, No. 1 (Spring 1993).

Cappelli, Peter. "Data Science Can't Fix Hiring (Yet)." *Harvard Business Review* (May–June 2019).

Chui, Michael, James Manyika, and Mehdi Miremadi. "What AI Can and Can't Do (Yet) for Your Business." *McKinsey Quarterly* (January 2018).

Davenport, Thomas H. "Big Data at Work: Dispelling the Myths, Uncovering the Opportunities." *Harvard Business Review* (March 2014).

Davenport, Thomas H., Jeanne Harris, and Robert Morison. *Analytics at Work: Smarter Decisions, Better Results.* (Boston: Harvard Business Press, 2010).

Davenport, Thomas H., and Julia Kirby. "Just How Smart Are Smart Machines?" *MIT Sloan Management Review* 57, No. 3 (Spring 2016).

Davenport, Thomas H., and Rajeev Ronaki. "Artificial Intelligence for the Real World." *Harvard Business Review* (January–February 2018).

Dawar, Niraj. "Marketing in the Age of Alexa." *Harvard Business Review* (May–June 2018).

Dhar, Vasant, and Roger Stein. *Intelligent Decision Support Methods: The Science of Knowledge Work.* (Upper Saddle River, NJ: Prentice-Hall, 1997).

eMarketer. "Artificial Intelligence: What's Now, What's New, and What's Next" (May 2017).

Gelernter, David. "Machines That Will Think and Feel." *Wall Street Journal* (March 18, 2016).

Guo, Junpeng, Wenxiang Zhang, Weiguo Fan, and Wenhu Li. "Combining Geographical and Social Influences with Deep Learning for Personalized Point-of-Interest Recommendation." *Journal of Management Information Systems* 35 No. 4 (2018).

Holland, John H. "Genetic Algorithms." *Scientific American* (July 1992).

IBM Corporation. "Mizuho Bank.Ltd." www.ibm.com, accessed May 17, 2019.

Kahneman, Daniel. *Thinking, Fast and Slow* New York: Farrar, Straus and Giroux (2011).

Kannan, P. V. and Josh Bernoff. "The Future of Customer Service Is AI-Human Collaboration." *MIT Sloan Management Review* (May 29, 2019).

Le, Quoc V. et al. "Building High-level Features Using Large Scale Unsupervised Learning." arXiv. org:1112.6209, Machine Learning, Cornell University Library (November 2011).

Leonardi, Paul, and Noshir Contractor. "Better People Analytics." *Harvard Business Review* (November–December 2018).

Lohr, Steve. "Is There a Smarter Path to Artificial Intelligence? Some Experts Hope So." *New York Times* (June 20, 2018).

Luca, Michael, Jon Kleinberg, and Sendhil Mullainathan. "Algorithms Need Managers, Too." *Harvard Business Review* (January–February 2016).

Maor, Itzakh, and T. A. Reddy. "Literature Review of Artificial Intelligence and Knowledge-based Expert Systems in Buildings and HVAC&R System Design," in M. Geshwiler, E. Howard, and C. Helms (Eds.), *ASHRAE Transactions* (2003).

Marcus, Gary. "Deep Learning: A Critical Appraisal" (January 2, 2018).

Martens, David, Foster Provost, Jessica Clark, and Enric Junqué de Fortuny. "Mining Massive Fine-Grained Behavior Data to Improve Predictive Analytics." *MIS Quarterly* 40, No. 4 (December 2016).

McKinsey Global Institute. "The Age of Analytics: Competing in a Data-Driven World" (December 2016).

Mims, Christopher. "Should Artificial Intelligence Copy the Human Brain?" *Wall Street Journal* (August 4, 2018).

Olah, Chris, and Arvind Satyanarayan. "The Building Blocks of Interpretability." *Google Brain Team* (March 6, 2018).

Pearl, Judea. "Theoretical Impediments of Machine Learning" (November 2016).

Pearl, Judea, and Dana Mackenzie. "AI Can't Reason Why." *Wall Street Journal* (May 18, 2018).

Porter, Michael E., and James Heppelmann. "Why Every Organization Needs an Augmented Reality Strategy." *Harvard Business Review* (November–December 2017).

Ross, Jeanne. "The Fundamental Flaw in AI Implementation." *MIT Sloan Management Review* 59, No. 2 (Winter 2018).

Rouse, Margaret. "Natural Language Processing." Searchbusinessanalytics.com (September 27, 2017).

Simon, H. A. *The New Science of Management Decision*. (New York: Harper & Row, 1960).

Tarafdar, Monideepa, Cynthia M. Beath, and Jeanne W. Ross. "Using AI to Enhance Business Operations." *MIT Sloan Management Review* (June 11, 2019).

Turing, A. M. "Computing Machinery and Intelligence." *Mind* 49 (1950).

Wilson, H. James, and Paul R. Daugherty. "Collaborative Intelligence: Humans and AI Are Joining Forces." *Harvard Business Review* (July–August 2018).

第 4 篇

系统构建与系统管理

第 4 篇介绍如何利用前面章节所学知识来分析并设计解决商业问题的信息系统解决方案。此部分内容将回答如下问题：管理者如何选择能够为企业创造最大价值的系统项目和技术？如何开发信息系统解决方案以创造真正的商业价值？企业如何适应新的系统解决方案带来的变化？有哪些可用于构建系统解决方案的可选方法？

第 12 章 信息系统商业案例制定与项目管理

第**12**章 信息系统商业案例制定与项目管理

阅读完本章，你将能够回答以下问题：

1. 管理者应如何为获取和开发新的信息系统创建商业案例？
2. 开发新信息系统有哪些解决问题的核心步骤？
3. 构建信息系统有哪些可选方法？
4. 如何管理信息系统项目？
5. 管理信息系统对职业生涯有何帮助？

安高天娜与移动销售系统

安高天娜（Angostura）总部位于特立尼达的拉文蒂尔，是加勒比地区领先的朗姆酒生产商之一，也是用于制作鸡尾酒的比特酒的主要生产商。安高天娜拥有330名员工，年收入约为一亿美元。

为负责产品在特立尼达和多巴哥的当地分销，安高天娜派出由16名销售代表组成的团队，在现场接受客户的订单。虽然这种安排在过去效果很好，但整个过程需要大量人工参与，烦琐且耗时，有时还会产生订单错误。

每天，现场的16名销售代表必须将订单内容写在纸上，返回办公室后给客户服务代表，客户服务代表将订单数据手动输入安高天娜的思爱普企业资源规划（ERP）系统。由于订单是手写的，信息可能被错误读取和输入，致使将错误的货物发送给客户。这些有问题的订单常常被退回，造成更多的文书工作和更高的成本。安高天娜还使用手动流程报告并跟踪发票信息与应收账款信息，这也可能会造成额外的延误和错误。

销售代表还面临产品库存信息更新不及时的问题。如果销售代表不在办公室，他们将无法判断订单上的产品是否有库存，只得致电安高天娜的仓库。

2012 年，安高天娜的管理层决定使用移动技术让销售流程更加精简高效。公司为改进销售流程制定了一系列详细信息要求，并花费一年多的时间评估五家移动供应商给出的系统解决方案。公司的一个重要要求是应用程序能够根据公司的库存信息自动更新产品的可用性，并与公司后端的思爱普 ERP 系统集成。另一个要求是移动系统能够离线操作，以便销售代表在没有联网的情况下，依然可以在移动设备上输入订单。一旦联网，即可将订单发送到 ERP 系统。

公司最终选择的供应商应能够按照公司的要求开发移动应用程序，并将开发成本控制在管理层预算之内。2013 年，安高天娜与德国爱迪斯公司（IDS Scheer）和 itCampus 咨询公司合作，共同开发能够在苹果 iPad 上运行的移动销售解决方案。该解决方案包括离线客户数据库、产品目录、客户针对性定价、订单输入、订单预览以及与无线蓝牙打印机集成。使用思爱普 NetWeaver Gateway 技术能够快速创建解决方案，将各种设备和平台连接到思爱普软件。应用程序的试行版于 2013 年 6 月进行测试，并于 2014 年 1 月正式上线。

安高天娜为 16 名销售代表均配备了 iPad，iPad 上不仅安装了订单应用程序，还包括能够提高销售效率的其他移动应用，如电子邮件、谷歌地图，以及用于展示安高天娜产品线的视频软件和 PDF 文档上传器。销售应用程序与企业 ERP 系统集成，可向销售代表提供仓库中产品可用性的最新信息。

销售代表使用安高天娜移动销售应用，可根据订单规模在 30 秒内创建订单，整个流程速度是原来的两倍。销售代表可以在下单时远程发送订单，而不必返回办公室，人均节省 20％的时间。客户服务代表在数据输入上花费的时间减少了 75％（这是相当可观的数字），从而可以腾出时间处理更有用的任务，订单退回量也减少了 30％。

资料来源：Natalie Miller, "Generations-Old Company with a Modern Twist on Sales," *SAP Insider Profiles*, January 2016; www.angostura.com, accessed February 10, 2019; and IDS Scheer Consulting Group, "Angostura's iPad-Based SAP Mobile Sales Solution," 2014.

安高天娜的经验说明了计划、构建并实施新的信息系统所需的步骤。为移动销售订单构建新系统需要分析组织现有系统的问题、评估信息需求，选择合适的技术并重新设计业务流程和工作。为获得投资，安高天娜的系统开发者必须提出令人信服的商业案例，即系统可以解决企业的订单输入问题。管理层必须监督系统建设工作并评估收益和成本。信息需求也要纳入新系统的设计，它代表了一个有计划的组织变革的过程。安高天娜成功完成了这个项目，因为其管理层清楚认识到强大的项目管理以及对组织变革的重视是成功的关键。

下图指出了上述案例和本章的要点。过时、低效的手工流程限制了安高天娜处理销售订单的能力，导致成本增加、工作速度降低，限制了公司为客户服务的能力。

解决方案是重新设计销售订单流程以配合移动设备和软件的使用，允许通过 iPad 输入订单并传输到公司后端的 ERP 系统。安高天娜的信息需求被纳入系统设计。该解决方案不仅包括新技术的应用，还包括企业文化、业务流程和工作职能的改变。安高天娜的销售业务因此变得更加高效准确。

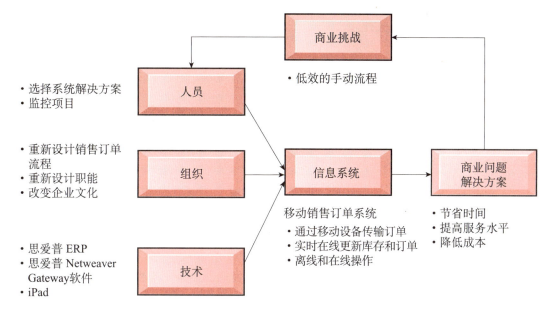

思考以下问题：安高天娜的移动销售应用如何满足其信息需求？安高天娜移动销售应用程序的解决方案效果如何？为什么？新系统在多大程度上改变了安高天娜的业务运营方式？

12.1 管理者应如何为获取和开发新的信息系统创建商业案例？

企业通常面对许多解决问题和提高绩效的可选方案，包括开发新的信息系统或强化现有信息系统。有关系统项目的想法远多于企业拥有的资源。企业需要选择能够带来最大利益的系统项目进行投资。企业还需说明为何与其他解决方案相比，选定的解决方案能创造最大价值。

商业案例（business case）是向管理层寻求投资批准的提案。IT 投资商业案例应说明组织面临的问题能通过对提案中的项目投资来解决。商业案例提供了与该投资相关的所有成本、收益和风险的分析，以及提议该行动方案的相关理由。商业案例描述了进行投资的理由，说明投资将如何支持企业的战略目标和业务目标，以及如何与企业的整体信息系统计划相适应。它还提供了其他必要信息，以便管理层能够就是否投资以及投资的形式进行决策。商业案例解释了投资将如何为企业创造价值，识别任何可能对结果产生负面影响的风险。商业案例还确定了选择首选方案的决定因素以及备选解决方案。一个好的商业案例还将描述提议的解决方案如何改变组织文化、系统、流程和工作。

图 12-1 总结了为新系统创建商业案例的七个要素（回顾本书第 1 章对信息系统商业驱动要素的讨论）。这些要素包括：（1）长期战略（降低生产成本、产品和服务的差异化、扩大企业市场范围（如全球扩张）以及达到或超过竞争对手的能力）；（2）改进决策；（3）客户和供应商关系；（4）生存（市场要求）；（5）新产品和新服务；（6）财务合理性；（7）符合企业的长期 IT 规划。专注于解决单一问题的小型系统，如章首案例中的安高天娜移

动订单输入系统，只关注其中的几个要素，如改进决策、客户关系和降低成本，更大规模的系统项目在制定商业案例时可能需要考虑所有要素。

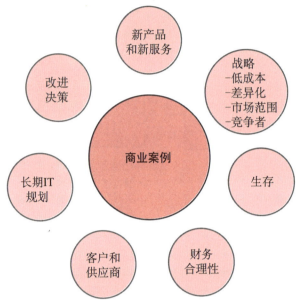

图 12-1　制定商业案例时要考虑的要素

说明：为新信息系统制定商业案例时，需要考虑七个主要因素。

12.1.1　信息系统规划

为了识别能提供最大商业价值的信息系统项目，组织需要一个支持企业整体商业计划、将战略系统纳入顶层规划的全局**信息系统规划**（information systems plan）。企业信息系统规划由首席信息官制定，每年由首席执行官和董事会批准。该规划是一个路线图，指明系统发展的方向（规划的目的）、基本原理、当前系统状态、需要考虑的新发展、管理策略、实施计划和预算（见表 12-1）。如果没有全面的企业范围的信息系统规划，就很难甚至不可能评估开发特定系统的提案的价值。如果不了解企业中全部系统的大背景，就无法为特定的新系统提供充分的开发理由。

表 12-1　信息系统规划

1. 规划的目的
规划内容概述
当前企业组织和未来企业组织
关键业务流程
管理战略
2. 战略商业规划的基本原理
现状
现有企业组织
环境变更
商业规划的主要目标
企业战略规划

3. 现有系统

支持业务功能和流程的主要系统
现有基础设施能力
硬件
软件
数据库
网络和互联网
云计算服务
满足业务需求面临的困难
预期未来需求

4. 新进展

新系统项目
项目描述
商业理念
应用程序在战略中的作用
所需的新的基础设施能力
硬件
软件
数据库
网络和互联网
云计算服务

5. 管理战略

采购计划
组织重组
管理控制
主要培训计划
人力资源战略

6. 规划实施

预期实施过程中的困难
进度报告及里程碑

7. 预算要求

资源
潜在节省
融资
采购周期

信息系统规划包含企业目标声明，说明信息技术如何支持这些目标的实现。信息系统规划还解释了特定系统项目如何实现总体目标，它确定了具体的目标日期和里程碑，后续可用于根据规划指定时间内实际实现的目标数量评估规划的进度。信息系统规划表明了关键管理决策、技术和所需的组织变革。

为了有效制定规划，企业需要对全部信息系统应用程序、IT 基础设施组件以及长期和短期信息需求进行检查和记录。对于有助于改进决策的项目，管理者应确定可为企业提供最大附加价值的决策改进（参见第 11 章）。之后，管理者应开发一组衡量标准，以量化项目实施后更及时和准确的信息价值。

信息系统规划应描述组织变革，包括管理和员工培训要求、业务流程、权力、结构或管理实践的变更。在为新的信息系统项目制定商业案例时，需要表明提议的新系统如何适用于该信息系统规划。

12.1.2　投资组合分析和计分模型

在通过企业范围的信息系统规划确定系统开发的总体方向之后，**投资组合分析**（portfolio analysis）是可用于帮助评估可选系统项目的工具。投资组合分析盘点企业全部信息系统项目和资产，包括基础设施、外包合同和许可证。与金融产品组合类似，信息系统的投资组合能够描述企业的风险和收益特征（见图 12 - 2）。每个信息系统项目都有自己的风险和收益。企业试图通过平衡系统投资的风险和回报，提高信息系统组合的回报。

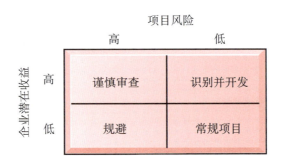

图 12 - 2　系统组合

说明：企业应根据潜在收益和可能风险审查其项目组合，某些类型的项目应完全避免，有些项目则应尽快开发。不存在完美的组合。不同行业的企业对信息系统有不同的需求。

显然，企业要首先关注高收益、低风险的系统。这些系统承诺早回报和低风险。其次，企业应审查高风险、高收益的系统，完全避免高风险、低收益的系统，重新审查低收益、低风险的系统，明确用高效益的理想系统重建和取代它们的可能性。利用投资组合分析，管理层可以确定企业投资风险和回报的最优组合，平衡高风险、高回报的项目与更安全、低回报的项目。

另一种评估可选系统解决方案的方法是**计分模型**（scoring model）。计分模型根据系统满足既定目标的程度评分。表 12 - 2 展示了简易计分模型的一部分，安高天娜可用其评估提议的系统解决方案以改进销售流程。第一列列出了决策者用于评估项目的标准。表 12 - 2 表示安高天娜最重视销售订单处理、易用性、支持单个销售代表接受订单以及从移动平台访问系统的能力。第二列列出了决策者赋予决策标准的权重。第三列和第五列显示了每个可选系统满足每个功能要求的程度，用百分比表示。每个可选方案的分数由这个百分比与该功能的权重相乘得出。从表中可知，方案 2 的总分最高。

表 12 - 2　安高天娜移动销售系统的计分模型示例

标准	权重	方案 1（%）	方案 1 得分	方案 2（%）	方案 2 得分
1.1　订单处理					
1.2　在线输入订单	5	67	335	83	415
1.3　销售代表订单跟踪	5	81	405	75	375
1.4　客户订单跟踪	5	30	150	80	400
订单处理总分			890		1 190

续表

标准		权重	方案 1（%）	方案 1 得分	方案 2（%）	方案 2 得分
2.1	易用性					
2.2	移动平台系统接入	5	55	275	92	460
2.3	培训时间短	4	79	316	85	340
2.4	用户友好的界面和数据输入	4	65	260	87	348
易用性总分				851		1 148
3.1	成本					
3.2	软件成本	3	51	153	65	195
3.3	硬件（云服务）成本	4	57	228	90	360
3.4	维修和支持成本	4	42	168	89	356
成本总分				549		911
合计				2 290		3 249

12.1.3 确定解决方案的成本和收益

正如前文指出，系统解决方案的商业案例包含对每个解决方案能否成为良好投资项目的评估。

一个好的系统项目不仅要能够支持企业战略目标、满足用户信息需求，还需要具有投资价值。从财务角度看，系统的价值本质上是围绕投资资本回报率问题。管理者需要考虑一项信息系统投资能否产生足够的收益来证明其成本是否合理。

表 12-3 列出了一些系统常见的成本和收益。**有形收益**（tangible benefits）可以被量化并赋予货币价值。**无形收益**（intangible benefits），如更高效的客户服务或更好的决策制定，无法被立即量化，但长期来看能够产生可量化的收益。相比于管理信息系统、决策支持系统以及协作工作系统，节约劳动力或空间的交易和文书系统能够产生更多可量化的有形收益（参见第 2 章）。例如，安高天娜通过简化订购流程和减少错误，提高了生产力并降低了运营成本，获得了有形收益。系统为安高天娜带来的无形收益包括客户满意度、更及时的信息以及提升的运营能力。

表 12-3 信息系统的成本和收益

成本
硬件
网络
软件
服务
人员

有形收益（节约成本）
提高生产率
降低运营成本
减少劳动力
减少计算机费用
降低外部供应商成本
降低文书和专家费用

降低成本增长率
减少设备成本

无形收益

提高资产利用率
改善资源控制
改进组织规划
提高组织灵活性
更及时的信息
改善客户体验
增强组织学习
达到法律要求
提高员工好感
提高工作满意度
改进决策
更高的客户满意度
更好的企业形象

第 5 章介绍了总持有成本（TCO）的概念，它旨在识别并衡量信息技术支出的组成部分，不只是购买并安装硬件和软件的初始成本。但是，总持有成本仅能提供评估信息技术投资所需的部分信息，因为它通常不考虑收益、成本类别（如复杂性成本）以及本节后面讨论的"软性"因素和战略性因素。

信息系统的资本预算

要确定一个项目的收益，必须计算项目所有的成本和收益。显然，成本大于收益的项目应该被否决。但即使收益大于成本，也需要进行额外的财务分析衡量该项目能否为企业投资的资本带来最优回报。**资本预算**（capital budgeting）模型是用于衡量长期资本投资项目投资价值的多种技术之一。

资本预算方法以企业现金的流入流出为基础，资本项目产生了这些现金流。信息系统项目的投资成本是硬件、软件和人工支出产生的直接现金流出，在随后的几年，投资导致的额外现金流出可能被其带来的现金流入冲销。现金流入的形式主要包括产品销量增加（由于推出新产品、质量提高、市场份额增加等）或生产经营成本降低。现金流出和现金流入之间的差额即为项目投资的财务价值。一旦确定了现金流，就可以使用多种方法比较不同项目并作出投资决策。

评估 IT 项目的主要资本预算模型包括：投资回收期法、投资会计收益率（ROI）法、净现值法和内部收益率（IRR）法。图 12-3 展示了一个与安高天娜在线订购系统相似的 IT 项目的资金预算分析。

财务模型的局限性

过去对信息系统的财务和技术方面的关注，可能会使管理者忽略信息系统的社会和组织层面，而这两方面的内容可能会影响投资的真实成本和收益。许多企业的信息系统投资决策没有充分考虑实施新系统引发的组织调整成本，如培训终端用户的成本、用户新系统的学习曲线对生产率的影响、管理者监督系统相关新变化所耗费的时间成本等。在传统的

	A	B	C	D	E	F	G	H
1	移动在线订单系统预计成本及收益							
2			0	1	2	3	4	5
3	年份		2019	2020	2021	2022	2023	2024
4	成本							
5	硬件							
6	50台iPad 500美元/台		$25,000					
7	IaaS云计算服务		$4,000	$2,000	$2,000	$2,000	$2,000	$2,000
8	网络		$1,500	$1,500	$1,500	$1,500	$1,500	$1,500
9	软件							
10	移动订购应用程序		$35,000					
11	ERP集成		$25,000					
12	人力资源							
13	业务人员		$10,000					
14	IT人员+IT顾问		$45,000	$2,000	$2,000	$2,000	$2,000	$2,000
15	培训		$7,000	$1,000	$1,000	$1,000	$1,000	$1,000
16	维修支持			$5,000	$5,000	$5,000	$5,000	$5,000
17		年度成本	$1,52,500	$11,500	$11,500	$11,500	$11,500	$11,500
18		总成本	$2,10,000					
19	收益							
20	降低劳动力成本			$52,000	$52,000	$52,000	$52,000	$52,000
21	减少错误和退货			$70,000	$70,000	$70,000	$70,000	$70,000
22		年度净现金流	-$1,52,500	$1,10,500	$1,10,500	$1,10,500	$1,10,500	$1,10,500
23		总收益	$4,00,000					
24								
25		净现值	$2,68,407					
26		投资回报率	4.1%					
27		内部收益率	17.0%					

图 12 - 3　信息系统投资的资本预算

说明：此电子表格展示了移动销售订购系统的简化资本预算分析。

财务分析中，一些无形收益（如新系统带来的更及时的决策，或强化员工学习和专业知识等）也可能被忽视。

12.2　开发新信息系统有哪些解决问题的核心步骤？

建立新的信息系统是为了解决组织面临的一个或一组问题，这些问题可能是管理者和员工认为业务表现未达预期，也可能是管理层认为组织应该抓住新的机会并提高运营效率。

本书第 1 章介绍的问题解决流程，提供了开发强大的商业案例并实施正确的解决方案所需的事实和调查结果。图 12 - 4 说明了开发信息系统需要采取的四个步骤：（1）定义并理解问题；（2）开发可选解决方案；（3）选择最佳解决方案；（4）实施解决方案。

在解决问题之前，首先必须正确定义问题。组织成员必须承认问题确实存在并且很严重，还需对问题进行调查以更好地理解它。接下来是设计可选方案的阶段，之后是评估并选择最佳方案的阶段。最后一个阶段是实施解决方案，在该阶段需要详细设计解决方案，将其转换为物理系统，进行测试，引入组织使用，并随着时间推移进一步完善。

在信息系统领域，这些活动有专门的名称。图 12 - 4 显示了解决问题的前三个步骤，称为**系统分析**（systems analysis）。

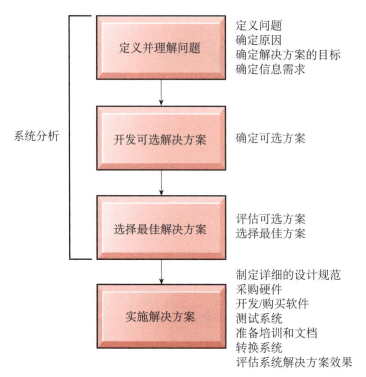

图 12 - 4　开发信息系统解决方案

说明：信息系统解决方案的开发以解决问题的过程为基础。

12.2.1　定义并理解问题

企业成员对问题的性质及严重程度可能有不同看法，因此需要花费时间对问题进行定义。出现该问题的原因是什么？为什么问题仍然存在？为什么之前没有解决这个问题？系统分析师一般通过检查文档、工作文件、程序和系统操作以及与雇员、管理者和客户（如果客户是系统用户的话）等系统关键用户的访谈收集有关现有系统和问题的事实。

商业领域中的信息系统问题通常是人员、组织和技术等因素共同造成的。在确定关键问题时，应了解该问题是哪种类型的问题：是人员问题，组织问题，技术问题，还是这些问题的组合？哪些人员、组织和技术因素导致了这个问题？

问题一旦能被定义和分析，就能确定应该做什么以及可以做什么。需要思考以下问题：解决方案的目标是什么？是为了降低成本，增加销量，还是为了改善与客户、供应商或员工的关系？管理者是否有足够的信息进行决策？实现这些目标需要哪些信息？

在最基本的层面上，新系统的**信息需求**（information requirements）确定了哪些人在何时何地以何种方式需要什么。需求分析详细定义新系统或调整后系统的目标，详细描述新系统必须具备的功能。根据错误需求设计的系统可能会因性能不佳而被舍弃，或者需要进行重大修改。12.2 节介绍了能够捕获需求以最大程度减少此类问题的可选方案。在安高天娜的例子中，企业遇到的问题是传统的订购流程过度依赖人工操作，不仅耗时且错误率较高。

安高天娜解决方案的目标是减少订购流程中的时间、人力和错误，同时可以从任何位置在线提交订单。该解决方案的信息需求包括即时接受订单的能力、按产品类型或账户类型跟踪订单的能力、确认订单状态的能力以及与企业 ERP 系统交互的能力。

12.2.2　开发可选解决方案

哪些可选解决方案能实现这些目标并满足信息需求？系统分析根据问题的性质列出最可能采纳的方案。一些可行的解决方案并不需要开发一个信息系统，只需要调整管理、增加培训或改进组织现有流程。然而，有些解决方案确实要求对企业现有信息系统进行改进或建立一个全新的信息系统。

12.2.3　选择最佳解决方案

可行性研究（feasibility study）是系统分析的一部分，从财务、技术和组织的角度确定提出的解决方案是否可行。可行性研究确定每种可选方案是否为一项好的投资，系统所需技术是否可用且能否被企业信息系统员工处理，以及组织能否适应系统带来的变化。

系统提案书面报告介绍每种可选方案的成本、收益和优缺点。从财务角度来看，哪种解决方案最好？哪种最适合组织？系统分析将详细说明每种可选方案的成本收益，以及组织为有效使用该解决方案而必须作出的改变。下一节将详细讨论如何管理变革。在系统提案书面报告的基础上，管理层将选出他们认为最佳的解决方案。

12.2.4　实施解决方案

实施系统解决方案的第一步是创建详细的设计规范。**系统设计**（system design）说明应如何实现所选解决方案，它是信息系统解决方案的模型或蓝图，包括系统分析过程中确定的全部功能的规范说明，这些规范应涉及系统解决方案的所有技术、组织和人员组成。

表 12-4 展示了上文介绍的在线订单系统的一些设计规范，这些规范以选定方案的信息系统需求为基础，适用于网页和移动应用平台。

表 12-4　在线订单系统设计规范

输出	在线报告
	硬拷贝报告
	在线查询
	订单交易
输入	订单输入形式
	订单状态请求界面
数据库	订单文件和客户文件的数据库
处理	按产品类型计算订单总额
	向配送中心发送订单
	客户跟踪订单
	销售代表跟踪订单
	安排配送
	更新客户数据

手动流程	销售代表通过电话、电子邮件、短信联系客户
安全与控制	网络密码
	仅授权销售代表和公司员工访问系统
	仅允许公司所属的移动设备输入订单或访问公司数据
转换	输入
	输入客户数据
	测试系统
培训与文档	用户系统指南
	在线培训课程和教程

完成实施

在实施系统解决方案的最后步骤中，将执行以下活动：

● 硬件选择和采购。系统开发者为应用程序挑选合适的硬件。他们可以自行购买必要的计算机和移动设备、向技术提供商租借或使用云计算服务。

● 软件开发和编程。软件可以内部开发，也可以从外包供应商、应用软件程序包供应商、在线软件服务提供商等外部来源购买。核心订单系统和数据库位于企业的数据中心或通过互联网访问的远程服务器中。

● 测试。系统要进行全面的测试以确保输出正确的结果。测试过程需要对每个计算机程序进行详细检测以测试整个信息系统的性能，这被称为**单元测试**（unit testing）或**系统测试**（system testing）。**验收测试**（acceptance testing）提供系统已准备就绪并可用于生产的最终认证。信息系统测试由用户评估并由管理层审查，当全部各方都认为新系统符合标准时，系统将被正式安装。

系统开发团队与用户共同设计系统测试计划。**测试计划**（test plan）包括上述一系列测试的所有准备工作。图 12-5 展示了一个可用于移动订购系统的测试计划样本。测试的是授权用户在线访问系统。

● 培训和文档。系统用户和信息系统专家必须经过培训才能使用新系统。还需准备硬拷贝培训手册或在线教程形式的**说明性文档**（documentation），从技术和最终用户的角度详细展示该系统如何工作。

● 转换。从旧系统转向新系统的过程称为转换。主要有四种转换策略：并行策略、直接转换策略、试点研究策略和分阶段方法策略。

在**并行策略**（parallel strategy）中，旧系统和新系统会同时运行一段时间，直到全部人员都确认新系统运行正常。如果出现问题，旧系统仍可作为备用继续使用。**直接转换策略**（direct cutover strategy）在指定日期将全部旧系统完全替换为新系统，但可能存在出现问题时没有系统可使用的风险。**试点研究策略**（pilot study strategy）仅将新系统引入组织的部分单元，如单个部门或运营单位。在试点系统确认运行顺利后，再将新系统应用于整个组织。**分阶段方法策略**（phased approach strategy）阶段性地引入新系统，如首先将薪酬发放系统应用于按周支付的小时工，然后再应用于按月支付的员工。

● 生产和维修。新系统完成安装和转换后，即可投入**生产**（production）。在此阶段，用户和技术专家将审查解决方案，确定其在多大程度上满足了最初目标，并决定是否需要对其进行必要的修改。**维修**（maintenance）是指为纠正错误、满足新要求或提高处理效率而对生产系统的硬件、软件、文档或程序进行的更改。

```
测试项目编号：GS02-010

制表人：帕特森                    日期：2020年2月19日

目的：测试授权用户访问系统

平台：iOS

过程描述：
点击"登录"按钮
选择"用户名"框
输入用户名
选择"密码"框
输入密码
点击"提交"按钮

预期结果
当用户点击"登录"按钮时，会出现登录界面
当用户选择"用户名"框时，光标移到用户名输入栏
当用户输入系统用户名时，用户名会出现在屏幕上
当用户选择"密码"框时，光标移到密码输入栏
当用户输入密码时，密码将以星号的形式出现在屏幕上
当用户点击"提交"按钮时，系统验证输入的数据并允许用户访问系统
当用户输入错误(或未经授权)的用户名或密码时，出现错误信息"错误的用户
名或密码"

测试结果：
一切正常
```

图 12-5　移动订购系统的测试计划样本

说明：制订测试计划时，必须包括要测试的各种情况、每种情况的需求以及预期结果。测试计划需要最终用户和信息系统专家的意见。本图说明了授权用户访问移动订购系统的测试用例。

管理变革

开发新的信息系统解决方案不仅仅是安装硬件和软件的问题。企业还必须应对新解决方案带来的组织变化——新信息、新业务流程或新的报告关系和决策权。将解决方案引进组织必须十分谨慎，否则其可能无法顺利运行。在组织中规划变革，使解决方案有序且高效地实施，对信息系统解决方案的成败至关重要。本书将在 12.4 节详细讨论这一话题。

12.3　构建信息系统有哪些可选方法？

使用上文描述的解决问题基本模型构建系统解决方案，有多种可选方法。这些可选方法包括传统系统生命周期法、原型法、最终用户开发、应用软件包和外包。

12.3.1　传统系统生命周期法

系统生命周期（systems development life cycle，SDLC）是构建信息系统的最古老的方法。传统系统生命周期法是构建系统的分阶段方法，将系统开发过程分成若干个主要阶

段，如图 12－6 所示。虽然系统构建者可在生命周期的各个阶段之间来回切换，但系统生命周期主要以瀑布法进行，一个阶段的任务要在下一阶段的工作开始前完成。

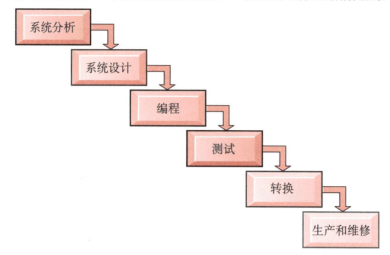

图 12－6　传统系统生命周期法

说明：系统生命周期将系统开发划分为多个正式阶段，每个阶段的任务要在下一阶段开始前完成。

系统生命周期维持了最终用户和信息系统专家之间的正式分工。系统分析师和程序员等技术专家负责大部分系统分析、设计和实施工作；最终用户仅负责提供信息需求并审查技术人员的工作。生命周期还强调形式规范和文书工作，在系统项目流程中会产生许多文档。

系统生命周期法也用于构建大型复杂系统，此类系统需要严格、正式的需求分析、预定义的规范以及对系统构建过程的严格控制。但是，这种方法费时且成本高昂，一个阶段的任务要在下一阶段的工作开始前完成。活动可以重复，但是如果需要修改需求和规范，则必须生成大量的新文档并重复之前的步骤。这就要求在系统开发的早期阶段保存技术规范说明书。系统生命周期法不适用于许多小型桌面系统和应用程序的开发，因为这些系统往往缺乏结构性且更加个性化。

12.3.2　原型法

原型法（prototyping）包括快速、低成本地建立一个供最终用户评估的实验系统，之后根据用户反馈修改原型。原型是信息系统的工作版本或系统的一部分，但它仅用作初步模型。通过收集用户与原型的交互反馈，开发者可以更好地了解用户信息需求，从而多次改进原型。设计完成后，原型就转换为正式的生产系统。图 12－7 显示了原型法过程的四步模型。

步骤 1：明确用户基本需求。系统设计者（通常是信息系统专家）仅从用户处获得其基本信息需求。

步骤 2：开发一个初始原型。系统设计人员使用快速生成软件工具，快速创建一个工作原型。

步骤 3：使用原型。鼓励用户使用系统，判断原型是否满足其需求，并为完善原型提出建议。

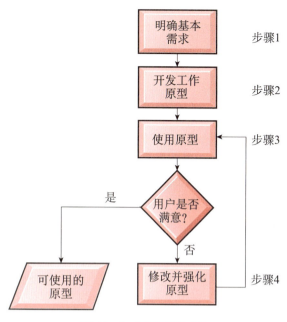

图 12 - 7　原型法的过程

说明：开发原型的过程包括四个步骤。由于可以快速且低成本地开发原型，系统设计者可通过重复步骤 3 和步骤 4 对原型进行多次迭代，在实现最终可使用的原型之前不断改进并强化原型。

步骤 4：修改并强化原型。系统设计者记录用户请求的所有更改，并据此改进原型，修改原型后返回步骤 3。重复步骤 3 和步骤 4，直到用户满意为止。

原型法尤其适用于设计信息系统的用户界面。由于原型法鼓励最终用户在整个系统开发过程中积极参与，因此它更有可能实现满足用户需求的系统。

然而，快速的原型法可能会忽略系统开发中的一些必要步骤，如全面测试以及文档编制。如果已完成的原型能够顺利运行，管理层可能会认为没有必要构建一个更完善的生产系统。一些仓促构建的系统可能难以适应拥有大量数据或大量用户的环境。

12. 3. 3　最终用户开发

最终用户开发（end-user development）允许最终用户在只有少量专家或没有正式帮助的情况下，创建简单的信息系统，从而减少生成最终应用所需的时间和步骤。通过用户友好的查询、报告、网站开发、图形和计算机软件工具（如 Excel 或 Access），最终用户可以访问数据、创建报表并自行开发简单的应用程序，无需专业系统分析师或程序员的帮助。例如，建筑行业的国际供应商西麦斯（CEMEX）使用 Information Builders 公司的 WebFOCUS 软件创建了一个在线自助报告门户，可视化财务和运营数据。

一般而言，最终用户开发的系统比使用传统编程工具开发的系统完成得更快。允许用户指定商业需求可以改善需求收集过程，使用户拥有更高的参与度和对系统的满意度。然而，对于一些商业应用程序而言，最终用户开发工具仍然无法取代传统的工具，因为它们无法妥善处理具有大量程序逻辑和更新要求的大量业务或应用程序。

最终用户开发还可能造成组织风险，因为系统是快速创建的，没有正式的开发方法、测试和文档。为了帮助组织实现最终用户开发的收益最大化，管理层应要求最终用户信息系统项目的成本合理，并为用户开发的应用程序建立硬件、软件和质量标准。

12.3.4　应用软件包、软件服务和外包

本书第 5 章指出，如今大多数系统的软件都不是内部开发的，而是从外部来源获取的。企业可以从在线软件服务提供商处租用软件、从商业供应商处购买软件或将内部应用开发工作外包给其他企业。软件或软件服务的选择往往基于**需求建议书**（Request for Proposal，RFP），这是提交给外部供应商的详细问题清单，以便了解它们在多大程度上满足所提议系统的需求。

应用软件包和云软件服务

如今，系统更多地以商业应用程序软件包或云软件即服务（SaaS）为基础。例如，企业可以选择在内部实施甲骨文企业资源规划、供应链管理或人力资本管理软件，或者付费使用运行在甲骨文云平台上的软件。Microsoft Office 桌面生产力软件也提供桌面版和云版本（Office 365）。

如果云软件服务或软件包能够满足组织的绝大多数需求，那么企业就不必编写自己的软件。通过使用软件包和 SaaS 供应商提供的预先编写、设计、测试的软件程序，企业能够节省时间和金钱。这些供应商还为系统提供持续的维修和升级。许多软件包提供定制功能，满足通用软件包无法解决的个性化需求。**定制**（customization）功能允许对预先编写的软件包进行修改以满足组织的特殊要求，而不会破坏软件包的完整性。但是，如果需要大量的定制，额外的编程和定制工作可能会昂贵且费时，进而抵消软件包或服务的许多优点。如果软件包不支持定制，组织就必须改变自己的程序以适应软件包。

外包

如果一家企业不打算使用内部资源构建或运营信息系统，它可以将工作外包给提供这些服务的外部组织。外包供应商可以是国内企业也可以是国外企业。国内外包的主要驱动力是外包企业拥有其客户自身没有的技能、资源和资产。在一家大型企业安装新的供应链管理系统可能需要额外雇用 30～50 名具有供应链管理软件专业知识的员工。与雇用永久员工并在新系统构建完成后将其解雇相比，将这项工作外包 12 个月更加合理且成本通常更低。

离岸外包的主要驱动力往往是成本。在印度或俄罗斯，雇用一名熟练程序员的年成本约为一至两万美元，而在美国雇用一名类似的程序员的年成本可能高达八万美元。互联网和低成本通信技术大大降低了协调全球团队工作的成本和难度。除了节省成本外，许多离岸外包企业还提供一流的技术资产和技能。例如，希尔顿、美国全国广播公司（NBC）、福克斯新闻频道（FOX News）、雅虎等大型企业已将网站设计和开发工作外包给总部位于印度的 Profit By Outsourcing 公司，后者提供定制程序内容管理、电子商务解决方案、移动应用程序等领域的专业知识，并使用 Java 和其他大多数企业内部没有的工具进行应用程序开发。但是，目前美国以外地区的工资上涨抵消了一定的人力成本优势，一些就业机会又回到了美国。

企业如果花时间评估所有的风险并确保外包能够满足其需求，就有可能从外包中受

益。任何企业在将其应用程序外包前都必须充分了解项目，包括其需求、实施方法、预期收益的来源、成本组成以及衡量绩效的指标。

许多企业低估了识别并评估信息技术服务供应商、转换新供应商、改进内部软件开发以配合外包供应商以及监督供应商确保它们履行合同义务的成本。离岸外包还出现因文化差异和人力资源问题而产生的额外成本，如解雇或调动国内员工等。这些隐性成本会削弱外包的一些预期收益。企业在使用外包商开发或运营能够为其带来竞争优势的应用程序时应特别谨慎。

图 12-8 显示了一个离岸外包项目在最好和最差情况下的总成本，该图显示了隐性成本对项目总成本的影响。最好情况反映了对额外成本的最低估计，最差情况则反映了对这些成本的最高估计。如图所示，隐性成本使离岸外包项目的总成本增加了 15%~57%。即便面临这些额外的成本，企业如果管理得当，也会从离岸外包中受益。

离岸外包总成本				
外包合同成本：10 000 000（美元）				
隐性成本	最好情况	额外成本（美元）	最差情况	额外成本（美元）
1.选择供应商	0.2%	20 000	2%	200 000
2.转换成本	2%	200 000	3%	300 000
3.解雇及留存	3%	300 000	5%	500 000
4.生产率降低/文化问题	3%	300 000	27%	2 700 000
5.改进开发流程	1%	100 000	10%	1 000 000
6.管理合同	6%	600 000	10%	1 000 000
总额外成本		1 520 000		5 700 000
	待支付合约成本	额外成本（美元）	总成本（美元）	额外成本（美元）
最好情况下的外包总成本	10 000 000	1 520 000	11 520 000	15.2%
最差情况下的外包总成本	10 000 000	5 700 000	15 700 000	57.0%

图 12-8　离岸外包的总成本

说明：如果一家企业在离岸外包合同上签订的金额为 1 000 万美元，即使在最好的情况下，也会有 15.2%的额外成本。在最差的情况下，当生产力急剧下降、转换和裁员成本极高时，企业将在 1 000 万美元的离岸合同支出之外支付高达 57%的额外成本。

12.3.5　移动应用程序开发：为多屏世界而设计

如今，员工和客户都希望甚至要求能够使用他们选择的移动设备随时随地获取信息或进行交易。为了满足这些需求，企业需要开发移动端网站、移动应用、本地应用以及传统信息系统。

一旦组织决定开发移动应用程序，就必须作出一些重要选择，包括开发这些应用程序的技术（是否为本地应用程序或移动网络应用程序编写软件）以及如何设计移动端网站。**移动端网站**（mobile website）是正常网站的一个版本，在内容和导航上按比例缩小，以便在小型移动屏幕上能够轻松访问和搜索（读者可从电脑端访问亚马逊网站，然后再用智能手机访问，比较移动端网站与普通网站的区别）。

移动网络应用程序（mobile web app）是适用于移动设备特定功能的互联网应用程序。

用户可通过移动设备的网页浏览器访问移动网络应用。网络应用程序运行于服务器上，用户可直接通过互联网访问而无须在本地设备上安装。任一品牌的移动设备连接网络后都能访问同一个移动网络应用程序。

本地应用程序（native app）是在特定平台和设备上运行的独立应用程序，直接安装在移动设备上。本地应用程序可连接互联网下载并上传数据，即使在离线情况下，也可对这些数据进行操作。例如，Kindle 等电子书阅读应用可从互联网上下载一本书，并能在未连接网络的情况下向用户显示内容。本地手机应用具有快速响应和高度可靠性等特点，还可利用摄像头或触摸感应等移动设备的功能。然而，本地应用程序的开发成本很高，因为必须针对不同移动操作系统和硬件（如安卓和苹果的 iOS）开发多个版本的应用程序。

为移动平台开发应用程序与为个人电脑或更大的屏幕开发应用程序完全不同，移动设备尺寸缩小，使得用手指触碰或多点触控手势比用键盘打字更方便。移动应用程序需要根据要完成的特定任务进行优化，在设计上要考虑可用性，且不应执行过多任务。用户在移动端交互的体验与使用台式机或笔记本电脑完全不同。节省带宽、屏幕空间、内存、处理能力、数据输入和用户手势等资源是移动平台应用程序开发的重中之重。

如果直接将桌面端的完整网站缩小至智能手机屏幕大小，用户的网页浏览体验将十分糟糕。用户必须不断进行放大、缩小和滚动等操作才能找到相关信息。因此，企业需要专门为移动界面设计网站，并创建多个移动端网站来满足智能手机、平板电脑和桌面浏览器的需求，这相当于三个不同网站的创建、维护和支出。目前，网站会根据用户登录时浏览器向服务器发送的信息确认用户正在使用的设备。根据这些信息，服务器将自动提供与设备匹配的网站。

解决拥有多种网站问题的一种方案是利用**响应式网页设计**（responsive web design）。无论是台式电脑、笔记本电脑、平板电脑还是智能手机，响应式网页设计都能根据访问者的屏幕分辨率自动改变网站布局。响应式设计使用基于网格的灵活布局、灵活的图像以及媒体查询等工具，针对不同的显示环境优化设计，消除了为每种新设备单独设计和开发网站的工作。本书第 5 章中介绍的 HTML5 也可用于移动应用程序开发，因为它能够支持跨平台的移动应用程序。"互动讨论：技术"专栏介绍了如何应对上述移动开发挑战的企业案例。

互动讨论：技术　　　　移动应用系统开发的不同之处

如今，几乎所有企业都希望部署移动应用程序并在短时间内完成开发，但这并不容易。

开发成功的移动应用程序需要面临一些特殊挑战。用户在移动设备上的体验与在个人计算机上的完全不同。移动设备具有一些特殊的功能，如基于位置的服务等，使企业有可能以有意义的新方式与用户互动。企业开发移动应用时需要利用这些功能，提供适合小屏幕使用的方式。移动软件有多个运行平台，包括 iOS、安卓和 Windows 10，企业可能需要开发多个版本的应用程序，才能在不同平台以及不同大小和功能的设备上运行。移动设备既可能是尺寸很小的手表，也可能是尺寸很大的高清平板显示器，它们可能包括传感器和音频输出，甚至是结合真实和虚拟图像的显示器。系统设计者需要了解用户使用移动设备的方式、动机和场景，以及这些移动体验如何改变业务交互和用户行为。设计者不能只将网站或桌面应用程序移植到智能手机或平板电脑上，这是截然不同的系统开发过程。许多企业还需要能够接入企业系统并在桌面和移动设备上运行的应用程序。

以美国第二大退休服务公司 Great-West Financial 为例，该公司管理约 4 610 亿美元的资产。公司员工主要在现场而非办公室为客户提供服务，因此需要能够随时随地连接到公司的 ERP 财务系统，获取应付账款发票审批。为此，Great-West 决定部署 Dolphin 移动审批应用程序。

Great-West 选择 Dolphin 是因为它可以在一个应用程序中处理全部思爱普工作流，员工不必在一个应用程序内审批发票，而在另一个应用程序内处理其他工作。Great-West 对应用程序进行了配置，使其外观和体验与桌面应用程序尽可能相似。用户在移动设备上看到的发票抬头和行项目数据字段与桌面端保持一致，发票审批流程中的步骤也相同。但是，考虑到在移动设备的不同窗口间来回跳转十分不便，移动应用程序将必要的发票批准编码合并到其订单项详细信息中，而不是在 PDF 附件中显示这些编码。在桌面计算机上，用户必须登录思爱普系统才能查看发票，并通过电子邮件接收发票审批的通知，而移动应用程序上的弹出式通知使用户无须登录就能获取相关信息。

在部署移动应用之前，Great-West 必须建立匹配的移动基础设施，并考虑安全、登录、后端集成等因素。由于这是公司与思爱普系统交互的第一个移动应用程序，公司必须确保移动应用程序可以整合思爱普系统的整个工作流程，且所有数据都是加密安全的。Great-West 为能够兼容 iOS 和安卓设备的移动审批应用购买了 1 000 个软件激活许可证，并向高管和高级付费用户发放公司自有设备，其他用户只要遵守公司的自带设备政策，就可以在自己的设备上使用这款应用。

在过去几年中，UPS 为用户提供一款移动应用，使其能够通过智能手机和平板电脑跟踪物流并获取定价信息。UPS 的开发人员最初编写维护了多个版本的 UPS 移动应用，包括一个用于 iOS 设备的 Objective-C 版本和一个用于安卓设备的 Java 版本，这意味着 UPS 移动开发人员的工作量翻倍。不同版本的应用程序可能不会同时更新，因此使用不同类型设备的用户并不总是能够同时使用最新功能。

UPS 需要做大量工作才能将 UPS 移动应用移至统一开发平台。为实现这一目的，UPS 选择了 Xamarin for Visual Studio 工具，因为它允许开发人员跨平台共享一个 C++ 代码库，并向用户提供完全的本地应用，Xamarin 还与移动设备独特的硬件和功能进行了更好的整合。虽然 UPS 不得不重新构建在四年内编写的超过 13 万行代码，但管理层认为，从长远来看，重新编写 UPS 移动应用将大大节省时间和成本。公司将继续在统一平台上进行开发。大部分 Xamarin 代码只需开发一次，且在未来几年内可以高效支持多个平台。UPS 移动开发人员使用 Xamarin for Visual Studio 工具重写了所有版本的 UPS 移动应用。与以前耗时几个月相比，现在 UPS 可以在数周或数天内为所有移动设备添加新功能。

资料来源：Rob Bamforth, "Developers at the Mobile Edge," *Computer Weekly*, January 30-February 5, 2018; Mary K. Pratt and Linda Tucci, "Enterprise Mobile App Development: No Easy Answers," searchCIOtechtarget.com, accessed February 20, 2018; Microsoft, "UPS Paves the Way for Better Service with Faster Development and Artificial Intelligence," September 28, 2017; www.greatwest.com, accessed February 20, 2018; and Ken Murphy, "Great-West Financial Establishes Its Mobile Footprint," *SAP Insider Profiles*, October 31, 2016.

案例分析问题

1. 构建移动应用时需要应对哪些人员、组织和技术挑战？

2. 移动应用的用户需求定义与传统的系统分析有何不同？

3. 描述部署移动应用后 Great-West 的发票审批流程将如何变化。

12.3.6　电子商务应用程序的快速开发

技术和商业环境飞速变化，致使许多企业都为其移动和网络应用程序选取更简洁、更随意的开发流程。**快速应用开发**（rapid application development，RAD）是指在非常短的时间内建立可行系统的过程。快速应用开发包括使用可视化编程和其他工具构建图形用户界面、对关键系统元素进行迭代原型设计、自动化生成程序代码以及最终用户和信息系统专家之间的紧密协作。简单的系统通常可以由预先构建的组件组装而成，这个过程不一定是连续的，开发中的关键部分可以同时进行。

有时，组织会使用**联合应用设计**（joint application design，JAD）技术加快信息需求生成和系统初步设计。联合应用设计将最终用户和信息系统专家聚集在交互式会话中，共同讨论系统设计。如果使用得当，联合应用设计技术能够显著加快设计阶段，大大提高用户的参与度。

敏捷开发（agile development）侧重于工作软件的快速开发和频繁交付，使用户持续参与。敏捷开发将一个大项目分解成一系列小的子项目，通过迭代和持续反馈在短时间内快速完成。随着开发人员明确需求，每次迭代将改进或添加新功能。

例如，UPS 在改进包裹跟踪应用时使用了敏捷开发技术（参见第 1 章"互动讨论：技术"）。UPS 没有尝试将所有历史应用从公司大型机中迁移，只是将项目范围限制在跟踪应用程序，这仅是 UPS IT 基础设施的一小部分。这项工作是在迭代阶段进行的，第一阶段获取使用 IBM 的 Db2 DBMS 在大型机上存储的包裹跟踪数据，并将它们转换存储于开源的 Couchbase 数据库中。在解决数据转换问题时，UPS 团队进一步对项目进行分解，最先开发提供更快功能反馈的移动版跟踪应用，首先更新了面向国际用户的移动应用界面，随后是面向美国用户的移动应用界面。在此之后，团队进一步更新包裹跟踪应用程序的桌面版本（Pariseau，2019）。

基于程序构件的软件开发、基于网络的模块化组件和基于云的软件开发

为了进一步加快软件开发，可以将分组对象汇总并提供拥有共同功能的软件组件，例如图形用户界面或在线订购功能。这些组件可以进一步组合以创建大型业务应用程序。这种软件开发方法称为**基于程序构件的软件开发**（component-based development）。企业正在使用基于程序构件的软件开发模式创建电子商务应用程序，将用于购物车、用户身份验证、搜索引擎和目录的通用商业组件与能够满足个性化需求的软件相结合。

本书第 5 章介绍了基于网络的模块化组件，这是一种松散耦合、可重复使用的软件组件，基于可扩展标记语言（XML）以及使应用程序无须自定义编程即可与其他应用程序通信的协议和标准。除了支持系统的内部和外部集成之外，基于网络的模块化组件还为构建新的信息系统应用程序或增强现有系统提供了非专有工具。

本书第 5 章在讨论云计算时介绍了平台即服务（PaaS），它在帮助系统开发人员快速编写并测试面向用户或员工的应用程序方面也具有相当大的潜在价值。甲骨文、IBM、

Salesforce. com（Force. com）和微软（Azure）等一系列供应商均提供在线开发环境。这些开发平台可自动执行某些任务，如将新组建的应用设置为网络服务或链接到其他应用程序和服务。有些平台还提供云基础设施服务或与亚马逊等云供应商相连接，使开发人员可以直接运行他们在云基础设施中构建的内容。

12.4　如何管理信息系统项目？

企业也许已经开发出看似出色的系统解决方案，但是系统在实际使用时却无法正常运行，或难以实现设计之初的既定价值。发生这种情况的企业并不是个例，信息系统项目的失败率很高，因为它们没有得到适当的管理。麦肯锡和牛津大学的一项联合研究发现，大型软件项目的开发成本平均超出预算 66%，开发时间平均超出计划 33%。根据云投资组合管理提供商 Innotas 在 2016 年的调查，超过 50% 的企业在过去 12 个月内经历过 IT 项目失败（Florentine，2016）。企业可能错误估计新系统的商业价值，或者无法管理新技术所需的组织变革。因此了解如何管理信息系统项目及其成败原因对企业至关重要。

12.4.1　项目管理目标

项目（project）是为实现特定业务目标而计划的一系列相关活动。信息系统项目包括新信息系统的开发、现有系统的增强或企业信息技术（IT）架构的替换、升级。

项目管理（project management）是指在规定的预算和时间内应用知识、技能、工具和技术实现特定目标。项目管理活动包括计划工作、评估风险、估计完成工作所需的资源、组织工作、获取人力和物料资源、分派任务、指导行动、控制项目执行、报告进度和分析结果。与其他商业领域的项目管理一样，信息系统的项目管理需要处理五个主要变量：范围、时间、成本、质量和风险。

范围（scope）定义了项目包含或不包含的工作。例如，新订单处理系统的项目范围包括用于输入订单并将其传输到生产和会计的新模块，但不包括对相关应收账款、制造、分销或库存控制系统的任何更改。项目管理定义了成功完成项目所需的所有工作，并应确保项目范围不超出最初的规划。

时间是指完成项目需要的时间。项目管理往往会估计完成项目主要组成部分所需的时间，每个组成部分会进一步分解为具体的活动和任务。项目管理试图明确完成每项任务所需的时间，并建立完成工作的时间表。

成本基于完成项目的时间与每日所需的人力成本确定。信息系统项目成本还包括硬件、软件和工作场所的成本。项目管理为项目制定预算并监控正在进行的项目费用。

质量是衡量项目最终结果在多大程度上满足管理目标的指标。信息系统项目的质量通常体现为组织绩效的提升和决策的改进。质量还需要考虑新系统生成信息的准确性、及时性和易用性。

风险是指影响项目取得成功的潜在问题。这些潜在问题可能会增加时间和成本、降低项目输出质量或使项目无法全部完成，从而无法实现项目既定目标。本节将讨论信息系统项目的关键风险因素。

12.4.2　管理项目风险和系统相关变革

一些系统开发项目更有可能遇到问题或延误，因为它们的风险比其他项目要高得多。项目规模、项目结构以及信息系统人员和项目团队的技术专业水平都会影响项目的风险水平。项目规模越大，项目花费的资金、项目团队的人数以及组织中受新系统影响的单元越多，项目的风险就越大。超大型系统项目的失败率比其他项目高50%～75%，因为这些系统项目十分复杂且难以控制。信息需求不明确、不直接或要求项目团队必须掌握新技术的系统项目，风险也更高。

实施和变革管理

处理项目风险需要了解项目实施过程和变革管理。广义的**实施**（implementation）是指为采用和管理创新（如新的信息系统）而进行的所有组织活动。项目的成功实施需要用户的高度参与和管理层的支持。

如果用户深入参与系统开发，他们就有更多的机会根据自己的优先级和业务需求来塑造系统并控制结果。用户也更有可能对已完成的系统作出积极反应，因为他们一直是变革过程的积极参与者。

由于背景、兴趣和优先级不同，如何处理最终用户和信息系统专家之间的关系一直是信息系统实施工作中的难题。这些差异导致了**用户-设计者沟通鸿沟**（user-designer com- munications gap）。在解决问题时，设计者（信息系统专家）通常以技术为导向，专注于能够提升硬件和软件效率的技术解决方案，但可能会牺牲易用性和组织效率。最终用户则更喜欢面向解决业务问题或促进组织任务完成的系统。通常，这两类群体目标的差异太大就好比"鸡同鸭讲"。表12-5具体说明了这些差异。

表 12-5　用户-设计者沟通鸿沟

用户关注点	设计者关注点
系统能提供我工作所需的信息吗？	系统对服务器有哪些要求？
我可以在手机、平板电脑和个人电脑上访问数据吗？	系统对我们团队有哪些编程要求？
我需要哪些新程序才能将数据输入系统？	数据将存储在哪里？储存数据的最有效方法是什么？
系统运行将如何改变员工的日常工作？	我们应使用哪些技术来保护数据？

如果一个信息系统项目能得到各级管理层的支持，那么该系统更有可能获得用户和信息技术服务人员更高的优先级。管理支持还确保系统项目能够获得充足的经费和资源支持以获取成功。此外，为了有效实施系统，工作习惯和程序的所有变化以及与新系统相联系的组织调整都需要管理层的支持。根据美国项目管理协会的说法，拥有积极参与的执行发起人是项目成功的主要因素（Project Management Institute，2014）。

控制风险因素

管理者可以遵循一些策略来控制项目风险并提高系统解决方案成功的可能性。如果新系统涉及有挑战性的复杂技术，管理者可以招聘具有丰富技术和管理经验的项目负责人。

如果企业没有掌握项目所需技术或专业知识的员工，可以选择外包或聘用外部顾问。

适当使用**正式计划和控制工具**（formal planning and control tools）记录并监控项目计划能够帮助大型项目取得成功。甘特图和 PERT 图是两种最常见的记录项目计划的方法。**甘特图**（Gantt chart）列出项目活动及每个活动开始和结束的时间，能直观表示开发项目中不同任务的开始时间和持续时间，以及它们的人力资源需求（见图 12-9）。甘特图将每个任务显示为一个水平条，其长度与完成它所需的时间成正比。

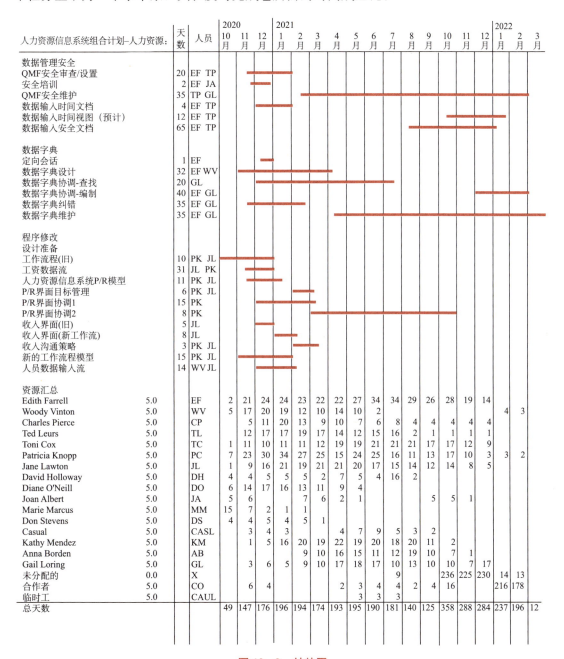

图 12-9 甘特图

说明：此甘特图显示了任务、人-天数、责任人的姓名首字母以及每个任务的开始和结束日期。资源汇总为管理者成功管理项目提供了每个月以及每个人的人-天数信息。此处描述的项目是一个数据管理项目。

虽然甘特图能够显示项目活动的开始和结束时间，但它没有刻画任务之间的依赖关系，如一个任务没有按期完成会对另一个任务产生怎样的影响，或者任务应当如何排序。此时 **PERT 图**（PERT charts）更为有用。PERT 是"计划评估和审查技术"（Program Evaluation and Review Technique）的缩写，是 20 世纪 50 年代美国海军管理北极星潜艇导弹项目时使用的一种方法。PERT 图以图形方式描述项目任务及其相互关系。如图 12 - 10 所示，PERT 图列出了组成项目的具体活动以及在具体活动开始前必须完成的活动。

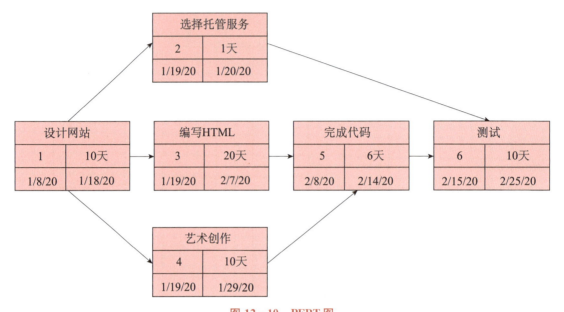

图 12 - 10　PERT 图

说明：此图为创建小型网站的简化 PERT 图。它显示了项目任务的顺序以及任务与前向和后续任务的关系。

PERT 图将项目描绘成由编号节点（圆形或矩形）组成的网状图表。每个节点都有编号并标注了任务、持续时间、开始日期和结束日期。线条上的箭头方向表示任务的顺序，并显示在一个活动开始之前必须完成哪些活动。在图 12 - 10 中，节点 2、节点 3、节点 4 中的任务互不依赖，可以同时进行，但它们都依赖于第一个任务的完成。

项目管理软件

商业软件工具能够自动创建甘特图和 PERT 图并促进项目管理过程。项目管理软件通常具有定义并排序任务、为任务分配资源、确定任务的开始和结束日期、跟踪项目进度、促进对任务和资源的调整等功能。目前使用最广泛的项目管理工具是 Microsoft Project，但也有适用于小型项目和小型企业的低成本工具。如今，许多项目管理工具都有云计算版本。"互动讨论：组织"专栏描述了 Microsoft Project Online 的一些功能。需要指出的是，这些传统的项目管理工具可以与本书第 2 章提到的一些社交商业工具一起使用。

克服用户阻力

可以通过推动用户参与（征求意见并改进设计）、提供方便的用户教育和培训，以及为用户提供更好的激励来克服用户阻力。终端用户可以成为项目团队的积极参与者、发挥领导作用并负责系统的安装和培训。

系统管理者应特别关注用户与系统的交互，并对人类工程学问题敏感。**人类工程学**（ergonomics）是指人与机器在工作环境中的交互。它关注工作设计、健康问题和信息系统终端用户界面等方面。例如，如果一个系统需要一系列复杂的在线数据输入，使用起来极其困难或耗时，这无疑会增加用户的工作量或工作压力，用户就会拒绝使用该系统。

如果在引入新系统之前就解决了组织问题，那么用户会更愿意合作。除了程序上的变化，工作职能、组织结构、权力关系和行为的变化都应在系统分析期间使用**组织影响分析**（organizational impact analysis）进行确认。

互动讨论：组织　　　奥雅纳将项目管理移至云端

奥雅纳集团有限公司（Arup Group Limited）是一家总部位于伦敦的跨国专业服务公司，在建筑和环境领域提供工程、设计、规划、项目管理和咨询服务。奥雅纳集团成立于1946 年，目前在全球 35 个国家设有 85 个办事处，拥有超过 13 000 名员工。公司定位是一家能够与不同学科专业人士——工程师、规划师、设计师、金融专家、咨询专家、可持续发展专家——携手合作，交付更高质量的项目和服务的公司。奥雅纳的项目遍及 160 多个国家，包括巴黎蓬皮杜艺术中心、悉尼歌剧院、伦敦和巴黎之间的高速铁路，以及 2008年北京奥运会国家游泳中心。

奥雅纳从事的均为信息技术密集型工作，包括与客户合作、建筑设计、结构模拟和协调项目等。奥雅纳的管理层希望公司的信息系统团队能够以正确的方式开展正确的 IT 项目以促进公司业务发展。奥雅纳的系统必须稳定、先进且随时可用，让员工能够随时随地访问所需信息。

之前，奥雅纳的 IT 员工把 Microsoft Excel 或 Microsoft Word 作为项目管理工具。报告常常分散、格式混乱、协作有限，项目交付方式也不一致，每个项目都缺少总览全局的中心可见性。奥雅纳成立了一个全球 IT 投资组合管理办公室来监督整个 IT 项目组合，但由于必须使用电子表格和地区办事处的电子邮件更新手动创建报告，这一工作受阻。

奥雅纳与专门从事项目组合管理的 Program Framework 顾问展开合作，决定采用 Microsoft Project Online 改善其项目管理。Project Online 是微软基于云的项目管理工具，旨在帮助组织从任何位置和任何设备有效规划项目、跟踪状态并与他人协作。奥雅纳的全球员工可以随时随地直接访问项目数据。基于云计算的解决方案还可以使用实时数据报告项目，系统能够与服务管理和变革管理等其他流程自动关联。Program Framework 顾问协助奥雅纳部署 Project Online 并为其员工提供培训。顾问团队还为 Project Online 开发了定制的项目状态报告功能。

过去，奥雅纳的全球 IT 投资组合管理办公室每个月都要花费 40 个小时手工编写报告，当状态报告创建完成时，报告内容可能已经过时了。Project Online 使奥雅纳可以即时查看所有 IT 项目的状态。区域员工可以查看他们的项目组合，奥雅纳的全球 IT 投资组合管理办公室可以即时查看所有全球项目。奥雅纳的管理层可以根据项目的红色、绿色和琥珀色状态指示对整个企业的项目进行检查和分类，红色表示处于关键状态的项目，琥珀色表示处于风险中的项目。能够查看奥雅纳全局项目组合使管理层更好地了解项目交付情况。全球 IT 投资组合管理办公室可以获得关键项目的状态摘要，突出显示单个项目的报告以便深入了解更多细节，这使其能够根据最新数据作出更好的决策。Project Online 已成为支持奥雅纳全球项目管理的关键。奥雅纳的整体项目减少了重复工作，更具战略价值。

Project Online 是微软基于云计算的 Office 365 软件套件的一部分，因此它可以与其他微软生产力工具和通信工具无缝协作，如 OneDrive for Business（云存储）、Skype for Business（语音、视频、聊天）、Yammer（企业社交网络）和用于软件开发项目的 Visual Studio Team Foundation Server 等。奥雅纳还计划实施 Project Online 的附加功能，实现需求和产能规划、投资组合优先级排序和投资组合平衡。用户可以轻松从 Project Online 中复制信息并将其粘贴到 PowerPoint、Word 等 Office 应用程序中。

奥雅纳还将 Project Online 用于其 IT Project Pipeline，这是一个用于未来开发的中央存储库。Pipeline 中记录的每个想法都要求发起者提供项目描述、预算、资源需求等信息。奥雅纳的全球 IT 投资组合管理办公室将这些信息发送给管理委员会成员，对新计划进行审查和排序。

当想法被批准后，Project Pipeline 中的信息可以轻松转移到正在进行的项目中，只需几分钟即可在 Project Online 中创建项目。每个项目都有自己的详细信息页面，包括一个内置的时间表模板和一个 Microsoft SharePoint Server 站点，该站点提供文档存储库和状态报告。此功能使奥雅纳的全球 IT 投资组合管理办公室经理卡洛琳·奔迪在每个新项目上都节省了数天的工作时间，每年约为 180 个 IT 项目的投资组合节省大量时间。

几年前，Project Online 在奥雅纳仅有约 150 名用户，但奥雅纳考虑为所有员工提供该工具。奥雅纳购买了三个不同版本 Project Online 的使用许可权。项目经理、项目所有者和管理员将 Project Online 与 Project Professional for Office 365 配合使用，能够在网络浏览器内部或外部创建并编辑项目计划。奥雅纳的高级管理层使用 Project Online 查看项目状态，项目团队成员可以使用基础版本的 Project Lite 查看任务分配或与其他团队成员协作。

资料来源："Engineering Firm Uses Cloud-Based Solution to Generate，Execute，and Monitor IT Projects," www. microsoft. com，accessed January 2，2018；"Leading Arup at the Forefront of Innovation in Today's Built Environment," www. gineersnow. com，accessed January 3，2018；and www. arup. com，accessed January 2，2018.

案例分析问题

1. 信息技术、项目管理与奥雅纳的商业模式和商业战略之间有什么关系？
2. Microsoft Project Online 如何支持奥雅纳的商业战略？它如何改变公司的运作方式？
3. 选择 Project Online 作为全球项目组合管理工具时，奥雅纳需要解决哪些人员、组织和技术问题？

12.5　管理信息系统对职业生涯有何帮助？

以下内容说明了本书第 12 章将如何帮助读者找到初级 IT 项目管理助理的工作。

12.5.1　企业

XYZ 多媒体娱乐公司是一家总部位于洛杉矶的大型跨国大众媒体和娱乐公司，目前正在招聘一名初级 IT 项目管理助理。XYZ 多媒体娱乐公司为全球观众制作电影、电视节目、录音、流媒体互联网内容、互动游戏及消费产品。公司在产品、服务和运营方面密集使用了前沿信息技术。

12.5.2　岗位描述

初级 IT 项目管理助理需要帮助 IT 项目经理规划、做预算并监督公司信息技术项目的各个方面。工作职责包括：
- 执行项目管理办公室提供的旨在增强公司功能和服务能力的任务，包括确定和记录最佳实践、调查可用工具、提出改进流程和程序的建议；
- 与项目经理合作，确保每个技术项目的范围和方向都按计划进行；
- 与其他项目利益相关者合作以获得支持。

12.5.3　招聘要求

- 具有计算机科学、计算机工程、管理信息系统、项目管理或相关领域的学士学位；
- 了解项目管理过程（PMI）教学；
- 了解过程文档（过程流程图）；
- 熟练使用 Microsoft Word、Excel、PowerPoint；
- 有较强的访谈和调查能力；
- 有 SharePoint 和/或微软 Project 操作经验者优先。

12.5.4　面试问题

1. 你曾经参与过 IT 项目吗？你做了什么工作？你是否使用过 Microsoft Project 等项目管理工具？
2. 你曾经从事过非 IT 项目吗？你的职责是什么？你在工作中是否使用了项目管理软件？
3. 你是否学习过项目管理课程？
4. 你对 Microsoft Office 工具、Microsoft Project 和 SharePoint 的掌握程度如何？

12.5.5　作者建议

1. 回顾本章和本书第 3 章对构建信息系统的介绍，熟悉项目管理和系统开发的技术和方法。
2. 使用网络查找更多关于项目管理方法和工具的资料。尝试查找有关该公司如何管理项目的信息。
3. 向面试官询问公司使用的项目管理方法和工具。如果可能，表明你熟悉这些工具和方法。
4. 提供你在课程或工作中完成的任何有关项目管理工作的示例。或者提供能够展示你的写作和口头沟通能力的例子。

 本章小结

1. 管理者应如何为获取和开发新的信息系统创建商业案例？
IT 投资的商业案例描述了组织面临的问题，这些问题可以通过构建提议的系统解决方案得到解决。商业案例通过计算成本和收益来分析信息系统项目是否值得投资。有形收益可以直接被量化，无形收益无法被立即量化，但可以在未来提供可量化的收益。应使用资本预算方法对超过成本的收益进行分析，确保这些成本能为企业带来良好的回报。组织应该制定完善的信息系统规划，描述信息技术如何支持企业整体商业计划和商业战略。投资组合分析和计分模型可用于评估多个可选的信息系统项目。

2. 开发新信息系统有哪些解决问题的核心步骤？

开发新信息系统的核心问题的解决步骤为：（1）定义并理解问题；（2）开发可选解决方案；（3）选择最佳解决方案；（4）实施解决方案。其中第三步包括评估每种可选方案的技术、财务和组织可行性。第四步需要完成设计规范、采购硬件和软件、测试、提供培训和文档、进行转换以及评估方案投入生产后的效果。

3. 构建信息系统有哪些可选方法？

系统生命周期法要求在一系列正式阶段中开发信息系统，这些阶段必须按顺序进行并有明确的输出。只有在每一阶段正式通过后才能开始下一阶段。系统生命周期法十分严格且成本较高，适用于大型项目。

原型法快速、低成本地构建一个实验系统，供最终用户进行交互和评估。原型被不断完善与增强，直至满足用户的所有需求，并可作为模板创建最终系统。最终用户开发使用用户友好的软件工具快速、非正式地创建系统。最终用户开发还能改进需求决策并减少应用开发延迟。

应用软件包和 SaaS 消除了开发信息系统时编写程序代码的需要。如果企业没有内部信息系统人员或财务资源支持定制开发系统，使用应用软件包和 SaaS 将很有帮助。

外包包括利用外部供应商来构建（或运营）企业信息系统。如果管理得当，外包可节省应用程序开发成本，或使企业无需内部信息系统人员即可开发应用程序。

快速应用开发、敏捷开发、联合应用设计（JAD）、云平台和可重复使用的软件组件（包括网络服务）等技术可用于加快系统开发进程。移动应用程序开发必须解决多平台、小屏幕和节约资源的需求。

4. 如何管理信息系统项目？

信息系统项目与整个实施过程都应像计划组织变革一样，使用组织影响分析法进行管理。对信息系统实施过程的管理支持和控制必不可少，管理风险水平的机制也是如此。项目风险受项目规模、项目结构以及信息系统员工和项目团队技术水平的影响。正式的计划和控制工具（包括甘特图和 PERT 图）可跟踪资源分配和具体项目活动。企业应鼓励用户在系统开发中发挥积极作用，并参与安装和培训。

课后习题

1. 管理者应如何为获取和开发新的信息系统创建商业案例？
- 定义并描述用于提议系统投资的商业案例的组成部分。
- 列举并描述信息系统规划的主要组成部分。
- 解释有形收益和无形收益的区别。
- 列举 IT 投资的六个有形收益和六个无形收益。
- 描述如何使用投资组合分析和计分模型评估系统的价值。

2. 开发新信息系统有哪些解决问题的核心步骤？
- 列出并描述构建新系统的问题解决步骤。

- 定义信息需求，解释为什么它对开发新系统方案如此重要。
- 列举新系统所需的各类设计规范。
- 解释为什么系统开发的测试阶段如此重要。指出并描述信息系统测试的三个阶段。
- 描述说明性文档、转换、生产和维修在系统开发过程中的作用。

3. 构建信息系统有哪些可选方法？

- 定义传统的系统生命周期法，描述使用该方法构建系统的优缺点。
- 定义信息系统原型，描述其优点和局限性。列举并描述原型法过程的步骤。
- 定义最终用户开发，解释其优缺点。
- 描述使用应用软件包和云软件服务（SaaS）进行信息系统开发的优缺点。
- 定义外包，描述在何种情况下应该选择外包构建信息系统。列举并描述离岸软件外包的隐性成本。
- 说明企业如何快速开发电子商务应用程序。
- 描述在开发移动应用时必须解决的问题。

4. 如何管理信息系统项目？

- 解释实施新的信息系统时，对组织变革进行管理的重要性。
- 定义用户-设计者沟通鸿沟，解释它会造成哪些实施问题。
- 列举并描述影响项目风险的因素，描述能降低项目风险的策略。

 讨论

1. 讨论企业最终用户和信息系统专家在开发系统解决方案中所起的作用。使用原型法或最终用户开发解决方案时，二者有何不同？

2. 有一种说法认为，如果系统开发者忽略"人"的因素，系统就会失败。为什么会这样？

3. 为什么建立系统是解决组织问题的一种方式？

商业问题解决案例

宾夕法尼亚州失业补助现代化系统：未完成的项目

宾夕法尼亚州劳动和工业部（Department of Labor and Industry，DLI）负责该州失业补助计划的管理和运营，该计划为符合条件的失业工人提供代替低工资的临时救助金。DLI 拥有 500 多名员工，在全州范围内拥有约 200 个办事处，为宾夕法尼亚州的 640 万名工人和近 30 万名雇主提供服务。失业补助申请一般通过线上、电话或邮寄的方式提交至失业补助服务中心。

DLI 有一个用于处理失业补助金的遗留大型机系统，已有 40 多年历史。系统的维修成本越来越高，修改难度也越来越大，进行项目管理的能力有限，也无法管理并集成更新的工具与技术以提高工作效率。

2006 年 6 月，DLI 与 IBM 签订了 1.099 亿美元的固定价格合同，用于构建失业补助现代化系统（Unemployment Compensation Modernization System，UCMS），取代过时的系统。DLI 与 IBM 签订的合同要求采用更现代、更高效的技术和业务流程，实现维护工资记录，处理雇主税收，以及处理索赔、支付和上诉等相标，预计在 2010 年 2 月之前完成。IBM 经过三年的招标过程最终拿下了 UCMS 的合同，并向外界宣称自己是唯一一家拥有能够支持完全集成的计算机系统专有数据库的供应商。

然而，该项目经历了严重的延期和成本超支，最终花费近 1.8 亿美元。在 2013 年 9 月合同到期时，大部分系统仍未完成，此时项目已经落后计划 45 个月，超出预算 6 000 万美元。宾夕法尼亚州的纳税人向 IBM 支付了近 1.7 亿美元，购买了一个本应全面、集成和现代化但并未实现的系统。合同到期后，DLI 没有与 IBM 续签合同。2017 年 3 月，宾夕法尼亚州起诉 IBM，声称其违反合同、涉嫌欺诈和虚假陈述，并就未提供的服务向纳税人收费。但 IBM 表示宾夕法尼亚州的指控没有任何依据，IBM 将进行抗争。IBM 的发言人将项目的部分问题归咎于州政府，称双方均对系统性能和服务交付问题负有责任。这一切是怎么回事的？

UCMS 的第一阶段（维护工资记录）于 2008 年 5 月实施。第二阶段包括系统的雇主税收部分，于 2011 年 3 月投入使用，但花费了数年的时间额外进行完善。系统有关福利救济申请、支付和上诉的第三阶段因存在问题而继续延期，最后迟迟没有投入使用。

2012 年，DLI 聘请卡内基梅隆大学软件工程学院对 UCMS 进行独立评估。该研究于 2013 年 7 月完成，研究建议继续处理第二阶段的剩余问题，但停止第三阶段的工作，因为第三阶段的许多问题都没有得到解决。

卡内基梅隆大学的研究发现了系统开发过程中的许多缺陷。尽管 IBM 拥有丰富的系统经验和技术知识，但是它低估了项目的范围和复杂性。DLI 缺乏足够的人员和经验来有效监督并管理合同和项目，没有正式授权管理该项目的负责人，在没有具体负责人的情况下，DLI 基本上依靠承包商自我管理。

UCMS 因其高度复杂性、大量信息需求、繁杂的业务规则以及高昂的成本，被归类为大型软件项目。DLI 向 UCMS 供应商征集提案时，在传达自身需求方面存在模糊性，同时也忽视了定义和描述拟搭建系统的定量和定性衡量指标。

UCMS 这种大型软件密集型系统需要严格且规范的测试方法，但在开发时并没有遵循这一原则。IBM 决定借助 DLI 用户来测试脚本，尽管用户提供了业务方面的专业知识，但 IBM 最终没有使用 IT 测试专家与用户协作。严格的测试在项目中开始太晚，用户验收测试在完成第二阶段和第三阶段的系统测试之前才启动。DLI 没有指定 UCMS 系统性能的最低指标，因此没有明确的标准和证据来确定第二阶段和第三阶段的应用程序是否稳定。

DLI 的工作人员在一知半解的情况下批准了 IBM 的业务系统需求报告，而 IBM 对项目的软件开发和测试计划缺乏严谨性，导致了比行业标准更多的软件缺陷、更复杂的软件代码（这增加了测试的难度），并无法及时发现缺失的业务需求。

项目中绝大多数的软件缺陷都很严重，50% 的缺陷直到系统开发后期的用户验收测试阶段才被发现。如果没有在整个开发过程中进行彻底和完整的测试，就无法了解系统投入使用时会发现多少软件缺陷。卡内基梅隆大学还发现，IBM 没有进行压力测试来衡量 UC-MS 系统的性能极限。

IBM 的软件开发计划应遵循行业和企业的标准与惯例，但其在项目期间没有持续且严格地执行惯例。在存在软件缺陷、未解决的数据转换问题和批量操作问题等影响系统性能的已知缺陷的情况下，DLI 依旧在 2011 年 3 月提前实施第二阶段的项目。

这种大规模且高复杂性的项目需要在整个系统开发周期中都保持高度知识连续性，但这显然没有做到。在需求识别阶段，DLI 没有召集足够多的用户主题专家与项目团队的技术成员共同进行联合应用设计（JAD）会议。36 个 JAD 相关人员被过早地从项目中调出，使得 IBM 对失业补助申请业务的需求理解不充分。系统设计和测试人员也没有出现在 JAD 过程中，违背了良好的商业惯例。将上述各方纳入 JAD 会议对确保失业补助业务需求定义详细并进行测试至关重要。DLI 工作人员常常迫于压力在短时间内批准 JAD 需求文档和详细系统设计文档。

无效的项目管理与不断变化的项目参与人员，阻碍了整个项目中的重要知识转移，导致"项目记忆"丢失。自 UCMS 项目启动以来，共有 638 名不同的承包商工作人员参与该项目，大多数人在该项目上工作时长不满一年，75％的人员不满两年。项目人员的不连续和流失极有可能导致 IBM 的进度延迟，且无法准确判断项目的全局状态。

在与 IBM 的合同到期后，宾夕法尼亚州失业补助系统的开发工作仍在继续。2013 年，宾夕法尼亚州立法机构通过了第 34 号法案，设立服务基础设施改善基金（SIIF）作为失业补助服务和系统的临时补充资金来源，2013—2016 年期间，总计批准支出 1.784 亿美元。即便如此，这个项目还是失败了。宾夕法尼亚州审计长尤金·德帕斯夸尔于 2017 年 1 月发起审计，调查 1.784 亿美元 SIIF 资金的使用情况。审计师发现，DLI 没有使用标准的会计方法记录 SIIF 支出，而是混合了所有来源的失业补助管理资金，包括联邦失业补助管理基金、失业补助税款利息以及 SIIF 支出。

从积极的角度来看，2013—2016 年，对失业补助申请者的服务效率和失业补助系统基础设施的能力都有了显著提高。例如，第一笔款项及时支付的比例从 81.6％上升到 93.4％。然而，DLI 无法说明 SIIF 支出究竟是如何促成这些结果的。

当 SIIF 资金没有被再次批准并于 2016 年 12 月停止时，DLI 不得不从 2017 年失业补助行政预算中削减 5 750 万美元，导致该州八个失业补助服务中心中的三个在 2016 年 12 月被迫关闭，521 个工作岗位被取消。预算的削减使客户服务水平显著下降，失业补助金申请者常常无法拨通电话，申请处理周期也变得更长。

尽管遇到了各种挫折，但 DLI 下定决心要完成其失业补助福利发放系统的现代化改造。2017 年 6 月，DLI 与位于佛罗里达州的 Geographic Solutions 公司签署了价值 3 500 万美元的合同，旨在创建一个能够增强客户服务、提高质量和运营效率并可持续发展的系统。Geographic Solutions 公司专门为劳动力发展和失业保险行业设计、开发并维护联网系统，该公司曾为美国各州和地方机构开发了 80 多个劳动力系统。Geographic Solutions 计划于 2017 年 8 月 1 日开始搭建该系统，预计需要 18～24 个月。

2015 年，DLI 以 610 万美元聘请了总部位于芝加哥的 CSG Government Solutions 公司来协助规划并监控该项目。CSG 专注于政府大型信息技术、业务流程现代化项目等复杂项目的规划、管理和支持。CSG 分析了现有系统和工作流程，制定了项目战略和技术路线图，并收集了业务和技术需求以制定需求建议书。CSG 还建立了一个提供全面服务的项目管理办公室来监控项目进度，并在整个系统现代化过程中提供技术监督、失业补助业务知识、需求管理和测试支持。新系统全面实施后，业务现代化节省成本预计将占失业补助总管理成本的 5％～10％。

资料来源：www. geographicsolutions.com，accessed July 3，2019；www. csgdelivers. com，accessed July 3，2019；Jan Murphy，"Take Two：Labor & Industry Tries Again to Modernize Jobless Benefits Computer System," *Penn Live*，June 23，2017；Commonwealth of Pennsylvania Department of the Auditor General，"Performance Audit Report：Pennsylvania Department of Labor and Industry Service and Infrastructure Improvement Fund（SIIF），" April 2017；and Constance Bennett，Nanette Brown，Julie Cohen，Dr. Betsy Clark，Jeff Davenport，Eric Ferguson，John Gross，Michael H. McLendon，and Gregory Such，"Independent Assessment of the Commonwealth of Pennsylvania Unemployment Compensation Modernization System Program（UCMS），" Carnegie Mellon University Software Engineering Institute，July 2013.

案例分析问题

1. 评估失业补助现代化系统（UCMS）项目对宾夕法尼亚州的重要性。

2. 为什么失业补助现代化在宾夕法尼亚州是一个高风险的项目？确定其关键风险因素。

3. 对 UCMS 项目遇到的问题进行分类和描述。哪些人员、组织和技术因素导致了这些问题？

4. 可以采取哪些措施降低项目的风险？

参考文献

Bayerl, Petra Saskia, Kristina Lauche, and Carolyn Axtell. "Revisiting Group-Based Technology Adoption as a Dynamic Process: The Role of Changing Attitude-Rationale Configurations." *MIS Quarterly* 40, No. 3 (September 2016).

Benaroch, Michael, Yossi Lichtenstein, and Lior Fink. "Contract Design Choices and the Balance of Ex Ante and Ex Post Transaction Costs in Software Development Outsourcing." *MIS Quarterly* 40, No. 1 (March 2016).

Brock, Jon, Tamim Saleh, and Sesh Iyer. "Large-Scale IT Projects: From Nightmare to Value Creation." *Boston Consulting Group* (May 20, 2015).

Brown, Karen A., Nancy Lea Hyer, and Richard Ettenson. "Protect Your Project from Escalating Doubts." *MIT Sloan Management Review* 58, No. 3 (Spring 2017).

Browning, Tyson, R., and Ranga V. Ramases. "Reducing Unwelcome Surprises in Project Management." *MIT Sloan Management Review* 56, No. 3 (Spring 2015).

Cecez-Kecmanovic, Dubravka, Karlheinz Kautz, and Rebecca Abrahall, "Reframing Success and Failure of Information Systems: A Performative Perspective." *MIS Quarterly* 38, No. 2 (June 2014).

Chandrasekaran, Sriram, Sauri Gudlavalleti, and Sanjay Kaniyar. "Achieving Success in Large Complex Software Projects." *McKinsey Quarterly* (July 2014).

Comella-Dorda, Santiago, Swati Lohiya, and Gerard Speksnijder. "An Operating Model for Company-Wide Agile Development." McKinsey & Company (May 2016).

Florentine, Sharon. "More Than Half of IT Projects Are Still Failing." *CIO* (May 11, 2016).

Flyvbjerg, Bent, and Alexander Budzier. "Why Your IT Project May Be Riskier Than You Think," *Harvard Business Review* (September 2011).

Gnanasambandam, Chandra, Martin Harrysson, Rahul Mangla, and Shivam Srivastava. "An Executive's Guide to Software Development." *McKinsey & Company* (February 2017).

Hoehle, Hartmut, and Viswanath Venkatesh. "Mobile Application Usability: Conceptualization and Instrument Development." *MIS Quarterly* 39, No. 2 (June 2015).

Jenkin, Tracy A., Yolande E. Chan, and Rajiv Sabherwal."Mutual Understanding in Information Systems Development: Changes Within and Across Projects." *MIS Quarterly* 43, No. 2 (June 2019).

Keil, Mark, H. Jeff Smith, Charalambos L. Iacovou, and Ronald L. Thompson. "The Pitfalls of Project Status Reporting." *MIT Sloan Management Review* 55, No. 3 (Spring 2014).

Kendall, Kenneth E., and Julie E. Kendall. *Systems Analysis and Design*, 10th ed. (Upper Saddle River, NJ: Prentice-Hall, 2019).

Kloppenborg, Timothy J., and Debbie Tesch. "How Executive Sponsors Influence Project Success." *MIT Sloan Management Review* (Spring 2015).

Kudaravalli, Srinivas, Samer Faraj, and Steven L. Johnson. "A Configural Approach to Coordinating Expertise in Software Development Teams." *MIS Quarterly* 41, No. 1 (March 2017).

Langer, Nishtha, and Deepa Mani."Impact of Formal Controls on Client Satisfaction and Profitability in Strategic Outsourcing Contracts." *Journal of Management Information Systems* 35, No. 4 (2018).

Levina, Natalia, and Jeanne W. Ross. "From the Vendor's Perspective: Exploring the Value Proposition in Information Technology Outsourcing." *MIS Quarterly* 27, No. 3 (September 2003).

Li, Xitong, and Stuart E. Madnick. "Understanding the Dynamics of Service-Oriented Architecture Implementation." *Journal of Management Information Systems* 32, No. 2 (2015).

Mani, Deepa, and Anitesh Barua. "The Impact of Firm Learning on Value Creation in Strategic Outsourcing Relationships." *Journal of Management Information Systems* 32, No. 1 (2015).

Maruping, Likoebe M., ViswanathVenkatesh, James Y. L. Thong, and Xiaojun Zhang. "A Risk Mitigation Framework for Information Technology Projects: A Cultural Contingency Perspective." *Journal of Management Information Systems* 36, No. 1 (2019).

Moeini, Mohammad, and Suzanne Rivard. "Responding—or Not—to Information Technology Project Risks: An Integrative Model." *MIS Quarterly* 43, No. 2 (June 2019).

Overby, Stephanie. "The Hidden Costs of Offshore Outsourcing." *CIO Magazine* (September 1, 2003).

Pariseau, Beth. "UPS Delivers Agile Plan for Legacy Application Modernization." SearchITOperations.com (June 6, 2019).

Project Management Institute and Boston Consulting Group. "Executive Sponsor Engagement: Top Driver of Project and Program Success" (Newtown Square, Pennsylvania: PMI/BCG, October 2014).

Ryan, Sherry D., David A. Harrison, and Lawrence L. Schkade. "Information Technology Investment Decisions: When Do Cost and Benefits in the Social Subsystem Matter?" *Journal of Management Information Systems* 19, No. 2 (Fall 2002).

Schwalbe, Kathy. *Information Technology Project Management*, 9th ed. (Boston: Cengage, 2019).

Valacich, Joseph, and Joey George. *Modern Systems Analysis and Design*, 9th ed. (Upper Saddle River, NJ: Prentice-Hall, 2020).

Wiener, Martin, Magnus Mähring, Ulrich Remus, and Carol Saunders. "Control Configuration and Control Enactment in Information Systems Projects: Review and Expanded Theoretical Framework." *MIS Quarterly* 40, No. 3 (September 2016).

词汇表

3D 打印（3-D printing） 使用机器根据数字文件中的规格逐层制作实体，也称为"增材制造"。

3G 网络（3G networks） 基于分组交换技术的高速蜂窝网络，使用户能够在传送语音的同时传输视频、图形和其他富媒体。

4G 网络（4G networks） 完全分组交换的超高速无线网络，速度为 1Mbps～1Gbps。

5G 下一代无线网络技术，有望在短距离范围内传输千兆数据，传输延迟更少。

可接受使用策略（acceptable use policy，AUP） 定义台式机和笔记本电脑、无线设备、电话和互联网等企业信息资源和计算设备的可接受用途，并规定违规后果。

验收测试（acceptance testing） 提供系统可以用于生产环境的最终认证。

问责（accountability） 评估决定和采取的行动的责任的机制。

广告盈利模式（advertising revenue model） 网站通过吸引大量访问者来创造收入。

联盟盈利模式（affiliate revenue model） 一种电子商务盈利模式，网站作为合作伙伴将其访问者引流到其他网站以获得转介费用。

敏捷开发（agile development） 将大型项目分解成一系列小型子项目，并使用迭代和持续反馈在短时间内完成它们，从而快速交付工作软件。

分析平台（analytic platform） 专为高速分析大型数据集设计的预配置硬件、软件系统。

分析型客户关系管理（analytical CRM） 客户关系管理应用程序，处理客户数据分析，为提高业务绩效提供信息。

安卓（Android） 谷歌和开放手机联盟为移动设备开发的开源操作系统，是目前全球最流行的智能手机操作系统。

反恶意程序软件（anti-malware software） 用于检测并消除信息系统中恶意程序的软件。

应用程序控制（application controls） 各计算机应用程序独有的控制，确保只有授权数据才能由该应用程序完全准确地处理。

应用代理过滤（application proxy filtering） 一种防火墙筛选技术，使用代理服务器检查并传输流入和流出组织的数据包，使组织内部所有应用程序都通过代理应用程序与外部通信。

应用服务器（application server） 处理基于浏览器的计算机和企业后端业务应用程序或数据库间所有应用操作的软件。

应用程序软件（application software） 为特定应用编写的程序，执行终端用户指定的功能。

应用程序（Apps）　在互联网、计算机或移动电话上运行的小型软件，常通过互联网进行传输。

人工智能（artificial intelligence，AI）　一种基于计算机的系统，能够像人类一样学习语言、完成物理任务、使用感知设备并模拟人类专业知识和决策。

属性（attributes）　描述特定实体的信息。

增强现实（augmented reality）　一种增强可视化的技术，提供物理世界环境的实时视图，通过计算机生成的虚拟图像对元素进行增强。

身份认证（authentication）　交易双方确认对方身份的能力。

身份认证管理系统（authorization management systems）　根据一系列访问规则，允许用户仅能访问系统的一部分或允许其进入的网站的系统。

骨干网（backbone）　网络中处理主要流量，并为流入或流出其他网络的流量提供主要路径的部分。

平衡计分卡法（balanced scorecard method）　关注可衡量的财务、业务流程、客户、学习和成长，以实施企业战略计划的框架。

带宽（bandwidth）　通信信道的容量，由该信道能传输的最高和最低频率之差来衡量。

横幅广告（banner ad）　网页上的广告图形展示。横幅广告链接到广告商网站，点击它的用户将被引导到广告商网站。

行为定向（behavioral targeting）　跟踪个人在多个网站上的点击流（点击行为历史），了解他们的兴趣和意图，并展示与其兴趣匹配的个性化广告。

标杆管理（benchmarking）　为产品、服务或活动设定严格的标准，并根据这些标准衡量组织绩效。

最佳实践（best practices）　特定组织或行业开发的最成功的解决方案或解决问题的方法。

大数据（big data）　超出关系数据库管理系统获取、存储和分析能力的庞大数据集。数据通常是非结构化或半结构化的。

生物识别（biometric authentication）　用于验证系统用户的技术，将个人的独特特征（如指纹、面部或视网膜图像）与存储的配置文件进行比较。

位（bit）　表示计算机系统最小数据单位的二进制数字，只有 0 或 1 两种状态。

区块链（blockchain）　存储永久且不可篡改的交易记录，并在分布式计算机网络中共享的分布式账簿。

博客（blog）　网络日志的流行术语，指非正式的结构化网站，个人可在其中发布故事、观点和感兴趣网站的链接。

博客圈（blogosphere）　所有与博客相关的网站。

蓝牙（bluetooth）　一种无线个人局域网标准，可在 10 米范围内传输高达 722Kbps 的数据。

僵尸网络（botnet）　一组使用户在不知情的情况下感染恶意软件的计算机病毒，黑客能够利用这些计算机资源发起分布式拒绝服务攻击、网络钓鱼或垃圾邮件。

宽带（broadband）　高速传输技术；也指可以同时传输多个数据通道的单一通信介质。

错误（bugs） 软件程序代码缺陷。

牛鞭效应（bullwhip effect） 产品在整个供应链中从一个实体传递到另一个实体时，需求信息发生扭曲的情况。

企业（business） 以盈利为目的生产产品或提供服务的正式组织。

商业案例（business case） 通过描述投资的成本、收益和商业价值，寻求管理层批准的提案。

业务连续性计划（business continuity planning） 重点关注企业在灾难发生后如何恢复商业运营的计划。

商务智能（business intelligence，BI） 帮助用户作出更好业务决策的应用程序和技术。

商业模式（business model） 对于企业是什么以及企业如何提供产品或服务的抽象表述，说明企业如何创造财富。

企业绩效管理（business performance management） 使用基于企业战略的关键绩效指标衡量企业绩效的方法。

业务流程管理（business process management） 用于持续改进和管理业务流程的工具和方法。

业务流程再造（business process reengineering，BPR） 彻底重新设计业务流程，以最大限度地发挥信息技术的优势。

业务流程（business processes） 企业协调和组织工作活动、信息和知识，以生产产品或提供服务的独特方式。

商业战略（business strategy） 决定企业生产的产品和服务、企业竞争的行业、企业的竞争对手、供应商和客户以及企业长期目标的一系列活动和决策。

企业对企业电子商务（business-to-business（B2B）electronic commerce） 企业间商品和服务的电子销售。

企业对消费者电子商务（business-to-consumer（B2C）electronic commerce） 直接面向个人消费者的产品和服务的电子零售。

自带设备（BYOD） 允许员工在工作场所使用个人移动设备。

C 语言（C） 一种强大的编程语言，具有严格的控制和执行效率，可在不同微处理器上运行。

有线网络连接（cable Internet connections） 利用数字电缆同轴线向家庭和企业提供高速互联网接入。

呼叫中心（call center） 负责通过电话和其他渠道处理客户服务问题的组织部门。

校园局域网（campus area network，CAN） 在有限的区域（如大学或企业园区）内互连的一组局域网。

容量规划（capacity planning） 预测计算机硬件系统何时达到饱和状态的过程，确保有充分的计算机资源可供不同优先级别的工作使用，以及确保企业对它目前和未来的需求有足够的计算能力。

资本预算（capital budgeting） 分析和选择不同资金支出方案的过程。

腕管综合征（carpal tunnel syndromes，CTS） 重复性劳损（RSI）的一种，手腕的骨性腕管结构对中枢神经产生压力而引发疼痛。

蜂窝电话（cellular telephones，cell phones）　一种传送语音或数据的设备，使用无线电波与相邻地理区域（称为蜂窝）内的无线电天线进行通信。

集中式处理（centralized processing）　由一台大型中央计算机完成的处理。

变革推动者（change agent）　在实施变革时，个人在变革过程中扮演推动者的角色，确保组织顺利使用新系统或创新。

变革管理（change management）　适当考虑新系统或变更现有系统对组织变革的影响。

聊天（chat）　通过公共网络进行的实时互动对话。

聊天机器人（chatbot）　通过文本或听觉方法模拟与一个或多个人类用户对话的软件代理。

首席数据官（chief data officer，CDO）　负责企业范围内的信息治理和使用，以最大限度提高组织从其数据中可获得的价值的个人。

首席信息官（chief information officer，CIO）　负责企业信息系统功能的高级管理者。

首席知识官（chief knowledge officer，CKO）　负责企业的知识管理项目。

首席隐私官（chief privacy officer，CPO）　负责确保企业遵守现有的数据隐私法。

首席安全官（chief security officer，CSO）　负责组织的正式安全职能，并负责执行企业的安全政策。

选择（choice）　西蒙的第三决策阶段，个体在不同解决方案中作出选择。

Chrome OS　谷歌的轻量级云计算操作系统，可在连接网络的计算机或移动设备上运行。

流失率（churn rate）　衡量停止购买或使用企业产品或服务的客户数量，用作衡量企业客户增长或下降的指标。

点击欺诈（click fraud）　欺骗性地点击按点击量付费的在线广告，以产生不正当的点击费用。

点击流跟踪（clickstream tracking）　跟踪网站上的用户活动数据，并将其存储在日志中。

客户端（client）　在客户端/服务器计算中实现所需功能的用户入口点，通常是台式计算机、工作站或笔记本电脑。

客户端/服务器计算（client/server computing）　一种计算模型，在网络上将客户端和服务器拆分处理，为每台机器分配最适合执行的功能。

云计算（cloud computing）　通过网络（通常是互联网）提供访问共享计算资源池的计算模型。

同轴电缆（coaxial cable）　由厚绝缘铜线组成的传输介质，可快速传输大量数据。

协作（collaboration）　与他人合作以实现共同明确的目标。

协同过滤（collaborative filtering）　跟踪用户在网站上的活动，将收集到的用户行为信息与其他具有相似兴趣的用户数据进行比较，预测用户接下来想看到的内容。

社区提供商（community provider）　创建数字在线环境的网站商业模式，具有相似兴趣的人可在其中进行交互，分享兴趣、照片和视频，并接收与兴趣相关的信息。

五力模型（competitive forces model）　用于描述影响组织战略和竞争能力的外部影响，尤其是威胁和机会的相互作用的模型。

基于程序构件的软件开发（component-based development）　通过对预先存在的软件组

件进行组合来构建大型软件系统。

计算机滥用（computer abuse）　可能不违法但不道德的计算机相关行为。

计算机犯罪（computer crime）　使用计算机或针对计算机系统实施的非法行为。

计算机取证（computer forensics）　对保存在计算机存储介质上或从计算机存储介质中检索的数据进行科学收集、检查、鉴定、保存和分析，使这些信息可用作法庭证据。

计算机硬件（computer hardware）　信息系统中用于输入、处理和输出活动的物理设备。

计算机素养（computer literacy）　有关信息技术的知识，重点是理解基于计算机的技术如何工作。

计算机软件（computer software）　控制和协调信息系统中计算机硬件工作的详细的、预先编制的指令。

计算机病毒（computer virus）　附加在其他软件程序或数据文件上并激活执行的流氓软件程序，通常会导致硬件和软件故障。

计算机视觉综合征（computer vision syndrome，CVS）　与使用电脑屏幕有关的眼部疲劳，症状包括头痛、视力模糊、眼睛干涩和发炎。

计算机视觉系统（computer vision systems）　试图模仿人类视觉系统以查看并提取真实世界图像信息的计算机系统。

计算机辅助设计系统（computer-aided design（CAD）system）　通过使用复杂的图形软件，自动创建和修改设计的信息系统。

IT 消费化（consumerization of IT）　源自消费市场并传播到商业组织中的信息技术。

消费者对消费者电子商务（consumer-to-consumer（C2C）electronic commerce）　消费者之间通过电子方式销售商品和服务。

控制（controls）　确保组织资产安全、记录准确性和可靠性、运营遵守管理标准的方法、政策和程序。

转换（conversion）　从旧系统转为新系统的过程。

cookies　用户访问特定网站时存储在计算机硬盘上的微小文件，用于识别访问者并跟踪其对网站的访问。

版权（copyright）　保护创作者的知识产权在其有生之年及去世 70 年内不被他人以任何目的复制的法定授权。

核心竞争力（core competency）　使企业成为世界级领导者的活动。

成本透明（cost transparency）　消费者发现商家为产品支付的实际成本的能力。

成本收益率（cost-benefit ratio）　一种计算资本支出回报的方法，用总收益除以总成本。

批判性思维（critical thinking）　从多个角度、用多种方法进行持续谨慎的判断。

交叉销售（cross-selling）　向客户推销互补性产品。

众包（crowdsourcing）　通过众多互联网用户寻求建议、市场反馈、新想法和解决方案；与群体智慧理论相关。

文化（culture）　已被组织中大多数成员接受的基本假设、价值观和行为方式。

客户生命周期价值（customer lifetime value，CLTV）　特定客户产生的收入与获取并服务该客户的费用之间的差额，减去客户关系生命周期内的促销成本，用美元表示。

客户关系管理系统（customer relationship management（CRM）systems）　跟踪并分析

企业与客户的全部交互活动，以优化收入、利润、客户满意度和客户留存率的信息系统。

定制化（customization）　在电子商务中，根据用户的偏好或历史行为更改已交付的产品或服务。

定制（customization）　在不破坏完整性的情况下修改软件包以满足组织的独特要求。

网络破坏（cybervandalism）　故意破坏、损坏甚至摧毁网站或企业信息系统。

网络战（cyberwarfare）　国家资助的活动，旨在通过破坏、干扰计算机或网络来削弱或击败另一个国家或地区的活动。

周期（cycle time）　流程从开始到结束所用的总时间。

暗网（dark web）　为了保持匿名性，有意向搜索引擎隐藏的一小部分深层网络。

数据（data）　未被组织和排列成人类可理解和使用的形式的原始事实流，表示组织或物理环境中发生的事件。

数据中心（data center）　容纳计算机系统和相关组件的设施，如通信设备、存储设备和安全系统以及备用电源。

数据清洗（data cleansing）　检查并修正数据库或文件中不正确、不完整、格式不规范或冗余的数据的活动。

数据定义（data definition）　定义数据库内容的结构。

数据字典（data dictionary）　一种自动或手动工具，用于存储并组织数据库中维护的数据相关信息。

数据治理（data governance）　将数据作为组织资源进行管理的政策和程序。

数据湖（data lake）　原始非结构化数据或大部分尚未分析的结构化数据的存储库。

数据管理软件（data management software）　用于创建并处理列表、创建文件和数据库以存储数据，组合信息生成报告的软件。

数据管理技术（data management technology）　管理物理存储介质上数据组织的软件。

数据操作语言（data manipulation language）　与数据库管理系统有关的语言，终端用户和程序员使用它们操作数据库中的数据。

数据集市（data mart）　小型数据仓库，仅包含组织特定功能或用户群体的部分数据。

数据挖掘（data mining）　对大量数据进行分析，发现可指导决策和预测未来行为的模式和规则。

数据质量审计（data quality audit）　用于确定信息系统中数据准确性和完整性的调查和/或抽样。

数据可视化（data visualization）　用图形表示数据，帮助用户查看大量数据中的模式和关系的技术。

数据仓库（data warehouse）　具有报告和查询工具的数据库，存储从各种操作系统中提取的当前和历史数据，并进行整合以实现管理报告和分析。

数据型员工（data workers）　处理组织文书工作的秘书或簿记员等人员。

数据库（database）　一组相关的文件。

数据库管理系统（database management system，DBMS）　用于创建和维护数据库，使各个业务应用程序无须在计算机程序中创建单独文件或数据定义即可提取所需数据的特殊软件。

数据库服务器（database server）　客户端/服务器环境中的计算机，负责运行 DBMS

以处理 SQL 语句并执行数据库管理任务。

决策支持系统（decision-support systems，DSS）　组织管理层的信息系统，将数据和复杂的分析模型或数据分析工具结合，以支持半结构化和非结构化决策。

深度学习（deep learning）　使用多层神经网络发现数据中的潜在模式，在一些有限的情况下无须人工标注即可识别数据中的模式。

深层网络（deep web）　谷歌或其他公共搜索引擎无法完全搜索的封闭网页。

需求规划（demand planning）　确定企业需要生产多少产品才能满足所有客户的需求。

拒绝服务攻击（denial-of-service（DoS）attack）　利用虚假通信或请求服务使网络服务器或网页服务器泛滥，从而使网络崩溃。

笛卡尔变化法则（Descartes' rule of change）　如果一种行为无法重复执行，那么它在任何时候都是不正确的。

设计（design）　西蒙的第二阶段决策，在此阶段，个体构思一个问题可能的替代解决方案。

数字化资产管理系统（digital asset management systems）　对数字对象（如照片、图形图像、视频和音频内容）进行分类、存储和分发。

数字证书（digital certificates）　电子信息附件，用于验证发送者身份并向接收者提供回复信息编码的方法。

数字仪表板（digital dashboard）　在单个屏幕上以图形和图表的形式显示企业全部关键指标，向管理者提供作出关键决策所需的关键指标的一页概览。

数字鸿沟（digital divide）　不同社会群体和不同地区在使用计算机和互联网上的巨大差距。

数字商品（digital goods）　可以通过数字网络交付的商品。

数字市场（digital market）　由连接许多买家和卖家的计算机和通信技术创造的市场。

数字千年版权法（Digital Millennium Copyright Act，DMCA）　调整版权法以适应网络时代的法规，将制作、分销或使用规避版权保护的技术设备定义为违法行为。

数字签名（digital signature）　一种数字代码，可附加在电子消息上，用于唯一标识其内容和发送者。

数字用户线路（digital subscriber line，DSL）　一组通过现有铜质电话线提供高传输能力的技术。

直接转换策略（direct cutover strategy）　一种冒险的转换方法，新系统在指定日期完全取代旧系统。

直接产品（direct goods）　在生产过程中使用的商品。

灾难恢复计划（disaster recovery planning）　计算机和通信服务中断后的修复计划。

去中介化（disintermediation）　去除价值链中负责中间步骤的组织或者业务流程。

颠覆性技术（disruptive technologies）　对行业和企业产生颠覆性影响的技术，使现有产品、服务和商业模式被淘汰。

分布式数据库（distributed database）　存储在多个物理位置的数据库。

分布式拒绝服务攻击（distributed denial-of-service（DDoS）attack）　使用大量计算机从多个位置涌向网络，进而淹没网络的攻击。

分布式处理（distributed processing）　在经由通信网络链接的多台计算机间分配计算

机处理工作。

说明性文档（documentation）　从技术或终端用户的角度描述信息系统如何工作。

域名（domain name）　类似于英文名称，对应于连接到互联网的每台计算机的唯一 32 位数字互联网协议（IP）地址。

域名系统（domain name system，DNS）　一种服务器分层系统，其维护的数据库可将域名转换为数字 IP 地址。

本国出口（domestic exporter）　一种企业组织形式，以在原产地高度集中的企业活动为特征。

停机时间（downtime）　信息系统无法运行的时间。

向下钻取分析（drill down）　从汇总数据下沉到越来越细化的详细数据的能力。

偷渡式下载（drive-by download）　用户无意中打开的下载文件中附带的恶意软件。

正当程序（due process）　使法律广为人知并被理解，允许所有人向上级机构上诉以确保法律得到正确实施的过程。

动态定价（dynamic pricing）　根据买卖双方的实时互动决定商品在任意时刻的价格的定价方法。

边缘计算（edge computing）　使用靠近数据源的网络边缘的一组链接服务器执行部分数据处理，以优化云计算系统。

高效客户响应系统（efficient customer response system）　将消费者行为与分销、生产及供应链直接连接的系统。

电子政务（e-government）　利用互联网和相关技术，使政府部门和公共服务机构能以数字方式与市民、企业以及其他政府部门建立关系。

电子商务（广义）（electronic business，e-business）　利用互联网和数字技术处理企业中所有的业务流程，包括电子贸易、企业内部管理以及与供应商和其他业务伙伴的协调。

电子商务（狭义）（electronic commerce，e-commerce）　利用互联网、网络和其他数字技术方式购买和销售商品和服务的过程。

电子数据交换（electronic data interchange，EDI）　两个标准商业交易组织之间直接进行计算机到计算机交换，如订单、发货指令或付款。

电子邮件（electronic mail，email）　计算机间交换信息的一种方式。

电子记录管理（electronic records management，ERM）　用于管理电子记录的保留、销毁和存储的政策、程序和工具。

员工关系管理（employee relationship management，ERM）　处理与客户关系管理（CRM）密切相关的员工问题的软件，如设定目标、员工绩效管理、基于绩效的薪酬和员工培训。

加密（encryption）　对信息进行编码和干扰，防止未经授权的读取或访问。

终端用户（end users）　信息系统部门以外的部门代表，使用信息系统部门为其开发的系统。

最终用户开发（end user development）　终端用户在技术专家很少或几乎没有技术专家的正式帮助的情况下开发信息系统。

终端用户界面（end user interface）　信息系统的一部分，终端用户通过该界面与系统进行交互，例如在线屏幕和命令。

企业应用（enterprise applications） 跨企业职能、层级、业务单元协调活动、决策和知识的系统，包括企业系统、供应链管理系统、客户关系管理系统和知识管理系统。

企业内容管理系统（enterprise content management systems） 帮助组织管理结构化和半结构化知识的系统，提供文档、报告、演示文稿，收集并组织电子邮件和图形对象的最佳实践和功能的企业存储库。

企业系统（enterprise systems） 协调企业内部关键流程的集成的、企业范围的信息系统。也称为企业资源规划（ERP）。

企业级知识管理系统（enterprise-wide knowledge management systems） 收集、存储、分发并应用数字内容与知识的通用企业系统。

实体（entity） 信息必须被保存的人、地点、事物或事件。

实体关系模型（entity relationship diagram） 一种记录数据库的方法，用于说明数据库中各种实体之间的关系。

人类工程学（ergonomics） 工作环境中人与机器的交互，包括工作设计、健康问题和信息系统的终端用户界面。

网络零售商（e-tailer） 网上零售商店，既包括亚马逊等大型商店，也包括拥有销售网站的小型本地商店。

以太网（Ethernet） 物理网络中占主导地位的局域网标准，指定在计算机之间传输信号的物理介质、访问控制规则、以及一套用于在系统中传输数据的标准化的比特。

道德上的"没有免费午餐"原则（ethical "no free lunch" rule） 除非有特别声明，假设所有有形和无形物品都归其他人所有，且创作者想要为其工作得到回报。

商业伦理（ethics） 作为自由道德主体的个人用以作出选择或指导其行为的是非标准。

邪恶双胞胎（evil twin） 伪装成合法 Wi-Fi 网络的无线网络，诱使使用者登录并暴露其密码或信用卡号码。

交易所（exchanges） 主要以交易为目的的第三方网络市场，连接众多买方和卖方进行实时交易。

高管支持系统（executive support systems，ESS） 组织战略层面的信息系统，旨在通过高级图形和通信作出非结构化决策。

专家系统（expert systems） 知识密集型计算机程序，可在有限的知识领域获取人类的专业知识。

可扩展标记语言（Extensible Markup Language，XML） 一种比超文本标记语言（HTML）更强大和灵活的网页标记语言，允许计算机对数据进行操作。

外联网（extranets） 授权的外部人员可以访问的专用内联网。

公平信息实践（Fair Information Practices，FIP） 1973 年制定的一套原则，用于管理个人信息的收集和使用，是美国和欧洲大多数隐私法律的基础。

容错计算机系统（fault-tolerant computer systems） 包含额外的硬件、软件和电源组件的系统，能够备份系统并保持其运行，防止系统故障。

可行性研究（feasibility study） 系统分析过程的一部分，在给定组织的资源和约束条件下，确定解决方案是否可实现。

反馈（feedback） 将输出返回给组织相应成员，帮助他们评估并改进输入。

光纤电缆（fiber optic cable）　一种快速、轻便且耐用的传输介质，由捆绑在电缆中的透明玻璃纤维组成，数据在其中以光脉冲的形式传输。

字段（field）　一组字符构成的一个词、一组词或一个完整的数字，如一个人的姓名或者年龄。

文件传输协议（File Transfer Protocol，FTP）　用于从远程计算机检索和传输文件的工具。

金融科技（FinTech）　新兴的创新金融技术企业和服务。

防火墙（Firewall）　位于组织内部网络和外部网络之间的硬件和软件，防止外部人员入侵专用网络。

外键（foreign key）　数据表中的字段，使用户可在另一数据表中查找相关信息。

正式计划和控制工具（formal planning and control tools）　通过列出项目的具体活动、持续时间以及任务的顺序和时间安排来改进项目管理的工具。

特许经营（franchiser）　一种企业经营方式，产品开发、设计、融资和初始生产在国内进行，后续的生产、营销、人力资源等严重依赖海外人员。

免费/免费增值盈利模式（free/freemium revenue model）　电子商务的一种盈利模式，企业提供免费的基本服务或内容，对高级或高价值的功能收取额外费用。

甘特图（Gantt chart）　直观表示项目任务的时间、持续时长和人力资源需求的图表，每个任务表示为一个水平条，其长度与完成任务所需的时间成正比。

通用控制（general controls）　组织信息技术基础设施中的总体控制环境，管理计算机程序的设计、安全性和使用以及数据文件安全。

通用数据保护条例（General Data Protection Regulation，GDPR）　2018 年 5 月 25 日生效的立法，更新并统一整个欧盟的数据隐私法，重点是提高企业透明度并扩大数据主体的隐私权。

遗传算法（genetic algorithms）　为生成特定问题解决方案，借鉴生物适应环境的过程而构建的模型。

基于位置的广告服务（geoadvertising services）　根据用户的 GPS 位置向其投放广告。

地理信息系统（geographic information systems，GIS）　使用数字地图分析并显示数据，以提高计划和决策水平的软件系统。

基于位置的信息服务（geoinformation services）　基于用户 GPS 定位提供地点和事物信息。

基于位置的社交服务（geosocial services）　基于用户 GPS 定位的社交网络。

千兆字节（gigabyte）　大约十亿字节。

黄金法则（Golden Rule）　换位思考，决策时充分考虑他人。

谷歌应用（Google Apps）　谷歌面向企业的云计算生产力套件。

格雷姆-里奇-比利雷法案（Gramm-Leach-Bliley Act）　要求金融机构确保客户数据的安全性和保密性。

图形用户界面（graphical user interface，GUI）　用户与操作系统交互的部分，使用图标和计算机鼠标发出命令和选择。

绿色计算（green computing）　在生产、使用和处理计算机及相关设备中，尽量减少对环境影响的做法和技术。

网格计算（**grid computing**） 将网络中多台计算机的资源应用于一个问题。

群体决策支持系统（**group decision support system，GDSS**） 一种基于计算机的交互系统，旨在帮助一群决策者作为一个群体共同解决非结构化问题。

黑客（**hacker**） 未经授权访问计算机网络以进行谋利、犯罪、恶作剧或个人娱乐的人。

Hadoop 开源软件框架，可在许多廉价计算机上对大量数据进行分布式并行处理。

赫兹（**Hertz**） 每秒电脉冲频率的度量，一赫兹（Hz）相当于每秒一个周期。

健康保险流通与责任法案（**HIPAA**） 概述医疗安全和隐私规则和程序的法律，用于简化医疗保健账单的管理，并在医疗保健提供者、支付者和计划之间自动传输医疗保健数据。

主页（**home page**） 显示万维网的文本和图形屏幕，用于欢迎用户并介绍创建页面的组织。

热点（**hotspots**） 在专门的地理位置设置的访问点，用于提供公共 Wi-Fi 网络服务。

HTML5 下一代 HTML，可在不添加附件的情况下将图片、视频和音频直接嵌入文档。

集线器（**hubs**） 连接网络组件的简单设备，可向连接的其他设备传输数据包。

混合云（**hybrid cloud**） 企业同时使用自己的 IT 基础设施和公共云计算服务的计算模式。

超文本标记语言（**Hypertext Markup Language，HTML**） 用于创建网页和其他超媒体文档的页面描述语言。

超文本传输协议（**Hypertext Transport Protocol，HTTP**） 在网络上传输页面的通信标准，定义消息的格式和传输方式。

身份管理（**identity management**） 用于识别系统的有效用户并控制他们对系统资源访问的业务流程和软件工具。

身份盗用（**identity theft**） 盗取个人重要信息，如信用卡或社会保障号码，以受害者的名义获取商品和服务，或者获得虚假凭证。

康德的绝对命令（**Immanuel Kant's categorical imperative**） 如果一种行为无法让每个人都接受，那么它对任何人都不适用。

实施（**implementation**） 围绕创新（如新的信息系统）的采用、管理和定期重用的所有组织活动。

实施（**implementation**） 西蒙决策制定的最后阶段，个体将决策付诸实践并报告该方案的进展情况。

间接产品（**indirect goods**） 生产过程中不直接使用的商品，如办公用品。

推理机（**inference engine**） 用于在专家系统中搜索规则库的策略；可以是正向或反向链接。

信息（**information**） 已经被整理成对人类有意义和有用形式的数据。

信息设备（**information appliance**） 以被定制成能够以最小的用户工作量良好执行特定计算任务的设备。

信息不对称（**information asymmetry**） 交易双方的相对议价能力由拥有更多必要信息的一方来决定。

信息密度（information density）　所有市场参与者、消费者和商家可获得的信息总量和质量。

信息需求（information requirements）　对新系统必须满足的信息需求的详细说明；确定谁需要哪些信息，以及何时、何地和如何需要这些信息。

信息权利（information rights）　个人和组织对与其有关的信息所享有的权利。

信息系统（information system）　相互关联的组件协同工作以收集、处理、存储和传播信息，支持组织的决策、协同、控制、分析和可视化。

信息系统审计（information systems audit）　确定管理各个信息系统的所有控制措施，并评估其有效性。

信息系统部门（information system department）　负责组织中的信息系统功能的正式组织单位。

信息系统素养（information systems literacy）　对信息系统的广泛理解，包括对使用信息系统的组织和个人行为的了解，以及对计算机技术知识的了解。

信息系统经理（information systems managers）　信息系统部门专家的领导者。

信息系统规划（information systems plan）　指出系统开发方向的路线图，包括基本原理、现状、管理战略、实施计划以及预算。

信息技术（information technology，IT）　企业实现其商业目标所需的全部硬件和软件技术。

信息技术基础设施（information technology（IT）infrastructure）　为组织提供共享 IT 资源组合的计算机硬件、软件、数据、存储技术和网络。

知情同意（informed consent）　在了解所有事实的情况下作出理性决定表示同意。

内存计算（in memory computing）　通过将数据存储在计算机主存而不是辅助存储器中，来快速分析并处理大量数据的技术。

输入（input）　从组织内部或外部环境中获取或采集原始数据，以便在信息系统中进行处理。

输入设备（input devices）　收集数据并将其转换成电子形式供计算机使用的设备。

即时通信（instant messaging）　允许参与者创建私人聊天频道的聊天服务，当用户私人列表中的某位好友在线时，用户可以收到提醒并与特定好友发起聊天会话。

无形收益（intangible benefits）　难以量化的收益，包括更有效的客户服务或改进的决策。

知识产权（intellectual property）　个人或企业创造的受商业机密、版权和专利法保护的无形财产。

情报（intelligence）　西蒙四决策阶段的第一阶段，个体收集信息以确定组织中出现的问题。

智能代理（intelligent agents）　使用内置或经过学习的知识库，为个人用户、业务流程或软件应用执行特定、重复和可预测的任务的软件程序。

智能技术（intelligent techniques）　通过获取个人和集体知识，发现大量数据中的模式和行为，并为人类无法独自解决的复杂问题生成解决方案，从而帮助管理者制定决策。

互联网（Internet）　使用通用标准连接数百万个网络的全球网络。

Internet2　具有新协议和高传送速度的研究网络，为支持高带宽互联网协议提供基础设施。

互联网协议（IP）地址（Internet Protocol（IP）address） 由四部分组成的数字地址，指示互联网上计算机的唯一位置。

互联网服务提供商（Internet service provider，ISP） 与互联网永久相连，向用户出售临时网络连接服务的商业组织。

网络电话（Internet telephony） 使用互联网协议的分组交换连接，提供语音服务的技术。

物联网（Internet of Things） 一种无处不在的网络，每个对象或机器都有唯一编码并可通过网络与其他机器链接或传输数据。也称为工业互联网。

网络互连（internetworking） 将独立网络连接成一个互连的网络，每个网络都保留自己的身份。

跨组织系统（interorganizational system） 使信息流跨组织边界自动流动，将企业与其客户、分销商和供应商连接起来的信息系统。

内联网（intranets） 基于互联网和万维网技术及标准的内部网络。

入侵检测系统（intrusion detection systems） 监控网络中最脆弱的节点以检测并阻止未经授权的入侵者的工具。

iOS 适用于苹果 iPad、iPhone 和 iPod Touch 的操作系统。

IPv6 使用128 位 IP 地址的新 IP 寻址系统，表示第六版互联网协议。

IT 治理（IT governance） 在组织内使用信息技术的战略和政策，指定决策权和责任以确保信息技术支持组织的战略和目标。

Java 一种独立于操作系统和处理器的面向对象的编程语言，是领先的交互式网络编程环境。

联合应用设计（joint application design，JAD） 让终端用户和信息系统专家在密集的交互式会议中共同工作，加速信息需求生成的过程。

准时制生产战略（just in time strategy） 调度系统通过让组件在需要的时候准时到达，并在成品离开装配线后立即发货，最大限度地减少库存。

关键字段（key field） 记录中唯一标识该记录的实例，以便对其进行检索、更新或排序。

键盘记录器（key loggers） 记录计算机上每一次击键操作的间谍软件。

关键绩效指标（key performance indicators，KPIs） 高层管理人员提出的一系列指标，旨在了解企业在特定维度上的表现。

知识库（knowledge base） 专家系统使用的人类知识模型。

知识管理（knowledge management） 在组织中开发的用于创造、存储、传递和应用知识的一组企业流程。

知识管理系统（knowledge management systems，KMS） 支持创建、获取、存储和传播企业专业知识的系统。

知识工作系统（knowledge work systems，KWS） 帮助知识工作者在组织中创建并整合新知识的信息系统。

知识型员工（knowledge workers） 工程师或建筑师等设计产品或服务并为组织创造知识的人。

学习管理系统（learning management system，LMS）　用于管理、交付、跟踪并评估各类员工学习的工具。

遗留系统（legacy systems）　已经存在很长时间并继续使用，以避免因替换或重新设计系统而支付高额费用的系统。

法律责任（liability）　允许个人对他人、系统或组织对其造成的损害要求赔偿的法律。

Linux　可靠且设计简洁的操作系统，是 UNIX 的开源分支，可在许多硬件平台上运行，且可免费或以极低的成本获得。

局域网（local area network，LAN）　需要专用信道并覆盖有限地理范围的通信网络，通常在一幢建筑物或距离很近的几幢建筑物的范围内搭建。

基于位置的服务（location-based services）　智能手机提供的 GPS 地图服务。

地理位置分析（location analytics）　从手机位置数据、传感器或扫描设备输出以及地图等位置（地理图像）数据中洞察问题的能力。

长尾营销（long tail marketing）　企业向小众在线消费者销售商品并从中获利的能力，出现的原因是进入小的细分市场的成本较低。

机器学习（machine learning，ML）　无须显式编程即可从庞大数据集中识别模式和关系的软件，但需要大量的人工训练。

主机（mainframe）　体积最大的计算机，用于核心业务处理。

维修（maintenance）　对生产系统的硬件、软件、文档或程序进行更改，纠正错误、满足新要求或提高处理效率。

恶意软件（malware）　恶意软件程序，如计算机病毒、蠕虫和特洛伊木马。

安全管理服务提供商（managed security service providers，MSSPs）　为订阅客户提供安全管理服务的企业。

管理信息系统（management information systems，MIS）　提供组织绩效报告以帮助中层管理人员监控和控制业务的信息系统。

管理信息系统（management information systems，MIS）　对信息系统的研究，侧重于其在商业和管理中的应用。

市场创造者（market creator）　一种电子商务商业模式，企业提供数字在线环境，让买家和卖家可以交流、搜索产品并进行交易。

市场进入成本（market entry costs）　商家将其产品投入市场所需付出的成本。

市场空间（marketspace）　超越传统市场界线、不受时空限制的市场。

糅合（mashups）　依赖于高速网络、通用通信标准和开源代码的复合软件应用程序，旨在实现整体功能大于各其部分总和。

大规模定制（mass customization）　大规模提供个性化定制产品或服务的能力。

慕课（massive open online course，MOOC）　在网络上向大规模用户提供在线课程。

菜单成本（menu costs）　商家改变价格的成本。

城域网（metropolitan area network，MAN）　跨越大都市区的网络，通常覆盖一个城市及其主要郊区。它的地理范围介于广域网（WAN）和局域网（LAN）之间。

微博（microblogging）　以内容较短的帖子为特征的博客，例如推特。

微浏览器（microbrowser）　体积较小的网页浏览器软件，可在低内存、手持无线设备的小屏幕以及低带宽的无线网络下工作。

小额支付系统（micropayment systems） 适用于小额交易（通常不到 10 美元）的系统。

微处理器（microprocessor） 大规模的集成电路技术，将计算机的存储、逻辑和控制集成在一块芯片上。

微软 Office 365（Microsoft Office 365） Office 生产力和协作工具的云版本，以付费订阅的形式提供服务。

微波（microwave） 一种高容量、长距离、点对点传输方式，高频无线电信号通过大气从一个地面基站传输到另一个基站。

中级管理层（middle management） 组织层级结构中负责执行高层管理者制定的计划和目标的人员。

中间件（middleware） 连接两个不同应用程序的软件，允许它们相互通信和交换数据。

中型计算机（midrange computers） 能够支持小型组织的计算需求或管理其他计算机网络的中型计算机。

小型计算机（minicomputers） 大学、工厂或研究实验室系统中使用的计算机。

移动商务（mobile commerce，m-commerce） 使用手机、手持数字信息设备等无线设备，在互联网上进行 B2C 和 B2B 电子商务交易。

移动设备管理（mobile device management） 监控、管理并保护组织正在使用的移动设备的软件。

移动网络应用程序（mobile web app） 在服务器上运行并通过智能手机或平板电脑内置的移动网络浏览器访问的应用。

移动端网站（mobile website） 常规网站在内容和导航方面按比例缩小的版本，便于在小屏移动设备上更方便地访问和搜索。

模型（model） 说明现象的组成部分或关系的抽象表示。

调制解调器（modem） 将计算机数字信号转换成模拟形式，或将模拟信号转换回数字形式以供计算机接收的装置。

鼠标（mouse） 具有点击功能的手持式输入设备，通过电缆和 USB 端口连接到计算机。

MP3（MPEG3） 用于互联网上传输的压缩音频文件标准。

多核处理器（multicore processor） 连接两个或多个处理器以提高性能、降低功耗和更有效地同时处理多个任务的集成电路。

多国企业（multinational） 将财务管理和控制权集中于国内，同时将生产、销售和市场营销分散于各国的商业组织形式。

多点触控（multitouch） 使用一根或多根手指操作屏幕上的列表或对象，而无须使用鼠标或键盘的界面。

纳米技术（nanotechnology） 基于对单个原子和分子的操作来构建结构和过程的技术。

原生广告（native advertising） 在社交网络新闻源或传统社论内容（如报纸文章）中投放广告。

本机应用程序（nativeapp） 专为在移动平台上运行而设计的独立应用程序。

自然语言处理（natural language processing） 使机器能够理解以人类（自然）语言表

达的口头或书面文字，并处理这些信息的技术。

近场通信（near field communication，NFC）　一种短距离无线连接标准，使用电磁无线电场使两个兼容设备能够在彼此相距几厘米的范围内交换数据。

网络市场（net marketplaces）　基于互联网技术的数字市场，将许多买家和卖家联系在一起。

上网本（netbook）　针对无线通信和互联网访问优化的小型、低成本、轻量化的微型笔记本电脑。

网络（network）　连接两台或多台计算机以共享数据或资源，如打印机。

网络地址转换（network address translation，NAT）　隐藏组织内部主机的 IP 地址，防止防火墙外的嗅探程序发现它们并利用这些信息渗透内部系统。

网络经济（network economics）　基于网络概念的行业层面战略系统模型，当增加一个新参与者时，边际成本为零，但可以创造更大的边际收益。

网络操作系统（network operating system，NOS）　发送并管理网络上的通信，协调网络资源的特殊软件。

网络和通信技术（networking and telecommunications technology）　连接各种硬件并将数据从一个物理位置传输到另一个物理位置的物理设备和软件。

神经网络（neural networks）　试图模拟生物大脑处理模式的硬件或软件。

非明显关系认知（nonobvious relationship awareness，NORA）　通过分析多个来源的信息，发现人或其他实体之间模糊联系的技术。

非关系型数据库管理系统（nonrelational database management systems）　用于处理难以用关系模型分析的大量结构化和非结构化数据的数据库管理系统。

规范化（normalization）　设计关系数据库时从复杂的数据组创建小型、稳定的数据结构的过程。

n 层客户端/服务器体系结构（n-tier client/server architecture）　客户端/服务器的组织形式，在多个级别的服务器上平衡整个网络工作。

对象（object）　将数据和处理数据的过程结合的软件构建模块。

离岸软件外包（offshore software outsourcing）　将系统开发工作或现有系统的维护外包给另一个国家的外部供应商。

按需计算（on demand computing）　企业将计算能力的峰值需求转移给远距离、大规模的数据处理中心，仅投资能够处理平均负荷的部分，并根据需要为使用的额外计算能力支付费用，也称为效用计算。

联机分析处理（online analytical processing，OLAP）　从多个角度处理并分析大量数据的能力。

在线交易处理（online transaction processing）　在线输入的交易立即由计算机处理的交易处理模式。

开源软件（open source software）　免费公开其程序代码的软件，允许用户修改程序代码以改进功能或修复错误。

操作系统（operating system）　管理和控制计算机活动的系统软件。

运营型 CRM（operational CRM）　面向客户的应用程序，如销售自动化、呼叫中心和客户服务支持以及营销自动化。

运营智能（operational intelligence） 提供对数据、流事件和业务运营洞察的业务分析。

运营管理层（operational management） 管理组织日常运营活动的人员。

选择加入（opt in） 一种知情同意模式，禁止组织收集任何个人信息，除非用户采取行动批准信息收集和使用。

选择退出（opt out） 一种知情同意模式，允许组织收集个人信息，除非用户采取行动明确要求不收集数据。

组织影响分析（organizational impact analysis） 研究拟建的系统将如何影响组织结构、态度、决策和运营。

输出（output） 将处理后的信息分发给需要这些信息的人或将使用该信息的活动。

输出设备（output devices） 显示处理后数据的设备。

外包（outsourcing） 将计算机中心的运营、电信网络或应用程序的开发承包给外部供应商的做法。

数据包过滤（packet filtering） 检查在可信网络和互联网之间传输的数据包标头中的特定字段。

分组交换（packet switching） 将信息分解成小的、固定的数据包，并通过任何可用的通信通道以最经济的方式将其发送的技术。

并行处理（parallel processing） 一种可以同时处理多条指令的处理方式，将问题分解成多个更小的部分，并使用多个处理器同时处理它们。

并行策略（parallel strategy） 一种安全而保守的转换方法，让旧系统和替代系统同时运行一段时间，直到每个人都确信新系统能正常运行。

合作伙伴关系管理（partner relationship management，PRM） 使用客户数据和分析工具使企业与其销售合作伙伴的关系自动化，以改善合作和客户销售。

密码（password） 用于验证用户身份的密钥或字符串，以便授权用户可以访问计算机系统等资源。

补丁（patches） 在不影响软件正常运行的情况下修复程序缺陷的小型软件包。

专利权（patent） 赋予所有者对其发明背后的想法享有 17 年专有权的法律文件；旨在确保新机器或新方法的发明者能够因其劳动付出而得到报酬，同时使他们的发明得到广泛应用。

点对点（peer-to-peer） 为网络上的所有计算机提供同等权利的网络架构，主要用于小型网络。

人员视角（people perspective） 将企业管理层和员工视为个体，并考虑其在工作组中的相互关系。

个人计算机（personal computer，PC） 小型台式或便携式电脑。

个人局域网（personal area network，PAN） 用于在个人数字设备（包括电话和 PDAs）之间进行通信的计算机网络。

个性化（personalization） 商家根据个人姓名、兴趣和过往购买记录，将营销信息定向到特定个人的能力。

PERT 图（PERT chart） 以图形方式描述项目任务及其相互关系的图表，显示在其他活动开始之前必须完成的具体活动。

域名欺骗（pharming） 将用户重定向至虚假网页的网络钓鱼技术，即使用户在浏览器中输入正确的网页地址也会将其重定向到虚假网页。

阶段方法策略（phased approach） 按职能或组织单元分阶段引入新系统的策略。

网络钓鱼（phishing） 一种欺骗形式，包括建立虚假网站或发送看似来自合法企业的电子邮件，欺骗用户提供机密的个人数据。

试点研究（pilot study） 一种引入新系统的策略，在新系统被证明完全有效前，仅将其引入组织的有限区域，之后再将其应用于整个组织。

数据透视表（pivot table） 一种电子表格工具，以表格形式重新组织和汇总两个或多个维度的数据。

平台（platform） 提供信息系统、技术和服务，数千家不同行业的企业用于提高自身能力。

播客（podcasting） 通过互联网发布音频广播的方法，允许订阅用户将音频文件下载到其个人计算机、智能手机或便携式音乐播放器。

弹出式广告（pop up ads） 自动打开且需要用户手动点击才能关闭的广告。

门户（portal） 展示多个来源的集成个性化内容的网络界面。也指提供网络初始入口的网站服务。

投资组合分析（portfolio analysis） 对企业内潜在的应用程序组合进行分析，确定信息系统的风险和收益，并在信息系统的可选方案中进行选择。

预测分析（predictive analytics） 使用数据挖掘技术、历史数据和对未来条件的假设预测事件的结果。

预测搜索（predictive search） 搜索算法的一部分，根据流行的搜索预测用户在输入时想要查询的内容。

演示图形文档（presentation graphics） 创建能够包含图表、声音、动画、照片和视频的高质量演示图形的软件。

价格歧视（price discrimination） 以不同价格向不同的目标群体销售相同或几乎相同的商品。

价格透明（price transparency） 消费者可以轻松了解市场中的各种价格。

基本活动（primary activities） 与企业产品或服务的生产和销售最直接相关的活动。

主关键字（primary key） 数据库表任意一行信息的唯一标识符。

隐私权（privacy） 个人不受其他个体、组织或国家的监视或干涉的权利。

私有云（private cloud） 专有网络或数据中心，将服务器、存储、网络、数据和应用程序连接在一起，作为一组虚拟服务供企业内部用户共享。

专有交换（private exchange） 专用行业网络的另一种表述。

专有行业网络（private industrial networks） 为协调跨组织的业务流程，将行业内多个企业的系统连接在一起的网络。

流程规范（process specifications） 对数据流程图中最低层次的流程逻辑的描述说明。

处理（processing） 将原始输入转换、操作和分析成对人类有意义的形式。

采购（procurement） 采购货物和材料，与供应商谈判，付款并安排交货。

产品差异化（product differentiation） 通过开发不易被竞争对手复制的新颖独特的产品和服务，建立品牌忠诚度的竞争战略。

生产（production）　新系统安装和转换完成后的阶段，在此期间，用户和技术专家对系统进行审查，确定其在多大程度上实现了最初的目标。

生产或服务型员工（production or service workers）　实际生产组织产品或服务的人。

画像（profiling）　利用计算机将多个来源的数据进行整合，并创建个人详细信息的电子档案。

程序（program）　计算机的一系列指令。

程序员（programmers）　负责编写计算机软件指令，且受过专业培训的技术专业人员。

编程（programming）　将设计阶段制定的系统规范转换为程序代码的过程。

项目（project）　为实现特定业务目标而计划的一系列相关活动。

项目管理（project management）　运用知识、技能、工具和技术，在规定的预算和时间限制内实现特定目标。

项目组合管理软件（project portfolio management software）　帮助组织评估和管理项目组合，以及它们之间依赖关系的软件。

协议（protocol）　一组用于管理网络中组件之间信息传输的规则和程序。

原型法（prototyping）　快速、低成本构建实验系统用于演示和评估的过程，以便用户可以更好地确定信息需求。

公共云（public cloud）　由外部服务提供商负责维护、可通过互联网访问并可供公众使用的云。

公钥加密（public key encryption）　使用两种密钥进行加密：一种公有密钥（或称为公共密钥）和一种私有密钥。

公钥基础设施（public key infrastructure，PKI）　使用认证中心（CA）和进行身份验证的数字证书创建公钥和私钥的系统。

拉动模式（pull-based model）　一种供应链运营模型，供应链由实际客户订单和购买驱动，供应链成员只需生产和交付客户已订购的产品。

推动模式（push-based model）　一种供应链运营模型，基于对产品需求的预测或最佳估计，由主生产计划驱动的供应链，产品被"推向"客户。

质量（quality）　产品或服务符合规范和标准。

量子计算（quantum computing）　利用量子物理原理来表示数据并对数据进行操作，能处于多种状态并同时执行多种计算。

查询语言（query languages）　对未预定义的信息请求提供即时在线查询结果的软件工具。

射频识别（radio frequency identification，RFID）　使用带有嵌入式微芯片的微型标签的技术，其中包含有关物品及其位置的数据，能在短距离内将无线信号传输到特殊的RFID 阅读器，然后将数据传递到计算机进行处理。

勒索软件（ransomware）　通过控制用户计算机或显示恶意的弹出消息来勒索用户钱财的恶意软件。

快速应用开发（rapid application development，RAD）　通过使用原型设计、用户友好的工具以及用户和系统专家之间的密切合作，在短时间内开发系统的过程。

程序合理化（rationalization of procedures）　简化标准作业流程，消除明显瓶颈，使作业流程自动化更高效。

触达（reach）　衡量企业能与多少用户建立联系并能够为其提供多少产品。

记录（record）　一组相关联的字段。

参照完整性（referential integrity）　确保耦合数据库表中之间的关系保持一致的规则。

关系数据库（relational database）　将数据视为存储在二维表中的逻辑数据库模型。只要两张表共享一个公共数据元素，它就可以将存储在一个表中的数据与另一个表中的数据相关联。

重复性压力损伤（repetitive stress injury，RSI）　肌肉组织被迫重复做高强度的动作或数千次低强度动作时引发的职业病。

需求建议书（Request for Proposal，RFP）　提交给软件或其他服务提供商的详细问题清单，以确定供应商的产品在多大程度上满足组织的特定需求。

职责（responsibility）　接受所作决定的潜在成本、责任和义务。

响应式网页设计（responsive web design）　当用户切换到不同尺寸的设备（如笔记本电脑、平板电脑或智能手机）时，网站能够自动改变屏幕分辨率和图像大小，而无须为每个新设备进行单独设计和开发。

盈利模式（revenue model）　描述企业将如何赚取收入，产生利润并取得投资回报。

丰富性（richness）　衡量企业向客户提供的信息以及收集的客户信息的深度和详细程度。

手机铃声（ringtones）　用户接听或拨打电话时在手机上播放的数字化音乐片段。

风险评估（risk assessment）　确定问题发生的潜在频率和问题发生时的潜在损失，用于确定控制的成本或效益。

风险规避原则（risk aversion principle）　应该采取危害最小或损失最低的行动的原则。

机器人（robotics）　使用可以替代人类运动的机器和计算机系统进行控制、感官反馈和信息处理。

路由器（router）　将数据包从一个网络转发到另一个网络的专用通信处理设备。

RSS　使用聚合软件从网站中获得内容，并自动发送到订阅用户计算机的技术。

软件即服务（software as a service，SaaS）　远程交付并提供对软件的访问的服务，是一种基于网络的服务。

避风港（safe harbor）　符合政府监管目标但不涉及政府监管或执法的私人、自我监管政策和执行机制。

销售盈利模式（sales revenue model）　企业的主要收入来源是向消费者销售商品、信息或服务。

萨班斯-奥克斯利法案（Sarbanes-Oxley Act）　2002 年通过的法案，规定企业及其管理者有责任保护内部使用和外部发布的财务信息的准确性和完整性，以保护投资者。

卫星（satellites）　绕地球运行的机器，用作远距离传输微波信号的中继站。

可扩展性（scalability）　计算机、产品或系统在不发生故障的情况下进行扩展以服务更多用户的能力。

范围（scope）　定义项目中包含或不包含的工作。

计分模型（scoring model）　基于对所选目标的评分系统，在可选系统中快速作出选择的方法。

搜索成本（search costs）　寻找合适的产品并确定该产品的最优价格所花费的时间和

金钱。

搜索引擎营销（search engine marketing）　使用搜索引擎在搜索结果中提供由广告商付费的赞助链接。

搜索引擎优化（search engine optimization，SEO）　更改网站内容、布局和格式，提高网站在热门搜索引擎上的排名并吸引更多访问者的过程。

搜索引擎（search engines）　在互联网上查找特定网站或者信息的工具。

二级存储（secondary storage）　在 CPU 和主存储器之外的相对长期的、非易失性的数据存储。

安全超文本传输协议（Secure Hypertext Transfer Protocol，S-HTTP）　对互联网传输数据流进行加密的协议；仅限于个别信息。

安全套接层协议（Secure Sockets Layer，SSL）　使客户端和服务器计算机能够在安全网络会话中相互通信，管理加密和解密活动。

安全（security）　用于防止对信息系统进行未经授权的访问、篡改、盗窃或物理破坏的政策、程序和技术措施。

安全策略（security policy）　对信息风险进行分级、确定可接受的安全目标以及实现这些目标的机制的声明。

语义搜索（semantic search）　能够理解人类语言和行为的搜索技术。

语义网（semantic web）　让网络更加智能的方法，通过机器促进对信息的理解，从而使搜索更加直观和有效。

半结构化决策（semistructured decisions）　只有部分问题有既定程序提供的明确答案的决策。

半结构化知识（semistructured knowledge）　较少以结构化形式存在的信息，如电子邮件、聊天室交流、视频、图形、手册或公告栏。

高级管理层（senior management）　组织中位于最高层级的管理者，负责制定长期决策。

敏感性分析（sensitivity analysis）　反复询问假设问题，以确定一个或多个因素的变化对结果的影响的模型。

传感器（sensors）　直接从环境中收集数据以输入计算机系统的设备。

情感分析（sentiment analysis）　挖掘电子邮件、博客或其他社交媒体中的文本评论。

服务器（server）　经过专门优化的计算机，通过网络向其他计算机提供软件和其他资源。

服务等级协议（service level agreement，SLA）　客户与其服务提供商之间的正式合同，定义服务提供商的具体职责和客户期望的服务水平。

面向服务的架构（service-oriented architecture，SOA）　建立在软件程序集合之上的企业软件架构，软件程序相互通信以执行分配的任务，从而创建一个可工作的软件应用程序。

购物机器人（shopping bots）　具有不同层级的内置智能工具的软件，可以帮助电子商务购物者寻找并评价他们想要购买的产品或服务。

六西格玛（Six Sigma）　一种特定的质量衡量标准，代表每百万产品中出现 3.4 个缺陷，用于制定一套提高质量和降低成本的方法和技术。

智能卡（smart card）　一种信用卡大小的塑料卡，用于存储数字信息，可代替现金进行电子支付。

智能手机（smartphones）　具有语音、短信、日程安排、电子邮件和互联网功能的无线电话。

嗅探器（sniffer）　一种窃听程序，监视网络上传输的信息。

社会化商务（social business）　使用 Facebook、推特和企业内部社交工具等社交网络平台吸引员工、客户和供应商。

社交型 CRM（social CRM）　使企业能够将来自社交网站的客户对话、数据和关系链接到客户关系管理流程的工具。

社会工程（social engineering）　伪装成需要信息的合法用户或企业成员以骗取密码的做法。

社交图谱（social graph）　描述重要在线社交关系的图谱，与描述离线关系的社交网络类似。

社交网络（social networking）　通过相互业务和个人建立联系的在线社区，可扩大用户业务或社交联系。

社交购物（social shopping）　在以用户分享内容为特征的网站上与其他购物者分享感兴趣商品的信息。

软件本地化（software localization）　将软件转换成以本地语言操作的过程。

软件包（software package）　预先编写的商业可用的程序集，无须为某些功能编写软件程序。

软件定义网络（software-defined networking，SDN）　使用独立于网络设备的中央控制程序管理网络数据流。

软件定义存储（software-defined storage，SDS）　管理配置及数据存储管理的软件，独立于底层硬件存在。

固态硬盘（solid state drive，SSD）　一种存储设备，将数据存储在作为磁盘驱动器的半导体存储器阵列上。

垃圾邮件（spam）　未经用户请求的商业电子邮件。

群发垃圾邮件（spamming）　一种邮件滥用形式，发送数千甚至数十万封未经请求的电子邮件和电子消息，对企业和个人用户造成困扰。

电子欺骗（spoofing）　通过在互联网上隐藏自己的身份或伪装成其他用户的身份，欺骗计算机系统或其他计算机用户。

电子表格（spreadsheet）　以列和行的网格展示数据的软件，具有轻松计算数值数据的能力。

间谍软件（spyware）　在个人或某组织不知情的情况下收集信息的技术。

SQL 注入式攻击（SQL injection attack）　一种针对网站的攻击，利用 SQL 应用程序中的编程漏洞，将恶意程序代码植入企业系统和网络。

状态检测（stateful inspection）　通过判断数据包是否为发送者和接收者间持续对话的一部分，提供额外的安全保障。

战略信息系统（strategic information system）　变更组织的目标、运营、产品、服务或环境关系以帮助组织获得竞争优势的信息系统。

结构化决策（structured decisions）　重复性、常规性的决策，有明确的处理程序。

结构化查询语言（Structured Query Language，SQL）　关系型数据库管理系统的标准数据操作语言。

订阅盈利模式（subscription revenue model）　网站对其部分或全部内容和服务收取订阅费。

超级计算机（supercomputer）　高度复杂且性能强大的计算机，可以极快执行非常复杂的计算。

监督学习（supervised learning）　通过提供人类预先标注的输入和输出数据，训练机器学习算法。

供应链（supply chain）　用于采购材料、将原材料转化为中间产品和成品，并将成品分发给客户的组织和业务流程网络。

供应链执行系统（supply chain execution systems）　管理产品在配送中心和仓库的流通的系统，确保产品以最有效的方式被交付到正确的位置。

供应链管理系统（supply chain management（SCM）systems）　使企业和供应商之间的信息流动自动化，以优化产品和服务的计划、采购、制造和交付的信息系统。

供应链计划系统（supply chain planning systems）　使企业能预测产品需求并制定采购和生产计划的系统。

支持活动（support activities）　使企业基本活动的实施成为可能的活动，包括组织的基础设施、人力资源、技术开发和采购。

交换机（switch）　连接网络组件的设备，比集线器更智能，可以过滤并转发数据到指定目的地。

转换成本（switching costs）　客户或企业从一个供应商或系统转换到竞争供应商或系统时，因时间损失和资源支出而产生的费用。

系统软件（system software）　管理计算机资源的通用程序，如中央处理器、通信链路和外围设备。

系统测试（system testing）　测试整个信息系统的功能，确定离散模块能否按最初计划共同运行。

系统分析（systems analysis）　分析组织尝试使用信息系统解决的问题。

系统分析师（systems analysts）　将商业问题和需求转化成信息需求和系统的专家，作为信息系统部门与组织其他部门的联络人。

系统设计（systems design）　详细说明系统将如何满足由系统分析确定的信息需求。

系统开发（systems development）　将组织问题或机会转化为信息系统解决方案的活动。

系统生命周期（systems development life cycle，SDLC）　一种开发信息系统的传统方法，将系统开发过程划分为一系列正式的阶段，这些阶段必须通过终端用户和系统专家非常正式的分工按顺序完成。

系统集成（systems integration）　确保新基础设施与企业的旧系统协同工作，并确保基础设施内的新元素相互协作。

T 线路（T lines）　从通信提供商处租用的高速数据线路，如 T-1 线（传输能力为 1.544 Mbps）。

平板电脑（tablet computer）　比移动电话更大、主要通过触摸屏幕来操作的移动手持计算机。

隐性知识（tacit knowledge）　没有被正式记录的组织成员的专业知识和经验。

有形收益（tangible benefits）　可以量化并具有货币价值的收益；包括运营成本的降低和现金流的增加。

分类法（taxonomy）　根据预定系统对事物进行分类的方法。

团队（teams）　正式的小组，其成员合作以实现特定目标。

远程呈现（telepresence）　允许一个人的影像在其真实物理位置以外出现，但给人真实存在的感觉的技术。

TB（terabyte）　大约一万亿字节。

测试计划（test plan）　由开发团队与用户共同制订的计划，包括要在系统上执行的一系列测试的所有准备工作。

测试（testing）　确定系统在已知条件下能否产生期望结果的全面彻底的检测过程。

文本挖掘（text mining）　从大量非结构化数据中发现模式和关系。

令牌（token）　类似于身份证件的物理设备，用于证明个人用户的身份。

总持有成本（total cost of ownership, TCO）　拥有技术资源的总成本，包括初始采购成本、硬件和软件升级成本、维护成本、技术支持和培训成本。

全面质量管理（total quality management, TQM）　一种使质量控制成为组织中所有人共同承担的职责的概念。

接触点（touch point）　企业与消费者互动的方式，如电话、电子邮件、客户服务台、常规邮件或购买点。

触摸屏（touch screen）　允许用户通过手指或指针触摸显示器表面来输入数据的设备。

商业机密（trade secret）　任何用于商业目的的知识工作或产品，只要不属于公共领域的信息，就可以归类为企业的商业秘密。

交易费用盈利模式（transaction fee revenue model）　一种电子商务盈利模式，企业通过促成或执行交易而收取费用。

业务处理系统（transaction processing systems, TPS）　执行并记录开展业务所需的日常事务的计算机系统；服务于组织的运营层次。

传输控制协议/互联网协议（Transmission Control Protocol/Internet Protocol, TCP/IP）　实现不同网络之间连接的主要模型。提供一种标准方法将数字消息分解为数据包并将其发送到正确地址，再将其重新组合成原始消息。

跨国企业（transnational）　真正的全球商业组织形式，不考虑国界，从全球角度管理增值活动，优化供需来源和本地竞争优势。

特洛伊木马（Trojan horse）　看似合法无害，但实际上可能隐藏着有害功能的软件程序。

绞合线（twisted wire）　由双绞铜线组成的传输介质；用于传输模拟电话通话，也可用于数据传输。

双重验证（two-factor authentication）　使用两种身份验证方式验证用户身份，通常一种是物理令牌，另一种是数据密码。

统一通信（unified communications）　将语音通信、数据通信、即时消息、电子邮件和电子会议等不同渠道集成到单一体验中，用户可在不同通信模式之间无缝切换。

统一威胁管理（unified threat management，UTM）　综合安全管理工具，包含防火墙、虚拟专用网、入侵检测系统、网页内容过滤、反垃圾邮件软件等多种安全工具。

统一资源定位符（uniform resource locator，URL）　互联网上特定资源的地址。

单元测试（unit testing）　在系统中单独测试每个程序的过程；也称为程序测试。

UNIX　独立于机器、适用于所有类型计算机上的操作系统，支持多用户处理、多任务处理和网络；用于高性能工作站和服务器。

非结构化决策（unstructured decisions）　需要决策者对问题进行判断、评估和深入分析的非常规决策；没有作出此类决策的通用程序。

无监督学习（unsupervised learning）　使用没有预先分类和没有预先标记的信息对机器学习算法进行训练，使其能在没有明确人工指导的情况下从这些信息中发现模式。

向上销售（up selling）　向新客户或现有客户营销更高价值的产品或服务。

用户界面（user interface）　终端用户与系统交互的信息系统部分；用户使用系统所需的硬件类型和一系列屏幕命令和响应。

用户-设计者沟通鸿沟（user-designer communications gap）　终端用户和信息系统专家在背景、兴趣和关注重点等方面的差异阻碍了沟通和问题的解决。

功利原则（utilitarian principle）　假设人们可以对价值进行等级划分，并理解不同行动方案的后果的原则。

价值链模型（value chain model）　突出显示为企业产品或服务增加价值边际的主要或支持活动的模型，可在其中使用信息系统以获得竞争优势。

价值网（value web）　客户驱动的独立企业网络，这些企业使用信息技术协调其价值链，共同为市场生产产品或服务。

虚拟公司（virtual company）　使用网络将人员、资产和想法联系起来的企业，使其能够与其他企业结盟以创建并销售产品和服务，而不受传统组织边界或物理位置的限制。

虚拟专用网络（virtual private network，VPN）　互联网上两点之间的安全连接，可用于传输企业数据；是专用网络的低成本替代方案。

虚拟现实系统（virtual reality systems）　交互式图形软件和硬件，用于创建计算机生成的模拟，提供模拟现实世界活动的感觉。

虚拟世界（virtual world）　基于计算机的模拟环境，用户使用虚拟人物在其中居住和交互。

虚拟化（virtualization）　提供一组计算资源，可以不受物理配置或地理位置限制的方式被访问。

可视化编程语言（visual programming language）　允许用户操作图形或图标元素来创建程序。

视觉网络（visual web）　以图片代替文字内容，提供图片和视觉特征搜索的网站，如拼趣。

IP 语音（Voice over IP，VoIP）　使用互联网协议（IP）管理语音信息传送的设备。

驾驶攻击（war driving）　一种窃听技术，窃听者开车经过建筑物或停在外面，试图拦截无线网络通信。

可穿戴计算机（wearable computer）　小型可穿戴计算设备，如智能手表、智能眼镜或活动跟踪器。

网络信标（web beacons）　无形嵌入电子邮件和网页的微小对象，旨在监视用户访问网站或发送电子邮件的行为。

网页浏览器（web browsers）　易于使用的软件工具，用于访问万维网和互联网。

网页托管服务（web hosting service）　拥有大型网络服务器计算机的企业，可维护付费用户的网站。

网络挖掘（web mining）　从网络中发现并分析有用的模式和信息。

网页服务器（web server）　管理计算机用户对网页的需求并将网页传送至用户计算机上的软件。

基于网络的模块化组件（web services）　使用互联网技术的通用标准，用于集成不同来源的不同应用程序，无须耗时进行自定义编码。用于连接不同组织的系统或连接同一组织内的不同系统。

网站（website）　由组织或个人维护的所有网页。

广域网（wide area network，WAN）　覆盖范围很广的通信网络，包括各种有线、卫星和微波技术。

Wi-Fi　一种无线传输标准，指 802.11 系列无线网络标准。

维基（Wiki）　协作网站，访问者可以添加、删除或修改网站上的内容以及之前作者编辑的内容。

WiMAX　IEEE 标准802.16 的通用术语，用于在长达 31 英里的范围内连接无线网络，数据传输速率高达 75 Mbps。代表微波接入的全球交互操作性。

Windows 10　新版微软客户端操作系统。

无线传感器网络（wireless sensor networks，WSNs）　具有内置处理、存储和射频传感器及天线的互连无线设备网络，嵌入物理环境可在大空间中提供多点测量。

群体智慧（wisdom of crowds）　相信数量众多的人可对大量主题和产品作出比一个人甚至一个小的专家委员会更好的决策。

文字处理软件（word processing software）　用于以电子方式创建、编辑、格式化和打印文档的软件。

工作流程管理（workflow management）　简化业务流程的过程，以便可以轻松有效地将文档从一个位置移动到另一个位置。

工作站（workstation）　具有强大图形和数学功能的台式计算机，可同时执行多个复杂任务。

万维网（World Wide Web）　使用普遍接受的标准的系统，用于在网络环境中存储、检索、格式化并显示信息。

蠕虫（worms）　传播自身以破坏计算机网络运行或毁坏数据和其他程序的独立软件程序。

零日漏洞（zero-day vulnerabilities）　创建者不知道的软件安全漏洞，黑客可在供应商发现问题之前利用这些漏洞。

图书在版编目（CIP）数据

管理信息系统：精要版／（美）肯尼思·劳东，
（美）简·劳东著；张瑾，王黎烨，江戈译 . -- 14 版
. -- 北京：中国人民大学出版社，2023.1
（工商管理经典译丛）
ISBN 978-7-300-31306-1

Ⅰ.①管… Ⅱ.①肯… ②简… ③张… ④王… ⑤江
… Ⅲ.①管理信息系统 Ⅳ.①C931.6

中国国家版本馆 CIP 数据核字（2023）第 003712 号

工商管理经典译丛

管理信息系统（精要版·第 14 版）

［美］ 肯尼思·劳东　　　　著
　　　简·劳东

张　瑾　王黎烨　江　戈　译

Guanli Xinxi Xitong

出版发行	中国人民大学出版社			
社　　址	北京中关村大街 31 号	邮政编码	100080	
电　　话	010 - 62511242（总编室）	010 - 62511770（质管部）		
	010 - 82501766（邮购部）	010 - 62514148（门市部）		
	010 - 62515195（发行公司）	010 - 62515275（盗版举报）		
网　　址	http://www.crup.com.cn			
经　　销	新华书店			
印　　刷	涿州市星河印刷有限公司			
规　　格	185 mm×260 mm　16 开本	版　次	2023 年 1 月第 1 版	
印　　张	28.75 插页 1	印　次	2023 年 1 月第 1 次印刷	
字　　数	700 000	定　价	89.00 元	

Pearson

尊敬的老师：

您好！

为了确保您及时有效地获得培生整体教学资源，请您务必完整填写如下表格，加盖学院的公章后以电子扫描件等形式发给我们，我们将会在 2～3 个工作日内为您处理。

请填写所需教辅的信息：

采用教材			□ 中文版 □ 英文版 □ 双语版	
作　者		出版社		
版　次		ISBN		
课程时间	始于　年　月　日	学生人数		
	止于　年　月　日	学生年级	□ 专科　　□ 本科 1/2 年级 □ 研究生　□ 本科 3/4 年级	

请填写您的个人信息：

学　校			
院系/专业			
姓　名		职　称	□ 助教 □ 讲师 □ 副教授 □ 教授
通信地址/邮编			
手　机		电　话	
传　真			
official email（必填） （eg：×××@ruc.edu.cn）		email （eg：×××@163.com）	
是否愿意接受我们定期的新书讯息通知：　□ 是　□ 否			

系/院主任：_____（签字）

（系 / 院办公室章）

____年____月____日

资源介绍：

——教材、常规教辅资源（PPT、教师手册、题库等）：请访问 www.pearson.com/us/higher-education。　　（免费）

——MyLabs/Mastering 系列在线平台：适合老师和学生共同使用；访问需要 Access Code。　　（付费）

地址：北京市东城区北三环东路 36 号环球贸易中心 D 座 1208 室（100013）

Please send this form to：copub.hed@pearson.com

Website：www.pearson.com

中国人民大学出版社　管理分社

教师教学服务说明

中国人民大学出版社管理分社以出版经典、高品质的工商管理、统计、市场营销、人力资源管理、运营管理、物流管理、旅游管理等领域的各层次教材为宗旨。

为了更好地为一线教师服务，近年来管理分社着力建设了一批数字化、立体化的网络教学资源。教师可以通过以下方式获得免费下载教学资源的权限：

★ 在中国人民大学出版社网站 www.crup.com.cn 进行注册，注册后进入"会员中心"，在左侧点击"我的教师认证"，填写相关信息，提交后等待审核。我们将在一个工作日内为您开通相关资源的下载权限。

★ 如您急需教学资源或需要其他帮助，请加入教师 QQ 群或在工作时间与我们联络。

中国人民大学出版社　管理分社

🔔 教师 QQ 群：648333426（仅限教师加入）

☎ 联系电话：010-82501048，62515782，62515735

✉ 电子邮箱：glcbfs@crup.com.cn

📍 通讯地址：北京市海淀区中关村大街甲 59 号文化大厦 1501 室（100872）